Strafbare Untreue zum Nachteil einer in Deutschland ansässigen *Limited*

Schriften zum deutschen, europäischen und internationalen Wirtschaftsstrafrecht

Herausgegeben von Robert Esser

Band 2

PL ACADEMIC RESEARCH

Matthias Peukert

Strafbare Untreue zum Nachteil einer in Deutschland ansässigen *Limited*

PL ACADEMIC RESEARCH

Bibliografische Information der Deutschen Nationalbibliothek
Die Deutsche Nationalbibliothek verzeichnet diese Publikation in der Deutschen Nationalbibliografie; detaillierte bibliografische Daten sind im Internet über http://dnb.d-nb.de abrufbar.

Zugl.: Hamburg, Bucerius Law School, Diss., 2014

H 360
ISSN 2190-0469
ISBN 978-3-631-65972-4 (Print)
E-ISBN 978-3-653-05421-7 (E-Book)
DOI 10.3726/978-3-653-05421-7

PL Academic Research ist ein Imprint der Peter Lang GmbH.

Peter Lang – Frankfurt am Main · Bern · Bruxelles · New York · Oxford · Warszawa · Wien

Diese Publikation wurde begutachtet.

www.peterlang.com

Vorwort

Die vorliegende Arbeit wurde im Oktober 2005 von der Bucerius Law School als Dissertation angenommen. Das Manuskript wurde im Dezember 2012 abgeschlossen. Die mündliche Prüfung fand am 9. Juli 2014 statt.

Mein Dank gilt im besonderen Maße meinem Doktorvater, Professor Dr. Thomas Rönnau. Ihm danke ich herzlich für die Betreuung während der Promotionszeit. Weiterhin danke ich Professor Dr. Frank Saliger für die Erstellung des Zweitgutachtens. Professor Dr. Robert Esser danke ich für die Aufnahme der Arbeit in die von ihm herausgegebene Schriftenreihe.

Danken möchten ich auch meinen (Studien-)Freunden Dr. Mathias Bock, Dr. Karsten Grillitsch, Dr. Hartmut Henninger, Dr. Kristian Hohn, Martin Mager, Dr. Christian Pitzal, Carsten von Kobylinski, Dr. Marco Voss, Dr. Jens Wiesner und Thilo Zimmermann, ohne die Studium, Promotion und Referendarzeit keinen Spaß gemacht hätten.

Mein größter Dank gilt meinen Eltern und Julia. Sie haben mich jederzeit unterstützt.

Hamburg, im Januar 2015 *Matthias Peukert*

Meinen Eltern

Inhaltsübersicht

Teil 2: Die Limited und der Untreuetatbestand

Teil 3: Die Fremdrechtsanwendung und ihre verfassungsrechtlichen Grenzen

Inhaltsverzeichnis

Teil 4: Unionsrechtskonformität und Schaffung eines Sondertatbestandes

Literaturverzeichnis

Achenbach, Hans/Ransiek, Andreas (Hrsg.): Handbuch Wirtschaftsstrafrecht, 3. Auflage, Heidelberg u. a. 2012 (zitiert: *Bearbeiter*, in: HWSt).

Allwang, Walter: Das Territorialprinzip im Verkehrsstrafrecht, JR 1966, S. 406–408.

Altenhain, Karsten/Wietz, Christopher: Die Ausstrahlungswirkung des Referentenentwurfs zum Internationalen Gesellschaftsrecht auf das Wirtschaftsstrafrecht, NZG 2008, S. 569–573.

Altmeppen, Holger: Zur vorsätzlichen Gläubigerschädigung, Existenzvernichtung und materiellen Unterkapitalisierung in der GmbH – Zugleich Besprechung BGH v. 28.4.2008 – II ZR 264/06 „Gamma", ZIP 2008, S. 1201–1207.

–: Änderungen der Kapitalersatz- und Insolvenzverschleppungshaftung aus „deutsch-europäischer" Sicht, NJW 2005, S. 1911–1915.

–: Schutz vor „europäischen" Kapitalgesellschaften, NJW 2004, S. 97–104.

Anders, Ralf Peter: Das französische Recht der Untreue zum Nachteil von Kapitalgesellschaften insbesondere im Konzern, ZStW 114 (2002), S. 467–506.

Andres, Dirk/Grund, Andreas: Die Flucht vor deutschen Insolvenzgerichten nach England – Die Entscheidungen in dem Insolvenzverfahren Hans Brochier Holdings Ltd., NZI 2007, S. 137–143.

Arden, Lady Justice: Companies Act 2006 (UK): A new approach to directors' duties, Australian Law Journal 2007, S. 162–179.

Arloth, Frank: Zur Abgrenzung von Untreue und Bankrott bei der GmbH, NStZ 1990, S. 570–575.

Arndt, Gottfried: Die dynamische Rechtsnormverweisung in verfassungsrechtlicher Sicht – BVerfGE 47, 285, JuS 1979, S. 784–789.

Arnold, Stefan: Untreue im GmbH- und Aktienkonzern, Herbholzheim 2006 (zitiert: *Arnold*).

–: Untreue durch Schädigung des Unternehmens durch den Vorstand bzw. die Geschäftsführung, Jura 2005, S. 844–849.

Arzt, Gunther: „Untreue durch befugtes Handeln", in: Frisch/Schmid (Hrsg.), Festschrift für Hans-Jürgen Bruns zum 70. Geburtstag, S. 365–383, Köln u. a. 1978 (zitiert: *Arzt*, in: FS-Bruns).

Arzt, Gunther/Weber, Ulrich/Heinrich, Bernd/Hilgendorf, Eric: Strafrecht Besonderer Teil, Bielefeld 2009 (zitiert: *Arzt/Weber/Heinrich/Hilgendorf*).

Attenborough, Daniel: The Company Law Reform Bill: an analysis of directors' duties and the objective of the company, The Company Lawyer 2006, S. 162–169.

Baas-Holler, Jill K.: Geschäftsführerpflichten gegenüber der Gesellschaft im englischen und deutschen GmbH-Recht, Hamburg 2008 (zitiert: *Baas-Holler*).

Bachmann, Jochen: Vorsatz und Rechtsirrtum im Allgemeinen Strafrecht und im Steuerstrafrecht, Berlin 1993 (zitiert: *Bachmann*).

Backes, Peter: Zur Problematik der Abgrenzung von Tatbestands- und Verbotsirrtum im Steuerstrafrecht, Köln 1981.

Bank, Stephan: Die britische Limited Liability Partnership: Eine attraktive Organisationsform für Freiberufler? – Eine rechtsvergleichende Untersuchung des britischen und deutschen Rechts unter besonderer Berücksichtigung der europäischen Niederlassungsfreiheit –, Berlin 2006 (zitiert: *Bank*).

Bar, Ludwig von: Gesetz und Schuld im Strafrecht – Fragen des geltenden deutschen Strafrechts und seiner Reform Band I: Das Strafgesetz, Berlin 1906 (zitiert: *von Bar*).

Barthel, Dirk: Deutsche Insolvenzantragspflicht und Insolvenzverschleppungshaftung in Scheinauslandsgesellschaften nach dem MoMiG – Europarechtliche Anforderungen an gläubigerschützende Normen des Aufnahmestaates, Baden-Baden 2009 (zitiert: *Barthel*).

Bather, Andrea: "The Companies Act 1993 and Directors' Duties: Small and Medium Entities are not well catered for", in: Management Papers, University of Waikato, Neuseeland 2006 (zitiert: *Bather*).

Bauer, Brigitte: Untreue durch Cash-Pooling im Konzern, Frankfurt am Main 2008 (zitiert: *Bauer*).

Baumann, Jürgen: „Grenzfälle im Bereich des Verbotsirrtums", in: Stratenwerth/Kaufmann/Geilen/Hirsch/Schreiber/Jakobs/Loos (Hrsg.), Festschrift für Hans Welzel zum 70. Geburtstag, S. 533–542, Berlin, New York 1974 (zitiert: *Baumann*, in: FS-Welzel).

Baumann, Jürgen/Weber, Ulrich/Mitsch, Wolfgang: Strafrecht Allgemeiner Teil, 11. Auflage, Bielefeld 2003 (zitiert: *Baumann/Weber/Mitsch*).

Baumbach, Adolf (Begr.)/Hueck, Alfred: GmbHG – Gesetz betreffend die Gesellschaften mit beschränkter Haftung, 19. Auflage, München 2010 (zitiert: *Bearbeiter*, in: Baumbach/Hueck).

Baumbach, Adolf (Begr.)/ Lauterbach, Wolfgang/Albers, Jan/Hartmann, Peter: Kommentar zur Zivilprozessordnung mit FamFG, GVG und anderen Nebengesetzen, 70. Auflage, München 2012 (zitiert: *Baumbach/Lauterbach/Albers/Hartmann*).

Bayer, Walter: Die EuGH-Entscheidung „Inspire Art“ und die deutsche GmbH im Wettbewerb der europäischen Rechtsordnungen, BB 2003, S. 2357–2366.

Bayer, Walter/Graff, Simone: Das neue Eigenkapitalersatzrecht nach dem MoMiG, DStR 2006, S. 1654–1659.

Bayer, Walter/Hoffmann, Thomas: Die Wahrnehmung der Limited als Rechtsformalternative zur GmbH, GmbHR 2007, S. 414–417.

Bayer, Walter/Schmidt, Jessica: Grenzüberschreitende Sitzverlegung und grenzüberschreitende Restrukturierungen nach MoMiG, Cartesio und Trabrennbahn - Europäischer Rahmen, deutsche lex lata und rechtspolitische Desiderata, ZHR 173 (2009), S. 735–774.

Beckemper, Katharina: Entscheidungsanmerkung zu BGH, Urt. v. 13.4.2010 - 5 StR 428/09, ZJS 2010, S. 554–557.

–: Untreuestrafbarkeit des GmbH-Gesellschafters bei einverständlicher Vermögensverschiebung, GmbHR 2005, S. 592–596.

Becker, Christian: Das Bundesverfassungsgericht und die Untreue: Weißer Ritter oder feindliche Übernahme? - Zum Beschluss des BVerfG vom 23.6.2010 2 BvR 2559/08, HRRS 2010, S. 383–393.

–: Paradigmenwechsel in der Schadensdogmatik oder „Viel Lärm um nichts“? - Zur aktuellen Kontroverse um die sog. „schadensgleiche Vermögensgefährdung,“ HRRS 2009, S. 334–340.

Bedkowski, Dorothea: Die Geschäftsleiterpflichten - Eine rechtsvergleichende Abhandlung zum deutschen und englischen Kapitalgesellschaftsrecht, Berlin 2006 (zitiert: *Bedkowski*).

Behrens, Peter: Gemeinschaftsrechtliche Grenzen der Anwendung inländischen Gesellschaftsrechts auf Auslandsgesellschaften nach Inspire Art, IPRax 2004, S. 20–26.

–: Das Internationale Gesellschaftsrecht nach dem Überseering-Urteil des EuGH und den Schlussanträgen zu Inspire Art, IPRax 2003, S. 193–207.

Benecke, Martina: Existenzvernichtender Eingriff statt qualifiziert faktischer Konzern: Die neue Rechtsprechung des BGH zur Haftung von GmbH-Gesellschaftern, BB 2003, S. 1190–1195.

Benndorf, Bianca: Insolvenzverschleppungshaftung im deutschen und englischen Recht, Hamburg 2008 (zitiert: *Benndorf*).

Berkhan, Matthew/Trotman, Lindsay: Public and Private Enforcement of Company Law in New Zealand 1986–1998, Canterbury Law Review 2000, S. 516–540.

Berner, Olaf/Klöhn, Lars: Insolvenzantragspflicht, Qualifikation und Niederlassungsfreiheit, ZIP 2007, S. 106–114.

Bernsmann, Klaus: Alles Untreue? Skizzen zu Problemen der Untreue nach § 266 StGB, GA 2007, S. 219–237.

Beulke, Werner: „Wirtschaftslenkung im Zeichen des Untreuetatbestands", in: Müller/Sander/Válková (Hrsg.), Festschrift für Ulrich Eisenberg zum 70. Geburtstag, S. 245–269; München 2009 (zitiert: *Beulke*, in: FS-Eisenberg).

Biletzki, Gregor C.: Strafrechtlicher Gläubigerschutz bei fehlerhafter Buchführung durch den GmbH-Geschäftsführer, NStZ 1999, S. 537–541.

Binding, Karl: Lehrbuch des gemeinen deutschen Strafrechts Besonderer Teil Band 1, Neudruck der 2. Auflage Leipzig 1902, Aalen 1969 (zitiert: *Binding*, Lehrbuch des gemeinen deutschen Strafrechts).

–: Handbuch des Strafrechts Erster Band, Leipzig 1885 (zitiert: *Binding*, Handbuch des Strafrechts).

–: Die Normen und ihre Übertretung – Eine Untersuchung über die rechtsmäßige Handlung und die Arten des Delikts Erster Band: Normen und Strafgesetze, Leipzig 1872 (zitiert: *Binding*, Die Normen und ihre Übertretung).

Birds, John (Hrsg.): Annotated Companies Legislation, 2. Auflage, Oxford 2012 (zitiert: *Birds*).

–: (Hrsg.): Boyle & Birds' Company Law, 6. Auflage, Bristol 2007 (zitiert: *Boyle & Birds*).

Birkenstock, Reinhard Georg: Die Bestimmtheit von Straftatbeständen mit unbestimmten Gesetzesbegriffen, Köln 2004 (zitiert: *Birkenstock*).

Birkholz, Matthias: Untreuestrafbarkeit als strafrechtlicher „Preis" der zivilrechtlichen Haftung, Berlin 1998 (zitiert: *Birkholz*).

Bischoff, Ariane: Missbrauch der Limited in Deutschland, ZInsO 2009, S. 164–170.

Bittmann, Folker (Hrsg.): Insolvenzstrafrecht – Handbuch für die Praxis, Berlin 2004 (zitiert: *Bearbeiter*, in: Insolvenzstrafrecht).

–: Dogmatik der Untreue, insbesondere des Vermögensnachteils, NStZ 2012, S. 57–63.

–: Anmerkung zu BGH, Urt. vom 13 April 2010 – 5 StR 428/09, wistra 2010, S. 302–303.

–: Das Ende der Interessentheorie – Folgen auch für § 266 StGB? – Zugleich Anmerkung zu BGH wistra 2009, 275 –, wistra 2010, S. 8–10.

–: GmbHR Kommentar zu BGH, Beschluss vom 31.07.2009 – 2 StR 95/09, GmbHR 2009, S. 1206–1208.

–: Strafrechtliche Folgen des MoMiG, NStZ 2009, S. 113–120.

–: Strafrecht und Gesellschaftsrecht, ZGR 2009, S. 931–980.

–: Kapitalersatz, der 5. Strafsenat des BGH und das MoMiG – zugleich Anmerkung zu BGH, wistra 2008, 379 ff. –, wistra 2009, S. 102–104.

–: Die „limitierte" GmbH aus strafrechtlicher Sicht, GmbHR 2007, S. 70–77.

–: Reform des GmbHG und Strafrecht, wistra 2007, S. 321–325.

Bittmann, Folker/Gruber, Urs Peter: Limited – Insolvenzantragspflicht gemäß § 15a InsO: Europarechtlich unwirksam? GmbHR 2008, S. 867–873.

Bittmann, Folker/Richter, Susann: Zum Geschädigten bei der GmbH- und der KG-Untreue, wistra 2005, S. 51–54.

Boese, Stephan: Strukturprinzipien im Gläubigerschutz – Eine rechtsvergleichende Untersuchung zur GmbH und zur englischen Limited Company, Frankfurt am Main 2009 (zitiert: *Boese*).

Bollenbacher, Philipp: Keine Verletzung der Niederlassungsfreiheit durch nationale Beschränkungen des Wegzugs von Gesellschaften, RIW 2009, S. 150–154.

Borges, Georg: Die Sitztheorie in der Centros-Ära: Vermeintliche Probleme und unvermeidliche Änderungen, RIW 2000, S. 167–178.

–: Gläubigerschutz bei ausländischen Gesellschaften mit inländischem Sitz, ZIP 2004, S. 733–744.

Bosch, Nikolaus/Lange, Knut Werner: Unternehmerischer Handlungsspielraum des Vorstandes zwischen zivilrechtlicher Verantwortung und strafrechtlicher Sanktion, JZ 2009, S. 225–237.

Böse, Martin: Verweisungen auf das EU-Recht und das Bestimmtheitsgebot (Art. 103 Abs. 2 GG), in: Amelung/Günther/Kühne (Hrsg.), Festschrift für Volker Krey zum 70. Geburtstag, S. 7–25, Stuttgart 2010 (zitiert: *Böse*, in: FS-Krey).

Böttcher, Lars/Hassner, Florian: Inhabilität des strafrechtlich verurteilten Geschäftsführers nach MoMiG – Die zeitliche Dimension des neuen § 6 Abs. 2 Nr. 3 lit. e) GmbHG, GmbHR 2009, S. 1321–1325.

Bourne, Nicholas: Bourne on Company Law, 5. Auflage, New York 2011 (zitiert: *Bourne*).

Brammsen, Joerg: Aufsichtsratsuntreue, ZIP 2009, S. 1504–1511.

Brand, Christian: Abschied von der Interessentheorie – und was nun? – Besprechung von BGH, Beschl. v. 10.2.2009 – 3 StR 372/08, NStZ 2010, S. 9–13.

Brand, Christian/Petermann, Stefan: Der „Deal" im Strafverfahren, das Negativattest und die Beweiskraft des Protokolls, NJW 2010, S. 268–271.

Braum, Stefan: Europäische Strafgesetzgebung: Demokratische Strafgesetzlichkeit oder administrative Opportunität? – Besprechung des Urteils des EuGH vom 13. September 2005, Rs. C-176/03 –, wistra 2006, S. 121–125.

Brinkmeier, Thomas/Mielke, Reinhard: Die Limited (Ltd.) – Recht, Steuern, Beratung, Wiesbaden 2007 (zitiert: *Brinkmeier/Mielke*).

Brocker, Moritz: „In the Line of Fire" – Die Pflichten des Directors und die vereinfachte Kapitalherabsetzung nach dem Companies Act 2006, GmbHR 2009, S. 477–480.

Brugger, Winfried: Rechtsprobleme der Verweisung im Hinblick auf Publikation, Demokratie und Rechtsstaat, VerwArch 78 (1987), S. 1–44.

Brüning, Janique/Samson, Erich: Bankenkrise und strafrechtliche Haftung wegen Untreue gem. § 266 StGB; ZIP 2009, S. 1089–1094.

Bruns, Hans-Jürgen: Die Befreiung des Strafrechts vom zivilistischen Denken – Beiträge zu einer selbständigen, spezifisch strafrechtlichen Auslegungs- und Begriffsmethodik, Berlin 1938 (zitiert: *Bruns*).

Büchel, Helmut: Kapitalaufbringung, insbesondere Regelung der verdeckten Sacheinlage nach dem Regierungsentwurf des MoMiG, GmbHR 2007, S. 1065–1071.

Buchmann, Thomas: Die Insolvenz der englischen Limited in Deutschland – De lege lata sowie im Gefüge der Modernisierung des europäischen Gesellschaftsrechts, Baden-Baden 2007 (zitiert: *Buchmann*).

Burg, Michael/Müller-Seils, Carsten: Neue dogmatische Verankerung des existenzvernichtenden Eingriffs – Anm. zu BGH Urt. v. 16.7.2007 II ZR 3/04, ZInsO 2007, S. 929–931.

Busch, Dirk: Konzernuntreue, Frankfurt am Main 2004 (zitiert: *Busch*).

Bussmann, Kai-D./Salvenmoser, Steffen: Internationale Studie zur Wirtschaftskriminalität, NStZ 2006, S. 203–209.

Cadus, Joachim M.: Die faktische Betrachtungsweise – Ein Beitrag zur Auslegung im Strafrecht, Berlin 1984 (zitiert: *Cadus*).

Calliess, Christian/Ruffert, Matthias (Hrsg.): EUV/AEUV Kommentar, 4. Auflage, München 2011 (zitiert: *Bearbeiter*, in: Calliess/Ruffert).

Cappel, Alexander: Grenzen auf dem Weg zu einem europäischen Untreuestrafrecht – Das Mannesmann-Verfahren und § 266 StGB als Beispiele eines expansiven Wirtschaftsstrafrechts, Frankfurt am Main 2009 (zitiert: *Cappel*).

Casper, Matthias/ Weller, Marc-Philippe: Mobilität und grenzüberschreitende Umstrukturierung der SE, NZG 2009, S. 681–686.

Charlesworth, John (Begr.): Charlesworth's Company Law, 18. Auflage, London 2010 (zitiert: *Charlesworth's Company Law*).

Christ, Caroline: Englische Private Limited und französische Société á Responsabilité Limitée – Ein Ausweg aus den Fesseln der GmbH?, Baden-Baden 2008 (zitiert: *Christ*).

Clausnitzer, Jochen: Die Novelle des Internationalen Gesellschaftsrecht – Auswirkungen auf das deutsche Firmenrecht, NZG 2008, S. 321–326.

Cornils, Karin: Die Fremdrechtsanwendung im Strafrecht insbesondere bei der Auslegung rechtlich-normativer Tatbestandsmerkmale, Berlin 1978. (zitiert: *Cornils*).

–: Der Begehungsort von Äußerungsdelikten im Internet, JZ 1999, S. 394–398.

Dahs, Hans: § 266 StGB – allzu oft missverstanden, NJW 2002, S. 272–273.

Dannecker, Gerhard: Das intertemporale Strafrecht, Tübingen 1993 (zitiert: *Dannecker*).

–: Die Dynamik des materiellen Strafrechts unter dem Einfluss europäischer und internationaler Entwicklungen, ZStW 117 (2005), S. 697–748.

Dannecker, Gerhard/Knierim, Thomas C./Hagemeier, Andrea (Hrsg.): Insolvenzstrafrecht, 2. Auflage, Heidelberg u.a. 2012 (zitiert: *Bearbeiter*, in: Insolvenzstrafrecht).

Däubler, Wolfgang/Heuschmid, Johannes: Cartesio und MoMiG – Sitzverlagerung ins Ausland und Unternehmensmitbestimmung, NZG 2009, S. 493–496.

Dauner-Lieb, Barbara: Die Existenzvernichtungshaftung als deliktische Innenhaftung gemäß § 826 BGB, ZGR 2008, S. 34–47.

–: Die Existenzvernichtungshaftung – Schluss der Debatte?, DStR 2006, S. 2034–2041.

Davies, Paul L./Worthington Sarah: Gower and Davies' Principles of Modern Company Law, 9. Auflage, London 2012 (zitiert: *Gower & Davies*).

Dehne-Niemann, Jan: Ein Abgesang auf die Interessentheorie bei der Abgrenzung von Untreue und Bankrott – zugleich Anmerkung zu BGH wistra 2009, 275 –, wistra 2009, S. 417–424.

Deiters, Mark: Organuntreue durch Spenden und prospektiv kompensationslose Anerkennung, ZIS 2006, S. 152–160.

Dernedde, Ines: Companies Act 2006: Auswirkungen auf die englische Limited in Deutschland, NJ 2007, S. 443–445.

Dierlamm, Alfred: Neue Entwicklungen bei der Untreue – Loslösung des Tatbestandes von zivilrechtlichen Kategorien?, StraFo 2005, S. 397–408.

–: Untreue – ein Auffangtatbestand? NStZ 1997, S. 534–536.

Dietmeier, Frank: Blankettstrafrecht – Ein Beitrag zur Lehre vom Tatbestand, Marburg 2002 (zitiert: *Dietmeier*).

Dignam, Alan/Lowry, John P.: Company Law, 6. Auflage, Oxford 2010 (zitiert: *Lowry/Dignam*).

Dine, Janet/Koutsias, Marios: Company law, 6. Auflage, Basingstoke 2007 (zitiert: *Dine/Koutsias*).

Dinter, Lasse: Der Pflichtwidrigkeitsvorsatz der Untreue, Heidelberg u. a. 2012 (zitiert: *Dinter*).

Dittrich, Elisabeth: Die Untreuestrafbarkeit von Aufsichtsratsmitgliedern bei der Festsetzung überhöhter Vorstandsvergütungen – Zugleich ein Beitrag zur rechtlichen Behandlung von Vorstandsvergütungen in deutschen Aktiengesellschaften, Berlin 2007 (zitiert: *Dittrich*).

Dölle, Hans: Über die Anwendung fremden Rechts, GRUR 1957, S. 56–63.

Dreher, Eduard: Das Strafrecht hat seine eigenen Methoden, GA 1969, S. 56–61.

Dreher, Meinhard: Überformung des Aktienrechts durch die Rechtsprechung von Straf- und Verwaltungsgerichten?, AG 2006, S. 213–223.

Drinhausen, Florian/Gesell, Harald: Gesellschaftsrechtliche Gestaltungsmöglichkeiten grenz-überschreitender Mobilität von Unternehmen in Europa, BB-Special 8, 2006, S. 3–17.

Drouven, Ralph/Mödl, Robert: US-Gesellschaften mit Hauptverwaltungssitz in Deutschland im deutschen Recht, NZG 2007, S. 7–13.

Drygala, Tim: Kurzkommentar zu EuGH, Urt. v. 30.9.2003 – Rs. C-167/01, EWiR 2003, S. 1029–1030.

du Bois-Pedain, Antje: Die Strafbarkeit untreueartigen Verhaltens im englischen Recht: „Fraud by abuse of position" und andere einschlägige Strafvorschriften, ZStW 122 (2010), S. 325–353.

Duys, Oliver: „Auslands-Kapitalgesellschaft & Co KG" Systemimmanente Grenzen – Europarechtliche Einflüsse, Regensburg 2001 (zitiert: *Duys*).

Ebert, Sabine/Levedag, Christian: Die zugezogene „private company Limited by shares (Ltd.)" nach dem Recht von England und Wales als Rechtsformalternative für in- und ausländische Investoren in Deutschland, GmbHR 2002, S. 1337–1346.

Ebke, Werner F.: Das Centros-Urteil des EuGH und seine Relevanz für das deutsche Internationale Gesellschaftsrecht, JZ 1999, S. 656–661.

Ehricke, Ulrich: Konzeptionelle Probleme der Europäischen Privatgesellschaft, KSzW 2010, S. 6–14.

Eidenmüller, Horst (Hrsg.): Ausländische Kapitalgesellschaften im deutschen Recht, München 2004 (zitiert: *Bearbeiter*, in: Ausländische Kapitalgesellschaften im deutschen Recht).

–: Die GmbH im Wettbewerb der Rechtsformen, ZGR 2007, S. 168–211.

–: Forschungsperspektiven im Unternehmensrecht, JZ 2007, S. 487–494.

–: Gesellschaftsstatut und Insolvenzstatut, RabelsZ 2006, S. 474–504.

–: Geschäftsleiter- und Gesellschafterhaftung bei europäischen Auslandsgesellschaften mit tatsächlichem Inlandssitz, NJW 2005, S. 1618–1621.

–: Mobilität und Restrukturierung von Unternehmen im Binnenmarkt – Entwicklungsperspektiven des europäischen Gesellschaftsrechts im Schnittfeld von Gemeinschaftsgesetzgeber und EuGH, JZ 2004, S. 24–33.

–: Wettbewerb der Gesellschaftsrechte in Europa – Zugleich Besprechung der Urteils des Europäischen Gerichtshofs vom 5.11.2002 in der Rechtssache C-208/00 (Überseering BV gegen Nordic Construction Company Baumanagement GmbH), ZIP 2002, S. 2233–2245.

Eidenmüller, Horst/Engert, Andreas/ Hornuf, Lars: Vom Wert der Wahlfreiheit: Eine empirische Analyse der Societas Europaea als Rechtsformalternative, AG 2009, S. 845–855.

Eidenmüller, Horst/Rehm, Gebhard M.: Niederlassungsfreiheit versus Schutz des inländischen Rechtsverkehrs: Konturen des Europäischen Internationalen Gesellschaftsrechts – zugleich eine Besprechung der Entscheidung Inspire Art, ZGR 2004, S. 159–188.

Eidenmüller, Horst/Rehm, Gebhard M.: Niederlassungsfreiheit versus Schutz des inländischen Rechtsverkehrs: Konturen des Europäischen Internationalen Gesellschaftsrechts – Zugleich eine Besprechung der Entscheidung Inspire Art, ZGR 2004, S. 159–188.

Eisner, Helmut: Kapitalersatz- und Insolvenzverschleppungshaftung im Fall der Scheinauslandsgesellschaft, ZInsO 2005, S. 20–23.

Enderle, Bettina: Blankettstrafgesetze – Verfassungs- und strafrechtliche Probleme von Wirtschaftsstraftatbeständen, Frankfurt am Main 2000 (zitiert: *Enderle*).

Engisch, Karl: „Die normativen Tatbestandsmerkmale im Strafrecht", in Engisch/Maurach/Gallas (Hrsg.), Festschrift für Edmund Mezger zum 70. Geburtstag, S. 127–145, München, Berlin 1954 (zitiert: *Engisch*, in: FS-Mezger).

Englisch, Bernhard: Untreue abschaffen – nein danke!, NJW 2005, S. 2974–2975.

Englisches Handels- und Wirtschaftsrecht: hrsg. von Triebel, Volker/Illmer, Martin/Ringe, Wolf-Georg/Vogenauer, Stefan/Ziegler, Katja, 3. Auflage, Frankfurt am Main 2012 (zitiert: *Bearbeiter*, in: Englisches Handels- und Wirtschaftsrecht).

Ensenbach, Kai: Der Vermögensschutz einer Auslands-GmbH im deutschen Strafrecht – ebenso ein Beitrag zur Bestimmung des Ortes des Vermögens –, wistra 2011, S. 4–11.

Eser, Albin: Das „Internationale Strafrecht" in der Rechtsprechung des Bundesgerichtshofs, in: Canaris (Hrsg.), 50 Jahre Bundesgerichtshof: Festgabe aus der Wissenschaft, München 2000, S. 3–28 (zitiert: *Eser*, in: 50 Jahre Bundesgerichtshof).

Europäisches Strafrecht: hrsg. von Sieber, Ulrich/Brüner, Franz-Hermann/Satzger, Helmut/Heintschel-Heinegg, Bernd von, Baden Baden 2011 (zitiert: *Bearbeiter*, in: Europäisches Strafrecht).

Faller, Hans Joachim: Das Analogieverbot im Wirtschaftsstrafrecht, DB 1972, S. 1757–1760.

Farrar, John Hynes: Corporate Governance – Theories, Principles and Practice, 3. Auflage, South Melbourne 2008 (zitiert: *Farrar*).

–: (Hrsg.): Company and Securities Law in New Zealand, Wellington 2008 (*Bearbeiter*, in: Company and Securities Law in New Zealand).

Fehling, Michael/Faust, Florian/Rönnau, Thomas: Durchblick: Grund und Grenzen des Eigentums- und Vermögensschutzes, JuS 2006, S. 18–25.

Fischer, Thomas: Strafgesetzbuch und Nebengesetze, 59. Auflage, München 2012 (zitiert: *Fischer*).

–: Strafgesetzbuch und Nebengesetze, 58. Auflage, München 2011 (zitiert: *Fischer*, 58. Aufl.).

Fleischer, Holger: Konzernuntreue zwischen Straf- und Gesellschaftsrecht: Das Bremer Vulkan-Urteil, NJW 2004, S. 2867–2870.

–: Gläubigerschutz in der kleinen Kapitalgesellschaft: Deutsche GmbH versus englische private limited company, DStR 2000, S. 1015–1021.

Foffani, Luigi: Untreuestrafbarkeit im französischen und italienischen Recht, ZStW 122 (2010), S. 374–385.

–: Die Untreue im rechtsvergleichenden Überblick, in: Sieber/Dannecker/Kindhäuser/Vogel/Walter (Hrsg.), Festschrift für Klaus Tiedemann zum 70. Geburtstag, S. 767–787, Köln 2008 (zitiert: *Foffani*, in: FS-Tiedemann).

–: „Handelsgesellschafts- und Insolvenzstrafrecht“, in: Tiedemann (Hrsg.), Wirtschaftsstrafrecht in der Europäischen Union – Rechtsdogmatik Rechtsvergleich Rechtspolitik –, Freiburg-Symposium, S. 311–333; Köln u. a. 2002 (zitiert: *Foffani*, in: Wirtschaftsstrafrecht in der Europäischen Union).

Forkel, Hans-Walter: Grenzüberschreitende Umweltbelastungen und deutsches Strafrecht – Zugleich ein Beitrag zur Lehre von der Funktion und Legitimation des Strafrechts –, Kiel 1988 (zitiert: *Forkel*).

Freitag, Robert/Riemenschneider, Markus: Die Unternehmergesellschaft – „GmbH light“ als Konkurrenz für die Limited?, ZIP 2007, S. 1485–1492.

French, Derek/Mayson, Stephen/Ryan, Christopher: Mayson, French & Ryan on Company Law, 28. Auflage 2011/2012, Oxford 2011 (zitiert: *Mayson/French/Ryan*).

Frenz, Walter/Wübbenhorst, Hendrik J.C.: Die Europäisierung des Strafrechts nach der Lissabon-Entscheidung des BVerfG, wistra 2009, S. 449–452.

Fröhlich, Claus W./Strasser, Christian: Die Limited als Einzelkaufmann mit beschränkter Haftung? Deliktsrechtliche Gegenargumente, ZIP 2006, S. 1182–1186.

Garner, Bryan A. (Hrsg.): Black's Law Dictionary, 7. Auflage, St. Paul 1999 (zitiert: Black's Law Dictionary).

Gehb, Jürgen/Drange, Günter/Heckelmann, Martin: Gesellschaftsrechtlicher Typenzwang als Zwang zu neuem Gesellschaftstyp? – Gemeinschaftsrecht fordert deutsche UGG, NZG 2006, S. 88–96.

Gehrlein, Markus: Einverständliche verdeckte Gewinnentnahmen der Gesellschafter als Untreue (§ 266 StGB) zu Lasten der GmbH, NJW 2000, S. 1089–1090.

Gerkau, Frank H.: Untreue und objektive Zurechnung – Eine Untersuchung zur Restriktion der Untreuestrafbarkeit auf der Ebene des objektiven Tatbestandes, Hamburg 2008 (zitiert: *Gerkau*).

Geuenich, Marcus/Höwer, Britta: Die neue gesetzliche Normierung strafrechtlicher Verständigungen – Berührungspunkte und Parallelen zu steuerlichen Absprachen, DStR 2009, S. 2320–2324.

Gloger, Christian/Goette, Constantin van Huet, Fabienne: Die neue Rechtsprechung zur Existenzvernichtungshaftung mit Ausblick in das englische Recht (Teil 1), DStR 2008, S. 1141–1164.

–: Die neue Rechtsprechung zur Existenzvernichtungshaftung mit Ausblick in das englische Recht (Teil 2), DStR 2008, S. 1194–1197.

Goette, Wulf: Einführung in das neue GmbH-Recht mit Materialien zum Gesetz zur Modernisierung des GmbH-Rechts und zur Bekämpfung von Missbräuchen (MoMiG), München 2008 (zitiert: *Goette*).

–: Aus der neueren Rechtsprechung des BGH zum GmbH Recht, ZIP 2005, S. 1481–1489.

Golombek, Tine: Der Schutz ausländischer Rechtsgüter im System des deutschen Strafanwendungsrechts, Berlin 2010 (zitiert: *Golombek*).

Goode, Royston Miles: Principles of Corporate Insolvency Law, 4. Auflage, London 2011 (zitiert: *Goode*).

Gössel, Karl Heinz: Anmerkung zum Urteil des OLG Köln v. 22.11.1977 – Ss 397/77, JR 1978, S. 469–473.

Graf, Helmut/Bisle, Michael: Besteuerung und Rechnungslegung der britischen „private company Limited by shares“ (Limited) – Teil II, IStR 2004, S. 873–875.

Gräfe, Gerald: Gläubigerschutz bei der englischen Limited mit Verwaltungssitz in Deutschland, Frankfurt am Main 2010 (zitiert: *Gräfe*).

–: Director's fiduciary duties als Gläubigerschutzinstrumente bei britischen Limiteds mit Verwaltungssitz in Deutschland – Zugleich Besprechung des Urteils des AG Bad Segeberg vom 24.3.2005 – 17 C 289/04, DZWIR 2005, S. 410–414.

Grantham, Ross/Rickett, Charles: Company and Securities Law – Commentary and Materials, New Zealand Brooker 2002 (zitiert: *Grantham/Rickett*).

Grau, Carsten/Airey, Simon/Frick, Stefan: Neuere Strafbarkeitsrisiken im Geschäftsverkehr mit England & Wales – The Fraud Act 2006, BB 2009, S. 1426–1431.

Greulich, Sven/Bunnemann, Jan: Geschäftsführerhaftung für zur Zahlungsunfähigkeit führende Zahlungen an die Gesellschafter nach § 64 II 3 GmbHG-RefE – Solvenztest im deutschen Recht?, NZG 2006, S. 681–687.

Greulich, Sven/Rau, Thomas: Zur Insolvenzverursachungshaftung des Geschäftsleiters einer Auslandsgesellschaft mit Inlandsverwaltungssitz, NZG 2008, S. 565–569.

Gribbohm, Günter: Untreue zum Nachteil der GmbH – Zur Harmonisierung zivil- und strafrechtlicher Pflichten des GmbH-Geschäftsführers und -Gesellschafters –, ZGR 1990, S. 1–30.

Grigoleit, Hans Christoph: Gesellschafterhaftung für interne Einflussnahme im Recht der GmbH – Dezentrale Gewinnverfolgung als Leitprinzip des dynamischen Gläubigerschutzes, München 2006 (zitiert: *Grigoleit*).

Groß, Bernd: Die strafrechtliche Verantwortlichkeit faktischer Vertretungsorgane bei Kapitalgesellschaften, Berlin 2007 (zitiert: *Groß*).

Gross, Bernd/Schork, Alexander T.: Strafbarkeit des directors einer Private Company Limited by Shares wegen verspäteter Insolvenzantragstellung, NZI 2006, S. 10–15.

Großfeld, Bernhard: Die „ausländische juristische Person & Co. KG", IPRax 1986, S. 351–355.

Grünewald, Anette: Zivilrechtlich begründete Garantenpflicht im Strafrecht?, Berlin 2001 (zitiert: *Grünewald*).

Günther, Hans Ludwig: „Die Untreue im Wirtschaftsrecht", in: Heinrich/Hilgendorf/Mitsch/ Sternberg-Lieben (Hrsg.), Festschrift für Ulrich Weber zum 70. Geburtstag, S. 311–317, Bielefeld 2004 (zitiert: *Günther*, in: FS-Weber).

Haarmann, Wilhelm/Schüppen, Matthias (Hrsg.): Frankfurter Kommentar zum Wertpapiererwerbs- und Übernahmegesetz, 3. Auflage, Frankfurt am Main 2008 (zitiert: *Bearbeiter*, in: Haarmann/Schüppen).

Haas, Ulrich: Mindestkapital und Gläubigerschutz in der GmbH, DStR 2006, S. 993–1000.

Habersack, Mathias/Verse, Dirk A.: Europäisches Gesellschaftsrecht, 4. Auflage, München 2011 (zitiert: *Habersack/Verse*).

–: Wrongful Trading – Grundlage einer europäischen Insolvenzverschleppungshaftung?, ZHR 168 (2004), S. 174–215.

Haffke, Bernhard: Symbolische Gesetzgebung? – Das Wirtschaftsstrafrecht in der Bundesrepublik Deutschland, KritV 1991, S. 165–176.

Hamm, Rainer: Kann der Verstoß gegen Treu und Glauben strafbar sein?, NJW 2005, S. 1993–1995.

–: Wie man in richterlicher Unabhängigkeit vor unklaren Gesetzeslagen kapituliert, NJW 2001, S. 1694–1696.

Hanft, Christian: Strafrechtliche Probleme im Zusammenhang mit der Einmann-GmbH – Für und Wider eines Schutzes zivilrechtlich formalisierter Rechtspositionen durch das Strafrecht, Baden-Baden 2006 (zitiert: *Hanft*).

Hannigan, Brenda: Company Law, 3. Auflage, Oxford 2012 (zitiert: *Hannigan*).

Hantschel, Ulrike: Untreuevorsatz – Eine Untersuchung zu Begriff und Beweis des Vorsatzes bei § 266 StGB, Berlin 2010 (zitiert: *Hantschel*).

Happ, Wilhelm/Holler, Lorenz: „Limited“ statt GmbH? – Risiken und Kosten werden gern verschwiegen, DStR 2004, S. 730–736.

Hartmann, Beatrice Maria: Die Insolvenzantragspflicht des faktischen Organs – Im Vergleich zu den insolvenzrechtlichen Pflichten des de facto director und des shadow director im englischen Recht, Frankfurt am Main 2005 (zitiert: *Hartman*).

Hase, Karl von: Insolvenzantragspflicht für directors einer Limited in Deutschland, BB 2006, S. 2141–2149.

Hassemer, Winfried: Die Basis des Wirtschaftsstrafrechts, wistra 2009, S. 169–174.

Haug, Felix: Ex-post-Gläubigerschutz in der private company Limited by shares, Sipplingen 2009 (zitiert: *Haug*).

Hecker, Bernd: Europäisches Strafrecht, 4. Auflage, Berlin, Heidelberg 2012 (zitiert: *Hecker*).

–: Sind die nationalen Grenzen des Strafrechts überwindbar? Die Harmonisierung des materiellen Strafrechts in der europäischen Union, JA 2007, S. 561–567.

Heckschen, Heribert: Die GmbH-Reform – Wege und Irrwege, DStR 2007, S. 1442–1451.

Hefendehl, Roland: Außerstrafrechtliche und strafrechtliche Instrumentarien zur Eindämmung der Wirtschaftskriminalität, ZStW 119 (2007), S. 816–847.

–: Die technische Prävention und das Strafrecht, NJ 2006, S. 17–19.

Heger, Martin: Die Europäisierung des deutschen Umweltstrafrechts, Tübingen 2009 (zitiert: *Heger*).

Heidelberger Kommentar zur Strafprozessordnung: hrsg. von *Gercke, Björn/ Julius, Karl-Peter/Temming, Dieter/ Zöller, Mark A.*, 5. Auflage, Heidelberg u. a. 2012 (zitiert: *Bearbeiter*, in: Heidelberger Kommentar).

Heidenhain, Martin: Ausländische Kapitalgesellschaften mit Verwaltungssitz in Deutschland, NZG 2002, 1141–1143.

Heinrich, Christoph: Die Reform des GmbH-Rechts, Steuer und Studium 2009, S. 213–219.

Heinz, Volker G./ Hartung, Wilhelm: Die englische Limited – Eine Darstellung des Gesellschafts- und Steuerrechts mit Gesetzesauszügen und Mustern, 3. Auflage, Baden-Baden 2012 (zitiert: *Heinz/Hartung*).

Heinz, Volker, G.: Die Haftung in GmbH und englischer Limited – Zur Haftung der Geschäftsführer (Directors) und Gesellschafter (Members), AnwBl 2005, S. 417–419.

Heitsch, Joachim: Zur Bedeutung des Urt. des BGH v. 16.7.2007 – II ZR 3/04 („TRIHOTEL“) für die Organhaftung unter Einbeziehung der Englischen Ltd., ZInsO 2007, S. 961–965.

Hellmann, Uwe: Risikogeschäfte und Untreuestrafbarkeit, ZIS 2007, S. 433–443.

Hellmann, Uwe/ Beckemper, Katharina: Wirtschaftsstrafrecht, 3. Auflage, Stuttgart 2010 (zitiert: *Hellmann/Beckemper*, Wirtschaftsstrafrecht).

–: Fälle zum Wirtschaftsstrafrecht, 2. Auflage, Stuttgart 2010 (zitiert: *Hellmann/ Beckemper*, Fälle zum Wirtschaftsstrafrecht).

Helmrich, Jan: Zur Abkehr der Interessentheorie bei Insolvenzstraftaten (§§ 283–283c StGB) – zugleich eine Besprechung von BGH, Beschl. v. 10.2.2009 – 3 StR 372/08 (LG Oldenburg), ZInsO 2009, S. 1475–147.

Henssler, Martin/Mansel, Heinz-Peter: Die Limited Liability Partnership als Organisationsform anwaltlicher Berufsausübung, NJW 2007, S. 1393–1400.

Hentschke, Helmar: Der Untreueschutz der Vor-GmbH vor einverständlichen Schädigungen, Berlin 2002 (zitiert: *Hentschke*).

Henze, Hartwig: Aspekte des Insolvenzrechts an der Schnittstelle zum Gesellschaftsrecht, WM 2006, S. 1653–1661.

Hermann, Paul Philipp: Die Begrenzung der Untreuestrafbarkeit in der Wirtschaft am Beispiel der Bankenuntreue – Eine Untersuchung des § 266 StGB aus wirtschaftsstrafrechtlicher Perspektive unter besonderer Berücksichtigung der objektiven Zurechnung, Hamburg 2011 (zitiert *Hermann*).

Herrler, Sebastian: Ermöglichung grenzüberschreitender Verschmelzungen von Kapitalgesellschaften durch Änderung des Umwandlungsgesetzes, EuZW 2007, S. 295–300.

Herrler, Sebastian/Schneider, Susanne: Go ahead, come back – von der Limited (zurück) zur GmbH – Zivil- und steuerrechtliche Grundlagen mit Erfahrungsbericht, DStR 2009, S. 2433–2240.

Herschel, Wilhelm: Regeln der Technik, NJW 1968, S. 617–623.

Herzberg, Dietrich: Das Wahndelikt in der Rechtsprechung des BGH, JuS 1980, S. 469–480.

Hiebl, Stefan: Neue strafrechtliche Risiken durch die Neufassung des Straftatbestandes der Insolvenzverschleppung in § 15a InsO infolge des MoMiG vom 01.11.2008, in: Hiebl/Kassebohm/Lilie (Hrsg.), Festschrift für Volkmar Mehle zum 65. Geburtstag am 11.11.2009, S. 273–306, Baden-Baden 2009 (zitiert: *Hiebl*, in: FS-Mehle).

Hinderer, Patrick Alf: Insolvenzstrafrecht und EU-Niederlassungsfreiheit am Beispiel der englischen private company Limited by shares, Freiburg 2010 (zitiert: *Hinderer*).

Hinghaus, Matthias/Höll, Christian/Hüls, Silke/Ransiek, Andreas: Inhabilität nach § 6 Abs. 2 Nr. 3 GmbHG und Rückwirkungsverbot, wistra 2010, S. 291–294.

Hirte, Heribert: Kapitalgesellschaftsrecht, 7. Auflage, Köln 2012 (zitiert: *Hirte*).

–: Die „Große GmbH-Reform“ – Ein Überblick über das Gesetz zur Modernisierung des GmbH-Rechts und zur Bekämpfung vom Missbräuchen (MoMiG), NZG 2008, S. 761–766.

–: Neuregelungen mit Bezug zum gesellschaftsrechtlichen Gläubigerschutz und im Insolvenzrecht durch das Gesetz zur Modernisierung des GmbH-Rechts und zur Bekämpfung von Missbräuchen (MoMiG), ZInsO 2008, S. 689–706.

–: Die Entwicklung des Unternehmens- und Gesellschaftsrechts in Deutschland in den Jahren 2005 bis 2006, NJW 2007, S. 817–824.

Hirte, Heribert/Brücker, Thomas (Hrsg.): Grenzüberschreitende Gesellschaften – Ein Praxishandbuch für ausländische Kapitalgesellschaften mit Sitz im Inland, 2. Auflage, Köln, Berlin, München 2006 (zitiert: *Bearbeiter*, in: Grenzüberschreitende Gesellschaften).

Höf, Julia: Untreue im Konzern, Herbholzheim 2006 (zitiert: *Höf*).

Hoffmann, Jochen: Die stille Bestattung der Sitztheorie durch den Gesetzgeber, ZIP 2007, S. 1581–1589.

–: Das Anknüpfungsmoment der Gründungstheorie, ZVglRWiss 101 (2002), S. 283–308.

Hoffmann, Niels: Reichweite der Niederlassungsfreiheit: bis in das Strafrecht?, in: Sandrock/Wetzler (Hrsg.) Deutsches Gesellschaftsrecht im Wettbewerb der Rechtsordnungen, Heidelberg 2004, S. 227–265 (zitiert: *Hoffmann*, in: Deutsches Gesellschaftsrecht im Wettbewerb der Rechtsordnungen).

Hohmann, Olaf: Gedanken zur Akzessorietät des Strafrechts, ZIS 2007, S. 38–48.

Hohn, Kristian: Die „äußersten" Grenzen des erlaubten Risikos bei Entscheidungen über die Verwendung von Gesellschaftsvermögen – Anmerkung zum Urteil des BGH im sog. Mannesmann-Verfahren, wistra 2006, S. 161–164.

Höhne, Thorsten: Die Ltd. & Co.KG – Gesellschaftsrechtliche und kollisionsrechtliche Aspekte der Beteiligung einer englischen Limited als Komplementärin einer deutschen Kommanditgesellschaft, Berlin 2011 (zitiert: *Höhne*).

Hohnel, Andreas: Die strafrechtliche Verantwortung des Directors einer Limited – Anwendbarkeit deutscher Strafrechtsnormen und Probleme doppelter Rechtshängigkeit, NWB 2007, Fach 18, Fachseite 4547–4550, S. 3709–3712.

Hopt, Klaus J.: Aktionärskreis und Vorstandsneutralität, ZGR 1993, S. 532–566.

Horn, Norbert: Deutsches und europäisches Gesellschaftsrecht und die EuGH-Rechtsprechung zur Niederlassungsfreiheit – Inspire Art –, NJW 2004, S. 893–901.

Huber, Ulrich: „Inländische Insolvenzverfahren über Auslandsgesellschaften nach der Europäischen Insolvenzordnung", in: Schilken/Kreft/Wagner/Eckhardt (Hrsg.), Festschrift für Walter Gerhardt, S. 397–431, Köln 2004 (zitiert: *Huber*, in: FS-Gerhardt).

Hübner, Engelbert: Scheckkartenmissbrauch und Untreue, JZ 1973, S. 407–412.

Hugger, Heiner: Zur strafbarkeitserweiternden richtlinienkonformen Auslegung deutscher Strafvorschriften, NStZ 1993, S. 421–424.

Hungerford-Welch, Peter: Criminal Litigation & Sentencing, 6. Auflage, London 2004 (zitiert: *Hungerford-Welch*).

Jachmann, Monika/Klein, Dennis: Die englische „private Limited company" im deutschen Haftungs- und Steuerrecht, StB 2005, S. 374–379.

Jacob, Thomas: Konzeption der Existenzvernichtungshaftung vor dem Hintergrund des MoMiG-Entwurfs, GmbHR 2007, S. 796–802.

Jaensch, Michael: Der grenzüberschreitende Formwechsel vor dem Hintergrund der Rechtsprechung des EuGH, EWS 2007, S. 97–106.

Jakobs, Günther: Strafrecht Allgemeiner Teil - die Grundlagen und die Zurechnungslehre, 2. Auflage, Berlin 1991 (zitiert: *Jakobs*).

–: „Bemerkungen zur subjektiven Tatseite der Untreue", in: Widmaier/Lesch/Müssig/Wallau (Hrsg.), Festschrift für Hans Dahs, Köln 2005, S. 49–63 (zitiert: *Jakobs*, in: FS-Dahs).

–: Anmerkung zu LG Düsseldorf, Urt. v. 22.7.2004 - XIV 5/03, NStZ 2005, S. 276–278.

–: Untreue-Vorwurf wegen Verletzung gesellschaftsrechtlicher Sonderpflichten - Mannesmann/Vodafone, Urteilsanmerkung zu LG Düsseldorf, Urt. v. 22.7.2004 - XIV 5/03, NStZ 2005, S. 276–278.

Jansen, Nils/Michaels, Ralf: Die Auslegung und Fortbildung im ausländischen Recht, ZZP 116 (2003), S. 3–55.

Jara, Zbigniew: Grenzenlose Mobilität für polnische Gesellschaften nach Inspire Art?, RIW 2006, S. 106–114.

Jarass, Hans. D./Pieroth, Bodo (Hrsg.): Grundgesetz für die Bundesrepublik Deutschland, Kommentar, 12. Auflage, München 2012 (zitiert: *Bearbeiter*, in: Jarass/Pieroth).

Jens, Andreas: Der nationale Strafrechtsanwender unter dem Einfluss des Europäischen Gemeinschaftsrechts – Eine Systematisierung der Einflüsse des Anwendungsvorrang des Gemeinschaftsrechts und der gemeinschaftsrechtskonformen Auslegung im deutschen materiellen Strafrecht, Berlin 2006 (zitiert: *Jens*).

Jensen, Michael C./Meckling, William H.: „Theory of the firm: Managerial behavior, agency costs and ownership structure", Journal of Financial Economics 1976, S. 305–360.

Jescheck, Hans-Heinrich/Weigend, Thomas: Lehrbuch des Strafrechts – Allgemeiner Teil, 5. Auflage, Berlin 1996 (zitiert: *Jescheck/Weigend*).

Joecks, Wolfgang/Miebach, Klaus (Hrsg.): Münchener Kommentar zum Strafgesetzbuch, Band 1 §§ 1–37 StGB, 2. Auflage, München 2011 (zitiert: *Bearbeiter*, in: MüKo).

–: (Hrsg.): Münchener Kommentar zum Strafgesetzbuch Band 4, §§ 263–358 StGB, §§ 1–8, 105, 106 JGG, München 2006 (zitiert: *Bearbeiter*, in: MüKo).

Joerden, Jan C./Szwarc, Andrzey J. (Hrsg.): Europäisierung des Strafrechts in Polen und Deutschland – rechtsstaatliche Grundlagen, Berlin 2007 (zitiert: *Bearbeiter*, in: Europäisierung des Strafrechts in Polen und Deutschland).

Just, Clemens: Die englische Limited in der Praxis – Einschließlich Ltd. & Co. KG, 4. Auflage, München 2012 (zitiert: *Just*, Limited).

–: Englisches Gesellschaftsrecht, München 2008 (zitiert: *Just*, Englisches Gesellschaftsrecht).

–: GmbH versus Limited – Praxisempfehlungen, BC 2006, S. 25–29.

–: Corporate Governance im Vereinigten Königreich, RIW 2004, S. 199–203.

Kahil-Wolff, Bettina/Mosters, Robert: Das Abkommen über die Freizügigkeit EG – Schweiz, EuZW 2001, S. 5–10.

Kaiser, Günther: „Brennpunkte der Wirtschaftskriminologie", in: Sieber/Dannecker/ Kindhäuser/Vogel/Walter (Hrsg.), „Strafrecht und Wirtschaftsstrafrecht", Festschrift für Klaus Tiedemann zum 70. Geburtstag, S. 1583–1598, Köln 2008 (zitiert: *Kaiser*, in: FS-Tiedemann).

Kaligin, Thomas: Strafbarkeitslücken bei inländischen Aktivitäten ausländischer Gesellschaften, RIW 1984, S. 561.

Kargl, Walter: Die Mißbrauchskonzeption der Untreue (§ 266 StGB), ZStW 113 (2001), S. 565–596.

Karsten, Frederik: Gläubigerschutz im Gesellschaftsrecht, NJ 2006, S. 385–392.

Kasiske, Peter: Existenzgefährdende Eingriffe in das GmbH Vermögen mit Zustimmung der Gesellschafter als Untreue, wistra 2005, S. 81–86.

Kasolowsky, Boris: Fiduciary Duties in Company Law, Baden-Baden 2003 (zitiert: *Kasolowsky*).

Kaulen, Dorothee M.: Zur Bestimmung des Anknüpfungsmoments unter der Gründungstheorie – Unter besonderer Berücksichtigung des deutsch-US-amerikanischen Freundschaftsvertrages, IPRax 2008, S. 389–395.

Keay, Andrew: The duty of directors to exercise independent judgement, The Company Lawyer 2008, S. 290–296.

–: Tackling the Issue of the Corporate Objective: An Analysis of the United Kingdom's „Enlightened Shareholder Value Approach", Sydney Law Review 2007, S. 577–612.

–: Enlightened shareholder value, the reform of the duties of company directors and the corporate objective, Lloyd's Maritime and Commercial Law Quarterly 2006, S. 335–361.

–: Wrongful Trading and the liability of company directors: a theoretical perspective, Legal Study 2005, S. 431–461.

Keay, Andrew/Murray, Michael: Making Company Directors Liable: A Comparative Analysis of Wrongful Trading in the United Kingdom an Insolvent Trading in Australia, International Insolvency Review 2005, S. 27–55.

Kegel, Gerhard/Schurig, Klaus : Internationales Privatrecht, 9. Auflage, München 2004 (zitiert: *Kegel/Schurig*).

Kessler, Wolfgang/Eicke, Rolf: Die Limited – Fluch oder Segen für die Steuerberatung?, DStR 2005, S. 2101–2108.

Keul, Thomas: Gesellschaftsrechtliche Pflichtwidrigkeit und Untreue – Anmerkung zu BGH-Urteil vom 18.10–2006 – 2 StR 499/05 („Kanther") –, DB 2007, S. 728–730.

Kieninger, Eva-Maria: Niederlassungsfreiheit als Rechtswahlfreiheit, ZGR 1999, S. 724–749.

Kienle, Florian: Zur Strafbarkeit des Geschäftsleiters einer in Deutschland ansässigen Limited englischen Rechts, GmbHR 2007, S. 696–700.

Kiethe, Kurt: Die zivil- und strafrechtliche Haftung von Vorstandsmitgliedern eines Kreditinstituts für riskante Kreditgeschäfte, WM 2003, S. 861–869.

Kindhäuser, Urs: Strafrecht Allgemeiner Teil, 5. Auflage, Baden-Baden 2011 (zitiert: *Kindhäuser*, Strafrecht AT).

–: Lehr- und Praxiskommentar Strafgesetzbuch, 4. Auflage, Baden-Baden 2010 (zitiert: *Kindhäuser*, LPK-StGB).

–: „Pflichtverletzung und Schadenszurechnung bei der Untreue (§ 266 StGB)", in: Dölling (Hrsg.), „Jus humanum – Grundlagen des Rechts und Strafrechts", Festschrift für Ernst-Joachim Lampe zum 70. Geburtstag, S. 709–726, Bielefeld 2003 (zitiert: *Kindhäuser*, in: FS-Lampe).

Kindhäuser, Urs/Neumann, Ulfrid/ Paeffgen, Hans-Ulrich (Hrsg.): Nomos Kommentar zum Strafgesetzbuch Band 1, 3. Auflage, Baden-Baden 2010 (zitiert: *Bearbeiter*, in: NK).

–: (Hrsg.): Nomos Kommentar zum Strafgesetzbuch Band 2, 3. Auflage, Baden-Baden 2010 (zitiert: *Bearbeiter*, in: NK).

Kindler, Peter: Einführung in das neue IPR des Wirtschaftsverkehrs, Frankfurt am Main 2009 (zitiert: *Kindler*).

–: GmbH-Reform und internationales Gesellschaftsrecht – Auswirkungen auf grenzüberschreitend strukturierte Kapitalgesellschaften, AG 2007, S. 721–731.

–: Die Begrenzung der Niederlassungsfreiheit durch das Gesellschaftsstatut, NJW 2007, S. 1785–1788.

–: „Anerkennung" der Scheinauslandsgesellschaft und Niederlassungsfreiheit (zu BGH, 1.7.2002 - II ZR 380/00), IPRax 2003, S. 41–44.

–: Niederlassungsfreiheit für Scheinauslandsgesellschaften? – Die „Centros"–Entscheidung des EuGH und das internationale Privatrecht, NJW 1999, S. 1993–2000.

Kirch-Heim, Claudio: Sanktionen gegen Unternehmen – Rechtsinstrumente zur Bekämpfung unternehmensbezogener Straftaten, Berlin 2007 (zitiert: *Kirch-Heim*).

Kirch-Heim, Claudio/Samson, Erich: Vermeidung der Strafbarkeit durch Einholung juristischer Gutachten, wistra 2008, S. 81–88.

Kleindiek, Detlef: Materielle Unterkapitalisierung, Existenzvernichtungshaftung und Deliktshaftung - GAMMA, NZG 2008, S. 686–690.

Kleinert, Jens/Probst, Peter: Endgültiges Aus für Sonderanknüpfungen bei (Schein-) Auslandsgesellschaften, DB 2003, S. 2217–2218.

Kleinknecht, Theodor/Müller, Hermann/Reitberger, Leomhard (Begr.): Kommentar zur Strafprozessordnung, Band 4 §§ 226–295; Loseblatt, (zitiert: *Bearbeiter*, in: KMR, Stand).

Knauer, Christoph: Die Strafbarkeit der Bankvorstände für missbräuchliche Kreditgewährung, NStZ 2002, S. 399–404.

Knobbe-Keuk, Brigitte: Umzug von Gesellschaften in Europa, ZHR 154 (1990), S. 325–356.

Knof, Béla/Mock, Sebastian: Das MoMiG und die Auslandsinsolvenz haftungsbeschränkter Gesellschaften – Herausforderung oder Sisyphismus des modernen Gesetzgebers, GmbHR 2007, S. 852–858.

Kobelt, Robert: Internationale Optionen deutscher Kapitalgesellschaften nach MoMiG, „Cartesio“ und „Trabrennbahn“ – zur Einschränkung der Sitztheorie, GmbHR 2009, S. 808–813.

Koch, Harald/Magnus, Ulrich/Winkler von Mohrenfels, Peter: IPR und Rechtsvergleichung – Ein Studien- und Übungsbuch zum Internationalen Privat- und Zivilverfahrensrecht und zur Rechtsvergleichung, 3. Auflage, München 2004 (zitiert: *Koch/Magnus/Winkler von Mohrenfels*).

Koch, Raphael/Eickmann, Marco: Gründungs- oder Sitztheorie? Eine „never ending story“?, AG 2009, S. 73–75.

Kohler, Christian/Knapp, Andreas: Gemeinschaftsrecht und Privatrecht – Zur Rechtsprechung des EuGH im Jahre 2005, ZEuP 2007, S. 484–520.

Kohler, Josef: Internationales Strafrecht, Stuttgart 1917 (zitiert: *Kohler*).

Köke, Jens: Die englische Limited in der Insolvenz, ZInsO 2005, S. 354–358.

Kölbel, Ralf: Über die Wirkung außerstrafrechtlicher Normen auf die Strafrechtsauslegung, GA 2002, S. 403–423.

Kornblum, Udo: Bundesweite Rechtstatsachen zum Unternehmens- und Gesellschaftsrecht (Stand 1.1.2012), GmbHR 2012, S. 728–735.

–: Bundesweite Rechtstatsachen zum Unternehmens- und Gesellschaftsrecht (Stand 1.1.2011), GmbHR 2011, S. 692–699.

–: Bundesweite Rechtstatsachen zum Unternehmens- und Gesellschaftsrecht (Stand 1.1.2010), GmbHR 2010, S. 739–748.

–: Bundesweite Rechtstatsachen zum Unternehmens- und Gesellschaftsrecht (Stand 1.1.2009), GmbHR 2009, S. 1056–1064.

–: Bundesweite Rechtstatsachen zum Unternehmens- und Gesellschaftsrecht (Stand 1.1.2007), GmbHR 2008, S. 19–26.

Korom, Veronika/Metzinger, Peter: Freedom of Establishment for Companies: the European Court of Justice confirms and refines its Daily Mail Decision in the Cartesio Case C-210/06, ECFLR 2009, S. 125–160).

Kötz, Hein: Deutsches Recht und Common Law im Wettbewerb, AnwBl 2010, S. 1–7.

Kraatz, Erik: Zu den Grenzen einer „Fremdrechtsanwendung“ im Wirtschaftsstrafrecht am Beispiel der Untreuestrafbarkeit des Direktors einer in Deutschland ansässigen Private Company Limited by Shares – zugleich eine Anmerkung zu BGH 5 StR 428/09 –, JR 2011, S. 58–65.

Krapp, Christiane: Distanzdelikt und Distanzteilnahme im internationalen Strafrecht, Kiel 1977 (zitiert: *Krapp*).

Kraus, Daniel M.: Konzerninternes Cash Management – der Fall Bremer Vulkan, Neue Ansätze bei der Untreue (§ 266 StGB) und ihre Konsequenzen für die Praxis, JR 2006, S. 51–57.

Krause, Eva Julia: Sonderdelikte im Wirtschaftsstrafrecht, Hamburg 2008 (zitiert: *Krause*).

Krekeler, Wilhelm/Werner, Elke: Unternehmer und Strafrecht, München 2006 (zitiert: *Krekeler/Werner*).

Kreuzer, Karl: Einheitsrecht als Ersatzrecht – Zur Frage der Nichtermittelbarkeit fremden Rechts, NJW 1983, 1943–1948.

Krey, Volker: „Parallelitäten und Divergenzen zwischen strafrechtlichem und öffentlichrechtlichem Gesetzesvorbehalt, in: Schwind (Hrsg.), Festschrift für Günter Blau zum 70. Geburtstag am 18. Dezember 1985, S. 123–150, Berlin, New York 1985 (zitiert: *Krey*, in: FS-Blau).

–: Zur Verweisung auf EWG-Verordnungen in Blankettstrafgesetzen am Beispiel der Entwürfe eines Dritten und Vierten Gesetzes zur Änderung des Weingesetzes, EWR (Schriftenreihe zum deutschen Weinrecht) 1981, S. 109–163.

Krey, Volker/Hellmann, Uwe/Heinrich, Manfred: Strafrecht Besonderer Teil – Band 2 Vermögensdelikte, 16. Auflage, Stuttgart 2012 (zitiert: *Krey/Hellmann/Heinrich*).

Krolop, Kaspar: Mit dem MoMiG vom Eigenkapitalersatz zu einem insolvenzrechtlichen Haftkapitalersatz?, ZIP 2007, S. 1738–1745.

Kropholler, Jan: Internationales Privatrecht – einschließlich der Grundbegriffe des Internationalen Zivilverfahrensrechts, 6. Auflage, Tübingen 2006 (zitiert: *Kropholler*).

Krüger, Frank: Die persönliche Haftung der handelnden Personen einer Private Limited Company im Überblick, ZInsO 2007, S. 861–869.

Krüger, Matthias: Neues aus Karlsruhe zu Art. 103 II GG und § 266 StGB- Bspr. von BVerfG, Beschl. vom 23.6.2010 – 2 BvR 2559/08, NStZ 2011, S. 369–379.

Kubiciel, Michael: Grund und Grenzen strafrechtlicher Anweisungskompetenz der Europäischen Gemeinschaft, NStZ 2007, S. 136–141.

–: Gesellschaftsrechtliche Pflichtwidrigkeit und Untreuestrafbarkeit, NStZ 2005, S. 353–361.

Kudlich, Hans: Strafrecht – Besonderer Teil: Untreue, JuS 2004, S. 1117–1119.

Kudlich, Hans/Oglakcioglu, Mustafa Temmuz: Wirtschaftsstrafrecht, Heidelberg u. a. 2011 (zitiert: *Kudlich/Oglakcioglu*).

Kühl, Kristian: Strafrecht Allgemeiner Teil, 7. Auflage, München 2012 (zitiert: *Kühl*).

Kühne, Hans- Heiner: Europäische Methodenvielfalt und nationale Umsetzung von Entscheidungen Europäischer Gerichte, GA 2005, S. 195–214.

Kuntz, Thilo: Die Insolvenz der Limited mit deutschem Verwaltungssitz – EU Kapitalgesellschaften in Deutschland nach „Inspire Art", NZI 2005, S. 424–432.

Küper, Wilfried: Der ungetreue Verwalter, Jura 1996, S. 205–213.

Kußmaul, Heinz/Richter, Lutz/Ruiner, Christoph: Grenzenlose Mobilität?! – Zum Zuzug und Wegzug von Gesellschaften in Europa, EWS 2009, S. 1–10.

Kutzner, Lars: Einfache gesellschaftsrechtliche Pflichtverletzung als Untreue – Die Kinowelt-Entscheidung des BGH, NJW 2006, S. 3541–3544.

Labinski, Carsten: Zur strafrechtlichen Verantwortlichkeit des directors einer englischen Limited, Freiburg 2010 (zitiert: *Labinski*).

Labsch, Karl Heinz: Einverständliche Schädigung des Gesellschaftsvermögens und Strafbarkeit des GmbH-Geschäftsführers, JuS 1985, S. 602–607.

–: Untreue (§ 266 StGB) – Grenzen und Möglichkeiten einer neuen Deutung, Lübeck 1983 (zitiert: *Labsch*).

Lackner, Karl: Anmerkung zum Beschluss des BGH vom 26.07.1967. 4 StR 38/67, JR 1968, S. 268–270.

Lackner, Karl/Kühl, Kristian: Kommentar zum Strafgesetzbuch, 27. Auflage, München 2011 (zitiert: *Lackner/Kühl*).

Ladiges, Manuel: Strafrechtliche Risiken des „Directors" einer Limited nach dem Fraud Act 2006; wistra 2012, S. 170–173.

Ladiges, Manuel/Pegel, Christian: Neue Pflichten für directors einer Limited durch den Companies Act 2006, DStR 2007, S. 2069–2075.

Lamann, Matthias: Untreue im GmbH-Konzern – Eine Untersuchung zur Anwendung des Untreuetatbestandes auf die konzernierte Gesellschaft mit beschränkter Haftung, Osnabrück 2006 (zitiert: *Lamann*).

Lampe, Ernst-Joachim/Lenckner, Theodor/Stree, Walter/ Tiedemann, Klaus/Weber, Ulrich (Hrsg.): Alternativ-Entwurf eines Strafgesetzbuches Besonderer Teil – Straftaten gegen die Wirtschaft, Tübingen 1977 (zitiert: *Lampe/Lenckner/Stree/Tiedemann/Weber*).

Lange, Richard: Der Strafgesetzgeber und die Schuldlehre, JZ 1956, S. 73–79.

Langkeit, Jochen: BGH: Anwendbarkeit ausländischen Rechts im Rahmen der strafrechtlichen Einziehungsvorschriften, Anmerkung zum Beschluss des BGH vom 8.2.1995, WiB 1995, S. 524–525.

Lanzius, Tim: Anwendbares Recht und Sonderanknüpfungen unter der Gründungstheorie, Frankfurt am Main u. a. 2005 (zitiert: *Lanzius*).

–: Die Directors Disqualification des englischen Rechts – ein Baustein zum Schutz des deutschen Rechtsverkehrs vor Scheinauslandsgesellschaften, ZInsO 2004, S. 296–302.

Laskos, Thomas: Die Strafbarkeit wegen Untreue bei der Kreditvergabe, Baden-Baden 2001 (zitiert: *Laskos*).

Lassmann, Tom: Stiftungsuntreue, Berlin 2008 (zitiert: *Lassmann*).

–: Untreue zu Lasten gemeinnütziger Stiftungen – Strafbarkeitsrisiken im Non-Profit-Bereich, NStZ 2009, S. 473–478.

Lauer, Eva: Der Irrtum über Blankettstrafgesetze am Beispiel des § 106 UrhG, Bonn 1997 (zitiert: *Lauer*).

Lawlor, Daniel G.: Reform der englischen Limited und ihre praktischen Auswirkungen, ZIP 2007, S. 2202–2205.

Lehne, Klaus-Heiner: Entwicklungen und Perspektiven eines Europäischen Gesellschaftsrechts, KSzW 2010, S. 3–5.

Leible, Stefan/ Lehmann, Matthias: Auswirkungen der Löschung einer Private Limited Company auf ihr in Deutschland belegenes Vermögen, GmbHR 2007, S. 1095–1098.

Leimenstoll, Ulrich: Entscheidungsbesprechung BGH, Beschl. v. 31. Juli 2009 – 2 StR 95/09, ZIS 2010, S. 143–148.

Leipziger Kommentar zum Strafgesetzbuch: hrsg. von *Laufhütte, Heinrich Wilhelm/Rissing-van Saan, Ruth/Tiedemann, Klaus*, Erster Band Einleitung §§ 1 bis 31 StGB, 12. Auflage, Berlin 2007 (zitiert: *Bearbeiter*, in: LK).

–: hrsg. von *Jähnke, Burkhard/Laufhütte, Heinrich Wilhelm/ Odersky, Walter*, Erster Band Einleitung §§ 1 bis 31 StGB, 11. Auflage, Berlin 2003 (zitiert: *Bearbeiter*, in: LK, 11. Auflage).

–: hrsg. von *Laufhütte, Heinrich Wilhelm/Rissing-van Saan, Ruth/ Tiedemann, Klaus*, Zweiter Band §§ 32 bis 55 StGB, 12. Auflage, Berlin 2006 (zitiert: *Bearbeiter*, in: LK).

–: hrsg. von *Jähnke, Burkhard/Laufhütte, Heinrich Wilhelm/ Odersky, Walter*, Siebenter Band §§ 264 bis 302, 11. Auflage, Berlin 2005 (zitiert: *Bearbeiter*, in: LK, 11. Auflage).

–: hrsg. von *Laufhütte, Heinrich Wilhelm/Rissing-van Saan, Ruth/ Tiedemann, Klaus* Neunter Band 1. Teilband §§ 263 bis 266b, 12. Auflage, Berlin, Boston 2012 (zitiert: *Bearbeiter*, in: LK).

–: hrsg. von *Laufhütte, Heinrich Wilhelm/Rissing-van Saan, Ruth/ Tiedemann, Klaus* Neunter Band 2. Teilband §§ 267 bis 283d, 12. Auflage, Berlin 2009 (zitiert: *Bearbeiter*, in: LK).

Leitzen, Mario: Die GmbH mit Verwaltungssitz im Ausland, NZG 2009, S. 728–733.

Lenzen, Karl: Zuständigkeit für das Strafrecht kraft Sachzusammenhangs, JR 1980, S. 133–138.

Lichtenwimmer, Andrea: Untreueschutz der GmbH gegen den übereinstimmenden Willen der Gesellschafter? Frankfurt am Main 2008 (zitiert: *Lichtenwimmer*).

Liebelt, Klaus-Günter: Zum deutschen internationalen Strafrecht und seiner Bedeutung für den Einfluss außerstrafrechtlicher Rechtssätze des Auslands auf die Anwendung inländischen Strafrechts – Ein Beitrag zur Lehre vom internationalen Geltungsbereich des deutschen Strafrechts –, Münster 1978 (zitiert: *Liebelt*).

–: Bigamie als Auslandstat eines Ausländers – Zur Behandlung außerstrafrechtlicher Inzidentfragen auf der Ebene des Tatbestandes –, GA 1994, S. 20–37.

–: Doppelehe bei nichtiger Eheschließung, NStZ 1993, S. 544–545.

–: Verletzung der Buchführungspflicht im Ausland – Anmerkung zu OLG Karlsruhe, Urteil vom 21.02.1985 – 4 Ss 1/85, NStZ 1989, S. 182–183.

Lieder, Jan: Die Haftung der Geschäftsführer und Gesellschafter von EU-Auslandsgesellschaften mit tatsächlichem Verwaltungssitz in Deutschland – Zugleich Besprechung des BGH-Urteils vom 14.3.2005 – II ZR 5/03, DZWIR 2005, S. 399–410.

Lieder, Jan/Kliebisch, René: Kurzkommentar zu BGH, Beschl. v. 8.10.2009 – IX ZR 227/06 (OLG Düsseldorf), EWiR 2010, S. 117–118.

Livonius, Barbara: Untreue wegen existenzgefährdenden Eingriffs – Rechtsgeschichte?, wistra 2009, S. 91–95.

Loeck, Henning: Strafbarkeit des Vorstands der Aktiengesellschaft wegen Untreue, Frankfurt am Main 2006 (zitiert: *Loeck*).

Loose, Peter/Griffiths, Michael/ Impey, David: The Company Director – Powers, Duties and Liabilities, 10. Auflage, Bristol 2008 (zitiert: *Loose/Griffiths/Impey*).

Lüderssen, Klaus: Abschaffen des Strafens?, Frankfurt am Main 1995 (zitiert: *Lüderssen*).

–: „Bemerkungen zum Irrtum über die Pflicht zur Wahrnehmung fremder Vermögensinteressen im Sinne des § 266 StGB", in: Kempf/Jansen/Müller (Hrsg.), Festschrift für Christian Richter Band II – Verstehen und Widerstehen, S. 373–378, Baden-Baden 2006 (zitiert: *Lüderssen*, in: FS-Richter Band II).

–: „Zur Konkretisierung der Vermögensbetreuungspflicht in § 266 StGB durch § 87 Abs. 1 Satz 1 Aktiengesetz – Das Problem akzessorischer Bindung strafrechtlicher Normen an kontrovers interpretierte Normen anderer Rechtsgebiete", in: Hoyer/Müller/Pawlik/Wolter (Hrsg.), Festschrift für Friedrich-Christian Schroeder zum 70. Geburtstag, S. 569–577, Heidelberg u. a. 2006 (zitiert: *Lüderssen*, in: FS-Schroeder).

–: „Primäre oder sekundäre Zuständigkeit des Strafrechts?", in: Arnold/Burkhardt/Gropp/Heine/Koch/Lagodny/Perron/Walther (Hrsg.), Menschengerechtes Strafrecht, Festschrift für Albin Eser zum 70. Geburtstag, S. 163–180, München 2005 (zitiert: *Lüderssen*, in: FS-Eser).

–: „Gesellschaftsrechtliche Grenzen der strafrechtlichen Haftung des Aufsichtsrats", in: Dölling (Hrsg.), „Jus humanum – Grundlagen des Rechts und Strafrechts", Festschrift für Ernst-Joachim Lampe zum 70. Geburtstag, S. 727–742, Berlin 2003 (zitiert: *Lüderssen*, in: FS-Lampe).

–: Ökonomische Analyse des Strafrechts und Alternativen zum Strafrecht, in: Ott/Schäfer (Hrsg.), Die Präventivwirkung zivil- und strafrechtlicher Sanktionen – Beiträge zum VI. Travemünder Symposium zur ökonomischen Analyse des Rechts vom 25.-28.März 1998, S. 25–41, Tübingen 1999, (zitiert: *Lüderssen*, in: Die Präventivwirkung zivil- und strafrechtlicher Sanktionen).

Luke, Joachim: Die U.K. Limited – Rechtliche Grundlagen und praktische Hilfen, Stuttgart, München, Hannover u. a. 2005 (zitiert: *Luke*).

Lutter, Marcus (Hrsg.): Europäische Auslandsgesellschaften in Deutschland, Köln 2005 (zitiert: *Bearbeiter*, in: Europäische Auslandsgesellschaften in Deutschland).

–: Zivilrechtlich korrekt und doch strafbar? Das kann nicht sein, NZG 2010, S. 601–603.

–: Zur Entwicklung der GmbH in Europa und in der Welt, GmbHR 2005, S. 1–4.

–: „Überseering“ und die Folgen, BB 2003, S. 7–10.

–: Internationale Verschmelzungen in Europa, JZ 2006, S. 770–776.

Lutter, Marcus/Hommelhoff, Peter (Hrsg.): GmbH-Gesetz, 18. Auflage, Köln 2012 (zitiert: *Bearbeiter*, in: Lutter/Hommelhoff).

Luzón Pena, Diego-Manuel/Roso Canadillas, Raquel: Untreuestrafbarkeit im spanischen Recht, ZStW 122 (2010), S. 354–373).

Mankowski, Peter/Bock, Stefanie : Kommentar zu BGH, Urt. v. 13.4.2010 - 5 StR 428/09 (LG Hamburg), GmbHR 2010, S. 822–823.

–: Fremdrechtsanwendung im Strafrecht durch Zivilrechtsakzessorietät bei Sachverhalten mit Auslandsbezug für Blankettatbestände und Tatbestände mit normativem Tatbestandsmerkmal, ZStW 120 (2008), S. 704–758.

Mansdörfer, Marco: Zur Theorie des Wirtschaftsstrafrechts - Zugleich eine Untersuchung zu funktionalen Steuerungs- und Verantwortlichkeitsstrukturen bei ökonomischem Handeln, Heidelberg u. a. 2011 (zitiert: *Mansdörfer*).

–: (Hrsg.): Die allgemeine Straftatlehre des common law - Eine Darstellung unter besonderer Berücksichtigung des englischen Strafrechts, Heidelberg 2005 (zitiert: *Bearbeiter*, in: Die allgemeine Straftatlehre des common law).

Matt, Holger: Missverständnis zur Untreue - Eine Betrachtung auch zum Verhältnis von (Straf-) Recht und Moral, NJW 2005, S. 389–392.

Maul, Silja/Schmidt, Claudia: Inspire Art - Quo Vadis Sitztheorie?, BB 2003, S. 2297–2300.

Maunz, Theodor/Dürig, Günter (Begr.): Grundgesetzkommentar, Band VI, Loseblatt, Stand: 66. Ergänzungslieferung 2012 (zitiert: *Bearbeiter*, in: Maunz/Dürig).

Maurach, Reinhart (Begr.)/Zipf, Heinz: Strafrecht Allgemeiner Teil - Teilband 1 Grundlehren des Strafrechts und Aufbau der Straftat, 8. Auflage, Heidelberg 1992 (zitiert: *Maurach/Zipf*).

Mayer, Franz: Der Vertrag von Lissabon im Überblick, JuS 2010, S. 189–195.

Mayer, Hellmuth: Die Untreue, in: Materialien zur Strafrechtsreform 1. Band - Gutachten der Strafrechtslehrer, Bonn 1954, S. 333–356 (zitiert: *Mayer*).

McDermott, John: Understanding Company Law, Wellington 2005 (zitiert: *McDermott*).

Meilicke, Wienand: GmbHR-Kommentar, GmbHR 2003, S. 1271–1273.

–: Die Niederlassungsfreiheit nach „Überseering“ Rückblick und Ausblick nach Handelsrecht und Steuerrecht, GmbHR 2003, S. 793–809.

Melchior, Robin: Die englische Limited in der Praxis – zwei Jahre nach dem MoMiG, AnwBl 2011, S. 20–22.

Meyer, André: Der englische Companies Act 2006 – Stand der Inkraftsetzung, RIW 2007, S. 645–649.

Meyer, Susanne: Die Verantwortlichkeit des Geschäftsführers für Gläubigerinteressen – Veränderungen durch das MoMiG, BB 2008, S. 1742–1748.

Meyer-Goßner, Lutz: Strafprozessordnung mit GVG und Nebengesetzen, 55. Auflage, München 2012 (zitiert: *Meyer-Goßner*).

Mitsch, Wolfgang: Strafrecht Besonderer Teil 2 – Vermögensdelikte (Kernbereich) – Teilband 1, 2. Auflage, Berlin u. a. 2003 (zitiert: *Mitsch*).

Mock, Sebastian: Kurzkommentar zu AG Bad Segeberg, Urt. v. 24.3.2005 – 17 C 289/04, EWiR 2005, S. 425–426.

Möhlenbrock, Rolf: Die Behandlung einer britischen „Schein“-Limited im deutschen Recht, in: Spindler/Tipke/Rödder (Hrsg.), Festschrift für Harald Schaumburg zum 65. Geburtstag, S. 913–938, Köln 2009 (zitiert: *Möhlenbrock*, in: FS-Schaumburg).

Möhrenschläger, Manfred: Antwort auf parlamentarische Anfrage zur „Private Limited Company“, wistra 2006, S. VII–VIII.

Mölter, Thomas: Untreuestrafbarkeit von Anlageberatern unter spezieller Beachtung der Vermögensbetreuungspflicht, wistra 2010, S. 53–59.

Morse, Geoffrey (Hrsg.): Palmer's Company Law Annotated Guide to the Companies Act 2006, 2. Auflage, London 2009 (zitiert: *Palmer's Company Law*).

Mosiek, Marcus: Fremdrechtsanwendung – quo vadis? – Zur Anwendung ausländischen Rechts im deutschen Wirtschaftsstrafrecht –, StV 2008, S. 94–100.

Mülhens, Jörg: Der sogenannte Haftungsdurchgriff im deutschen und englischen Recht. Tübingen 2006 (zitiert: *Mülhens*).

Müller, Hans-Friedrich/Weiß, Stephan: Die „private Limited company“ aus Gläubigersicht, AnwBl 2007, S. 247–256.

Müller, Hilmar: Gläubigerschutz bei der Limited Company mit Verwaltungssitz in Deutschland, Frankfurt am Main 2010 (zitiert: *Müller*).

Müller, Klaus: Zur Nichtfeststellbarkeit des kollisionsrechtlich berufenen ausländischen Rechts, NJW 1981, S. 481–488.

Müller, Klaus J.: Die englische Limited in Deutschland – für welche Unternehmen ist sie tatsächlich geeignet?, BB 2006, S. 837–843.

Müller-Gugenberger, Christian: GmbH-Strafrecht nach der Reform, GmbHR 2009, S. 578–584.

–: „Glanz und Elend des GmbH-Strafrechts – Einige Bemerkungen zum Problem der Auslandsgesellschaften im deutschen Strafrecht –", in: Sieber/Dannecker/Kindhäuser/Vogel/Walter (Hrsg.), Strafrecht und Wirtschaftsstrafrecht, Festschrift für Klaus Tiedemann zum 70. Geburtstag, S. 1003–1022, Köln u. a. 2008 (zitiert: *Müller-Gugenberger*, in: FS-Tiedemann).

Müller-Gugenberger, Christian/Bieneck, Klaus (Hrsg.): Wirtschaftsstrafrecht – Handbuch des Wirtschaftsstraf- und ordnungswidrigkeitenrechts, 5. Auflage, Köln 2011 (zitiert: *Bearbeiter*, in: Müller-Gugenberger/Bieneck).

Munz, Eva-Maria: Haushaltsuntreue – Die zweckwidrige Verwendung öffentlicher Mittel als strafbare Untreue gemäß § 266 StGB, Berlin 2001 (zitiert: *Munz*).

Murmann, Uwe: Zum Tatbestand der Beihilfe, JuS 1999, S. 548–553.

Naucke, Wolfgang: Über Generalklauseln und Rechtsanwendung im Strafrecht, Recht und Staat Heft 417, Tübingen 1973, S. 3–27 (zitiert: *Naucke*).

Nelles, Ursula: Untreue zum Nachteil von Gesellschaften – Zugleich ein Beitrag zur Struktur des Vermögensbegriffs als Beziehungsbegriff, Berlin 1991 (zitiert: *Nelles*).

Neumeyer, Karl: Die verbotene Handlung im internationalen Strafrecht, ZStW 23 (1903), S. 436–458.

Neye, Hans-Werner/Timm, Birte: Mehr Mobilität für die GmbH in Europa – Das neue Recht der grenzüberschreitenden Verschmelzungen, GmbHR 2007, S. 561–565.

Nickmann, Silke: Krise, Insolvenz und Strafrecht – ein Beitrag zur Abgrenzung von Bankrott und Untreue bei der GmbH, Hamburg 2012 (zitiert: *Nickmann*).

Niehaus, Holger: Blankettnormen und Bestimmtheitsgebot vor dem Hintergrund zunehmender europäischer Rechtsetzung – Zugleich Anmerkung zu Landgericht Kassel v. 13.5.2003 (7630 Js 29352/02 – 9 NS) –, wistra 2004, S. 206–211.

Niemeier, Wilhelm: „Back to square one" – der kontinuierliche Niedergang der Limited, Status: Recht 2009, S. 165.

–: GmbH und Limited im Markt der Unternehmensrechtsträger – Marktdaten zur Reformdebatte, ZIP 2007, S. 2237–2250.

Noonan, Chris/Watson, Susan: The dog that didn't bark in Kawhia Offshore Services Ltd v Rutherford, New Zealand Business Law Quarterly 2004, S. 103–108.

Nowakowski, Friedrich: Anwendung des inländischen Strafrechts und außerstrafrechtlicher Rechtssätze, JZ 1971, S. 633–638.

Nuys, Marcel: Die englische Limited als faktische GmbH im strafrechtlichen Sinne? – Gedanken zur strafrechtlichen Verantwortlichkeit des directors in der Insolvenz der Limited als Beitrag zu Grund und Grenzen der wirtschaftlichen/faktischen Betrachtungsweise im Strafrecht –, Hamburg 2009 (zitiert: *Nuys*).

Oehler, Dietrich: Internationales Strafrecht, 2. Auflage, Köln u. a. 1983 (zitiert: *Oehler*).

–: Anmerkung zum Beschluss des BGH vom 26.07.1967 – 4 StR 38/67, JZ 1968, S. 191–194.

Ossenbühl, Fritz: Die verfassungsrechtliche Zulässigkeit der Verweisung als Mittel der Gesetzgebungstechnik, DVBL 1967, S. 401–408.

Otte, Sabine: Das Kapitalschutzsystem der englischen private Limited company im Vergleich zur deutschen GmbH, Hamburg 2006 (zitiert: *Otte*).

Otto, Harro: Grundkurs Strafrecht – Die einzelnen Delikte, 7. Auflage, Berlin 2005 (zitiert: *Otto*).

–: Untreue der Vertretungsorgane von Kapitalgesellschaften durch Vergabe von Spenden, in: Hirsch/Wolter/Brauns (Hrsg.), Festschrift für Günter Kohlmann zum 70. Geburtstag, S. 187–205, Köln 2003 (zitiert: *Otto*, in: FS-Kohlmann).

Paeffgen, Walter G.: „Cartesio": Niederlassungsfreiheit minderer Güte – Zum Urteil des EuGH vom 16.12.2008 („Cartesio"), WM 2009, S. 529–536.

–: Existenzvernichtungshaftung nach Gesellschaftsdeliktsrecht – Besprechung des BGH-Urteils vom 16.7.2007 – II ZR 3/04, DB 2007, S. 1907–1912.

–: Wider die gesellschaftsrechtliche Ausländerphobie, ZIP 2004, S. 2253–2262.

–: Auslandsgesellschaften und Durchsetzung deutscher Schutzinteressen nach „Überseering", DB 2003, S. 487–492.

Palandt, Otto (Hrsg.): Bürgerliches Gesetzbuch, Kommentar, 71. Auflage, München 2012 (zitiert: *Bearbeiter*, in: Palandt).

Park, Tido (Hrsg.): Kapitalmarktstrafrecht Handkommentar, 2. Auflage, Baden-Baden 2008 (*zitiert: Bearbeiter*, in: Kapitalmarktstrafrecht).

Pattberg, Jan Holger: Die strafrechtliche Verantwortlichkeit des Directors einer englischen Limited in Krise und Insolvenz, Hamburg 2010 (zitiert: *Pattberg*).

Peters, Karl: Beschränkung der Tatbestände im Besonderen Teil, ZStW 77 (1965), S. 470–505.

Pieroth, Bodo/Schlink, Bernhard: Grundrechte, 26. Auflage, Heidelberg u. a. 2010 (zitiert: *Pieroth/Schlink*).

Plathner, Jan Markus: Der Einfluss der Insolvenzordnung auf den Bankrotttatbestand (§ 283 StGB) – zugleich ein Beitrag zur Zivilrechtsakzessorietät des Strafrechts –; Hamburg 2002 (zitiert: *Plathner*).

Poertzgen, Christoph: Neues zur Insolvenzverschleppungshaftung – der Regierungsentwurf des MoMiG, NZI 2008, S. 9–12.

–: Die künftige Insolvenzverschleppungshaftung nach dem MoMiG, NZI 2007, S. 15–17.

–: Die künftige Insolvenzverschleppungshaftung nach dem MoMiG, GmbHR 2007, S. 1258–1263.

Pohl, Dirk: Die „deutsche Limited", in: Kirchhof/Schmidt/Schön/Vogel (Hrsg.), Festschrift für Arndt Raupach zum 70. Geburtstag: Steuer- und Gesellschaftsrecht zwischen Unternehmerfreiheit und Gemeinwohl, S. 375–389, Köln 2006, (zitiert: *Pohl*, in: FS-Raupach).

Posner, Richard A.: Economic Analysis of Law, 6. Auflage, New York 2003 (zitiert: *Posner*).

Preuß, Nicola: Die Wahl des Satzungssitzes im geltenden Gesellschaftsrecht und nach dem MoMiG-Entwurf, GmbHR 2007, S. 57–63.

Puppe, Ingeborg: Strafrecht Allgemeiner Teil im Spiegel der Rechtsprechung Band 1, Baden-Baden 2002 (zitiert: *Puppe*).

–: Tatirrtum, Rechtsirrtum, Subsumtionsirrtum, GA 1990, S. 145–182.

Radtke, Henning: Rechtsprechung kontrovers: Untreue durch den „Director" einer Offshore-Gesellschaft, NStZ 2011, S. 556–558.

–: Untreue (§ 266 StGB) zu Lasten von ausländischen Gesellschaften mit faktischem Sitz in Deutschland?, GmbHR 2008, S. 729–736.

–: Einwilligung und Einverständnis der Gesellschafter bei der sog. GmbH-rechtlichen Untreue (II), GmbHR 1998, S. 361–369.

Radtke, Henning/Hoffmann, Maike: Die Anwendbarkeit von nationalem Insolvenzstrafrecht auf EU-Auslandsgesellschaften, EuZW 2009, S. 404–408.

–: Gesellschaftsrechtsakzessorietät bei der strafrechtlichen Untreue zu Lasten von Kapitalgesellschaften? – oder: „Trihotel" und die Folgen, GA 2008, S. 535–551.

Raiser, Thomas/Veil, Rüdiger: Recht der Kapitalgesellschaften – Ein Handbuch für Praxis und Wissenschaft, 5. Auflage, München 2010 (zitiert: *Raiser/Veil*).

Ranft, Otfried: Der Kreditkartenmissbrauch (§ 266b Alt. 2 StGB), JuS 1988, S. 673–681.

Ransiek, Andreas: Soziale Verantwortung von Unternehmen im Wirtschaftsstrafrecht, AG 2009, S. 782–786.

–: „Verstecktes" Parteivermögen und Untreue, NJW 2007, S. 1727–1730.

–: Untreue zum Nachteil einer abhängigen GmbH – „Bremer Vulkan", Besprechung des Urteils des BGH wistra 2004, 341, wistra 2005, S. 121–125.

–: Risiko, Pflichtwidrigkeit und Vermögensnachteil bei der Untreue, ZStW 116 (2004), S. 634–679.

–: „Untreue im GmbH-Konzern", in: Hirsch/Wolter/Brauns (Hrsg.), Festschrift für Günter Kohlmann zum 70. Geburtstag, S. 207–223, Köln u. a. 2003 (zitiert: *Ransiek*, in: FS-Kohlmann).

Ransiek, Andreas/Hüls, Silke: Strafrecht zur Regulierung der Wirtschaft, ZGR 2009, S. 157–189.

Rath, Jürgen: Internationales Strafrecht (§§ 3 ff. StGB), JA 2007, S. 26–35.

–: Internationales Strafrecht (§§ 3 ff. StGB) – Prüfungsschema, Auslandsbezug, Tatortbestimmung, JA 2006, S. 435–439.

Rebmann, Kurt/Säcker, Franz Jürgen/Rixecker, Roland (Hrsg.): Münchener Kommentar zum Bürgerlichen Gesetzbuch, Band 10 Einführungsgesetz zum bürgerlichen Gesetzbuche (Art. 1–46) Internationales Privatrecht, 4. Auflage, München 2006 (zitiert: *Bearbeiter*, in: MüKo).

Redeker, Rouven: Die Haftung für wrongful trading im englischen Recht, Köln, Berlin, München 2007 (zitiert: *Redeker*).

Reiling, Katharina/Rescke, Dennis: Die Auswirkungen der Lissabon-Entscheidung des Bundesverfassungsgerichts auf die Europäisierung des Umweltstrafrechts – Das Umweltstrafrecht nach zweimal Lissabon –, wistra 2010, S. 47–52.

Reinbach, Ellen: Gläubigerschutz gegen den Missbrauch einer private Limited company – Eine Darstellung anhand einer Gesellschaft des englischen Rechts mit Sitz in Deutschland nach Inspire Art, Frankfurt am Main 2005 (zitiert: *Reinbach*).

Reiß, W.: Verdeckte Gewinnausschüttungen und verdeckte Entnahmen als strafbare Untreue des Geschäftsführers?, wistra 1989, S. 81–86.

Rentrop, Kathrin: Untreue und Unterschlagung (§§ 266 und 246 StGB) – Reformdiskussion und Gesetzgebung seit dem 19. Jahrhundert), Berlin 2007 (zitiert: *Rentrop*).

Richter, Hans: „Scheinauslandsgesellschaften in der deutschen Strafverfolgungspraxis" in: Sieber/Dannecker/Kindhäuser/ Vogel/Walter (Hrsg.), Festschrift für Klaus Tiedemann zum 70. Geburtstag, Strafrecht und Wirtschaftsstrafrecht – Dogmatik, Rechtsvergleich, Rechtstatsachen –, S. 1023–1043, Köln u. a. 2008 (zitiert: *Richter*, in: FS-Tiedemann).

Riegger, Bodo: Centros – Überseering – Inspire Art: Folgen für die Praxis, ZGR 2004, S. 510–530.

Ries, Peter: „Rule Britannia" Betrachtungen zur SPE aus der Sicht eines deutschen Registerrichters, NZG 2009, S. 1052–1054.

–: Das Ende der Deutschen GmbH?, AnwBl 2005, S. 53–55.

Ringe, Wolf-Georg/Willemer, Charlotte: Zur Anwendung von § 64 GmbHG auf eine englische Limited, NZG 2010, S. 56–58.

–: Die „deutsche Limited" in der Insolvenz, EuZW 2006, S. 621–624.

Rodewald, Jörg: Alte und neue Haftungsrisiken für GmbH-Geschäftsführer vor und in der Krise oder Insolvenz, GmbHR 2009, S. 1301–1307.

Roggemann, Herwig: Zur Strafbarkeit der Mauerschützen, DtZ 1993, S. 10–18.

Röhricht, Volker: Insolvenzrechtliche Aspekte im Gesellschaftsrecht, ZIP 2005, S. 505–516.

Römermann, Volker (Hrsg.): Private Limited Company in Deutschland: Praxis-Leitfaden für Berater und Unternehmer, Bonn 2006 (zitiert: *Bearbeiter*, in: Private Limited Company in Deutschland).

–: Aktuelles zur Insolvenzantragspflicht nach § 15a InsO, NZI 2010, S. 241–244.

–: § 266 StGB Kurzkommentar, EWiR 2009, S. 789–790.

–: GmbHR-Kommentar zu LG Dresden, Urt. v. 11.04.2006 – 42 O 0386/05 und OLG Dresden, Beschl. v. 31.08.2006 – 14 U 907/06, GmbHR 2006, S. 1162–1163.

–: Die Limited in Deutschland – eine Alternative zur GmbH?, NJW 2006, S. 2065–2069.

Rönnau, Thomas: Willensmängel bei der Einwilligung im Strafrecht, Tübingen 2001 (zitiert: *Rönnau*, Willensmängel bei der Einwilligung).

–: Die Absprache im Strafprozess: eine rechtssystematische Untersuchung der Zulässigkeit von Absprachen nach dem geltenden Strafprozessrecht, Baden-Baden 1990 (zitiert: *Rönnau,* Absprache im Strafprozess).

–: „Zur Lehre vom bedingten Einverständnis," in: Heinrich/Jäger/Achenbach/Amelung/Bottke/Haffke/Schünemann/ Wolter (Hrsg.), Festschrift für Claus Roxin zum 80. Geburtstag, Band I, Berlin, New York 2011, S. 487–505 (zitiert: *Rönnau,* in: FS-Roxin Band I).

–: Die Zukunft des Untreuetatbestandes, StV 2011, S. 753–762.

–: Rechtsprechung kontrovers: Untreue durch den „Director" einer Offshore-Gesellschaft, NStZ 2011, S. 558–559.

–: (Rechts-)Vergleichende Überlegungen zum Tatbestand der Untreue, ZStW 122 (2010), S. 299–324.

–: Untreue zu Lasten juristischer Personen und Einwilligungskompetenz der Gesellschafter, in: Böse/Sternberg-Lieben (Hrsg.), Grundlagen des Straf- und Strafverfahrensrechts – Festschrift für Knut Amelung zum 70. Geburtstag, S. 247–268, Berlin 2009 (zitiert: *Rönnau*, in: FS-Amelung, 2009).

–: Grundwissen – Strafrecht: Der strafrechtliche Rechtsgutsbegriff, JuS 2009, S. 209–211.

–: Einrichtung „schwarzer" (Schmiergeld-) Kassen in der Privatwirtschaft – eine strafbare Untreue?, in: Sieber/Dannecker/Kindhäuser/Vogel/ Walter (Hrsg.), Festschrift für Klaus Tiedemann zum 70. Geburtstag, S. 713–736, Köln u. a. 2008 (*Rönnau*, in: FS-Tiedemann).

–: Untreue als Wirtschaftsdelikt, ZStW 112 (2007), S. 887–926.

–: Beitragsvorenthaltung in der Unternehmenskrise – zugleich Besprechung von BGH wistra 2006, 17 –, wistra 2007, S. 81–85.

–: Anmerkung zu BGH, Urteil vom 21.12.2005 – 3 StR 470/04 (LG Düsseldorf), NStZ 2006, S. 218–221.

–: Haftung der Direktoren einer in Deutschland ansässigen englischen Private Company Limited by Shares nach deutschem Strafrecht - eine erste Annährung, ZGR 2005, S. 832–858.

–: „kick-backs“: Provisionsvereinbarungen als strafbare Untreue - eine kritische Bestandsaufnahme, in: Hirsch/Wolter/Brauns (Hrsg.), Festschrift für Günter Kohlmann zum 70. Geburtstag, S. 239–261, Köln 2003 (zitiert: *Rönnau*, in: FS-Kohlmann).

–: Rechtsprechungsüberblick zum Insolvenzstrafrecht, NStZ 2003, S. 525–532.

–: Strafrechtliche Produkthaftung und der Grundsatz des freien Warenverkehrs (Art. 30–37 EGV), wistra 1994, S. 203–211.

Rönnau, Thomas/Hohn, Kristian: Die Festsetzung (zu) hoher Vorstandsvergütungen durch den Aufsichtsrat - ein Fall für den Staatsanwalt? NStZ 2004, S. 113–123.

Rönnau, Thomas/Schneider, Frédéric: Der Compliance-Beauftragte als strafrechtlicher Garant, ZIP 2010, S. 53–61.

Ross, Mike: Corporate Reconstructions - Strategies for Directors, New Zealand 1999 (zitiert: *Ross*).

Roth, Gregor/Knof, Béla: Die Stiftung in Krise und Insolvenz, KTS 2009, S. 163–198.

Roth, Günter, H.: Die deutsche Initiative zur Kodifizierung der Gründungstheorie, in: Aderhold/Grunewald/Klingberg/Paefgen (Hrsg.), Festschrift für Harm Peter Westermann zum 70. Geburtstag, S. 1345–1354, Köln 2008 (zitiert: *H. Roth*, in: FS-Westermann).

–: Gründungstheorie: Ist der Damm gebrochen? - Eine Besprechung des Urteils des Europäischen Gerichtshofs vom 9. März 1999 - Centros, ZIP 1999, S. 861–867.

Roth, Wulf-Henning: „Centros“: Viel Lärm um Nichts?, ZGR 2000, S. 311–338.

Rotsch, Thomas: Wiederholung und Vertiefung im Schwerpunktbereich Wirtschaftsstrafrecht: Untreue durch Vorstandsmitglieder einer AG zum Nachteil einer abhängigen GmbH, BGHSt 49, 147 („Bremer Vulkan“); ZJS 2008, S. 610–615.

Roxin, Claus: Strafrecht Allgemeiner Teil Band I - Grundlagen Der Aufbau der Verbrechenslehre, 4. Auflage, München 2006 (zitiert: *Roxin*).

Rubel, Jörgen/Nepomuk, Lutz: Kurzkommentar zu BGH, Urt. v. 13.4.2010 - 5 StR 428/09 (LG Hamburg), EWiR 2010, S. 761–762.

Rudolphi, Hans-Joachim/Horn, Eckhard/Samson, Erich/Günther, Hans-Ludwig (Hrsg.): Systematischer Kommentar zum Strafgesetzbuch Band I, Allgemeiner Teil, §§ 1–79b (Loseblatt), München (zitiert: *Bearbeiter*, in: SK, Stand).

– (Hrsg.): Systematischer Kommentar zum Strafgesetzbuch Band II, Besonderer Teil, §§ 80–358 (Loseblatt), München (zitiert: *Bearbeiter*, in: SK, Stand).

Säcker, Franz Jürgen/Rixecker, Roland (Hrsg.): Münchener Kommentar zum Bürgerlichen Gesetzbuch, Band 10 – Internationales Privatrecht, Rom I-Verordnung, Rom II-Verordnung, Einführungsgesetz zum Bürgerlichen Gesetzbuche (Art. 1–24); 5. Auflage, München 2010 (zitiert: *Bearbeiter*, in: MüKo).

Safferling, Christoph: Bestimmt oder nicht bestimmt? Der Untreuetatbestand vor den verfassungsrechtlichen Schranken – Anmerkung zum Beschluss des BVerfG vom 23.6.2010 – 2 BvR 2559/08; 105/09; 491/09, NStZ 2011, S. 376–379.

Saliger, Frank: Parteiengesetz und Strafrecht, Tübingen 2005 (zitiert: *Saliger*).

–: Parteienuntreue durch schwarze Kassen und unrichtige Rechenschaftsberichte, NStZ 2007, S. 545–552.

–: Rechtsprobleme des Untreuetatbestandes, JA 2007, S. 326–334.

–: „Untreue bei Stiftungen", in: Walz/Hüttemann/Rawert/Schmidt (Hrsg.), Non Profit Law Yearbook 2005, S. 209–228, Köln, Berlin, München 2006, (zitiert: *Saliger*, in: Non Profit Law Yearbook 2005).

–: Gibt es eine Untreuemode? Die neuere Untreuedebatte und Möglichkeiten einer restriktiven Auslegung, HRRS 2006, S. 10–23.

–: Kick-Back, „PPP", Verfall – Korruptionsbekämpfung im „Kölner Müllfall", NJW 2006, S. 3377–3381.

–: Wider die Ausweitung des Untreuetatbestandes – Eine kritische Analyse der neueren Rechtsprechung zum Begriff des Vermögensnachteils in § 266 StGB, ZStW 112 (2000), S. 563–613.

Saliger, Frank/Gaede, Karsten: Rückwirkende Ächtung der Auslandskorruption und Untreue als Korruptionsdelikt – Der Fall Siemens als Startschuss in ein entgrenztes internationalisiertes Wirtschaftsstrafrecht? – Zugleich Besprechung zu LG Darmstadt, Az. 712 Js 5213/04 KLs, Urteil vom 14. Mai 2007, HRRS 2008, S. 57–76.

Saliger, Frank/Sinner, Stefan: Abstraktes Recht und konkreter Wille – Anmerkungen zur Einstellung des „Mannesmann"-Verfahrens nach § 153a StPO, ZIS 2007, S. 476–482.

Samson, Erich: „Untreue durch Unternehmensspenden?," in: Walz/Kötz/Rawert/Schmidt (Hrsg.), Non Profit Law Yearbook 2004, S. 233–244, Köln, Berlin, München 2005 (zitiert: *Samson*, in: Non Profit Law Yearbook 2004).

–: „Strafrechtliche Rahmenbedingungen für unternehmerische Entscheidungen", in: Gesellschaftsrecht in der Diskussion 2004, S. 109–125, Köln 2005, (zitiert: *Samson*, in: Gesellschaftsrecht in der Diskussion 2004).

–: Möglichkeiten einer legislatorischen Bewältigung der Parteispendenproblematik, wistra 1983, S. 235–242.

Samson, Erich/Langrock, Marc: Bekämpfung von Wirtschaftskriminalität im und durch Unternehmen, DB 2007, S. 1684–1689.

Sandrock, Otto: „Die Konkretisierung der Überlagerungstheorie in einigen zentralen Einzelfragen", in: Sandrock (Hrsg.), Festschrift für Günther Beitzke zum 70. Geburtstag am 26. April 1979, S. 669–696, Berlin u.a. 1979 (zitiert: *Sandrock*, in: FS-Beitzke).

Satzger, Helmut: Internationales und Europäisches Strafrecht, 5. Auflage, Baden-Baden 2011 (zitiert: *Satzger*, Internationales und Europäisches Strafrecht).

–: Die Europäisierung des Strafrechts, 2001 (zitiert: *Satzger*, Europäisierung).

–: „Schwarze Kassen" zwischen Untreue und Korruption – Eine Besprechung des Urteils BGH – 2 StR 587/07 (Siemens-Entscheidung), S. 297–306.

Satzger, Helmut/Schmitt, Bertram/Widmaier, Gunter (Hrsg.): Kommentar zum Strafgesetzbuch, Köln 2009 (zitiert: *Bearbeiter*, in: SSW).

Sax, Walter: Überlegungen zum Treubruchstatbestand des § 266 StGB, JZ 1977, S. 663–667.

Schäfer, Carsten: Reform des GmbHG durch das MoMiG – viel Lärm um nichts?, DStR 2006, S. 2085–2090.

Schäfer, Ernst: Das Gesetz zur Abänderung strafrechtlicher Vorschriften vom 26. Mai 1933, DJZ 1993, S. 789–795.

Schall, Alexander: Kapitalgesellschaftsrechtlicher Gläubigerschutz – Grund und Grenzen der Haftungsbeschränkung nach Kapitaldebatte, MoMiG und Trihotel, München 2009 (zitiert: *Schall*).

–: Deutsches Case Law? Zur Anwendung englischen Rechts unter § 293 ZPO, ZZP 2009, S. 293–325.

–: Nochmals: In-sich-Geschäfte bei englischen private Limited companies, NZG 2006, S. 54–55.

–: The UK Limited Company Abroad – How Foreign Creditors are Protected after Inspire Art (Including a Comparison of UK and German Creditor Protection Rules), EBLR 2005, S. 1534–1554.

–: Englischer Gläubigerschutz bei der Limited in Deutschland, ZIP 2005, S. 965–975.

Schanze, Erich: Gesellschafterhaftung für unlautere Einflussnahme nach § 826 BGB: Die Trihotel-Doktrin des BGH, NZG 2007, S. 681–686.

Schellhammer, Kurt: Zivilprozess: Gesetz – Praxis – Fälle, 13. Auflage, Heidelberg u. a. 2010 (zitiert: *Schellhammer*).

Schillig, Michael: Existenzvernichtungshaftung und englische Limited, ZVglRWiss 106 (2007), S. 299–334.

Schilling, Simon: Insolvenz einer englischen Limited mit Verwaltungssitz in Deutschland, Frankfurt am Main 2006 (zitiert: *Schilling*).

Schlichte, Johannes: Existenzvernichtungshaftung in der Ltd. & Co. KG, DB 2006, S. 2672–2676.

Schlitt, Christian: Die strafrechtliche Relevanz des Corporate Governance Kodexes, DB 2006, S. 326–330.

Schlösser, Jan: Europäische Aktiengesellschaft und deutsches Strafrecht, NZG 2008, S. 126–131.

–: Die Strafbarkeit des Geschäftsführers einer private company Limited by shares in Deutschland – Zu den Folgen der „Inspire Art“-Entscheidung des EuGH für die Anwendbarkeit deutschen Strafrechts – ; wistra 2006, S. 81–88.

Schlösser, Jan/Dörfler, Roman: Strafrechtliche Folgen eines Verstoßes gegen den Deutschen Corporate Governance Kodex, wistra 2007, S. 326–333.

Schlösser, Jan/Mosiek, Marcus: Anwendbarkeit ausländischen Gesellschaftsrechts im Rahmen der Untreue zum Nachteile einer EU-Auslandsgesellschaft – Zugleich Anmerkung zu BGH, Urteil vom 13. April 2010 – 5 StR 428/09, HRRS 2010, S. 424–427.

Schlüchter, Ellen: Zur unvollkommenen Kongruenz zwischen Kredit- und Scheckkartenmissbrauch, JuS 1984, S. 675–680.

Schmidt, Holger: Die Private Limited Company in der deutschen Bankpraxis, WM 2007, S. 2093–2102.

Schmidt, Jessica: Insolvenzantragspflicht und Insolvenzverschleppungshaftung bei der „deutschen“ Limited – Das LG Kiel auf dem richtigen Weg?, ZInsO 2006, S. 737–742.

Schmidt, Karsten: Gesellschaftsrecht, 4. Auflage, Köln u.a. 2002 (zitiert: *K. Schmidt*).

–: GmbH-Reform, Solvenzgewährleistung und Insolvenzpraxis – Gedanken zum MoMiG-Entwurf – ; GmbHR 2007, S. 1–11.

–: Reform der Kapitalsicherung und Haftung in der Krise nach dem Regierungsentwurf des MoMiG – Sechs Leitsätze zu § 30 GmbHG-E, § 64 GmbHG-E und § 15 a InsO-E, GmbHR 2007, S. 1072–1080.

–: Verlust der Mitte durch „Inspire Art"? – Verwerfungen im Unternehmensrecht durch Schreckreaktionen der Literatur –, ZHR 168 (2004), S. 493–502.

–: Die Gesellschafterhaftung bei der Gesellschaft bürgerlichen Rechts als gesetzliches Schuldverhältnis – Zum Stand der Rechtsfortbildung nach den BGH-Urteilen vom 24.2.2003 und vom 7.4.2003, NJW 2003, S. 1897–1904.

Schmidtbleicher, Roland: Verwaltungssitzverlegung deutscher Kapitalgesellschaften in Europa: „Sevic" als Leitlinie für „Cartesio"?, BB 2007, S. 613–616.

Schmittmann, Jens/Bischoff, Ariane Katharina: De facto director, shadow director und dissolved companies: Aktuelle Rechtsfragen der scheinausländischen Limited, ZInsO 2009, S. 1561–1571.

Schmitz, Roland: Die Abgrenzung von strafbarem Versuch und Wahndelikt, Jura 2003, S. 593–602.

–: „§ 7 II Nr. 2 StGB und das Prinzip der stellvertretenden Strafrechtspflege", in Samson/Denecker/Frisch/Frister/Reiß (Hrsg.), Festschrift für Gerald Grünwald zum 70. Geburtstag, Baden-Baden 1999 (zitiert: *Schmitz*, in: FS-Grünwald).

Schneider, Carsten: Internationales Gesellschaftsrecht vor der Kodifizierung, BB 2008, S. 566–575.

Schnittker, Helder: Gesellschafts- und steuerrechtliche Behandlung einer englischen Limited Liability Partnership mit Verwaltungssitz in Deutschland, Köln 2007; (zitiert: *Schnittker*).

Schnittker, Helder/Bank, Stephan: Die LLP in der Praxis – Gesellschaftsrecht und Steuerrecht der Limited Liability Partnership, München 2008 (zitiert: *Schnittker/Bank*).

Schober, René: Die Haftung des GmbH-Gesellschafters für die Verursachung der Unternehmensinsolvenz, Baden-Baden 2009.

Schön, Wolfgang: „EU-Auslandsgesellschaften im deutschen Handelsbilanzrecht", in: Lorenz/Trunk/Eidenmüller/Wendehorst/Adolff (Hrsg.), Festschrift für Andreas Heldrich zum 70. Geburtstag, S. 391–403, München 2005 (zitiert: *Schön*, in: FS-Heldrich).

Schönke, Adolf (Begr.)/Schröder, Horst: Kommentar zum Strafgesetzbuch, 28. Auflage, München 2010 (zitiert: *Bearbeiter*, in: Schönke/Schröder).

Schramm, Edward: Untreue und Konsens, Berlin 2005 (zitiert: *Schramm*).

Schramm, Edward/Hinderer, Patrick: Die Untreue-Strafbarkeit eines Limited-Directors, § 266 StGB, insbesondere im Lichte des Europäischen Strafrechts, ZIS 2010, S. 494–502.

Schreiber, Hans-Ludwig/Beulke, Werner: Untreue durch Verwendung von Vereinsgeldern zu Bestechungszwecken - BGH, NJW 1975, 1234, JuS 1977, S. 656–661.

Schumann, Alexander: Die englische Limited mit Verwaltungssitz in Deutschland: Buchführung, Rechnungslegung und Strafbarkeit wegen Bankrotts, ZIP 2007, 1189–1196.

–: Die englische Limited mit Verwaltungssitz in Deutschland: Kapitalaufbringung, Kapitalerhaltung und Haftung bei Insolvenz, DB 2004, S. 743–749.

Schünemann, Bernd: Organuntreue: das Mannesmann-Verfahren als Exempel?, Berlin 2004 (zitiert: *Schünemann*).

–: Zur Quadratur des Kreises in der Dogmatik des Gefährdungsschadens, NStZ 2008, S. 430–434.

–: Die „gravierende Pflichtverletzung“ bei der Untreue: dogmatischer Zauberhut oder taube Nuss?, NStZ 2005, S. 473–476.

Schurig, Klaus: Interessenjurisprudenz contra Interessenjurisprudenz im IPR – Anmerkungen zu Flessners Thesen –, RabelsZ 59 (1995), S. 229–244.

Schürnbrand, Jan: Die große GmbH-Reform 2008: Gesetz zur Modernisierung des GmbH-Rechts und zur Bekämpfung von Missbräuchen (MoMiG), JA 2009, S. 81–86.

Schwab, Martin: Missbrauchsbekämpfung durch die GmbH-Reform: Schutzinstrumente und Schutzlücken, DStR 2010, S. 333–339.

Schwarz, Alexandra: Die Aufgabe der Interessenformel des BGH - Alte Besen kehren gut? - Zugleich Anmerkung zu BGH 3 StR 372/08 - Beschluss vom 10. Februar 2009, HRRS 2009, S. 341–346.

Schwarze, Jürgen (Hrsg.): EU-Kommentar, 3. Auflage, Baden-Baden 2012 (zitiert: *Bearbeiter*, in: Schwarze).

Schwilden, Stephan: Die rechtliche Stellung des GmbH-Geschäftsführers und des managing directors einer englischen private Limited company im Vergleich, Frankfurt am Main 2005 (zitiert: *Schwilden*).

Sealy, Leonhard S./Worthington, Sarah: Sealy's Cases and Materials in Company Law, 9. Auflage, Oxford 2010 (zitiert: *Sealy/Worthington*).

Seibl, Maximilian: Die Beweislast bei Kollisionsnormen, 2009 (zitiert: *Seibl*).

Seier, Jürgen: Die Untreue (§ 266 StGB) in der Rechtspraxis, in: Bernsmann/Ulsenheimer (Hrsg.), Bochumer Beiträge zu aktuellen Strafrechtsthemen – Vorträge anlässlich des Symposions zum 70. Geburtstag von Gerd Geilen am 12./13.10.2001, S. 145–156, Köln u. a. 2003 (zitiert: *Seier*, in: Bochumer Beiträge zu aktuellen Strafrechtsthemen).

Seier, Jürgen/Martin, Susanne: Die Untreue (§ 266 StGB), JuS 2001, S. 874–878.

Seiler, Wiltrud: Die Untreuestrafbarkeit des Wirtschaftsprüfers, Frankfurt am Main 2007 (zitiert: *Seiler*).

Sethe, Rolf/Winzer, Katharina: Der Umzug von Gesellschaften in Europa nach dem Cartesio-Urteil, WM 2009, S. 536–540.

Shearman, Jennifer: Die Gesellschaft mit beschränkter Haftung in England und Wales, GmbHR 1992, S. 149–157.

Simpson, J.A./Weiner, E.S.C. (Hrsg.): The Oxford English Dictionary, Volume III, 2. Auflage, Oxford 2004 (zitiert: Oxford English Dictionary).

Smith, Adam: An inquiry into the nature and causes of the Wealth of Nations, 6. Auflage (Neuauflage), London 1950 (erste Veröffentlichung 1776) (zitiert: *Smith*).

Soyka, Till: Untreue zum Nachteil von Personengesellschaften, Berlin 2008 (zitiert: *Soyka*).

Spiller, Peter: Butterworth's New Zealand Law Dictionary, 6. ed., New Zealand Lexis Nexis 2005 (zitiert: *Spiller*).

Spindler, Gerald: Vorstandsvergütung und Abfindungen auf dem aktien- und strafrechtlichen Prüfstand – Das Mannesmann-Urteil des BGH, ZIP 2006, S. 349–355.

Spindler, Gerald/Stilz, Eberhard (Hrsg.): Kommentar zum Aktiengesetz Band 2, §§ 150–410, 2. Auflage, München 2010 (zitiert: *Bearbeiter*, in: Spindler/Stilz).

Stärk, Liisa-Anneli: Strafbarkeit des geschäftsführenden Organs einer Private Company Limited by Shares in Deutschland, Hamburg 2012 (zitiert: *Stärk*).

Staubach, Fritz: Die Anwendung ausländischen Strafrechts durch den inländischen Richter, Bonn 1964 (zitiert: *Staubach*).

Staudinger, Julius von (Begr.): Kommentar zum Bürgerlichen Gesetzbuch mit Einführungsgesetz und Nebengesetzen, EGBGB IPR/Internationales Gesellschaftsrecht, Neubearbeitung, Berlin 1998 (zitiert: *Bearbeiter*, in: Staudinger, IntGesR).

Steffek, Felix: Geschäftsleiterpflichten im englischen Kapitalgesellschaftsrecht – Kodifizierung der directors' duties im Companies Act 2006, GmbHR 2007, S. 810–815.

Stöber, Michael: Anwendbares Recht und Gerichtsstand bei Bestellung und Abberufung des Geschäftsführers einer in Deutschland tätigen Limited, GmbHR 2006, S. 1146–1151.

Streinz, Rudolf: Europarecht, 12. Auflage, Heidelberg u. a. 2012 (zitiert: *Streinz*).

– (Hrsg.): EUV/AEUV Kommentar, 2. Auflage, München 2012 (zitiert: *Bearbeiter*, in: Streinz).

Strohn, Lutz: Existenzvernichtungshaftung–Vermögensvermischungshaftung – Durchgriffshaftung, ZInsO 2008, S. 706–713.

Sünner, Eckart: Schwarze Kassen und Untreue – ein Synonym?, ZIP 2009, S. 937–940.

Süß, Rembert/Wachter, Thomas (Hrsg.): Handbuch des internationalen GmbH-Rechts, 2. Auflage, Bonn 2011 (zitiert: *Bearbeiter*, in: Süß/Wachter).

Szebrowski, Nickel: Kick-Back, Köln, Berlin, München 2005 (zitiert: *Szebrowski*).

Tal, Michael: Das Verbot der Financial Assistance im englischen Gesellschaftsrecht – Leveraged Buy Outs nach der Companies Bill 2006, GmbHR 2007, S. 254–257.

Taschke, Jürgen: „Sichere Häfen und Sanktionen gegen Unternehmen", in: Gesellschaftsrecht in der Diskussion 2004, S. 127–141, Köln 2005 (zitiert: *Taschke*, in: Gesellschaftsrecht in der Diskussion).

Tebben, Joachim/Tebben, Tobias: Der Weg aus der Limited: Die grenzüberschreitende Verschmelzung auf eine GmbH, DB 2007, S. 2355–2361.

Teichmann, Christoph: Reform des Gläubigerschutzes im Kapitalgesellschaftsrecht, NJW 2006, S. 2444–2451.

Theile, Hans: Rationale Gesetzgebung im Wirtschaftsstrafrecht – Exemplarische Regelungen zum materiellen Recht –, wistra 2012, S. 285–291.

Theiselmann, Rüdiger: Die Existenzvernichtungshaftung im Wandel – Das „Trihotel"-Urteil des BGH vom 16.7.2007 – II ZR 3/04 und seine Praxisfolgen, GmbHR 2007, S. 904–907.

Thiessen, Jan: Johann Buddenbrook und die Reform des GmbH-Rechts (Teil I), DStR 2007, S. 202–209.

–: Johann Buddenbrook und die Reform des GmbH-Rechts (Teil II), DStR 2007, S. 260–262.

Thomas, Heinz/Putzo, Hans (Begr.): Zivilprozessordnung Kommentar, 33. Auflage, München 2012 (zitiert: *Bearbeiter*, in: Thomas/Putzo).

Thorn, Karsten: Entwicklungen des Internationalen Privatrechts 2000–2001, IPRax 2002, S. 349–364.

Tiedemann, Klaus: Wirtschaftsstrafrecht – Besonderer Teil mit wichtigen Rechtstexten, 3. Auflage, München 2011 (zitiert: *Tiedemann*, Wirtschaftsstrafrecht BT).

–: Wirtschaftsstrafrecht – Einführung und Allgemeiner Teil mit wichtigen Rechtstexten, 3. Auflage, Köln 2010 (zitiert: *Tiedemann*, Wirtschaftsstrafrecht AT).

–: GmbH Strafrecht – §§ 82–85 GmbHG und ergänzende Vorschriften, 4. Auflage, Köln 2002 (zitiert: *Tiedemann*, GmbH-Strafrecht).

–: Verfassungsrecht und Strafrecht, Heidelberg 1991 (zitiert: *Tiedemann*, Verfassungsrecht und Strafrecht).

–: Tatbestandsfunktionen im Nebenstrafrecht – Untersuchungen zu einem rechtsstaatlichen Tatbestandsbegriff, entwickelt am Problem des Wirtschaftsstrafrechts, Tübingen 1969 (zitiert: *Tiedemann*, Tatbestandsfunktionen im Nebenstrafrecht).

–: „Zur Gesetzgebungstechnik im Wirtschaftsstrafrecht", in: Hoyer/Müller/Pawlik/Wolter (Hrsg.), Festschrift für Friedrich-Christian Schroeder zum 70. Geburtstag, S. 641–647, Heidelberg u. a. 2006 (zitiert: *Tiedemann*, in: FS-Schroeder).

–: Anmerkung zu BGH, Urt. v. 13.5.2004 – 5 StR 73/03 (LG Bremen), JZ 2005, S. 45–47.

–: Urteilsanmerkung zu LG Düsseldorf, Urt. v. 22.7.2004 – XIV 5/03, ZIP 2004, S. 2056–2058.

–: „Der Untreuetatbestand – Ein Mittel zur Begrenzung von Managerbezügen? – Bemerkungen zum Fall Mannesmann" –, in: Heinrich/Hilgendorf/Mitsch/

Sternberg-Lieben (Hrsg.), Festschrift für Ulrich Weber zum 70. Geburtstag, S. 319–331, Bielefeld 2004 (zitiert: *Tiedemann*, in: FS-Weber).

–: Das Parteienfinanzierungsgesetz als strafrechtliche lex mitior, NJW 1986, S. 2475–2479.

–: „Handhabung und Kritik des neuen Wirtschaftsstrafrechts – Versuch einer Zwischenbilanz", in: Hanack/Rieß/Wendisch (Hrsg.), Festschrift für Hanns Dünnebier zum 75. Geburtstag am 12. Juni 1982, S. 519–540, Berlin, New York 1982 (zitiert: *Tiedemann*, in: FS-Dünnebier).

–: „Handelsgesellschaften und Strafrecht", in: Herren/Kienapfel/Müller-Dietz (Hrsg.), Kultur Kriminalität Strafrecht, Festschrift für Thomas Würtenberger zum 70. Geburtstag am 7.10.1977, S. 241–256, Berlin 1977 (zitiert: *Tiedemann*, in: FS-Würtenberger).

Tiedemann, Klaus/Otto, Harro: Literaturbericht Wirtschaftsstrafrecht (Teil III, 1), ZStW 107 (1995), S. 597–646.

Tiedemann, Sebastian: Rechtsformwahl unter dem Aspekt der Niederlassungsfreiheit – Ein Vergleich zwischen deutscher GmbH und englischer Limited, Hamburg 2006 (zitiert: *S. Tiedemann*).

Tödtmann, Ulrich/Schauer, Michael: Der Corporate Governance Kodex zieht scharf, ZIP 2009, S. 995–1000.

Torwegge, Christoph: UK Company Companies Act 2006 – (Almost entirely) Enacted!, GmbHR 2007, S. 195–197.

–: UK Company Law Reform Bill – Think Small First!, GmbHR 2006, S. 919–923.

Triebel, Volker/von Hase, Karl/Melerski, Peter: Die Limited in Deutschland – Leitfaden für die Unternehmens- und Beratungspraxis, Frankfurt am Main 2006 (zitiert: *Triebel/von Hase/Melerski*).

Ulmer, Peter: Insolvenzrechtlicher Gläubigerschutz gegenüber Scheinauslandsgesellschaften ohne hinreichende Kapitalausstattung? Eine Skizze, KTS 2004, S. 291–304.

–: Gläubigerschutz bei Scheinauslandsgesellschaften – Zum Verhältnis zwischen gläubigerschützenden nationalem Gesellschafts-, Delikts- und Insolvenzrecht und der EG-Niederlassungsfreiheit, NJW 2004, S. 1201–1210.

Vallender, Heinz: Die Insolvenz von Scheinauslandsgesellschaften, ZGR 2006, S. 425–460.

Vallender, Heinz: Gefahren für den Insolvenzstandort Deutschland, NZI 2007, S. 129–137.

Veil, Rüdiger: Die Unternehmergesellschaft nach dem Regierungsentwurf des MoMiG – Regelungsmodell und Praxistauglichkeit, GmbHR 2007, S. 1080–1086.

Vetter, Jochen: Die neue dogmatische Grundlage des BGH zur Existenzvernichtungshaftung, BB 2007, S. 1965–1977.

Vogel, Joachim: Strafrechtsgüter und Rechtsgüterschutz durch Strafrecht im Spiegel der Rechtsprechung des Bundesverfassungsgerichts, StV 1996, S. 110–115.

Vogel, Joachim/Hocke, Peter: Anmerkung zu BGH, Urt. v. 21.12.2005 – 3 StR 470/04 (LG Düsseldorf), JZ 2006, S. 568–571.

Volb, Helmut: Die englische Private Limited Company – Überblick über die steuerliche Behandlung, Steuer und Studium 2007, S. 173–182.

Volk, Klaus (Hrsg.): Verteidigung in Wirtschafts- und Steuerstrafsachen, München 2006 (zitiert: *Bearbeiter*, in: Verteidigung in Wirtschafts- und Steuerstrafsachen).

von Bernstorff, Christoph Graf: Einführung in das englische Recht, 4. Auflage, München 2011 (zitiert: *von Bernstorff*).

von der Heide, Isabella Maria: Tatbestands- und Vorsatzprobleme bei der Steuerhinterziehung nach § 370 AO – zugleich ein Beitrag zur Abgrenzung der Blankettstrafgesetze von Strafgesetzen mit normativen Tatbestandsmerkmalen, Bochum 1986 (zitiert: *von der Heide*).

von Hase, Karl: Insolvenzantragspflicht für directors einer Limited in Deutschland?, BB 2006, S. 2141–2149.

von Hippel, Robert: Deutsches Strafrecht Band I – Allgemeine Grundlagen, Berlin 1925 (zitiert: *von Hippel*).

Vorpeil, Klaus: Neuere Entwicklungen im englischen Handels- und Wirtschaftsrecht, RIW 2007, S. 443–457.

Wabnitz, Heinz-Bernd/Janovsky, Thomas (Hrsg.): Handbuch des Wirtschafts- und Steuerstrafrechts, 3. Auflage, München 2007 (zitiert: *Bearbeiter*, in: Wabnitz/Janovsky).

Wachter, Thomas: Kurzkommentar zu OLG München, Beschl. V. 13.12.2006 – 31 Wx 84/06, EWiR 2007, S. 181–182.

–: Persönliche Haftung des Gründers einer englischen private limited company, BB 2006, S. 1463–1466.

–: Wettbewerb des GmbH-Rechts in Europa – Vergleich der Rechtslage in ausgewählten Ländern, GmbHR 2005, S. 717–730.

–: Auswirkungen des EuGH-Urteils in Sachen Inspire Art Ltd. auf Beratungspraxis und Gesetzgebung – Deutsche GmbH vs. Englische private limited company, GmbHR 2004, S. 88–105.

Wagner, Tobias: Die Untreue des Gesellschafters in der einfachen und konzernierten Einmann-GmbH – Zugleich eine strafrechtliche Bestimmung des existenzvernichtenden Eingriffs, Berlin 2005 (zitiert: *Wagner*).

Walter, Tonio: Einführung in das internationale Strafrecht (Teil 1), JuS 2006, S. 870–873.

–: Einführung in das internationale Strafrecht (Teil 2), JuS 2006, S. 967–969.

Walterscheid, Joachim: Die englische Limited im Insolvenzverfahren, DZWIR 2006, S. 95–99.

Watson, Susan (Hrsg.): The Law of Business Organisations, 4. Auflage, Auckland 2003 (*Bearbeiter*, in: The Law of Business Organisations).

Wattenberg, Andreas: Zentrales Cash-Management als Untreuetatbestand im Konzernverbund, StV 2005, S. 523–526.

Wegen, Gerhard/ Schlichte, Johannes: GmbH oder EU-inländische Gesellschaft – die Qual der Wahl für Unternehmer und Berater in der Praxis, RIW 2006, S. 801–807.

Wegner, Carsten: Urteilsanmerkung zu BGH, Urteil v. 13.04.2010 – 5 StR 428/09 (LG Hamburg), GWR 2010, S. 267.

Weiß, Udo: Strafbare Insolvenzverschleppung durch den director einer Ltd., Baden-Baden 2009 (zitiert: *Weiß*).

–: Strafbarkeit der Geschäftsführer wegen Untreue bei Zahlungen „entgegen“ § 64 GmbHG, GmbHR 2011, S. 350–358.

–: Ausschluss vom Geschäftsführeramt bei strafgerichtlichen Verurteilungen nach § 6 Abs. 2 GmbHG n.F., wistra 2009, S. 209–215.

–: Der unzureichend begründete Insolvenzantrag einer GmbH aus strafrechtlicher Sicht, ZInsO 2009, S. 1520–1526.

Weller, Marc-Philippe: Europäische Rechtsformwahlfreiheit und Gesellschafterhaftung – Zur Anwendung der Existenzvernichtungshaftung auf Scheinauslandsgesellschaften nach „Überseering“ und „Inspire Art“, Köln, Berlin, München 2004 (zitiert: *Weller*).

–: Die Neuausrichtung der Existenzvernichtungshaftung durch den BGH und ihre Implikationen für die Praxis, ZIP 2007, S. 1681–1689.

–: Solvenztest und Existenzvernichtungshaftung – Zwei grundverschiedene Gläubigerschutzfiguren, DStR 2007, S. 116–122.

–: Scheinauslandsgesellschaften nach Centros, Überseering und Inspire Art: Ein neues Anwendungsfeld für die Existenzvernichtungshaftung, IPRax 2003, S. 207–210.

–: „Inspire Art": Weitgehende Freiheiten beim Einsatz ausländischer Briefkastengesellschaften, DStR 2003, S. 1800–1804.

Wengler, Wilhelm: Der deutsche Richter vor unaufklärbarem und unbestimmtem ausländischen Recht, JR 1983, S. 221–227.

Werner, Rüdiger: Das deutsche Internationale Gesellschaftsrecht nach „Cartesio" und „Trabrennbahn", GmbHR 2009, S. 191–196.

–: GmbHR-Kommentar zu OLG Frankfurt a.M., Beschl. v. 28.07.2006 - 20 W 191/06, S. 1158–1159.

Wessels, Johannes (Begr.)/Beulke, Werner: Strafrecht Allgemeiner Teil - Die Straftat und ihr Aufbau, 42. Auflage, Heidelberg u. a. 2012 (zitiert: *Wessels/Beulke*).

Wessels, Johannes (Begr.)/Hillenkamp, Thomas: Strafrecht Besonderer Teil 2 – Straftaten gegen Vermögenswerte, 35. Auflage, Heidelberg u. a. 2012 (zitiert: *Wessels/Hillenkamp*).

Wessing, Jürgen/Krawczyk, Lucian: Untreue zum Nachteil einer konzernabhängigen GmbH, NZG 2009, S. 1176–1178.

Westhoff, André O.: Die Verbreitung der englischen Limited mit Verwaltungssitz in Deutschland, GmbHR 2007, S. 474–480.

Weyand, Raimund: Strafrechtliche Aspekte des MoMiG im Zusammenhang mit juristischen Personen, ZInsO 2008, S. 702–706.

Weyand, Raimund/Diversy, Judith: Insolvenzdelikte – Unternehmenszusammenbruch und Strafrecht, 8. Auflage, Berlin 2010 (zitiert: *Weyand/Diversy*).

Wiedemann, Heribert: „Existenzvernichtung und Bestandsschutz der GmbH – Gedanken anlässlich des Urteils des BGH vom 16. Juli 2007 – Trihotel", in: Moll (Hrsg.), Festschrift für Hans-Jochem Lüer zum 70. Geburtstag, S. 337–345, München 2008 (zitiert: *Wiedemann*, in: FS-Lüer).

Wietz, Christopher: Vermögensbetreuungspflichtverletzung gegenüber einer im Inland ansässigen Auslandsgesellschaft – Eine verfassungs- und europarechtliche Diskussion, Baden-Baden 2009 (zitiert: *Wietz*).

Wilhelmi, Rüdiger: Das Mindestkapital als Mindestschutz – eine Apologie im Hinblick auf die Diskussion um eine Reform der GmbH angesichts der englischen Limited, GmbHR 2006, S. 13–24.

Wilms, Tobias: Die englische Ltd. in deutscher Insolvenz – Nach Centros, Überseering und Inspire Art, Baden-Baden 2006 (zitiert: *Wilms*).

–: Die Verschleppung der Insolvenz einer „deutschen Ltd.", KTS 2007, S. 337–351.

Winter, Martin: Mitgliedschaftliche Treuebindungen im GmbH-Recht, München 1988 (zitiert: *Winter*).

Wischmeyer, Thomas: Strafrechtliche Sanktionen und ihre Reform in England und Wales, ZStW 118 (2006), S. 111–136.

Witt, Carl-Heinz: Modernisierung der Gesellschaftsrechte in Europa – Einige Sonderwege und manche gemeinsame Pfade, ZGR 2009, S. 872–930.

Wöhe, Günter/Döring, Ulrich: Einführung in die Allgemeine Betriebswirtschaftslehre, 24. Auflage, München 2010 (zitiert: *Wöhe/Döring*).

Wohlers, Wolfgang: Die strafrechtliche Bewältigung der Finanzkrise am Beispiel der Strafbarkeit wegen Untreue, ZStW 123 (2011), S. 791–815.

Wolter, Jürgen (Hrsg.): Systematischer Kommentar zur Strafprozessordnung, Band IV §§ 198–246 StPO, 4. Auflage, Köln 2011 (zitiert: *Bearbeiter*, in: SK).

– (Hrsg.): Systematischer Kommentar zur Strafprozessordnung, Band V §§ 246a-295 StPO, 4. Auflage, Köln 2012 (zitiert: *Bearbeiter*, in: SK).

Worm, Eva-Maria: Die Strafbarkeit eines directors einer englischen Limited nach deutschem Strafrecht, Baden-Baden 2009 (zitiert: *Worm*).

Worms, Sonja: Insolvenzverschleppung bei der „deutschen" Limited" – Der grenzüberschreitende Umzug von Kapitalgesellschaften nach Umsetzung des MoMiG, Baden-Baden 2009 (zitiert: *Worms*).

Zech, Susanne: Untreue durch Aufsichtsratsmitglieder einer Aktiengesellschaft, Frankfurt am Main 2007 (zitiert: *Zech*).

Zerres, Thomas: Deutsche Insolvenzantragspflicht für die englische Limited mit Inlandssitz, DZWIR 2006, S. 356–362.

Zessel, Marco: Durchgriffshaftung gegenüber einer in Deutschland ansässigen Limited?, Baden-Baden 2008 (zitiert: *Zessel*).

Ziemans, Hildegard: Freie Bahn für den Umzug von Gesellschaften nach Inspire Art?! – Zugleich Besprechung EuGH, Urt. v. 30.9.2003 – Rs C-167/01 – Inspire Art, ZIP 2003, S. 1913–1920.

Zieschang, Frank: „Strafbarkeit des Geschäftsführers einer GmbH wegen Untreue trotz Zustimmung sämtlicher Gesellschafter?“, in: Hirsch/Wolter/Brauns (Hrsg.), Festschrift für Günter Kohlmann zum 70. Geburtstag, S. 351–363, Köln u. a. 2003 (zitiert: *Zieschang*, in: FS-Kohlmann).

Zimmer, Daniel: Internationales Gesellschaftsrecht – Das Kollisionsrecht der Gesellschaften und sein Verhältnis zum Internationalen Kapitalmarktrecht und zum Internationalen Unternehmensrecht, Heidelberg 1996 (zitiert: *Zimmer*).

–: Nach „Inspire Art“: Grenzenlose Gestaltungsfreiheit für deutsche Unternehmen?, NJW 2003, S. 3585–3592.

–: Ein internationales Gesellschaftsrecht für Europa, RabelsZ 2003, S. 298–317.

Zimmer, Daniel/Naendrup, Christoph: For Whom the Bell Tolls – Folgen einer Nichtbeachtung englischer Publizitätsgebote durch in Deutschland aktive Limited Companies, ZGR 2007, S. 789–818.

Zimmer, Daniel/Naendrup, Christoph: Das Cartesio-Urteil des EuGH: Rück- oder Fortschritt für das internationale Gesellschaftsrecht?, NJW 2009, S. 545–550.

Zimmermann, Frank: Mehr Fragen als Antworten: Die 2. EuGH-Entscheidung zur Strafrechtsharmonisierung mittels EG-Richtlinien (Rs. C-440/05), NStZ 2008, S. 662–667.

Zöller, Richard (Begr.): Zivilprozessordnung Kommentar, 29. Auflage, Köln 2012 (zitiert: *Bearbeiter*, in: Zöller).

Zöllner, Wolfgang: Konkurrenz für inländische Kapitalgesellschaften durch ausländische Rechtsträger insbesondere durch die englische Private Limited Company, GmbHR 2006, S. 1–12.

Zweigert, Konrad/Kötz, Hein: Einführung in die Rechtsvergleichung, 3. Auflage, Tübingen 1996 (zitiert: *Zweigert/Kötz*).

Einführung

§ 1 Einleitung

"*The directors [...] being the managers rather of other people's money than of their own, it cannot well be expected, that they should watch over it with the same anxious vigilance with which the partners in a friendly copartnery frequently watch their own. Like the stewards of a rich man, they are apt to consider attention to small matters as not for their master's honour, and very easily give themselves a dispensation from having it. Negligence and profusion, therefore, must always prevail, more or less, in the management of the affairs of such a company;*"[1] so beschreibt *Adam Smith* das dieser strafrechtlichen Untersuchung zu Grunde liegende wirtschaftliche Grundproblem. Obwohl sich seine Feststellung maßgeblich auf *publicy held corporations* bezieht, ist der hiermit beschriebene sog. „*principal-agent*" Konflikt[2] allgemein auf das Verhalten von Geschäftsleitern übertragbar. Sind Vermögensinhaberschaft und Management getrennt, so muss es Regeln geben, die das Verhalten der Verantwortlichen im Sinne der Gesellschaft steuern. Aus gesellschaftsrechtlicher Sicht geschieht dies grundsätzlich mittels Einschränkungen der Handlungsfreiheit, positiven Verpflichtungen sowie verschiedenen Anreizsystemen. Das Strafrecht – als akzessorisches Recht – folgt bei der Strafbarkeit von Geschäftsleitern in der Regel solchen, in anderen Rechtgebieten getroffenen Einschränkungen der Handlungsfreiheit. Deutlich wird eine solche Anknüpfung an das Gesellschaftsrecht insbesondere im Bereich des Wirtschaftsstrafrechts.[3] Dort erlangt das Gesellschaftsrecht aufgrund zahlreicher normativer Tatbestandsmerkmale und Blanketttatbestände besondere Bedeutung. Aktuelle Brisanz kommt dabei dem Untreuetatbestand als dem klassischen Instrumentarium zur Verfolgung von Vermögensstraftaten und zur Bekämpfung wirtschaftskrimineller Verhaltensweisen[4] – insbesondere in der Fallgruppe der sog. Organuntreue – zu.[5] In den hierunter fallenden Sachverhaltskonstellationen

---

1 *Adam Smith*, S. 233.

2 Grundlegend hierzu *Jensen/Meckling*, Journal of Financial Economics 1976, 305 ff.

3 Zu den Begriffen des Wirtschaftsstrafrechts und der Wirtschaftskriminalität, die bis heute nicht exakt definiert sind, *Dannecker*, in: Wabnitz/Janovsky, Kap. 1 Rn. 5 ff.; *Mansdörfer*, S. 3 ff.; *Hefendehl*, ZStW 119 (2007), 816 (818 ff.); *Rönnau*, ZStW 119 (2007), 887 (895 ff.) j.m.w.N. Ausführlich zum Verhältnis des Wirtschaftsstrafrechts zur Wirtschaft *Hassemer*, wistra 2009, 169 ff.

4 *Labsch*, Jura 1987, 343 (343).

5 *Schünemann*, Organuntreue, passim. Siehe ferner *Saliger*, in: SSW, § 266 StGB Rn. 89; *Tiedemann*, Wirtschaftsstrafrecht BT, Rn. 3 u. Rn. 390. Siehe zu den „spektakulären"

soll der Untreuetatbestand eine strafrechtliche Verantwortlichkeit für den Fehlgebrauch der Dispositionsfreiheit durch den Geschäftsleiter begründen.[6] Für *Schünemann* ist der Untreuetatbestand *„[f]ür die moderne Volkswirtschaft der entwickelten Industriegesellschaft mit ihrem Auseinanderfallen von Eigentumszuständigkeit und Management in Großunternehmen [...] zum kennzeichnenden Delikt der Wirtschaftskriminalität geworden."*[7]

Während die strafrechtliche Anknüpfung an gesellschaftsrechtliche Wertungen und Pflichten des deutschen Gesellschaftsrechts bereits immense Probleme bereitet, scheint dies ganz besonders der Fall zu sein, wenn die Anknüpfungen das Recht aus anderen Rechtskreisen betreffen. Angestoßen wurde die Diskussion insbesondere durch die jüngste Rechtsprechung des *Europäischen Gerichtshofs* (im Folgenden *EuGH*) zur europäischen Niederlassungsfreiheit für Kapitalgesellschaften und dem dadurch ermöglichten Zuzug von europäischen Auslandsgesellschaften nach Deutschland. Angeführt wird der Zuzug insbesondere von der englischen *private company limited by shares* (im Folgenden *Limited*),[8] einer der deutschen GmbH zumindest funktionell vergleichbaren Gesellschaftsform.

Auf diese Entwicklungen hat im Bereich des Gesellschafts- und Insolvenzrechts zunächst der deutsche Gesetzgeber durch das Gesetz zur Modernisierung des GmbH Rechts und zur Bekämpfung von Missbräuchen (MoMiG) reagiert. Seit dem Urteil des 5. Strafrechtsenats des *BGH* vom Anfang des Jahres 2010 scheint nun auch der strafrechtliche Umgang mit den Geschäftsleitern in Deutschland agierender ausländischer Gesellschaften im Hinblick auf den Vorwurf der Untreue für geklärt.[9] Dabei scheint es so, als ob das Gericht hier die – wenn auch ironische – Feststellung *Ransieks*: *„§ 266 StGB passt immer"*[10] zugrunde gelegt hat und den *director* analog den aufgestellten Grundsätzen zur GmbH-Untreue bestrafen will. Ob aber einem generell zur *„Superverbotsnorm"*[11] mutierten Untreuetatbestand auch der *director* einer in Deutschland ansässigen *Limited* tatsächlich unterfällt, gilt es im Folgenden zu untersuchen.

Fällen der letzten Jahre die Nachweise bei *Rönnau*, ZStW 119 (2007), 887 (887 f.); *Saliger*, HRRS 2006, 10 (10 f.). Im Vordergrund steht dabei die Untreue zu Lasten einer GmbH oder einer AG.

6 Zu der Frage ob der Untreuetatbestand überhaupt dem Wirtschaftsstrafrecht zuzurechnen ist, ausführlich *Rönnau*, ZStW 119 (2007), 887 (890 ff.) m.w.N.

7 *Schünemann*, in: LK, § 266 StGB Rn. 2. Siehe ferner *Seier*, in: HWSt, V 2 Rn. 1 ff.

8 Zur Verwendung englischer Begriffe und deren Schreibweise sogleich § 1 II.

9 *BGH*, NStZ 2010, 632 ff.

10 *Ransiek*, ZStW 116 (2004), 634 (634).

11 Zu diesem Begriff siehe *Rönnau*, in: FS-Tiedemann, S. 713, 719.

I. Gegenstand und Gang der Untersuchung

Zentraler Untersuchungsgegenstand der hier vorgelegten Arbeit ist die Strafbarkeit des *directors* einer in Deutschland ansässigen *Limited* wegen Untreue gem. § 266 StGB zu Lasten der *Limited.* Beschäftigt man sich allgemein mit der Organuntreue, so ist festzustellen, dass deren Probleme zumeist nicht in der Täterqualifikation oder im Kausalitätszusammenhang zwischen Tathandlung und Taterfolg, sondern bei den Fragen nach der Pflichtwidrigkeit des Verhaltens und dem Vorliegen eines Schadens liegen. Insbesondere die Feststellung des Merkmals der „Verletzung einer Vermögensbetreuungspflicht" durch den *director* einer in Deutschland ansässigen *Limited* stellt sich als äußerst schwierig dar. Von ausschlaggebender Bedeutung sind in diesem Zusammenhang die Beurteilung der Anwendbarkeit des englischen Gesellschaftsrechts zur Tatbestandsausfüllung sowie die verfassungsrechtlichen Grenzen einer solchen. Dahinter steht die übergeordnete Frage, welche Auswirkungen sich durch den Wandel des Internationalen Gesellschaftsrechts auf die Strafbarkeit der Organe von in Deutschland ansässigen ausländischen Gesellschaften ergeben.[12] Diese Fragestellung erscheint überraschend. Immerhin galt doch bislang die allgemeine *„juristische Binsenweisheit"*,[13] dass im Inland handelnde Organe von Auslandsgesellschaften ebenso wenig gegen Strafvorschriften verstoßen dürfen wie hierzulande agierende Personen.[14]

Die Annährung an dieses Problem erfolgt in vier Teilen. Der *erste* – vornehmlich deskriptive – *Teil* enthält einen kurzen Überblick über die maßgeblichen Entscheidungen des *EuGH* zur europäischen Niederlassungsfreiheit als dem *„europarechtlichen Auslöser"*[15] sowie eine einführende Darstellung des für die Problematik relevanten englischen Gesellschaftsrechts mit besonderem Schwerpunkt auf den *director's duties* als Ausgangslage für die Feststellung eines untreuerelevanten Pflichtenverstoßes. Berücksichtigt wird dabei die Rechtslage nach dem kürzlich in Kraft getretenen Companies Act 2006 (CA 2006). Ziel

---

12 Als Erster aus strafrechtlicher Sicht *Rönnau* auf der NStZ-Jahrestagung am 3./4. Juni 2005 in Frankfurt a.M.; *ders.* ZGR 2005, 832 ff. Siehe ferner *Hoffmann*, in: Deutsches Gesellschaftsrecht im Wettbewerb der Rechtsordnungen, S. 227 ff., der aber hauptsächlich die europäischen Schranken einer möglichen Strafbarkeit untersucht.

13 So *Rönnau*, ZGR 2005, 832 (832).

14 Ausdrücklich *Goette*, DStR 2005, 197 (199). Siehe auch *Gross/Schork*, NZI 2006, 10 (12); *Rönnau*, ZGR 2005, 832 (832). Diese Annahme bezieht sich nicht auf sog. Allgemeindelikte. Bei diesen ist die Anwendbarkeit auf im Inland handelnde Organe einer ausländischen Gesellschaft wohl weiterhin unbestritten.

15 *Rönnau*, ZGR 2005, 832 (833).

dieser Darstellung ist es, ein Verständnis des englischen Gesellschaftsrechts und der entsprechenden Pflichten des *directors* zu schaffen. Der *zweite Teil* enthält zum einen eine kritische Bestandsaufnahme zum Geltungsbereich des Untreuetatbestandes, seinen strukturellen Problemen und den drei bislang zur Untreuestrafbarkeit des *directors* einer in Deutschland ansässigen *Limited* ergangen Urteilen. Zum anderen hebt er die zentrale Problematik der Untersuchung, nämlich das Tatbestandsmerkmal der Verletzung einer Vermögensbetreuungspflicht, hervor. Im Mittelpunkt der Untersuchung steht dabei die grundlegende Frage, ob eine Fremdrechtsanwendung im Rahmen des Untreuetatbestandes überhaupt verfassungsrechtlich zulässig sein kann. Mit dieser Frage und deren regelungstechnischer Einbettung befasst sich der *dritte Teil* der Untersuchung. Ersichtlich wird dabei, dass die fehlende Abstimmung zwischen deutschem Strafrecht und Europarecht nicht zu neuen bislang unbekannten Problemen führt, sondern vielmehr alte Probleme in ein neues Licht taucht. Der *vierte und abschließende Teil* überprüft die Vereinbarkeit des gefundenen Ergebnisses mit dem übergeordneten europäischen Recht und hinterfragt die Notwendigkeit eines gesetzgeberischen Einschreitens. Er endet mit dem bescheidenen Vorschlag eines spezialgesetzlichen Sondertatbestandes der Organuntreue, der auch die in Deutschland ansässigen Auslandsgesellschaften erfasst.

Ist die Beschäftigung mit dem Untersuchungsgegenstand damit ausreichend begründet, so ist die Untersuchung in mehrfacher Weise eingegrenzt. Zum einen befasst sich die vorliegende Arbeit ausschließlich mit der *private limited company by shares*. „Nur" diese ist aus deutscher Sicht bislang in das Zentrum der Aufmerksamkeit gerückt;[16] andere europäische Gesellschaftsformen werden nicht betrachtet.[17] Für diese dürften die hier getroffenen rechtlichen Schlüsse

16 *Wachter*, GmbHR 2005, 717 (718); *Zöllner*, GmbHR 2006, 1 (2). A.A. aber *Lutter*, GmbHR 2005, 1 (4), der davon ausgeht, dass in Zukunft nicht nur die englische *Limited*, sondern auch entsprechende Gesellschaftsformen des französischen, niederländischen und spanischen Rechts verstärkt am Rechtsverkehr in Deutschland teilnehmen werden; hieran zweifelnd *Lawlor*, NZI 2005, 432 (436).

17 Zur „*Limited liability partnership*", *Ringe/Otte*, in: Englisches Handels- und Wirtschaftsrecht, S. 301 ff.; *Bank*, S. 33 ff.; *Schnittker/Bank*, Rn. 3 ff. Insbesondere als Organisationsform für die anwaltliche Berufsausübung *Henssler/Mansel*, NJW 2007, 1393 ff. Zur „*Limited & Co.KG*" siehe *Höhne*, passim; *Just*, Limited, Rn. 348 ff. Für polnische Gesellschaften *Jara*, RIW 2006, 106 ff. Zu amerikanischen Gesellschaften aufgrund von Art. XXV Abs. 5 S. 2 des Freunschafts-, Handels- und Schifffahrtsvertrags zwischen der Bundesrepublik Deutschland und den Vereinigten Staaten von Amerika vom 29.10.1954 *Drouven/Mödl*, NZG 2007, 7 ff. Inwieweit die strafrechtlichen Regelungen auch für die SE gelten, untersucht *Schlösser*, NZG 2008, 126 ff. Siehe aber auch

allerdings häufig entsprechend gelten. Zum anderen werden die sich ergebenden Probleme allein am Beispiel der Untreue eines *directors* zu Lasten einer in Deutschland ansässigen *Limited* erörtert.[18] Hinsichtlich anderer Straftatbestände und deren – zum Teil ebenfalls – noch nicht zufriedenstellend gelöster Probleme im Hinblick auf den Zuzug ausländischer Kapitalgesellschaften sei der Verweis auf die hierzu bislang erschienen Monographien und Aufsätze gestattet.[19] Schwerpunktmäßig sind dies die Insolvenzverschleppung nach den §§ 64 Abs. 1, 84 Abs. 1 Nr. 2 GmbHG a.F.[20] bzw. § 15a InsO n.F.,[21] Insolvenzstraftaten nach den §§ 283, 283b StGB,[22] die Bilanzdelikte nach den §§ 331, 334 HGB[23] sowie die Strafbarkeit wegen Vorenthaltens und Veruntreuens von Arbeitsentgelt nach § 266a StGB.[24]

Unberücksichtigt bleiben ferner mögliche handels- und zivilprozessrechtliche,[25] steuerrechtliche[26] sowie steuerstrafrechtliche[27] Auswirkungen der Entscheidungen des *EuGH* zur Niederlassungsfreiheit.

Wietz, S. 19 ff. der – zumindest dem Titel nach – seine Untersuchung auf sämtliche ausländische Kapitalgesellschaften erstreckt.

18 Zu einer möglichen Untreuestrafbarkeit des *directors* gegenüber Dritten, *Worm*, S. 115 ff.

19 Grundlegend bereits *Rönnau*, ZGR 2005, 832 ff. Vieles scheint dafür zu sprechen, dass vor dem Hintergrund des Bestimmtheitsgebots und des Parlamentsvorbehalts auch bei akzessorischen deutschen Straftatbeständen nicht auf Vorschriften des englischen Zivil- und Gesellschaftsrechts zur Tatbestandsausfüllung zurückgegriffen werden kann.

20 *Weiß*, passim; *Nuys*, S. 222 ff. Siehe ferner auch *Labinski*, S. 206 ff.

21 *Hinderer*, S. 163 ff.; *Labinski*, S. 190 ff.; *Nuys*, S. 369 ff.; *Pattberg*, S. 206 ff.; *Stärk*, S. 109 ff.; *Weiß*, S. 215 ff.; *Wilde*, S. 83 ff.; *Worms*, S. 109 ff.; *Wilk/Stewen*, wistra 2011, 161 (163 ff.).

22 *Hinderer*, S. 23 ff.; *Labinski*, S. 262 ff.; *Nuys*, S. 407 f.; *Pattberg*, S. 89 ff.; *Stärk*, S. 165 ff.; *Worm*, S. 136 ff.; *Wilk/Stewen*, wistra 2011, 161 (166 f.); *Kienle*, GmbHR 2007, 696 (697 ff.).

23 *Pattberg*, S. 250 f.; *Stärk*, S. 181.

24 *Labinski*, S. 287 ff.; *Pattberg*, S. 314 ff.; *Stärk*, S. 105 ff.; *Wilk/Stewen*, wistra 2011, 161 (169).

25 *Melchior*, AnwBl, 20 ff.

26 Zu steuerrechtlichen Aspekten *Brinkmeier/Mielke*, S. 54 ff.; *Heinz/Hartung*, § 16 Rn. 1 ff.; *Just*, Limted, Rn. 282 ff.; *Triebel/von Hase/Melerski*, Rn. 677 ff.; *Kessler*, DStR 2005, 2101 (2103 ff.); *Möhlenbrock*, in: FS-Schaumburg, S. 913, 930 ff.; *Volb*, Steuer und Studium 2007, 173 ff. Allgemein auch *Schaumburg*, in: Europäische Auslandsgesellschaften in Deutschland, S. 403 ff.

27 Zur Steuerhinterziehung gem. § 370 AO durch den *director* siehe *Pattberg*, S. 343 ff.

II. Terminologische Vorfragen

Im Rahmen der Auseinandersetzung mit einer ausländischen Rechtsordnung stellen sich immer Schwierigkeiten terminologischer Art. Umso wichtiger ist es daher, für die Diskussion eine einheitliche und in sich konsequente Anwendung der Begrifflichkeiten festzulegen.

Vor dem Hintergrund des im Strafrecht geltenden Gebots der Klarheit und Bestimmtheit[28] ist eine präzise Wortwahl zwingend erforderlich. Im Allgemeinen ist es nicht möglich, Begriffe eines anderen Rechtskreises inhaltsgleich in die Rechtssprache des eigenen Rechtskreises zu übersetzen.[29] Die Begriffe des „englischen" Rechtskreises sind im Folgenden mithin *kursiv* hervorgehoben.[30] Die Auslegung ausländischer Rechtsbegriffe mittels deutscher Methodik führt zwangsläufig zu Missverständnissen. Mit dem Versuch deutscher Autoren, die englischen Begriffe unter deutsche Begrifflichkeiten zu subsumieren, geht häufig die Versuchung einher, diese auch in ein deutsches gesellschaftsrechtliches Verständnis zu zwängen.[31] Dies ist unzulässig, muss der deutsche Richter ausländisches Recht doch so anwenden, wie es in der ausländischen Rechtsordnung tatsächlich gilt.[32] Er darf ausländische Normen nicht der deutschen Methodik, beispielsweise hinsichtlich der Auslegungsmethoden, unterwerfen.[33]

Aus diesen Gründen sollte auch bei der Diskussion über die *Limited* der *director* entweder neutral als Direktor[34] bzw. als Geschäftsleiter[35] übersetzt oder die originäre Bezeichnung *director* beibehalten werden.[36] Die vorliegende Arbeit folgt der letzt genannten Ansicht und verwendet durchgängig die jeweiligen

---

28 Siehe bereits *Rönnau*, ZGR 2005, 832 (839 f.) zu der Frage, ob sich der *director* nach dem GmbHG strafbar machen kann und den entsprechenden Bedenken im Hinblick auf den Wortlaut.

29 *Triebel/von Hase/Melerski*, Rn. 3 ff.

30 So auch bei *Bayer*, in: Lutter/Hommelhoff, Anh II zu § 4a GmbHG Rn. 1 ff.; *Just*, Limited, Rn. 1 ff.

31 Nach *Wietz*, S. 248 soll bereits der Sprachgebrauch (*fiduciary duty*) den unmittelbaren Bezug zu § 266 StGB nahelegen.

32 *Geimer*, in: Zöller, § 293 ZPO Rn. 26 m.w.N.

33 *Kegel/Schurig*, S. 505 f.; *Jansen/Michaels*, ZZP 116 (2003), 3 (19 ff.); *Schall*, ZZP 122 (2009), 293 (295). Ferner *Kühne*, GA 2005, 195 (203).

34 In diesem Sinne aus der strafrechtlichen Literatur *Rönnau*, ZGR 2005, 832 ff. und aus der gesellschaftsrechtlichen Literatur *Just*, Limited, Rn. 137 ff.

35 So *Benndorf*, S. 26.

36 So auch *Bayer*, in: Lutter/Hommelhoff, Anh II zu § 4a GmbHG Rn. 1 ff. Ausdrücklich auch *Triebel/von Hase/Melerski*, Rn. 3 ff.

englischen Begriffe als feststehende Bezeichnungen des englischen Rechtskreises. Äußerst unpräzise und damit abzulehnen ist allerdings die teilweise vorgenommene Übersetzung als Geschäftsführer[37] der *Limited*. Der Geschäftsführer ist das Handlungsorgan einer GmbH. Dieser ist auch nicht Mitglied eines *board of directors*, für das es bei der deutschen GmbH keine Entsprechung gibt.[38]

Wird im Folgenden vom „englischen" Zivil- und Gesellschaftsrecht gesprochen, so ist das gemeinsame Recht von England und Wales gemeint.[39] Die im Schrifttum teilweise gebrauchte Bezeichnung „britisches Recht" ist aufgrund der Rechtsteilung zwischen England und Wales einerseits, sowie Schottland und Nordirland andererseits bereits begrifflich falsch.[40] Da bei der Gründung einer *Limited* der statutarische Sitz der Gesellschaft in England, Wales oder Schottland liegen muss,[41] wäre darüber hinaus die Nennung von Großbritannien als Gesellschaftssitz unzulässig.

Nach dem englischen Rechtsverständnis wird ferner explizit zwischen dem *company law* als dem Recht der Kapitalgesellschaften[42] und dem *partnership law* als dem Recht der Personengesellschaften[43] unterschieden.[44] Soweit in dieser Arbeit der Begriff englisches Gesellschaftsrecht verwendet wird, bezieht sich diese vereinfachende Formulierung lediglich auf das Recht der Kapitalgesellschaften. Auch wird die *private company limited by shares* häufig als Äquivalent zur deutschen GmbH angesehen und die *public company limited by shares* mit der

---

37 So aber *LG Hamburg*, 611 KLs 11/08 (nicht veröffentlichtes Urteil); *Stärk*, S. 28 („*Limited-Geschäftsführer*"); *Schlösser*, wistra 2006, 81 ff.; *Stöber*, GmbHR 2006, 1146 (1146 ff.).

38 *Gross/Schork*, NZI 2006, 10 (10) halten die Bezeichnung als „Organ" hingegen für unscharf, da sich das Verhältnis zwischen dem *director* und der *Limited* nach der sog. „Mandatstheorie" bestimme.

39 „*The laws of England and Wales*". Nur auf diese beschränkt sich das englische Recht in seiner unmittelbaren Geltung, vgl. *von Bernstorff*, S. 1.

40 Das Vereinigte Königreich Großbritannien und Nordirland (*United Kingdom of Great Britain and Northern Ireland*) umfasst England, Wales, Schottland und Nordirland. Auch wenn gerade im Bereich des *company law* hier wesentliche Gesetzesgrundlagen übereinstimmen, bestehen jedoch insbesondere zwischen England und Wales zu Schottland und Nordirland partielle Unterschiede, die nicht übergangen werden dürfen, vgl. *Ebert/Levedag*, in: Süß/Wachter, S. 690. Unpräzise daher *AG Stuttgart*, wistra 2008, 226 ff.

41 Section 9(2)(b) CA 2006.

42 Companies Act 2006.

43 Limited Liability Partnerships Act 2000.

44 Hierzu *Just*, Englisches Gesellschaftsrecht, S. 5 f.

deutschen Aktiengesellschaft verglichen. Wirtschaftlich gesehen ist dieser Vergleich zutreffend, rechtlich handelt es sich jedoch bei beiden Rechtsformen um eigenständige Gesellschaftsformen einer ausländischen Rechtsordnung.[45]

Schließlich wird, in Abgrenzung zu nicht ausschließlich in Deutschland tätigen *Limited* Gesellschaften, von *Limiteds* mit inländischem Verwaltungssitz oder in Deutschland ansässigen *Limiteds* gesprochen. Die zum Teil gängige Bezeichnung als „deutsche" *Limited* wird hingegen nicht verwendet.[46] Es handelt sich nach der hier vertretenen Auffassung um die Bezeichnung einer ausländischen Rechtsform, die sich nicht ohne weiteres in das Korsett deutscher Vorschriften und Begrifflichkeiten zwängen lässt.

45 Zutreffend *Just*, Englisches Gesellschaftsrecht, S. 7. Darüber hinaus weist die *private company* sogar mehr Ähnlichkeiten mit einer deutschen Aktiengesellschaft als mit einer GmbH auf, *Just*, Limited, Rn. 14.

46 So aber *Pattberg*, S. 371 u. a.; *Worms*, S. 29 ff.; *Pohl* unter Verweis auf Raupach, in: FS-Raupach, S. 375, 376; *Ringe/Willemer*, EuZW 2006, 621 ff.; *Wilms*, KTS 2007, 337 ff.

Teil 1: Europa- und gesellschaftsrechtliche Grundlagen

§ 2 Die Rechtsprechung des Europäischen Gerichtshofs zur Niederlassungsfreiheit juristischer Personen

Erklärtes Ziel des mittlerweile außer Kraft getretenen Art. 2 EGV war die Schaffung eines europaweiten „*Gemeinsamen Marktes*“ mit unternehmerischen Tätigkeiten, die sich weit über die eigenen Landesgrenzen des jeweiligen Mitgliedstaats erstrecken. Vor diesem Hintergrund – insbesondere auch aus strafrechtlicher Sicht – sind die „*bahnbrechenden*“[47] Urteile des *EuGH* zur Niederlassungsfreiheit juristischer Personen gem. Art. 49, 54 AEUV (vormals Art. 43, 48 EG) zu verstehen. Schließlich haben bislang nur wenige europäische höchstrichterliche Urteile eine derart lebhafte Diskussion in der Wissenschaft und Praxis ausgelöst und zu einer nicht mehr überschaubaren Anzahl von Veröffentlichungen in der entsprechenden Fachliteratur geführt. Ist die Diskussion hinsichtlich einiger Teilaspekte auch weitgehend abgeschlossen, so geht sie in anderen Bereichen weiter.[48] Um Anlass und Hintergrund der aufgeworfenen Frage nach der Strafbarkeit des *directors* einer in Deutschland ansässigen *Limited* zu verstehen, wird das „*Drama in vier Akten*“[49] zur europäischen Niederlassungsfreiheit im Folgenden knapp nachgezeichnet.[50] Schließlich muss auch ein strafrechtlicher Lösungsansatz mit europäischen Grundsätzen vereinbar sein.[51]

I. Bestimmung des Gesellschaftsstatuts

Wird eine ausländische Kapitalgesellschaft in Deutschland tätig, so stehen die inländischen Rechtsanwendungsorgane vor der grundsätzlichen Frage, nach welchen Regeln diese ausländische Gesellschaft nun zu behandeln ist. Antworten hierzu finden sich im Internationalen Privatrecht (IPR) als dem nationalen

---

47 So *Rönnau*, ZGR 2005, 832 (834).

48 Vgl. zur Diskussion über den Zu- und Wegzug von Gesellschaften in Europa *Raiser/Veil*, S. 777 f. m.w.N.

49 So *Bayer*, BB 2003, 2357 (2357).

50 *Rönnau*, ZGR 2005, 832 (833) bezeichnet die Entwicklung der europäischen Rechtsprechung daher prägnant als „*Europarechtlicher Auslöser*“ der strafrechtlichen Problematik.

51 Siehe *Satzger*, Internationales und Europäisches Strafrecht, § 9 Rn. 10 ff. m.w.N. Hierzu unten § 10.

Kollisionsrecht.[52] Dieses bestimmt die materiellrechtlichen Vorschriften eines Staates, die auf die jeweilige Fragestellung anzuwenden sind. Erst auf Grundlage einer entsprechenden kollisionsrechtlichen Anknüpfung gelangt dann die materiellrechtliche Norm zur Anwendung. Einer solchen Konstruktion liegt in erster Linie der Respekt vor anderen Rechtsordnungen zu Grunde, denen man zugesteht, ebenso gerechte Entscheidungen wie die eigene Rechtsordnung zu fällen.[53]

Bekanntlich kennt das deutsche Internationale Kollisionsrecht jedoch keine ausdrückliche Kollisionsnorm zur Ermittlung des auf juristische Personen anwendbaren Rechts.[54] Auch die Europäische Union ist in dieser Sache bislang noch nicht gesetzgeberisch tätig geworden. In der Rom I-Verordnung[55] und der Rom II-Verordnung[56] über das auf vertragliche und außervertragliche Schuldverhältnisse anzuwendende Recht sind sowohl das Internationale Vereins- als auch das Internationale Gesellschaftsrecht ausdrücklich ausgenommen. Gem. Art. 37 S. 1 Nr. 2 EGBGB entscheidet das Gesellschaftsstatut über die *„Rechts- und Handlungsfähigkeit“* und die *„innere Verfassung“* der Gesellschaft sowie über die *„persönliche gesetzliche Haftung der Organe“*.[57] Geht es also um die rechtlichen Beziehungen einer juristischen Person, so bestimmt das sog. Internationale Gesellschaftsrecht als Teil des Internationalen Privatrechts, nach welchen Kriterien das maßgebliche Sachrecht einer juristischen Person zu ermitteln ist. Das Gesellschaftsstatut regelt dann einheitlich die gesellschaftsrechtlichen Beziehungen der Organisation. Es legt also fest, *„unter welchen Voraussetzungen die juristische Person entsteht, lebt und vergeht.“*[58] Der Bestimmung des Gesellschaftsstatuts kommt somit für die Gesellschaft grundlegende Bedeutung zu. Dabei soll, um Rechtsunsicherheiten

52 Dieses Recht wird auch als Rechtsanwendungsrecht bezeichnet. Hierbei handelt es sich in erster Linie um nationales und nicht um supranationales Recht. Dieses entscheidet darüber, welche nationale Rechtsordnung auf einen konkreten Sachverhalt Anwendung findet. Zur Funktion der Kollisionsnormen *Thorn*, in: Palandt, Einl vor EGBGB 3 Rn. 1 ff. u. EGBGB 3 Rn. 1 ff.; *Seibl*, S. 20 ff. j.m.w.N.

53 *Schurig*, RabelsZ 59 (1995), 229 (241).

54 Siehe *Kindler*, S. 160 f. Ein Überblick über die zahlreichen Versuche, das Internationale Gesellschaftsrecht zu regeln, findet sich bei *Kropholler*, S. 568 ff. m.w.N.

55 Verordnung (EG) Nr. 593/2008 des Europäischen Parlaments und des Rates vom 17.06.2008 über das auf vertragliche Schuldverhältnisse anzuwendende Recht (Rom I), Abl. 2008 L 177/6.

56 Verordnung (EG) Nr. 864/2007 des Europäischen Parlaments und des Rates vom 11.06.2007 über das auf außervertragliche Schuldverhältnisse anzuwendende Recht (Rom II), ABl. 2007 L 199/40.

57 Siehe zum Gesellschaftsstatut *Koch/Magnus/Winkler von Mohrenfels*, S. 221 ff. m.w.N.

58 *BGHZ* 25, 134 (144).

und Abgrenzungsschwierigkeiten zu vermeiden, nach überwiegend vertretener Auffassung das Gesellschaftsstatut einheitlich einer einzigen Rechtsordnung unterstellt werden.[59] Nach dieser sog. Einheitslehre zielt die umfassende Anknüpfung somit *„auf das Ganze des Unternehmens.“*[60] Allerdings stellt sich die Ermittlung des Gesellschaftsstatuts als äußerst schwierig dar. Explizite Regelungen durch den deutschen Gesetzgeber existieren nicht. Auch sämtliche Versuche, bei länderübergreifenden Sachverhalten das Gesellschaftsstatut mittels internationaler Übereinkommen einheitlich zu regeln, sind bislang gescheitert.[61] Damit bleibt es bei grenzüberschreitenden Tätigkeiten nach wie vor der Rechtsprechung und Lehre überlassen, welche rechtlichen Regeln auf die Rechtsverhältnisse einer Gesellschaft anzuwenden sind.[62] Besonders hervorzuheben sind dabei die gegensätzlichen Konzeptionen der sog. Sitztheorie und der sog. Gründungstheorie, deren Ausgestaltungen im Wesentlichen durch rechtspolitische Erwägungen geprägt sind.[63]

1. Die Sitztheorie

In Deutschland war – wie mehrheitlich in Kontinentaleuropa[64] – die Sitztheorie in Rechtsprechung[65] und Literatur[66] vorherrschend. Auch im Strafrecht wurde und wird die Sitztheorie bislang (noch) stillschweigend vorausgesetzt, wie es

---

59 *BGH*, ZIP 2000, 967 (968); *K. Schmidt*, S. 26 f.

60 *Großfeld*, in: Staudinger, IntGesR Rn. 16 u. 249; *ders.*, IPrax 1986, 351 (353) j.m.w.N.

61 Siehe den Referentenentwurf „Gesetz zum Internationalen Privatrecht der Gesellschaften, Vereine und juristischen Personen“. Der Gesetzentwurf ist abrufbar unter: www.der-betrieb.de/pdf/Internationales_Gesellschaftsrecht.pdf. (Stand: Dezember 2012).

62 *Kindler*, S. 160 f.

63 Die vollkommen gegensätzliche Ausgestaltungen der Sitz- und Gründungstheorie und die damit verbundenen handfesten praktischen Probleme führten zu einer Fülle von Kompromisstheorien, denen in der Rechtsprechung und in weiten Teilen der Lehre jedoch keine wesentliche Bedeutung zukam. Zu diesen vermittelnden Lehren siehe *Großfeld*, in: Staudinger, IntGesR Rn. 34 ff. m.w.N. Siehe ferner *Wilde*, S. 27 f.; *Worms*, S. 44 ff.

64 So z. B. in Belgien, Frankreich, Griechenland, Luxemburg, Österreich, Polen, Portugal, Spanien. Zu den Einzelnachweisen siehe *Großfeld*, in: Staudinger, IntGesR Rn. 153 ff.; *Eidenmüller*, in: Ausländische Kapitalgesellschaften im deutschen Recht, § 1 Rn. 5.

65 *BGHZ* 53, 181 (183); *BGH*, IPRax 2003, 265 f.; *BGH*, NJW 2002, 3539 f. So auch schon *RGZ*, 159, 33 (42 u. 46); 117, 215 (217); 92, 73 (76); 83, 367 (369 f.); 77, 19 (22).

66 Siehe zu den Verweisen auf die Ansichten der Literatur *Großfeld*, in: Staudinger, IntGesR Rn. 38 ff.; *Thorn*, in: Palandt, Anh. zu EGBGB Art. 12 Rn. 1; *Kindler*, IPrax 2003, 41 (44) j.m.w.N.

die rechtsformspezifischen Straftatbestände verdeutlichen.[67] Nach dieser Theorie ist auf eine juristische Person immer das Gesellschaftsrecht des jeweiligen Staates anzuwenden, in dem die Gesellschaft ihren tatsächlichen Verwaltungssitz (*real seat, siège rèel*) hat.[68] Der Vorteil eines solchen Vorgehens liegt dabei in der Sachnähe zu der Rechtsordnung des Staates, in dem sich der Interessenmittelpunkt der Gesellschaft befindet. Schwierigkeiten ergeben sich allerdings bei der Bestimmung des effektiven Verwaltungssitzes.[69] Eine eindeutige Bestimmung des Begriffs „Verwaltungssitz" existiert – soweit ersichtlich – bisher nicht.[70] Der tatsächliche Verwaltungssitz wird in der Rechtsprechung und der Literatur daher danach festgelegt, an welchem Ort die Geschäftsführung und die für das Tagesgeschäft zuständigen Vertretungsorgane ihre Tätigkeit entfalten Gemeint ist somit der Ort, an dem "*die grundlegenden Entscheidungen der Unternehmensleitung effektiv in laufende Geschäftsführungsakte umgesetzt werden.*"[71] Der rechtspolitische Hintergrund der Sitztheorie liegt darin begründet, dass sie dem Sitzstaat mittels seiner zur Anwendung berufenen Normativbestimmungen eine wirksame Kontrolle über die auf seinem Territorium ansässigen Gesellschaften ermöglicht.[72]

In Deutschland führt die Sitztheorie in Verbindung mit dem Rechtsformzwang[73] dazu, dass ausländische Rechtsträger im Fall einer Sitzverlegung nach Deutschland grundsätzlich nicht unter dem Mantel ihrer ausländischen Rechtsform tätig werden konnten.[74] Eine ausländische Kapitalgesellschaft wurde folglich nicht anerkannt[75] und als ein nicht-rechtsfähiges Gebilde (rechtliches

---

67 *Müller-Gugenberger*, in: FS-Tiedemann, S. 1003, 1014.

68 *BGHZ* 97, 269 (272). Zum effektiven Verwaltungssitz *Thorn*, in: Palandt, Anh. zu EGBGB Art. 12 Rn. 3 m.w.N.

69 *Zimmer*, RabelsZ 2003, 298 (300).

70 Vielmehr werden die Einzelmerkmale des Begriffs anhand der *lex fori* bestimmt, *Kindler*, S. 172.

71 *BGHZ* 97, 269 (272). Dies geht zurück auf *Sandrock*, in: FS-Beitzke, S. 669, 683. Bei abhängigen Unternehmen kommt es auf den Ort an, an dem die Leitungsorgane tätig werden, *BGH*, WM 1979, 692 (693 f.).

72 *Thorn*, in: Palandt, Anh. zu EGBGB Art. 12 Rn. 1.

73 Zum Rechtsformzwang im Gesellschaftsrecht siehe *K. Schmidt*, S. 101 ff. m.w.N.

74 Zur nun äußerst relevanten Unterscheidung zwischen europäischen und anderen ausländischen Gesellschaften sogleich § 2 III.

75 *K. Schmidt*, S. 27.

„nullum") behandelt.[76] Denkbar war allenfalls eine Umqualifizierung[77] der ausländischen Gesellschaft als Gesellschaft bürgerlichen Rechts oder als Offene Handelsgesellschaft.[78]

Auf dieser Grundlage konnte eine englische *Limited* somit nach Verlegung ihres Verwaltungssitzes nach Deutschland nach den deutschen Vorschriften keine *Limited* sein, da das deutsche Recht die Rechtsform der *Limited* nicht kennt. Als GmbH konnte sie nicht qualifiziert werden, da die dafür erforderlichen Gründungsvoraussetzungen nicht eingehalten worden sind.[79] Eine zuziehende *Limited* war hiernach zwingend zu einem Wechsel des Gesellschaftsstatuts verpflichtet.[80] Eine solche Neugründung hatte allerdings zur Folge, dass die Gesellschafter der Scheinauslandsgesellschaft persönlich für die im Namen der Gesellschaft eingegangenen Verpflichtungen gem. §§ 128, 130 HBG bzw. gem. § 714 BGB hafteten.[81] Daneben kam es analog §§ 11 Abs. 2 GmbHG, § 41 Abs. 1 S. 2 AktG oder § 179 BGB zu einer Handelndenhaftung des Geschäftsleiters. Diese Konsequenzen waren für die Gesellschafter der Auslandsgesellschaft durchaus drastisch und so auch von der Sitztheorie in ihrer Funktion als „Schutztheorie" intendiert.[82] Die Sitztheorie ermöglichte somit eine umfassende Kontrolle der ausländischen Gesellschaften. In der Praxis waren englische Gesellschaften gezwungen, Tochtergesellschaften in Deutschland zu gründen. Diese Tochtergesellschaften unterlagen dann deutschem Recht. Die Frage nach dem „ob" oder „wie" der Anwendung von deutschen Vorschriften auf die zugezogene Gesellschaft stellte sich deshalb nicht.

Auch im Hinblick auf eine mögliche strafrechtliche Verantwortlichkeit ergaben sich in Bezug auf das Strafrecht keine grundsätzlichen Besonderheiten.[83] Aufgrund der hiernach erforderlichen Neugründung unterfiel der Geschäftsleiter sämtlichen deutschen Straftatbeständen, die für die „gewählte" Gesellschaftsform Anwendung fanden.

---

76 *BGHZ* 97, 269 (271 f.); 53, 181 (183 f.); *Knobbe-Keuk*, ZHR 154 (1990), 325 (335).

77 Sog. „modifizierte Sitztheorie" siehe *BGH*, NJW 2002, 3539 ff. Dazu *Behrens*, IPRax 2003, 193 (199).

78 Ausführlich zu den Rechtsfolgen der Nicht-Anerkennung und der Kritik an der sog. modifizierten Sitztheorie *Weller*, S. 19 ff. m.w.N.

79 *Triebel/von Hase/Melerski*, Rn. 289.

80 Weitere Nachweise bei *Triebel/von Hase/Melerski*, Rn. 289.

81 *BGHZ* 151, 204 ff.; *BGH*, ZIP 1986, 643 (644); *K. Schmidt*, NJW 2003, 1897 (1898).

82 *Eidenmüller* in: Ausländische Kapitalgesellschaften im deutschen Recht, § 1 Rn. 6. Zur Kritik an der Sitztheorie siehe etwa *Worms*, S. 41 f. m.w.N.

83 *Rönnau*, ZGR 2005, 832 (834).

2. Die Gründungstheorie

Dem gegenüber steht die sog. Gründungstheorie. Dieser äußerst liberale Ansatz findet seit langem im Vereinigten Königreich,[84] in den Niederlanden,[85] in der Schweiz,[86] in Ungarn,[87] in Panama sowie teilweise in den USA seine Anwendung.[88] Wird auch der genaue Anknüpfungspunkt der Gründungstheorie nicht einheitlich bestimmt,[89] so ist im Grundsatz jedoch stets das Recht maßgeblich, nach dem die Gesellschaft ursprünglich gegründet wurde.[90] Der Ort, an dem sich der tatsächliche Verwaltungssitz der Gesellschaft befindet, ist für die Anknüpfung dagegen irrelevant. Als liberal ist dieser Ansatz deshalb zu bezeichnen, weil er die Bedürfnisse der Gesellschaftsgründer vollständig berücksichtigt. Indem die Gründer einer Gesellschaft den Gründungsort und somit mittelbar auch das auf die Gesellschaft anwendbare Recht unabhängig vom Verwaltungssitz frei wählen können, besteht für sie die Möglichkeit, sich das für ihre Zwecke am besten passende Recht auszuwählen.[91] Die Gründungstheorie erlaubt somit eine grenzübergreifende Sitzverlegung unter Wahrung der Identität.

---

84 Der Ursprung der Gründungstheorie liegt in England und wird auf das 18. Jahrhundert datiert. Diese Theorie sollte insbesondere während der Kolonialzeit englischen Kapitalgesellschaften dazu dienen, außerhalb Englands zu agieren und Kolonialgesellschaften nach englischem Recht zu errichten. So ließ sich die englische Kapitalmacht in den Kolonien stärken, vgl. *Eidenmüller*, in: Ausländische Kapitalgesellschaften im deutschen Recht, § 1 Rn. 2; *S. Tiedemann*, S. 12 u. Fn. 63 m.w.N.

85 Art. 2 Wet conflictenrecht corporaties.

86 Art. 154 Abs. 1 schweizIPRG.

87 § 18 Abs. 2 Gesetzes VO Nr. 13/1979. Siehe hierzu *Korom/Metzinger*, ECFLR 2009, 125 (143).

88 *Triebel/von Hase/Melerski*, Rn. 291 m.w.N.

89 „Die" Gründungstheorie gibt es daher streng genommen gar nicht. Angeknüpft wird an das Recht, nach dem die Gesellschaft ursprünglich errichtet wurde (sog. Inkorporationstheorie), den Ort der Registrierung (sog. Registrierungstheorie) oder an das Recht, nach dem die Gesellschaft organisiert ist (sog. Organisationstheorie). Zwischen den kollisionsrechtlichen Theorien der verschiedenen Staaten ist daher zu differenzieren, *Eidenmüller*, in: Ausländische Kapitalgesellschaften im deutschen Recht, § 1 Rn. 3. Grundlegend *Hoffmann*, ZvglRWiss 101 (2002), 283 (287 ff.). Ferner *Kaulen*, IPRax 2008, 389 (391 ff.).

90 *Eidenmüller*, in:Ausländische Kapitalgesellschaften im deutschen Recht, § 1 Rn. 3. Zu den möglichen Anknüpfungspunkten des Organisationsrechts und des Registrierungsrechts siehe *Hoffmann*, ZvglRWiss 101 (2002), 283 (287 ff. u. 301 ff.).

91 So *Triebel/von Hase/Melerski*, Rn. 291. Zur Kritik an der Gründungstheorie beispielsweise *Worms*, S. 43 m.w.N.

Bei Anwendung der Gründungstheorie ist eine englische *Limited* in Deutschland als Gesellschaft englischen Rechts anzuerkennen und nach englischem Gesellschaftsstatut zu beurteilen.

Aus Sicht des Strafrechts stellen sich bei Anwendung der Gründungstheorie die im Folgenden ausführlich aufgezeigten Probleme im Zusammenhang mit akzessorischen Straftatbeständen.[92]

II. Die Niederlassungsfreiheit Art. 49, 54 AEUV (= Art. 43, 48 EG a.F.)

Vor diesem Hintergrund der Bestimmung des Gesellschaftsstatuts ist nun die Rechtsprechung des *EuGH* zur Niederlassungsfreiheit zu verstehen, in der das Gericht die Möglichkeit der grenzüberschreitenden Sitzverlegung und Umwandlung für Gesellschaften maßgeblich erweitert hat.

Die Niederlassungsfreiheit räumt den Staatsangehörigen eines jeden Mitgliedstaats das Recht ein, im Hoheitsgebiet eines jeden anderen Mitgliedstaats selbstständige Erwerbstätigkeiten aufzunehmen, auszuüben und Unternehmen zu leiten und zu gründen[93] sowie Agenturen, Zweigniederlassungen oder Tochtergesellschaften zu errichten.[94] Auf juristische Personen ist die Niederlassungsfreiheit gem. Art. 54 AEUV entsprechend anwendbar, wenn es sich um eine Gesellschaft handelt, die Gesellschaft einen Erwerbszweck verfolgt und die Gesellschaft nach den Rechtsvorschriften eines Mitgliedstaates gegründet wurde und ihren satzungsmäßigen Sitz, ihre Hauptverwaltung oder ihre Hauptniederlassung innerhalb der EU hat.

Die Niederlassungsfreiheit beinhaltet dabei sowohl ein Diskriminierungsverbot als auch ein allgemeines Beschränkungsverbot.[95] Sämtliche Vorschriften des Kollisionsrechts sind, ebenso wie das Sachrecht, innerstaatliches Recht und müssen sich daher am ranghöheren Gemeinschaftsrecht (seit dem Inkrafteten des Vertags von Lissabon am 1. Dezember 2009 nun Unionsrecht) messen lassen.[96] Das Gemeinschaftsrecht/das Unionsrecht legt so den Rahmen fest, in dem

---

92 Siehe unten §§ 5.

93 Art. 49 Abs. 1 S. 1, Abs. 2 AEUV, sog. primäre Niederlassungsfreiheit.

94 Art. 49 Abs. 1 S. 2 AEUV, sog. sekundäre Niederlassungsfreiheit.

95 *EuGH*, Urt. v. 30.11.1995 – Rs. C-55/94, Slg. 1995, I-4165 (*Gebhardt*). Siehe ferner *Habersack/Verse*, Rn. 3 ff. m.w.N.

96 *Koch/Magnus/Winkler von Mohrenfels*, S. 7.

sich nationales Kollisionsrecht bewegen kann.[97] Damit dürfen aber auch die zur Anknüpfung des Gesellschaftsstatuts vertretenen Theorien nicht gegen die Niederlassungsfreiheit verstoßen.

1. Die Entscheidungen des Europäischen Gerichtshofs vor 1999 – „Daily-Mail"

Eine erste grundlegende Entscheidung des *EuGH* zur Inanspruchnahme der Niederlassungsfreiheit durch Sitzverlegung von Gesellschaften erfolgte im Jahr 1988 in der Rechtssache „*Daily-Mail*".[98] Hierbei ging es um die Frage, ob eine Sitzverlegung ins Ausland auch entgegen inländischer Genehmigungsvorschriften (steuerrechtliche Genehmigungsbedingungen) unter Berufung auf die direkte Anwendung der Niederlassungsfreiheit (Art. 52, 58 EWG) erzwungen werden kann.[99] Eine englische *public limited company* hatte ihren Sitz in die Niederlande verlegt, um so beträchtliche Veräußerungsgewinne der englischen Besteuerung zu entziehen. Nach der damaligen Rechtslage war hierzu jedoch die Zustimmung des britischen Finanzministeriums erforderlich,[100] das diese verweigerte. In der Entscheidung erkannte der *EuGH* zwar die Niederlassungsfreiheit als eine der grundlegenden Vorschriften des Gemeinschaftsrechts auch für juristische Personen an, räumte dem nationalen Regelungsanspruch des inländischen Gesetzgebers jedoch noch einen grundsätzlichen Vorrang ein. Danach konnte

---

97 *S. Tiedemann*, S. 15; *Fleischer*, in: Europäische Auslandsgesellschaften in Deutschland, S. 49, 95 f. Siehe zur grundsätzlichen Beziehung zwischen Europarecht und IPR *Sonnenberger*, in: MüKo, Einl. IPR Rn. 124 ff. m.w.N.

98 *EuGH*, Urt. v. 27.09.1988 – Rs. C-81/87, Slg. 1988, I-5843 (*Daily Mail*). Der bereits zuvor ergangenen Entscheidung *EuGH*, Urt. v. 10.07.1986 – Rs. C-79/85, Slg. 1986, I-2375 (*Segers*) kommt in Bezug auf das internationale Gesellschaftsrecht hingegen keine maßgebliche Bedeutung zu. Zwar betrifft diese Entscheidung die faktische „Umwandlung" eines niederländischen Einzelhandelsunternehmens in eine englische *Limited*, jedoch geht es in dem Urteil in der Sache um die Frage, ob eine Anwendung des niederländischen Geseztes über das allgemeine Krankenversicherungssystem, wonach Geschäftsleiter anderer europäischer Gesellschaften anders behandelt werden als Geschäftsleiter von Gesellschaften niederländischen Rechts, mit der Niederlassungsfreiheit vereinbar ist.

99 Der Fall betrifft somit die Frage nach den Wegzugsmöglichkeiten von Gesellschaften im Gegensatz zu den anderen Entscheidungen des *EuGH*, bei denen es um sog. Zuzugsfälle geht. Zu der aktuellen Frage des Wegzugs von Gesellschaften und möglichen Auswirkungen für das Strafrecht § 2 II.4.

100 Section 482(1)(a) Income and Corporation Taxes Act 1970 (aufgehoben am 06.04.1992).

jeder Mitgliedstaat den Wegzug einer Gesellschaft erschweren oder sogar versagen. „*Beim gegenwärtigen Stand des Gemeinschaftsrechts*" würde dies keinen Verstoß gegen die Niederlassungsfreiheit bedeuten.[101] Als Begründung seiner Entscheidung hatte der *EuGH* insbesondere angeführt, dass gerade die steuerliche Behandlung bei der Verlegung der Geschäftsleitung in jedem Mitgliedstaat unterschiedlich stark ausgeprägt sei.[102] Eine Gesellschaft, die unter der Rechtsordnung eines Mitgliedstaates gegründet worden war, könne nicht das Recht geltend machen, unter Wahrung ihrer Rechtsform und Identität ihren Hauptsitz in einen anderen Mitgliedstaat zu verlagern. [103] Die Niederlassungsfreiheit für Gesellschaften werde vielmehr durch Errichtung von Agenturen, Zweigniederlassungen und Tochtergesellschaften und durch die grundsätzliche Möglichkeit der Teilnahme an einer Neugründung in einem anderen Mitgliedstaat gewährleistet.[104]

Im Ergebnis blieb es damit den Mitgliedstaaten überlassen, den Wegzug europäischer Gesellschaften zu regulieren. Dieses Urteil wurde von der deutschen Rechtsprechung und im damaligen deutschen Schrifttum größtenteils noch als eine generelle Bestätigung der Sitztheorie gewertet.[105]

2. Die Entscheidungen des Europäischen Gerichtshofs seit 1999: „Centros", „Überseering" und „Inspire Art"

Ein grundlegender Wandel in der Rechtsprechung des *EuGH* und damit auch in der deutschen Rechtswirklichkeit vollzog sich jedoch ab dem Jahr 1999. Mit einer Serie von Entscheidungen hat der *EuGH* der europäischen Niederlassungsfreiheit einen Stellenwert eingeräumt, der das bis zu diesem Zeitpunkt vorherrschende kontinentaleuropäische Gesellschaftsrecht in seinen „*Grundfesten erschüttert*" und nach Meinung vieler einen europäischen „*Wettbewerb der Rechtsordnungen*" eröffnet.[106] Vermutet wird, dass diese Entscheidungen des

---

101 *EuGH*, Urt. v. 27.09.1988 – Rs. C-81/87, Slg. 1988, I-5843 (*Daily Mail*).

102 *EuGH*, Urt. v. 27.09.1988 – Rs. C-81/87, Slg. 1988, I-5843 (*Daily Mail*).

103 *EuGH*, Urt. v. 27.09.1988 – Rs. C-81/87, Slg. 1988, I-5843 (*Daily Mail*).

104 *EuGH*, Urt. v. 27.09.1988 – Rs. C-81/87, Slg. 1988, I-5843 (*Daily Mail*).

105 Hierzu *Saenger*, in: FS-Pöllath, S. 295, 298; *Kindler*, NJW 1999, 1993 (1997). Siehe aber auch *S. Tiedemann*, S. 24 j.m.w.N.

106 So etwa *Müller-Gugenberger* in: Müller-Gugenberger/Bieneck, § 23 Rn. 111 m.w.N. Allgemein zum Wettbewerb der deutschen und englischen Rechtsordnung *Kötz*, AnwBl 2010, 1 ff.

EuGH zur Niederlassungsfreiheit maßgeblich auch durch die zunehmende Verbreitung der englischen *Limited* vorangetrieben wurden.[107]

Die Kehrtwende in seiner bisherigen Rechtsprechung begann der *EuGH* in dem Fall „*Centros*".[108] Im weitesten Sinne ging es hierbei um den Zuzug einer sog. Scheinauslandsgesellschaft.[109] Ein dänisches Ehepaar hatte in England wirksam eine *Limited* gegründet. Daraufhin beantragten die beiden Gründer in Dänemark die Eintragung einer Zweigniederlassung, in der die gesamte Geschäftstätigkeit entfaltet werden sollte. Die dänischen Behörden verweigerten die dafür erforderliche Eintragung in das entsprechende dänische Register unter anderem mit der Begründung, dass hierdurch lediglich eine Umgehung der nationalen dänischen Mindestkapitalvorschriften erreicht werden soll. Schließlich war vorgesehen, dass die ausschließliche Geschäftstätigkeit in Dänemark und nicht in England stattfinden sollte. In Wirklichkeit handelte es sich somit nicht um eine Zweig- sondern vielmehr um die Errichtung einer Hauptniederlassung. In einem Vorlageverfahren gem. Art. 234 EG (jetzt Art. 267 AEUV)[110] musste der *EuGH* daher entscheiden, ob die Verweigerung der Eintragung in das dänische Register mit der Niederlassungsfreiheit nach Art. 52 und 58 EG a.F. vereinbar war. Der Gerichtshof entschied, dass es für sich allein keine missbräuchliche Ausnutzung der Niederlassungsrechts darstelle, „*wenn ein Staatsangehöriger eines Mitgliedstaats, der eine Gesellschaft gründen möchte, diese in dem Mitgliedstaat errichtet, dessen gesellschaftsrechtliche Vorschriften ihm die größte Freiheit lassen, und in anderen Mitgliedstaaten Zweigniederlassungen gründet.*"[111] Diese Beschränkung der Niederlassungsfreiheit sei auch nicht etwa „*aus Gründen der öffentlichen Sicherheit oder Ordnung*" oder „*aus zwingenden Gründen des Allgemeinwohls*" gerechtfertigt. Die mit dem „*Daily-Mail*" Urteil von 1988 fast abgeschlossene Diskussion über die Vereinbarkeit der Sitztheorie mit der Niederlassungsfreiheit wurde neu entfacht und nach Ansicht eines Teils der deutschen Literatur die Sitztheorie grundsätzlich in Frage gestellt.[112] Entsprechende Konsequenzen seitens der

---

107 *Triebel/von Hase/Melerski*, Rn. 250.

108 *EuGH*, Urt. v. 09.03.1999 – Rs. C-212/97, Slg. 1999, I-1459 (*Centros*).

109 Eine Auseinandersetzung mit dem Urteil *Daily Mail* war nach Auffassung des *EuGH* dabei entbehrlich, da es im Fall *Centros* um den Zuzug von Gesellschaften und somit nur um die rechtliche Beurteilung aus der Sicht des neuen Sitzstaates ging.

110 Allgemein zum Vorabentscheidungsverfahren *Streinz*, Rn. 678 ff. m.w.N.

111 *EuGH*, Urt. v. 09.03.1999 – Rs. C-212/97, Slg. 1999, I-1459 (*Centros*).

112 Siehe *Ebke*, JZ, 1999, 656 (660 f.); *Kieninger*, ZGR 1999, 724 ff.; *G.H. Roth*, ZIP 1999, 861 (862); *W.H.Roth*, ZGR 2000, 311 ff. Kritisch aber *Kindler*, NJW 1999, 1993 (1999 f.).

deutschen Rechtsprechung folgten hingegen nicht.[113] Vielmehr versuchte der *Bundesgerichtshof* (im Folgenden *BGH*) die Sitztheorie weiterhin vor der Unvereinbarkeit mit dem Gemeinschaftsrecht zu retten.[114] Scheinauslandsgesellschaften waren demnach weiterhin als Gesellschaften des bürgerlichen Rechts gem. §§ 705 ff. BGB oder als Offene Handelsgesellschaften gem. §§ 105 ff. HGB zu behandeln.[115]

Die Hoffnung, die deutsche Rechtspraxis grundsätzlich davor retten zu können, mit der europäischen Niederlassungsfreiheit unvereinbar zu sein, platzte jedoch mit der „Überseering"-Entscheidung des *EuGH.*[116] Dem Urteil war eine Klage einer in den Niederlanden gegründeten Gesellschaft (B.V.)[117] vorausgegangen, die einige Jahre nach ihrer Gründung ihren tatsächlichen Verwaltungssitz aus den Niederlanden nach Deutschland verlegen wollte. Der Überseering B.V. wurde hieraufhin durch deutsche Gerichte die Rechts- und Parteifähigkeit bei Verfahren vor deutschen Gerichten versagt. Die deutschen Gerichte gingen nämlich davon aus, dass eine zuziehende Gesellschaft an der Grenze *„totgeschlagen"*[118] wird. Im folgenden Revisionsprozess legte der *BGH*[119] dem *EuGH* die Frage vor, ob einer in einem Mitgliedstaat wirksam gegründete Gesellschaft in einem anderen Mitgliedstaat die Rechts- und Parteifähigkeit versagt werden kann, ohne dass dies zugleich eine Verletzung der Niederlassungsfreiheit darstellt. Der *EuGH* sah es dabei als zwingend an, dass sich aus der Niederlassungsfreiheit des EG-Vertrags die Verpflichtung ergibt, eine in einem Mitgliedstaat wirksam gegründete Gesellschaft in einem anderen Mitgliedstaat als rechts- und parteifähig anzuerkennen. Lediglich *„zwingende Gründe des Gemeinwohls, wie der Schutz der Interessen der Gläubiger, der Minderheitsgesellschafter, der Arbeitnehmer oder auch des Fiskus"* könnten unter besonderen Voraussetzungen eine Beschränkung der

113 Im Gegensatz dazu beispielsweise Österreich.

114 Immerhin ließ die Entscheidung des *EuGH* noch Interpretationsmöglichkeiten zugunsten der Sitztheorie offen, vgl. *S. Tiedemann*, S. 19. f.

115 Modifizierte Sitztheorie, *BGHZ* 151, 204 (206 f.).

116 *EuGH*, Urt. v. 05.11.2002 – Rs. C-208/00, Slg. 2002, I-9919 *(Überseering)*.

117 *„Besloten Vennootschap met beperkte aansprakelijkheid"*, der deutschen GmbH ähnlich. Siehe hierzu *Kluiver/Rammeloo*, in: Grenzüberschreitende Gesellschaften, § 6 Rn. 1 ff. m.w.N.

118 So drastisch damals *Lutter*, BB 2003, 7 (10), allerdings in Bezug auf den Wegzug von deutschen Gesellschaften.

119 *BGH*, ZIP 2000, 967 ff. In Übereinstimmung mit der Vorinstanz *OLG Düsseldorf*, JZ 2000, 203 ff. m. Anm. *Ebke* sowie der damals herrschenden Meinung hatte sich der *BGH* in seinem Vorlagebeschluss dafür ausgesprochen, die von der Überseering B.V. erhobene Klage mangels Parteifähigkeit abzuweisen.

Niederlassungsfreiheit rechtfertigen.[120] Da sich der *EuGH* in seiner Entscheidung freilich auf die Vorlagefrage nach der Rechts- und Parteifähigkeit beschränkt hatte,[121] wurden in der folgenden Diskussion Durchbrechungen des nun grundsätzlich vorgeschriebenen Gesellschaftsstatuts weiterhin für möglich gehalten. Insbesondere sollte eine Durchgriffshaftung der Gesellschafter oder eine Außenhaftung der Geschäftsführer nicht durch die „*Überseering*"-Entscheidung ausgeschlossen sein.[122]

Maßgeblich festgelegt wurde der Schutzumfang der Niederlassungsfreiheit schließlich mit der Rechtssache „*Inspire Art*."[123] Dem *EuGH* lag die Frage vor, ob die Anwendung des niederländischen „Gesetzes für formal ausländische Gesellschaften" (WFBV)[124] auf eine nach englischem Recht gegründete, in den Niederlanden ansässige *Limited* mit der europäischen Niederlassungsfreiheit vereinbar ist. Obwohl die Niederlande seit langem im Grundsatz der Gründungstheorie folgten, enthielt das Gesetz eine Reihe von Sonderanknüpfungen. So wurde beispielsweise festgelegt, dass eine Eintragung von ausländischen Gesellschaften in das niederländische Handelsregister als formal ausländische Gesellschaft zwingend erforderlich sei und dass die ausländische Gesellschaft ein Mindestkapital von 18.000 Euro aufbringen müsse.[125] Gem. Art. 1 WFBV war es das erklärte Ziel des Gesetzes, abstrakten Missbrauchsgefahren durch Scheinauslandsgesellschaften mittels Spezialnormen vorzubeugen. Der *EuGH* entschied daraufhin, dass derartige Sonderregelungen unzulässig sind, da sie eine ungerechtfertigte Beschränkung der Niederlassungsfreiheit darstellen. Auch der Auffassung, dass ein Mindestkapital für Gesellschaften grundsätzlich erforderlich sei, um öffentliche Interessen zu schützen, wurde damit eine klare Absage erteilt. Dieses Urteil erzeugte noch mehr Interesse als die „*Überseering*" Entscheidung und führte zu teils heftigen Reaktionen im deutschen Schrifttum.[126]

---

120 *EuGH*, Urt. v. 05.11.2002 – Rs. C-208/00, Slg. 2002, I-9919 *(Überseering)*. Allerdings geht der *EuGH* hier nicht weiter auf die Einzelheiten einer möglichen Einschränkung ein.

121 In dem abschließenden Urteil hat der *BGH*, NZG 2003, 431 (432 f.) dem Urteil des *EuGH* folgend die Rechts- und Parteifähigkeit der niederländischen B.V. anerkannt.

122 Zu dem Urteil aus damaliger Sicht *Meilicke*, GmbHR 2003, 793 ff. m.w.N.

123 *EuGH*, Urt. v. 30.09.2003 – Rs. C-167/01, Slg. 2003, I-10155 (*Inspire Art*).

124 „*Wet op de formeel buitenlandse vennootschappen*" vom 17.12.1997, Staatsblad 1997, Nr. 697.

125 Dies war auch für niederländische Gesellschaften mit beschränkter Haftung vorgeschrieben.

126 *Triebel/von Hase/Melerski*, Rn. 266 m.w.N.

3. Europäische „Scheinauslandsgesellschaften“ und mögliche Beschränkungen der Niederlassungsfreiheit

Eine besondere Rolle in der Diskussion nahm und nimmt die Tatsache ein, dass es sich bei sämtlichen deutschen Niederlassungen von *Limiteds* rechtlich „nur“ um Zweigniederlassungen, faktisch jedoch meist um die Zentrale des Unternehmens handelt.[127] Am Gründungsort in England befindet sich in diesen Fällen in aller Regel nur ein Dienstleister, der für mehrere *Limiteds* amtiert.[128] Insofern könnte man sich die Frage stellen, ob es sich bei einer solchen Konstruktion nicht stets um sog. „Scheinauslandsgesellschaften“ handelt, die möglicherweise gar nicht unter den Schutz der Niederlassungsfreiheit fallen.

Scheinauslandsgesellschaften sind Gesellschaften, denen – außer ihrer Rechtsform – keine tatsächliche Beziehung (sog. *genuine link*)[129] zum Gründungsstaat zukommt.[130] Es handelt sich allerdings – anders als es die Bezeichnung als „Scheinauslandsgesellschaft“ vermuten lässt – um wirksam errichtete und existente Gesellschaften, die den gesetzlichen Vorschriften des Gründungsstaats unterliegen.[131] An dem erforderlichen *genuine link* könnte es fehlen, wenn die *Limited* in England nur zu dem Zweck gegründet wurde, um beispielsweise die Kapitalaufbringungsvorschriften des deutschen Gesellschaftsrechts zu umgehen. Dieser Vorwurf des „Rechtsmissbrauchs“ könnte dazu führen, dass der Auslandsgesellschaft der Schutz durch die Niederlassungsfreiheit zu versagen ist.[132]

Allerdings ist zu beachten, dass nach der bisherigen Rechtsprechung des *EuGH*, die Gründung von Scheinauslandsgesellschaften für sich allein gerade

127 Zum Begriff der Zweigniederlassung im deutschen Recht und im Recht der Europäischen Union, *Lutter*, in: Europäische Auslandsgesellschaften in Deutschland, S. 1, 3 ff. m.w.N.

128 *Römermann*, NJW 2006, 2065 (2067). Ausführlich zu den Problemen des Gläubigerschutzes bei Scheinauslandsgesellschaften *Ulmer*, NJW 2004, 1201 ff. m.w.N.

129 Zu den Anforderungen an den sog. *genuine link* siehe *Triebel/von Hase/Melerski*, Rn. 241 f. m.w.N.

130 Scheinauslandsgesellschaften werden häufig auch als „*pseudo foreign corporations*“ oder „*non-resident companies*“ bezeichnet.

131 *Triebel/von Hase/Melerski*, Rn. 238.

132 Dogmatisch könnte der Einwand des Rechtsmissbrauchs eine sog. tatbestandsimmanente Schranke der Niederlassungsfreiheit darstellen, *Forsthoff*, in: Grenzüberschreitende Gesellschaften, § 2 Rn. 46.

keinen Missbrauch der Niederlassungsfreiheit darstellt.[133] Auch wenn der *EuGH* einerseits betont, dass *„die missbräuchliche oder betrügerische Berufung auf Gemeinschaftsrecht nicht gestattet ist“*,[134] hat er andererseits den einzelnen Mitgliedstaaten ausdrücklich untersagt, Sonderbestimmungen für Scheinauslandsgesellschaften zu erlassen.

Für Diskriminierungen und Beschränkungen der Niederlassungsfreiheit bietet das Unionsrecht daher lediglich drei Anknüpfungspunkte: Über Art. 54 AEUV können solche gem. Art. 52 Abs. 1 AEUV erstens aus Gründen der öffentlichen Ordnung, Sicherheit und Gesundheit gerechtfertigt sein.[135] Zweitens erlaubt nach der ständigen Rechtsprechung des *EuGH*[136] der ungeschriebene Rechtfertigungsgrund der „zwingenden Gründe des Allgemeininteresses“ Beschränkungen der Niederlassungsfreiheit, wenn dem sog. *„Vier-Faktoren-Test“*[137] entsprechend, die Maßnahme nicht in diskriminierender Weise angewandt wird, sie aus zwingenden Gründen des Allgemeininteresses gerechtfertigt, zur Erreichung des verfolgten Ziels geeignet und zur Erreichung des Ziels erforderlich ist.[138] Drittens ist nach der ständigen Rechtsprechung des *EuGH* die missbräuchliche oder betrügerische Berufung auf die Niederlassungsfreiheit nicht gestattet.[139] Dieser sog. Missbrauchseinwand kann dabei einerseits bereits auf Ebene des Tatbestandes die Berufung auf die Niederlassungsfreiheit ausschließen und

---

133 *EuGH*, Urt. v. 30.09.2003 – Rs. C-167/01, Slg. 2003, I-10155 (*Inspire Art*). *Jung*, in: Schwarze, Art. 54 AEUV Rn. 26 m.w.N.

134 *EuGH*, Urt. v. 30.09.2003 – Rs. C-167/01, Slg. 2003, I-10155 (*Inspire Art*).

135 *Bröhmer*, in: Calliess/Ruffert, Art. 52 AEUV Rn. 1 ff.; *Müller-Graff*, in: Streinz, Art. 52 AEUV Rn. 7 ff.; *Schlag*, in: Schwarze, Art. 52 AEUV Rn. 5 ff.

136 *EuGH*, Urt. v. 30.09.2003 – Rs. C-167/01, Slg. 2003, I-10155 (*Inspire Art*); *EuGH*, Urt. v. 09.03.1999 – Rs. C-212/97, Slg. 1999, I-1459 (*Centros*); *EuGH*, Urt. v. 30.11.1995 – Rs. C-55/94, Slg. 1995, I-4165 (*Gebhardt*).

137 Dazu *Fleischer*, in: Europäische Auslandsgesellschaften in Deutschland, S. 49, 102 f.; *Habersack*/Verse, Rn. 4; *K. Schmidt*, in: Europäische Auslandsgesellschaften in Deutschland, S. 15, 22 f. j.m.w.N. Dieser wird auch als *„Vier-Konditionen-Test“* bezeichnet.

138 *Bröhmer*, in: Calliess/Ruffert, Art. 52 AEUV Rn. 1 ff.; *Jung*, in: Schwarze, Art. 54 AEUV Rn. 25; *Müller-Graff*, in: Streinz, Art. 52 Rn. 7 ff.

139 *EuGH*, Urt. v. 30.09.2003 – Rs. C-167/01, Slg. 2003, I-10155 (*Inspire Art*); *EuGH*, Urt. v. 09.03.1999 – Rs. C-212/97, Slg. 1999, I-1459 (*Centros*); *Jung*, in: Schwarze, Art. 54 AEUV Rn. 26 m.w.N.

andererseits nationale Maßnahmen zur Bekämpfung missbräuchlichen Verhaltens rechtfertigen.[140]

Auch wenn das traditionelle deutsche Rechtsverständnis gesellschaftsrechtlichen „Schein-Gebilden" grundsätzlich reserviert gegenübersteht,[141] so hat es sich doch an diesen Vorgaben des *EuGH* zu orientieren. Die Umgehung strenger Vorschriften des Sitzstaates stellt – für sich allein genommen – daher noch keinen Missbrauch der Niederlassungsfreiheit dar. Eine Gesellschaft, die sich – vertreten durch ihre Organe – innerhalb der Gemeinschaft das liberalste Gesellschaftsrecht „herauspicke", um dann hauptsächlich in einem anderen Mitgliedstaat tätig zu werden, macht gerade hierdurch Gebrauch von der ihr gewährten Niederlassungsfreiheit.[142] Zumindest die pauschale Behandlung von europäischen Scheinauslandsgesellschaften als rechtsmissbräuchliche Gestaltungsform ist nach der Rechtsprechung des *EuGH* daher nicht mehr vertretbar.[143]

Dieser Betrachtungsweise folgen im Grundsatz auch die deutschen Gerichte[144] sowie das gesellschaftsrechtliche Schrifttum,[145] wobei die Praxis zu zeigen scheint, dass Fälle, in denen europäische Scheinauslandsgesellschaften am Rechtsverkehr in Deutschland teilnehmen, bereits Jahre vor den Entscheidungen des *EuGH* beständig zugenommen haben.[146] Völlig unklar ist bislang allerdings, wann im Einzelfall von einem betrügerischen oder missbräuchlichen Berufen auf die Niederlassungsfreiheit auszugehen ist.[147] Strafrechtlichen Begründungsversuchen, die sich allein auf das Argument eines (vermeintlich) fehlenden europarechtlichen Schutzes für Scheinauslandsgesellschaften stützen, vermag in der

---

140 *Forsthoff*, in: Grenzüberschreitende Gesellschaften, § 2 Rn. 48 ff. Sachliche Unterschiede ergeben sich hieraus insofern nicht. Was unter den zwingenden Gründen des Allgemeininteresses bei Auslandsgesellschaften zu verstehen ist, hat der *EuGH* in einer Reihe von Entscheidungen teilweise entschieden, siehe *Fleischer*, in: Europäische Auslandsgesellschaften in Deutschland, S. 49, 102 f. m.w.N. Allgmein zu den Schranken der Grundfreiheiten *Streinz*, Rn. 823 ff.

141 *Kegel/Schurig*, S. 486.

142 So *Pohl*, in: FS-Raupach, S. 375, 376.

143 Der Problematik von Scheinauslandsgesellschaften kommt weiterhin Bedeutung zu, wenn diese in Drittstaaten gegründet worden sind, siehe § 2 III.2.

144 *BGHZ* 154, 185 ff.; 154, 204 ff.; *BGH*, DStR 2004, 2113 ff.; *OLG Hamm*, NZG 2006, 826 f.; *BayOblG*, NZG 2003, 290 ff.; *AG Hamburg*, NJW-RR 2009, 483 f.

145 Siehe *Barthel*, S. 267 ff. mit zahlreichen Nachweisen auch zur Gegenmeinung.

146 Dazu *Thorn*, IPrax 2002, 349 (353) mit zahlreichen Nachweisen aus der Rechtsprechung.

147 Siehe z.B. die Einschränkungsversuche bei *Eidenmüller*, JZ 2004, 24 (26); *Horn*, NJW 2004, 893 (899); *Zimmer*, NJW 2003, 3585 (3889).

weiteren Diskussion jedoch nur eine äußerst geringe Überzeugungskraft zuzukommen.

4. Exkurs: Wegzugsfälle und Strafrecht

Während die Urteile in den Rechtssachen „*Centros*", „*Überseering*" und „*Inspire Art*" den Zuzug von Gesellschaften betrafen, ist die Frage ob auch ein Wegzug von Gesellschaften unter den primärrechtlichen Schutz der Niederlassungsfreiheit fällt, bislang weiterhin ungeklärt. Konkret geht es hierbei darum, ob der deutsche Gesetzgeber deutschen Gesellschaften ermöglichen muss, einen Verwaltungssitz im europäischen Ausland zu wählen, der nicht notwendigerweise mit dem Satzungssitz der Gesellschaft übereinstimmt. Insofern wäre registerrechtlich ein sog. *forum shopping* möglich.[148] Insbesondere haben die Neufassung der § 4a GmbHG und § 5 AktG durch das MoMiG, die Urteile „*Sevic*"[149] und „*Cartesio*"[150] des *EuGH* sowie das Urteil „*Trabrennbahn*"[151] des *BGH* für erhebliches Aufsehen und teilweise große Unsicherheit in der Praxis gesorgt.[152]

a) Europäische Rechtsprechung

Hatte in der Rechtssache „*Daily Mail*" der *EuGH* ein Recht der Gesellschaft auf einen formwahrenden Wegzug zunächst noch abgelehnt, so hat er in der Rechtssache „*Sevic*" den primärrechtlichen Schutz des Wegzugs zumindest angedeutet. So dürfen die Mitgliedstaaten Verschmelzungen nicht auf innerstaatliche

148 Selbstverständlich geht es hier nur um die Verlegung des Verwaltungssitzes. Die Verlegung des Satzungssitzes ist bislang weder in Deutschland noch in England möglich. Siehe zur Sitzverlegung auch *Kindler*, S. 184 ff.; *Roth*, in: Europäische Auslandsgesellschaften in Deutschland, S. 379 ff. j.m.w.N.

149 *EuGH*, Urt. v. 13.12.2005 - C-411/03, Slg. 2005, I-10805 (*Sevic*). Das Urteil geht zurück auf eine Vorlage des *LG Koblenz*, ZIP 2003, 2210 ff. Zum Urteil und dem grenzüberschreitenden Formwechsel *Drinhausen/Gesell*, BB 2006, 3 ff.; *Jaensch*, EWS 2007, 97 ff.; *Kohler/Knapp*, ZEuP 2007, 484 (493 ff.). Da mittlerweile die Richtlinie über die Verschmelzung von europäischen Kapitalgesellschaften von vielen Mitgliedstaaten umgesetzt wurde, ist das Urteil lediglich für grenzüberschreitende Spaltungen und Verschmelzungen von Personengesellschaften von Bedeutung, siehe hierzu *Raiser/Veil*, S. 592 ff. m.w.N.

150 *EuGH*, Urt. v. 16.12.2008 - C-210/06, NZG 2009, 61 ff. (*Cartesio*).

151 *BGHZ*, 178, 192 ff. (*Trabrennbahn*).

152 *Bayer/Schmidt*, ZHR 173 (2009), 735 (736 f.). Siehe hierzu auch *Raiser/Veil*, S. 777 f. m.w.N.

beschränken, sondern müssen auch grenzüberschreitende zulassen.[153] Zwar können bei grenzüberschreitenden Fusionen Allgemeininteressen gewisse rechtliche Sonderbehandlungen rechtfertigen, diese sind allerdings im Einzelfall konkret zu prüfen.[154]

Entgegen den Vermutungen vieler Autoren[155] hat der *EuGH* in dem jüngsten Urteil „*Cartesio*"[156] dann jedoch entschieden, dass Art. 43, 48 EG (jetzt Art. 49, 54 AEUV) solchen nationalen Rechtsvorschriften nicht entgegenstehen, die eine nach nationalem Recht gegründete Gesellschaft daran hindern, ihren operativen Geschäftssitz in einen anderen Mitgliedstaat zu verlegen. Aus der Niederlassungsfreiheit lasse sich nicht die Möglichkeit des identitätswahrenden Wegzugs einer Gesellschaft ableiten. Die Mitgliedstaaten können folglich weiterhin an die bloße Verlegung des Verwaltungssitzes die Liquidation einer Gesellschaft knüpfen.[157] Das Urteil stellt sich damit als systemkonsistente Fortführung der europäischen Rechtsprechungslinie dar: Haben die Mitgliedstaaten nach der Konzeption des EG-Vertrags (jetzt des AEUV) die alleinige Definitionsautonomie darüber, wie stark das „*territoriale Band*" ihrer Gesellschaften zu ihrem Hoheitsgebiet sein muss, dann haben sie auch das Recht, den Wegzug mit der Auflösung zu sanktionieren.[158] Die Zulässigkeit ist damit allein eine Frage des nationalen Sachrechts.

---

153 Unter Berufung auf § 1 Abs. 1 UWG wurde die Eintragung einer Verschmelzung nur dann gewährt, wenn beide Gesellschaften ihren Sitz in Deutschland hatten. Eine grenzüberschreitende Verschmelzung war ausgeschlossen. Hierzu *Roth*, in: Europäische Auslandsgesellschaften in Deutschland, S. 379 ff. Siehe ferner auch *Lutter/Drygala*, JZ 2006, 770 ff. j.m.w.N.

154 Siehe zu diesem Problemfeld auch die Richtlinie über die Verschmelzung von Kapitalgesellschaften aus verschiedenen Mitgliedstaaten 2005/56/EG v. 26.10.2005 und die §§ 122 a bis 122 l UmwG sowie *Herrler*, EuZW 2007, 295 ff.; *Neye/Timm*, GmbHR 2007, 561 ff. Ferner zur grenzüberschreitenden Verschmelzung auf eine GmbH *Tebben/Tebben*, DB 2007, 2355 ff.

155 *Knof/Mock*, GmbHR 2007, 852 (856); *Schmidtbleicher*, BB 2007, 613 (616).

156 *EuGH*, Urt. v. 16.12.2008 - C-210/06, NZG 2009, 61 ff. (*Cartesio*). Hierzu auch *Bayer/Schmidt*, ZHR 173 (2009), 735 (752 ff.); *Bollacher*, RIW 2009, 150 ff.; *Korom/Metzinger*, ECFLR 2009, 125 ff.; *Kussmaul/Richter/Ruiner*, EWS 2009, 1 (5 ff.); *Paefgen*, WM 2009, 529 ff.; *Sethe/Winzer*, WM 2009, 536 ff.; *Werner*, GmbHR 2009, 191 (193 f.); *Zimmer/Naendrup*, NJW 2009, 545 ff. Siehe ferner *Habersack/Verse*, Rn. 20 f. m.w.N.

157 Zu möglichen Folgen der „*Cartesio*"-Entscheidung für die SE *Casper/Weller*, NZG 2009, 681 ff.

158 *Bayer/Schmidt*, ZHR 173 (2009), 735 (744).

Insofern ist bei Fragen der Sitzverlegung stets zwischen Zuzugs- und Wegzugsfällen zu differenzieren.[159] Während für die Zuzugsfälle die oben dargestellten *EuGH* Urteile „*Centros*", „*Überseering*" und „*Inspire Art*" maßgeblich sind, bleibt es beim Wegzug zunächst weiterhin bei der Anwendung der „*Daily Mail*" Rechtsprechung.[160] Den Mitgliedstaaten steht es nach wie vor frei, sowohl die Anknüpfung des Gesellschaftsstatuts als auch die Voraussetzungen des Wegzugs einer Gesellschaft autonom im nationalen Gesellschaftsrecht zu regeln.[161] Stark verallgemeinert ergibt sich damit Folgendes: Untersagt der Mitgliedstaat den Wegzug oder macht diesen von Auflagen abhängig, ist dies nicht am Maßstab der Niederlassungsfreiheit zu messen. Alternativ zu dem nicht durch die Niederlassungsfreiheit gedeckten identitätswahrenden Wechsel des Verwaltungssitzes bleibt Gesellschaften in solchen Fällen lediglich eine formwechselnde Umwandlung.[162] Erlaubt der Wegzugsstaat hingegen den Wegzug, unterfällt die Gesellschaft der Niederlassungsfreiheit.[163]

b) Die Situation in Deutschland

In Deutschland war die Sitzverlegung deutscher Kapitalgesellschaften gem. § 4 a Abs. 2 GmbHG a.F. bzw. gem. § 5 Abs. 2 AktG a.F. bislang ausgeschlossen.[164] Sie wurde mit der automatischen Auflösung der Gesellschaft sanktioniert.[165] Dies war auch mit den europäischen Grundfreiheiten vereinbar.[166] Umstritten ist jedoch, ob sich nicht aus der Neufassung von § 4 a GmbHG und § 5 AktG jetzt etwas Anderes ableiten lässt. Diese hat der Gesetzgeber in einer Art „vorauseilendem Gehorsam" im Zuge des MoMiG neuformuliert in Erwartung der Weiterführung der sich aus der „*Sevic*"-Entscheidung ergebenden europäischen

159 *Bayer/Schmidt*, ZHR 173 (2009), 735 (737).

160 *Kobelt*, GmbHR 2009, 808 (809); *Werner*, GmbHR 2009, 191 (194); aus rechtspolitischer Sicht einen Übergang zur Gründungstheorie innerhalb der Mitgliedstaaten aber für sinnvoll haltend *Sethe/Winzer*, WM 2009, 536 (539).

161 Dazu *Zimmer/Naendrup*, NJW 2009, 545 (546 ff.).

162 *EuGH*, Urt. v. 16.12.2008 - C-210/06, NZG 2009, 61 ff. (*Cartesio*). Bezugnehmend auf Deutschland ist ein solcher Satzungssitzwechsel für deutsche Gesellschaften nicht möglich, *Kußmaul/Richter/Ruiner*, EWS 2009, 1 (9 f.) m.w.N.

163 Ausführlich zu den Konsequenzen *Sethe/Winzer*, WM 2009, 536 (538 f.).

164 Danach durften Satzungs- und Verwaltungssitz der Gesellschaft nicht auseinanderfallen, *Bayer/Schmidt*, ZHR 173 (2009), 735 (744 f.) m.w.N.

165 *Kindler*, in: MüKo, IntGesR Rn. 503 m.w.N.; *Schmidtbleicher*, BB 2007, 613 (613 f.); *Vallender*, NZI 2007, 129 (130 f.).

166 *Preuß*, GmbHR 2007, 57 (62.)

Rechtsprechungstendenz. Man könnte daher annehmen, dass der im Gesellschaftsvertrag bzw. in der Satzung bestimmte Sitz nun nicht mehr mit dem Verwaltungssitz übereinstimmen muss, solange der Satzungssitz im Inland belegen ist.[167] Die Zugehörigkeit zum deutschen Recht ginge nur noch dann verloren, wenn auch der Satzungssitz ins Ausland verlegt würde.[168]

Sollte diese Annahme zutreffen, wäre der GmbH damit erlaubt, was der *Limited* nach englischem Recht schon lange möglich ist. Außerdem würde dies die Festlegung der Gründungstheorie für eigene Gesellschaften in der Wegzugssituation bedeuten. Danach würde der GmbH zumindest in materiellrechtlicher Hinsicht eine Wegzugsfreiheit eingeräumt.[169] Auch soll bei der kollisionsrechtlichen Anwendung der Sitztheorie das Auseinanderfallen von Satzungs- und Verwaltungssitz stets zulässig sein.[170] Tendenziell scheint man einer grundsätzlichen Wegzugsfreiheit aber noch skeptisch gegenüberzustehen. Allerdings ist anzumerken, dass die gesellschaftsrechtliche Diskussion hier noch ganz am Anfang steht.[171]

c) Konsequenzen einer Wegzugsfreiheit für das deutsche Strafrecht

Hält man einen formwahrenden Umzug deutscher Gesellschaften in das europäische Ausland grundsätzlich für möglich,[172] so könnten zahlreiche der sogleich untersuchten strafrechtlichen Probleme zur Strafbarkeit des *directors* einer in Deutschland agierenden *Limited* spiegelbildlich auch die Geschäftsleiter einer im europäischen Ausland agierenden GmbH betreffen.

Zunächst wäre in einem solchen Fall zu klären, ob das deutsche Strafrecht auf eine GmbH mit ausländischem europäischem Verwaltungssitz überhaupt anwendbar ist. Zweifel könnten hier insoweit aufkommen, da allein der sich in Deutschland befindliche Satzungssitz möglicherweise keinen hinreichenden

---

167 *Ensenbach*, wistra 2011, 4 (5). Umfassend hierzu *Leitzen*, NZG 2009, 728 ff. m.w.N.

168 Die Verlegung des Satzungssitzes ins Ausland soll damit weiterhin unzulässig sein *Däubler/Heuschmid*, NZG 2009, 493 (495 f.).

169 *Kobelt*, GmbHR 2009, 808 (809); *Leitzen*, NZG 2009, 728 (729 u. 733).

170 So *Bayer/Schmidt*, ZHR 173 (2009), 735 (751); *Kobelt*, GmbHR 2009, 808 (810 ff.).

171 *Bayer/Schmidt*, ZHR 173 (2009), 735 (746 ff.) m.w.N. Ebenfalls abzuwarten bleibt, ob auf eine mangelende generelle Wegzugsfreiheit mit grenzüberschreitenden Verschmelzungen von europäischen Gesellschaften reagiert wird. Bei der Verschmelzung verschwindet die übertragene Gesellschaft, so dass sich die Frage nach ihrem Personalstatut nicht mehr stellt, siehe *Raiser/Veil*, S. 779 f.

172 So z. B. *Kobelt*, GmbHR 2009, 808 (812 f.).

Anknüpfungspunkt iSd. §§ 3 ff. StGB für die Anknüpfung des deutschen Strafrechts liefert.[173]

Geht man jedoch von einer Anwendbarkeit des deutschen Strafrechts aus, so ist – unter Zugrundelegung der zuvor dargestellten Rechtsprechung des *EuGH* – im Schutzumfang der Niederlassungsfreiheit ausschließlich deutsches Gesellschaftsrecht anwendbar. Allerdings muss den Geschäftsleitern in einem solchen Fall bewusst sein, dass sie trotz des deutschen Gesellschaftsstatuts – zumindest teilweise – in einer fremden Rechtsordnung agieren. Je nach Mitgliedstaat können sich dann für den Zuzugsstaat ähnliche – wie die hier sogleich untersuchten – Probleme des Strafrechts stellen. Insbesondere sind dies dann Fragen nach der Maßgeblichkeit deutschen Gesellschaftsrechts zur Bestimmung im Zuzugsstaat geltender akzessorischer Strafnormen, nach einem generellen deutschen Interesse an einer Strafverfolgung bei einer ausschließlich im Ausland agierenden GmbH sowie nach möglichen Strafbarkeitslücken. Der Gefahr einer möglichen Doppelbestrafung der Geschäftsleiter wäre hingegen nach dem in allen Mitgliedstaaten anerkannten Grundsatz „*ne-bis-in-idem*" und Art. 54 des Schengener Durchführungsübereinkommens (SDÜ) zu begegnen.[174]

III. Konsequenzen für das Gesellschaftsrecht und das „MoMiG"

Als Konsequenz der Rechtsprechung des *EuGH* stehen dem Gesellschaftsgründer neben dem *numerus clausus* der deutschen Gesellschaftsformen nun theoretisch sämtliche anderen europäischen Gesellschaftsformen zu Verfügung.[175] Dies hat heftige Diskussionen in der deutschen Literatur ausgelöst. Grundsätzliche Befürchtungen gehen dahin, dass ein Wettbewerb der Gesellschaftsrechte entsteht, in dem sich das Gesellschaftsrecht mit den geringsten Kapital- und Gläubigerschutzregeln durchsetzen wird (*race to the bottom*).[176] Auch mit diesem Fragenkomplex befasste strafrechtliche Untersuchungen argumentieren

173 Siehe *Ensenbach*, wistra 2011, 4 (6 ff.) m.w.N.

174 Zu den Voraussetzungen und möglichen Problemen *Satzger*, Internationales und Europäisches Strafrecht, § 10 Rn. 62 ff. m.w.N.

175 Zum Rechtsformzwang *K. Schmidt*, Gesellschaftsrecht, S. 101 m.w.N. Zur vergleichbaren gesellschaftsrechtlichen Disskussion, wenn auch mit einem etwas anderem Schwerpunkt, vgl. *Gower & Davies*, Rn. 6–1 ff.

176 *Pohl*, in: FS-Raupach, S. 375, 376 f. Dagegen aber *Bayer/Schmidt*, ZHR 173 (2009), 735 (773) m.w.N.

zumindest teilweise vor diesem Hintergrund.[177] Ob die Auswirkungen eines Wettbewerbs der Gesellschaftsrechte aber wirklich negativ sind, wird insbesondere aus volkswirtschaftlicher Sicht zum Teil bestritten.[178] Außerdem wird bei der Diskussion häufig auf Forschungen und Beobachtungen in den USA verwiesen, wo es einen entsprechenden Wettbewerb der Gesellschaftsrechte bereits seit langem gibt (sog. „*Delaware-Effekt*").[179]

1. Wirkung der Niederlassungsfreiheit für das anwendbare Gesellschaftsrecht

Nach der überwiegend vertretenen Meinung soll die Niederlassungsfreiheit zusammen mit der zugehörigen Rechtsprechung des *EuGH* in Deutschland eine „ungeschriebene Kollisionsregel" bilden.[180] Ob durch diese Urteile indes die generelle Unanwendbarkeit der Sitztheorie – wie von einem Teil der Literatur vermutet[181] – festgeschrieben wurde, ist allerdings unklar.[182] Schließlich hat sich der *EuGH* in keiner Entscheidung ausdrücklich gegen die Anwendbarkeit der

177 Siehe etwa *Wietz*, S. 259 ff. („*[...] droht ein Leerlaufen des Untreuetatbestandes [...]*").

178 *Eidenmüller*, in: Ausländische Kapitalgesellschaften im deutschen Recht, § 1 Rn. 17 ff. m.w.N.; *ders.*, ZIP 2002, 2233 (2235 ff.).

179 Hierzu und zu maßgeblichen Unterschieden bezüglich der Situation in der Europäischen Union *Paefgen*, WM 2009, 529 (535 f.) m.w.N.

180 Aus dem Strafrecht: *Böse*, in: NK, Vor § 3 StGB Rn. 63 („*kollisionsrechtliche Wirkung*"); *Hinderer*, S. 66 u. 68 („*gesellschaftsrechtliche Kollisionsregel*"); *Wietz*, S. 49 u. 112 ff. („*Grundfeiheit als faktische Kollisionsnorm*"); *Worm*, S. 33 u. 35 („*gewisser kollisionsrechtlicher Charakter*"); *Altenhain/Wietz*, NZG 2008, 569 (570) („*versteckte Kollisionsnorm*"); *Eidenmüller*, NJW 2005, 1618 (1620); *Fröhlich/Strasser*, ZIP 2006, 1182 (1184) („*versteckte Kollisionsnorm*"); *Gross/Schork*, NZI 2006, 10 (11); *Radtke*, GmbHR 2008, 729 (734) („*versteckte Kollisionsnorm*"); *ders.* JZ 2004, 24 (25); *Schramm/Hinderer*, ZIS 2010, 494 (497) („*gesellschaftsrechtliche Kollisionsnorm*"). Aus dem Gesellschaftsrecht: *Bayer*, BB 2003, 2357 (2364); *Behrens*, IPRax 2004, 20 (25); *Borges*, ZIP 2004, 733 (733); *Eidenmüller/Rehm*, ZGR 2004, 159 (161 u. 181 ff.); *Ulmer*, NJW 2004, 1201 (1205 ff.); *Zimmer*, NJW 2003, 3585 (3586 f.). Anders aber wohl der Ansatz von *Hoffmann*, in: Deutsches Gesellschaftsrecht im Wettbewerb der Rechtsordnungen, S. 227, 243 ff. Differenzierend insbesondere *Sonnenberger*, in: MüKo, Einl. IPR Rn. 140 u. 165 ff. m.w.N. Siehe jetzt auch die Zusammenstellung bei *Stärk*, S. 75 Fn. 238, die auf S. 81 ff. zwischen Strafvorschriften ohne und mit gesellschaftsrechtlichen Bezug unterscheidet.

181 Exemplarisch für diese Vermutung *K.Schmidt*, ZHR 168 (2004), 493 (495) mit zahlreichen Nachweisen in Fn. 23.

182 Kritisch auch *Wilde*, S. 42 f.

Sitztheorie ausgesprochen. Dies ist letztlich aber auch nicht weiter verwunderlich: Schließlich entscheidet der *EuGH* im Vorabentscheidungsverfahren gem. Art. 267 AEUV ausschließlich über die ihm gestellten Fragen der Auslegung und Gültigkeit von Unionsrecht. Es ist hingegen nicht Aufgabe des *EuGH*, innerstaatliches Recht auszulegen.[183] Entscheidend bleibt die entsprechende Auslegung und Umsetzung von europäischem Recht Aufgabe der Mitgliedstaaten. In Deutschland ist die konkrete Bestimmung des Gesellschaftsstatuts damit weiterhin Gegenstand der umstrittenen Grundsatzfrage nach der Sitz- oder Gründungstheorie. Ein vollständiger Wechsel zur Gründungstheorie ist aus europarechtlicher Sicht nur dann erforderlich, wenn aufgrund der inländischen gesellschaftsrechtlichen Regeln die Anerkennung ausländischer Gesellschaften in dem vom *EuGH* geforderten Umfang nicht mehr gewährleistet ist.[184]

Allerdings kommt es für die weitere Untersuchung auf die Frage der Niederlassungsfreiheit als Kollisionsnorm des Internationalen Gesellschaftsrechts nicht wirklich an. Im Grundsatz sind nämlich sowohl die deutsche Rechtsprechung[185] als auch die überwiegenden Stimmen in Lehre und Forschung[186] den aufgestellten Grundsätzen des *EuGH* bislang (zwangsläufig) gefolgt. Auf ausländische Kapitalgesellschaften, deren Gründungssitz außerhalb Deutschlands in der Europäischen Union liegt, ist heute die Gründungstheorie zwingend anzuwenden.[187] Nur so kann

---

183 *EuGH*, Urt. v. 13.11.1977 – Rs. 38/77, Slg. 1977, 2203 (*Enka*).

184 *Rehm*, in: Ausländische Kapitalgesellschaften im deutschen Recht, § 2 Rn. 70; *Altmeppen*, NJW 2005, 1911 (1913).

185 Aus dem Gesellschaftsrecht: *BGHZ* 154, 185 ff.; 154, 204 ff.; *BGH*, NJW 2009, 289 (290); *BGH*, DStR 2004, 2113 ff.; *OLG Hamm*, NZG 2006, 826 f.; *BayOblG*, NZG 2003, 290 ff.; *AG Hamburg*, NJW-RR 2009, 483 f. Siehe ferner die Übersicht bei *Wilde*, S. 46 ff. Und jetzt auch aus dem Strafrecht *BGH*, NStZ 2010, 632 (634) („*[...] die Rechtsprechung des Europäischen Gerichtshofs, welche die Anwendung des Gründungsrechts der Gesellschaft vorschreibt [...]*").

186 So *Habersack/Verse*, Rn. 23; *Haug*, S. 28 ff.; *Bayer*, BB 2003; 2357 (2363); *Behrens*, IPRax 2003, 193 (203); *Forsthoff*, DB 2002, 2471 (2474); *Heidenhain*, NZG 2002; 1141 ff.; *Kleinert/Probst*, DB 2003, 2217 (2217 f.); *Paefgen*, DZWIR 2003, 441 (445); *Schilling*, IPRax 2005; 208 (211); *Ziemons*, ZIP 2003, 1913 (1917); *Zimmer*, NJW 2003, 3585 (3587).

187 Somit häufig auch als „europarechtliche Gründungstheorie" bezeichnet. Anders aber *Altmeppen*, NJW 2004, 97 (99 f.); *ders./Wilhelm*, DB 2004, 1083 (1084 ff): Danach sei im Grundsatz an der Sitztheorie festzuhalten, diese müsse jedoch vor dem Hintergrund der Niederlassungsfreiheit modifiziert werden. Das Gründungsrecht der zuziehenden Gesellschaft betreffe nur Fragen der Gründung, Verfassung, des Erlöschen und der Umwandlung der Gesellschaft. Ansonsten bestünde jedoch kein Anspruch der Gesellschaft, im Zuzugsstaat auch nach dem Recht ihres

die gemeinschaftsrechtliche/unionsrechtliche Niederlassungsfreiheit gewährleistet werden.[188] Das auf die zuziehende *Limited* anzuwendende Gesellschaftsrecht ist daher nach der Gründungstheorie zu bestimmen.

2. Fortgeltung der Sitztheorie gegenüber Drittstaaten

Die Niederlassungsfreiheit und die Rechtsprechung des *EuGH* dazu findet jedoch nur in der Europäischen Union sowie im Verhältnis zu Staaten, mit denen die Bundesrepublik Deutschland internationale Verträge geschlossen hat, die diese Freiheit ausdrücklich einräumen, Anwendung. Dies betrifft damit auch nach dem Recht eines Mitgliedstaates des Europäischen Wirtschaftsraums inkorporierte Gesellschaften[189] sowie nach inzwischen herrschender Meinung auch Gesellschaften, die nach US-amerikanischem Recht errichtet worden sind.[190] So hat der *BGH* in mehreren Entscheidungen in den USA gegründete Gesellschaften denjenigen aus Mitgliedstaaten der Europäischen Union in wesentlichen Bereichen gleichgestellt.[191]

Die Rechtsprechung des *EuGH* liefert bislang auch keinen zwingenden Grund dafür, dass die Sitztheorie und die damit verbundenen Möglichkeiten zur Kontrolle von ausländischen Gesellschaften im Verhältnis zu Drittstaaten aufzugeben

---

Gründungsstaates behandelt zu werden. Kritisch zu dieser Ansicht *Fleischer*, in: Europäische Auslandsgesellschaften in Deutschland, S. 49, 95 f.

188 Aus der gesellschaftsrechtlichen Literatur *Bayer*, BB 2003, 2357 (2363); *Horn*, NJW 2004, 893 (895 ff.); *Kleinert/Probst*, DB 2003, 2217 (2217 f.); *Maul/Schmidt*, BB 2003, 2297 (2298); *Ulmer*, NJW 2004, 1201 (1205); *Volb*, Steuer und Studium 2007, 173 (173); *Ziemons*, ZIP 2003, 1913 (1917). Aus der strafrechtlichen Literatur: *Gross/Schork*, NZI 2006, 10 (11); *Rönnau*, ZGR 2005, 832 (834); *Schlösser*, wistra 2006, 81 (83).

189 Siehe *Bayer/Schmidt*, ZHR 173 (2009), 735 (738 f.) m.w.N. Zu liechtensteinischen Gesellschaften *BGH*, NZG 2005, 44 ff. Zum Abkommen mit der Schweiz *Kahil-Wolff/Mosters*, EuZW 2001, 5 ff.

190 *Bayer/Schmidt*, ZHR 173 (2009), 735 (739) m.w.N. Das Zuzugsrecht wird hierbei aus Art. XXV Abs. 5 S. 2 des Deutsch-Amerikanischen Freundschafts-, Handel- und Schiffahrtsvertrages aus dem Jahr 1954, BGBl. II 1956, S. 487 f. abgeleitet. Siehe hierzu auch *BGHZ* 153, 353 (355); *Kindler*, S. 162 ff. m.w.N. A.A. aber *Kropholler*, S. 574 f. m.w.N.

191 *BGHZ* 153, 353 (355); *BGH*, NZG 2005, 44 ff.; *BGH*, NZG 2004, 1001. Ausführlich zu den Besonderheiten des deutsch-amerikanischen Freundschaftsvertrags *Drouven/Mödl*, NZG 2007, 7 ff.; *Gehb/Drange/Heckelmann*, NZG 2006, 88 (90) j.m.w.N. Erstaunlicherweise gibt es hierzu – soweit ersichtlich – noch kein veröffentliches Urteil eines deutschen Strafgerichts.

sind.[192] Bei Gesellschaften aus Drittstaaten bleibt es folglich bei Anwendung der modifizierten Sitztheorie.[193] Dies hat der *BGH* in der Entscheidung „*Trabrennbahn*" ebenfalls ausdrücklich bekräftigt.[194] Insoweit ist weiterhin an den effektiven Verwaltungssitz anzuknüpfen. Auch die Neufassung des § 4 a GmbHG soll nach wohl vorherrschender Meinung kein „*Bekenntnis des deutschen Gesetzgebers zur Gründungstheorie*" bedeuten.[195] Eine grenzüberschreitende formwahrende Sitzverlegung ist für Gesellschaften aus Staaten außerhalb der Europäischen Union und des Europäischen Wirtschaftstraums nach dem derzeitigen Stand der Gesetzgebung folglich nicht zulässig.[196] Entsprechende gemeinschafts- oder staatsvertragliche Zwänge, die dies verlangen, bestehen ebenfalls nicht. Verlegt mithin eine auf der Isle of Man[197] oder in Singapur[198] gegründete *Limited* ihren tatsächlichen Verwaltungssitz nach Deutschland, so kann sie sich nicht auf die Niederlassungsfreiheit berufen. Sie ist in diesem Fall als rechtsfähige Personengesellschaft zu behandeln und wird durch ihre Gesellschafter gesetzlich vertreten.[199] Ob auch im Fall von Staaten, die nicht zur Europäischen Union gehören, zur Gründungstheorie übergegangen werden sollte, ist somit eine rechtspolitische Entscheidung und dem deutschen Gesetzgeber überlassen. Insgesamt liegt damit im Internationalen Gesellschaftsrecht ein gespaltenes Kollisionsrecht vor, was im deutschen Schrifttum teilweise bedauert wird.[200]

Aus Sicht des Strafrechts bleibt es in diesen Fällen bei dem Zustand, der vor der Änderung der Rechtsprechung des *EuGH* zur Niederlassungsfreiheit auch

---

192 Zuversichtlich aber *Seibl*, S. 86; *Wietz*, S. 219.

193 *BGHZ* 153, 353 (355); *OLG Hamburg*, BB 2007, 1519 ff. Zustimmend *Kindler*, AG 2007, 721 (726 f.).

194 *BGH*, GmbHR 2009, 138 ff. (*Trabrennbahn*) mit Komm. *Wachter*. Hierbei handelt es sich um eine in der Schweiz gegründete Aktiengesellschaft, siehe zu dem Urteil auch *Koch/Eickmann*, AG 2009, 73 (74 f.); *Werner*, GmbHR 2009, 191 (192 f.). Siehe jetzt auch *BGH*, ZIP 2009, 2385 ff. und zuvor bereits *BGHZ* 151, 204 ff.

195 *BGHZ*, 178, 192 ff.; *Kindler*, AG 2007, 721 (725). Siehe aber auch *Hoffmann*, ZIP 2007, 1581 (1589); *Körner/Kliebisch*, JuS 2008, 1041 (1044).

196 Anders noch die Vorinstanz *OLG Hamm*, ZIP 2006, 1822 f. Kritisch hierzu *Koch/Eickmann*, AG 2009, 73 (74 f.).

197 Die *Isle of Man* befindet sich im Besitz der britischen Krone, ist aber nicht Bestandteil des Vereinigten Königreichs. Anders freilich für den Fall der British Virgin Islands, siehe *BGH*, NStZ 2010, 632 (633) und ausführlich unter § 5 III.3.

198 *BGH*, ZIP 2009, 2385 ff.; hierzu *Lieder/Kliebisch*, EWiR 2010, 117 f.

199 *OLG Hamburg*, GmbHR 2007, 763 ff. mit Anmerkung von *Ringe*. Siehe zu den Folgen für Drittstaatengesellschaften *Raiser/Veil*, S. 775 ff. m.w.N.

200 Etwa *Lieder/Kliebisch*, EWiR 2010, 117 f.

für europäische Kapitalgesellschaften galt: Ausländische Gesellschaften sind gezwungen, Tochtergesellschaften in Deutschland zu gründen, die dann wiederum dem deutschen Recht unterliegen. Materielle Schwierigkeiten hinsichtlich des „ob“ und „wie“ der Anwendung deutschen Strafrechts stellen sich folglich nicht.

3. Die Reform des GmbHG durch das „MoMiG“

Als Konsequenz auf die Rechtsprechung des *EuGH* und die daraus resultierenden ungeklärten Rechtsfragen sowie auf die verstärkte Nutzung ausländischer Gesellschaftsformen im Inland hat der Gesetzgeber durch das MoMiG das GmbHG zum 1. November 2008 umfassend novelliert.[201] Ziel war es unter anderem, Unternehmensgründungen zu vereinfachen und zu verkürzen und dadurch die internationale Wettbewerbsfähigkeit der GmbH gegenüber GmbH-ähnlichen europäischen Gesellschaftsformen wie zum Beispiel der *Limited* zu verbessern.[202]

Wesentliche Änderungen betreffen den Bereich der Kapitalaufbringung und -erhaltung,[203] die Neuregelungen zum Eigenkapitalersatzrecht[204] sowie den gutgläubigen Erwerb von Geschäftsanteilen.[205] Ferner hat der Gesetzgeber in § 5 a GmbHG mit der Unternehmergesellschaft (UG) eine Alternative zur englischen *Limited* geschaffen.[206] Darüber hinaus wurden sowohl für die

---

201 Zu den entsprechenden Entwürfen des MoMiG *Bayer/Graff*, DStR 2006, 1654 ff.; *Büchel*, GmbHR 2007, 1065 ff.; *Heckschen*, DStR 2007, 1442 ff.; *Krolop*, ZIP 2007, 1738 ff.; *Schäfer*, DStR 2006, 2085 ff.; *K. Schmidt*, GmbHR 2007, 1 ff.; *ders.*, GmbHR 2007, 1072 ff.; *Thiessen*, DStR 2007, 202 ff.; *ders.*, DStR 2007, 260 ff. Aus Sicht des Strafrechts *Müller-Gugenberger*, in: FS-Tiedemann, S. 1003, 1015 ff.

202 Siehe BR-Drucks. 354/07 vom 25.05.2007, S. 55; ferner *Teichmann*, NJW 2006, 2444 (2445). Umfassend zu diesem Ziel des Reformanliegens *Eidenmüller*, ZGR 2007, 168 (169 ff.). Das Ziel für erreicht halten *Herrler/Schneider*, DStR 2009, 2433 (2433 u. 2440). Insgesamt positiv auch *Raiser/Veil*, S. 780.

203 Die noch im Referenten- und Regierungsentwurf vorgesehene Herabsetzung des Mindeststammkapitals auf 10.000 € wurde allerdings nicht in das Gesetz übernommen; zu den damaligen Überlegungen *Haas*, DStR 2006, 993 ff.

204 Zu den Neuerungen *Raiser/Veil*, S. 532 ff. m.w.N. Zu den sich hieraus ergebenden Konsequenzen für eine Strafbarkeit wegen Untreue siehe *OLG Stuttgart*; wistra 2009, 34 ff., *Bittmann*, wistra 2009, 102 ff.; *ders.*, NStZ 2009, 113 (117 f.).

205 Ein Überblick über die Neuerungen des MoMiG zum Eigenkapitalersatzrecht und zur Geschäftsleiterhaftung findet sich bei *Schall*, S. 95 ff. m.w.N.

206 Zu aktuellen Zahlen siehe *Kornblum*, GmbHR 2012, 728 (729 u. 734); *ders.* GmbHR 2011, 692 (698). Siehe ferner *Niemeier*, Status:Recht 2009, 165. Allgemein kritisch zur Rechtsform der Unternehmergesellschaft *Freitag/Riemenschneider*, ZIP 2007,

Geschäftsführer als auch für die Gesellschafter an zahlreichen Stellen erhebliche Haftungsverschärfungen eingeführt.[207] Hervorzuheben sind ferner die wesentliche Modifizierung der Insolvenzverschleppungshaftung und die Einführung einer rechtsformneutralen Insolvenzantragspflicht § 15 a InsO.[208] Ob diese Neuerungen die Wettbewerbsfähigkeit der GmbH im Vergleich mit den anderen europäischen Gesellschaftsformen wirklich erhöhen und sich hierdurch Missbräuche insbesondere in den Fällen der sog. „Firmenbestatter" in der Praxis wirksam bekämpfen lassen, wird sich in den nächsten Jahren zeigen.[209] Feststeht aber bereits, dass zahlreiche Rechtsprobleme, die sich im Zusammenhang mit dem Tätigwerden von ausländischen Gesellschaften in Deutschland ergeben, trotz der Reform weiterhin ungeklärt sind.

Die sich für das Strafrecht aus dem MoMiG ergebenden Konsequenzen[210] werden – soweit sie einschlägig sind – an der jeweils relevanten Stelle dieser Arbeit erörtert. Allerdings scheint bereits an dieser Stelle festzustehen, dass der Gesetzgeber im Rahmen der Reform zahlreiche Bedürfnisse der strafrechtlichen Praxis missachtet hat.[211]

4. Reichweite des Gesellschaftsstatuts – insbesondere der existenzvernichtende Eingriff

Steht somit fest, dass auf europäische Gesellschaften, die in Deutschland tätig werden, deren Gründungsrecht anzuwenden ist, so ist die Bestimmung der genauen Reichweite des Gesellschaftsstatuts häufig unklar. Im Grundsatz werden vom Gesellschaftsstatut die Errichtung, die Rechtsfähigkeit sowie die inneren

---

1485 ff.; *Veil*, GmbHR 2007, 1080 ff. Zur UG aus strafrechtlicher Sicht, *Bittmann*, NStZ 2009, 113 (119 f.).

207 Zu den wesentlichen Reformen des GmbHG siehe z. B. *Heinrich*, Steuer und Studium 2009, 213 ff.; *Rodewald*, GmbHR 2009, 1301 ff.; *Schürnbrand*, JA 2009, 81 ff.

208 Hierzu *Hirte*, ZInsO 2008, 689 (698 ff.); *Poertzgen*, GmbHR 2007, 1258 ff.; *Weiß*, ZInsO 2009, 1520 ff.

209 Kritisch *Bittmann*, GmbHR 2007, 70 (70 ff.). Allgemein zur sog. „Firmenbestattung" *Schwab*, DStR 2010, 333 ff. m.w.N., der aber davon ausgeht, dass es dem Reformgesetzgeber nicht gelungen sei, die von „Firmenbestattern" verfolgten Strategien zunichte zu machen.

210 Zur Reform des GmbHG und den Auswirkungen auf das Strafrecht *Bittmann*, NStZ 2009, 113 ff.; *Müller-Gugenberger*, GmbHR 2009, 578 ff. Noch zum Referentenentwurf *Bittmann*, wistra 2007, 321 ff.

211 So *Bittmann*, NStZ 2009, 113 (120); *Hiebl*, in: FS-Mehle, S. 273, 305 f.; *Müller-Gugenberger*, GmbHR 2009, 578 (584); *ders.* in: FS-Tiedemann, S. 1003, 1015 ff. Für das „Aktienstrafrecht" *Hefendehl*, in: Spindler/Stilz, § 399 AktG Rn. 33.

Beziehungen der Gesellschaft umfasst.[212] Ob ein bestimmtes Rechtsverhältnis einem dieser Bereiche und damit dem Gesellschaftsstatut zuzuordnen ist, lässt sich häufig nur im Einzelfall feststellen.

Höchst streitig ist insbesondere, inwieweit das anzuwendende ausländische Gründungsrecht zur Schließung von Schutzlücken in bestimmten Bereichen durch insolvenz- oder deliktsrechtlich zu qualifizierende Vorschriften oder Rechtsinstitute des deutschen Rechts ergänzt oder gar verdrängt wird.[213] Unklar ist damit auch, wie die persönliche Haftung der Personen ausgestaltet ist, die für eine *Limited* in Deutschland handeln.[214] Grund hierfür sind vor allem die unterschiedlichen Haftungsgrundlagen und die daraus resultierenden internationalen Anknüpfungen. Auch hat sich der *EuGH* bisher noch nicht umfassend dazu geäußert, in welchem Maße er die Anwendung des Gründungsrechts überhaupt befürwortet. Ob und in welchem Umfang deutsche Normen beispielsweise aus dem Insolvenz-, Steuer-, Arbeits- und Sozialrecht auf die *Limited* Anwendung finden können, ist teilweise noch völlig ungeklärt.[215]

Insbesondere soll an dieser Stelle bereits auf die kollisionsrechtliche Einordnung der Gesellschafterhaftung wegen Existenzvernichtung verwiesen werden. Entscheidend ist dies für die Frage, ob die Grundsätze der Existenzvernichtungshaftung[216] auch auf im Inland tätige ausländische Gesellschaften wie zum Beispiel die *Limited* anwendbar sind. Ein existenzvernichtender Eingriff ist der zielgerichtete Entzug von Gesellschaftsvermögen, so dass die Gesellschaft ihre Verbindlichkeiten nicht mehr erfüllen kann.[217] Der Entzug kann dabei auf unterschiedliche Weise erfolgen. Typische Beispiele sind verdeckte Gewinnausschüttungen oder sonstige Entnahmen zugunsten der Gesellschafter, die das

---

212 Zur Reichweite des Gesellschaftsstatuts siehe *Raiser/Veil*, S. 771 ff. m.w.N.

213 *Habersack/Verse*; Rn. 25 ff.; *Bayer/Schmidt*, ZHR 173 (2009), 735 (740).

214 Nach *Römermann*, NJW 2006, 2065 (2069) sei deswegen von der Gründung einer *Limited* abzuraten; siehe ferner *Drinhausen/Gesell*, BB-Special 8, 2006, 3, (5).

215 So z.B. die Anwendbarkeit der deutschen unternehmerischen Mitbestimmung, *Just*, Limited, Rn. 196 ff. m.w.N. Siehe auch die Übersichten bei *Bayer*, in: Lutter/Hommelhoff, Anh II zu § 4a Rn. 12 ff. und bei *Habersack/Verse*; Rn. 25 ff.

216 Zur Irrelevanz des Unterschieds zwischen den Bezeichnungen als Existenzvernichtungshaftung und unmittelbare Existenzgefährdung *BGH*St 49, 147 (159 f.); ferner *Grigoleit*, S. 282 f. m.w.N. Siehe hingegen aber auch die von *Bittmann*, GmbHR 2009, 1206 (1207) vorgenommene Differenzierung zwischen Existenzgefährdung, Existenzvernichtung und Aushöhlung.

217 Vgl. *BGHZ* 151, 181 (187); 149, 10 (16).

Vermögen der GmbH aushöhlen.[218] Derartige Handlungen der Gesellschafter, die in der Regel die Insolvenz verursachen und somit die Gesellschaftsgläubiger schädigen, sollen eine persönliche Haftung der Gesellschafter nach sich ziehen. Die Kapitalschutzvorschriften §§ 30, 31 GmbHG können in diesen Fällen regelmäßig keinen hinreichenden Schutz mehr gewährleisten. Um diese Schutzlücke zu schließen, haben Rechtsprechung und Lehre somit den Haftungstatbestand des existenzvernichtenden Eingriffs konstruiert, der mittlerweile eine zivil- und eine strafrechtliche Seite aufweist.[219]

Die gesamte Entwicklung der zivilrechtlichen Existenzvernichtungshaftung nachzuzeichnen, würde den Rahmen dieser Arbeit sprengen.[220] Aus strafrechtlicher Sicht entscheidend sind jedoch die Neuerungen der zivilrechtlichen Rechtsprechung. Mit den Urteilen „*Bremer Vulkan*"[221] und „*KBV*"[222] hat der *BGH* unter Zustimmung der herrschenden Lehre[223] die Regelungen über den qualifiziert faktischen Konzern[224] abgeschafft und das eigenständige Haftungskonzept der Existenzvernichtungshaftung geschaffen. Im Juli 2007 hat der 2. Zivilsenat des *BGH* in der Aufsehen erregenden Rechtssache „*Trihotel*"[225] seine bisherige Rechtsprechung zur Existenzvernichtungshaftung wiederum grundlegend geändert und diese Änderung in seiner Entscheidung „*Gamma*"[226] weiter

---

218 Siehe in diesem Zusammenhang die Neuregelungen zum Kapitalersatz bei der GmbH, *Bittmann*, wistra 2009, 102 ff.

219 Zur strafrechtlichen Komponente des existenzvernichtenden Eingriffs sogleich § 6 III.2.

220 Siehe ausführlich die Untersuchungen zur Existenzvernichtungshaftung von *Schall*, S. 213 ff.; *Schober*, S. 30 ff. u. 81 ff.; *Grigoleit*, S. 281 ff.; *Strohn*, ZInsO 2008, 706 (707 ff.). Siehe auch bereits *Winter*, S. 202 ff. Ein erster Überblick über die Entwicklung der Rechtsprechung bis heute findet sich bei *Hirte*, Rn. 5.172 ff.

221 *BGHZ* 149, 10 ff. (*Bremer Vulkan*).

222 *BGHZ* 151, 181 ff. (*KBV*), hier hat der *BGH* die dogmatische Grundlage der Existenzvernichtungshaftung dahingehend präzisiert, dass nicht die Verletzung einer Treuepflicht oder eines gesellschaftsrechtlichen Sonderrechtsverhältnisses, sondern der objektive Missbrauch der Gesellschaftsform das Haftungsprivileg der Gesellschafter entfallen lässt.

223 Siehe den Überblick bei *Hirte*, Rn. 5.178; *Raiser/Veil*, S. 405 ff. j.m.w.N.

224 Voraussetzung war das Vorliegen eines konzernrechtlichen Abhängigkeitsverhältnisses in Form eines qualifiziert faktischen Konzerns analog §§ 302, 303 AktG.

225 *BGHZ* 173, 246 ff. (*Trihotel*); hierzu *Gloger/Goette/van Huet*, DStR 2008, 1141 ff.; *Paefgen*, DB 2007, 1907 ff.; *Schanze*, NZG 2007, 681 ff.; *Vetter*, BB 2007, 1965 ff.

226 *BGH*, NJW 2008, 2437 ff. (*Gamma*).

bekräftigt.[227] Zwar hält der *BGH* an der Rechtsfigur der Existenzvernichtungshaftung der Gesellschafter weiterhin fest[228] diese ist jedoch keine Durchgriffsaußenhaftung mehr, sondern wird als eine besondere Fallgruppe der vorsätzlichen sittenwidrigen Schädigung im Rahmen des § 826 BGB angesehen, die als Innenhaftung der Gesellschafter gegenüber der GmbH ausgestaltet ist.[229] Hätte diese Änderung nun zur Folge, dass die Existenzvernichtungshaftung als deliktsrechtlich zu qualifizieren ist, so wäre sie gem. Art. 4 Rom II-Verordnung[230] auf sämtliche Vorgänge im Inland anwendbar. Damit würden grundsätzlich zunächst auch in Deutschland ansässige *Limiteds* der zivilrechtlichen Existenzvernichtungshaftung unterfallen.[231] Schließlich ist in der Vergangenheit das Bedürfnis,

---

227 Zum aktuellen Streitstand des neuen Konzepts der Existenzvernichtungshaftung *Schall*, S. 219 f. Fn. 658 m.w.N.

228 Die Abschaffung der Existenzvernichtungshaftung fordert *Dauner-Lieb*, DStR 2006, 2034 (2041).

229 Dies hat zur Folge, dass lediglich nur noch ein Anspruch der Gesellschaft gegen die Gesellschafter gem. § 826 BGB besteht. Siehe zu dieser Neuausrichtung der Existenzvernichtungshaftung *Schall*, S. 216 ff.; *Vetter*, BB 2007, 1965 (1967 ff.); *Weller*, ZIP 2007, 1681 ff. Kritisch zum Innenhaftungskonzept *Jacob*, GmbHR 2007, 796 (798 f.); *Kölbl*, BB 2009, 1194 (1195); *Schwab*, ZIP 2008, 341 (344 ff.).

230 Verordnung (EG) Nr. 864/2007 des Europäischen Parlaments und des Rates vom 11.06.2007 über das auf außervertragliche Schuldverhältnisse anzuwendende Recht (Rom-II), ABl. 2007 L 199/40. Die bisher geltenden Art. 38 bis 42 EGBGB wurden hierduch ersetzt. Art. 4 Rom II-Verordnung behält das Tatortprinzip aber grundsätzlich bei; siehe zur Ausgestaltung des Tatortprinzips *Junker*, in: MüKo, Art. 4 Rom II-VO Rn. 3 u. 10 f.

231 Für eine Anwendung der Existenzvernichtungshaftung auch auf Auslandsgesellschaften *Schall*, S. 240, der im Ergebnis aber von einer Doppelqualifikation ausgeht. Siehe ferner *Just*, Limited, Rn. 93; *Labinski*; S. 243; *Zessel*, S. 34 u. 47; *Altenhain/Wietz*, NZG 2008, 569 (571); *Dauner-Lieb*, ZGR 2008, 34 (47); *Gloger/Goette/van Huet*, DStR 2008, 1194 (1196); *Paefgen*, DB 2007, 1907 (1912); *Weller*, ZIP 2007, 1681 (1688 f.); *ders.*, DStR 2007, 116 (118 u. 121). Zweifel an der Vereinbarkeit mit der Niederlassungsfreiheit sieht aber *Wietz*, S. 260. Die Anwendbarkeit auf Auslandsgesellschaften vor dem Urteil „*Trihotel*" bereits befürwortend *Altmeppen*, NJW 2004, 97 (101); *Bitter*, WM 2004, 2190 (2197); *Borges*, ZIP 2004, 733 (741 f.); *Drygala*, EWiR 2003, 1029 f.; *Eidenmüller*, NJW 2005, 1618 (1620); *Gross/Schork*, NZI 2006, 10 (15); *Kindler*, NZG 2003, 1086 (1090); *Lieder*, DZWIR 2005, 399 (406); *Schanze/Jüttner*, AG 2003, 661 (669 f.); *Ulmer*, NJW 2004, 1201 (1208); *Zimmer*, NJW 2003, 3585 (3588). Siehe zu den verschiedenen Argumenten auch den Überblick bei *Radtke*, GmbHR 2008, 729 (733) m.w.N. Eine insolvenzrechtliche Qualifikation der Existenzvernichtungshaftung im Sinne von Art 4 EuInsVO vertritt hingegen *Goette*, DStR 2005, 197 (200); *ders.*; ZIP 2005, 1481 (1482).

die Existenzvernichtungshaftung auch gegen kapitallose *Limiteds* einsetzen zu können, ständig gewachsen. Allerdings könnte der *BGH* die Existenzvernichtungshaftung auch weiterhin als eine Verlängerung des Schutzsystems der §§ 30, 31 GmbHG auf Ebene des Deliktsrechts ansehen. Grundlage der Haftung wäre dann nach wie vor die Gesellschafterstellung.[232] Immerhin richtet sich der Verstoß des Gesellschafters gegen wesentliche gesellschaftsrechtliche Pflichten und wird mit einem am Haftungsprivileg ansetzenden Durchgriff geahndet,[233] was wiederum für eine gesellschaftsrechtliche Qualifikation sprechen könnte.[234] Ob die zivilrechtliche Existenzvernichtungshaftung somit auch auf in Deutschland tätige ausländische Gesellschaften anwendbar ist, ist mithin völlig offen.

Insgesamt ist damit festzustellen, dass das gegenwärtige Internationale Gesellschaftsrecht zum Teil noch unter einer erheblichen Rechtsunsicherheit leidet. Diese Unsicherheiten im außerstrafrechtlichen Bereich spiegeln sich – wie noch zu zeigen sein wird – auch in einer Vielzahl von Fällen, wie bei der Untreue wegen unmittelbarer Existenzgefährdung der *Limited*, in der strafrechtlichen Betrachtung wider und erschweren auch hier ganz erheblich die Rechtsfindung.

IV. Ergebnis zu § 2

Geht es um den Zuzug von Gesellschaften, so sind in einem europäischen Mitgliedstaat gegründete Gesellschaften innerhalb der Europäischen Union uneingeschränkt anzuerkennen. Dies gilt ferner für nach dem Recht eines

---

232 So *Leitzen*, NZG 2009, 728 (729).

233 *Altmeppen*, NJW 2004, 97 (101).

234 Für eine gesellschaftsrechtliche Qualifikation mit der Folge der Unanwendbarkeit der deutschen Existenzvernichtungshaftung auf europäische Auslandsgesellschaften *Raiser/Veil*, S. 773; *Radtke*, GmbHR 2008, 729 (733 f.); *ders./Hoffmann*, GA 2008, 535 (548 f.); *Ransiek/Hüls*, ZGR 2009, 157 (178 f.); *Schanze*, NZG 2007, 681 (685 f.); *K. Schmidt*, GmbHR 2008, 449 (457 f.); *Wessing/Krawczyk*, NZG 2009, 1176 (1177). Siehe in diesem Zusammenhang insbesondere auch *BGH*, NZG 2009, 1152 (1154 f.). Von einer Doppelqualifikation der zivilrechtlichen Existenzvernichtungshaftung nach „*Trihotel*" geht hingegen *Schall*, S. 240 f. aus. In diesem Sinne wohl auch *Altenhain/Wietz*, NZG 2008, 569 (570). Eine gesellschaftsrechtliche Qualifikation bereits vor dem „*Trihotel*" Urteil befürwortend: *Kuntz*, NZI 2005, 424 (431); *Meilicke*, GmbHR 2003, 1271 (1272); *Rönnau*, ZGR 2005, 832 (854); *Schlichte*, DB 2006, 2672 (2675); *Schlösser*, wistra 2006, 81 (86); *Schuhmann*, DB 2004, 743 (748 f.), der daneben aber deliktsrechtliche Ansprüche und Ansprüche aus *culpa in contrahendo* für möglich hält; *Spindler/Berner*, RIW 2004, 7 (11); *Ziemons*, ZIP 2003, 1913 (1917).

Mitgliedstaates des Europäischen Wirtschaftsraums inkorporierte sowie nach US-amerikanischem Recht errichtete Gesellschaften. Auch eine in England, Wales oder Schottland gegründete *Limited* kann folglich ihren Verwaltungssitz nach Deutschland verlegen. Sie nimmt als Gesellschaft ausländischen Rechts am deutschen Rechtsverkehr teil. Hieran ändert sich im Grundsatz auch dann nichts, wenn die Gesellschaft mit der Bestimmung des satzungsmäßigen Sitzes im europäischen Ausland lediglich die (strengeren) deutschen Gründungsvorschriften umgehen will. Auf derartige Argumente wird man sich auch bei der Frage nach einer Strafbarkeit der Geschäftsleiter nicht weiter stützen können.

Kollisionsrechtlich muss dabei ein Anwendungsbefehl für die jeweils anzuwendende Vorschrift bestehen. Auch wenn man vor diesem Hintergrund richtigerweise noch nicht von einem Übergang zur Gründungstheorie sprechen kann, so ist nach der dargestellten Rechtsprechung des *EuGH* zur Niederlassungsfreiheit hinsichtlich sämtlicher Fragen der Vertretung, Verfassung und inneren Beziehungen bei der *Limited* das englische Gesellschaftsrecht zwingend anzuwenden. Dieses ist Rahmen des vorliegenden Untersuchungsgegenstands näher zu beleuchten. Allerdings kann kollisionsrechtlich in bestimmten Fällen deutsches Recht ebenfalls zur Anwendung gelangen. Entscheidend für die weitere strafrechtliche Untersuchung in dieser Arbeit ist dabei die Tatsache, dass trotz des MoMiG die genaue Reichweite des Gesellschaftsstatuts für zahlreiche Einzelfragen – wie etwa dem Verbot existenzvernichtender Eingriffe oder der Insolvenzantragspflicht – bislang nicht abschließend geklärt ist. Das Meinungsspektrum im Schrifttum ist breit und häufig äußerst gegensätzlich. Hierauf wird im Folgenden immer wieder einzugehen sein. Stellt eine nationale Regelung allerdings eine ungerechtfertigte Beschränkung der Niederlassungsfreiheit dar, so ist deren Anwendung europarechtlich gesperrt.

Die Rechtsprechung des *EuGH* zur Niederlassungsfreiheit gilt nicht für den Zuzug sonstiger Drittstaatengesellschaften, die ihren satzungsmäßigen Sitz außerhalb der Europäischen Union haben. Auf diese findet weiterhin die Sitztheorie Anwendung. Derartige ausländische Gesellschaften sind im Inland entsprechend umzuqualifizieren. Die strafrechtliche Haftung der für sie handelnden natürlichen Personen knüpft dann – wie in der Zeit vor den Urteilen „*Centros*", „*Überseering*" und „*Inspire Art*" – an die Umqualifizierung als Einzelunternehmen oder Personengesellschaft des BGB oder des HGB.

Auch existiert eine der Zuzugsfreiheit vergleichbare Wegzugsfreiheit für Gesellschaften in Europa bislang nicht. Hält man im deutschen Gesellschaftsrecht den Wegzug von GmbH und AG ins europäische Ausland trotzdem für zulässig, stellen sich zahlreiche Probleme spiegelbildlich zur Strafbarkeit des *directors* einer in Deutschland agierenden *Limited*, die dann die Strafbarkeit des Geschäftsführers einer im (europäischen) Ausland agierenden GmbH betreffen. Insbesondere stehen hier dann praktische und strafprozessuale Probleme einer Strafverfolgung im Vordergrund.

Wesentliche Änderungen könnten sich insgesamt nach Überwindung des derzeitigen politischen Widerstands[235] durch den Anfang 2008 vorgelegten „*Referentenentwurf für ein Gesetz zum Internationalen Privatrecht der Gesellschaften, Vereine und juristischen Personen*" und der damit verbundenen gänzlichen Abschaffung der Sitztheorie ergeben. Maßgeblich soll dann stets der Gründungsort sein, unabhängig davon, ob sich dieser in einem Mitgliedstaat der Europäischen Union befindet oder nicht. Dessen Umsetzung bedeutete dann die Normierung der Gründungstheorie als allgemeingültiges kollisionsrechtliches Prinzip.[236] Darüber hinaus enthält der Referentenentwurf wesentliche Bestimmungen zum sachlichen Geltungsbereich der Gründungstheorie.[237] Die unten dargestellten Probleme einer Fremdrechtsanwendung im Wirtschaftsstrafrecht, die sich momentan „lediglich" im Zusammenhang mit Gesellschaften der Europäischen Union ergeben, würden sich dann auf alle Gesellschaftstypen weltweit ausweiten.[238]

---

235 Weiterführend zur Diskussion *Clausnitzer*, NZG 2008, 321 ff.; *Schneider*, BB 2008, 566 ff.

236 Den Entwurf begrüßen *Bayer/Schmidt*, ZHR 173 (2009), 735 (772 f.); *Paefgen*, WM 2009, 529 (534 f. u. 536). Allgemein zum Entwurf auch *Worms*, S. 72 ff. m.w.N.

237 Siehe Art. 10 Abs. 2 EGBGB-RefE.

238 Kritisch hierzu *Altenhain/Wietz*, NZG 2008, 569 (570 ff.); *Müller-Gugenberger*, in: FS-Tiedemann, S. 1003, 1012. Auch stellt sich das Problem einer Fremdrechtsanwendung bereits für die Societas Europaea (SE) *Mosiek*, StV 2008, 94 (95); *Schlösser*, NZG 2008, 126 (131). Zu einer empirischen Analyse siehe *Eidenmüller/Engert/Hornuf*, AG 2009, 845 ff. Des Weiteren wird von der europäischen Kommission zurzeit mit der Societas Privata Europaea (SPE) eine europäische Kapitalgesellschaft vorgeschlagen, die in ihren Grundzügen der englischen *Limited* sehr ähnelt, kritisch hierzu *Ries*, NZG 2009, 1052 ff. Siehe zur SPE auch *Ehricke*, KSzW 2010, 6 ff.

§ 3 Die Limited auf Basis des Companies Act 2006

Zweifelsohne kommt für den Unternehmer neben dem jeweiligen Standort auch der Wahl der geeigneten Unternehmensform eine ganz erhebliche Bedeutung zu. Immerhin handelt es sich hierbei eine grundlegende organisatorische Festlegung für die Teilnahme am Geschäftsverkehr.[239] Aufgrund der freien Wahlmöglichkeit unter den möglichen Rechtsformen ist es daher Sache des Unternehmers, die Vor- und Nachteile der Rechtsform im Hinblick auf Organisation, Haftungsrisiken, Kapitalbeschaffung, Formerfordernisse, Kosten sowie Steuern gegeneinander abzuwägen[240] und sich für eine passende Gesellschaftsform zu entscheiden. Ist die englische *Limited* auch mittlerweile in der öffentlichen Wahrnehmung präsent, so kann dennoch nicht davon gesprochen werden, dass der juristische Umgang mit dieser Rechtsform auch nur annährend so vertraut ist wie mit der deutschen GmbH. Darüber hinaus ist ein Großteil der in Deutschland zur *Limited* veröffentlichen Literatur, bedingt durch die grundlegende Reform des englischen Gesellschaftsrechts, in weiten Teilen überholt.[241] Befasst man sich daher vertieft mit der Strafbarkeit des *directors* einer in Deutschland ansässigen *Limited*, so ist ein Überblick über das aktuelle englische Gesellschaftsrecht und die Rechtsform der *Limited* unerlässlich. Nur so lassen sich die Grundlagen des englischen Gesellschaftsrechts und dieser Gesellschaftsform überhaupt verstehen und für die spätere straf- und verfassungsrechtliche Diskussion fruchtbar machen.

---

239 Vgl. *Wöhe/Döring*, S. 247 ff. Zum Stellenwert der *Limited* bei konstitutiven Überlegungen, *Bayer/Hoffmann*, GmbHR 2007, 414 (415 ff.). Speziell zur spezifischen Situation eines Unternehmers in Europa, *Wegen/Schlichte*, RIW 2006, 801 (802 ff.).

240 Siehe zur Rechtsformwahl *K. Schmidt*, S. 98 ff.; *Fleischer*, in: Europäische Auslandsgesellschaften in Deutschland, S. 51 f. Allerdings scheint in der rechtswissenschaftlichen Diskussion die Herkunft des Unternehmers bei der Wahl der jeweiligen Gesellschaftsform noch zu wenig beachtet zu werden, so *Wegen/Schlichte*, RIW 2006, 801 (802).

241 Einen Überblick über die aktuelle Rechtslage unter Einbeziehung des CA 2006 bietet *Just*, Limited, passim. Noch auf Grundlage des CA 1985 aus dem Strafrecht: *Weiß*, S. 110 ff., 145 ff. u. 158 ff. Den CA 2006 nur oberflächlich behandelnd etwa *Worm*, S. 131 ff. Aus dem Gesellschaft- und Insolvenzrecht *Bedkowski*, S. 36 ff.; *Buchmann*, S. 30 ff.; *Christ*, S. 29 ff.; *Haug*, S. 34 ff.; *Kasolowsky*, S. 36 ff.; *Zessel*, S. 219 ff.

I. Grundzüge des englischen Gesellschaftsrechts

Anders als das deutsche hat das englische Gesellschaftsrecht seinen Ursprung bereits zu Beginn des 17. Jahrhunderts.[242] Die *Limited* ist folglich keine Kunstschöpfung des Gesetzgebers wie beispielsweise die GmbH,[243] sondern ein Ergebnis der englischen Kautelarpraxis.[244] Mit dem deutschen Recht vergleichbar stehen sich im englischen Gesellschaftsrecht Personengesellschaften (*partnership*) und Kapitalgesellschaften (*company*) gegenüber. Unter dem Begriff des *company law* wird lediglich das Recht der Kapitalgesellschaften verstanden.[245] Zentrale Grundlagen des *company law* sind der CA 2006 sowie die jeweiligen Prinzipien des *common law* und *equity*.[246] Grundsätzlich unterschieden wird im *company law* ferner zwischen *public* und *private companies*.[247] Die Entscheidung hierfür wird im *memorandum of association* und durch eine entsprechende Eintragung festgelegt.[248] Sowohl für die *public* als auch die *private company* existieren drei verschiedene Arten der Haftungsbeschränkung als weiteres Differenzierungsmerkmal. Eine

---

242 Ein umfassender geschichtlicher Überblick über die Entwicklung des englischen Kapitalgesellschaftsrechts, die Entstehung der *private company* und ein Vergleich zur Entstehungsgeschichte der GmbH findet sich bei *Schall*, S. 251 ff.; *S. Tiedemann*, S. 220 ff. Allgemein zur Entwicklung des *common law* siehe *Schall*, ZZP 2009, 293 (302 ff.) m.w.N.

243 Zur Geschichte der GmbH und des GmbHG *Raiser/Veil*, S. 3 ff.; *K. Schmidt*, S. 986 ff. j.m.w.N.

244 Siehe insbesondere die grundlegenden Entscheidung *Salomon v Salomon & Co Ltd* [1897] AC 22 (H.L.).

245 *Just*, Limited, Rn. 6; gesetzlich geregelt werden die Personengesellschaften im Partnership Act 1890 und dem jeweiligen *common law*. Für die *limited partnership* gilt der Limited Partnership Act 1907 und für die *limited liabiltiy partnership* insbesondere der Limited Liability Partnership Act 2000, hierzu *Henssler/Mansel*, NJW 2007, 1393 ff.

246 Ergänzend ist auch der Insolvency Act 1986 von Bedeutung.

247 Im Prinzip wird im englischen Gesellschaftsrecht von einer einheitlichen Gesellschaftsform ausgegangen. Allerdings wird im Gegensatz zum CA 1985 nicht mehr die *public* sondern die weniger stark regulierte *private company* als die gesellschaftsrechtliche Grundform angesehen. Gem. section 4(1) CA 2006 ist eine *private company* eine solche, die keine *public company* ist.

248 So können nur die Anteile der *public company* an der London Stock Exchange oder dem Alternative Investment Market gehandelt werden. Auch benötigt lediglich die *public company* gem. section 763 CA 2006 ein festgeschriebenes Kapital von mindestens 50.000 englischen Pfund. Zum *memorandum* siehe *Hannigan*, Rn. 1–23.

Gesellschaft kann als *company limited by shares*,[249] *company limited by guarantee*[250] oder *unlimited company*[251] gegründet werden. Sofern bei der Gründung lediglich das Wort „*Limited*" angeführt wird, ist obligatorisch damit eine *private company limited by shares* gemeint.[252]

1. Companies Act 2006

Im Gegensatz zu anderen Rechtsgebieten gab es im Bereich des englischen Gesellschaftsrechts schon seit langem ein gewisses Maß an Gesetzen.[253] Heutzutage kann hier insgesamt von einem recht integrierten System ausgegangen werden, in dem die verschiedenen Gesetze, Rechtsformen und die jeweilige Rechtsprechung über viele Jahre aufeinander abgestimmt worden sind.[254] Das englische *company law* nimmt damit eine gewisse Sonderstellung in dem Grundmodell des allgemeinen *common law*-Prinzips ein. Wesentliche Änderungen haben sich nun jedoch mit Inkrafttreten der letzten Abschnitte des CA 2006 im Oktober 2009 ergeben.[255] Immerhin handelt es sich bei dem CA 2006 bislang um die wichtigste und umfangreichste Reform des englischen Gesellschaftsrechts.[256] Insgesamt wurden mehr als Zweidrittel des CA 1985 reformiert.[257] Erklärte Ziele

---

249 Vgl. section 3(2) CA 2006: Die Haftung ist durch die Höhe der Gesellschaftsanteile beschränkt.

250 Vgl. section 3(3) CA 2006: Die Haftung ist auf einen im *memorandum of association* festgelegten Betrag begrenzt, der erst im Fall der Liquidation geleistet werden muss. Diese Rechtsform wird in der Praxis überwiegend für nicht gewinnorientierte Vereinigungen gewählt.

251 Vgl. section 3(4) CA 2006: Es bestehen keinerlei Haftungsbeschränkungen.

252 *Just*, Limited, Rn. 91.

253 *Just*, Limited, Rn. 17; *Torwegge*, GmbHR 2006, 919 (919).

254 So in Bezug auf das englische Insolvenzrechtssystem auch *Lawlor*, NZI 2005, 432 (433 u. 434).

255 Zur Umsetzung und zum Inkrafttreten der einzelnen Abschnitte *Meyer*, RIW 2007, 645 (646 ff.); *Torwegge*, GmbHR 2007, 195 (196 f.). Weiterführend zur Entwicklung des englischen Gesellschaftsrecht, *Ringe/Otte*, in: Englisches Handels- und Wirtschaftsrecht, S. 193 ff. m.w.N.

256 Zum Reformprozess und den Hintergründen der Reform, *Charlesworth's Company Law*, Rn. 1-014 ff.; *Dignam/Lowry*, S. 310 ff.; *Hannigan*, Rn. 2-6 ff.; *Palmer's Company Law*, S. 48 ff. j.m.w.N. Allgemein zur Entwicklung des modernen Gesellschaftsrechts in England *Charlesworth's Company Law*, Rn. 1-005 ff. Hierzu aus der deutschen Literatur *Just*, Limited; Rn. 22 ff.; *ders.*, Englisches Gesellschaftsrecht, S. 7 f.

257 *Loose/Griffiths/Impey*, S. 1 u. 5.

des Reformvorhabens waren unter anderem die Förderung des sog. *shareholder value*-Prinzips und einer langfristigen Investmentkultur, eine Deregulierung für kleinere und mittlere Unternehmen[258] sowie die Verbesserung der Position der *Limited* im internationalen Wettbewerb. Wesentliche Änderungen gegenüber dem CA 1985 betreffen insbesondere die gesetzliche Festlegung auf den sog. *enlightened shareholder value*-Ansatz sowie die für die vorgelegte Untersuchung wichtige erstmalige Kodifizierung der *director's duties* in den sections 171 bis 177 CA 2006.[259] Zuvor waren diese alleiniger Gegenstand des entsprechenden *case-law*, was deren Anwendung häufig erschwerte und sowohl die *directors* als auch die *shareholder* über die rechtlichen Anforderungen an ihr Handeln im Unklaren ließ.[260] Unternehmerisch handelnden Personen soll durch die Reform der Zugang zum Gesellschaftsrecht erleichtert und die Rechtskosten des Unternehmens durch Vereinfachungen gesenkt werden.[261] Insgesamt gilt für die *Limited* damit ein ganz neuer Rechtsrahmen, der ab sofort zwingend zu berücksichtigen ist.[262]

Zwei Gesichtspunkte im Hinblick auf den CA 2006 sind bei der Untersuchung in Erinnerung zu behalten: Zum einen ist der CA 2006, trotz der vergleichsweise ausführlichen Regulierungen, nach wie vor kein in sich geschlossenes Regelwerk. So sind beispielsweise die Haftung des *directors* wegen Insolvenzverschleppung und die Abwicklung der *Limited* darin nicht geregelt.[263] Darüber hinaus finden sich zahlreiche andere Gesetze, wie z. B. der Company Disqualification Act 1986 und der Financial Services Act 1986, die ebenfalls Bereiche des unternehmerischen Handelns eines *directors* regeln. Zum anderen ist die Reform zum Teil maßgeblich auf – für das *common law* systemfremde – europäische Richtlinien[264]

---

258 Sog. „*Think Small First Approach*", nach dem nun die *private company* als Grundmodell des englischen Kapitalgesellschaftsrechts angesehen wird. Siehe zu diesem Ansatz auch *Torwegge*, GmbHR 2006, 919 (922 f.).

259 Hierzu *Birds*, Rn. 10.169.02 ff.; *Hannigan*, Rn. 7–1 f. j.m.w.N.

260 *Torwegge*, GmbHR 2006, 919 (921).

261 Siehe zur Intention des Gesetzgebers ausdrücklich White Paper March 2005 paras 3.3, abrufbar unter http://www.bis.gov.uk/policies/business-law/company-and-partnership-law/company-law/publications-archive (Stand: Dezember 2012). Vgl. auch *Birds*, Rn. 10.169.02; *Haug*, S. 37 f. m.w.N.

262 Viele der zurzeit noch erhältlichen „Praxisratgeber" sind damit überholt. Für einen Überblick der wichtigsten Änderungen in deutscher Sprache siehe *Lawlor*, ZIP 2007, 2202 ff.; *Torwegge*, GmbHR 2007, 195 ff.; *ders.*, GmbHR 2006, 919 (920 ff.).

263 Diesbezüglich ist der Insolvency Act 1986 heranzuziehen.

264 Dies betrifft z. B. die EG-Übernahmerichtlinie 2004/25/EG vom 21. April 2004 und die Transparenzrichtlinie 2004/109/EG vom 15. Dezember 2004.

zurückzuführen,[265] was die zukünftige Akzeptanz dieses neuen Regelungswerks in der Rechtsprechungspraxis durchaus schmälern könnte. Darüber hinaus spielen sowohl das *common law* als auch die *equity*-Prinzipien weiterhin eine maßgebliche Rolle im englischen Gesellschaftsrecht. Inwieweit diese durch den CA 2006 zurückgedrängt werden, ist höchst zweifelhaft und grundsätzlich umstritten.[266]

2. Common law und equity-Prinzipien

Generell ist das englische Recht äußerst stark durch seine Rechtstradition und insbesondere durch das Richterrecht (*case law*) geprägt.[267] Selbst wenn im Vergleich zu anderen Rechtsgebieten die Regelungstiefe im englischen Gesellschaftsrecht durch den CA 2006 bereits recht weit fortgeschritten ist,[268] kommen den *common law* und *equity*-Prinzipien auch hier weiterhin erhebliche Bedeutung zu.[269]

Unter dem Begriff des *common law* wird allgemein das durch Gerichte gesetzte Fallrecht in Abgrenzung zum *statutory law* verstanden.[270] Es handelt sich dabei maßgeblich um ein System der Präzedenz, wonach Gerichte grundsätzlich an die Entscheidungen der oberen Gerichte innerhalb einer Instanz gebunden sind. Abweichende Sachverhalte ermöglichen allerdings eine gewisse Flexibilität der Gerichte und führen zu neuen Entscheidungen.[271]

---

265 Zum Einfluss des Europäischen Rechts *Boyle & Birds*, S. 23 ff.; *Charlesworth's Company Law*, Rn. 1-021 ff.; *Dine/Koutsias*, S. 331 ff.

266 Generell scheint man Kodifizierungen des Rechts in England immer mit einer gewissen Skepsis zu begegnen, *Just*, Englisches Gesellschaftsrecht, S. 4. Ausführlich zu dieser Problematik unter § 9 II.1.a)aa).

267 *Vogenauer*, in: Englisches Handels- und Wirtschaftsrecht, S. 9; *Just*, Limited, Rn. 15. Ausführlich zu den Grundlagen des englischen Rechts und der geschichtlichen Entwicklung, *von Bernstorff*, S. 1 ff. m.w.N.

268 *Just*, Englisches Gesellschaftsrecht, S. 1; *Heinz/Hartung*, § 1 Rn. 1 u. § 2 Rn. 1 ff.

269 *Just*, Englisches Gesellschaftsrecht, S. 3.

270 *Vogenauer*, in: Englisches Handels- und Wirtschaftsrecht, S. 13; *Just*, Englisches Gesellschaftsrecht, S. 3. Zur Entwicklung des *common law* siehe *Schall*, ZZP 122 (2009), 293 (302 ff.) m.w.N. Der Begriff des *common law* wird häufig allerdings auch in einem weiteren Kontext für das ganze englische Recht in Abgrenzung zu den römisch-rechtlich beeinflussten Rechtssystemen (*civil law*) verwendet, vgl. *Vogenauer*, in: Englisches Handels- und Wirtschaftsrecht, S. 14; *von Bernstorff*, S. 4.

271 *Lawlor*, NZI 2005, 432 (435).

Das *law of equity* bezeichnet hingegen das englische Billigkeitsrecht.[272] Dieses hat sich als Korrektiv etwaiger Härten des *common law* entwickelt und besteht neben diesem.[273] Seinem Ursprung nach sollte es dort für Gerechtigkeit sorgen, wo die starren Rechts- und Verfahrensregeln des *common law* an ihre Grenze stießen.[274] Gerade im Bereich des Billigkeitsrechts stellt es sich bis heute als ein äußerst schweres Unterfangen dar, verallgemeinernde Fallgruppen zu bilden.

Der Begriff *case law* bezeichnet wiederum die auf den *common law-* und *equity*-Prinzipien beruhenden Präzedenzfälle der Rechtsprechung, die in Bezug auf die tragenden Entscheidungsgründe jedes Gericht an die Entscheidung eines im Instanzenzug übergeordneten Gerichts binden (*doctrine of stare decisis* und *principle of binding precedent*).[275]

Dem *case law* steht das *statutory law* gegenüber. Hierbei handelt es sich um das von der Legislative geschaffene und in Gesetzen niedergeschriebene Recht.[276] Bereits an dieser Stelle ist festzuhalten, dass das niedergeschriebene Recht eine Besonderheit im englischen Rechtssystem darstellt und das Verhältnis zu den zuvor aufgeführten Rechtsquellen nicht immer eindeutig geklärt ist.[277]

II. Grundzüge der Limited

Die englische *private company limited by shares*[278] ist eine Gesellschaft mit eigener Rechtspersönlichkeit. Im englischen Gesellschaftsrecht bildet sie die zweckmäßigste Organisationsform für einen Zusammenschluss einer überschaubaren Anzahl von Personen und privat aufzubringendes Kapital.[279] Sie ist

---

272 *Vogenauer*, in: Englisches Handels- und Wirtschaftsrecht, S. 13 f.

273 *Just*, Englisches Gesellschaftsrecht, S. 3 u. 4. Alle englischen Obergerichte wenden *common law* und *equity* Regeln gleichermaßen an. Zur Entwicklung des *equity*-Prinzips *von Bernstorff*, S. 6 ff.; *Schall*, ZZP 122 (2009), 293 (305 f.) j.m.w.N.

274 *Kühne*, GA 2005, 195 (203); *Schall*, ZZP 122 (2009), 293 (305).

275 Zum *case law* und dem Grundsatz der *stare decisis*, *Vogenauer*, in: Englisches Handels- und Wirtschaftsrecht, S. 10 ff.; *von Bernstorff*, S. 9 f. Ein einführender Überblick zur Rechtsfindung im englischen Recht findet sich bei *Just*, Englisches Gesellschaftsrecht, S. 5. Siehe ferner *Kühne*, GA 2005, 195 (202 ff. u. 205 f.); *Schall*, ZZP 112 (2009), 293 (302 ff.) j.m.w.N.

276 Vgl. *von Bernstorff*, S. 10 ff. m.w.N.

277 Hierzu sogleich unter § 9 II.1.a)aa).

278 Vgl. sections 3 ff. CA 2006.

279 Im Gegensatz dazu steht die *public limted company*, die ihre Anteile als Aktien auf dem öffentlichen Markt anbietet, vgl. *Hannigan*, Rn. 1–39 ff. m.w.N.

damit auch die am häufigsten gewählte Gesellschaftsform in England.[280] Funktionell gleicht die *Limited* der deutschen GmbH. Beide Gesellschaftsformen erfassen in ihrem Anwendungsbereich hauptsächlich kleine und mittelständische Unternehmen.[281] Auch aus europäischer Sicht wird die *Limited* der GmbH gleichgestellt.[282]

Die Gründung einer *Limited* erfolgt - unabhängig vom tatsächlichen Sitz - ausschließlich nach englischem Recht. Dies kann sowohl durch Neugründung der Gesellschaft als auch durch den Erwerb einer Vorratsgesellschaft (*shelf company*) geschehen.[283] Zuständig für sämtliche Gesellschaften in England und Wales ist das *Companies House* in Cardiff.[284] Nach Erhalt des *certificate of incorporation* kann die Gesellschaft als juristische Person am Rechtsverkehr teilnehmen.[285] Will eine in England gegründete *Limited* in Deutschland wirtschaftlich aktiv werden, sind besondere registerrechtliche Anforderungen einzuhalten. Erfüllt eine englische *Limited* mit Verwaltungssitz in Deutschland die entsprechenden Voraussetzungen des HGB, so muss sie sich als Zweigniederlassung im Handelsregister eintragen lassen.[286] Aufgrund der oben dargestellten Rechtsprechung des *EuGH* zur Niederlassungsfreiheit[287] ist anerkannt, dass die

---

280 *Just*, Limited, Rn. 13; *ders.*, Englisches Gesellschaftsrecht, S. 6. Weiterführend zu den verschiedenen Gesellschaftsformen *Charlesworth's Company Law*, Rn. 3-001; *Mayson/French/Ryan*, S. 48 ff.

281 *Fleischer*, DStR 2000, 1015 (1015); *Kessler/Eicke*, DStR 2005, 2101 (2101).

282 Vgl. die Zwölfte Richtlinie 89/667/EWG des Rates vom 21.12.1989 auf dem Gebiet des Gesellschaftsrechts betreffend Gesellschaften mit beschränkter Haftung mit einem einzigen Gesellschafter, Amtsblatt der EG Nr. L 395 vom 30.12.1989, S. 40 ff.

283 Grundsätzlich zum Gründungsvorgang nach neuem Recht *Bayer*, in: Lutter/Hommelhoff, Anh II zu § 4a GmbHG Rn. 3 f.; *Ringe/Otte*, in: Englisches Handels- und Wirtschaftsrecht, S. 206 ff.; *Hannigan*, Rn. 1–22 ff.; *Just*, Rn. 29 ff. Ferner ist eine grenzüberschreitende Verschmelzung einer deutschen auf eine englische Gesellschaft gem. §§ 122a ff. UmwG denkbar, *Bayer*, in: Lutter/Hommelhoff, Anh II zu § 4a GmbHG Rn. 54 f.

284 Es handelt sich hierbei um eine dem englischen Wirtschaftsministerium unterstellte Verwaltungsbehörde. Gesellschaften mit Sitz in Schottland werden im Handelsregister von Edinburgh und Gesellschaften mit Sitz in Nordirland im Handelsregister von Belfast geführt.

285 Vgl. sections 15 und 16(3) CA 2006.

286 Zu den registerrechtlichen Anforderungen siehe *Heinz/Hartung*, § 11 Rn. 11 ff.; *Just*, Limited, Rn. 41 ff. j.m.w.N. Nach *BGH*, DStR 2007, 1356 ff. darf das Registergericht die Eintragung bei einem bestehenden Gewerbeverbot gegen einen *director* verweigern.

287 Siehe zuvor § 2.

Zweigniederlassung auch der einzige Ort wirtschaftlicher Tätigkeit sein kann. Für die Handelsregistereintragung gelten somit – wie für die GmbH – §§ 13d, e, g HGB sowie §§ 8 und 10 GmbHG.[288]

In Bezug auf den Gründungsvorgang hat es gegenüber dem CA 1985 einige Veränderungen gegeben, die insbesondere eine Deregulierung der *private companies* bezwecken sollen.[289] Gem. sections 17 und 29 CA 2006 muss die *Limited* nun eine *constitution* haben.[290] Diese besteht aus den *articles of association*[291] sowie bestimmten Gesellschafterbeschlüssen und Vereinbarungen unter den Gesellschaftern.[292] Bei Neugründungen können Unternehmer auch auf die neue Mustersatzung in *Table A* des CA 2006 zurückgreifen.[293] Gesprochen wird somit häufig nur noch von den „*articles*“, die zwingend vorhanden sein müssen.[294] Das *memorandum of association* enthält hingegen nur noch sehr begrenzte Informationen über die Gesellschaft.[295] Die Bedeutung des *memorandum* wurde damit im Zuge der Reform deutlich verringert,[296] was insbesondere faktisch auch den

---

288 Diese beruhen auf der europäischen Zweigniederlassungsrichtlinie: 11. Gesellschaftsrechtliche Richtlinie, RL 89/666/EWG des Rates v. 21.12.1989. Zum Eintragungsverfahren und möglichen Problemen der Eintragung *Just*, Limited, Rn. 45 ff.; *Schall*, NZG 2006, 54 (55) j.m.w.N.

289 *Just*, Limited, Rn. 78.

290 Hierzu *Ringe/Otte*, in: Englisches Handels- und Wirtschaftsrecht, S. 212 ff.; *Hannigan*, Rn. 4–1 ff.; *Mayson/French/Ryan*, S. 75. Vor Inkrafttreten des CA 2006 bestand die Verfassung einer *Limited* aus dem *memorandum of association* und den *articles of association*. Siehe zur alten Rechtslage *Mayson/French/Ryan*, S. 75; *Witt*, ZGR 2009, 872 (889 f.) j.m.w.N.

291 Vgl. sections 17 ff. CA 2006. Hierzu *Birds*, Rn. 3.17.01 ff. m.w.N.

292 Siehe zur *constitution* nach dem CA 2006 und den notwendigen Angaben *Just*, Limited, Rn. 75 ff.

293 Abgedruckt bei *Just*, Limited, Formularanhang Anhang 1. Vereinbaren die Gesellschaftsgründer keine *articles of association*, finden die *model articles* gem. section 20(1) CA 2006 automatisch Anwendung.

294 Zum Inhalt der *articles* siehe *Hannigan*, Rn. 4–10 ff.

295 Vgl. section 8 CA 2006. Gem. section 31(1) CA 2006 braucht das *memorandum* auch nicht den Gegenstand der Gesellschaft zu enthalten. Vgl. hingegen zur alten Rechtslage section 2 CA 1985. Siehe hierzu auch *Ringe/Otte*, in: Englisches Handels- und Wirtschaftsrecht, S. 223 f.

296 *Bayer*, in: Lutter/Hommelhoff, Anh II zu § 4a GmbHG Rn. 5; *Just*, Limited, Rn. 32. Nach alter Rechtslage mussten im *memorandum* insbesondere Informationen, die das Außenverhältnis der Gesellschaft betrafen (z. B. die Firma, der Unternehmensgegenstand, eventuelle Haftungsbeschränkungen etc.), angegeben werden.

Abschied von der sog. *ultra vires doctrine*, nach der *directors* in ihren Handlungen nicht über den Unternehmensgegenstand hinausgehen dürfen, bedeuten könnte.[297]

1. Die „Organe" der Limited

Wichtigstes Organ[298] einer *Limited* ist die Gesellschafterversammlung (*general meeting*), die aus den einzelnen Gesellschaftern besteht und durch Gesellschafterbeschlüsse handelt.[299] Hinsichtlich der Bezeichnung der Gesellschafter werden die Begriffe *member* und *shareholder* meist synonym verwendet.[300] Im Unterschied zur *public company limited by shares* werden bei der *private company limited by shares* die Aktien nicht einem breiten Kreis der Öffentlichkeit angeboten, sondern der Gesellschafterkreis ist begrenzt. Die Gesellschafter sind im Verhältnis ihrer Anteile Eigentümer der *Limited.*[301] Ein Gesellschafter kann dabei auch gleichzeitig *director* der Gesellschaft sein. Grundsätzlich haben die Gesellschafter nur eingeschränkte Kontrollmöglichkeiten über die *directors*, die das Tagesgeschäft der *Limited* leiten. Allerdings bedürfen bestimmte grundlegende Entscheidungen der Zustimmung des *boards*. Dies betrifft beispielsweise die Abberufung eines *directors*,[302] die Änderung der Firma[303] oder die Genehmigung eines Dienstvertrages für einen *director*, der eine längere Laufzeit als zwei Jahre hat.[304]

---

297 Vgl. *Witt*, ZGR 2009, 872 (890 f.) m.w.N. Siehe insbesondere section 31(1) CA 2006. Allerdings besteht gem. section 171 CA 2006 die Pflicht des *directors*, die Vorgaben der *constitution* zu beachten.

298 Genaugenommen wird lediglich das *general meeting* als wirkliches Organ der Gesellschaft angesehen vgl. *Just*, Limited, Rn. 156.

299 *Ringe/Otte*, in: Englisches Handels- und Wirtschaftsrecht, S. 257 ff.; *Just*, Limited, Rn. 97.

300 *Just*, Limited, Rn. 97.

301 Vergleichbar sind die Gesellschafter der Limited eher mit den Aktionären einer AG als mit den Gesellschaftern einer GmbH, *Brinkmeier/Mielke*, S. 46 f.

302 Section 168 CA 2006.

303 Section 77(1) CA 2006.

304 Section 188(1), (2) CA 2006.

a) *Executive und non-executive directors*

Selbstverständlich benötigt auch eine *Limited* „Organe“,[305] die für die Gesellschaft im Rechtsverkehr handeln.[306] Diese Aufgabe kommt den *directors* zu,[307] die maßgeblich den wirtschaftlichen Erfolg der Gesellschaft bestimmen und die Gesellschaft gegenüber Dritten vertreten. Gem. section 154(1) CA 2006 muss eine *private company* mindestens einen *director* haben. Darüber hinaus muss einer der *directors* eine natürliche Person sein.[308] In der Praxis betrifft diese Neuerung Unternehmer, die bislang eine juristische Person als *director* bestellt haben. Nach der Intention des Gesetzgebers soll zumindest eine natürliche Person zivil- und strafrechtlich haftbar gemacht werden können.[309] Nach Gründung der Gesellschaft kann ein *director* entweder durch die Gesellschafterversammlung oder durch eine Entscheidung der anderen *directors* bestellt werden.[310]

Der Begriff *„director“* wird im Gesetz allerdings nicht definiert. Section 250 CA 2006 legt vielmehr fest, dass *„director includes any person occupying the position of director, by whatever name called.“* Umfasst sind damit sog. *de iure* und *de facto directors.*[311] Während der *de iure director* wirksam bestellt worden ist (*appointment*),[312] handelt es sich bei dem *de facto director* um eine Person, die nicht oder nicht wirksam bestellt worden ist, nach außen aber den Eindruck

---

305 Genaugenommen ist die Bezeichnung als „Organ“ in diesem Kontext unzutreffend, da nach dem englischen Rechtsverständnis der *director* nicht als Organ der Gesellschaft sondern vielmehr als Beauftragter der *Limited* handelt, vgl. *Brinkmeier/Mielke*, S. 40; *Just*, Limited, Rn. 156.

306 *Charlesworth's Company Law*, Rn. 17–001.

307 Zur unklaren Charakterisierung der Rechtsstellung des *directors* als *agent, managing partner* oder *trustee* der Gesellschaft, *Ringe/Otte*, in: Englisches Handels- und Wirtschaftsrecht, S. 265 f.; *Bedkowski*, S. 57 ff. u. 106 ff.; *Charlesworth's Company Law*, Rn. 17–008 f.; *Just*, Limited, Rn. 156 j.m.w.N. zur englischen Rechtsprechung. Siehe auch *Radtke/Hoffmann*, EuZW 2009, 405 (405). Gängigerweise werden eher die verschiedenen Aspekte der generellen Rechtsbeziehung zwischen *director* und *Limited* qualifiziert, wonach der *director* eine Position *sui generis* einnimmt.

308 Section 155(1) CA 2006. Gem. section 157(1) CA 2006 muss diese natürliche Person mindestens 16 Jahre alt sein.

309 *Torwegge*, GmbHR 2006, 919 (921). Zweifel bestehen hingegen bei der Anwendbarkeit auf Altgesellschaften, siehe *Wilk/Stewen*, wistra 2011, 161 (164).

310 *Just*, Limited, Rn. 138. Zur Bestellung des *directors* und dessen Eignungsvoraussetzungen ferner *Pattberg*, S. 17 ff. m.w.N.

311 *Hannigan*, Rn. 6–2.

312 Zum *de jure director* ausführlich *Hannigan*, Rn. 6–3 ff. m.w.N.

eines Geschäftsleiters der *Limited* erweckt sowie tatsächlichen Einfluss auf die Gesellschaft ausübt.[313]

Hat eine *Limited* mehrere *directors*, obliegt die Geschäftsführung und Vertretung der Gesellschaft dem *board of directors*,[314] was im Rahmen des täglichen Geschäftsverkehrs aber äußerst impraktikabel ist. Daher gibt es häufig einen *managing director*, der mit der Leitung der Geschäftsführung betraut ist.[315] Die genauen Befugnisse dieses herausgehobenen *directors* werden dann hauptsächlich durch die *articles* und den Anstellungsvertrag bestimmt.[316] Beschränkungen der Vertretungsmacht sind jedoch gem. section 40(1) CA 2006 im Außenverhältnis gegenüber Dritten grundsätzlich unbeachtlich. Die Bezeichnung als *executive director* umfasst hingegen den *managing director* sowie sämtliche mit Geschäftsführungsaufgaben betraute *directors*.[317] Im Gegensatz hierzu nehmen die sog. *non-executive directors* vornehmlich Kontrollfunktionen wahr.[318] Sie sollen sicherstellen, dass das *board* die Interessen der *Limited* und nicht die Interessen der einzelnen Mitglieder des *boards* verfolgt.[319] Auch wenn solche *non-executive directors* überwiegend in *public companies* zu finden sind, kann auch eine *private limited company* ihr *board* neben *executive* mit *non-executive directors* besetzen.[320]

b) Sonderfall: Shadow director

Schließlich wird in section 251 CA 2006 der Begriff des „*shadow directors*" legaldefiniert: „*A shadow director, in relation to a company, means a person in accordance with those directions or instructions the directors of the company are accustomed to act.*" Das Entscheidende an dieser Regelung ist, dass auf den *shadow director* zahlreiche Vorschriften des CA 2006 genau wie auf einen *de iure* oder *de facto director* Anwendung finden sollen. Dies betrifft gem. section 170(5) CA 2006

---

313 Zum *de facto director* und den entsprechenden Anforderungen *Birds*, Rn. 10.250.03; *Charlesworth's Company Law*, Rn. 17–005 ff.; *Hannigan*, Rn. 6–9 ff. j.m.w.N. Die Konstellation ähnelt im deutschen Recht dem sog. „faktischen Geschäftsführer." Siehe zu dieser Rechtsfigur *BGH*St 46, 62 (64 f.) und zum sog. „Sechs-von-Acht-Test" *BayObLG*, NJW 1997, 1936 f. Kritisch hierzu *Groß*, S. 136 ff. m.w.N.

314 Zur Stellung des *board of directors* ausführlich *Gower & Davies*, Rn. 14–1 ff.

315 *Triebel/vonHase/Melerski*, Rn. 178; *Just*, Limited, Rn. 140.

316 *Just*, Limited,Rn. 140.

317 *Just*, Limited,Rn. 140.

318 Hierzu *Hannigan*, Rn. 5–22 ff. m.w.N.

319 *Just*, Limited, Rn. 141; ausführlich *ders.*, RIW 2004, 199 ff.

320 *Just*, Limited, Rn. 141.

zumindest teilweise auch die *director's duties* gem. sections 170 bis 177 CA 2006. Allerdings soll die nur in dem Umfang gelten, in dem diese auch im Rahmen der *common law rules* und *equitable principles* existieren.[321] Betrachtet man daher wiederum das *common law*, so ist festzustellen, dass bislang nicht eindeutig geklärt ist, ob *shadwow directors* überhaupt die *fiduciary duties* gegenüber der Gesellschaft treffen.[322] Die genauen Voraussetzungen einer Pflichtenstellung von *shadow directors* bleiben damit weiterhin maßgeblich dem englischen Richterrecht überlassen.[323]

Shadow directors sind dabei solche Personen, die nicht ausdrücklich als *director* bestellt wurden, die aber faktisch einen erheblichen Einfluss auf die Geschäftsführung der Gesellschaft ausüben. Wer genau dieser Definition unterfällt, ist allerdings unklar.[324] In Abgrenzung zu den *de iure* und den *de factor directors* tritt der *shadow director* nach außen grundsätzlich nicht in Erscheinung, sondern handelt vielmehr durch diese als seine Werkzeuge.[325] Nicht zutreffend ist damit die vom *AG Stuttgart* vorgenommene Gleichstellung des *shadow directors* mit der deutschen Figur des faktischen Geschäftsführers.[326]

Darüber hinaus wird diese Regelung in der englischen Literatur scharf kritisiert, da sie ins Leere zu laufen scheint.[327] So muss gem. section 167(4) CA 2006 nämlich auch ein *shadow director* dafür sorgen, dass seine Personalien im *register of directors* hinterlegt werden. Grundsätzlich wird eine natürliche Person aber solange nicht wissen, ob sie ein *shadow director* im Sinne der Norm ist, bis ein Gericht über ihren Status als *shadow director* entschieden hat.[328]

---

321 *Birds*, Rn. 10.251.08 m.w.N.

322 *Hannigan*, Rn. 6–26 u. 7–4 m.w.N.

323 *Hannigan*, Rn. 6–26 u. 7–4; *Mayson/French/Ryan*, S. 477 u. 481 f.; *Witt*, ZGR 2009, 872 (898) j.m.w.N. Probleme scheinen daher vorprogrammiert zu sein, vgl. das Urteil *Secretary of State for Trade and Industry v Hollier* [2006] EWHC 1804.

324 Ausführlich zum Sonderfall des *shadow directors* siehe *Birds*, Rn. 10.251.01 ff.; *Charlesworth's Company Law*, Rn. 17–007; *Hannigan*, Rn. 6–17 ff. j.m.w.N.

325 *Charlesworth's Company Law*, Rn. 17–007; *Schmittmann/Bischoff*, ZInsO 2009, 1561 (1566 f.).

326 *AG Stuttgart*, wistra, 2008, 226 (229). Siehe auch *Wilk/Stewen*, wistra 2011, 161 (165), die sich hier ohne nähere Auseinandersetzung auf das Urteil des *AG Stuttgart* berufen.

327 Zur Kritik an dieser Regelung *Loose/Griffiths/Impey*, S. 17 f.

328 *Loose/Griffiths/Impey*, S. 17 f.

c) *Exkurs: company secretary*

Der Vollständigkeit halber ist noch der *company secretary* zu erwähnen. Bis zum Inkrafttreten des CA 2006 musste jede *Limited* einen solchen stellen.[329] Dieser ist nicht unternehmerisch tätig, sondern nimmt hauptsächlich verwaltende Aufgaben war. Das Erfordernis ist im Rahmen der Deregulierung jetzt zumindest formell entfallen.[330] Eine *Limited* kann auf die Position eines *company secretary* verzichten. Dessen Aufgaben bleiben allerdings bestehen. Sie müssen dann durch einen *director* oder eine andere beauftragte Person wahrgenommen werden.[331]

2. Finanzverfassung und Gläubigerschutz

Den wohl größten Unterschied zum deutschen System stellen die Finanzverfassung der *Limited* und die allgemeine Verwirklichung des Gläubigerschutzes in England dar. Diese werden häufig auch als „die" wesentlichen Vorteile der *Limited* bezeichnet. Verstöße gegen Vorschriften der Kapital- und Finanzverfassung könnten einen Anknüpfungspunkt für eine Untreuestrafbarkeit ergeben.

Grundsätzlich kommt den Kapitalerhaltungsregelungen und Gläubigerschutzinstrumenten erst in der Krise wirkliche Bedeutung zu. Ähnlich wie das deutsche Recht beruht gem. section 851 CA 2006 auch das englische Recht auf einem strengen System der Kapitalerhaltung, wodurch verhindert werden soll, dass Kapital wieder an die Gesellschafter zurückfließt. Durch die Reform haben sich gegenüber dem CA 1985 wesentliche Unterschiede ergeben:[332]

Hinsichtlich des Kapitals ist aus haftungsrechtlicher Sicht nun zwischen dem *issued share capital*, als dem gezeichneten Kapital und dem *paid up capital*, also dem tatsächlich eingezahlten Kapital, zu unterscheiden,[333] wobei in der Diskussion hier häufig keine begriffliche Trennung zu erfolgen scheint.[334] Als *unpaid* oder *uncalled capital* wird die Differenz zwischen dem eingezahlten und dem

329 Eine vergleichbare Rechtsfigur kennt das deutsche Recht nicht. Zum *company secretary* ausführlich *Birds*, Rn. 12.01 ff.; *Just*, Limited, Rn. 202 ff.

330 Section 270(1) CA 2006.

331 Siehe z. B. sections 270(3)(b), 540 ff., 677 ff. CA 2006.

332 Zu den Unterschieden *Just*, Limited, Rn. 208 ff. Ausführlich zur Finanzverfassung der *Limited* – allerdings noch auf Grundlage des CA 1985 – die Untersuchung von *Mühlens*, S. 14 ff.

333 *Heinz/Hartung*, § 9 Rn. 1 ff.; *Just*, Limited, Rn. 209 f.

334 Die früher notwendige Abgrenzung zum *authorised capital*, also dem registrierten maximalen durch die Ausgabe von Anteilen erzielbaren Kapital, ist hingegen entfallen, *Bayer*, in: Lutter/Hommelhoff, Anh II zu § 4a GmbHG Rn. 11.

gezeichneten Kapital bezeichnet.[335] Die *shares* verkörpern hingegen die Rechte des Gesellschafters.[336] Dabei kann die Gesellschaft unterschiedliche Arten von Anteilen schaffen. Gewöhnlich werden *ordinary shares* ausgegeben, die dem Anteilsinhaber Stimmrechte, das Recht auf eine Dividende bei Ausschüttungen und Teilnahmerechte bei Überschüssen im Rahmen einer Liquidation einräumen.[337] Die genauen Rechte der Gesellschafter ergeben sich dann aus dem *statement of capital* sowie den *articles of association.*[338]

a) Fehlendes Mindestkapital und Kapitalaufbringung

Insbesondere die Kapitalaufbringung ist bei der *Limited* fast gänzlich unreguliert[339] und deutlich liberaler als in Deutschland ausgestaltet. Haftungssubstanz der *Limited* ist ausschließlich das *issued share capital*, also die von den Gesellschaftern tatsächlich übernommene Einlageverpflichtung. Die Erfüllung der Einlageverpflichtung ist jedoch keine zwingende Gründungsvoraussetzung, sondern ergibt sich lediglich aus der gesellschaftsrechtlichen Vereinbarung zwischen den *shareholdern.*[340] Eine Verpflichtung, diese Einlagen innerhalb einer bestimmten Frist oder einen bestimmten Anteil davon zu erbringen, besteht nicht. Im Gegensatz zur GmbH unterliegt die *Limited* damit keinen gesetzlichen Mindestkapitalvorschriften.[341] Ein Mindestkapitalerfordernis ist dem englischen Gesellschaftsrecht grundsätzlich fremd.[342] Gem. section 123 CA 2006 ist es daher sogar denkbar, das Kapital mit nur einem englischen *penny* zu beziffern.[343]

---

335 *Heinz/Hartung*, § 9 Rn. 11; *Just*, Limited, Rn. 209.

336 Früher waren dies Bruchteile des *nominal capital*, das wiederum im *memorandum* der *Limited* angegeben war.

337 *Just*, Limited, Rn. 213.

338 Siehe section 10 CA 2006, wonach Angaben zur Kapitalverfassung in dem *statement of captial and initial shareholdings* anzugeben sind.

339 *Schall*, S. 251. Vgl. hierzu auch *Ringe/Otte*, in: Englisches Handels- und Wirtschaftsrecht, S. 225 f.

340 Zu den Konsequenzen einer fehlenden Einzahlung trotz Anforderung siehe section 617(5)(c) CA 2006; vgl. ferner *Mason/French/Ryan*, S. 155.

341 Folglich auch die häufige Bezeichnung der *Limited* als „Billig-GmbH".

342 Zu den historischen Gründen hierfür *Schall*, S. 252 m.w.N.

343 In zahlreichen Beiträgen wird von einem englischen Pfund ausgegangen. Dies ist allerdings nicht ganz präzise, da dem Gesetz nach sogar ein englischer *penny* ausreicht, siehe auch *Bayer*, in: Lutter/Hommelhoff, Anh II zu § 4a GmbHG Rn. 11. Nach *Lawlor*, NZI 2005, 432 (433) soll sogar die kleinste Einheit einer beliebigen Währung ausreichen. Faktisch verlangt der *registrar* wohl aber mindestens ein englisches Pfund. In der Praxis sollte das anfängliche Kapital einer *Limited* regelmäßig

Vorteile bei der Kapitalaufbringung gegenüber der deutschen GmbH, bei der gem. § 7 Abs. 2 S. 1 GmbHG die Summe aller Einzahlungen bei Gründung zunächst mindestens einen Wert von 12.500 Euro erreichen muss,[344] können sich somit gerade für Klein- und Kleinstunternehmen ergeben.[345] Ferner kann gem. section 582 CA 2006 das Haftungskapital bei der *Limited* durch Bar- oder Sacheinlage erbracht werden, wobei auch die Erbringung einer Dienst- oder Arbeitsleistung als Gegenstand einer Sacheinlage möglich sein soll.[346]

Zum Teil wird im deutschen Schrifttum eine ganz erhebliche Fundamentalkritik an solch fehlenden Mindestkapitalvorschriften und den bestehenden Kapitalaufbringungsregelungen des englischen Gesellschaftsrechts geübt.[347] Es wird vermutet, dass das Fehlen eines Mindestkapitalerfordernisses zwielichtige Unternehmer mit geringen Kapitalressourcen anzieht[348] und die *Limited* im Vergleich zur GmbH deutlich erhöht insolvenzanfällig sei.[349] Allerdings liegt – soweit ersichtlich – bislang keine empirische Untersuchung in Form eines länderübergreifenden Vergleichs vor, aus der sich auf eine erhöhte Insolvenzanfälligkeit gegenüber der GmbH oder eine höhere Kriminalitätsanfälligkeit der *Limited* schließen lässt. Auch stellt das englische Gesellschaftsrecht die Gesellschaftsgläubiger keinesfalls schutzlos, wie es bei Betrachtung deutscher Stellungsnahmen teilweise den Anschein hat.[350] Indessen bestehen sogar neuere Vermutungen,

---

100 englische Pfund betragen und je nach wirtschaftlichen Erfordernissen erhöht werden, *Bayer*, in: Lutter/Hommelhoff, Anh II zu § 4a GmbHG Rn. 11; *Just*, Limited, Rn. 211. Nach *Rehm*, in: Ausländische Kapitalgesellschaften im deutschen Recht, § 10 Rn. 35 sollen Gesellschaften mit einem Stammkapital von nur zwei englischen Pfund in der Praxis jedoch häufig verbreitet sein.

344 Das Mindeststammkapital beträgt gem. § 5 Abs. 1 GmbHG weiterhin 25.000 Euro. Es handelt sich hierbei nur um den Betrag der Mindesteinzahlung im Rahmen der Gesellschaftsgründung.

345 *Just*, Limited, Rn. 212. Wobei zu beachten ist, dass in der Praxis die Kreditwürdigkeit einer *Limited* maßgeblich von deren Eigenkapitalausstattung abhängig gemacht wird.

346 Vgl. sections 582 u. 593 ff. CA 2006. Siehe ferner *Bayer*, in: Lutter/Hommelhoff, Anh II zu § 4a GmbHG Rn. 11 m.w.N.

347 Kritische Anmerkungen finden sich im insolvenz- , im gesellschafts- sowie im strafrechtlichen Schriftum, siehe z. B. *Haug*, S. 303 ff.; *Radtke*, GmbHR 2008, 729 (730); *Wilhelmi*, GmbHR 2006, 13 ff. Allgemein zur Debatte um das gesellschaftsrechtliche Kapitalschutzsystem *Schall*, S. 37 ff. m.w.N.

348 *Kienle*, GmbHR 2007, 696 (696).

349 *Radtke/Hoffmann*, EuZW 2009, 404.

350 Siehe den Überblick bei *Wietz*, S. 72 ff.; *Worms*, S. 167 ff. j.m.w.N. Allgemein gegen die Annahme, dass der Übergang zur Gründungstheorie zu einem „*race to the bottom*" führt, *Bayer/Schmidt*, ZHR 173 (2009), 735 (772 f.) m.w.N.

wonach der gesellschaftsrechtliche Gläubigerschutz in England insgesamt sogar wirksamer sein könnte als der deutsche.[351]

b) Regelungen der Kapitalerhaltung und Gewinnausschüttung

Bedingt durch ein fehlendes Mindestkapital kommt – zumindest theoretisch – den entsprechenden Regelungen zur Kapitalerhaltung erhebliche Bedeutung zu.[352] Besondere weitgreifende Regelungen bestehen hinsichtlich der Herabsetzung des Kapitals (*reduction of capital*), des Erwerbs eigener Anteile durch die Gesellschaft gem. sections 690 ff. CA 2006 (*repurchase of shares*)[353] sowie der finanziellen Unterstützung der Gesellschaft beim Erwerb eigener Anteile gem. sections 677 ff. CA 2006 (*financial assistance*).[354]

Allerdings haben sich durch den CA 2006 wesentliche Änderungen für die ordentliche Kapitalherabsetzung der *Limited* ergeben, wodurch die englische Kapitalerhaltung insgesamt an Schlagkraft verloren haben könnte.[355] So sind beispielsweise im Zuge der Reform die Regeln zur Kapitalherabsetzung erheblich vereinfacht worden. Eine Herabsetzung des Kapitals kann zum Beispiel dann erforderlich werden, wenn die Gesellschaft ihre Geschäftstätigkeit verringert und somit weniger Kapital benötigt.[356] Im Ergebnis führt dies jedoch auch zu einer Verringerung der Haftungsmasse. Im Gegensatz zu der nach dem CA 1985 geltenden Rechtslage bedarf es für eine solche Kapitalherabsetzung nicht mehr zwingend einer gerichtlichen Genehmigung gem. sections 645 ff. CA 2006.[357]

---

351 So *Schall*, S. 46 f. m.w.N.; *Worms*, S. 206. In Hinblick auf die Kapitalerhaltungsregelungen *Mülhens*, S. 16 ff.

352 Die entsprechenden Vorschriften finden sich in Part 17. „*A company's share capital*" des CA 2006. Siehe zur Entwicklung der Kapitalerhaltung im englischen Recht *Schall*, S. 258 ff. m.w.N. Zur Kapitalerhaltung nach neuem Recht auch *Ringe/Otte*, in: Englisches Handels- und Wirtschaftsrecht, S. 227 ff. m.w.N. Siehe ferner *Mülhens*, S. 16 ff.; *Rönnau*, ZGR 2005, 832 (854 f.), diese beiden jedoch noch zum CA 1985.

353 Dies bedarf nun keiner Ermächtigung in den *articles of association* mehr. Zum Erwerb von sog. *redeemable shares* vgl. *Just*, Limited, Rn. 232 ff. m.w.N.

354 Hierzu *Charlesworth's Company Law*, Rn. 11-001 ff.; *Just*, Limited, Rn. 230 ff.; *Witt*, ZGR 2009, 872 (892 f.) *Tal*, GmbHR 2007, 254 (257) j.m.w.N. Vorbehaltlich der in sections 681 f. CA 2006 normierten Ausnahmefälle gilt das Verbot der *financial assistance* jedoch nur noch für *public companies*.

355 *Schall*, S. 252 u. 257 ff.

356 *Just*, Limited, Rn. 226.

357 Siehe section 641(1) CA 2006, wonach der Gesellschafterbeschluss alternativ durch ein Gericht bestätigt werden kann, vgl. auch *Bayer*, in: Lutter/Hommelhoff, Anh II

Vielmehr kann neben dem Gesellschafterbeschluss zur Genehmigung der Kapitalherabsetzung nun auch ein sog. *solvency statement*[358] der Gesellschaft als Ausschüttungssperre ausreichen, wonach alle *directors* eine entsprechende Solvenzerklärung unterzeichnen müssen.[359] Nach section 643(1)(b)(i) CA 2006 muss hierin lediglich bestätig werden, dass die Gesellschaft in den der Kapitalherabsetzung folgenden zwölf Monaten in der Lage ist, ihre Zahlungsverpflichtungen zu erfüllen. Die Gesellschaftsgläubiger haben in diesem Fall auch keine Möglichkeit der Kapitalherabsetzung auf Grund eines *solvency statements* zu widersprechen.[360] Inwieweit den englischen Kapitalerhaltungsregelungen in der Praxis somit noch eine entscheidende Rolle zukommen kann, wird daher teilweise generell angezweifelt.[361]

Darüber hinaus gelten gem. sections 829 ff. CA 2006 besondere Regelungen für die Ausschüttung von Gewinnen an die Gesellschafter (*dividend distributions*). Die Entscheidung darüber steht im Grundsatz den *directors* zu.[362] Ausbezahlt werden darf nur der erwirtschaftete Nettogewinn.[363] Ausschüttungen sind ferner nur dann rechtmäßig, wenn das in sections 836 ff. CA 2006 festgelegte Verfahren eingehalten worden ist.[364] Unzulässige Ausschüttungen können gem. section 847 CA 2006 von bösgläubigen *shareholdern* zurückgefordert werden,

---

zu § 4a Rn. 11 m.w.N. In diesem Fall steht den Gesellschaftsgläubigern dabei ein Widerspruchsrecht zu. Das Widerspruchsrecht greift gem. section 646 CA 2006 jedoch nur ein, wenn die geplante Herabsetzung die Haftung für noch nicht voll erbrachte Einlagen betrifft oder bereits erbrachte Einlagen zurückerstattet werden sollen. Nach section 645(3) u.(4) CA 2006 kann ein Gericht darüber hinaus die Zulässigkeit eines Widerspruchs ausschließen oder in anderen als den bezeichneten Fällen anordnen.

358 Vgl. sections 641 ff. CA 2006, hierzu ausführlich *Birds*, Rn. 17.641.01 ff. m.w.N.

359 Zu den Einzelheiten des neuen englischen Kapitalherabsetzungsverfahrens siehe *Schall*, S. 260 f.; *Just*, Limited, Rn. 227 ff.; *Brocker*, GmbHR 2009, 477 (479 f.) j.m.w.N. Sachlich weisen die Regelungen in dem neugefassten § 64 GmbHG jetzt Parallelen zu diesem *solvency test* auf, so *Hirte*, Rn. 3.105b. Zur Gewinnausschüttung noch nach dem CA 1985 *Schall*, DStR 2006, 1229 (1231 f.).

360 *Birds*, Rn. 17.643.01 ff.; *Brocker*, GmbHR 2009, 477 (479).

361 Siehe *Schall*, S. 252 m.w.N.

362 *Just*, Limited, Rn. 238.

363 Vgl. section 830(1) CA 2006. Zur Frage, wann ein ausschüttbarer Gewinn vorliegt, *Just*, Limited, Rn. 238 ff. Die Regelung ist restriktiver als bei der GmbH, wonach Ausschüttungen an die Gesellschafter grundsätzlich erlaubt sind, solange das Stammkapital nicht angegriffen wird.

364 Siehe *Lawlor*, ZIP 2007, 2202 (2203); *Schall*, ZIP 2005, 965 (969), die sich aber noch auf die alte Rechtslage gem. sections 270 ff. CA 1985 beziehen.

sind aber weder nichtig noch anfechtbar. Auch die *directors* haften auf den vollen ausgeschütteten Betrag.[365]

Entsprechende Ansprüche gegen *directors* aufgrund unzulässiger Ausschüttungen sind als gesellschaftsrechtlich zu qualifizieren und folglich auch auf in Deutschland ansässige *Limiteds* anzuwenden.[366] Insbesondere einer solchen pflichtwidrigen Ausschüttung von Gewinnen könnte im Zusammenhang mit section 174 CA 2006[367] Relevanz bei der Frage nach einer Untreuestrafbarkeit wegen eines existenzvernichtenden Eingriffs daher Bedeutung zukommen.

3. Haftungsbeschränkungen

Wie zuvor ausgeführt, entscheidet der Wille der Gesellschafter bei Gründung der Gesellschaft über deren Haftungsbeschränkung.[368] Mit Erteilung des *certificate of incorporation* beschränkt sich die Haftung der Gesellschafter dann auf die Einlage.[369] Die Gesellschafter werden durch das Konzept der beschränkten Haftung geschützt. Ihren Ursprung hat der Schutz des sog. *veil of incorporation* in der grundlegenden Entscheidung *Salomon v Salomon & Co. Ltd.*[370]

a) Durchgriffshaftung

Im Grundsatz wird das Trennungsprinzip im englischen Gesellschaftsrecht streng eingehalten. Nur in besonderen Ausnahmefällen können die Gesellschafter durch Gläubiger der Gesellschaft in Anspruch genommen werden (*lifting the veil of incorporation*). Wann eine solche Durchgriffshaftung der Gesellschafter einer Kapitalgesellschaft als Ausnahme zum Trennungsprinzip zulässig ist, ist häufig jedoch unklar.[371] Gesetzliche Regelungen finden sich beispielsweise in section 213 IA 1986 (*fraudulent trading*) und section 214 IA 1986 (*wrongful trading*).[372] Darüber hinaus ist der Zugriff auf Gesellschafter im englischen Recht

365 *Just*, Limited, Rn. 239.

366 Ausdrücklich so *Schall*, DStR 2006, 1129 (1231).

367 Dazu sogleich unter § 6 III.2.b)bb).

368 Vgl. zum Antragsformular section 9(2)(c) CA 2006. Allgemein zur Entwicklung der Haftungsbeschränkungen in England *Schall*, S. 255 ff.

369 *Just*, Limited, Rn. 91.

370 *Salomon v Salomon & Co Ltd* [1897] AC 22 (H.L.), 47 ff. Ausführlich hierzu *Hannigan*, Rn. 3-1 ff. m.w.N. Zu diesem Urteil in deutscher Sprache siehe auch *Mülhens*, S. 29 ff.

371 Hierzu *Gloger/Goette/van Huet*, DStR 2008, 1194 (1195); *Möhlenbrock*, in: FS-Schaumburg, S. 913, 922 ff.; *Schall*, DStR 2006, 1229 ff. j.m.w.N.

372 Siehe *Mülhens*, S. 110 ff. und sogleich § 4 III.

kaum entwickelt.[373] Auch scheint eine konkrete systematische Herausarbeitung einzelner Fallgruppen, in denen eine persönliche Haftung der Gesellschafter in Betracht kommt, bisher zu fehlen.[374]

Im Ergebnis kann somit nicht von einem gefestigten Konzept des Haftungsdurchgriffs auf Gesellschafter im englischen Gesellschaftsrecht ausgegangen werden. Auch wenn somit – entgegen den teilweise von Gründungsagenturen im Internet aufgestellten Behauptungen – die persönliche Haftung von Gesellschaftern bei der *Limited* nicht gänzlich ausgeschlossen ist, bildet die *Salomon*-Doktrin[375] nach wie vor ein mächtiges Bollwerk gegen jeden haftungsrechtlichen Durchgriff auf die Gesellschafter. Insbesondere vor dem Hintergrund des fehlenden Mindestkapitalerfordernisses erscheint dies aus deutscher Sicht zunächst erstaunlich.[376]

b) Haftung der directors

Anders als die Gesellschafterhaftung ist die persönliche Haftung der *directors* in den letzten Jahren durch entsprechendes *case-law* und den CA 2006 hingegen beträchtlich ausgeweitet worden. Eine solche Haftung kommt grundsätzlich bei schädigenden Maßnahmen der Geschäftsleitung oder im Fall der Insolvenzverschleppung in Betracht. Seit dem CA 1929[377] enthält das englische Gesellschaftsrecht entsprechende zivil- und strafrechtliche Bestimmungen. Wie im deutschen Recht bekannt, lässt sich auch hier zwischen einer Innenhaftung des *directors* gegenüber der Gesellschaft und einer Außenhaftung gegenüber Dritten differenzieren.[378] Insgesamt wird damit im englischen Gesellschaftsrecht die Haftung primär bei den Geschäftsleitern und nicht bei den Gesellschaftern gesucht.[379] Im Allgemeinen obliegt die Geltendmachung von entsprechenden Ansprüchen gegenüber einem *director* der Gesellschaft, wobei diese durch die anderen *directors*

373 Anders ist dies in den USA. Dort werden das fehlende Mindestkapital und die fehlenden effektiven Regelungen zur Kapitalaufbringung durch eine starke Durchgriffshaftung der Gesellschafter ausgeglichen (*piercing the corporate veil*).

374 *Mülhens*, S. 83 u. 242 f.

375 Diese geht zurück auf die bereits zuvor zitierte Entscheidung *Salomon v Salomon & Co Ltd* [1897] AC 22 (H.L.).

376 Korrelate zur weitreichenden Finanzierungsfreiheit der *Limited* sind in England entsprechende Publiziätsvorschriften und eine strenge Staatsaufsicht, vgl. hierzu § 11 I.2.

377 Dem folgte dann der CA 1948.

378 Zur zivilrechtlichen Haftung der *directors* siehe *Just*, Limited, Rn. 171 ff. m.w.N.

379 *Schall*, S. 253.

dann vertreten wird. Gem. sections 260 ff. CA 2006 können im Wege von sog. *derivative claims* jetzt allerdings auch die Gesellschafter einen *director* wegen einer Pflichtverletzung unmittelbar in Anspruch nehmen.

Die Haftung eines *directors* gegenüber Dritten findet hingegen nur in bestimmten Ausnahmesituationen statt.[380] Die zentralen gesetzlichen Regelungen für die Außenhaftung eines *directors* finden sich zum Beispiel in section 213 IA 1986 (*fraudulent trading*) und in section 214 IA 1986 (*wrongful trading*).[381] In der Praxis kommt diesen Vorschriften allerdings nur eine stark eingeschränkte Wirksamkeit zu.[382]

4. Beendigung der Limited durch Insolvenz und Löschung

Betrachtet man die Insolvenz einer englischen *Limited*, so ist im Rahmen dieser Untersuchung grundsätzlich danach zu unterscheiden, ob die Gesellschaft ihren Verwaltungssitz in England oder in Deutschland hat. Aus deutscher Sicht interessant ist selbstverständlich hauptsächlich der zuletzt genannte Fall.[383] Zahlreiche Fragen – insbesondere solche nach der Qualifikation insolvenzrechtlicher Vorschriften – sind hier noch ungeklärt.[384] Zu differenzieren ist bei der Betrachtung grundsätzlich zwischen der Frage nach welchem Recht das Insolvenzverfahren eröffnet wird und ob auch der *director* einer in Deutschland ansässigen *Limited* dem deutschen Recht entsprechend einen Insolvenzantrag stellen muss.

a) Anwendbares Insolvenzrecht

Gem. Art. 3 Abs. 1, 4 Abs. 1 EuInsVO[385] richtet sich die internationale Zuständigkeit für die Eröffnung des Insolvenzverfahrens und damit auch das anwendbare Insolvenzrecht nach dem Mittelpunkt der hauptsächlichen Interessen des Schuldners (sog. *lex fori concursus*). Englisches Insolvenzrecht findet auf die *Limited* in Deutschland mithin dann keine Anwendung, wenn diese ihren Sitz

380 Hierzu *Just*, Limited, Rn. 177 ff.

381 Siehe *Just*, Limited, Rn. 181 ff. und sogleich § 4 III.

382 *Just*, Limited, Rn. 181 ff.

383 Zur Insolvenz einer *Limited* mit Tätigkeitsschwerpunkt in England *Goode*, Rn. 1–20 ff.; *Heinz/Hartung*, § 17 Rn. 1 ff.; *Just*, Limited, Rn. 301 ff. Allgemein zur Insolvenz von *companies* siehe *Charlesworth's Company Law*, Rn. 26–001 ff.; *Ringe/Otte*, in: Englisches Handels- und Wirtschaftsrecht, S. 318 ff.; *von Bernstorff*, S. 182 ff. j.m.w.N.

384 *Just*, Limited, Rn. 334.

385 Ausführlich zur Verordnung (EG) Nr. 1346/2000 vom 29.05.2000 über Insolvenzverfahren *Worms*, S. 74 ff. m.w.N.

oder ihr *centre of main interests* (im Folgenden: COMI) in Deutschland hat und in Deutschland das Insolvenzverfahren eröffnet worden ist. Zwar wird bei Gesellschaften und juristischen Personen gem. Art. 3 Abs. 1 S. 2 EuInsVO zunächst vermutet, dass der Mittelpunkt ihrer hauptsächlichen Interessen der Ort des satzungsmäßigen Sitzes ist. Diese Vermutung soll bei einer in Deutschland ansässigen *Limited* jedoch regelmäßig widerlegt sein, so dass nach überwiegend vertretener Auffassung ein Insolvenzverfahren grundsätzlich in Deutschland zu eröffnen und deutsches Insolvenzrecht zur Anwendung berufen ist.[386]

b) Deutsche Insolvenzantragspflicht auch für englische Limiteds

Äußerst umstritten war bislang die Frage, ob § 64 Abs. 1 GmbHG a.F., der die Pflicht des Geschäftsführers zur Stellung des Insolvenzantrags bei Eintritt von Zahlungsunfähigkeit oder Überschuldung enthielt,[387] als gesellschafts- oder insolvenzrechtlich zu qualifizieren war.[388] Eine Kollisionsnorm, die ausdrücklich die Insolvenzantragspflicht als Anknüpfungstatbestand hat, existiert schließlich nicht.[389] Auch die Pflicht zur Stellung des Insolvenzantrages konnte sich für den *director* einer in Deutschland ansässigen *Limited* – auf Basis der Rechtsprechung des *EuGH* – nur aus deutschem Insolvenzrecht, nicht aber aus deutschem Gesellschaftsrecht ergeben.[390]

---

386 Siehe *Bayer*, in: Lutter/Hommelhoff, Anh II zu § 4a GmbHG Rn. 58 m.w.N.; *Just*, Limited, Rn. 340; *Wietz*, S. 61 f.; *Bittmann/Gruber*, GmbHR 2008, 867 (869); *Gräfe*, DZWIR 2005, 410 (412); *Greulich/Bunnemann*, NZG 2006, 681 (682); *Lawlor*, NZI 2005, 432 (433); *Möhlenbrock*, in: FS-Schaumburg, S. 913, 924; *Poertzgen*, NZI 2007, 15 (17); *Radtke/Hoffmann*, EuZW 2009, 404 (407); *Schillig*, ZVglRWiss 106 (2007), 299 (328).

387 Zu unterscheiden ist die Insolvenzantragspflicht vom Insolvenzantragsrecht. Während das Insolvenzantragsrecht wohl unstreitig als insolvenzrechtlich zu qualifizieren ist, sind die Fragen nach welchem Recht sich die Insolvenzantragspflicht und die Insolvenzverschleppungshaftung richten, bislang umstritten.

388 Für eine deliktsrechtliche Qualifikation hingegen *Zimmer*, NJW 2003, 3585 (3588).

389 Zu Fragen des Rückgriffs auf Art. 4 EUInsVO durch das *LG Kiel* und der internationalen Zuständigkeit siehe *Ringe/Willemer*, EuZW 2006, 621 (622 f.). Einen völlig anderen Lösungsweg beschreitet hier *Altmeppen*, NJW 2004, 97 (99 f.), wonach zwischen dem Gründungsrecht und dem „übrigen" Gründungsrecht zu unterscheiden sei; in diesem Sinne auch *Walterscheid*, DZWIR 2006, 95 ff.

390 *Römermann*, NZI 2010, 241 (241) m.w.N. Zur Frage, inwieweit die Insolvenzantragspflicht als Teil der *lex fori concursus* im Sinne des Art. 4 EuInsVO verstanden werden muss, *Weiß*, S. 46 ff.; *Berner/Klöhn*, ZIP 2007, 106 ff.

Die Fronten waren dabei recht klar. Für eine Qualifikation der Insolvenzantragspflicht als Gegenstand des Insolvenzrechts wurden insbesondere die materiellen Regelungswirkungen der Insolvenzantragspflicht angeführt. Hauptregelungszweck dieser Pflicht sei der Gläubigerschutz und die Insolvenzantragsstellung, mithin das Korrelat zum Vorteil der beschränkten Gesellschafterhaftung. Demnach wäre die Insolvenzantragspflicht trotz ihrer Verortung im GmbHG eine Regelung des Insolvenzrechts und unmittelbar auf den *director* einer in Deutschland ansässigen *Limited* anwendbar.[391] Die ebenfalls stark vertretene Gegenmeinung, nach der es sich bei der Insolvenzantragspflicht um eine Vorschrift des Gesellschaftsrechts handele und somit nicht auf die *Limited* anwendbar sei, führte als Argument ihrer These hauptsächlich die formelle Verortung der Insolvenzantragspflicht im GmbHG an.[392] Demnach sollte nur

---

391 Für die Qualifikation der Insolvenzantragspflicht als insolvenzrechtliche Norm aus der Rechtsprechung: *LG Kiel*, BB 2006, 1468 ff. Hierfür hat sich auch die Bundesregierung ausgesprochen, siehe BT-Drucks. 16/283 v. 16.12.2005, Fragen 27 u. 29. Aus der gesellschafts- und insolvenzrechtlichen Literatur: *Eidenmüller*, in: Ausländische Kapitalgesellschaften im deutschen Recht, § 9 Rn. 25 ff.; *Schilling*, S. 207; *Weller*, S. 263; *Worms*, S. 127 ff.; *Altmeppen*, NJW 2004, 97 (100 f.); *Borges*, RIW 2000, 167 (178); *Eidenmüller*, RabelsZ 70 (2006), 474 (495); *ders.*, NJW 2005, 1618 (1620 f.); *Goette*, DStR 2005, 197 (200); *Heckschen*, DStR 2007, 1442 (1451); *Kuntz*, NZI 2005, 424 (426 ff.); *Müller*, NZG 2003, 414 (416); *Riedemann*, GmbHR 2004, 345 (348 f.); *Röhricht*, ZIP 2005, 505 (507); *Vallender*, ZGR 2006, 425 (441); *Wachter*, BB 2006, 1463 (1464 f.); *ders.*, GmbHR 2004, 88 (101); *ders.*, GmbHR 2003, 1254 (1257); *Walterscheid*, DZWIR 2006, 95 (98); *Zerres*, DZWiR 2006, 356 (359 f.); *Zimmer*, NJW 2003, 3585 (3589 f.). Aus der strafrechtlichen Literatur: *Hellmann/Beckemper*, Wirtschaftsstrafrecht, Rn. 360; *Weiß*, S. 89 u. 119; *Bittmann*, GmbHR 2007, 70 (75); *Radtke/Hoffmann*, EuZW 2009, 404 (407 f.). Für eine analoge Anwendung des § 64 GmbHG auf Auslandsgesellschaften hinegen *Huber*, in: Europäische Auslandsgesellschaften in Deutschland, S. 307, 334 ff. u. 359 f.; *ders.* in: FS-Gerhardt, S. 397, 425 ff.

392 Für die Qualifikation als gesellschaftsrechtliche Norm aus der Rechtsprechung: *AG Bad Segeberg*, NZI 2005, 411 ff. m. Anmerkung *Pannen/Riedemann*. Aus der gesellschafts- und insolvenzrechtlichen Literatur: *Heinz/Hartung*, § 17 Rn. 58; *Lanzius*, S. 243 f.; *Mock/Schildt*, in: Grenzüberschreitende Gesellschaften, § 17 Rn. 66 ff.; *Reinbach*, S. 218; *Triebel/von Hase/Melerski*, Rn. 619; *Altmeppen*, NJW 2005, 1911 (1912 f.); *ders./Wilhelm*, DB 2004, 1083 (1088); *Bayer*, BB 2003, 2357 (2365); *Berner/Klöhn*, ZIP 2007, 106 (114); *Mock/Schildt*, ZInsO 2003, 396 (399); *Müller*, BB 2006, 837 (839); *Paefgen*, ZIP 2004, 2253 (2260); *Riegger*, ZGR 2004, 510 (526); *Ringe/Willemer*, EuZW 2006, 621 (624); *Schanze/Jüttner*, AG 2003, 661 (679); *K. Schmidt*, ZHR 168 (2004), 493 (498); *Spindler/Berner*, RIW 2004, 7 (12); *Ulmer*, KTS 2004, 291 (301); *ders.*, NJW 2004, 1201 (1204); *Ungan*, ZVglRWiss 104 (2005), 355 (366);

englisches Recht zur Anwendung kommen, das aber eine dem deutschen Insolvenzrecht vergleichbare Insolvenzantragspflicht nicht kennt.[393]

In Anbetracht dieser vehement geführten Diskussion und der vermeintlichen Notwendigkeit einer Insolvenzantragspflicht auch für Geschäftsleiter in Deutschland ansässiger Auslandsgesellschaften hat der Gesetzgeber im Rahmen des MoMiG den § 64 Abs.1 GmbHG a.F. aufgehoben. Anstelle dessen wurde mit § 15a InsO eine rechtsformübergreifende Insolvenzanmeldepflicht eingeführt.[394] Insolvenzantragspflichtig sind demnach jeweils das vertretungsberechtigte Organ einer juristischen Person[395] oder Personenhandelsgesellschaft ohne eine unbeschränkt haftende natürliche Person und im Falle der Führungslosigkeit der Gesellschaft auch die Gesellschafter.[396] Überdies war es das erklärte Ziel des Gesetzgebers, mit der Einführung von § 15 a Abs. 1 InsO auch die Ungewissheit bezüglich der Qualifikation der Insolvenzantragspflicht als Norm des Insolvenz- oder des Gesellschaftsrechts zu beenden. Ausdrücklich wollte sich der Gesetzgeber hier der Auffassung anschließen, welche die Insolvenzantragspflicht schon vor dem MoMiG als eine Vorschrift des Insolvenzrechts angesehen hat.[397] Geht es folglich um die Insolvenz ihrer Niederlassung in Deutschland, sollen somit auch alle Gesellschaften ausländischen Rechts in den Anwendungsbereich

Vallender/Fuchs, ZIP 2004, 829 (830); *von Hase*, BB 2006, 2141 (2147 u. 2149); *Westermann*, ZIP 2005, 1849 (1853); *Westhoff*, DZWIR 2004, 23 (27). Aus der strafrechtlichen Literatur: *Volk*, in: Verteidigung in Wirtschafts- und Steuerstrafsachen, § 18 Rn. 220; *Gross/Schork*, NZI 2006, 10 (14); *Schumann*, DB 2004, 743 (746).

393 *Just*, Limited, Rn. 340; *Altmeppen*, NJW 2004, 97 (101 Fn. 42).

394 Ausführlich zur Insolvenzverschleppungshaftung nach § 15a InsO *Worms*, S. 88 ff.; *Hiebl*, in: FS-Mehle, S. 273, 275 ff.; *Römermann*, NZI 2010, 241 ff. j.m.w.N.

395 Mit Ausnahme des eingetragenen Vereins; kritisch hierzu *Roth/Knof*, KTS 2009, 163 ff.

396 Die Insolenzantragspflicht und deren Rechtsfolgen waren zuvor in den jeweiligen Spezialgesetzen § 84 GmbHG, § 401 AktG, § 148 GenG, §§ 130 b und 177 a HGB geregelt.

397 Der Entscheidung des Gesetzgebers zustimmend *Habersack/Verse*, Rn. 29; *Worm*, S. 229 ff.; *Worms*, S. 127 ff.; *Meyer*, BB 2008, 1742 (1746 f.); *Müller-Gugenberger*, GmbHR 2009, 578 (579); *Poertzgen*, NZI 2008, 9 (10); *Radtke/Hoffmann*, EuZW 2009, 404 (407 f.); zweifelnd aber *Hirte*, ZInsO 2008, 689 (699). Nach *Schall*, S. 210 soll in der Insolvenzantragspflicht jedenfalls auch eine gesellschaftsrechtliche Pflicht zu erblicken sein.

der Norm fallen.[398] Ob dies allerdings auch für die Insolvenzantragspflicht nach § 15a Abs. 3 Fall 1 InsO gilt, erscheint hingegen weniger eindeutig.[399]

Insbesondere nicht geklärt ist bislang, ob eine Insolvenzantragspflicht und die nun in § 15 Abs. 4 u. 5 StGB normierten strafrechtlichen Sanktionen sich vor dem Hintergrund der europäischen Niederlassungsfreiheit überhaupt auf Auslandsgesellschaften wie die *Limited* erstrecken können.[400] Zahlreiche Stimmen in der Literatur bezweifeln dies ausdrücklich.[401] Für die Vereinbarkeit mit der Niederlassungsfreiheit wird hingegen vorgebracht, dass kein Eingriff in den Schutzbereich vorläge bzw. die sog. „Keck-Formel" anzuwenden sei.[402] Andere wiederum meinen, dass jedenfalls eine Rechtfertigung nach dem sog. „Vier-Konditionen-Test" gegeben sei.[403] Wie der *EuGH* diese Problematik möglicherweise sehen wird, muss an anderer Stelle geklärt werden.[404]

c) *Striking of the register*

Eine weitere – besonders aus deutscher Sicht relevante – Möglichkeit der Beendigung einer *Limited* ist gem. sections 1000 ff. CA 2006 die Löschung ohne Liquidation im englischen Gesellschaftsregister (*striking of the register*).[405] Sie kann freiwillig auf Antrag erfolgen und stellt eine kostengünstige und einfache

398 Siehe die Begründung zum Gesetzesentwurf der Bundesregierung zum MoMiG, Begr. RegE. S. 126 f. Siehe ferner *Hellmann/Beckemper*, Wirtschaftsstrafrecht, Rn. 360; *dies*, Fälle zum Wirtschaftsstrafrecht, Rn. 483; *Labinski*; S. 199; *Bittmann*, NStZ 2009, 113 (114); *ders.*, ZGR 2009, 931 (952); *Hiebl*, in: FS-Mehle, S. 273, 280 f.; *Müller-Gugenberger*, GmbHR 2009, 578 (579); *Radtke/Hoffmann*, EuZW 2009, 404 (407); *Schwab*, DStR 2010, 333 (334).

399 Siehe *Worms*, S. 123 f. m.w.N.; *Knof/Mock*, GmbHR 2007, 852 (854) schlagen hingegen eine Sonderanknüpfung vor.

400 Ohne auf diese Problematik eingehend aber *Hellmann/Beckemper*, Fälle zum Wirtschaftsstrafrecht, Rn. 482 ff.

401 *Bayer*, in: Lutter/Hommelhoff, Anh II zu § 4a GmbHG m.w.N.; *Bittmann/Gruber*, GmbHR 2008, 867 (873); *Hiebl*, in: FS-Mehle, S. 273, 277 ff. Siehe ferner *Hefendehl*, in: Spindler/Stilz, § 401 AktG Rn. 14.

402 Siehe hierzu die ausführliche Untersuchung von *Barthel*, S. 435 ff. m.w.N. Siehe ferner *Wilde*, S. 146 ff.

403 *Labinski*, S. 203 ff.; *Wilde*, S. 154 ff.

404 Siehe zu möglichen Argumenten in diesem Zusammenhang auch § 10.

405 Dies kann dazu führen, dass im deutschen Handelsregister Zweigniederlassungen für nicht mehr existente *Limiteds* eingetragen sind, *Wilk/Stewen*, wistra 2011, 161 (165).

Alternative zur Liquidation der Gesellschaft dar.[406] Zu einer Löschung kann es insbesondere aber auch durch die Nichteinhaltung formaler Vorschriften von Amts wegen kommen.[407] Die Minimal-Pflichten der Verantwortlichen einer *Limited* umfassen beispielsweise den Versand einer Bilanz und einer entsprechenden Gewinn- und Verlustrechnung, das Ausfüllen von entsprechenden Formularen des *Companies House* sowie die Zahlung von Gebühren zur Fortführung der Registrierung. Kommen die Verantwortlichen dem auch in einem folgenden Mahnverfahren nicht nach, wird die *Limited* aus dem englischen Register gestrichen.[408] Damit verliert die Gesellschaft ihre Rechtsfähigkeit. Eventuell vorhandenes Vermögen fällt dann grundsätzlich der englischen Krone zu.[409] Handelt es sich jedoch um eine in Deutschland ansässige *Limited*, so soll – auf Grund des Territorialitätsprinzips – zumindest in Deutschland befindliches Vermögen allerdings nicht an die englische Krone fallen, sondern als Sondervermögen zu behandeln sein.[410] In diesem Zusammenhang umstritten ist auch, ob eine in Deutschland ansässige *Limited* nach der aufgrund englischen Rechts durchgeführten Löschung bis zur vollständigen Beendigung der Liquidation weiterhin als juristische Person anerkannt wird.[411] Nach bislang wohl vorherrschender Meinung soll die *Limited* mit dem im Inland belegenden Vermögen nach der Löschung als Restgesellschaft fortbestehen.[412] Insgesamt wird sich die deutsche Rechtsprechung in Zukunft aber noch ausführlich mit der Frage beschäftigen müssen, unter welchen Voraussetzungen gegen solche *dissolved companies* und ihre früheren Vertreter noch Ansprüche geltend gemacht werden können.[413]

406 *Just*, Limited, Rn. 330. Bei einer solchen Liquidation ist dann wiederum zwischen dem *creditor's voluntary winding-up* unter der Kontrolle der Gesellschaftsgläubiger und dem *court ordered winding-up* unter Kontrolle des Gerichts zu unterscheiden.

407 Nach dem CA 2006 bestehen zahlreiche Veröffentlichungspflichten der Gesellschaft, siehe *Lawlor*, ZIP 2007, 2202 (2203).

408 Siehe zur Löschung von Amts wegen *Just*, Limited, Rn. 333; *Möhlenbrock*, in: FS-Schaumburg, S. 913, 920 f. u. 925 ff.; *Wilk/Stewen*, wistra 2011, 161 (165).

409 Section 1012(1) CA 2006; *Just*, Limited, Rn. 333.

410 *Bayer*, in: Lutter/Hommelhoff, Anh II zu § 4a GmbHG Rn. 63 m.w.N. Siehe hierzu auch *Schmittmann/Bischoff*, ZInsO 2009, 1561 (1563); *Wilk/Stewen*, wistra 2011, 161 (165) j.m.w.N.

411 Dagegen *LG Duisburg*, GmbHR 2007, 608; *Richter*, in: FS-Tiedemann, S. 1023, 1029.

412 *Bayer*, in: Lutter/Hommelhoff, Anh II zu § 4a GmbHG Rn. 63 f. m.w.N. zur Rechtsprechung.

413 Zu Haftungsfragen nach englischem und deutschem Recht, wenn Geschäftsleiter weiterhin unter dem Mantel einer nicht mehr existenten Kapitalgesellschaft am

5. Exkurs: Die Limited in der Realität des deutschen Wirtschaftslebens

Wenn zuvor angemerkt wurde, dass es bisher – soweit ersichtlich – lediglich **drei** gerichtliche Entscheidung hinsichtlich der Strafbarkeit des *directors* einer in Deutschland ansässigen *Limited* gibt, so könnte dies zu der Vermutung führen, dass die hier vorgelegte strafrechtliche Untersuchung keinen konkreten Bezug zur Realität im deutschen Wirtschaftsleben hat. Vielleicht ist die Anzahl von *Limited*-Gesellschaften mit Verwaltungssitz in Deutschland aber auch verschwindend gering? Bisher ermittelbare Zahlen lassen allerdings auf ein anderes Ergebnis schließen.

a) Die Verbreitung der Limited in Deutschland

Etwa 99 Prozent aller in England und Wales registrierten Gesellschaften sind *private limited companies.*[414] Die genaue Anzahl von *Limiteds* mit Verwaltungssitz in Deutschland ist allerdings nicht bekannt und zurzeit auch nicht wirklich ermittelbar.[415] Ein Register, in dem alle in Deutschland tätigen *Limiteds* erfasst sind, existiert nicht. Zwar ist für eine englische *Limited* mit Verwaltungssitz in Deutschland die Eintragung als Zweigniederlassung im Handelsregister theoretisch erforderlich,[416] jedoch sieht die Praxis diesbezüglich ganz anders aus. Nach aktuellen Schätzungen waren zum 1. Januar 2012 in den Handelsregistern insgesamt gerade einmal 15.042 Rechtsformen ausländischen Rechts eingetragen,[417] wovon 83,5 Prozent *Limiteds* sein sollen.[418] Auch das *Companies House*, das englische Gesellschaftsregister, kann keine exakten Zahlen für die deutsche Praxis liefern, da Gesellschaftsgründungen dort nicht nach der Staatsangehörigkeit bzw. den Absichten der Gründer zum Tätigwerden unterteilt werden.[419] Die Feststellung der genauen Zahl von *Limited* Gesellschaften, die in Großbritannien für eine Tätigkeit in Deutschland gegründet wurden, stößt somit auf beachtliche

Rechtsverkehr teilnehmen, *Schmittmann/Bischoff*, ZInsO 2009, 1561 (1564 ff.) m.w.N.

414 *Ebert/Levedag*, in: Süß/Wachter, S. 679 f.

415 Dies ergibt sich bereits aus der Anfrage der FDP-Fraktion, BT-Drucks. 16/134 vom 01.12.2005 und der Antwort der BReg., BT-Drucks. 16/283 vom 16.12.2005, S. 2.

416 Siehe zuvor § 3 II.

417 *Kornblum*, GmbHR 2012, 728 (729).

418 *Kornblum*, GmbHR 2012, 728 (734 f.). Siehe aber auch *Just*, Limited, Rn. 44 m.w.N., der von ca. 5.000 eingegtagenen *Limiteds* ausgeht.

419 BT-Drucks. 16/283 vom 16.12.2005 S. 2.

Schwierigkeiten.[420] Die in der Literatur genannten Zahlen variieren daher stark und dienen sowohl den Gegnern als auch den Befürwortern der *Limited* als Alternative zur GmbH stets zur Bekräftigung der eigenen Meinung.[421] Festzustehen scheint mittlerweile jedoch, dass sich die Euphorie der Anfangsjahre zur Gründung von *Limiteds* in Deutschland abgekühlt hat.

So wurde in den ersten Jahren des „*Limited-Boom*“[422] um 2005/2006 in einigen Schätzungen – von mehr oder weniger seriösen Vermarktungsagenturen – angenommen, dass bereits fast jede vierte Neugründung einer Kapitalgesellschaft in Deutschland in Form einer *Limited* erfolgen würde[423] und dass bereits über 20.000 *Limiteds* in Deutschland tätig wären.[424] Andere Schätzungen sprechen für diese erste Phase sogar von ca. 30.000,[425] ca. 40.000[426] oder sogar ca. 50.000[427] *Limiteds* mit inländischem Verwaltungssitz.[428] Dagegen soll bei der Gründung von GmbHs ein rückläufiger Trend zu verzeichnen gewesen sein.[429] Immerhin hätten im Jahr 2007 fast 50 Prozent der GmbH-Gründer zumindest erwogen, eine

420 Um bessere Kenntnisse über inländische *Limiteds* zu erhalten, bestehen Kontakte zwischen der Bundesregierung und dem Britischen Department of Trade & Industry, in deren Rahmen auch die Möglichkeit einer Kooperation zwischen dem *Companies House* und dem deutschen Handelsregister geprüft werden soll, BT-Drucks. 16/283 vom 16.12.2005 S. 2.

421 *Niemeier*, ZIP 2006, 2237 (2237).

422 So die Formulierung von *Happ/Holler*, DStR 2004, 730 (730).

423 Nachweise bei *Eidenmüller*, ZGR 2007, 168 (169); *Niemeier*, ZIP 2006, 2237 (2237); *Römermann*, NJW 2006, 2065 (2065). Umfassend zur Entwicklung der *Limited* in Deutschland zu dieser Zeit *Niemeier*, ZIP 2007, 1794 ff.; *ders.* ZIP 2006, 2237 ff.; *Westhoff*, GmbHR 2007, 474 ff. Vgl. zu aktuellen Zahlen auch den Jahresreport des englischen Companies House, abrufbar unter http://www.companieshouse.gov.uk/about/pdf/CompaniesHouseFullAnnualReportAndAccounts2012.pdf (Stand: Dezember 2012), der aber keine Unterscheidung hinsichtlich der Staatsangehörigkeit bzw. den Absichten der Gründer zum Tätigwerden trifft.

424 *Niemeier*, ZIP 2006, 2237 (2250); *Lawlor*, NZI 2005, 432 (433) geht für das Jahr 2004 von circa 15.000 Neugründungen von *Limiteds* in Deutschland aus.

425 *Wegen/Schlichte*, RIW 2006, 801 (801).

426 *Just*, Limited, Rn. 44; *Worms*, S. 30 m.w.N.; *Eidenmüller*, ZGR 2007, 168 (173); *Westhoff*, GmbHR 2007, 474 (480).

427 *Steffek*, GmbHR 2007, 810 (810) unter Verweis auf *Westhoff*, GmbHR 2007, 474 (480), der allerdings Ende 2006 von „nur“ rund 40.000 aktiven *Limited* Gesellschaften in Deutschland ausgeht.

428 Vgl. auch *Ringe/Otte*, in: Englisches Handels- und Wirtschaftsrecht, S. 197 m.w.N.

429 *Pohl*, in: FS-Raupach, 2006, S. 375, 377.

Limited zu gründen.[430] Die Gefahr einer Unterschätzung der sich entwickelnden Unternehmenssituation bzw. einer Überreaktion liegt auf der Hand.[431]

Aufgrund der Einführung der UG im Zuge des MoMiG[432] scheint die Zahl der Neugründungen von *Limiteds* rückläufig zu sein.[433] So lassen sich für diese Annahme der von *Kornblum* ermittelte durchschnittliche Bestandsrückgang der in den Handelsregistern geführten Rubrik „Rechtsform ausländischen Rechts HRA" und die ebenfalls rückläufigen Anteile der *Limited* an diesem Gesamtbestand anführen.[434] Andererseits steht aber auch fest, dass durch die bisherigen Gründungserleichterungen für die GmbH und die Einführung der UG das „*Phänomen der englischen Limited*"[435] in Deutschland nicht gänzlich beseitigt wurde.[436]

Ungeachtet der exakten Zahlen bleibt somit die Erkenntnis, dass Unternehmensgründer, Geschäftspartner, Gläubiger, Banken,[437] Anwälte, Steuerberater, Richter und Staatsanwälte nicht umhinkommen, sich – zumindest in Grundzügen – mit der Gesellschaftsform der *Limited* auseinanderzusetzen.[438] Die folgende Untersuchung hat mithin einen höchst praktischen Bezug.

b) Die Limited in der bisherigen Strafrechtspraxis

Insgesamt haftet der *Limited* in Deutschland der Anschein des Unseriösen an[439] und der Wille der *Limited* Gründer zu einer korrekten Unternehmertätigkeit

---

430 *Bayer*, in: Lutter/Hommelhoff, Anh II zu § 4a GmbHG Rn. 1; *ders./Hoffmann*, GmbHR 2007, 414 (415).

431 *Niemeier*, ZIP 2006, 2237 (2238). Siehe in diesem Zusammenhang auch den Ruf zahlreicher Strafrechtler nach einer Anwendung des deuschen Strafrechts, hierzu § 11 I.

432 Siehe zur Reform des GmbH-Rechts zuvor unter § 2 III.3.

433 *Bayer*, in: Lutter/Hommelhoff, Anh II zu § 4a GmbHG Rn. 1 m.w.N.; *Goette*, Rn. 36 ff.; *Niemeier*, Status: Recht 2009, 165; *ders.*, ZIP 2007, 1794 ff.

434 *Kornblum*, GmbHR 2012, 728 (729 u. 734 f.) zum 1.1.2012: 83,5 %; *ders.*, GmbHR 2011, 692 (693 u. 698) zum 1.1.2011: 85,7 %; *ders.*, GmbHR 2010, 739 (740 u. 746) zum 1.1. 2010: 89,8 %; *ders.*, GmbHR 2009, 1056 (1057 u. 1062 f.) zum 1.1.2009: 88,6 %.

435 *Melchior*, AnwBl 2011, 20 (20).

436 So *Melchior*, AnwBl 2011, 20 (20).

437 Zur *Limited* in der deutschen Bankenpraxis eingehend *H. Schmidt*, WM 2007, 2093 ff.

438 *Bayer*, in: Lutter/Hommelhoff, Anh II zu § 4a GmbHG Rn. 1.

439 *Weyand/Diversy*, Rn. 26; *Bayer/Hoffmann*, GmbHR 2007, 414 (417); *Ries*, AnwBl 2005, 53 (55).

wird immer wieder angezweifelt.[440] Auch scheinen sich in der täglichen Praxis verstärkt eigene deutsche Prüfungsmaßstäbe zu entwickeln, die das Leben der *Limited* erschweren.[441] Es wundert daher nicht, dass an deutsche Rechts- und Steuerberater von Gesellschaftern einer *Limited* anscheinend bereits der Wunsch herangetragen wird, eine *Limited* Gesellschaft (zurück) in eine deutsche GmbH umzuwandeln.[442]

Durchforstet man die einschlägigen strafrechtlichen Kommentare und Fachzeitschriften, so finden sich bislang lediglich **drei Urteile**, bei denen es um die Strafbarkeit des *directors* einer in Deutschland ansässigen *Limited* geht.[443] Dies ist erstaunlich, vergegenwärtigt man sich in diesem Zusammenhang die allgemeinen Erfahrungswerte mit strafbaren Handlungen im Zuge von Unternehmensinsolvenzen bei deutschen GmbHs.[444] Insbesondere die Insolvenz einer Gesellschaft gibt im Allgemeinen häufig Anlass zu Ermittlungen der Staatsanwaltschaft. Schätzungen gehen davon aus, dass in 80–90% aller Unternehmensinsolvenzen wenigstens eine Straftat durch Geschäftsführer oder Anteilseigner begangen wird.[445] Die Untreue im GmbH-Bereich gilt dabei immerhin als die kriminalpolitisch wichtigste Erscheinungsform des § 266 StGB.[446] Schließlich machen die Abhängigkeit der Gesellschaft vom Willen ihrer Gesellschafter und die Begrenzung des Vermögensschutzes auf den Betrag des Stammkapitals die GmbH nicht nur zur insolvenzanfälligsten Unternehmensform, sondern geben

---

440 *Müller-Gugenberg*, in: Müller-Gugenberg/Bieneck, § 23 Rn. 133; *Bischoff*, ZInsO 2009, 164 (164 f.); *Gross/Schork*, NZI 2006, (10) 15.

441 Zahlreiche Banken scheinen es abzulehnen, einer *Limited* einen Kredit zu gewähren oder unter deren Firma gar ein Konto zu eröffnen vgl. *Römermann*, NJW 2006, 2065 (2065).

442 Siehe hierzu *Herrler/Schneider*, DStR 2009, 2433 ff. m.w.N.

443 Es handelt sich – in zeitlicher Reihenfolge – um die Urteile des *AG Stuttgart*, wistra 2008, 266 ff. m. Anm. *Schumann*; des *LG Hamburg*, 611 KLs 11/08 (nicht veröffentlichtes Urteil) und des *BGH*, NStZ 2010, 632 ff. = wistra 2010, 268 ff. Auf diese Urteile und die jeweiligen Argumente wird im Laufe der Untersuchung näher eingegangen, insbesondere hierzu § 5 III.

444 *Beck*, in: Wabnitz/Janovsky, Kap. 6 Rn. 55b. Ausführlich *Richter*, in: FS-Tiedemann, S. 1023, 1029 ff. m.w.N. Aktuelle Zahlen zur Insolvenzentwicklung in Deutschland finden sich bei *Dannecker/Hagemeier*, in: Insolvenzstrafrecht, S. 2 ff.

445 *Beck*, in: Wabnitz/Janovsky, Kap. 6 Rn. 53 f. m.w.N.

446 *Schünemann*, in: LK, § 266 StGB Rn. 5 u. 243.

den Gesellschaftern auch die Möglichkeit, das zur Befriedigung der Gesellschaftsgläubiger erforderliche Gesellschaftsvermögen „auszuplündern."[447]

Aber auch für die *Limited* selbst liegen Zahlen vor, die auf eine erhöhte Insolvenzanfälligkeit und damit auf eine der GmbH vergleichbare Deliktsanfälligkeit hindeuten.[448] So sollen im Juni 2007 ca. 32.600 vor allem schwach kapitalisierte *Limiteds* in Deutschland existiert haben, von denen knapp 3.600 als insolvent eingestuft wurden.[449] Daraus ergebe sich eine Risikoquote für in Deutschland ansässige *Limiteds*, die fast doppelt so hoch sei wie die der selbst überdurchschnittlich insolvenzanfälligen GmbH.[450] Andere Schätzungen gehen sogar davon aus, dass von den neugegründeten *Limiteds* bereits über 5.000 wieder insolvent seien.[451] Allgemein scheint den in Deutschland ansässigen *Limiteds* damit eine hohe „Frühsterblichkeit" zuzukommen.[452]

Ausgelöst werden die strafrechtlichen Ermittlungen bei der GmbH zumeist durch Lieferanten oder sonstige Vertragspartner,[453] deren Hauptmotiv häufig nicht in der Hoffnung auf Befriedigung der Ansprüche, sondern vielmehr in der Genugtuung einer Verurteilung des oder der Verantwortlichen liegt.[454] So ist anzunehmen, dass auch die Gläubiger einer in Deutschland ansässigen *Limited*, die

---

447 *Raiser/Veil*, S. 405; *Beck*, in: Wabnitz/Janovsky, Kap. 6 Rn. 54 m.w.N. Ausführlich zur Kriminalitätsanfälligkeit bei drohender Insolvenz und den Ursachen *Nickmann*, S. 58 ff. m.w.N.

448 Nach *Niemeier*, Status:Recht 2009, 165 sollen allein im April 2009 die Insolvenzen der *Limited* gegenüber dem Vorjahresmonat um 72,3% gestiegen sein. Von einer Steigerung der Insolvenzgefahr geht auch *Radtke*, GmbHR 2008, 729 (730) aus. Allgemein zur Insolvenz der *Limited* mit Verwaltungssitz in England und mit Verwaltungssitz in Deutschland *Just*, Limited, Rn. 300 ff. Siehe zur Insolvenz von grenzüberschreitenden Gesellschaften auch *Worms*, S. 31 f. m.w.N.

449 *Dannecker/Hagemeier*, in: Insolvenzstrafrecht, S. 8. Siehe ferner *Redeker*, S. 236 ff. m.w.N.; *Weyand/Diversy*, Rn. 26.

450 *Dannecker/Hagemeier*, in: Insolvenzstrafrecht, S. 8.

451 *Westhoff*, GmbHR 2007, 474 (480). Allgemein zur Entwicklung der Wirtschaftskriminalität *Kaiser*, in: FS-Tiedemann, S. 1583 ff.; *Bussmann/Salvenmoser*, NStZ 2006, 203 ff.

452 *Eidenmüller*, ZGR 2007, 168 (173).

453 *Kienle*, GmbHR 2007, 696 (697).

454 Vgl. *Weyand/Diversy*, Rn. 167. Für die Vor-GmbH, *Hentschke*, S. 29 f. Allerdings soll der privaten Strafanzeige für die Entdeckung und Verfolgung von Wirtschaftsdelikten nur eine vergleichsweise geringe Bedeutung zukommen, *Dannecker* in: Wabnitz/Janovsky, Rn. 20 u. 21. Vgl. zur Verfolgungspraxis bei Unternehmensinsolvenzen und den damit zusammenhängenden Schwierigkeiten insbesondere *Richter*, in: FS-Tiedemann, S. 1023, 1024 ff. m.w.N.

durch die Insolvenz ihr Befriedigungsinteresse gefährdet sehen, besondere Vorkommnisse oder Verdachtsmomente den Strafverfolgungsbehörden mitteilen.[455] Hinzukommt, dass die Anordnung über Mitteilungen in Zivilsachen (MiZi)[456] eine Mitteilungspflicht des Insolvenzgerichtes über die Eröffnung des Insolvenzverfahrens bzw. dessen Ablehnung mangels Masse an die zuständige Staatsanwaltschaft vorsieht.[457] Diese prüft aufgrund des Legalitätsprinzips dann routinemäßig, ob sie ein Ermittlungsverfahren beispielsweise wegen Insolvenzverschleppung, Betrugs oder Untreue gegen die Geschäftsführer und/oder die Gesellschafter einleitet.[458]

Bislang keine Mitteilungspflichten an die Staatsanwaltschaften bestehen hingegen bei der Abgabe der eidesstattlichen Versicherung nach § 807 ZPO[459] oder beim Erlass eines Haftbefehls nach § 901 ZPO.[460] Nach dem eindeutigen Wortlaut beschränken sich die Mitteilungspflichten in diesen Fällen auf AG, KGaA, GmbH und GmbH & Co. KG.[461] Unbenommen bleibt es den Staatsanwaltschaften auch in diesen Fällen, Hinweise auf ein mögliches strafbares Verhalten über eine entsprechende Abfrage beim englischen *Companies House*[462] zu erlangen.[463]

Inwieweit dies insgesamt aber einen effektiven Beitrag zur Bekämpfung von Straftaten im Zusammenhang mit *Limited*-Insolvenzen leisten wird, bleibt abzuwarten. Findet beispielsweise ein Löschungsverfahren einer *Limited* in England ohne Insolvenz statt,[464] so wird ein entsprechender Hinweis an die Staatsanwaltschaft

455 Zur Einleitung eines Ermittlungsverfahrens gegen die Verantwortlichen einer *Limited* siehe *Kienle*, GmbHR 2007, 696 (696 f.).

456 2. Teil. 3. Abschnitt VI. Nr. 2 MiZi. In der Fassung vom 29. April 1998 abgedruckt in NZI 1998, 31 (31 ff.). Allerdings handelt es sich um eine nur intern verbindliche Anweisung, der – im Gegensatz zu den gesetzlichen Mitteilungspflichten – keine Bindungwirkung nach außen zukommt.

457 Vgl. *Weyand/Diversy*, Rn. 167 ff.

458 Zum Gang der Ermittlungen ausführlich *Weyand/Diversy*, Rn. 171 ff. m.w.N. Kritisch zur Strafrechtspraxis bei Unternehmensinsolvenzen und der Arbeit der Staatsanwaltschaft, *Richter*, in: FS-Tiedemann, S. 1023, 1024 ff.

459 2. Teil. 3. Abschnitt VI. Nr. 2 Abs. 1 Nr. 1 MiZi.

460 2. Teil. 3. Abschnitt VI. Nr. 2 Abs. 1 Nr. 2 MiZi.

461 Kritisch hierzu *Kienle*, GmbHR 2007, 696 (697). Siehe ferner *Hinderer* S. 23, der eine Lösung *de lege ferenda* favorisiert, wonach eine Erstreckung der Mitteilungspflicht auch auf ausländische Kapitalgesellschaften möglich sein soll.

462 Siehe unter http://www.companies-house.gov.uk (Stand: Dezember 2012).

463 *Kienle*, GmbHR 2007, 696 (697). Siehe ferner *Richter*, in: FS-Tiedemann, S. 1023 (1024 ff.).

464 Zur Löschung zuvor § 3 II.4.

nach der MiZi entfallen.[465] In vielen Fällen wird sich ein Anfangsverdacht – etwa für Buchführungs- oder Bilanzierungsdelikte – nur aus einer Anfrage beim englischen *Companies House* ergeben können.[466] Immerhin soll es seit einigen Jahren bereits entsprechende Ermittlungsverfahren bei den Staatsanwaltschaften geben,[467] deren Anzahl stetig steige.[468] Trotz der Brisanz dieses Themas sind jedoch lediglich die oben erwähnten Urteile des *AG Stuttgart* und des *BGH* veröffentlicht.

Damit drängt sich die Vermutung auf, dass – wie es auch bei zahlreichen Wirtschaftsstraftaten der Fall ist[469] – ein Großteil der *Limiteds* betreffenden Fälle bislang nicht verfolgt oder aus Opportunitätsgründen eingestellt werden.[470] Gestützt wird diese Vermutung durch den sehr befremdlich wirkenden Hinweis im Urteil des *BGH* an die Wirtschaftsstrafkammer,[471] an die das Verfahren zurückverwiesen wurde.[472] Danach sei bei Fällen, in denen zwei nichtdeutsche Straftäter nahezu ohne Inlandsbezug[473] Straftaten begehen, vor dem Hintergrund eines schonenden Einsatzes justizieller Ressourcen über alsbaldige Einstellungsmöglichkeiten

---

465 So auch *Wilk/Stewen*, wistra 2011, 161 (165 f.).

466 So *Kienle*, GmbHR 2007, 696 (697).

467 Siehe den Hinweis bei *Rönnau*, ZGR 2005, 832 (838). *Mankowski/Bock*, ZStW 2008, 704 (755) gehen – jedoch ohne weitere Nachweise – von einer erheblichen Anzahl von Strafverfahren gegen die *directors* von in Deutschland ansässigen *Limiteds* aus. *Richter*, in: FS-Tiedemann, S. 1023, 1042 f. nimmt – ebenfalls ohne Angabe eines Belegs – an, dass die „kleineren" *Limited* Fälle allgemein akzeptabel behandelt würden, während dies bei komplexeren Fallgestaltungen aber nicht mehr gewährleistet sei. Nach nicht näher überprüfbaren Aussagen von Praktikern sollen bei manchen Staatsanwaltschaften auch bereits Entwürfe fiktiver Strafbefehle wegen Insolvenzverschleppung bei *Limited* Gesellschaften in den Schubladen liegen.

468 So *Müller-Gugenberger*, in: FS-Tiedemann, S. 1003, 1013 unter Verweis auf *Richter*, in: FS-Tiedemann, S. 1023 ff., der aber wiederum auch keine konkreten Zahlen nennt.

469 Diese Praxis kritisiert zu Recht *Richter*, in: FS-Tiedemann, S. 1023, 1025.

470 So *Mosiek*, StV 2008, 94 (99); *Schlösser*, wistra 2006, 81 (87). Allgemein auch *Ransiek/Hüls*, ZGR 2009, 157 (181 ff.). Generell wird bei der Untreue die Bereitschaft zur einer einverständlichen Verfahrenseinstellung immer wieder kritisiert, siehe *Bernsmann*, GA 2007, 219 (219); *Saliger/Sinner*, ZIS 2007, 476 (482), die hier eine „Totengräberfunktion" der Verfahrenseinstellung für das materielle Recht beklagen. Zum neuen „Gesetz zur Regelung der Verständigung im Strafverfahren" und dessen Problemen siehe *Brand/Petermann*, NJW 2010, 268 ff.; *Geuenich/Höwer*, DStR 2009, 2320 ff. Allgemein zu Absprachen im Strafprozess *Rönnau*, Absprache im Strafprozess, passim.

471 *BGH*, NStZ 2010, 632 ff.

472 Zum Sachverhalt und zur Prozessgeschichte siehe ausführlich § 5 III.3.

473 Kritisch zum hier angeblich fehlenden Inlandsbezug *Schramm/Hinderer*, ZIS 2010, 494 (501).

gem. §§ 153 ff. StPO nachzudenken.[474] Diese Empfehlung der Einstellung nach § 153a StPO des *BGH* ist auf vielfältige Kritik gestoßen.[475] So ist in dem konkreten Fall bereits zweifelhaft, ob angesichts der Schadenssumme von ca. 1,8 Mio. EUR von einem fehlenden öffentlichen Interesse ausgegangen werden kann.[476] Zudem weisen einige Autoren darauf hin, dass eine solche Einstellung vor dem Hintergrund des Art. 54 SDÜ zu einem Strafklageverbrauch führen könnte und die Taten mithin auch im Gründungsstaat nicht mehr verfolgt werden könnten.[477]

Dass ein derartiges Vorgehen der Gerichte in vielen Fällen dabei lediglich den hier behandelten schwierigen materiell-rechtlichen Fragestellungen geschuldet sein dürfte und in der Sache damit verfehlt ist, bedarf wohl keiner weiteren Erläuterungen.[478] Die Klärung schwieriger materiellrechtlicher Fragen darf nicht auf der prozessualen Ebene umgangen werden.[479]

III. Ergebnis zu § 3

Blickt man zusammenfassend auf die rechtliche Ausgestaltung der *private company limited by shares* und deren Verbreitung in Deutschland, ergibt sich für die strafrechtliche Betrachtung folgendes Bild:

Ein Mindestkapital im Sinne des deutschen Stammkapitals ist zur Gründung einer *Limited* nicht erforderlich. Es kann von den *shareholdern* frei festgelegt werden. Ebenfalls besteht keine Pflicht, die Einlage zu einem bestimmten Zeitpunkt zu erbringen. Die Einlage kann durch Geld- und Sacheinlagen, Knowhow sowie durch Arbeits- und Dienstleistungen erbracht werden. Im Vordergrund des Kapitalschutzes stehen somit die – auch im Hinblick auf mögliche Untreuestrafbarkeit gegebenenfalls maßgeblichen – Regelungen zur Kapitalerhaltung und Gewinnausschüttung.

Dem Geschäftsführer der GmbH – allerdings nicht zwingend und vollumfänglich – vergleichbar ist der *director* einer *Limited*. Abzugrenzen ist dieser vom *de facto* und dem *shadow director*. Während der *de facto director* dem ordentlich

---

474 *BGH*, NStZ 2010, 632 (634).

475 *Mankowski/Bock*, GmbHR 2010, 822 (823); *Schramm/Hinderer*, ZIS 2010, 494 (501 f.). Ansatzweise auch kritisiert bei *Schlösser/Mosiek*, HRRS 2010, 424 (425). Grundlegende Kritik an einer Anwendung der §§ 153 ff. StPO bereits bei *Mosiek*, StV 2008, 94 (99).

476 *Mankowski/Bock*, GmbHR 2010, 822 (823).

477 *Schramm/Hinderer*, ZIS 2010, 494 (501 f.) m.w.N.

478 Siehe grundsätzlich *Hamm*, NJW 2001, 1694 ff.

479 Zutreffend *Kraatz*, JR 2011, 58 (65); *Mankowski/Bock*, GmbHR 2010, 822 (823); a.A. aber *Rubel/Nepomuk*, EWiR 2010, 761 (762).

bestellten *de iure director* rechtlich gleichgestellt ist, können sich für den *shadow director* möglicherweise Besonderheiten ergeben. Für die strafrechtliche Diskussion ist zu beachten, dass dem *shadow director* weder etwas Zwielichtes anhaftet, noch muss er im Verborgen handeln. Sein Einfluss als dritte Person auf die Gesellschaft kann allgemein bekannt und auch für Außenstehende ersichtlich sein.[480] Entscheidend ist vielmehr, dass der *shadow director* im Unterschied zum *de facto director* nicht selbst, sondern durch andere handelt. Die vom *AG Stuttgart* in seinem Urteil vorgenommene Abgrenzung[481] ist somit unzutreffend und verdeutlicht die oftmals unzureichende Auseinandersetzung im Strafrecht mit dem ausländischen außerstrafrechtlichen Recht.

Die Beendigung einer in Deutschland ansässigen *Limited* kann durch ein Insolvenzverfahren geschehen. Im Allgemeinen wird dies aufgrund des Mittelpunkts der hauptsächlichen Interessen gem. Art. 3 Abs. 1, 4 Abs. 1 EuInsVO nach deutschem Recht erfolgen. Von einer grundsätzlichen Anwendbarkeit des deutschen Insolvenzrechts wird mithin ausgegangen. Es ist aber auch die Löschung ohne Liquidation im englischen Gesellschaftsregister möglich.

Betrachtet man das tatsächliche Tätigwerden von *Limiteds* in Deutschland und stellt dem die in der gesellschafts- und insolvenzrechtlichen Literatur diskutierten Zahlen von neugegründeten und wieder insolventen *Limiteds* gegenüber, so scheint sich eine erhebliche Diskrepanz zwischen begangenen Straftaten und tatsächlicher Strafverfolgung zu ergeben. Untermauert wird diese Vermutung durch die allgemein bekannten strafrechtlichen Erfahrungen mit insolventen GmbHs. Es ist daher davon auszugehen, dass im Umfeld der GmbH begangene strafrechtliche Handlungen in einem vergleichbaren Umfang auch bei der *Limited*–Insolvenz stattfinden, eine effektive Strafverfolgung von den entsprechenden Strafverfolgungsbehörden und Strafgerichten jedoch bislang oftmals vermieden wird. Damit bleiben äußerst schwierige Rechtsfragen ungelöst; von einer wirklichen Orientierungsmöglichkeit des Rechtsanwenders an der Rechtsprechung kann nicht gesprochen werden. *Müller-Gugenberger* fordert daher zu Recht, dass auf diese neue europäische Herausforderung neue Antworten – insbesondere auch in strafrechtlicher Hinsicht – gefunden werden müssen.[482]

---

480 *Just*, Limited, Rn. 142 m.w.N. zu Beispielen für „typische“ *shadow directors*.

481 *AG Stuttgart*, wistra 2008, 226 (229).

482 *Müller-Gugenberger* in: FS-Tiedemann, S. 1003, 1012; *ders.*, in: Müller-Gugenberger/Bieneck, § 23 Rn. 100 hält die bisherige Entwicklung auch für noch nicht abgeschlossen und in vielen Punkten für strittig. Auch nach der Ansicht von *Seier*, in: HWSt, V 2 Rn. 329 sind gerade in Bezug auf den Untreuetatbestand etliche Fragen noch offen.

§ 4 Die director's duties

Der Befund legt bereits an dieser Stelle nahe, dass sich in der strafrechtlichen Diskussion bzgl. einer möglichen Untreuestrafbarkeit mit der Vielzahl von Pflichten, die ein *director* beachten muss, nicht hinreichend auseinandergesetzt wird.[483] Über die genaue Ausgestaltung dieser Pflichten soll dabei jedoch nicht entschieden werden. Vielmehr kann es nur darum gehen, die *directors duties* als Grundlage der folgenden straf- und verfassungsrechtlichen Diskussion fruchtbar zu machen. Zu beachten ist im Rahmen des folgenden Überblicks jedoch der jeweilige Ursprung der nun gesetzlich niedergeschriebenen Regelung aus dem *common law* und der *equity*-Prinzipien.[484]

Unterschieden wird im englischen Gesellschaftsrecht grundsätzlich zwischen den sog. *fiduciary duties* und der *duty of care and skill.* Während die *fiduciary duties* den *director* verpflichten, sich gegenüber der *Limited* loyal zu verhalten und das Vermögen der Gesellschaft zu betreuen, verlangen die *duties of care* einen gewissen Standard an Sorgfalt und Können.[485] Im Rahmen des CA 2006 finden sich diese allgemeinen *directors' duties* in den sections 171 bis 177 CA 2006.[486] Da diese Pflichten zumeist sehr generell formuliert sind, kann es in vielen Fällen zu Überschneidungen kommen.[487] Dies hat der englische Gesetzgeber gesehen und in section 179 CA 2006 ausdrücklich geregelt, dass auf bestimmte Sachverhalte mehrere der im Gesetz genannten Pflichten anwendbar sein können.[488] Darüber hinaus sind die aufgelisteten Pflichten keineswegs erschöpfend. Sie werden

---

483 So wird zum Teil lediglich behauptet, dass den *director* auch dem englischem Recht nach Treue- und Loyalitätspflichten gegenüber der *Limited* treffen, so z. B. das *AG Stuttgart*, wistra 2008, 226 (229) und *Schünemann*, in: LK, § 266 Rn. 264. Oder die Pflichten werden nur äußerst verkürzt dargestellt, vgl. etwa *Hinderer*, S. 152 f.; *Labinski*, S. 114 ff.; *Wietz*, S. 42 ff. u. S. 252 ff.; *Worm*, S. 96 ff. u. 109 f.; *Radtke*, GmbHR 2008, 729 (734); *Schlösser*, wistra 2006, 81 (86 f.).

484 Ausführlich hierzu *Charlesworth's Company Law*, Rn. 17–015 ff.

485 Zu den neukodifizierten Pflichten in deutscher Sprache *Just*, Limited, Rn. 158 ff.; *Brocker*, GmbHR 2009, 477 (477 ff.); *Witt*, ZGR 2009, 872 (894 ff.).

486 Sog. *administrative duties* in Abgrenzung zu den *general duties* werden hier nicht beschrieben. Siehe hierzu *Just*, Limited, Rn. 167 ff. *Witt*, ZGR 2009, 872 (900 ff.). Eine Zusammenfassung dieser Pflichten in deutscher Sprache findet sich bei *Lawlor*, ZIP 2007, 2202 (2204).

487 Vgl. *Hannigan*, Rn. 7–5 f.

488 *Birds*, Rn. 10.0.04.

in zahlreichen Situationen durch spezielle Pflichten ergänzt oder verdrängt.[489] Verstößt ein *director* gegen eine gesetzliche Pflicht, so können sowohl die Gesellschafter als auch die Gesellschaft, vertreten durch die anderen *directors* im *board* gegen den *director* vorgehen.[490] Dieser muss dann den der Gesellschaft entstandenen Schaden ersetzen oder einen ihm zugeflossenen Gewinn an die Gesellschaft herausgeben.[491] Hat ein *director* bei seiner Pflichtverletzung nicht bösartig oder unehrlich gehandelt, kann das Gericht gem. section 1157 CA 2006 von einer Haftung des *directors* absehen.

I. Fiduciary duties

Unpräzise ausgedrückt, lassen sich die *fiduciary duties* unter der allgemeinen Pflicht des *directors*, stets im guten Glauben und im Interesse der Gesellschaft zu handeln, zusammenfassen.[492] Historisch gesehen beruhen diese Pflichten meist auf *equity* Prinzipien und dem *law of trusts*.[493] Danach übernimmt ein Treuhänder (*fiduciary* bzw. *trustee*) für den Begünstigten die Verwaltung dessen Vermögens. Daneben ist ein *director* aber auch noch Vertreter (*agent*) und berufsmäßiger Berater (*professional advisor*) der Gesellschaft.[494] Aus dieser zugrundeliegenden Gemengelage verschiedener Rechtsbeziehung leiten sich dann die speziellen Pflichten des *directors* ab.

1. Duty to act within powers - section 171 CA 2006

Die in section 171 CA 2006 kodifizierte *duty to act within powers* beinhaltet zwei Ausprägungen des allgemeinen Prinzips, dass ein *director* nur im Rahmen der ihm übertragenen Rechte handeln darf.[495]

---

489 *Birds*, Rn. 10.0.03; *Hannigan*, Rn. 7-7; *Steffek*, GmbHR 2007, 810 (811); *Witt*, ZGR 2009, 872 (895).

490 *Shareholder* und Kreditoren müssen sich bei einem Pflichtenverstoß sog. *derivative actions* bedienen, siehe zuvor § 3 II.3.b). Unterschiede bestehen hier in England, Wales und Nordirland, vgl. *Gower & Davies*, Rn. 17-1 ff.

491 *Just*, Limited, Rn. 166 und 171 ff.

492 Vgl. *Mayson/French/Ryan*, S. 479 f.

493 *Beck/Borrowdale*, S. 59; *Boyle & Birds*, S. 605; *Dignam/Lowry*, S. 312 f. Zum historischen Hintergrund und der Entwicklung dieser Pflichten *Gower & Davies*, Rn. 16-39.

494 Vgl. *Bedkowski*, S. 106 ff.; *Brinkmeier/Mielke*, S. 40 f.; *Just*, Limited, Rn.156; *Worms*, S. 196 f. j.m.w.N.

495 *Gower & Davies*, Rn. 16-43 ff. Weiterführend auch *Birds*, Rn. 10.171.01 ff.; *Bourne*, S. 173 ff.; *Charlesworth's Company Law*, Rn. 17-016 ff.; *Dignam/Lowry*, S. 317 ff.;

Gem. section 171(a) CA 2006 muss ein *director* zunächst *„in accordance with the constitution"* handeln. Der Begriff der *constitution* umfasst gem. section 17 CA 2006 und section 257 CA 2006 auch satzungsgemäße Beschlüsse und Entscheidungen der Gesellschafter sowie Beschlüsse und Entscheidungen der Gesellschafter, die als Entscheidungen der Gesellschaft behandelt werden.[496] Sämtliche Handlungen, die maßgeblich aus sachfremden Motiven entgegen der Festsetzungen in der *constitution* erfolgen, stellen somit einen Pflichtenverstoß dar.[497] Interessanterweise enthält die Norm aber keine ausdrückliche Pflicht des *directors*, im Einklang mit dem CA 2006 zu handeln. Die Verpflichtung bezieht sich lediglich auf den entsprechenden Gesellschaftsvertrag.

Ferner darf ein *director* gem. section 171(b) CA 2006 nicht für *improper purposes* handeln. Diese Pflicht geht zurück auf den *equity* Grundsatz *„to act bona fide in the interest of the company, and not for any collateral purpose."*[498] Ob ein Verhalten *improper purposes* erfüllt, soll in Verbindung mit dem Gesellschaftsvertrag anhand eines objektiven Tests ermittelt werden.[499] Insofern behält - trotz der Kodifizierung - das entsprechende *case-law* an dieser Stelle ganz wesentliche Bedeutung.[500]

Insgesamt soll es sich bei section 171 CA 2006 um eine positive Widergabe des *common law* handeln.[501]

Hannigan, Rn. 8-1 ff.; *Mayson/French/Ryan*, S. 482 ff.; *Sealy/Worthington*, S. 310 ff. j.m.w.N. zum entsprechenden *case law*.

496 *Birds*, Rn. 10.171.03 f.; *Steffek*, GmbHR 2007, 810 (811). Einbezogen ist damit grundsätzlich auch der informelle Konsens der *shareholder*, section 17 CA 2006. Siehe zur *constitution* bereits § 3 II.

497 *Witt*, ZGR 2009, 872 (895) m.w.N.

498 *Re Smith v Fawcett Ltd* [1942] Ch 304 (306); *Birds*, Rn. 10.171.05 ff.; *Hannigan*, Rn. 7-11; *Palmer's Company Law*, S. 179 f.; *Steffek*, GmbHR 2007, 810 (811). Insbesondere zur ungeschriebenen *common law duty for the benefit of the creditors* und deren Voraussetzungen *Schall*, DStR 2006, 1229 (1229 ff.) m.w.N.

499 Die Rechtsnatur der Befugnis wird objektiv betrachtet. Allerdings werden auch die Angemessenheit der Zielsetzung und der gute Glaube des handelnden *directors* berücksichtigt, *Birds*, Rn. 10.171.05.

500 *Boyle & Birds*, S. 611; *Steffek*, GmbHR 2007, 810 (811). Vgl. insbesondere auch den Fall *Howard Smith Ltd v. Ampol Petroleum Ltd* [1974] AC 821, 835 und hierzu *Birds*, Rn. 10.171.07 ff.

501 *Hannigan*, Rn. 7-11.

2. Duty to promote the success of the company – section 172 CA 2006

Die *duty to promote the success of the company* stellt sich zwar als die moderne Version der grundsätzlichen Loyalitätspflicht eines *directors* gegenüber der Gesellschaft dar,[502] jedoch kommt ihr keine, den anderen Pflichten übergeordnete, Stellung zu.[503] Dies wird auch bereits durch die systematische Stellung im Gesetz an „nur“ zweiter Stelle im Kanon der *director's duties* impliziert. Im Rahmen des Reformprozesses war sie eine der am strittigsten diskutierten Pflichten.[504] Die theoretische Idee hinter der Formulierung scheint zu sein, dass vor jeder Entscheidung das *board* – sofern eines existiert – die Interessen sämtlicher *stakeholder* gegeneinander abwägt.

Problematisch und im englischen Schrifttum bereits scharf kritisiert wird diese Pflicht aus zwei Gründen. Zum einen lässt der Wortlaut „*[...] in the way he considers, in good faith, [...]*“ dem *director* einen überaus weiten Spielraum bei seinen unternehmerischen Entscheidungen.[505] Hinzu kommt, dass der CA 2006 – anders als beispielsweise in den Vereinigten Staaten von Amerika oder in Australien – auch keine ausdrückliche gesetzliche *business judgement rule* enthält. Das englische Gesellschaftsrecht scheint hier eher einer weiter angelegten *business judgement doctrine* zu folgen, wodurch allerdings ein funktional ähnliches Ergebnis erreicht wird.[506] Im Ergebnis ist die gerichtliche Überprüfbarkeit unternehmerischer Entscheidungen eines *directors* in der Praxis äußerst schwierig. Gerichte werden nicht überprüfen (können), ob eine Entscheidung eines *directors* auch im objektiven Interesse der Gesellschaft erfolgt ist.[507] Generell besteht daher eine große Hemmung der englischen Gerichte, sich nachträglich in unternehmerische Entscheidungen einzumischen. Selbst wenn sich die Gerichte – wie bislang – auch in Zukunft äußerst zurückhalten werden, besteht für einen *director* hier eine erhebliche Rechtsunsicherheit. Zumindest wird die Norm an dieser Stelle dem Reformanspruch, die Pflichten für *directors* gesetzlich klarzustellen, nicht gerecht.

---

502 Hierzu *Birds*, Rn. 10.172.02 ff.; *Bourne*, S. 170 ff.; *Charlesworth's Company Law*, Rn. 17–020 ff.; *Gower & Davies*, Rn. 16–64 ff.; *Dignam/Lowry*, S. 324 ff.; *Hannigan*, Rn. 9–1 ff.; *Mayson/French/Ryan*, S. 487 ff.; *Sealy/Worthington*, S. 319 ff.; *Arden*, Australian Law Journal 2007, 162 (167) j.m.w.N. zum entsprechenden *case law*.

503 *Dine/Koutsias*, S. 197.

504 *Boyle & Birds*, S. 615; *Palmer's Company Law*, S. 180 ff.

505 Hierzu *Birds*, Rn. 10.172.03 m.w.N.zum entpsprechenden *case law*.

506 *Steffek*, GmbHR 2007, 810 (812); *Schall*, DStR 2006, 1229 (1230).

507 *Palmer's Company Law*, S. 181 f.; *Steffek*, GmbHR 2007, 810 (812).

Zum anderen enthält section 172 CA 2006 nun den Ansatz des sog. *enlightened shareholder value*. Im Hinblick auf die Kodifizierung der *director's duties* war es für den englischen Gesetzgeber von besonderer Wichtigkeit klarzustellen, in wessen Interesse eine englische Gesellschaft geführt wird.[508] Mithin müssen *directors* nun im Rahmen ihrer Entscheidungsprozesse auch andere – über die der *shareholder* hinausgehende – in section 172(1) (a) bis (f) CA 2006 beispielhaft aufgelistete Interessen berücksichtigen. Hierzu gehören etwa die Interessen der Arbeitnehmer, die Reputation der Gesellschaft sowie die Auswirkungen des unternehmerischen Handelns auf die Allgemeinheit und die Umwelt. Wie dieser Ansatz indes mit den theoretischen Grundlagen des englischen Gesellschaftsrechts in Einklang zu bringen[509] und in der Praxis hiermit umzugehen ist,[510] bildet zurzeit den Gegenstand einer lebhaften Diskussion.[511] Legt man das Gesetz eng aus, so liegt bereits immer dann eine Pflichtverletzung vor, wenn der *director* bei seiner Entscheidungsfindung nicht alle relevanten im Tatbestand aufgelisteten Interessen beachtet hat.[512] Potentielle Probleme ergeben sich aber auch, wenn verschiedene Interessen miteinander kollidieren. Welchem Interesse ist im Rahmen einer Abwägung hier der Vorzug zu geben? Die entscheidende Frage ist damit, ob *enlightened shareholder value* bedeutet, dass die *directors* andere Interessen beachten müssen, insofern diese den *shareholdern* zu Gute kommen, oder ob ein *director* die aufgelisteten Interessen stets um derer selbst beachten muss.[513] Die zurzeit wohl vorherrschende Meinung im englischen Schrifttum scheint davon auszugehen, dass die Einführung dieses Ansatzes nichts an dem bisher geltenden *shareholder value* Prinzip geändert habe.[514] Ein *director* müsse

---

508 *Loose/Griffiths/Impey*, S. 18 u. 285; *Steffek*, GmbHR 2007, 810 (812).

509 Das englische Gesellschaftsrecht basiert im Grundsatz auf der sog. *contractual theory*. Geht man davon aus, dass diese Pflicht weiterhin dem *common law* entstammt und in Übereinstimmung mit diesen Prinzipien ausgelegt werden muss, so müssten die Wünsche der *shareholder* stets einen den *director* verpflichtenden Effekt haben, hierzu *Dine/Koutsias*, S. 23 f.

510 Soll die Beachtung der Interessen zum Beispiel mittels einer „Check-Liste" erfolgen? Zu dieser Frage *Palmer's Company Law*, S. 182 ("*tick-box-culture*") m.w.N.

511 Vgl. *Birds*, Rn. 10.172.04 ff. m.w.N.

512 Hierzu *Gower & Davies*, Rn. 16–72 ff.

513 *Keay*, Sydney Law Review 2007, 577 (597); *ders.*, Lyoyd's Maritime and Commercial Law Quarterly 2006, 335 (352).

514 *Dine/Koutsias*, S. 24; *Keay*, Sydney Law Review 2007, 577 (604 ff.); *ders.*, Lyoyd's Maritime and Commercial Law Quarterly 2006, 335 (337, 351 u. 360 f.), kritisch auch *Torwegge*, GmbHR 2006, 919 (922). Siehe aber auch *Attenborough*, The Company Lawyer 2006, 162 (168 f.), wonach dieser Ansatz den *shareholder value* Ansatz

die aufgelisteten Interessen anderer *stakeholder* weiterhin nur unter dem Aspekt des jeweiligen Vorteils für die *shareholder* beachten.[515] Im Ergebnis liegt hier allerdings noch vieles im Argen.[516]

Betrachtet man die Entstehungsgeschichte dieser niedergeschriebenen Norm und ihr Verhältnis zum *common law*, so ist festzustellen, dass hier die *common law duty to act bona fide in the interests of the company* als eine *duty to promote the success of the company* umgeschrieben worden ist.[517]

3. Duty to exercise independent judgement - section 173 CA 2006

Die essentielle Grundlage einer jeden effektiven Unternehmensführung muss sein, dass ein *director* jederzeit unabhängige Entscheidungen treffen kann.[518] Section 173 CA 2006 fasst daher zusammen, was im entsprechenden *case-law* von einem *director* verlangt wird.[519] Hauptsächlich geht es dabei um die aufgestellten Grundsätze, die den *director* vom sog. *fettering discretion* abhalten sollten.[520] Ein *director* soll sich im Rahmen seines Entscheidungsfindungsprozesses für die Gesellschaft weder vertraglich noch tatsächlich an die Interessen Dritter binden. Dadurch soll vermieden werden, dass ein *director*, anstelle unabhängig im Interesse der Gesellschaft zu handeln, im Rahmen seiner Tätigkeit für die Gesellschaft tatsächlich andere Interessen befriedigt.

---

modifiziert haben soll. Allgemein zu der das Grundverständnis von Kapitalgesellschaften berührenden *shareholder* oder *stakeholder value*-Debatte *Jensen*, Journal of Applied Corporate Finance 2001, S. 8 ff.; *Hopt*, ZGR 1993, 534 (535 ff.) j.m.w.N.

515 *Dine/Koutsias*, S. 24; *Keay*, Sydney Law Review 2007, 577 (597). Aus der deutschen Literatur *Witt*, ZGR 2009, 872 (897), der auch diesem Verständnis folgt.

516 Das *Parliamentary Joint Committee on Corporations and Financial Services* und das *Corporations and Market Advisory Committee* in Australien haben ebenfalls einen vergleichbaren Ansatz diskutiert, einen solchen mit dem Hinweis auf die erheblichen Unsicherheiten, die dieser in den Bereich der *director's duties* trägt, letztlich aber abgelehnt.

517 *Hannigan*, Rn. 7–11.

518 *Keay*, The Company Lawyer 2008, 290 (293).

519 Siehe hierzu *Birds*, Rn. 10.173.01 ff.; *Bourne*, S. 172 f.; *Charlesworth's Company Law*, Rn. 17-027; *Gower & Davies*, Rn. 16–59 ff.; *Dignam/Lowry*, S. 332 f.; *Hannigan*, Rn. 10–44 ff.; *Sealy/Worthington*, S. 328 ff. j.m.w.N. zum entsprechenden *case law*.

520 *Dine/Koutsias*, S. 202; *Loose/Griffiths/Impey*, S. 20; *Palmer's Company Law*, S. 184; *Keay*, The Company Lawyer 2008, 290 (296). Nach *Boyle & Birds*, S. 620 soll es sich bei section 173 CA 2006 um einen kodifizierten Ausdruck der allgmeinen Pflicht „*to act in good faith and the interest of the company*“ handeln.

Diese jetzt gesetzlich geregelte Pflicht scheint dabei zwei Ziele zu verfolgen. Einerseits gilt sie für sog. *nominee directors*, die durch Dritte ernannt wurden.[521] Solche *directors* sind für das *board* nominiert worden, um dort bestimmte Interessen zu vertreten. Das Gesetz legt nun fest, dass die *nominee directors* nicht einfach den Entscheidungen derer, die sie ernannt haben, folgen dürfen.[522] Vielmehr sind sie verpflichtet, selbst eine unabhängige Entscheidung zu treffen.[523] Andererseits können *directors* ihre Pflichten auch nicht einfach durch eine Delegation ihrer Machtbefugnisse an andere umgehen. Eine Einschränkung erfahren diese beiden Grundsätze allerdings wiederum in section 173(2) CA 2006. Danach soll kein Pflichtenverstoß vorliegen, wenn die Gesellschaft im eigenen Interesse Vereinbarungen trifft, in denen die zukünftige Ermessensausübung der *directors* beschränkt wird.

Inwieweit durch section 173 CA 2006 das entsprechende *case-law* eine Änderung erfährt, ist unklar. Wahrscheinlich ist aber, dass dem *case-law* in den hier geregelten Situationen weiterhin eine ganz erhebliche Rolle zukommen wird.[524]

4. Duties to avoid conflict of interest - sections 175 bis 177 CA 2006

Grundsätzlich ist ein *director* verpflichtet, solche Situationen zu vermeiden, in denen ein Interessenkonflikt zwischen eigenen Interessen und den Interessen der Gesellschaft vorliegt.[525] Der CA 2006 nimmt hier gegenüber dem *case-law* eine Neueinstufung vor. Bestimmte Situationen, die im *common law* unter dem Prinzip der *no-conflict rule* zusammengefasst waren, sind jetzt in drei Pflichtengruppen unterteilt.[526] Dabei lassen sich section 176 CA 2006 und section 177 CA 2006 dogmatisch und sachlich als Sonderfälle der allgemeinen Pflicht zur Vermeidung von Interessenkonflikten gem. section 175 CA 2006

---

521 Hierzu *Keay*, The Company Lawyer 2008, 290 (293 ff.).

522 *Palmer's Company Law*, S. 184.

523 Diese Regelung wird teilweise stark kritisiert. Es wird argumentiert, der englische Gesetzgeber hätte bezüglich der *nominee directors* lieber einen realistischeren Ansatz gem. dem australischen oder neuseeländischen Vorgehen wählen sollen, *Keay*, The Company Lawyer 2008, 290 (295).

524 *Keay*, The Company Lawyer 2008, 290 (295).

525 *Loose/Griffiths/Impey*, S. 20. Ausführlich hierzu *Charlesworth's Company Law*, Rn. 17-034; *Hannigan*, Rn. 11-1 ff. j.m.w.N.

526 *Birds*, Rn. 10.175.08; *Dine/Koutsias*, S. 203. Siehe auch *Schall*, DStR 2006, 1229 (1236) m.w.N.

interpretieren.[527] Diese Aufteilung erscheint bei näherer Betrachtung indes recht komplex. Auch lassen sich kurz nach der Reform hier bereits zahlreiche Ungereimtheiten ausfindig machen.

a) Duty to avoid conflict of interest - section 175 CA 2006

Section 175 CA 2006 enthält die allgemeine Pflicht des *directors* Interessenkonflikte zu vermeiden.[528] Diese bezieht sich sowohl auf die Nutzung des Eigentums der Gesellschaft als auch auf die Nutzung von Informationen und Möglichkeiten.[529] Unbeachtlich ist dabei, ob die Gesellschaft tatsächlich das Eigentum, die Informationen oder die Möglichkeiten auch genutzt hätte.[530] Andererseits führen gem. section 175(3) CA 2006 eigene Interessen des *directors* an bestimmten Transaktionen der Gesellschaft nicht zu einem Pflichtenverstoß, solange er sein Interesse hieran offen legt.[531] Ein Pflichtenverstoß soll auch dann nicht vorliegen, wenn vernünftigerweise von einem Interessenkonflikt nicht ausgegangen werden kann oder ein entsprechender Verstoß von anderen *directors* genehmigt worden ist.[532]

Ob diese statuierte Pflicht das bisherige Recht an dieser Stelle ändert, scheint bislang unklar.[533] Immerhin scheint durch section 175(4)(b) wesentlich vom bisherigen *common law* abgewichen zu werden.[534] Zumindest eine weitere Präzisierung der nun kodifizierten Pflicht wird daher allgemein für erforderlich gehalten.[535]

b) Duty not to accept benefits from third parties - section 176 CA 2006

Section 176 CA 2006 führt die „neue" Pflicht ein, dass der *director* keine Vergünstigungen von Dritten als Gegenleistung für Tätigkeiten im Zusammenhang

---

527 *Steffek*, GmbHR 2007, 810 (813). Weiterführend hierzu *Birds*, Rn. 10.175.01 ff.; *Bourne*, S. 180 ff.; *Sealy/Worthington*, S. 339 ff. j.m.w.N. zum entsprechenden *case law*.

528 Ausführlich *Hannigan*, Rn. 11-7 ff.; *Charlesworth's Company Law*, Rn. 17-035 ff.; *Dignam/Lowry*, S. 338 ff.; *Mayson/French/Ryan*, S. 503 ff. j.m.w.N.

529 Section 175(2) CA 2006.

530 Section 175(2) CA 2006.

531 *Palmer's Company Law*, S. 186.

532 Section 175(4) CA 2006.

533 *Dine/Koutsias*, S. 204.

534 *Hannigan*, Rn. 7-11.

535 *Palmer's Company Law*, S. 187.

mit seiner Stellung als *director* annehmen darf.[536] Ob diese Pflicht auf das *equity* Prinzip, dass Treuhänder keine Bestechungsgelder oder versteckte Kommissionsgelder annehmen dürfen,[537] oder auf die generelle Pflicht, Konflikte zwischen persönlichen und gesellschaftlichen Interessen zu vermeiden,[538] zurückgeht, ist teilweise umstritten.

Hinsichtlich der Höhe des Vorteils scheint section 176(4) CA 2006 eine „*de minimis*" Regel zu enthalten. Danach soll kein Pflichtenverstoß vorliegen, wenn der Vorteil vernünftigerweise nicht als Anlass zu einem Interessenkonflikt gewertet werden könne. Unklar bleibt damit, wieweit diese Freiheit gehen darf und wie man dies vernünftigerweise bewertet.[539] Entsprechende Probleme scheinen auch an dieser Stelle bereits vorprogrammiert.

c) *Duty to declare interest in proposed transaction or arrangement – section 177 CA 2006*

Gem. section 177 CA 2006 muss ein *director* sein eigenes Interesse an möglichen Transaktionen mit Dritten erklären. Diese Pflicht spiegelt somit maßgeblich das *common law* Prinzip hinsichtlich des sog. *self-dealing* wider.[540] Ziel dieser Pflicht ist es, andere *directors* über einen potentiellen Interessenkonflikt in Kenntnis zu setzen, damit sie die erforderlichen Schritte unternehmen können, um die Vermögensposition der Gesellschaft zu schützen.[541]

Ein *director* unterfällt dieser Pflicht auch dann, wenn er nicht selbst Partei des Geschäfts ist. Vielmehr soll bereits ein indirektes Interesse des *directors* genügen. Der *director* muss sein potentielles eigenes Interesse erklären, bevor die Gesellschaft in die Vertragsverhandlungen einsteigt.[542] Gem. section 177(5) CA 2006 ist eine Erklärung des *directors* lediglich dann entbehrlich, wenn ihm entweder sein eigenes potentielles Interesse nicht bewusst ist oder er von der entsprechenden

536 Hierzu *Birds*, Rn. 10.176.01 ff.; *Bourne*, S. 185; *Charlesworth's Company Law*, Rn. 17-052 ff.; *Dignam/Lowry*, S. 356 f.; *Hannigan*, Rn. 11-74 ff.; *Mayson/French/Ryan*, S. 510; *Sealy/Worthington*, S. 385 f. j.m.w.N. zum entsprechenden *case law*.

537 So *Palmer's Company Law*, S. 188.

538 *Dine/Koutsias*, S. 211.

539 *Loose/Griffiths/Impey*, S. 21.

540 Ausführlich *Birds*, Rn. 10.177.01 ff.; *Charlesworth's Company Law*, Rn. 17-057 ff.; *Hannigan*, Rn. 11-89 ff.; *Mayson/French/Ryan*, S. 510 ff.; *Palmer's Company Law*, S. 189 f.

541 *Bourne*, S. 190; *Sealy/Worthington*, S. 386 ff. j.m.w.N. zum entsprechenden *case law*.

542 Die Erklärung kann auch bei einer Versammlung der *directors* abgegeben werden, vgl. sections 177(2) u. 182(2) CA 2006.

Transaktion keine Kenntnis hat. Dies impliziert die Vornahme eines subjektiven und eines objektiven Tests.[543] Dem *director* wird hinsichtlich solcher Vorgänge, die ihm im Rahmen seines Aufgabenfeldes vernünftigerweise bekannt sein müssten, Kenntnis unterstellt.[544]

Erste Probleme mit dieser Norm ergeben sich bereits in Bezug auf die Definition des Begriffs „*interest.*" Zahlreiche Entscheidungen des *case-law*, die sich bislang mit diesem Begriff auseinandersetzen, lassen sich möglicherweise nicht mehr direkt im Rahmen der Auslegung der Norm heranziehen.[545] Section 177 CA 2006 leistet insofern lediglich dahingehend Hilfestellung, als dass der *director* „*nature and extent*" seines Interesses an dem Geschäft angeben muss.[546] Infolgedessen können sich allerdings zahlreiche weitere Probleme ergeben, zum Beispiel wenn ein *director* sein Interesse an einer Transaktion nicht genau darlegen kann, ohne dadurch gegen vertrauliche Informationen zu verstoßen.[547]

5. Fortbestehen der Pflichten

Eine weitere Besonderheit des CA 2006 ist, dass gem. section 170(2) CA 2006 die Pflichten des *directors* nach section 175 CA 2006 und section 176 CA 2006 ausdrücklich auch nach seinem Ausscheiden aus der Gesellschaft fortbestehen sollen.[548] Die einschränkende Formulierung „*subject to any necessary adaption*" gibt dem Richter jedoch einen weiten Spielraum, insbesondere wenn es um die Pflicht zur Vermeidung von Interessenkonflikten und um das Verbot der Vorteilsannahme durch Dritte geht. Im Schrifttum wird daher bereits angezweifelt, ob diese gesetzliche Regelung hinsichtlich dieses Aspektes das bisherige äußerst unklare *case-law* überhaupt verändert.[549]

---

543 *Palmer's Company Law*, S. 190.

544 *Palmer's Company Law*, S. 190.

545 So *Boyle & Birds*, S. 635.

546 Unzureichend wäre folglich die simple Angabe eines *directors*: „*I am interested in this transaction.*"; siehe hierzu *Boyle & Birds*, S. 635.

547 Problematisch ist dies inbesondere, wenn die Gesellschaft nur einen *director* hat, *Brocker*, GmbHR 2009, 477 (478).

548 *Birds*, Rn. 10.170.02.

549 *Dine/Koutsias*, S. 203 ff.; *Palmer's Company Law*, S. 178 j.m.w.N. zum entsprechenden englischen *case-law*.

6. Anwendbarkeit der fiduciary duties auf in Deutschland ansässige Limiteds

Die Darstellung der Pflichten wäre bedeutungslos, wenn diese nicht auf den *director* einer in Deutschland ansässigen *Limited* anwendbar wären. Nach ganz herrschender Meinung sind die *fiduciary duties* als gesellschaftsrechtlich zu qualifizieren.[550] Schließlich regeln sie maßgeblich die internen Beziehungen zwischen den Geschäftsführern und der Gesellschaft. Dies soll darüber hinaus sogar bei drohender Insolvenz der Gesellschaft fortgelten.[551] Der zuvor dargestellten Rechtsprechung des *EuGH* zur Niederlassungsfreiheit und dem Umfang des Gesellschaftsstatuts folgend, sind die *fiduciary duties* daher zwingend auch auf den *director* einer in Deutschland ansässigen *Limited* anzuwenden.

II. Duty to exercise reasonable care, skill and diligence – section 174 CA 2006

Anders als die *fiduciary duties* beschreibt die *duty to exercise reasonable care, skill and diligence* in section 174 CA 2006 allgemein eine Erwartung an den *director*. Insbesondere geht es um die Anforderungen, die durch das Amt des *directors* als solches gegenüber dem Vermögen und den Geschäften der Gesellschaft zu erfüllen sind. Ihren Ursprung hat diese Pflicht wiederum im *common law*.[552] Dort wird sie grundsätzlich als ein maßgeblicher Bestandteil der *duty to act in the best interest of the company* angesehen.[553] Überschneidungen zwischen section 172 CA 2006 und section 174 CA 2006 scheinen folglich vorprogrammiert. Insgesamt soll es sich bei dieser gesetzlichen Regelung sowohl bei den

550 Siehe *Weiß*, S. 116; *Worms*, S. 211; *Gräfe*, DZWIR 2005, 410 (413); *Krüger*, ZInsO 2007, 861 (866); *Schall*, EBLR 2005, 1534 (1550); *Wegen/Schlichte*, RIW 2006, 801 (805).

551 Gegen eine einheitlich gesellschaftsrechtliche Qualifikation in Insolvenznähe aber *Weiß*, S. 116; *Lieder*, DZWIR 2005, 399 (408).

552 *Re City Equitable Fire Insurance Co. Ltd* [1925] Ch 407, 426 ff.; *Boyle & Birds*, S. 605; *Hannigan*, Rn. 7–11. Siehe zu dieser Pflicht auch *Birds*, Rn. 10.174.01 ff.; *Bourne*, S. 176 ff.; *Charlesworth's Company Law*, Rn. 17–028 ff.; *Dignam/Lowry*, S. 333 ff.; *Hannigan*, Rn. 10–8 ff.; *Mayson/French/Ryan*, S. 499 ff.; *Sealy/Worthington*, S. 330 ff. j.m.w.N. zum entsprechenden *case law*. Ein Überblick über die historische Entwicklung dieser Pflicht findet sich bei *Gower & Davies*, Rn. 16–24 ff.

553 *McDermott*, S. 153.

Voraussetzungen als auch beim verfolgten Zweck aber um dieselbe *duty of care and skill* des *common law* handeln.[554]

Ein wichtige Fallgruppe der gesellschaftsrechtlichen Haftung des *directors* – zumindest im Rahmen der bisherigen *common law duty of care and skill* – ist in diesem Zusammenhang die Haftung für fehlerhafte Ausschüttungen an die *shareholder*.[555] Allgemein kann eine Haftung entfallen, wenn die *directors* trotz objektiven Pflichtenverstoßes *honestly* und *reasonable* gehandelt haben.[556] Insbesondere vor dem Hintergrund einer möglichen Untreuestrafbarkeit wegen existenzvernichtenden Eingriffs könnte diese gesellschaftsrechtliche Pflicht in Verbindung mit den entsprechenden Regelungen zur Gewinnausschüttung bedeutsam werden.[557]

1. Pflichtenmaßstab

Besondere Bedeutung kommt im Rahmen dieser Pflicht nun dem Pflichtenmaßstab zu, dem ein *director* genügen muss. Im Rahmen des *common law* war ein solcher Maßstab nicht definiert, sondern den Gerichten überlassen.[558] Infolgedessen gab es hier teilweise erhebliche Unterschiede. Im Grundsatz musste ein *director* lediglich ehrlich gegenüber der Gesellschaft handeln und ein gewisses Niveau an Können und Sorgfalt vorweisen. Spezialwissen wurde von ihm allerdings nicht erwartet. Was folgte, war eine rein subjektive Prüfung, die nur das in der Person verankerte Wissen und seine Erfahrungen einbezog. Faktisch wurde somit nur ein sehr geringer Kompetenzstandard von einem *director* erwartet, der am ehesten wohl dem der groben Fahrlässigkeit entsprach.[559] Einen Wandel vollzog dieser Maßstab dann teilweise mit der Entscheidung von *Lord Hoffmann* im dem Fall *Re D'Jan of London Ltd*.[560] In dieser Entscheidung wurde der Sorgfaltsstandard für *directors* dem objektiven Sorgfaltsstandard, der von *directors*

---

554 *Hannigan*, Rn. 7–11.

555 Siehe *Schall*, DStR 2006, 1229 (1231 f.) m.w.N.

556 *Schall*, DStR 2006, 1229 (1232). Zum Pflichtenmaßstab von section 174 CA 2006 sogleich § 4 II.1.

557 Siehe § 6 III.2.b)bb)(1)(c).

558 *Boyle & Birds*, S. 622 ff.; *Bourne*, S. 176 ff.; *Charlesworth's Company Law*, Rn. 17–030 ff.; *Sealy/Worthington*, S. 331 ff. j.m.w.N.

559 *Loose/Griffiths/Impey*, S. 237 u. 275.

560 *Re D'Jan of London Ltd* [1994] 1 BCLC 561. Dem hat sich der Großteil der englischen Literatur angeschlossen bzw. die Anwendung dieses strengeren Standards bereits zuvor gefordert, siehe *Boyle & Birds*, S. 622; *Loose/Griffiths/Impey*, S. 276; *Sealy/Worthington*, S. 334 ff.

im Rahmen des *wrongful trading* Tatbestandes nach dem Insolvency Act 1986 (IA 1986) erwartet wird, gleichgestellt. Section 174(2) CA 2006 bestätigt mithin diesen objektiven Sorgfaltsmaßstab.[561] Danach muss ein *director* bei Wahrnehmung seiner Aufgaben die Sorgfalt walten lassen „*[...] that would be exercised by a reasonably diligent person with – (a) the general knowledge, skill and experience that may reasonably be expected of a person carrying out the functions carried out by the director in relation to the company, and (b) the general knowledge, skill an experience that the director has.*" Obwohl in section 174(2)(b) CA 2006 damit ein subjektiver Test hinzugefügt worden ist, soll dieser nach Auffassung der englischen Kommentatoren den objektiven Standard nicht schmälern, sondern diesen vielmehr erhöhen: Alle *directors* müssen den objektiven Standard erfüllen; wer aber über besondere professionelle Qualitäten verfügt oder besonders erfahren ist, für den gilt sein höherer subjektiver Standard.[562]

Die gesetzliche Einführung dieses nun präziseren strengen Maßstabs ist ein deutliches Signal an die englischen Gerichte, wodurch sich das entsprechende *common law* an dieser Stelle weiter verändern und den objektiven Standard im *common law* weiter festigen könnte.[563] Ältere Entscheidungen englischer Gerichte dürfen somit auf keinen Fall unbesehen zur Auslegung von section 174 CA 2006 herangezogen werden.

2. Anwendbarkeit auf in Deutschland ansässige Limiteds

Auch die *duty of care and skill* gem. section 174 CA 2006 ist nach herrschender Meinung dem Gesellschaftsrecht zuzuordnen. Dafür spricht insbesondere, dass auch sie bereits außerhalb der Insolvenz der Gesellschaft eingreift.[564] Schließlich steht bei dieser Pflicht ebenfalls das Innenverhältnis der Gesellschaft im Vordergrund. Die Interessen außenstehender Dritter werden nur nachrangig geschützt. Folglich ist auch diese Pflicht grundsätzlich auf den *director* einer in Deutschland ansässigen *Limited* anzuwenden.[565]

---

561 *Dine/Koutsias*, S. 194; *Loose/Griffiths/Impey*, S. 278; *Lowry/Dignam*, S. 379.

562 *Bourne*, S. 176; u. 194; *Dine/Koutsias*, S. 195; *Loose/Griffiths/Impey*, S. 278, *Palmer's Company Law*, S. 184 f.; *Steffek*, GmbHR 2007, 810 (814).

563 Dies ist insbesondere dann problematisch, wenn man davon ausgeht, dass die im CA 2006 eingeführten Pflichten, das jeweilige *common law* und die *equity* Prinzipien lediglich widergeben, diese aber nicht modifizieren sollen.

564 *Schall*, DStR 2006, 1129 (1231).

565 So auch *Wietz*, S. 74; *Worms*, S. 211.

III. Die director's duties in der Insolvenz

Einige der zuvor dargestellten Pflichten ändern sich ganz erheblich, wenn sich die Gesellschaft in der Nähe zu einer Insolvenz oder in der Insolvenz befindet.[566] In diesen Fällen haben insbesondere die Kreditoren ein gesteigertes Interesse an dem weiteren wirtschaftlichen Vorgehen der Gesellschaft. Durch die Änderungen des Pflichtenumfangs sollen sie davor geschützt werden, dass eine Gesellschaft weitere Geschäfte tätigt, ohne in der Lage zu sein, die gegenüber den Kreditoren eingegangen Verbindlichkeiten auch erfüllen zu können.[567]

Besondere Pflichten für den *director* finden sich darüber hinaus in section 213 IA 1986 und section 214 IA 1986. Sie wurden durch die Reform des CA 2006 zwar nicht geändert, sollen aber hier, für einen vollständigen Überblick über die Hauptpflichten eines *directors* in der Insolvenz, kurz abgebildet werden.[568] Trotz ihrer gesonderten Regelung im IA 2006 stellen sie einen grundlegenden Bestandteil der allgemeinen Pflichten für *directors* dar. Wichtig ist in diesem Zusammenhang ferner, dass die beiden Normen dem *director* bzw. dem Insolvenzverwalter nicht nur bestimmte Pflichten auferlegen, sondern auch die strikte Trennung zwischen der Gesellschaft als solcher und dem *director* aufheben.[569] Mittels der Androhung der persönlichen Haftung in der (drohenden) Insolvenz will man auch ein gesetzeskonformes Verhalten erreichen.[570]

1. Wrongful trading – section 214 Insolvency Act 1986

Größere Bedeutung, insbesondere im Hinblick auf die Neuausrichtung der *director's duties* im Fall der Insolvenz, kommt section 214 IA 1986 zu.[571] Die Norm verlangt von einem *director*, im Falle der Insolvenz alles zu unternehmen, was den

---

566 Grundlegend ist hierfür die Entscheidung *Walker v Wimborne* [1976] 50 ALJR, 446 ff.

567 Die Maßgeblichkeit der Gläubigerinteressen führt jedoch nicht zu einer Pflicht des *directors* gegenüber den Gläubigern, sondern es bleibt bei der Pflicht gegenüber der Gesellschaft, *Weiß*, S. 115 m.w.N.

568 Eine dem deutschen Recht vergleichbare Insolvenzantragspflicht kennt das englische Recht nicht, vgl. *Weiß*, S. 110 ff. m.w.N.

569 *Piercing* oder *lifting the corporate veil.*

570 Zu derartigen grundsätzlichen Bestrebungen des englischen Gesellschaftsrechts sogleich unter § 11 I.3.

571 Hierzu *Goode*, Rn. 14–27 ff.; *Hannigan*, Rn. 25–18 ff.; *Mayson/French/Ryan*, S. 710 ff. Ausführlich zur Haftung für *wrongful trading* auch *Müller*, S. 193 ff.; *Otte*, S. 126 ff.; *Redeker*, S. 79 ff. j.m.w.N.

Verlust der Kreditoren minimiert.[572] Sie stellt damit eine eigene Sorgfaltspflicht des *directors* auf. Der in section 214(4) IA 1984 verlangte *standard of knowledge and skill* entspricht ferner dem seit der Reform in section 174(2) CA 2006 verlangten objektiven Sorgfaltsstandard.[573] Allerdings haben nur wenige englische Gerichte die Norm bei ihrer Entscheidungsfindung bislang herangezogen.[574]

2. Fraudulent trading - section 213 Insolvency Act 1986

Section 213 IA 1986 ist die zivile Haftungsgrundlage für das sog. *fraudulent trading*.[575] Während des Insolvenzverfahrens dürfen *directors* keine Geschäfte für die Gesellschaft, in der Absicht die Kreditoren zu schädigen, tätigen. Problematisch ist allerdings, dass dem *director* ein *dishonest intent*, also eine Betrugsabsicht nachgewiesen werden muss; ein Nachweis, der in der Praxis häufig nur schwer zu erbringen ist. Hat ein *director* daher „lediglich" grob fahrlässig gehandelt, so ist section 213 IA 1986 nicht anwendbar.[576] Dementsprechend kommt der Norm auch kaum eine praktische Bedeutung zu.[577]

3. Duty for the benefit of the creditors

Zwar stellen die sections 170(1) und 172 CA 2006 ausdrücklich klar, dass die Pflichten des *directors* nicht gegenüber Dritten, sondern nur gegenüber der Gesellschaft bestehen;[578] jedoch soll der *director* gem. section 172(3) CA 2006 im Falle der Insolvenz auch zur Wahrung von Gläubigerinteressen verpflichtet

---

572 Zu den Tatbestandsvoraussetzungen *Worms*, S. 184 ff. m.w.N. zur englischen und deutschen Literatur.

573 Vgl. zuvor § 4 II.1.

574 Hierzu *Dine/Koutsias*, S. 323; *Just*, Limited, Rn. 185; *Keay/Murray*, International Insolvency Review 2005, 27 (50 f.); *Keay*, Legal Studies 2005, 431 (445 f.). Siehe ferner auch *Pattberg*, S. 44 ff.; *Worms*, S. 188 j.m.w.N. *Ringe/Otte*, in: Englisches Handels- und Wirtschaftsrecht, S. 272 halten eine Zunahme der Bedeutung dieses Haftungstatbestandes in Zukunft aber für möglich.

575 Eine entsprechende strafrechtliche Haftung findet sich in section 993 CA 2006, hierzu *Hannigan*, Rn. 25–13 ff. Zum Tatbestand des *fraudulent trading* siehe *Goode*, Rn. 14–21 ff.; *Gräfe*, S. 102; *Hannigan*, Rn. 25–8 ff.; *Mayson/French/Ryan*, S. 705 ff.; *Müller*, S. 187 ff.; *Otte*, S. 125.

576 *Goode*, Rn. 14–24.

577 *Dine/Koutsias*, S. 321; *Just*, Limited, Rn. 181 ff.; *Gräfe*, S. 105 f. j.m.w.N.

578 Hierzu *Dignam/Lowry*, S. 313 ff.; *Hannigan*, Rn. 7–14 ff.; *Mayson/French/Ryan*, S. 480 f. j.m.w.N.

sein.[579] Die allgemeine fallrechtliche *duty to act bona fide in the interests of the company* soll somit zur einer *duty for the benefit of the creditors* werden,[580] die aber wiederum nur gegenüber der Gesellschaft besteht.[581] Wann allerdings genau der Zeitpunkt eintritt, ab dem sich die Interessen der Gesellschaft nach den Interessen der Gläubiger bestimmen, ist bislang nicht abschließend geklärt.[582] Entscheidend ist, dass aus einer Verletzung dieser Pflicht ein eigenständiger Schadensersatzanspruch folgt.[583]

Ebenfalls ungeklärt ist, inwieweit der *director* im Einzelnen den Interessen der Gläubigergesamtheit überhaupt nachkommen muss. Insbesondere wurde bei der Ausgestaltung des CA 2006 einer weitergehenden Entwicklungsbedürftigkeit des diesbezüglichen Richterrechts Rechnung getragen.[584] So hat sich der englische Gesetzgeber im Zuge des Reformvorhabens nicht zu einer entsprechenden Kodifizierung einer solchen Pflicht durchringen können.[585] Weitere Entwicklungen dieser Pflicht sowie mögliche Auswirkungen des CA 2006 bleiben abzuwarten.[586]

4. Unanwendbarkeit des englischen Insolvenzrechts in Deutschland

Können diese besonderen *director's duties* in Insolvenznähe in England möglicherweise auch effektive Institute des Gläubigerschutzes darstellen, so müssten diese auch auf den *director* einer in Deutschland ansässigen *Limited* anwendbar

579 Gemeint sind damit jedoch nicht einzelne Gläubigerinteressen, sondern die Interessen der Gläubigergesamtheit. Unberührt bleibt damit anscheinend die Leitentscheidung *West Mercia Safetywear Ltd. v Dodd* (1988) BCLC 250. Das Erfordernis der Berücksichtigung von Gläubigerinteressen im Rahmen der *fiduciary duties* wurde maßgeblich von australischen und neuseeländischen Gerichten entwickelt, siehe dazu *Hannigan*, Rn. 7–17 ff. u. 9–41 ff.; *Gräfe*, DZWIR 2005, 410 (413) j.m.w.N.

580 Hierbei handelt es sich um eine ungeschriebene *common law* Haftung. Umfassend zu dieser Pflicht und deren Voraussetzungen *Schall*, S. 264 ff.; *ders.*, DStR 2006, 1229 ff. j.m.w.N. auch zur englischen Rechtsprechung. Siehe ferner *Sealy/Worthington*, S. 307 f.

581 *Goode*, Rn. 14–20; *Schall*, DStR 2006, 1229 (1229 f.); *ders.*, ZIP 2005, 965 (968); *Habersack/Verse*, ZHR 168 (2004), 174 (199 ff.).

582 *Gräfe*, DZWIR 2005, 410 (413) m.w.N.

583 Zu dessen Voraussetzungen ausführlich *Schall*, DStR 2006, 1229 ff. m.w.N. Nach *Wietz*, S. 85 u. 247 ff. soll es sich bei dem Anspruch um das englische Pendant zur deutschen Existenzvernichtungshaftung handeln.

584 *Steffek*, GmbHR 2007, 810 (812). Nach *Gloger/Goette/van Huet*, DStR 2008, 1194 (1195) soll die Haftung nur nachrangig eingreifen.

585 *Hannigan*, Rn. 9–45 m.w.N.; *Witt*, ZGR 2009, 872 (903).

586 Siehe hierzu auch *Pattberg*, S. 48 ff. m.w.N.

sein. Wie oben ausgeführt, ist nach überwiegend vertretener Meinung bei in Deutschland ansässigen *Limiteds* gem. Art. 3 Abs. 1, 4 Abs. 1 EuInsVO das Insolvenzverfahren grundsätzlich in Deutschland zu eröffnen und deutsches Insolvenzrecht zur Anwendung berufen.[587] Auch die insolvenzrechtlichen Pflichten können sich in diesem Fall allein aus dem deutschen Recht, als dem Recht des Staates, dessen Gerichte für die Eröffnung eines Hauptinsolvenzverfahrens zuständig sind, ergeben.[588]

Eine daneben bestehende Anwendbarkeit der sich aus section 213 IA 1986 und section 214 IA 1986 ergebenden Pflichten des *directors* ließe sich somit nur begründen, wenn diese als gesellschaftsrechtlich zu qualifizieren wären. Nach herrschender Meinung im Insolvenz- und Gesellschaftsrecht sind die sich aus section 213 IA 1986 und section 214 IA 1986 ergebenden Pflichten jedoch als insolvenzrechtlich zu qualifizieren.[589] Schließlich erfolgt deren Geltendmachung in der Insolvenz gem. section 212 IA 1986 ausschließlich durch den *liquidator*. Darüber hinaus werden *fraudulent* und *wrongful trading* auch im englischen Recht grundsätzlich als insolvenzrechtliche Haftungstatbestände angesehen[590] und im IA 1986 gesetzlich verortet.[591] Section 213 IA 1986 und section 214 IA 1986 lassen sich bei einem *director* einer *Limited* mit Sitz in Deutschland folglich nicht durch deutsche Gerichte geltend machen.

Umstritten ist dagegen, ob dies auch für die nicht kodifizierte *duty for the benefit of the creditors* gilt. Während die herrschende Meinung diese Pflicht trotz der Einbeziehung von Gläubigerinteressen weiterhin als eine gesellschaftsrechtliche

587 Siehe zuvor § 3 II.4.

588 *Weiß*, S. 201.

589 *Höhne*, S. 278 f.; *Redeker*, S. 245 ff.; *Weiß*, S. 113 f. u. 200; *Wietz*, S. 79; *Worms*, S. 212 f.; *Eidenmüller*, NJW 2005, 2618 (2621); *Fröhlich/Strasser*, ZIP 2006, 1182 (1183); *Habersack/Verse*, ZHR 168 (2004), 174 (207); *Lawlor*, NZI 2005, 432 (434 u. 436); *Lieder*, DZWiR 2005, 399 (408); *Mock*; EWiR 2005, 425 (426); *Müller/Weiß*, AnwBl 2007, 247 (249 u. 250 f.); *Schall*, DStR 2006, 1229 (1232 u. 1234); *ders.*ZIP 2005, 965 (972); *Schillig*, ZvglRWiss 106 (2007), 299 (329 f.); *Wilk/Stewen*, wistra 2011, 161 (168 f.). Eine gesellschaftsrechtliche Qualifikation befürworten hingegen *Labinski*, S. 147 f.; *Gräfe*, DZWIR 2005, 410 (412); *Greulich/Bunnemann*, NZG 2006, 681 (682); *Krüger*, ZinsO 2007, 861 (866); *Riegger*, ZGR 2004, 510 (527); *Römermann*, NJW 2006, 2065 (2068 f.); *J. Schmidt*, ZinsO 2006, 737 (742); *Schumann*, DB 2004, 743 (747 f.); *Ulmer*, KTS 2004, 291 (301). Offen *Bayer*, in: Lutter/Hommelhoff, Anh II zu § 4a GmbHG Rn. 61; *Buchmann*, S. 60 f.

590 Siehe *Schall* ZIP 2005, 965 (972) m.w.N. zum englischen Recht.

591 *Lawlor*, NZI 2005, 432 (434).

Pflicht ansieht,[592] will insbesondere *Weiß* sie als insolvenzrechtliche Pflicht qualifizieren.[593] Immerhin könne diese in der Insolvenz auch nur durch den *liquidator* durchgesetzt werden. Dies hätte zur Folge, dass die *duty for the benefit oft creditors*, ebenso wie die sich aus dem IA 1986 ergebenen Pflichten, nicht auf den *director* einer in Deutschland ansässigen *Limited* anwendbar wäre. Folgt man dagegen der ganz vorherrschenden Meinung im Insolvenz- und Gesellschaftsrecht, so sind sowohl die *duty for the benefit of the creditors* als auch der Anspruch daraus gesellschaftsrechtlich zu qualifizieren und damit auf den *director* einer in Deutschland ansässigen *Limited* grundsätzlich anwendbar.

IV. Ergebnis zu § 4

Kurz gestreift wurden die wichtigsten Pflichten des *directors*, die im Rahmen der Bestimmung des Merkmals der Verletzung einer Vermögensbetreuungspflicht bei § 266 StGB von Bedeutung sein könnten. In der strafrechtlichen Diskussion in Deutschland befassen sich nur wenige Beiträge mit diesen gesellschaftsrechtlichen Pflichten des *directors* und wenn, dann oftmals nur am Rande.[594] In dem Urteil des *AG Stuttgart* findet man sogar den unzureichenden allgemeinen Hinweis auf die *„anwendbaren englischen gesetzlichen Vorschriften“*.[595] Herangezogen wird ferner – wenn überhaupt – zumeist nur deutsche Sekundärliteratur, englische Quellen hingegen nur äußerst selten. Auch scheinen die Reform des englischen Gesellschaftsrechts und das Inkrafttreten des CA 2006 an der strafrechtlichen Diskussion teilweise völlig vorbeigegangen zu sein.[596] Die sich aus

---

592 So die ganz herrschende Meinung *Schall*, DStR 2006, 1229 (1229); *ders.* ZIP 2005, 965 (968 u. 973); *ders.* EBLR 2005, 1534 (1550); *Schillig*, ZVglRWiss 1006 (2007), 299 (330 f.). Siehe auch die zahlreichen Nachweise bei *Weiß*, S. 116 Fn. 395.

593 *Weiß*, S. 116 u. 202.

594 So gehen *Mankowski/Bock*, ZStW 120 (2008) 704 (757) – unzutreffend – von der möglichen Verletzung einer Pflicht aus section 156 CA 2006 aus. Diese Norm betrifft im weiteren Sinne die Ernennung und Abbestellung eines *directors*. Sie stellt aber keine Pflicht dar, der im Rahmen einer Vermögensbetreuungspflicht Bedeutung zukommen könnte.

595 *AG Stuttgart*, wistra 2008, 226 (228).

596 So verweist *Fischer*, StGB, § 266 Rn. 101 – auch in der aktuellen Kommentarauflage 2012 – bezüglich der *fiduciary duties* lediglich auf die Aufsätze von *Maul/Schmidt*, BB 2003, 2297 ff. und *Heinz*, AnwBl 2005, 417 ff. Zum einen handelt es sich hierbei nicht einmal um englische Primärliteratur und zum anderen behandeln beide Beiträge die *director's duties* nur überblickartig auf Grundlage des mittlerweile veralteten CA 1985. Auch *Hellmann/Beckemper*, Wirtschaftsstrafrecht, Rn. 377; *dies.* Fälle

der oben dargestellten Rechtsprechung des *EuGH* zur Niederlassungsfreiheit ergebende Konsequenz, gesellschaftsrechtliche Pflichten nach dem Gründungsrecht zu prüfen, wird offensichtlich nicht im erforderlichen Umfang umgesetzt.

Die Darstellung der englischen Geschäftsleiterpflichten zeigt, dass diese durchaus anders als im deutschen Gesellschaftsrecht ausgestaltet sind. Neben zahlreichen formellen Pflichten[597] hat ein *director* im englischen Gesellschaftsrecht insbesondere die allgemeinen *director's duties* zu beachten. Diese sind nun erstmalig im CA 2006 kodifiziert worden. Allerdings handelt es sich dabei zumeist um offene Tatbestände, die nach allgemeiner Meinung der englischen Kommentatoren weiterhin der Ausfüllung mittels des entsprechenden *case-law* sowie einer Beachtung der *common law* und *equity*-Grundsätze bedürfen. Inwieweit sich diese Prinzipien und die neuen gesetzlichen Regelungen an den oben aufgezeigten Stellen gegenseitig bedingen, ist allgemein noch ungeklärt. Es verwundert daher nicht, dass zahlreiche Regelungen des CA 2006 bereits Gegenstand einer wissenschaftlichen Diskussion in England sind, bestehen doch auch weiterhin erhebliche Unsicherheiten für die *company directors*. Fehl geht mithin auch die in der deutschen strafrechtlichen Literatur teilweise zu lesende pauschale Behauptung, dass sich die zur Klärung der Untreuestrafbarkeit nach englischem Recht zu bestimmende Pflichtenstellung des Organmitglieds nicht wesentlich von den Pflichten des deutschen Gesellschaftsrechts unterscheiden würde.[598]

Während sämtliche *fiduciary duties* sowie die *duty to exercise reasonable care, skill and diligence* als gesellschaftsrechtlich zu qualifizieren und damit auch auf den *director* einer in Deutschland ansässigen *Limited* anwendbar sind, gilt dies nicht für die sich aus section 213 IA 1986 und section 214 IA 1986 ergebenden Pflichten des *directors* in Insolvenznähe. Nach bislang ganz herrschender Meinung im Insolvenz- und Gesellschaftsrecht sind diese als insolvenzrechtlich zu qualifizieren und aufgrund des sich aus Art. 3 Abs. 1, 4 Abs. 1 EuInsVO ergebenden *lex fori* Prinzips nicht auf den *director* einer in Deutschland ansässigen *Limited* anwendbar. Die im Zusammenhang mit der Krise dem *director* obliegende *common law duty for the benefit of the creditors* soll hingegen nach überwiegend vertretener Auffassung als eine gesellschaftsrechtliche Pflicht anzusehen sein. Auch diese wäre dann auf den *director* einer in Deutschland ansässigen *Limited* anwendbar. Vor dem Hintergrund der hier untersuchten Untreuestrafbarkeit ist

---

zum Wirtschaftsstrafrecht, Rn. 468 verweisen noch in ihrer 3. bzw. 2. Auflage bzgl. englischer Kapitalerhaltungsvorschriften auf den CA 1985.

597 Siehe *Just*, Limited, Rn. 167 ff. m.w.N.

598 So aber *Müller-Gugenberger*, in: Müller-Gugenberger/Bieneck, § 23 Rn. 118.

bereits an dieser Stelle darauf hinzuweisen, dass durch diese Pflicht ausdrücklich Gläubigerinteressen geschützt werden.

Die notwendigen Überlegungen zu der europäischen Niederlassungsfreiheit sowie zum englischen Gesellschaftsrecht ermöglichen nun den Blick auf das Strafrecht. Letztere leiten insbesondere zur tatbestandlichen Ausgestaltung des Untreuetatbestandes sowie den Voraussetzungen der Verletzung einer Vermögensbetreuungspflicht gegenüber einer in Deutschland ansässigen *Limited* durch deren *director* über.

Teil 2: Die Limited und der Untreuetatbestand

§ 5 Kritische Bestandsaufnahme

Das deutsche Strafrecht kennt keine Strafbarkeit juristischer Personen.[599] Besondere Bedeutung kommt mithin der Strafbarkeit der für das Unternehmen handelnden natürlichen Personen zu. Betrachtet man allerdings die zuvor dargestellten Auswirkungen der Rechtsprechung zur europäischen Niederlassungsfreiheit, so scheinen diese im Hinblick auf die Strafbarkeit des *directors* einer in Deutschland handelnden *Limited* weitgehende Folgen zu haben, die eine Übertragung der für die Gesellschaftsform der GmbH entwickelten Grundsätze gänzlich ausschließen könnten.

Insbesondere im Bereich des Wirtschaftsstrafrechts[600] enthalten strafrechtliche Normen häufig Rechtsbegriffe, die nach zivilrechtlichen Vorschriften zu beurteilen sind. Rechtstechnisch vollzieht sich diese Inbezugnahme des Privatrechts neben der Auslegung strafrechtlicher Begriffe über normative Tatbestandsmerkmale und Blanketttatbestände.[601] Besonders deutlich wird dies beim Untreuetatbestand, der mit dem Merkmal der *„Verletzung einer Vermögensbetreuungspflicht“* auf bestehende Pflichtenstellungen außerhalb des Strafrechts verweist.[602] Insofern ist er akzessorisch.[603] Handelt es sich um Fälle

599 *Heine*, in: Schönke/Schröder, Vorbem. §§ 25 ff. StGB Rn. 119. Anders aber im Ordnungswidrigkeitenrecht, wo nach § 30 Abs. 1 OwiG Kapitalgesellschaften auch für Delikte ihrer Organe haften. Umfassend zur Strafbarkeit von Unternehmen *Kirch-Heim*, passim. Siehe aber auch die sich aufgrund europäischer Vorgaben ergebenden Neuerungen gem. Art 7 des Rahmenbeschlusses des Rates zur Terrorismusbekämpfung vom 13.06.2002 sowie Art. 6 f. RL 2008/99/EG des Europäischen Parlaments und des Rates über den strafrechtlichen Schutz der Umwelt vom 19.11.2008. Anders ist dies im englischen Strafrecht geregelt, wonach eine Strafbarkeit juristischer Personen grundsätzlich in Betracht kommen kann, vgl. *Hannigan*, Rn. 3–89 ff. m.w.N.

600 Zum Begriff des Wirtschaftsstrafrechts und den unterschiedlichen Definitionsansätzen siehe *Dannecker* in: Wabnitz/Janovsky, Kap. 1 Rn. 5 ff.; *Rönnau*, ZStW 119 (2007), 887 (895 ff.), j.m.w.N. Zur Frage, ob § 266 StGB aus rechtsdogmatischer Sicht überhaupt als ein Delikt des Wirtschaftsstrafrechts bezeichnet werden kann, umfassend *Rönnau*, ZStW 119 (2007), 887 ff.

601 Dies ist historisch aus dem Ursprung des Wirtschaftsstrafrechts als Strafrecht für Not und Krisenzeiten zu erklären, siehe *Tiedemann*, Wirtschaftsstrafrecht AT, Rn. 99 m.w.N.

602 *Ransiek*, AG 2009, 782 (782 f.).

603 *BGHSt* 50, 331 (335 f.) (*Mannesmann*); 47, 295 (297); *LG Düsseldorf*, NJW 2004, 3275 (3276); *Dierlamm*, in: MüKo, § 266 StGB Rn. 152 f.; *Dittrich*, S. 31 ff.; *Bosch/*

mit Auslandsbezug, so stellt sich die grundlegende Frage, ob auch ausländische Normen zur Ausfüllung eines akzessorischen Tatbestandes heranzuziehen sind. An dieser Schnittstelle zwischen Zivil- und Strafrecht ergeben sich teilweise bereits bekannte – bislang nicht gelöste – sowie völlig neue Probleme.

I. Geltungsbereich des deutschen Strafrechts

Ist der Untreuetatbestand auch wie ein universell anwendbares „Weltgesetz" formuliert,[604] so setzt jede Anwendung eines Tatbestandes des deutschen Strafgesetzbuchs voraus, dass der zu prüfende Sachverhalt der deutschen Strafgewalt unterliegt und das deutsche Strafrecht auf ihn anwendbar ist.[605] Es geht somit um den Geltungsbereich von Gesetzen, der dem räumlichen Herrschaftsbereich des gesetzgebenden Staats entspricht.[606] Die als „Internationales Strafrecht" bezeichneten[607] Vorschriften der §§ 3 ff. StGB legen dabei fest, ob eine Tat, die einen fremdstaatlichen Bezug aufweist, der deutschen Strafgewalt unterliegt. Geregelt wird somit das „Ob" der Strafbarkeit. Die Ausübung der inländischen Strafgewalt bedarf dabei stets der Existenz eines legitimierten Anknüpfungspunktes.[608] Dies ist beispielsweise ein Tatort in Deutschland, die deutsche

---

Lange, JZ 2009, 225 (226); *Brammsen*, ZIP 2009, 1504 (1506); *Hoffmann*, in: Deutsches Gesellschaftsrecht im Wettbewerb der Rechtsordnungen, S. 227, 252; *Kubiciel*, NStZ 2005, 353 (353 u. 358); *Radtke*, GmbHR 2008, 729 (730 u. 731); *Ransiek*, ZStW 116 (2004), 634 (640 ff.); *Ransiek/Hüls*, ZGR 2009, 157 (161 f); *Rönnau*, in: FS-Tiedemann, S. 713, 725 f.; *ders.* ZStW 119 (2007), 887 (906); *ders.* ZGR 2005, 832 (853 f.); *ders./Hohn*, NStZ 2004, 113 (114); *Saliger*, HRRS 2006, 10 (14). Einen von dieser Akzessorietätsthese abweichenden Ansatz (sog. „*Typuslehre*") vertritt hingegen *Schünemann*, in: LK, § 266 StGB Rn. 17 ff. u. 68; *ders.* NStZ 2005, 473 ff.; kritisch hierzu *Rönnau*, ZStW 119 (2007), 887 (906 f.).

604 Vgl. die Formulierung „*Wer die ihm [...]*". Vom Wortlaut umfasst ist damit die gesamte Menschheit.

605 *BGH*St. 34, 334 (335 f.); 27, 30 (31 f.); *Mankowski/Bock*, ZStW 120 (2008), 704 (738 f.). Die umfassende Weltgeltung des Wortlauts wird somit auf ein praktikables Maß zurückgeführt. Zunächst nicht beachtet wird an dieser Stelle der Arbeit ein möglicher Anwendungsvorrang des europäischen Unionsrechts, dazu unter § 10.

606 Zum Geltungsbereich siehe *Mankowski/Bock*, ZStW 120 (2008), 704 (708) m.w.N.

607 Zum Begriff des Internationalen Strafrechts *Liebelt*, S. 9 ff. m.w.N. Unter Verwendung dieser Bezeichnung z. B. *Ransiek/Hüls*, ZGR 2009, 157 (175); *Schlösser*, wistra 2006, 81, (84). Ferner *Eser*, in: 50 Jahre Bundesgerichtshof, S. 3 ff., der aber die Bezeichnung als „*transnationales Strafrecht*" grundsätzlich für treffender hält.

608 *BGH*St. 34, 334 (335 f.); 27, 30 (31 f.). Einen Überblick über die entsprechende Rechtsprechung findet sich bei *Eser*, in: 50 Jahre Bundesgerichtshof, S. 3 ff. m.w.N.

Staatsangehörigkeit des Täters bzw. des Opfers oder der bezweckte Schutz besonderer deutscher oder universeller Rechtsgüter.

Die Bezeichnung als „Internationales Strafrecht" ist jedoch irreführend. Schließlich geht es hierbei nicht um die Auflösung einer Kollision zwischen mehreren Strafrechtsordnungen, sondern vielmehr darum, den Anwendungsbereich des deutschen materiellen Strafrechts festzulegen.[609] Der Begriff des „Internationalen Strafrechts" ist daher als zu unpräzise abzulehnen. Die Bezeichnung als Strafanwendungsrecht bietet sich eher an.[610] Dadurch wird auch ein wesentlicher Unterschied zwischen dem deutschen Strafanwendungsrecht und dem deutschen Internationalen Privatrecht deutlich: Während die §§ 3 ff. StGB die Frage regeln, ob die deutsche Strafgewalt für eine bestimmte Fallgestaltung überhaupt gegeben ist, bezeichnen die Artikel des EGBGB lediglich die jeweils anzuwendenden Normen, soweit ein Rechtsverhältnis Anknüpfungspunkte zu anderen Rechtsordnungen aufweist.[611] Allerdings wird im Rahmen der Diskussion zur Fremdrechtsanwendung im Strafrecht der Begriff des „Internationalen Strafrechts" von Rechtsprechung und Literatur immer wieder bemüht.

1. Reichweite des Untreuetatbestandes

Bei Sachverhalten mit Auslandsbezug ist grundsätzlich die Reichweite des betroffenen Strafrechtstatbestands zu klären.[612] Dabei geht es um die Frage, ob

---

609 *Satzger*, Internationales und Europäisches Strafrecht, § 3 Rn. 4. Fehlt es an den Voraussetzungen der §§ 3 ff. StGB, so liegt ein Prozesshindernis vor.

610 So *Eser*, in: Schönke/Schröder, Vorbem. §§ 3–9 StGB Rn. 6; *Satzger*, Internationales und Europäisches Strafrecht, § 3 Rn. 4; *Rönnau*, ZGR 2005, 833, (838 Fn. 33). Gegen die Auffassung als bloßes Strafanwendungsrecht aber *Liebelt*, S. 150 f.; S. 193 u. S. 265.

611 *Liebelt*, S. 30.

612 *BGHSt* 29, 85 (88 f.); 21, 277. Dabei ist die Reihenfolge der Prüfung der Schutzbereichsbestimmung und der §§ 3 ff. StGB umstritten. Nach einer Auffassung ist zunächst der Schutzumfang des deutschen Tatbestands zu klären, so *Eser*, in: Schönke/Schröder, Vorbem. §§ 3–9 StGB Rn. 31 ff.; *ders*, in: 50 Jahre Bundesgerichtshof, S. 3, 8 ff. j.m.w.N; *Forkel*, S. 133 u. S. 176; *Liebelt*, S. 218 u. S. 228 ff.; *Nowakowski*, JZ 1971, 633 (634); *Walter*, JuS 2006, 870 (870). Nach anderer Ansicht sind zunächst die Prinzipien des Strafanwendungsrechts der §§ 3 ff. StGB zu klären und danach ist der Schutzbereich der konkreten Norm in Hinblick auf ausländische Rechtsgüter zu prüfen, siehe *Satzger*, Internationales und Europäisches Strafrecht, § 3 Rn. 12 f. m.w.N. In diesem Sinne auch *Mankowski/Bock*, ZStW 120 (2008), 704 (747 f. u. 758). Zur Reichtweite der einzelnen Tatbestände *Möhrenschläger*, in: Wabnitz/Janovsky, Kap. 3 Rn. 4 ff. m.w.N.

auch der Schutz ausländischer Rechtsgüter durch den jeweiligen Tatbestand im deutschen Recht gewährleistet werden soll.[613] Möglicherweise sind ausländische Rechtsgüter aus dem Schutzbereich bestimmter Tatbestände des StGB generell ausgenommen.[614] Allgemein unterschieden wird dabei zwischen Strafvorschriften, welche Individualrechtsgüter wie beispielsweise Leben, Gesundheit, Freiheit, Ehre, Vermögen oder Eigentum schützen, und Strafvorschriften, in denen es um den Schutz hoheitlicher bzw. überindividueller Interessen geht. Während erstere bei Inlandstaten grundsätzlich auch dann anwendbar sind, wenn der Rechtsgutsträger ein Ausländer ist,[615] wird bei den letztgenannten ein Schutz hoheitlicher bzw. überindividueller Interessen ausländischer Verwaltungen und Staatseinrichtungen nach allgemeiner Meinung grundsätzlich abgelehnt.[616] Geschützt werden überindividuelle Rechtsgüter nur, wenn ihr Träger die deutsche Rechtsgemeinschaft ist.[617]

Entscheidend für den Anwendungsbereich des Untreuetatbestandes ist somit das geschützte Rechtsgut. Eine inlandsbezogene Begrenzung enthält der Tatbestand hingegen nicht.[618] Geschützt wird nach ganz herrschender Meinung einzig und allein das Individualrechtsgut Vermögen.[619] Dieser Schutz gilt damit auch für ausländische Unternehmen, die in Deutschland Eigentum oder Vermögen haben bzw. sich in Deutschland wirtschaftlich betätigen.[620]

Im Ergebnis ist bei den in dieser Untersuchung betrachten Fällen – trotz Auslandsbezugs – der Schutzbereich des Untreuetatbestandes damit grundsätzlich berührt.

---

613 *Oehler*, Rn. 232; *Liebelt*, GA 1994, 20 (27 f.); *Mankowski/Bock*, ZStW 120 (2008), 704 (746).

614 Umfassend zu dieser Frage die Untersuchung von *Golombek*, S. 13 ff.

615 *Eser*, in: Schönke/Schröder, Vorbem. §§ 3–9 StGB Rn. 33; *Fischer*, Vor §§ 3–7 StGB Rn. 8; *Möhrenschläger*, in: Wabnitz/Janovsky, Kap. 3 Rn. 3 ff. j.m.w.N.; *Mankowski/Bock*, ZStW 120 (2008), 704 (746 f.); *Walter*, JuS 2006, 870 (870).

616 *BGH*St 29, 85 (89); *Eser*, in: Schönke/Schröder, Vorbem. §§ 3–9 StGB Rn. 34 ff.; *Fischer*, Vor §§ 3–7 StGB Rn. 8 u. 10; *Möhrenschläger*, in: Wabnitz/Janovsky, Kap. 3 Rn. 6.; *Mankowski/Bock*, ZStW 120 (2008), 704 (746); *Walter*, JuS 2006, 870 (870).

617 *Walter*, in: FS-Tiedemann, S. 969, 986. Kritisch zum Begründungsansatz der h.M. *Golombek*, S. 42 ff. m.w.N.

618 *Möhrenschläger*, in: Wabnitz/Janovsky, Kap. 3 Rn. 3 f.

619 Siehe statt vieler *Kindhäuser*, in: NK, § 266 StGB Rn. 1 m.w.N. Zu einer möglichen Verletzung dieses Grundsatzes sogleich im Rahmen des existenzvernichtenden Eingriffs § 6 III.2.b)aa)(1)(a).

620 So auch *Möhrenschläger*, in: Wabnitz/Janovsky, Kap. 3 Rn. 3; *Pattberg*, S. 252; *Stärk*, S. 138.

2. Anwendbarkeit auf Inlandstaten gemäß §§ 3, 9 StGB

Nach dem auf dem Territorialitätsprinzip[621] beruhenden § 3 StGB ist deutsches Strafrecht auf alle „*Taten anwendbar, die im Inland begangen werden.*" Wo die Tat begangen wird, ergibt sich wiederum aus § 9 StGB. Tatort ist danach sowohl der Ort der Handlung als auch der Ort des Erfolgseintritts.[622] Bei Unterlassungsdelikten wird als Tatort der Ort anerkannt, an dem der Täter die rettende Handlung hätte vornehmen müssen.[623] Daneben wird teilweise auch der Aufenthaltsort des Täters im Zeitpunkt des Unterlassens als Tatort angesehen.[624]

Subsumiert man hierunter nun die untreuerelevanten Handlungen des *directors* einer in Deutschland ansässigen *Limited*, ergibt sich ein inländischer Tatort immer dann, wenn der *director* in Deutschland eine ihm obliegende Vermögensbetreuungspflicht verletzt hat oder der Vermögensnachteil in Deutschland eingetreten ist.[625]

3. Anwendbarkeit auf Auslandstaten § 7 StGB

Unter der Prämisse, dass ein solcher Fall vorliegt, in dem kein Tatort in Deutschland gegeben ist,[626] wäre der Frage nachzugehen, ob sich die Anwendbarkeit des Untreuetatbestandes auch aus der Anwendung von § 7 StGB ergeben kann.[627] Die Norm kombiniert passives und aktives Personalitätsprinzip sowie den Grundsatz der stellvertretenden Strafrechtsrechtspflege.[628] Sie enthält somit drei Anknüpfungspunkte für den Fall, dass eine Tat im Ausland begangen wurde

621 Allgemein zum Territorialitätsprinzip *Werle/Jeßberger*, in: LK, Vor § 3 StGB Rn. 222 f. m.w.N.

622 Siehe zur Ubiquitätstheorie, die die vormals vertretene Tätigkeits- und Erfolgstheorie vereint, *Oehler*, Rn. 246 ff.

623 Siehe *Werle/Jeßberger*, in: LK, § 9 StGB Rn. 19 m.w.N.; *Walter*, JuS 2006, 870 (871).

624 Zu problematischen Fällen der Bestimmung des Tatorts siehe *Walter*, JuS 2006, 870 (871 ff.).

625 So auch *Radtke*, GmbHR 2008, 729 (732); *Ransiek/Hüls*, ZGR 2009, 157 (175 f.); *Schlösser*, wistra 2006, 81 (84); *Schumann*, ZIP 2007, 1189 (1194).

626 Sowohl der Handlungs- als auch der Erfolgsort liegen beispielsweise in England.

627 Eine Anwenbarkeit nach dem sog. „Weltrechtsprinzip" gem. §§ 5, 6 StGB scheidet offensichtlich aus, da weder der Untreuetatbestand noch andere gesellschaftsrechtliche Tatbestände hierunter fallen. Zum Weltrechtsprinzip *Satzger*, Internationales und Europäisches Strafrecht, § 5 Rn. 73 ff. m.w.N.

628 *Jeschek/Weigend*, S. 174 ff.

und *„die Tat am Tatort mit Strafe bedroht ist oder der Tatort keiner Strafgewalt unterliegt.“*[629]

In Betracht kommt in den hier untersuchten Fallkonstellationen insbesondere § 7 Abs. 2 Nr. 1 StGB. Diese Norm sieht die Anwendbarkeit des deutschen Strafrechts vor, wenn der Täter – der *director* der *Limited* – zur Zeit der Tat Deutscher war oder dies nach der Tat geworden ist.[630] Erforderlich ist weiter, dass die konkrete Handlung auch nach dem Recht des ausländischen Tatorts mit Strafe bedroht ist. Erfolgen muss somit die Subsumtion unter das Tatortstrafrecht. Ausreichend ist dabei allerdings, dass die Handlung unter irgendeinem Aspekt im Gründungsstaat England mit Strafe bedroht ist.[631]

4. Zwischenergebnis zur Anwendbarkeit des Untreuetatbestandes

Gegen die Anwendung des Untreuetatbestandes auf Handlungen des *directors* einer in Deutschland ansässigen *Limited* gem. §§ 3 ff. StGB bestehen keine prinzipiellen Bedenken.[632] Hiervon ist auch die bisherige Rechtsprechung in den sogleich näher untersuchten Entscheidungen zutreffend ausgegangen.[633]

Der Untreuetatbestand ist gem. §§ 3, 9 StGB zumindest immer dann anwendbar, wenn der *director* in Deutschland gehandelt hat oder der Erfolg seiner Handlung in Deutschland eingetreten ist.[634] Handelt es sich um einen ausschließlich

629 Nicht erforderlich soll dabei sein, dass sich die Strafbarkeit nach deutschem und ausländischem Tatortrecht decken. Die Strafbarkeit des konkreten Verhaltens nach dem Recht des Tatorts ist ausreichend, *Eser*, in: Schönke/Schröder, § 7 StGB Rn. 8 u. 17; *Fischer*, § 7 StGB Rn. 7. Siehe auch *Walter*, JuS 2006, 967 (968 f.).

630 Eine Anwendbarkeit nach dem Prinzip der stellvertretenden Strafrechtspflege gem. § 7 Abs. 2 Nr. 2 StGB scheint in den hier untersuchten Fallkonstellationen eher fernliegend.

631 *BGHSt* 42, 275 (277). Zur Ermittlung der Tatortstrafbarkeit bei § 7 StGB siehe *Satzger*, Internationales und Europäisches Strafrecht, § 5 Rn. 88 ff.; *Mankowski/Bock*, ZStW 2008, 704 (740 ff.) j.m.w.N. Zu möglichen englischen Straftatbeständen, die in den hier untersuchten Fällen der Funktion des Untreuetatbestandes entsprechen könnten, sogleich § 11 I.2.a).

632 Im Ergebnis so ebenfalls *Fischer*, § 266 StGB Rn. 101; *Lackner/Kühl*, § 266 StGB Rn. 20a; *Hinderer*, S. 147 f.; *Labinski*; S. 160; *Pattberg*, S. 252 f.; *Wietz*, S. 219; *Worm*, S 115; *Kienle*, GmbHR 2007, 696 (697 f.); *Ransiek/Hüls*, ZGR 2009, 157 (175); *Rönnau*, ZGR 2005, 832 (838); *Schlösser*, wistra 2006, 81 (85).

633 *BGH*, NStZ 2010, 632 (633); *LG Hamburg*, 611 KLs 11/08 (nicht veröffentlichtes Urteil); *AG Stuttgart*, wistra 2008, 226 (228 f.).

634 Siehe auch *BGH*, NStZ 2010, 632 (633); *LG Hamburg*, 611 KLs 11/08 (nicht veröffentlichtes Urteil); *Stärk*, S. 139; *Mankowski/Bock*, ZStW 120 (2008), 704 (756 f.);

ausländischen - beispielsweise englischen - Tatort, kommt eine Anwendbarkeit des Untreuetatbestandes gem. §§ 3, 7 Abs. 2 Nr. 1 StGB in Betracht, wenn der *director* der *Limited* bei Begehung der Tat Deutscher war oder es nach der Tat geworden ist.

II. Der Untreuetatbestand

Wegen Untreue macht sich strafbar, „*wer die ihm durch Gesetz, behördlichen Auftrag oder Rechtsgeschäft eingeräumte Befugnis, über fremdes Vermögen zu verfügen, missbraucht oder die ihm kraft Gesetzes, behördlichen Auftrags, Rechtsgeschäfts oder eines Treueverhältnisses obliegende Pflicht, fremde Vermögensinteressen wahrzunehmen, verletzt und dadurch dem Vermögen des Treugebers einen Nachteil zufügt.*" Der Tatbestand lässt sich damit - ohne auf die Abgrenzung zwischen dem sog. Missbrauchs- und dem sog. Treubruchtatbestand einzugehen - wie folgt darstellen: Die Verwirklichung des Tatbestandes setzt immer voraus, dass der Täter vorsätzlich seine Vermögensbetreuungspflichten durch pflichtwidriges Handeln verletzt und dadurch das ihm anvertraute Vermögen „von innen heraus" schädigt.[635] Dabei ist der Tatbestand allgemein gehalten und bezieht sich nicht auf eine bestimmte Rechtsform. Durch die besondere Verzahnung des Tatbestandes mit gesellschafts- und zivilrechtlichen Vorgängen lässt er sich in der Praxis allerdings nur äußerst schwer handhaben. Andererseits ist die praktische Relevanz des Untreuetatbestandes enorm hoch,[636] stellt doch die Untreue zu Lasten der GmbH die kriminalpolitisch wichtigste Erscheinungsform des § 266 StGB dar.[637] Vieles spricht dafür, dass dies in Zukunft auch für das Umfeld der *Limited* zutreffen wird.

Im Folgenden sollen die wesentlichen Elemente des Untreuetatbestandes kurz erläutert werden, um darauf aufbauend zu zeigen, welche Schwierigkeiten jeweils hinsichtlich des Vorliegens einer entsprechenden Vermögensbetreuungspflicht

---

Ransiek/Hüls, ZGR 2009, 157 (175 f.). Im Ergebnis ferner auch *Mosiek*, StV 2008, 94 (94 f.); *Richter*, in: FS-Tiedemann, S. 1023, 1035; *Schlösser*, wistra 2006, 81 (84 f.); *ders.* für die SE, NZG 2008, 126 (131). Für die Anwendbarkeit der §§ 283 ff. StGB hingegen *Schuhmann*, ZIP 2007, 1189 (1194).

635 *Schünemann*, in: LK, § 266 StGB Rn. 1; *ders.*, NStZ 2005, 473 (474); *Kindhäuser*, in: FS-Lampe, S. 709, 710; *Kubiciel*, NStZ 2005, 353 (355).

636 Siehe zum Ausmaß der Untreuekriminalität und zur allgemeinen Bedeutung von § 266 StGB *Fischer*, § 266 StGB Rn. 3; *Saliger*, in: SSW, § 266 StGB Rn. 5; *Seier*, in: HWSt, V 2 Rn. 4 ff. j.m.w.N. auf aktuelle Studien.

637 *Schünemann*, in: LK, § 266 StGB Rn. 2 f.

des *directors* gegenüber der *Limited* einerseits und deren Verletzung andererseits bestehen.

1. Die Grundstruktur

Von besonderer Bedeutung im Strafrecht ist stets das geschützte Rechtsgut.[638] Dieses wirkt sich auf die Tatbestandsauslegung, die Strafrechtsdogmatik sowie die Systembildung aus.[639] Nach allgemeiner Meinung soll der Untreuetatbestand allein das Vermögen des Treugebers schützen.[640] Damit handelt es sich bei der Untreue um ein klassisches Vermögensdelikt im engeren Sinne.[641] Gemeint ist damit stets das Vermögen des jeweiligen Treugebers. Handelt es sich bei dem Treugeber um eine juristische Person, so sind unmittelbar durch § 266 StGB nur die Vermögensinteressen dieser konkreten juristischen Person geschützt.[642] Die Interessen der Gesellschafter und der Gläubiger werden hingegen nicht in den Schutzbereich einbezogen.[643] Nicht geschützt durch den Untreuetatbestand sind ferner das besondere Vertrauensverhältnis zwischen dem Vermögensinhaber und dem mit der Vermögensfürsorge Beauftragten bzw. die allgemeine Redlichkeit des Geschäftsverkehrs[644] oder die Dispositionsfreiheit des Vermögensinhabers.[645]

---

638 Zum Rechtsgutsbegriff ausführlich *Rönnau*, Willensmängel bei der Einwilligung, S. 29 ff m.w.N.

639 Vgl. *Tiedemann*, Wirtschaftsstrafrecht BT, Rn. 12 ff.

640 *BGH*St 43, 293 (297); *BGH*, NJW 2000, 154 (155); *BGH*, wistra 1987, 216 (217); *BGH*, wistra 1983, 71; *Fischer*, § 266 StGB Rn. 2; *Hoyer*, in: SK, Stand: 123. Lfg., § 266 StGB Rn. 1 f.; *Kindhäuser*, in: NK, § 266 StGB Rn. 1; *Lackner/Kühl*, § 266 StGB Rn. 1; *Perron*, in: Schönke/Schröder, § 266 StGB Rn. 1; *Schünemann*, in: LK, § 266 StGB Rn. 23; *Seier*, in: HWSt, V 2 Rn. 10 j.m.w.N.; *Lassmann*, S. 48; *Brammsen*, ZIP 2009, 1504 (1505); *Kubiciel*, NStZ 2005, 353 (358); *Labsch*, Jura 1987, 343 (343); *Matt*, NJW 2005, 389 (390); *Rönnau*, in: FS-Amelung, S. 247, 259. Siehe insbesondere auch *Saliger*, in: SSW, § 266 StGB Rn. 1 m.w.N. zu der Gegenansicht, wonach neben dem Vermögen auch das Vertrauen in die Redlichkeit des Rechts- und Wirtschaftsverkehrs geschützt sein soll. Gegen diese Ansicht *Hoyer*, in: SK, Stand: 123. Lfg., § 266 StGB Rn. 3.

641 Statt vieler *Wessels/Hillenkamp*, Strafrecht BT 2, Rn. 4 f.

642 *Höf*, S. 28 ff. m.w.N.

643 *Fischer*, § 266 StGB Rn. 2; *Seier*, in: HWSt, V 2 Rn. 11.

644 *Fischer*, § 266 StGB Rn. 2; *Schünemann*, in: LK, § 266 StGB Rn. 23; *Seier*, in: HWSt, V 2 Rn. 11.

645 Bedenklich daher *BGH*St 43, 293 (299); kritisch hierzu *Saliger*, HRRS 2006, 10 (13); *ders.*, ZStW 112 (2000), 563 (589 ff.). Siehe hierzu auch *Hoyer*, in: SK, Stand: 123. Lfg., § 266 StGB Rn. 4.

Trotz seiner allgemeinen Fassung handelt es sich beim Untreuetatbestand um ein sog. Sonderdelikt.[646] Täter einer Untreue kann nur derjenige sein, der in einer der von § 266 StGB geforderten besonderen Beziehung zum fremden Vermögen steht; es muss sich also stets um den Vertretungsbefugten oder den Betreuungspflichtigen handeln.

Tathandlung des Untreuetatbestandes ist der Missbrauch bzw. die Verletzung einer Vermögensbetreuungspflicht. Die Struktur des Untreuetatbestandes besteht somit nach überwiegend vertretener Auffassung[647] aus zwei Tatbeständen und lässt sich allein historisch erklären.[648] Durch die Aufnahme der unterschiedlichen Erklärungsansätze der sog. „Missbrauchstheorie" und der sog. „Treubruchstheorie" in die Fassung von 1933 hat der Gesetzgeber versucht, diese beiden unterschiedlichen Positionen miteinander zu versöhnen.[649] Herkömmlicherweise werden diese Tatbestandsvarianten daher als Missbrauchs- und Treubruchstatbestand bezeichnet. Kern des Streits zwischen den beiden Theorien ist die Frage, worin das Wesen des Untreuetatbestandes besteht. Nach der Missbrauchstheorie soll die Untreue den Missbrauch einer gesetzlich oder vertraglich eingeräumten Machtstellung erfassen, während nach der Treubruchstheorie der Unrechtskern in der Verletzung einer Treuepflicht liegen soll.[650] Die Vereinigung dieser zweier Tatbestände in einem Untreuetatbestand hat jedoch nicht zu einem Ende der Auseinandersetzung darüber geführt. Vielmehr dreht sich der Streit nun um das Verhältnis der beiden Tatbestandsvarianten zueinander[651] und die damit zusammenhängende Frage, ob der Missbrauchstatbestand eine

646 *BGH* wistra 2009, 105; *BGH* NJW 2002, 1585 (1589); *Lackner/Kühl*, § 266 StGB Rn. 2; *Seier*, in: HWSt, V 2 Rn. 61; *Tiedemann*, GmbH Strafrecht, Vor §§ 82 ff. Rn. 13; *Brammsen*, ZIP 2009, 1504 (1505).

647 Zum Ganzen *Schünemann*, in: LK, § 266 StGB Rn. 4 ff.; *Samson/Günther*, in: SK, Stand: 39. Lfg., 5. Aufl., § 266 StGB Rn. 3 ff.

648 Zur Geschichte des allgemeinen Untreuetatbestandes *Seier*, in: HWSt, V 2 Rn. 14 ff. m.w.N. Speziell zur Organuntreue *Zech*, S. 29 ff. m.w.N.

649 Gesetz zur Änderung strafrechtlicher Vorschriften vom 26. Mai 1933, RGBl. I, S. 295 *„im Kampfe gegen Schiebertum und Korruption"*, vgl. *Schäfer*, DJZ 1933, 789 (794 f.).

650 Siehe *Kindhäuser*, in: FS-Lampe, S. 709, 713 ff. m.w.N.

651 Zur ganz herrschenden monistischen Untreuetheorie aus der Rechtsprechung: *BGH*St 50, 331 (342); 35, 224 (227); 33, 244 (250); 24, 386 (387). Aus der Literatur: *Dierlamm*, in: MüKo, § 266 StGB Rn. 21; *Fischer*, § 266 StGB Rn. 6; *Nelles*, S. 186 f. u. 218 ff.; *Gössel*; JR 1978, 469 (472 f.); *Hübner*, JZ 1973, 407 (410 f.); *Rönnau/Hohn*, NStZ 2004, 113 (114). Hingegen eine dualistische Auslegung des Untreuetatbestandes fordernd: *Otto*, Grundkurs Strafrecht, § 54 Rn. 8 ff.; *Labsch*, Jura 1987, 343 (346); *ders.*, NJW 1986, 106 ff.; *Ranft*, JuS 1988, 673 (673 f.); *Schlüchter*, JuS 1984, 675

Vermögensbetreuungspflicht voraussetzt.[652] Betrachtet man den Wortlaut der Norm, so ist aufgrund der doppeldeutigen grammatikalischen Struktur offen, ob sich der Satzteil *„[...] und dadurch dem, dessen Vermögensinteressen er zu betreuen hat, Nachteil zufügt“* auch auf § 266 Abs. 1 Fall 1 StGB bezieht.

Seit der grundlegenden Scheckkartenentscheidung des *BGH* wird allerdings in der Rechtsprechung auch für den Missbrauchstatbestand die Verletzung einer Vermögensbetreuungspflicht durch den Täter verlangt.[653]. Dem folgt auch der Großteil des deutschen Schrifttums.[654] Der Missbrauchstatbestand wird damit als *lex specialis* und der Treubruchstatbestand als der allgemeinere Tatbestand angesehen. Die Fälle des Missbrauchstatbestandes sind folglich vollständig im umfassenden Treubruchstatbestand enthalten. Der Unterschied der beiden Tatbestandsvarianten ist dann allein darin zu sehen, dass der Täter bei der Missbrauchsuntreue auf Grund einer nach außen wirksamen Verfügungs- oder Verpflichtungsbefugnis handelt und gegen eine ihm obliegende Pflicht aus dem Innenverhältnis verstößt, während er bei der Treubruchsuntreue „bloß“ seine im Innenverhältnis bestehende Vermögensbetreuungspflicht verletzt.[655] Allgemeiner Strafgrund der Untreue ist damit, wie von *Saliger* formuliert, *„die vorsätzliche pflichtwidrige und mit Vermögensnachteilen verbundene Ausübung einer anvertrauten internen Machtstellung in einer fremden Vermögenssphäre.“*[656] Vom

(676 f.); *Schröder*, JZ 1972, 707 (708). Nach *Kindhäuser*, in: FS-Lampe, S. 709, 710 ist der Streit um die richtige Auslegung des Tatbestandes noch nicht beendet.

652 Siehe hierzu umfassend *Dierlamm*, in: MüKo, § 266 StGB Rn. 14 ff.; *Hoyer*, in: SK, Stand: 123. Lfg, § 266 StGB Rn. 12 ff.; *Schünemann*, in: LK, § 266 StGB Rn. 18 f. j.m.w.N.

653 *BGH*St 24, 386 (387).

654 *Fischer*, § 266 StGB Rn. 21 ff.; *Hoyer*, in: SK, Stand: 123. Lfg., § 266 StGB Rn. 11; *Lackner/Kühl*, § 266 StGB Rn. 4; *Saliger*, in: SSW, § 266 StGB Rn. 7; *Samson/Günther*, in: SK, Stand: 39. Lfg., 5. Aufl., § 266 StGB Rn. 5; *Schmid*, in: Müller-Gugenberger/Bieneck, § 31 Rn. 24; *Seier*, in: HWSt, V 2 Rn. 163; *Krey/Hellmann/Heinrich*, Rn. 791 ff.; *Brammsen*, ZIP 2009, 1504 (1505); *Lassmann*, NStZ 2009, 473 (475). Das Erfordernis einer Vermögensbetreuungspflicht für den Missbrauchstatbestand weiterhin ablehnend aber *Perron*, in: Schönke/Schröder, § 266 StGB Rn. 2; *Labsch*, Jura 1987, 343 (344 ff.). Zum Verhältnis der Tatbestandsvarianten und den abweichenden Ansichten siehe auch *Fischer*, § 266 StGB Rn. 6 ff. m.w.N.

655 *BGH*, NStZ 2006, 210 (213); *Lackner/Kühl*, § 266 StGB Rn. 6 m.w.N.; *Brammsen*, ZIP 2009, 1504 (1505); *Rönnau/Hohn*, NStZ 2004, 113 (114). Kritisch zu dieser „Faustformel“-artigen Abgrenzung zwischen Missbrauchs- und Treubruchstatbestand *Schünemann*, NStZ 2006, 196 (202 f.).

656 So *Saliger*, S. 26; *ders.*, JA 2007, 326 (327); *ders.* HRRS 2006, 10 (17).

Ergebnis her ist die Abgrenzung von Missbrauchs- und Treubruchstatbestand folglich zweitrangig, Bedeutung kommt ihr an dieser Stelle dennoch für eine systematisch korrekte Darstellung des Untreuetatbestandes zu.

Der Missbrauchstatbestand § 266 Abs. 1 Fall 1 StGB soll vor der Inkongruenz zwischen dem „externen rechtlichen Können" und dem „internen rechtlichen Dürfen" schützen. Sein Zweck wird damit allgemein in dem „*Schutze von Rechtsbeziehungen, durch die einem Beteiligten rechtliches Können gewährt wird, das über das rechtliche Dürfen hinausgeht*" gesehen.[657] Der Vermögensinhaber soll vor einer ungewollten, aber im Außenverhältnis rechtlich wirksamen Bindung bewahrt werden.[658] Um diesem Schutzzweck des Tatbestandes gerecht zu werden, muss der Täter zu seiner Handlung zunächst rechtlich befugt sein. Neben der Verpflichtungsbefugnis[659] sieht das Gesetz auch die Befugnis des Täters vor, direkt wirksam über fremdes Vermögen zu verfügen. Diese Befugnisse können sich dem Wortlaut der Norm nach aus Gesetz, behördlichem Auftrag oder Rechtsgeschäft ergeben.[660] Im Ergebnis kommt es jedoch nicht darauf an, woraus sich die Befugnis des Täters genau ergibt; sie kann sich auch aus mehreren Entstehungsgründen ergeben.[661] Entscheidend ist einzig und allein, dass eine rechtliche Grundlage überhaupt existiert.

Ferner muss der Täter über fremdes Vermögen verfügen oder einen anderen verpflichten. Fremd ist das Vermögen dann, wenn es dem Täter nicht allein zugeordnet ist.[662] Nicht ausreichend soll ferner eine Rechtsmacht sein, die sich allein auf Rechtsschein oder Gutglaubensvorschriften zurückführen lässt.[663] Anders als beim Betrug[664] ist der Begriff der Verfügung in enger Anlehnung an das Zivilrecht zu verstehen.[665] Eine Verfügung liegt also nur vor, wenn der Täter auf ein bestehendes Recht einwirkt, indem er es aufhebt, inhaltlich ändert,

657 Vgl. *BGHSt* 5, 61 (63); *BGH* NJW 1984, 2539 (2540); *BGH* wistra 1988, 191 f.; *Perron*, in: Schönke/Schröder, § 266 StGB Rn. 18 ff. m.w.N.

658 Dazu *BGHSt* 5, 61 (63).

659 Zumeist eine eingeräumte Vertretungsmacht; ausführlich hierzu *Seier*, in: HWSt, V 2 Rn. 100 ff. m.w.N.

660 Siehe zu den Einzelheiten *Perron*, in: Schönke/Schröder, § 266 StGB Rn. 7 ff. Zu den Schwierigkeiten der genauen Abgrenzung vgl. *Labsch*, Jura 1987, 411 (413).

661 *Perron*, in: Schönke/Schröder, § 266 StGB Rn. 7.

662 Entscheidend ist damit die zivilrechtliche Zuordnung, *Seier*, in: HWSt, V 2 Rn. 101.

663 Vgl. *BGHSt* 5, 61 (62); *Perron*, in: Schönke/Schröder, § 266 StGB Rn. 4 m.w.N.

664 Zur Verfügung beim Betrugstatbestand siehe *Satzger*, in: SSW, § 263 StGB Rn. 87 ff. m.w.N.

665 *Samson/Günther*, in: SK, Stand: 39. Lfg., 5. Aufl., § 266 StGB Rn. 8.

belastet oder überträgt.[666] Rein faktische Einwirkungen auf fremde Rechtspositionen werden damit nicht erfasst.[667] In diesen Fällen kommt vielmehr eine Untreue in Form des Treubruchstatbestandes in Betracht. Die Verpflichtung ist hingegen die Übernahme einer Leistungspflicht,[668] beispielsweise durch den Abschluss von Verträgen, die Anerkenntnis von Schulden oder die Übernahme einer Bürgschaft.[669]

Weiter muss der Täter die ihm erteilte Verfügungs- oder Verpflichtungsbefugnis missbraucht haben. Die Tathandlung des Missbrauchs besteht in dem bestimmungswidrigen Gebrauch der Befugnis.[670] Entscheidend ist dabei aber nur der rechtlich wirksame Gebrauch der eingeräumten Befugnis.[671] So scheidet zum Beispiel beim kollusiven Zusammenwirken von Vertreter und Drittem ein Missbrauch der Befugnis aus. Der Vertretene wird hier nicht wirksam verpflichtet.[672] Auch muss ein Zusammenhang zwischen dem abredewidrigen Gebrauch der Befugnis und der Einwirkung auf das fremde Vermögen derart bestehen, dass die Minderung des Vermögens gerade auf dem Gebrauch der Befugnis und nicht auf einem sonstigen nachteiligen Handeln beruht.[673] In einem solchen Fall kann wiederum lediglich der Treubruchstatbestand in Betracht kommen. Ein Missbrauch liegt ferner nicht vor, wenn der Geschäftsherr mit dem Abschluss eines dem ursprünglich erteilten Auftrag widersprechenden Geschäfts einverstanden ist.[674] Die Einwilligung bedeutet insofern ein tatbestandsausschließendes Einverständnis und nicht erst einen Rechtfertigungsgrund.[675]

---

666 Zur Verfügung im Sinne des Zivilrechts siehe *Ellenberger*, in: Palandt, Überbl. vor § 104 BGB Rn. 16 m.w.N.

667 *Saliger*, in: SSW, § 266 StGB Rn. 20.

668 Vgl. *Ellenberger*, in: Palandt, Überbl. vor § 104 BGB Rn. 15 m.w.N.

669 *Perron*, in: Schönke/Schröder, § 266 StGB Rn. 15.

670 *Perron*, in: Schönke/Schröder, § 266 StGB Rn. 18; *Saliger*, in: SSW, § 266 StGB Rn. 21.

671 *Perron*, in: Schönke/Schröder, § 266 StGB Rn. 17; *Seier*, in: HWSt, V 2 Rn. 112 ff.

672 Zur Gegenmeinung, die auf das Erfordernis eines im Außenverhältnis wirksamen Rechtsgeschäfts verzichtet und statt dessen eine „strafrechtsautonome" Bestimmung des Missbrauchs befürwortet, wonach alle vorsätzlichen Schädigungen fremden Vermögens genügen sollen, die der Täter im Zusammenhang mit seiner besonderen Machtstellung begeht, siehe *Schünemann*, in: LK-StGB, § 266 StGB Rn. 46 ff.; *Arzt*, in: FS-Bruns, S. 365 ff. j.m.w.N.

673 *BGH*, wistra 1990, 305 ff.; *Küper*, Jura 1996, 205 (205 f.); *Seier/Martin*, JuS 2001, 874 (876).

674 *Perron*, in: Schönke/Schröder, § 266 StGB Rn. 21.

675 *Perron*, in: Schönke/Schröder, § 266 StGB Rn. 21. Hierzu sogleich bei der Frage des existenzvernichtenden Eingriffs § 6 III.2.b). Ausführlich zur rechtfertigenden

Im Vergleich zum Missbrauchstatbestand ist der Treubruchstatbestand § 266 Abs. 1 Fall 2 StGB wesentlich weitgehender ausgestaltet. Insbesondere wird im Gesetz nicht genannt, wen eine Vermögensbetreuungspflicht trifft. Vor allem im Treubruchstatbestand ist die besondere Pflichtenposition des Täters daher der zentrale Aspekt. Dem Erfordernis der Vermögensbetreuungspflicht kommt folglich die Funktion zu, den Umfang des Treubruchstatbestandes auf die Fälle strafwürdigen Unrechts zu begrenzen. Diese Grenzziehung gestaltet sich jedoch äußerst schwierig, was die umfangreiche Kasuistik an dieser Stelle deutlich zeigt.[676] Die Verletzung der Pflicht, fremde Vermögensbetreuungsinteressen wahrzunehmen, kann grundsätzlich durch Rechtsgeschäft, hoheitliche Handlungen sowie tatsächliche Einwirkungen auf das Vermögen erfolgen.

Insbesondere im Rahmen von Wirtschaftsstrafverfahren kommt neben dem sogleich näher erläuterten Merkmal der „Verletzung einer Vermögensbetreuungspflicht" dem Tatbestandsmerkmal des „Vermögensschadens" besondere Bedeutung zu. Ein Vermögensnachteil muss schließlich bei demjenigen vorliegen, dessen Vermögensinteressen der Täter zu betreuen hat. Der Vermögensnachteil ist nach überwiegender Ansicht in gleicher Weise wie der Vermögensschaden beim Betrug § 263 Abs. 1 StGB[677] und der Erpressung § 253 Abs. 1 StGB[678] zu ermitteln.[679] Nach dem von der Rechtsprechung und dem Großteil des deutschen Schrifttums vertretenen wirtschaftlichen Vermögensbegriff,[680] fällt unter den Begriff des Vermögens *„die Summe der geldwerten Güter nach Abzug der*

Einwilligung und zum tatbestandsausschließenden Einverständnis *Rönnau*, in: LK, Vor §32 StGB Rn. 146 ff.; *ders.*, in: FS-Roxin Band I, S. 487 ff. m.w.N.

676 Siehe die Übersicht bei *Seier*, in: HWSt, V 2 Rn. 129 ff. Speziell zum Vorwurf der Verfassungswidrigkeit aufgrund eines Verstoßes gegen das Bestimmtheitsgebot *Labsch*, S. 210 f.

677 Siehe *Fischer*, StGB, § 266 StGB Rn. 115 m.w.N. Damit tritt aber auch im Rahmen des Untreuetatbestandes die grundsätzliche Frage auf, welche Positionen zum geschützten Vermögen gehören. Ausführlich zum Vermögensnachteil *Bittmann*, NStZ 2012, 57 ff.

678 *BGH*St 34, 394 (395); *Hoyer*, in: SK, Stand: 123. Lfg, § 266 StGB Rn. 93.

679 Einheitlicher Vermögensbegriff und Begriff des Vermögensschadens, *Seier*, in: HWSt, V 2 Rn. 23 ff.

680 Zur Frage, ob dieser in bestimmten Fällen unter juristischen Gesichtspunkten zu korrigieren ist (sog. juristisch-ökonomischer Vermögensbegriff), siehe *Satzger*, in: SSW, § 263 StGB Rn. 95 ff. m.w.N. Der rein juristische Vermögensbegriff wird hingegen nicht mehr vertreten. Für einen rechtsübergreifenden Überblick zum Vermögensschutz siehe *Fehling/Faust/Rönnau*, JuS 2006, 18 ff.

Verbindlichkeiten.“[681] Folglich ist im Rahmen einer Gesamtsaldierung die Vermögenslage des Vermögensinhabers vor und nach dem pflichtwidrigen Verhalten des Täters gegenüberzustellen.[682] Ein Vermögensnachteil liegt vor, wenn ein Vergleich der Vermögenslage vor und nach der Pflichtverletzung ergibt, dass die eingetretene Vermögensminderung nicht unmittelbar durch ein vermögenswertes Äquivalent ausgeglichen wurde.[683] Eine spätere Schadensvertiefung oder ein Schadensausgleich berühren den tatbestandlichen Schaden hingegen nicht.[684] Genügen soll grundsätzlich aber eine konkrete Vermögensgefährdung.[685] In der Rechtsprechung häufig nicht beachtet wird dabei die Unterscheidung zwischen der Verletzung einer Vermögensbetreuungspflicht und dem eingetretenen Vermögensschaden.[686] Die Feststellung des Vermögensschadens macht die Prüfung der Pflichtwidrigkeit nicht entbehrlich.[687]

Der subjektive Tatbestand der Untreue bereitet aus dogmatischer Sicht hingegen kaum Schwierigkeiten:[688] Er setzt Vorsatz gem. § 15 StGB voraus. Ausreichend ist damit Eventualvorsatz.[689] Die meisten in der Rechtsprechung und Literatur diskutierten Probleme befassen sich mit der Eingehung von sog. Risikogeschäften.[690] Umstritten ist ferner, ob im Zuge einer restriktiven Anwendung des Untreuetatbestandes besondere Anforderungen zu beachten sind.[691]

---

681 *BGH*St 26, 346 (347); 3, 99 (102); 1, 264 (266); *Fischer*, § 266 StGB Rn. 115.

682 *BGH*St 34, 199 (203); *Fischer*, § 266 StGB Rn. 115; *Hoyer*, in: SK, Stand: 123. Lfg, § 266 StGB Rn. 97; *Perron*, in: Schönke/Schröder, § 266 StGB Rn. 40; *Seier*, in: HWSt, V 2 Rn. 166 ff.; kritisch aber *Kindhäuser*, in: FS-Lampe, S. 709, 724.

683 *BGH*St 34, 199 (202 f.); 23, 300 (303); 6, 115 (116); *Tiedemann*, in: LK, § 266 StGB Rn. 168.

684 *BGH*St 30, 388 (389 f.). Späteren Entwicklungen kommt lediglich im Rahmen der Strafzumessung Bedeutung zu, vgl. *BGH*St 51, 10 (17).

685 *BGH*, NStZ 2004, 264 f.

686 Siehe *Saliger*, in: SSW, § 266 StGB Rn. 8 m.w.N., der die Verschleifung von Tathandlung und Taterfolg als ein Strukturproblem des Untreuetatbestandes bezeichnet. Siehe hierzu jetzt insbesondere *BVerfG*E 126, 170 ff. und sogleich § 5 II.2.a).

687 *Bittmann*, ZGR 2009, 931 (956 f.).

688 *Samson*, in: Gesellschaftsrecht in der Diskussion, S. 109, 114 f. weist aber zutreffend auf die häufig fehlende eigennützige Motivation des Täters hin, was gerade bei Geschäftsführern mit Blick auf den Untreuetatbestand problematisch ist.

689 *Saliger*, in: SSW, § 266 StGB Rn. 104; *Seier*, in: HWSt, V 2 Rn. 82; *Saliger*, HRRS 2006, 10 (12).

690 Hierzu *Ransiek/Hüls*, ZGR 2009, 157 (167); *Rose*, wistra 2005, 281 (289) j.m.w.N.

691 *Seier*, in: HWSt, 2 Rn. 84 ff. m.w.N. Kritisch zu derartigen Einschränkungsversuchen *Saliger*, HRRS 2006, 10 (23).

2. Die prinzipiellen Probleme des Untreuetatbestandes

Schünemann qualifiziert „[...] *die Untreue ohne Übertreibung als das dunkelste und verworrenste Kapitel des Besonderen Teils [...]*".[692] Zentrales Problem dieser recht einfach formulierten Norm ist dabei ihr generalklauselartiger Charakter. So beschreibt der Tatbestand zwar die Art und Weise der Pflichtbegründung, lässt den Inhalt der Vermögensbetreuungspflicht jedoch gänzlich offen.[693] Durch diese akzessorische Ausgestaltung erhält der Untreuetatbestand eine fast grenzenlose Vielseitigkeit. Als Anknüpfungspunkt für die strafrechtliche Pflichtverletzung scheint mithin die gesamte deutsche Rechtsordnung in Betracht zu kommen.[694]

a) Zweifel an der hinreichenden Bestimmtheit des Tatbestands

Es verwundert daher nicht, dass ein großer Teil des deutschen Schrifttums den Untreuetatbestand bereits bei der Bezugnahme auf deutsches Recht als nicht mehr mit dem Bestimmtheitsgebot des Art. 103 Abs. 2 GG, § 1 StGB vereinbar ansieht.[695]

---

692 So noch *Schünemann*, in: LK, 11. Auflage, § 266 StGB Rn. 1. *Ders*, in: LK, § 266 StGB Rn. 1 nun aber deutlich weniger scharf formulierend: *„[...] galt die Untreue lange als das dunkelste und verworrenste Kapitel des Besonderen Teils.*"

693 *Kubiciel*, NStZ 2005, 353 (354).

694 Ob dies auch für Normen ausländischer Rechtsordnungen – in dieser Untersuchung die Normen des englischen Gesellschaftsrechts – zutrifft, wird bei der Frage nach der Fremdrechtsanwendung im Rahmen des Untreuetatbestandes in § 7 § 8 und § 9 näher betrachtet.

695 *Dierlamm*, in: MüKo, § 266 StGB Rn. 3 ff.; *Schünemann*, in: LK, 11. Auflage, § 266 StGB Rn. 29; anders jetzt aber *ders.*, in: LK, § 266 StGB Rn. 28; *Artz/Weber/Heinrich/Hilgendorf*, § 22 Rn. 67; *Gerkau*, S. 1 ff.; *Labsch*, S. 177 ff.; *Mansdörfer*, S. 189; *Wessels/Beulke*, § 2 Rn. 47; *Arzt*, in: FS-Bruns, S. 365, 367; *Dierlamm*, StraFo 2005, 397 ff.; *Hamm*, NJW 2005, 1993 (1994); *Kargl*, ZStW 113 (2001), 565 (589). Kritsch auch *Tiedemann*, Witschaftsstrafrecht BT, Rn. 3; *Saliger*, in: SSW, § 266 StGB Rn. 4; *ders.*, HRRS 2006, 10 (15); *Samson*, in: Gesellschaftsrecht in der Diskussion, S. 109, 122. Nach *Rönnau*, ZStW 122 (2010), 299 (323) befindet sich der Untreuetatbestand wegen seiner Weite und Unbestimmtheit zumindest *„in Not.*" Eine dringende Reform des Tatbestands fordert selbst *Seier*, in: HWSt, V 2 Rn. 22. A.A. aber *Pattberg*, S. 294; *Wietz*, S. 154; *Englisch*, NJW 2005, 2974 (2974 f.). Siehe auch *Bittmann*, ZGR 2009, 831 (955), der den Befürwortern einer Verfassungswidrigkeit vorwirft, ihre Argumente interessengerichtet einzusetzen, selbst aber – interessengerichtet – davon ausgeht, dass im Zuge einer effektiven Strafrechtsverfolgung Straftatbestände auf einem hohen Abstraktionsniveau formuliert werden müssten.

Allerdings hat das *BVerfG* ausdrücklich entschieden, dass der Untreuetatbestand und dessen Auslegung durch die Strafgerichte nicht ohne weiteres gegen das Bestimmtheitsgebot verstoßen.[696] Der Tatbestand sei mit diesem noch zu vereinbaren und könne trotz seiner Weite und relativen Unschärfe hinreichend restriktiv und dem aus Art. 103 Abs. 2 GG, § 1 StGB folgenden Gebot der Präzisierung entsprechend ausgelegt werden.[697] Das Merkmal der Pflichtwidrigkeit sei durch die von der höchstrichterlichen Rechtsprechung geschaffenen Fallgruppen in einer die Vorhersehbarkeit der Strafbarkeit im Regelfall sichernden Weise konkretisiert.[698] Im Hinblick auf das Merkmal des Vermögensnachteils sei sicherzustellen, dass es bei der Rechtsanwendung nicht zu einer „Verschleifung" mit dem Merkmal der Pflichtwidrigkeit komme.[699] Auch die von der Rechtsprechung entwickelten Grundsätze zur schadensgleichen Vermögensgefährdung werden vom *BVerfG* nicht beanstandet.[700] Zwar stehe Art 103 Abs. 2 GG, § 1 StGB einer zu weiten Auslegung des Nachteilsbegriffs entgegen, aber die Abgrenzungskriterien der Rechtsprechung befänden sich noch im zulässigen Rahmen.[701] Dagegen sind – so das *BVerfG* – diese Abgrenzungskriterien strikt zu beachten, um einer weiteren Aufweichung der Konturen des Nachteilsbegriffs entgegenzuwirken.[702] Damit macht das Gericht deutlich, dass sich die Figur der schadensgleichen Vermögensgefährdung an der äußersten noch zulässigen Grenze der Auslegung bewegt.[703]

Ob der Untreuetatbestand aber tatsächlich noch mit dem Bestimmtheitsgebot vereinbar ist, kann und soll hier nicht entschieden werden. Vor dem Hintergrund deutlicher Extensionstendenzen und erheblicher Kritik an der praktizierten Handhabung dieses Tatbestandes in der jüngsten Vergangenheit, müssen aber die

---

696 *BVerfG*E 126, 170 ff., hierzu *Becker*, HRRS 2010, 383 ff.; *Krüger*, NStZ 2011, 369 ff.; *Rönnau*, StV 2011, 753 ff.; *Safferling*, NStZ 2011, 376 ff. Siehe auch schon *BVerfG*, JR 2009, 290 (293.). Ausführlich zur Untreuerechtsprechung des *BVerfG* siehe *Schünemann*, in: LK, § 266 Rn. 27 m.w.N.

697 *BVerfG*E 126, 170 (198 ff.).

698 *BVerfG*E 126, 170 (210 f.).

699 *BVerfG*E 126, 170 (211); *BGH*St 55, 288 (304 f.). Ausführlich zum Vermögensnachteil *Bittmann*, NStZ 2012, 57 ff. m.w.N.

700 *BVerfG*E 126, 170 (213 ff.); *BVerfG*, JR 2009, 290 (292 f.); a.A. *Bernsmann*, GA 2007, 219 (229).

701 *BVerfG*, JR 2009, 290 (293).

702 *BVerfG*E 126, 170 (229); *BVerfG*, JR 2009, 290 (293).

703 Infolgedessen scheint sich nun auch bei den Strafgerichten mehr Klarheit und Rechtssicherheit einzustellen, siehe *BGH*, NStZ 2009, 330 ff.; *BGH*, WM 2009, 1930 ff.

offensichtlichsten Strukturprobleme der Untreue kurz betrachtet werden. Hieraus lässt sich eine wesentliche Erkenntnis für die Frage nach einer möglichen Zulässigkeit der Anwendung englischen Gesellschaftsrechts zur Bestimmung des Merkmals der Verletzung einer Vermögensbetreuungspflicht gewinnen. Die hier angesprochenen Gesichtspunkte stellen nur eine Auswahl der dogmatischen Problemfelder des Untreuetatbestandes dar.[704] Sie zeigen aber immerhin, warum sich der Tatbestand so „*nahe an der Grenze der Verfassungswidrigkeit*" befindet.[705]

b) Missbrauch des Untreuetatbestandes für außerstrafrechtliche Zwecke

Schwer wiegen insbesondere die jüngsten mehr oder minder offensichtlichen Bestrebungen, den Untreuetatbestand äußert extensiv anzuwenden und für außerstrafrechtliche Zwecke zu missbrauchen. So haben Aufsehen erregende Untreuestrafverfahren – mit häufig prominenten Beschuldigten – in den letzten Jahren in der juristischen Literatur „*eine breite und zum Teil heftige kriminalpolitische Auseinandersetzung über den Sinn strafrechtlicher Kontrolle wirtschaftlicher Entscheidungen ausgelöst.*"[706] Ganz besonders das *Mannesmannverfahren*[707] – als eines der spektakulärsten Wirtschaftsstrafverfahren der Nachkriegsgeschichte[708] – hat zu einem noch stärkeren Interesse am Untreuetatbestand geführt.[709] Dabei scheint ein gewisses Bestreben zu bestehen, wirtschaftliche Entscheidungen zunehmend mit Mitteln des Strafrechts zu kontrollieren. Jedes vermögensnachteilige und wirtschaftlich riskante – und somit ex post betrachtet missliebige – Verhalten von Organen eines Unternehmens scheint mittlerweile

---

704 Zu weiteren dogmatischen Problemfeldern *Cappel*, S. 120 ff.

705 So *Saliger*, ZStW 112 (2000), 563 (563). Siehe ferner *Mansdörfer*, S. 189 f. Auch *Seier*, in: HWSt, V 2 Rn. 20 geht davon aus, dass das *BVerfG* in Zukunft in problematischen Einzelfällen noch häufiger zur Bestimmtheit des Tatbestands Stellung beziehen wird.

706 *Rönnau/Hohn*, NStZ 2004, 113 (113) m.w.N.

707 *BGH*St 50, 331 ff. (*Mannesmann*). Zur Vorinstanz siehe *LG Düsseldorf*, NJW 2004, 3275 ff.

708 *Günther*, in: FS-Weber, S. 311.

709 Vgl. die Beiträge von *Bernsmann*, GA 2007, 219 (220 ff.); *Günther*, in: FS-Weber, S. 311 ff.; *Hohn*, wistra 2006, 161 ff.; *Rönnau*, NStZ 2006, 218 ff.; *Rönnau/Hohn*, NStZ 2004, 113 ff.; *Schünemann*, NStZ 2006, 196 (199); *Tiedemann*, in: FS-Weber, S. 319 ff.; *ders.*, ZIP 2004, 2056 ff. Zu weiteren „Schlagzeilen" im Zusammenhang mit dem Untreuetatbestand siehe *Rönnau*, ZStW 119 (2007), 887 (887 ff.); *Saliger*, HRRS 2006, 10 (10 f.).

in den Dunstkreis der Untreue zu geraten.[710] Darüber hinaus werden, gerade in jüngerer Zeit,[711] immer wieder Sachverhalte unter den Untreuetatbestand gepresst, die eigentlich in erster Linie dem Korruptionsunrecht nach den §§ 331 ff. StGB unterfallen.[712] Zu Recht wird die zu extensive Anwendung des Untreuetatbestandes durch die Praxis daher seit Jahren angeprangert.[713] Einige Autoren sprechen sogar bereits von einer neuen Stoßrichtung des Untreuetatbestandes als „*umgekehrtes Klassenstrafrecht*“[714] oder „*Oberschichtenstrafrecht*“[715] zur Zügelung der Gier von Managern und Entscheidungsträgern.[716] Die zahlreichen öffentlichen Ermittlungen der jüngsten Zeit könnten in der Öffentlichkeit außerdem den Eindruck erwecken, dass sich unternehmerische Entscheidungen ohne weiteres mit den Mitteln des Strafrechts kontrollieren lassen.[717] Jeder Verstoß gegen unternehmensinterne Ge- oder Verbote müsste somit automatisch auch als Verletzung einer strafrechtlich relevanten Vermögensbetreuungspflicht angesehen werden. Der Untreuetatbestand wäre dann aber zu einem Instrument zur Durchsetzung außerstrafrechtlicher wirtschaftlicher und politischer Zwecke verkommen, bei dem der verfolgte Zweck stets das Mittel heiligen würde.[718] *Rönnau* bezeichnet dies zutreffend als ein „*Abgleiten in die Bestrafung reiner Moralverletzung*“.[719]

Mag man einer solchen Auffassung in dieser Krassheit auch nicht folgen, so lässt sich immerhin nicht bestreiten, dass der Untreuetatbestand in der täglichen Praxis der wirtschaftsstrafrechtlichen Ermittlungen und Verfahren eine immer

---

710 *Dahs*, NJW 2002, 272 f.; *Günther*, in: FS-Weber, S. 311, 313; *Hoffmann*, in: Deutsches Gesellschaftsrecht im Wettbewerb der Rechtsordnungen, S. 227, 257; *Taschke*, in: Gesellschaftsrecht in der Diskussion, S. 127.

711 *BGH*, wistra 2009, 469 ff. (*Volkert*).

712 Kritisch zu dieser Entwicklung *Rönnau*, ZStW 119 (2007), 887 (920 ff.); *Saliger/Gaede*, HRRS 2008, 57 (66 ff.).

713 *Krekeler/Werner*, S. 306 ff.; *Seier*, in: HWSt, V 2 Rn. 21; *Beulke*, in: FS-Eisenberg, S. 245, 268; *Dierlamm*, NStZ 1997, 534 ff. („*Auffangtatbestand*“); *Foffani*, ZStW 122 (2010), 374 (385;); *Hoffmann*, in: Deutsches Gesellschaftsrecht im Wettbewerb der Rechtsordnungen, S. 227, 257 f.; *Taschke*, in: Gesellschaftsrecht in der Diskussion, S. 127 ff.

714 *Saliger*, HRRS 2006, 10 (17).

715 *Schünemann*, NStZ 2008, 430 (434).

716 In diese Richtung argumentiert auch *Englisch*, NJW 2005, 2974 (2974).

717 *Kubiciel*, NStZ 2005, 353 (355).

718 Ähnlich auch *Cappel*, S. 137 f.

719 *Rönnau*, StV 2011, 753 (753); ausführlich *ders.*, ZStW 122 (2010), 299 (303 ff.).

stärker werdende Rolle einnimmt.[720] Schließlich handelt es sich im Eigentums- und Vermögensstrafrecht bei § 266 StGB um das Delikt mit dem weitesten Tatbestand,[721] dessen Vorwurf durch Polizei und Staatsanwaltschaft leicht erhoben und als Druckmittel zur Verfahrenseröffnung bei komplexen Sachverhalten eingesetzt werden kann.[722] Zumindest dient der Untreuetatbestand damit prozessual als eine allgemeine Einstiegsmöglichkeit für wirtschaftsstrafrechtliche Ermittlungen,[723] während andererseits die strafrechtsdogmatische Durchdringung des Tatbestandes immer weiter in den Hintergrund tritt.[724]

c) „Case law"-Charakter der Untreue

Des Weiteren haben sich in Rechtsprechung und Literatur für nahezu alle Bereiche des politischen und wirtschaftlichen Lebens Sonderregelungen[725] für den Untreuetatbestand herausgebildet, die in anderen Fallgruppen jedoch nicht zur Anwendung kommen. Exemplarisch seien an dieser Stelle nur die Aufsichtsratsuntreue bei der AG[726] und die GmbH-Untreue[727] mit ihren Besonderheiten im Konzern,[728] die Haushaltsuntreue,[729] die Bankenuntreue,[730] sowie

---

720 Siehe die überzeugenden Argumente von *Saliger*, HRRS 2006, 10 (14 ff.).

721 *Saliger*, ZStW 112 (2000), 563 (563).

722 *Seier*, in: HWSt, V 2 Rn. 21; *Cappel*, S. 135; *Bosch/Lange*, JZ 2009, 225 (227); *Kubiciel*, NStZ 2005, 353 (353 u. 355). In Bezug auf Risikosgeschäfte *Rose*, wistra 2005, 281 (289).

723 *Seier*, in: HWSt, V 2 Rn. 21 worauf prozessual wiederum durch häufige Verfahrenseinstellungen nach § 153a StPO reagiert wird. Siehe hierzu auch *Kubiciel*, NStZ 2005, 353 (355); *Saliger*, JA 2007, 326 (327 Fn. 8) j.m.w.N.

724 Dies scheint allgemein für das Wirtschaftsstrafrecht zuzutreffen, so *Tiedemann*, Wirtschaftsstrafrecht BT, 2008, Rn. 13. Zur Frage, ob der Untreuetatbestand überhaupt als Delikt des Wirtschaftsstrafrechts bezeichnet werden kann, *Rönnau*, ZStW 119 (2007), 887 (890 ff.).

725 *Cappel*, S. 135 bezeichnet dies zutreffend als untreuerechtliches *„case law."* Dies betrifft darüber hinaus auch die Korruptionsdelikte, siehe hierzu *Bernsmann*, GA 2007, 219 (219).

726 Vgl. *Zech*, passim; *Brammsen*, ZIP 2009, 1504 ff.; *Deiters*, ZIS 2006, 152 ff.; *Rönnau/Hohn*, NStZ 2004, 113 ff.

727 *Saliger*, in: SSW, § 266 StGB Rn. 85 ff. m.w.N.; *Lamann*, passim.

728 Vgl. *Arnold*, passim; *Busch*, passim; *Lamann*, passim; *Wessing/Krawczyk*, NZG 2009, 1176 ff.

729 *BGHSt* 43, 293 ff.; *Munz*, passim.

730 *BGHSt* 47, 148 ff.; 46, 30 ff. Speziell zur Untreuestrafbarkeit von Anlageberatern *Mölter*, wistra 2010, 53 ff.

die Stiftungsuntreue[731] genannt.[732] Auch finden sich Sonderregelungen für sog. *Kick-back* Zahlungen als Mittel der Korruption[733] sowie die untreuerechtliche Behandlung von „schwarzen Kassen“ bei Parteien[734] oder in der Privatwirtschaft.[735] Dieser unschönen Entwicklung folgend könnte in Zukunft als neue Fallgruppe die „*Limited*-Untreue“ entstehen.

Aus diesen unzähligen Sonderregelungen ergibt sich aber nun das Problem, dass der Rechtsanwender die diversen Unterfallgruppen des Untreuetatbestandes genau kennen muss, um zu verstehen, welches Verhalten im Sinne von § 266 StGB noch erfasst ist und welches nicht. Eine mögliche Strafbarkeit des Täters lässt sich folglich weder für Geschäftsleiter von Gesellschaften noch für Staatsanwälte, Richter und Verteidiger aus dem Gesetz selbst ablesen. Bestimmen lässt sich eine Strafbarkeit zumeist nur noch anhand von vergleichbaren Fällen, für die bereits eine höchstrichterliche Entscheidung vorliegt,[736] was insbesondere bei Geschäftsführern und Vorständen von Wirtschaftsunternehmen zu erheblichen Unsicherheiten bei unternehmerischen Entscheidungen führt.[737] Damit dürfte – zumindest für den Bereich des Wirtschaftsstrafrechts – heute umso mehr die bereits vor mehr als 50 Jahren getroffene Feststellung zutreffend sein: „*Sofern nicht einer der klassischen Fälle der Untreue vorliegt, weiß kein Gericht und keine Anklagebehörde, ob § 266 vorliegt oder nicht.*“[738] Damit wird aber deutlich, dass das Argument, der Untreuetatbestand müsse so abstrakt formuliert sein, um auf komplizierte Lebenssachverhalte und auf neue Erscheinungen

731 Hierzu *Lassmann*, passim; *ders.*, NStZ 2009, 473 ff.; *Saliger*, in: Non Profit Law Yearbook 2005, S. 209 ff.

732 Siehe auch die Auflistung der besonderen Untreuefallgruppen bei *Dierlamm*, in: MüKo, § 266 StGB Rn. 200 ff. Siehe ferner *Saliger*, in: SSW, § 266 StGB Rn. 85 ff.; *ders.*, HRRS 2006, 10 (15); *Foffani*, in: FS-Tiedemann, S. 767, 768 f.

733 Siehe *BGH*St 50, 299 (313 ff.) (*Kölner Müllskandal*) und aus der Literatur *Bernsmann*, GA 2007, 219 (233 ff.); *Rönnau*, in: FS-Kohlmann, S. 239 ff. *Saliger*, NJW 2006, 3377 ff.; *Schünemann*, NStZ 2006, 196 (199 ff.); ausführlich *Szebrowski*, passim.

734 *BGH*St 51, 100 ff. (*Kanther*); hierzu *Ransiek*, NJW 2007, 1727 ff.; *Saliger*, NStZ 2007, 545 ff.

735 *BGH*, wistra 2009, 61 ff. (*Siemens*); *Satzger*, NStZ 2009, 297 ff.; *Sünner*, ZIP 2009, 937 ff.; *Rönnau*, in: FS-Tiedemann, S. 713 ff.; *Bernsmann*, GA 2007, 219 (229 ff.).

736 So ausdrücklich *Cappel*, S. 244. Ähnlich argumentiert auch *Saliger*, HRRS 2006, 10 (15), wonach es eher auf die Kenntnis des Fallgruppen-Richterrechts, als auf den Gesetzteswortlaut ankomme.

737 *Schünemann*, NStZ 2006, 196 (197).

738 *Mayer*, S. 337.

der (Wirtschafts-) Kriminalität reagieren zu können,[739] unzulässig ist. Auch der Hinweis auf eine hinreichende Konkretisierung durch die Rechtsprechung kann nicht überzeugen.[740] In neuen oder anders gelagerten Fällen kann es schließlich noch keine feststehende Rechtsprechung geben, die zu einer hinreichenden Konkretisierung des Tatbestandes herangezogen werden kann.

3. Zwischenergebnis

Mit der herrschenden Meinung sind die Vermögensbetreuungspflicht und die Voraussetzungen für deren Verletzung für beide Formen der Untreue inhaltsgleich zu bestimmen. Eine Differenzierung für die weitere Untersuchung der Problematik ist insofern entbehrlich.

Allerdings sind zahlreiche andere strukturelle Probleme des Untreuetatbestandes bis heute nicht angemessen gelöst. Selbst wenn man mit dem *BVerfG* im Grundsatz § 266 StGB noch mit dem Bestimmtheitsgrundsatz für vereinbar hält, so sind zumindest die sich daraus ergebenden Konsequenzen für die neu entstehende Fallgruppe der „*Limited-Untreue*" weiterhin nicht geklärt.

III. Betrachtung der bisherigen Rechtsprechung zur „Limited-Untreue"

Lediglich **drei** Entscheidungen von Strafgerichten befassen sich bislang – zumindest teilweise – mit der Untreuestrafbarkeit des *directors* zum Nachteil einer in Deutschland ansässigen *Limited*, wobei lediglich die Urteile des *AG Stuttgart* und des *BGH* veröffentlicht sind. Diese Urteile sollen hier zunächst kurz dargestellt sowie ihre Relevanz für die weitere Bearbeitung untersucht werden.

1. Amtsgericht Stuttgart

In der ersten zu dieser Problematik veröffentlichten Entscheidung hat das *AG Stuttgart*[741] u. a. eine Untreuestrafbarkeit des *directors* einer in Deutschland ansässigen *Limited* angenommen.[742] Darüber hinaus hat es den Angeklagten wegen

739 Statt vieler *Bittmann*, ZGR 2009, 931 (955) m.w.N.

740 Kritisch zu diesem immer wieder vorgebrachten Argument ausführlich unter § 9 II.1.b).

741 *AG Stuttgart*, wistra 2008, 226 (228). Siehe hierzu auch die Anmerkungen von *Schumann*, wistra 2008, 229 ff.

742 *AG Stuttgart*, wistra 2008, 226 (228).

Insolvenzverschleppung, vorsätzlichen Bankrotts, Betrugs und des Vorenthaltens von Arbeitsentgelt verurteilt.[743]

Dem Urteil lag dabei der hier stark verkürzt wiedergegebene Sachverhalt zugrunde: Der Angeklagte war Verantwortlicher der T. & C. Ltd. Co. KG mit Sitz in Stuttgart, im entsprechenden Handelsregister eingetragen und Verantwortlicher der T. & C. Ltd. mit Sitz in London, eingetragen im Register des Companies House. Gegenstand des Unternehmens der KG war die Erbringung von Renovierungs- und Sanierungsdienstleistungen an Gebäuden. Die *Limited* entfaltete selbst keinerlei Geschäftstätigkeit, sondern wurde auf ihre Rolle als Komplementärin beschränkt. Die KG war bei Aufnahme ihrer Geschäftstätigkeit nahezu vermögenslos und verfügte über keine eigenen Bankkonten. Zahlungen von Schuldnern der KG wurden auf Wunsch des Angeklagten direkt auf sein Privatkonto erbracht. Gläubiger konnten auf das Privatkonto nicht zugreifen. Zudem wurde das Guthaben auf dem Privatkonto des Angeklagten nur teilweise zur Begleichung von Verbindlichkeiten der KG eingesetzt.

Nach Ansicht des Gerichts liegt keine Untreue zum Nachteil der KG vor, da die KG als Gesamthandsgesellschaft keine juristische Person sei und deshalb nicht selbst als eine vom Angeklagten verschiedene Vermögensinhaberin in Erscheinung tritt.[744]

Allerdings habe der Angeklagte seine Pflicht, für die Vermögensinteressen der *Limited* Sorge zu tragen und Schaden von ihr abzuwenden, verletzt.[745] Diese Pflicht ergebe sich aus seiner Stellung als faktischer Geschäftsführer und Niederlassungsleiter der *Limited* nach den anwendbaren englischen gesetzlichen Vorschriften, insbesondere dem CA 1989 sowie nach deutschen gesetzlichen Vorschriften, insbesondere des Deliktsrechts, und auf Grund seines mit der KG geschlossenen Arbeitsvertrages.[746] Mit der planmäßig herbeigeführten Zahlungsunfähigkeit und Überschuldung der KG sei zugleich die Überschuldung der *Limited* eingetreten, wobei dem Angeklagten klar gewesen sei, dass diese in ihrer Existenz zumindest bedroht wurde.[747] Zugleich habe sich mit jeder weiteren Abhebung vom Privatkonto des Angeklagten die Liquiditätslage der KG weiter verschlechtert, wodurch in gleichem Maße das Risiko der *Limited* gestiegen

---

743 *AG Stuttgart*, wistra 2008, 226 (228 f.).
744 *AG Stuttgart*, wistra 2008, 226 (229).
745 *AG Stuttgart*, wistra 2008, 226 (228).
746 *AG Stuttgart*, wistra 2008, 226 (228 u. 229).
747 *AG Stuttgart*, wistra 2008, 226 (228).

sei, von Gläubigern der KG als persönlich haftende Gesellschafterin in Anspruch genommen zu werden.[748]

Das Vermögen der *Limited* sei daher durch den Entzug des Vermögens der KG gem. §§ 128, 161 HGB konkret gefährdet geworden.[749] Zwar sei der Angeklagte auf Grundlage einer wirtschaftlichen Betrachtungsweise als Alleingesellschafter der *Limited* anzusehen, gleichwohl sei deren Vermögen unter dem Gesichtspunkt des Gläubigerschutzes als von seinem Vermögen verschieden anzusehen, weil der Angeklagte zugleich seine Pflicht, das Eigeninteresse der Kapitalgesellschaft an der Aufrechterhaltung ihrer Fähigkeit, ihren Verpflichtungen nachzukommen und ihre Existenz nicht zu gefährden, verletzt habe.[750]

2. Landgericht Hamburg

In einer nichtveröffentlichen Entscheidung hat das *LG Hamburg* den Angeklagten vom Vorwurf der Untreue freigesprochen.[751]

Der dem Urteil zugrunde liegende Sachverhalt stellt sich wie folgt dar: Der Angeklagte kam mit dem Zeugen T im Jahr 2002 überein, hochwertige Unterhaltungselektronik des dänischen Herstellers Bang & Olufsen aus Deutschland nach Russland und andere Nachfolgestaaten der früheren Sowjetunion unter Umgehung dortiger Einfuhr-, Umsatz- sowie Ertragssteuern zu exportieren. Hierzu gründeten sie mit Hilfe eines Agenten eine *Limited* mit Sitz in Tortola nach dem Recht der British Virgin Islands, die auch in das dortige Handelsregister eingetragen wurde. Es gab sowohl ein *memorandum of association* als auch *articles of association*. Die Anteile an der Gesellschaft standen dem Angeklagten und dem Zeugen T je zur Hälfte zu. Als *directors* wurden der Angeklagte und der Zeuge T berufen. Die *Limited* war dabei der Vertragspartner von Bang & Olufsen und wickelte die Geschäfte über in Kopenhagen und Hamburg geführte Bankkonten ab. Eine weitere vom Angeklagten und dem Zeugen T gehaltene Gesellschaft betrieb den Verkauf in Russland. Von deren Umsätzen wurden nur ca. 40 % verbucht. Die darüber hinausgehenden Schwarzgeldeinnahmen wurden in bar gesammelt und in mehreren Schließfächern verwahrt. Diese Beträge beliefen sich im Jahr 2007 auf etwa 10 Millionen EUR in verschiedenen Währungen und sollten zu einem späteren Zeitpunkt 50:50 geteilt werden. In der Folgezeit kam es zu einem Zerwürfnis zwischen dem Angeklagten und dem Zeugen T. Dieser begann damit,

---

748 *AG Stuttgart*, wistra 2008, 226 (228).

749 *AG Stuttgart*, wistra 2008, 226 (229).

750 *AG Stuttgart*, wistra 2008, 226 (229).

751 *LG Hamburg*, 611 KLs 11/08 (nicht veröffentlichtes Urteil).

Bargelder in Höhe von mehreren Millionen Euro für eigene Zwecke zu verwenden, ohne den Angeklagten hierüber zu informieren. Nachdem mehre Versuche, eine Einigung mittels von Einmalzahlungen zu erzielen gescheitert waren, entschloss sich der Angeklagte, Transaktionen zu seinen Gunsten von den Konten der *Limited* vorzunehmen. Infolgedessen überwies er Ende 2007 von Hamburg aus insgesamt etwa 1,8 Millionen EUR auf seine privaten Konten in Österreich.

Das *LG Hamburg* hat den Tatbestand des § 266 StGB für nicht erfüllt angesehen, da es am Vorliegen einer Treuepflicht fehle. Eine solche Treupflicht lasse sich nicht aus dem *memorandum of association* und *articles of association* ableiten, da die gesamten die *Limited* betreffenden Verträge Scheinverträge gewesen seien, die lediglich den Rechtsschein einer juristischen Person schaffen sollten. Die Bestimmungen wären mithin bedeutungslos gewesen. Im Übrigen hätte der Rechtsfähigkeit der *Limited* auch der Umstand entgegengestanden, dass es sich um eine *Limited* nach dem Recht der Britischen Jungferninseln gehandelt habe, die keinen Sitz innerhalb der europäischen Union begründen kann. Auch ein faktischer Sitz habe nicht bestanden, da die Überweisungen von Moskau aus in Auftrag gegeben worden seien.

Auch ansonsten lasse sich keine Treuepflicht etwa zu dem Zeugen T begründen, denn bei dem Verhältnis zwischen dem Angeklagten und dem Zeugen T habe es sich nicht um eines zwischen Kaufleuten, sondern vielmehr um eines zwischen Komplizen steuerhinterzieherischer Umtriebe gehandelt. Insoweit stelle dies ein Fall der Ganovenuntreue dar, der einer rechtlichen Bewertung nicht zugänglich sei.

Selbst wenn man diese Rechtsansichten nicht teilt, stünde dem Angeklagten – so die Auffassung des *LG Hamburg* – der Rechtfertigungsgrund der Notwehr gem. § 32 StGB zu. Der Zeuge T habe dem Angeklagten gegenüber deutlich gemacht, dass er das angehäufte Beutevermögen nicht hälftig teilen werde und dem Angeklagten hätten keine rechtlichen Mittel hiergegen zugestanden. Die einzige Chance für den Angeklagten sei mithin gewesen, schneller zu sein als der Zeuge T.

3. 5. Strafsenat des Bundesgerichtshofs

Gegen das zuvor dargestellte Urteil des *LG Hamburg*[752] hat die Hamburger Staatsanwaltschaft Revision zum *BGH* eingelegt. Die Revision hatte Erfolg. In seinem Urteil hat der 5. Strafsenat[753] den Freispruch des Angeklagten vom Vorwurf der

752 *LG Hamburg*, 611 KLs 11/08 (nicht veröffentlichtes Urteil).

753 *BGH*, NStZ 2010, 632 ff. Siehe hierzu auch die Urteilsanmerkungen von *Beckemper*, ZJS 2010, 554 ff.; *Mankowski/Bock*, GmbHR 2010, 822 f.; *Radtke*, NStZ 2011, 556 ff.;

Untreue aufgehoben und die Sache an eine Wirtschaftsstrafkammer zurückverwiesen.[754] Die Festellungen des *LG Hamburg* zum Innenverhältnis zwischen der Gesellschaft als möglicher Vermögensinhaberin und dem Angeklagten als möglichem Betreuer dieser fremden Vermögensinteressen sind nach Ansicht des *BGH* unvollständig.[755]

Entgegen der Annahme des *LG Hamburg* sei die *Limited* rechtsfähig.[756] Es lägen keine Gründe vor, die für die angenommene Nichtigkeit der Gesellschaft sprechen.[757] Insbesondere würden die Feststellungen auch keine missbräuchliche Ausnutzung der Niederlassungsfreiheit durch eine Umgehung mitgliedstaatlicher Bestimmungen oder durch das Erschleichen einer Rechtsstellung tragen.[758] Die *Limited* sei über mehrere Jahr hinweg Vetragspartnerin des in Dänemark ansässigen Herstellers Bang & Olufsen gewesen, habe eine effektive wirtschaftliche Tätigkeit ausgeübt und über ein erhebliches Gesellschaftsvermögen verfügt.[759] Dass durch den Angeklagten beabsichtigt war, jedenfalls auch russische Einfuhrabgaben zu verkürzen, lege für sich allein genommen keine Umgehung gemeinschaftsrechtlicher oder deutscher Regelungen nahe.[760]

Dann müsse im Fall einer *Limited* zur Bestimmung der Pflichten des *directors* jedoch auf das ausländische Gesellschaftsrecht zurückgegriffen werden.[761] Dies sei – entgegen der in der Literatur vorgebrachten Bedenken – auch mit dem Bestimmtheitsgebot und dem Parlamentsvorbehalt vereinbar.[762] Es handle sich bei der von § 266 StGB verlangten Pflichtwidrigkeit um ein normatives Tatbestandsmerkmal.[763] Die außerstrafrechtlichen Regelungen würden insofern nicht selbst über den tatbestandsmäßigen Erfolg und die ihn herbeiführende Handlung entscheiden, sondern lediglich die für sich genommene strafrechtlich wertungsfreie und ihrerseits nicht dem Bestimmtheitsgebot

---

Rönnau, NStZ 2011, 558 ff.; *Schlösser/Mosiek*, HRRS 2010, 424 ff.; *Schramm/Hinderer*, ZIS 2010, 494 ff.

754 *BGH*, NStZ 2010, 632 (634).
755 *BGH*, NStZ 2010, 632 (633).
756 *BGH*, NStZ 2010, 632 (633).
757 *BGH*, NStZ 2010, 632 (633).
758 *BGH*, NStZ 2010, 632 (634).
759 *BGH*, NStZ 2010, 632 (634).
760 *BGH*, NStZ 2010, 632 (634).
761 *BGH*, NStZ 2010, 632 (634).
762 *BGH*, NStZ 2010, 632 (634).
763 *BGH*, NStZ 2010, 632 (634).

unterstehende Grundlage für eine anschließende untreuespezifische Präzisierung schaffen.[764] Auch würden keine Bedenken in Bezug auf die Vorhersehbarkeit des Strafbarkeitsrisikos bestehen.[765] Für die Bestimmung der Fremdheit einer Sache sei die Anwendung ausländischen Rechts anerkannt.[766] Eine Anwendung des ausländischen Gesellschaftsrechts im Rahmen des Untreuetatbestandes würde über diese anerkannten Grundsätze nicht hinausgehen.[767] Sowohl die Bedeutung als auch die Tragweite des hinreichend bestimmten § 266 StGB blieben durch diesen zur Pflichtenbestimmung heranzuziehenden Maßstab unberührt.[768]

Vor diesem Hintergrund hätte sich die Strafkammer mit den maßgeblichen Vorschriften des ausländischen Rechts sowie den Satzungen der Gesellschaft auseinandersetzen müssen.[769] Eine entsprechende Anwendung deutschen Gesellschaftsrechts komme hingegen nicht in Betracht.[770]

Hinsichtlich des möglichen Vorsatzes des Angeklagten führt der Senat an die Adresse der Wirtschaftsstrafkammer aus, dass Zweifel am Wissen um die durch ausländisches Recht konstituierten Pflichten dann nicht aufkommen müssen, wenn sich ein im internationalen Handelsgeschäft erfahrener Kaufmann in nicht nur geringem Umfang über einen längeren Zeitraum hinweg bewusst unter das fremde Recht unterworfen habe.[771]

4. Relevanz der Urteile für die weitere Untersuchung

Seit dem Zuzug der ersten *Limiteds* nach Deutschland bis zu diesen ersten drei strafrechtlichen Urteilen ist eine lange Zeit vergangen. Die wissenschaftliche Literatur hat hier – nach dem grundlegenden Aufsatz von *Rönnau*[772] – deutlich schneller reagiert und die sich in diesem Zusammenhang aus strafrechtlicher Sicht ergebenden Probleme benannt. Den Urteilen kommt deshalb aus rechtswissenschaftlicher Sicht nur noch eine eingeschränkte Bedeutung zu.

---

764 *BGH*, NStZ 2010, 632 (634).
765 *BGH*, NStZ 2010, 632 (634).
766 *BGH*, NStZ 2010, 632 (634).
767 *BGH*, NStZ 2010, 632 (634).
768 *BGH*, NStZ 2010, 632 (634).
769 *BGH*, NStZ 2010, 632 (634).
770 *BGH*, NStZ 2010, 632 (634).
771 *BGH*, NStZ 2010, 632 (635).
772 *Rönnau*, ZGR 2005, 832 ff.

a) *Amtsgericht Stuttgart*

Das Urteil des *AG Stuttgart* hat in der Literatur teilweise große Zustimmung erfahren.[773] Die nähere Betrachtung der Urteilsgründe offenbart jedoch zahlreiche ungelöste Fragen.

Erstaunlich erscheint zunächst, das das erste urteilende Strafgericht hier gänzlich ohne jegliche Ausführungen zur Niederlassungsfreiheit und deren Bedeutung für eine mögliche Strafbarkeit des Angeklagten auskommt. So geht das Gericht zum Beispiel nicht auf die Frage ein, ob vor dem Hintergrund der *EuGH*-Rechtsprechung das deutsche Verbot existenzvernichtender Eingriffe kollisonsrechtlich auf in Deutschland ansässige *Limiteds* anwendbar ist.

Unzutreffend ist insbesondere auch die Begründung der Vermögensbetreuungspflicht durch das *AG Stuttgart*. Nach Ansicht des Gerichts soll sich in dem vorliegenden Sachverhalt eine Vermögensbetreuungspflicht sowohl aus dem Arbeitsvertrag mit der *Limited* und den entsprechenden englischen Vorschriften[774] als auch aus deutschen Vorschriften ergeben.[775] Dies kann jedoch bereits an dieser Stelle nicht überzeugen: Die zuvor dargestellte Rechtsprechung des *EuGH* schreibt ausdrücklich vor,[776] dass auf sämtliche gesellschaftsrechtliche Pflichten zwingend das Recht des Gründungsstaates anzuwenden ist. Dementsprechend ist dies nur das englische und nicht das deutsche Gesellschaftsrecht. Soweit in dem Urteil gesellschaftsrechtliche Erwägungen aufgegriffen werden, hätten diese allein den jeweiligen Vorschriften des englischen Rechts entnommen werden dürfen.[777] Die Annahme einer Vermögensbetreuungspflicht des *directors* einer in Deutschland ansässigen *Limited* kann mithin nicht auf Vorschriften des deutschen Gesellschaftsrechts gestützt werden.

Doch auch auf der Ebene des nationalen Rechts fehlt es an einer vertieften Auseinandersetzung mit den Kernproblemen. Die verfassungsrechtliche Dimension einer Fremdrechtsanwendung wird übersehen. Es wird weder ein möglicher Verstoß gegen das Bestimmtheitsgebot noch gegen den Parlamentsvorbehalt problematisiert.[778]

---

773 *Schumann*, wistra 2008, 229 (230 f.).

774 Das *AG Stuttgart*, wistra 226 (228 u.229) verweist hier allgemein auf den CA 1985 und den IA 1986, ohne die konkreten *sections* jedoch näher zu benennen.

775 *AG Stuttgart*, wistra 226 (228).

776 Siehe oben § 2.

777 Insoweit ist die Entscheidung des *AG Stuttgart* auch aus europarechtlicher Sicht bedenklich.

778 Auch die Urteilsbesprechung von *Schumann*, wistra 2008, 229 ff. thematisiert die verfassungsrechtlichen Fragen nicht. Siehe dazu aber bereits den Aufsatz von *Rönnau*, ZGR 2005, 832 (848 ff. u. 855 ff.).

b) Landgericht Hamburg

Dem Urteil des *LG Hamburg* kommt für die weitere Untersuchung nur insoweit Bedeutung zu, dass es verdeutlicht, wie leicht das Kernproblem der verfassungsrechtlichen Zulässigkeit der Fremdrechtsanwendung bei der *Limited* verkannt wird.

So hat der *BGH* zutreffend festgestellt, dass hier nicht von der Nichtigkeit der Gesellschaft auszugehen war.[779] Eine derartige Annahme des *LG Hamburg* ist schlicht nicht mit den engen europarechtlichen Vorgaben, nach denen einer europäischen Gesellschaftsform wegen einer missbräuchlichen Ausnutzung die formale Existenz abgesprochen werden kann, vereinbar.[780] Aber selbst auf Basis seines eigenen Ansatzes hätte das Gericht hier eine mögliche Untreuerelevanz der Handlungen des Angeklagten prüfen müssen.[781] Die Gesellschafter wären auch in diesem Fall ggf. untereinaner vermögensbetreuungspflichtig gewesen, da es sich dann möglicherweise um eine OHG hätte gehandelt haben können.[782]

Auch die Argumentation des Gerichts in Anlehnung an die sog. „Ganovenuntreue" ist fraglich. So wendet es sich mit dieser Begründung gegen die bisherige Linie der Rechtsprechung, wonach auch zwischen Straftätern keine rechtsfreien Räume entstehen sollen.[783]

Auf die Frage der verfassungsrechtlichen Zulässigkeit der Fremdrechtsanwendung verwendet das *LG Hamburg* keinen Gedanken. Da das Gericht im Rahmen der Urteilsbegründung ferner den Rechtfertigungsgrund der Notwehr § 32 StGB bemüht, hätte es sich allerdings auf Tatbestandsebene mit den Vorschriften des ausländischen Rechts und damit auch mit dieser Frage näher auseinandersetzen müssen.

Nicht überzeugen kann schließlich die alternative Urteilsbegründung auf Ebene der Rechtswidrigkeit. Unabhängig von der bislang nicht geklärten generellen Frage, ob Rechtfertigungsgründe im Wirtschaftsstrafrecht überhaupt Anwendung finden,[784] ist die Annahme von Rechtfertigungsgründen wie der Notwehr, des Notstands oder der Selbsthilfe aus verschiedenen Gründen fernliegend.[785]

---

779 *BGH*, NStZ 2010, 632 (633 f.).

780 So auch *Beckemper*, ZJS 2010, 554 (556). Siehe zu den Scheinauslandsgesellschaften und den Einschränkunsmöglichkeiten der Niederlassungsfreiheit bereits zuvor § 2 II.3.

781 *Bittmann*, wistra 2010, 302 (303).

782 *Bittmann*, wistra 2010, 302 (303).

783 *Beckemper*, ZJS 2010, 554 (555) m.w.N.

784 Speziell für den Untreuetatbestand, *Schünemann*, in: LK, § 266 StGB Rn. 199.

785 So in dieser Deutlichkeit auch *BGH*, NStZ 2010, 632 (634).

Zunächst ist festzustellen, dass es bereits an einem Angriff durch die *Limited* fehlt.[786] Schließlich ist auch unter dem Asprekt der Erforderlichkeit nicht ersichtlich, das der Angeklagte hier zuvor mildere, insbesondere zivilprozessuale Maßnahmen ausgeschöpft hat.[787] Auch fehlt es beim Angeklagten wohl am Vorliegen eines Verteidigungswillens.[788]

c) 5. *Strafsenat des Bundesgerichtshofs*

Das Urteil des *BGH* gilt für zahlreiche Autoren als „richtungsweisend"[789] und hat in der wissenschaftlichen Diskussion überwiegend Zustimmung erfahren.[790] Nur einige Autoren weisen auf die Schwächen der Urteilsbegründung hin.[791]

Zutreffend hat der *BGH* hier die vor dem Hintergrund der Niederlassungsfreiheit aufgestellten Grundsätze auf die nach dem Recht der British Virgin Islands gegründete *Limited* angewandt. Artt. 49, 54 AEUV finden nicht nur auf die Mitgliedsstaaten der EU, sondern gem. Artt. 198, 199 Nr. 5, 203 AEUV auch auf assoziierte überseeische Hoheitsgebiete wie die British Virgins Islands Anwendung.[792] Die im Urteil getroffenen Aussagen sind – trotz dieser „Sonderkonstellation"[793] – dabei im Wesentlichen auch auf in Deutschland tätige *Limiteds* mit Satzungssitz in Großbritannien übertragbar.

Die Stellungnahme des *5. Strafsenats* zur umstrittenen Frage der Fremdrechtsanwendung im Rahmen des Untreuetatbestandes fällt hingegen erdenklich knapp aus. Nur drei Randnummern (Rn.12–14) des Urteils befassen sich

---

786 Vgl. allgemein zu den einzelnen Voraussetzungen der Rechtfertigungsgründe im Strafrecht *Rönnau*, in: LK, Vor § 32 StGB Rn. 112 ff.

787 *BGH*, NStZ 2010, 632 (634).

788 *BGH*, NStZ 2010, 632 (634).

789 *Radtke*, NStZ 2011, 556 (556).

790 Ausdrücklich dem Urteil des *BGH* zustimmend *Hinderer*, S. 21; *Beckemper*, ZJS 2010, 554 (557); *Bittmann*, wistra 2010, 302 (303); *Mankowski/Bock*, GmbHR 2010, 822 f.; *Radtke*, NStZ 2011, 556 (556 ff.;); *Rubel/Nepomuk*, EWiR 2010, 761 (761 f.); *Schramm/Hinderer*, ZIS 2010, 494 (494). Sogar *Schlösser/Mosiek*, HRRS 2010, 424 (426 f.) halten das Urteil immerhin aus rechtspolitischen Gründen für nachvollziehbar und verweisen auf eine (angeblich) strengere Interpretation des Vorsatzerfordernisses. Zustimmend auch *Schünemann*, in: LK, § 266 StGB Rn. 264.

791 *Kraatz*, JR 2011, 58 (59 f.); *Rönnau*, NStZ 2011, 558 f.; *Schlösser/Mosiek*, HRRS 2010, 424 (425 f.).

792 Vgl. *BGH*, NStZ 2010, 632 (633).

793 Es gelten hier andere gesellschaftsrechtliche Regelungen, die im Rahmen der Treuepflicht zu berücksichtigen sind. Siehe zu diesen Regelungen *Kraatz*, JR 2011, 58 (61 f.) m.w.N.

mit diesem Kernproblem.[794] Dies steht in keinem Verhältnis zur Bedeutung der Probleme und deren Komplexität.[795] Auch führt der *BGH* in diesem Zusammenhang keine neuen Erwägungen an, sondern legt für seine Begründung lediglich die Argumentation einiger der zu diesem Problemkreis erschienen Aufsätze und Dissertationen zugrunde.

Zunächst wird dabei die Pflichtwidrigkeit vor dem Hintergrund des Bestimmtheitsgebots unter bloßer Berufung auf die herrschende Meinung als normatives Tatbestandsmerkmal bewertet, ohne jedoch auf die verfassungsrechtliche Dimension dieser Unterscheidung für die Fremdrechtsanwendung näher einzugehen. Insbesondere ist der Vergleich mit dem Merkmal „fremd," den der *BGH* hier zur Begründung seines Urteils heranzieht, nur auf den ersten Blick nachvollziehbar. Denn auch eine bislang anerkannte Methode, kann schließlich verfassungsrechtlichen Bedenken unterliegen.[796] Darüber hinaus scheint die Bestimmung des Merkmals „fremd" mit weniger Schwierigkeiten verbunden zu sein, als die Konkretisierung der Tatbestandsmerkmale „Vermögensbetreuungspflicht" und „Pflichtverletzung im Rahmen des § 266 StGB.[797] Ferner vermag der bemühte Vergleich auch angesichts der Komplexität der hier einbezogenen ausländischen Rechtsregeln[798] nicht zu überzeugen.[799] Bedenken an der Einbeziehung des ausländischen Rechts im Rahmen des Untreuetatbestandes verlagert der *BGH* schlicht auf den Vorsatz, den er in diesem Fall besonderen Restriktionen unterworfen sieht.[800]

Die Ausführungen, dass der Senat *„insoweit nicht die von Teilen der Literatur mit Blick auf das Demokratieprinzip erhobenen Bedenken"* teilt, da Bedeutung und Tragweite der hinreichend bestimmten Strafvorschrift durch den zur Pflichtenbestimmung heranzuziehenden Maßstab unberührt blieben,[801] stellen keine inhaltliche Auseinandersetzung mit den in diesem Zusammenhang vorgebrachten Argumenten für einen Verstoß gegen den Parlamentsvorbehalt dar. Zwar musste sich das Gericht bei einer Einstufung des Begriffs der Pflichtwidrigkeit als normatives Tatbestandsmerkmal auf Basis der h.M. diese Frage nicht

794 *BGH*, NStZ 2010, 632 (634).
795 *Rönnau*, NStZ 2011, 558 f.
796 *Schlösser/Mosiek*, HRRS 2010, 424 (425).
797 So zutreffend *Schlösser/Mosiek*, HRRS 2010, 424 (425).
798 Hierzu sogleich § 8 I.6.b).
799 *Rönnau*, NStZ 2011, 558 (559).
800 *Schlösser/Mosiek*, HRRS 2010, 424 (426) m.w.N.
801 *BGH*, NStZ 2010, 632 (634).

stellen,[802] aber es fehlt in diesem Zusammenhang jegliche Stellungnahme zu der in der Literartur diskutierten Frage,[803] ob vor dem Hintergrund der verfassungsrechtlichen Anforderungen bei einem fließenden Übergang zwischen normativen Tatbestandsmerkmalen und Blanketttatbeständen – wie er bei § 266 StGB vorzuliegen scheint – bei der Fremdrechtsanwendung nicht ihre Gleichbehandlung angezeigt ist. Rechtsdogmatisch hat dieses höchstrichterliche Urteil die Problematik der verfassungsrechtlichen Zulässigkeit einer Fremdrechtsanwendung im Rahmen des Untreuetatbestandes mithin nicht behoben.

Auch enthält das Urteil keine inhaltliche Befassung mit dem einbezogenen Recht der British Virgin Islands. So ist es unter Umständen nicht von vornherein ausgeschlossen, dass der Beschuldigte sogar einen Anspruch auf den von ihm eigenmächtig überwiesenen Betrag hatte.[804] Die Konsequenz einer Fremdrechtsanwendung ist aber gerade die Ermittlung und Anwendung des ausländischen Rechts, so wie es gelebt wird.

Mit Blick auf die Niederlassungsfreiheit ist an der Urteilsbegründung zu bemängeln, dass der *BGH* nicht auf einen möglichen Verstoß gegen Artt. 49, 54 AEUV durch die Anwendung des Untreuetatbestandes eingeht. Das Gericht hätte sich in diesem Zusammenhang mit der Frage auseinandersetzen müssen, ob ein solcher Verstoß gegen die Niederlassungsfreiheit möglicherweise den Anwendungsbereich der Untreue bereits auf der Ebene des Tatbestandes einschränkt.[805]

d) Fazit

Die Betrachtung der drei Urteile fällt ernüchternd aus. Lediglich den Urteilen des *AG Stuttgart* und des *BGH* kommt für die weitere Untersuchung überhaupt eine Bedeutung zu. Mangels neuer Argumente, die in der zu diesem Komplex bislang erschienen Literatur noch nicht diskutiert wurden, ist diese Bedeutung der Urteile für die rechtsdogmatische Diskussion lediglich gering. Insgesamt ist die Frage nach der strafrechtlichen Haftung des *directors* einer in Deutschland ansässigen *Limited* wegen Untreue damit längst nicht abschließend beantwortet.

Betrachtet man ausschließlich die zukünftigen Entwicklungen in der Strafrechtspraxis, so wird die Wahl einer anderen europäischen Rechtsform wohl

---

802 Siehe hierzu sogleich unter §§ 7.

803 Vgl. *Rönnau*, ZGR 2005, 832 (857).

804 *Kraatz*, JR 2011, 58 (62), *Schramm/Hinderer*, ZIS 2010, 494 (498).

805 Zur Kritik an der Einstellungsempfehlung gem. § 153a StPO durch den *BGH* siehe bereits zuvor § 3 II.5.

nur noch schwerlich vor dem Zugriff deutscher Strafverfolger schützen.[806] Für die Strafverfolgungsbehörden wird allein das höchstrichterliche Urteil des *BGH* maßgeblich sein. Jegliche dogmatische Bedenken könnten nun in der Ermittlungspraxis hierhinter zurücktreten. Allerdings bleibt die tatsächliche Schwierigkeit der Aufklärung solcher Sachverhalte mit europäischem Auslandsbezug bestehen und kann, nach dem zuvor kritisierten Verweis des *BGH* auf die Einstellungsmöglichkeiten, möglicherweise das Strafverfolgungsinteresse im Einzelfall reduzieren.[807]

IV. Ergebnis zu § 5

Vor dem Hintergrund der §§ 3 ff. StGB bestehen keine Zweifel an der generellen Anwendbarkeit des Untreuetatbestandes auf den *director* einer in Deutschland ansässigen *Limited.*

Der Untreuetatbestand ist Gegenstand zahlreicher Streitigkeiten in Rechtsprechung und Literatur. Grundlegende Probleme des Tatbestandes sind bis heute nicht zufriedenstellend gelöst. Eine Unterscheidung zwischen Missbrauchs- und der Treubruchtatbestand kann nur im konkreten Einzelfall erfolgen. Sie hängt davon ab, ob der *director* durch seine Handlung die *Limited* rechtlich verpflichtet oder allein eine tatsächliche Handlung vorgenommen hat. Die Vermögensbetreuungspflicht und die Verletzung dieser sind für beide Formen der Untreue dabei inhaltsgleich zu bestimmen.

Bedingt durch seine strukturelle Gestaltung und Weite verführt der Untreuetatbestand dazu, als Mittel zum Zweck für opportune Entscheidungen eingesetzt zu werden. Ob die rechtsstaatlichen Grenzen der Norm mittlerweile allerdings bis an das äußerste ausgereizt oder sogar bereits überschritten sind, kann und soll hier nicht entschieden werden. Bei allem Streit wird man sich einer Grundeinsicht nicht entziehen können: An einer restriktiven Auslegung des Untreuetatbestandes ist zwingend festzuhalten. Dies hat auch das *BVerfG* in seiner Entscheidung zur Bestimmtheit des § 266 StGB ausdrücklich betont. Demzufolge kann jede weitere Ausdehnung wie zum Beispiel die „Ausfüllung" des Tatbestandes mittels Normen des englischen Zivil- und Gesellschaftsrechts nicht ohne Beachtung der erheblichen Unbestimmtheit des Untreuetatbestandes angenommen werden. Sie bedarf stets einer grundlegenden Prüfung.

Zu der sich im Entstehen befindlichen Fallgruppe der „*Limited*-Untreue" sind bislang nur drei Urteile ergangen. Die Urteile befassen sich dabei mit dem

806 *Kraatz*, JR 2011, 58 (65); *Wegner*, GWR 2010, 267.
807 *Kraatz*, JR 2011, 58 (65); *Rubel/Nepomuk*, EWiR 2010, 761 (762).

eigentlichen Kern der Problematik entweder – so das Urteil des *LG Hamburg* – gar nicht oder nur ungenügend. Sie sind für die weitere Untersuchung nur bedingt zu beachten, enthalten sie doch keine anderen, als die in der Literatur bereits vorgebrachten Argumente. Festzustellen ist mithin, dass die Frage nach der Untreuestrafbarkeit des *directors* einer in Deutschland ansässigen *Limited* dogmatisch bislang nicht abschließend beantwortet ist. Klar ist aber bereits an dieser Stelle, dass einer sich durch die Fremdrechtsanwendung ergebenden Unsicherheit nicht aus verfahrensökonomischen Gründen mit einer extensiven Einstellungspraxis begegnet werden darf.

Kann ein Verstoß gegen eine aus dem englischen Gesellschaftsrecht abgeleitete Verhaltenspflicht aber überhaupt eine Strafbarkeit gem. § 266 StGB begründen? Dies leitet über zum Merkmal der Verletzung einer Vermögensbetreuungspflicht gegenüber einer in Deutschland ansässigen *Limited* sowie zum grundsätzlichen Verhältnis zwischen Straf- und Zivilrecht.

§ 6 Die Verletzung einer Vermögensbetreuungspflicht als zentrales Problem der Untersuchung

Als zentrales Problem der hier untersuchten Untreuestrafbarkeit des *directors* einer *Limited* mit inländischem Verwaltungssitz entpuppt sich bei näherer Betrachtung das Tatbestandsmerkmal der Verletzung einer bestehenden Vermögensbetreuungspflicht. Immerhin verweist dieses auf bestehende Pflichtenstellungen außerhalb des Strafrechts. Ausschließlich um dieses Merkmal soll es im Folgenden gehen. Zu klären ist, ob der *director* durch bestimmte Handlungen, die- wenn vom Geschäftsführer einer GmbH vorgenommen - zu einer Untreuestrafbarkeit führen würden, eine ihm obliegende Vermögensbetreuungspflicht gegenüber der *Limited* verletzen kann.

I. Vermögensträgerschaft der Limited

Für die Bestimmung des Inhabers des durch den Untreuetatbestand geschützten fremden Vermögens kommt es auf die formale privatrechtliche Rechtslage an.[808] Juristische Personen wie beispielsweise eine AG oder GmbH[809] können nach allgemeiner Meinung Vermögensträger und folglich auch Opfer einer Untreue sein.[810] Gegenüber der Gesellschaft als solcher besteht somit die Pflicht zur Wahrung ihrer Vermögensinteressen.

Auch im englischen Gesellschaftsrecht werden Kapitalgesellschaften als eigenständige juristische Personen angesehen, die Inhaber des Gesellschaftsvermögens sind.[811] Wie zuvor dargestellt, ist die *Limited* eine Kapitalgesellschaft mit

808 Siehe *BGH*, wistra 1992, 24 (26); *Perron*, in: Schönke/Schröder, § 266 StGB Rn. 6.

809 A.A. *Nelles*, S. 492, wonach die Gesamtheit der Mitglieder Inhaber des Gesellschaftsvermögens ist.

810 Statt vieler *Seier*, in: HWSt, V 2 Rn. 103. Anders aber bei Personengesellschaften, bei denen eine Untreue zum Nachteil der Gesellschaft als solche nicht möglich sein soll, *Seier*, in: HWSt, V 2 Rn. 346 ff. m.w.N. Eine Untreue kann in diesen Fällen nur gegenüber den Gesellschaftern in Frage kommem, siehe *BGH*, NJW 2003, 2996 (2999); hiergegen aber *Soyka*, S. 257. Siehe ferner auch *Bittmann/Richter*, wistra 2005, 51 ff.

811 *Salomon v Salomon & Co Ltd* [1897] AC 22 (H.L.), 47 ff. Siehe auch *Rehm*, in: Ausländische Kapitalgesellschaften im deutschen Recht, § 10 Rn. 67 ff.

eigener Rechtspersönlichkeit.[812] Sie ist Trägerin von Vermögenswerten, zu deren Lasten grundsätzlich auch eine Untreue begangen werden kann.[813]

II. Die qualifizierte Vermögensbetreuungspflicht

Die Untreuestrafbarkeit setzt zunächst das Bestehen einer Vermögensbetreuungspflicht voraus. Wie oben ausgeführt wird ihr Vorliegen im Einklang mit der heute vorherrschenden Meinung in Rechtsprechung und Literatur auch für den Missbrauchstatbestand für erforderlich gehalten.[814] Folglich sind die Vermögensbetreuungspflicht und damit auch ihre Verletzung für beide Tatbestände der Untreue inhaltsgleich zu bestimmten. Die Vermögensbetreuungspflicht bezeichnet dabei die anvertraute interne Machtstellung des Treunehmers in der Vermögenssphäre des Treugebers.[815] Ob der Treunehmer als Täter solch eine entsprechende Vermögensbetreuungspflicht innehat, ergibt sich aber gerade nicht aus dem Strafrecht selbst, sondern aus den entsprechenden Vorschriften des Zivil- oder Gesellschaftsrechts, die wiederum nur selten eindeutige, unstreitige Vorgaben enthalten.[816]

1. Allgemeines

Maßgeblich für die Ermittlung einer Vermögensbetreuungspflicht sind die aus § 266 StGB abzuleitenden aber nicht näher definierten Anforderungen an ein Treueverhältnis. Danach kann als Rechtsgrundlage für die Vermögensbetreuungspflicht neben einem gesetzlichen, behördlichen oder rechtsgeschäftlichen Ursprung auch ein tatsächliches Treueverhältnis dienen. Einig ist man sich im Grundsatz, dass die sich aus dem Treueverhältnis ergebende Vermögensbetreuungspflicht restriktiv auszulegen ist, um einer zu weiten Auslegung des Tatbestandes entgegenzuwirken.[817]

Ob eine Vermögensbetreuungspflicht vorliegt, wird in der Rechtsprechung anhand von Indizien ermittelt.[818] Diese werden in einer Art Gesamtschau zur

---

812 Vgl. § 3 II.

813 Ebenso *Pattberg*, S. 256 m.w.N.

814 Siehe bereits zuvor unter § 5 II.1.

815 So prägnant *Saliger*, JA 2007, 326 (327).

816 Hierzu ausführlich unter § 6 III m.w.N.

817 *Dierlamm*, in: MüKo, § 266 StGB Rn. 142; *Kohlmann*, JA 1980, 228 (230); *Kubiciel*, NStZ 2005, 353 (354); *Saliger*, HRRS 2006, 10 (17).

818 *BGH*St 49, 147 (155 ff.); 41, 224 (226 ff.); 13, 315 (317 ff.); grundlegend auch schon *RG*St 69, 58 (61 f.). Siehe hierzu auch *Hoyer*, in: SK, Stand: 123. Lfg., § 266 StGB Rn. 29 ff. m.w.N.

Pflichtenbestimmung herangezogen. Allerdings führt nicht jede allgemeine vertragliche Pflicht oder Nebenpflicht zur Annahme eines Treueverhältnisses im Sinne des § 266 StGB.[819] Maßgeblich sollen nur solche Pflichten sein, die sich gerade auf die Wahrung der Vermögens- und Geschäftsinteressen des Treugebers richten. Für das Vorliegen einer qualifizierten Vermögensbetreuungspflicht sollen daher hauptsächlich die Fremdnützigkeit des Geschäfts, die hohe wirtschaftliche Bedeutung des Geschäfts und die Existenz eines gewissen Entscheidungsspielraums sprechen.[820] Dieser Indizienkatalog, der sich in der Rechtsprechung herausgebildet hat, reformuliert damit im Kern den Strafgrund der Untreue.[821] Gegen das Vorliegen einer Vermögensbetreuungspflicht werden insbesondere die Geringwertigkeit der betroffenen Vermögensposition, die Qualifizierung der Tätigkeit als reine Nebenpflicht oder als eine rein weisungsabhängige Tätigkeit angeführt. Im Ergebnis muss die Pflicht zur Vermögensfürsorge daher eine gewisse Hauptpflicht des Täters und nicht lediglich eine Nebenpflicht darstellen[822] und sie muss dem Schutz des betreuten Vermögens dienen.[823] Ferner kommen aus dem Kreis der vermögensschützenden Pflichten für eine untreuerelevante Pflichtverletzung nur solche in Betracht, die typischerweise nur der Treunehmer verletzen kann.[824]

819 *BGH*St 28, 20 (23).

820 Zu den Kriterien der Rechtsprechung siehe auch *Perron*, in: Schönke/Schröder, § 266 StGB Rn. 24; *Saliger*, in: SSW, § 266 StGB Rn. 10; *Bittmann*, ZGR 2009, 931 (955 f.); *Brammsen*, ZIP 2009, 1504 (1505); *Kargl*, ZStW 113 (2001), 565 (583 ff.); *Kubiciel*, NStZ 2005, 353 (354 f.).

821 *Saliger*, in: Non Profit Law Yearbook 2005, S. 209, 211; *ders.* JA 2007, 326 (327 f.); *ders.*, HRRS 2006, 10 (17).

822 *Hoyer*, in: SK, Stand: 123. Lfg., § 266 StGB Rn. 27. Besteht über diese Grundsätze heute im Wesentlichen auch Einigkeit, wird durch den Indizienkatalog zusätzlich eine erhebliche Unsicherheit in den Tatbestand hineingetragen, siehe *Samson/Günther*, in: SK, Stand: 39. Lfg., 5. Aufl. § 266 StGB Rn. 24 m.w.N. Insbesondere sind weder Art, Anzahl noch das Gewichtungsverhältnis der Indizien bislang abschließend geklärt, *Saliger*, JA 2007, 326 (328). Kritisch auch *Dierlamm*, in: MüKo, § 266 StGB Rn. 37 f.; *Kindhäuser*, in: FS-Lampe, S. 709, 715 ff.

823 *Knauer*, NStZ 2002, 399 (401 ff.) m.w.N. Nach *Günther*, in: FS-Weber, S. 311, 316 soll die außerstrafrechtliche Pflicht sogar primär und unmittelbar dem Schutz des Vermögens des Treugebers dienen müssen.

824 *Rönnau/Hohn*, NStZ 2004, 113 (114).

2. Die Vermögensbetreuungspflicht des directors im Besonderen

Grundsätzlich liegen bei wirtschaftsstrafrechtlichen Sachverhalten die Hauptprobleme des Untreuetatbestandes nicht in der Frage, ob eine hinreichend qualifizierte Vermögensbetreuungspflicht vorliegt. Eine solche lässt sich in den einschlägigen Sachverhalten regelmäßig ermitteln. Handelt es sich beispielsweise um die Untreue zu Lasten einer GmbH, so gilt deren Geschäftsführer allgemein als vermögensbetreuungspflichtig[825] Als pflichtenbegründend wird grundsätzlich die Bestellung zum Geschäftsführer angesehen. Diese offenbart sich nach außen zumeist durch die Gewährung der Verpflichtungs- oder Verfügungsbefugnis über das Gesellschaftsvermögen. Diese Beziehung ist dann unter strafrechtlichen Aspekten daraufhin zu untersuchen, ob hieraus im konkreten Fall wirklich eine Vermögensbetreuungspflicht folgt.[826]

Bei der *Limited* kann zunächst ebenfalls die Bestellung zum *director* (*appointment*)[827] als pflichtenbegründend gewertet werden.[828] Die *company's constitution* ermächtigt ihn, die *Limited* umfassend zu vertreten.[829] Auch wird der *director* verpflichtet, von seinen Befugnissen ausschließlich zweckgerichtet Gebrauch zu machen und diese nicht zu überschreiten.[830] Unschädlich ist dabei, dass es sich bei der Bestellung zum *director* nicht um ein deutsches Rechtsgeschäft handelt. Entscheidend ist lediglich, dass ein Treueverhältnis zwischen Gesellschaft und *director* überhaupt begründet wird.[831] Im Ergebnis steht der *director* als Folge seiner Bestellung somit in einem § 266 Abs. 1 StGB entsprechenden Treueverhältnis zum Vermögen der *Limited*.

---

825 *BGHSt* 49, 147 (158); 34, 379 (385); *OLG Hamm*, NStZ 1986, 119 f. *Fischer*, § 266 StGB Rn. 13; *Perron*, in: Schönke/Schröder, § 266 StGB Rn. 25; *Schünemann*, in: LK, § 266 StGB Rn. 245; *Benndorf*, S. 116; *Bittmann*, ZGR 2009, 931 (944); *Kubiciel*, NStZ 2005, 353 (355); *Ransiek*, in: FS-Kohlmann, S. 207, 217; *Saliger*, HRRS 2006, 10 (12 u. 17); *Samson*, in: Gesellschaftsrecht in der Diskussion, S. 109, 111; *Schlösser*, wistra 2006, 81 (84); *Taschke*, in: Gesellschaftsrecht in der Diskussion, S. 127, 128. Nach herrschender Meinung gilt dies auch für den faktischen Geschäftsführer, *BGHSt* 34, 379 (382); *BGH*, ZIP 2005, 1414 f.; *Perron*, in: Schönke/Schröder, § 266 StGB Rn. 25.

826 So *Arnold*, S. 14.

827 Vgl. sections 157 ff. CA 2006.

828 Ebenso *Worm*, S. 99; *Gross/Schork*, NZI 2006, 10 (15); *Schlösser*, wistra 2006, 81 (86).

829 Siehe zu den erheblichen Einwirkungsmöglichkeiten des *directors* insbesondere auch section 40 CA 2006.

830 Siehe zuvor § 3 II und § 4 I.1.

831 Zutreffend *Worm*, S. 99.

Folgt im konkreten Fall eine Vermögensbetreuungspflicht nicht aus der Bestellung des *directors* zur Führung der *Limited* in Deutschland, so lässt sie sich jedoch auch aus den sich aus dem CA 2006 sowie den entsprechenden Grundsätzen des *common law* und *equity* ergebenden *director's duties* ableiten. Dies betrifft insbesondere Fälle des *de facto* und des *shadow directors.*[832] Während sich beim *de facto director* die Anwendbarkeit der *director's duties* ausdrücklich aus der weiten Definition in section 250 CA 2006 ergibt, soll dies nach Auffassung einiger Autoren auf den *shadow director* nur teilweise zutreffen.[833] Schließlich legt section 170(5) CA 2006 fest, dass „*the general duties apply to shadow directors where, and to the extent that, the corresponding common law rules or equitable principles so apply.*" Inwieweit die englische Rechtsprechung in Zukunft daher die kodifizierten *director's duties* auch auf den *shadow director* anwenden wird, bleibt abzuwarten.[834] Die Begründung einer untreuerelevanten Vermögensbetreuungspflicht liegt im Fall des *shadow directors* somit nicht auf der Hand. Zumindest aus deutscher Sicht scheinen aber bereits Bestrebungen zu bestehen, eine Vermögensbetreuungspflicht im Sinne von § 266 StGB auch in diesen Fällen stets annehmen zu wollen.[835] Richtigerweise wird dies aber bereits an dieser Stelle nicht ohne Beachtung des englischen *case-laws* erfolgen können. Zwingend wird man bei zukünftigen Entscheidungen hier die Besonderheiten des englischen Gesellschaftsrechts beachten müssen.[836]

---

832 Siehe oben § 3 II.1.b).

833 So insbesondere die Ansicht von *Wietz*, S. 226 ff., der sein Ergebnis aber maßgeblich auf Rückschluss zum deutschen Recht stützt; ferner *Witt*, ZGR 2009, 872 (898). A.A. aber *Just*, Limited, Rn. 142; *Weiß*, S. 161; *Schumann*, ZIP 2007, 1189 (1195), wonach die *director's duties* auch für den *shadow director* gelten. Nach *Mankowski/Bock*, ZStW 120 (2008), 704 (757); *Richter*, in: FS-Tiedemann, S. 1023, 1031 sowie *Schumann*, wistra 2008, 229 (230) soll die Haftung nach section 214 (7) CA 2006 eingreifen, wodurch der *shadow director* dem *director* gleichgestellt sei.

834 Zur Kritik an der Regelung des englischen Gesetzgebers siehe bereits § 3 II.1.b).

835 Siehe *Bittmann*, ZGR 2009, 931 (940 f.) m.w.N.: „*Wer sogar so stark ist, dass er es nicht einmal mehr nötig hat, nach außen auftreten zu müssen, weil „seine" Leute bereits auf sein Zucken mit der Wimper hin tun, was er will, der muss ebenfalls als faktisches Organ Adressat der auch strafrechtlich bewehrten Organpflichten sein.*" Ferner aufgrund einer unzutreffenden Qualifikation des Täters als *shadow director* und der folgenden Annahme einer Vermögensbetreuungspflicht so – wenn auch ohne eine tiefere Auseinandersetzung mit dem englischen Gesellschaftsrecht – das *AG Stuttgart*, wistra 2008, 226 ff.

836 Zumindest hierauf hätte das *AG Stuttgart*, wistra 2008, 226 ff. näher eingehen müssen. Zur Frage des *shadow directors* im Konzern *Wietz*, S. 230 ff.

Betrachtet man weiter die oben dargestellten sections 171 bis 177 CA 2006, so wird deutlich, dass es sich hierbei um Hauptpflichten handelt, die der Wahrnehmung der Vermögensinteressen der *Limited* dienen und typischerweise nur durch den *director* verletzt werden können.[837] Insbesondere die section 172 CA 2006 statuierte *„duty to promote the success of the company"* legt eine besondere Vermögensbetreuungspflicht des *directors* gegenüber der Gesellschaft nahe.[838] Folglich können die englischen *director's duties* im konkreten Fall auch eine Vermögensbetreuungspflicht des *directors* im Sinne des Untreuetatbestandes begründen. Ein solcher Gleichlauf mit der Vermögensbetreuungspflicht des Geschäftsführers einer GmbH wird bei der *Limited* daher zutreffend anerkannt.[839]

III. Tathandlung: Die Verletzung der Vermögensbetreuungspflicht

Handelt es sich um einen Sachverhalt mit einem wirtschaftsstrafrechtlichen Bezug, liegen die praxisrelevanten Probleme des Untreuetatbestandes allerdings meist nicht bei der Frage nach dem Vorliegen einer hinreichend qualifizierten Vermögensbetreuungspflicht, sondern vielmehr bei der Feststellung ihrer Verletzung.[840] Nun wird die Verletzung einer Vermögensbetreuungspflicht als solche im Untreuetatbestand allerdings nicht genannt, sondern diese zentrale Problematik wird – zumindest bei der Organuntreue – ausschließlich von der Verletzung außerstrafrechtlicher Normen abhängig gemacht.[841] Je nach Fallkonstellation werden diese Normen dann beispielsweise der Satzung bzw. unternehmensinternen *„Compliance"*- Regelungen,[842] den handels- und steuerrechtlichen Buchführung

837 Siehe die Ausführungen zu den einzelnen Pflichten unter § 4.

838 Siehe zuvor § 4 I.2.

839 Im Ergebnis so auch *AG Stuttgart*, wistra 2008, 226 (229), das den genauen Ursprung der Vermögensbetreuungspflicht des *directors* jedoch nicht konkret benennt. Ferner *Pattberg*, S. 255; *Wietz*, S. 232; *Worm*, S. 100; *Gross/Schork*, NZI 2006, 10 (15); *Mankowski/Bock*, ZStW 120 (2008), 704 (757); *Ransiek/Hüls*, ZGR 2009, 157 (176 f.); *Richter*, in: FS-Tiedemann, S. 1023, 1034 f.; *Rönnau*, ZGR 2005, 832 (853 f.); *Schlösser*, wistra 2006, 81 (86); *Schumann*, wistra 2008, 229 (230).

840 In der Praxis gehen diese Prüfungen häufig ineinander über.

841 *Ransiek*, ZStW 2004, 634 (640 ff.); *Ransiek/Hüls*, ZGR 2009, 157 (161); *Rönnau*, ZStW 119 (2007), 887 (887).

842 Zu den strafrechtlichen Folgen eines Verstoßes gegen den deutschen Corporate Governance Kodex *Samson/Langrock*, DB 2007, 1684 ff.; *Schlösser/Dörfler*, wistra 2007, 326 ff.

und Bilanzierungsvorschriften, dem GmbHG,[843] dem AG[844] oder anderen gesetzlichen Regelungen entnommen. So bedeutet die strafrechtliche Pflichtwidrigkeit im Zusammenhang mit der GmbH grundsätzlich die Verletzung einer sich aus dem Gesellschaftsrecht ergebenden Pflichtenbindung.[845] Auch hier zeigt sich wiederum die akzessorische Ausgestaltung des Untreuetatbestandes.

Insbesondere bei wirtschaftlichen Bezügen stellt sich die Bestimmung des Pflichtenumfangs jedoch als äußerst schwierig dar, sind die Übergänge zwischen üblichen Geschäftspraktiken und strafbarem Verhalten doch häufig fließend. Hinzu kommt, dass einem Entscheidungsträger bei wirtschaftlichen Handlungen Beurteilungsspielräume und eine gewisse Risikowilligkeit zugestanden werden müssen, damit dieser das Unternehmen überhaupt führen kann. Somit verwundert es nicht, dass in der gesellschafts- und strafrechtlichen Wissenschaft zahlreiche Versuche unternommen werden, insbesondere die Anforderungen für Geschäftsleiter zu konkretisieren. Auch im Rahmen der Untreue zu Lasten einer *Limited* stellt sich folglich die grundlegende Frage, welche außerstrafrechtlichen Pflichtverletzungen des vermögensbetreuungspflichtigen *directors* einer *Limited* überhaupt untreuerelevant sind.

1. Die Zivilrechtsakzessorietät des Untreuetatbestandes

An dieser Stelle aufgeworfen wird damit die grundsätzliche Frage nach dem Verhältnis von Zivil- und Strafrecht in der Gesamtrechtsordnung. Eine einheitliche Antwort hierauf ist bislang noch nicht gefunden worden,[846] nimmt das Strafrecht in einigen Bereichen doch eine eigenständige Position ein, während es in sich in anderen Fällen vom Zivilrecht durchaus abhängig zeigt.[847]

---

843 Beispielsweise über § 30 GmbHG die konkrete Pflicht zur Erhaltung des Stammkapitals oder über § 43 GmbHG der unbestimmte Maßstab eines „*ordentlichen und gewissenhaften*“ Geschäftsleiters, hierzu *Rönnau/Hohn*, NStZ 2004, 113 ff.

844 So z. B. über § 87 Abs. 1 AktG die Frage nach der Angemessenheit von Vorstandsvergütungen.

845 *BGH*, NJW 2006, 522 (526); *Raum*, in: Wabnitz/Janovsky, Kap. 4 Rn. 74; *Grigoleit*, S. 218 m.w.N.

846 Zum Rechtmäßigkeitsmaßstab siehe *Rönnau*, in: LK, Vor § 32 StGB Rn. 20 m.w.N. *Hohmann*, ZIS 2007, 38 (38) stellt außerdem zutreffend fest, dass diese grundlegende Frage nach dem Verhältnis von Straf- und Zivilrecht bislang nicht hinreichend in den strafrechtlichen Lehrbüchern und Kommentaren behandelt wird. Zur Verwaltungsakzessorietät *Schmitz*, in: MüKo, Vor §§ 324 StGB Rn. 32 ff. m.w.N.

847 Dies bezieht sich freilich nicht auf die Rechtsfolgenseite. Hier ist das Strafrecht stets unabhängig und folgt einem eigenen Wertesystem.

Der Sache nach stehen sich bei der Frage nach diesem Verhältnis bis heute zwei grundsätzliche Positionen gegenüber: Ist die Akzessorietät streng außerstrafrechtlich zu verstehen oder besteht Raum für eine strafrechtsautonome faktische Betrachtung?[848] Akzessorietät bezeichnet dabei solche Straftatbestände, die ausdrücklich auf andere Normen verweisen oder im Rahmen der Auslegung von anderen Normen abhängig sind.[849] Eine genaue Untersuchung dieser Problematik soll an dieser Stelle nicht stattfinden, ist doch die grundsätzliche Bindung des Untreuetatbestandes an wirtschaftsrechtliche Vor-Wertungen immerhin weitgehend geklärt.[850] Allerdings werden die unterschiedlichen Positionen immer wieder als Argumente bemüht, wenn beispielsweise bei der Beurteilung der Pflichtwidrigkeit oder des Vermögensnachteils vor einer „*Versklavung des Strafrechts durch das zivilistische Denken*" gewarnt wird.[851]

a) Strenge außerstrafrechtliche Bindung des Strafrechts

Nach der Normentheorie *Bindings* liegen die Rechte, zu deren Schutz die Strafgesetze bestimmt sind, über alle Rechtsgebiete zerstreut.[852] Die Verhaltensnorm ist dabei ein einfacher Imperativ ohne Strafandrohung und vom Schutzgesetz zu unterscheiden. Diese Verhaltensnormen gehen dem Strafgesetz voraus und stellen verschiedene Ge- und Verbote auf, deren Einhaltung das Strafrecht gewährleistet. Das Kriminalstrafrecht hingegen bedroht eine Normübertretung mit einer Straffolge oder erklärt sie für straffrei. Nach diesem Modell ist das Strafrecht ein sekundäres Schutzrecht, das aus den gesellschaftlichen Regeln diejenigen auswählt, die es gegen besondere Formen der Missachtung besonders schützen will. Ob das fragliche Verhalten außerstrafrechtlich zu missbilligen ist, entscheidet allein die außerstrafrechtliche Verhaltensnorm ohne jegliche Präjudizierung durch das Strafrecht. Das Strafrecht ist demnach eine streng akzessorische Rechtsordnung,[853] die nicht isoliert betrachtet werden kann.[854]

---

848 *Hohmann*, ZIS 2007, 38 ff. bezeichnet diese Positionen als generelle und punktuelle Akzessorietät.

849 *Hohmann*, ZIS 2007, 38 (48). Zum Einfluss außerstrafrechtlicher Normen auf die Strafrechtsauslegung, *Kölbel*, GA 2002, 403 ff.

850 *Saliger*, in: SSW, § 266 StGB Rn. 31. Umfassend zu dieser generellen Problematik *Lüderssen*, in: FS-Eser, S. 163 ff. m.w.N.

851 *Schünemann*, NStZ 2006, 196 (202).

852 *Binding*, Handbuch des Strafrechts, S. 9 f.

853 *Walter*, in: FS-Tiedemann, S. 969, 975.

854 Dem zustimmend *Cappel*, S. 129.

Dieser Sichtweise scheint zurzeit maßgeblich auch die Tendenz zur Harmonisierung von Zivil- und Strafrechtsprechung zu entspringen.[855] So stellt der *BGH* im „*Mannesmann*"- Verfahren fest, dass ein „*tatbestandsmäßiges Verhalten bei Einhaltung der aktienrechtlichen Vorgaben seitens des Ausschusses für Vorstandsangelegenheiten ausgeschlossen*" sei.[856] Insgesamt bleibt nach dieser Auffassung daher kein (oder nur kaum) Platz für eigene strafbegründende Wertungen und Begriffsbildungen durch das Strafrecht.[857]

b) Eigene strafrechtsautonome Betrachtung

Betrachtet man die Gegenauffassung, soll das Strafrecht einen eigenen abgeschlossenen Kreis von Rechtsgütern haben, deren Schutz es dient.[858] Als Ausgangspunkt dieser Sichtweise wird meist die Untersuchung von *Bruns* „Die Befreiung des Strafrechts vom zivilistischen Denken"[859] genannt. Demnach handelt es sich beim Zivilrecht und beim Strafrecht um zwei autonome Rechtsgebiete mit identischen Rechtsgütern. Das Strafrecht findet insofern die übrigen Rechtsordnungen nicht einfach vor, sondern steht als selbständiger Bestandteil und gleichberechtigt neben den betroffenen anderen Rechtsgebieten.[860] Dabei folgt das Strafrecht eigenen Regeln und Prinzipien.[861] Ein akzessorischer Charakter ist nur insoweit vorhanden, als ein Straftatbestand Rechtsvorschriften eines anderen Rechtsgebiets als gegeben voraussetzt.[862] Im Ergebnis ist nach dieser Auffassung das Verhältnis des Strafrechts zu anderen Rechtsgebieten folglich nicht durch Akzessorietät, sondern durch Eigenständigkeit gekennzeichnet.[863] Probleme entstehen allerdings immer dann, wenn die verhaltensregelnden Wirkungen

---

855 Vgl. die Beurteilung der Konzernuntreue, *BGH*St 49, 147 (157 ff.) (*Bremer Vulkan*). Allgemein auch *BGH*St 35, 333 ff.

856 *BGH*St 50, 331 (336 ff.) (*Mannesmann*).

857 In diesem Sinne auch *Altenhain/Wietz*, NZG 2008, 569 (570); *Mankowski/Bock*, ZStW 2008, 704 (705). Kritisch hierzu *Schünemann*, NStZ 2006, 196 (202 f.). Nach *Wietz*, S. 102 übertragen sich Primärrechtskollisionen so unmittelbar in das Strafrecht.

858 So *von Hippel*, S. 31 f.

859 Hierzu insbesondere *Bruns*, S. 51 ff. Zur Kritik hieran aufgrund der politischen Intention siehe *Cappel*, S. 129 f. m.w.N.

860 So *Cornils*, S. 8.

861 *BGH*St 11, 102 (103 ff.); *Cadus*, S. 19, *Dreher*, GA 1969, 56 (61). *Kölbel*, GA 2002, 403 (406) spricht davon, dass das Strafrecht eigene innertatbestandliche Primärnormen entwickelt.

862 *Cornils*, S. 10; *Nowakowski*, JZ 1971, 633 (637).

863 Ausdrücklich *Wessels/Beulke*, § 2 Rn. 58. Ferner so auch *Worm*, S. 50; *Cornils*, S. 8.

des Strafrechts weiter reichen als die außerstrafrechtlichen Ge- und Verbote. So kann das Strafrecht Verhaltensweisen betreffen, die sich in außerstrafrechtlichen unverbotenen bzw. ausdrücklich erlaubten Bereichen befinden.[864] Der Pflichtenverstoß gegen außerstrafrechtliche Normen wäre unter diesen Umständen somit keine notwendige Voraussetzung für eine Untreuestrafbarkeit.

Im Wirtschaftsstrafrecht wird diese Sichtweise häufig (noch) bei der Auslegung von Gesetzesbegriffen mit wirtschaftsrechtlichen Bezug bemüht. Mittels einer eigenen sog. faktischen bzw. wirtschaftlichen Auslegung soll eine gezielte – angeblich wirklichkeitsnähere – Abkehr von einer zivilrechtsakzessorischen Auslegung des jeweiligen Begriffs erreicht werden.[865]

c) Akzessorische Behandlung der Untreue in Bezug auf das Verhalten zu Lasten von Kapitalgesellschaften

Relevant und problematisch wird diese grundsätzliche Unterscheidung somit immer dort, wo das Strafrecht ausdrückliche außerstrafrechtliche Regelungen vorfindet, wie beim Untreuetatbestand. Lässt sich diese übergeordnete Frage der Akzessorietät des Strafrechts hier auch nicht abschließend klären, so scheint in Bezug auf Tatbestände mit einem wirtschaftsrechtlichen Bezug heute jedoch immerhin der Ausgangspunkt klar zu sein: Das Strafrecht hat kein eigenständiges Wirtschaftsrecht zu treiben, sondern ist an die wirtschaftsrechtlichen Vor-Wertungen gebunden.[866] Unabhängig von einer sogleich noch vorzunehmenden Charakterisierung der Erscheinungsform der untreuerechtlichen Pflichtwidrigkeit als normatives Tatbestandsmerkmal oder Blankett[867] bedeutet dies zunächst, dass bei der Konkretisierung des Pflichtwidrigkeitsmerkmals stets außerstrafrechtliche Regelungen zu beachten sind.

aa) Die Grundsätze der limitierten Akzessorietät

Durchgesetzt hat sich für das Verständnis des Untreuetatbestandes eine Kombination der beiden zuvor dargestellten Ansichten. Demnach wird der Tatbestand

---

864 *Kölbel*, GA 2002, 403 (406).

865 Siehe zur faktischen Auslegung *Tiedemann*, Wirtschaftsstrafrecht BT, Rn. 29; *ders.* Wirtschaftsstrafrecht AT, Rn. 5 u. 124 ff.; *Rönnau*, ZStW 119 (2007), 887 (910) j.m.w.N. Kritisch auch *Enderle*, S. 160 f.

866 So ausdrücklich *Ransiek*, AG 2009, 782 (782 f.); *Ransiek/Hüls*, ZGR 2009, 157 (162); *Rönnau*, ZStW 119 (2007), 887 (906). Siehe ferner *Grigoleit*, S. 218 f.

867 Allgemein zu den Erscheinungsformen und Kategorisierungen des akzessorischen Strafrechts *Cornils*, S. 10 ff.; *Hohmann*, ZIS 2007, 38 (38 ff.).

häufig als „*limitiert*" oder „*asymmetrisch*"[868] akzessorisch bezeichnet.[869] In Bezug auf das untreuerelevante Verhalten von Geschäftsleitern zu Lasten von Kapitalgesellschaften ergeben sich mithin zwei entscheidende Grundsätze, die sich quasi als „roter Faden" durch die gesamte weitere Untersuchung ziehen.

Zum einen kann ein Verhalten, das zivilrechtlich erlaubt ist, niemals einen Straftatbestand verwirklichen: Strafrechtlich soll nicht geahndet werden, was zivilrechtlich erlaubt ist.[870] Somit lassen sich aus einem zivil- bzw. gesellschaftsrechtskonformen Verhalten keine untreuestrafrechtlichen Konsequenzen herleiten. Erst wenn die vom Wirtschaftsrecht gezogene Grenze überschritten wird, muss geprüft werden, ob das Strafrecht schützend eingreift. Auf das Vorliegen einer gesellschaftsrechtlichen Pflichtverletzung kommt es somit in jedem Fall an.

Zum anderen führt nicht jedes zivilrechtlich verbotene Verhalten zwingend zu einer Strafbarkeit.[871] Dem Strafrecht kommt ein *ultima ratio* Charakter zu, wonach strafrechtliche Sanktionen lediglich dann in Betracht kommen, wenn

---

868 *Hoyer*, in: SK, Stand: 123. Lfg., § 266 StGB Rn. 47; *Wohlers*, ZStW 123 (2011), 791 (800). Zum Begriff *Dierlamm*, in: MüKo, § 266 StGB Rn. 153.

869 *Dierlamm*, in: MüKo, § 266 StGB Rn. 152; *Fischer*, § 266 StGB Rn. 59; *Saliger*, in: SSW; § 266 StGB Rn. 31; *Dittrich*, S. 33 ff. („*Limitierte Akzessorietät der Untreue*"); *Loeck*, S. 21 ff.; *Brammsen*, ZIP 2009, 1504 (1506 u. 1511); *Dierlamm*, StrafFO 2005, 397 (398 ff.); *Günther*, in: FS-Weber, S. 311, 314 („*Das Strafrecht verhält sich gegenüber dem Wirtschaftsrecht limitiert akzessorisch.*"); *Lüderssen*, in: FS-Eser, S. 163, 170; *ders.*, in: FS-Lampe, S. 727, 729 („*asymetrische Akzessorietät*"); *ders.*, in: FS-Eser, S. 163, 176 für das Insolvenzstrafrecht. Grundsätzlich gegen diesen Ansatz aber *Schünemann*, in: LK, § 266 StGB Rn. 93 ff., der die Bezeichnung „*Zivilrechtsaffinität*" bzw. „*sektorale Zivilrechtsakzessorietät*" für treffender hält. Danach haben das Zivil- und Gesellschaftsrecht nur die Funktion einer möglichen Erlaubnis zur Schädigung des Geschäftsherren.

870 *Hoyer*, in: SK, Stand: 123. Lfg., § 266 StGB Rn. 47; *Saliger*, in: SSW, § 266 StGB Rn. 31; *Cappel*, S. 130; *Grigoleit*, S. 218; *Pattberg*, S. 260; *Schramm*, S. 119 f.; *Tiedemann*, Wirtschaftsstrafrecht BT, Rn. 26a; *ders.*; GmbH Strafrecht, Vor §§ 82 ff. Rn. 15; *Bittmann*, ZGR 2009, 931 (944); *Bosch/Lange*, JZ 2009, 225 (226); *Brammsen*, ZIP 2009, 1504 (1506 u. 1511); *Brandt/Vogel*, wistra 2007, 408 (411); *Dierlamm*, StraFo 2005, 397 (398); *Günther*, in: FS-Weber, S. 311, 314; *Keul*, DB 2007, 728 (728); *Lutter*, NZG 2010, 601 (603); *Lüderssen*, in: FS-Eser, S. 163, 170; *ders.* in: FS-Lampe, S. 727, 728; *Ransiek*, AG 2009, 782 (782 f.); *Saliger*, HRRS 2006, 10 (14); *Schünemann*, NStZ 2006, 196 (199).

871 *Hoyer*, in: SK, Stand: 123. Lfg., § 266 StGB Rn. 47; *Saliger*, in: SSW, § 266 StGB Rn. 31; *Cappel*, S. 130; *Grigoleit*, S. 218 f.; *Brammsen*, ZIP 2009, 1504 (1506 u. 1511); *Tiedemann*, JZ 2005, 45 (45). Dies gilt insbesondere für einen Verstoß gegen gesellschaftsrechtliche Generalklauseln, *Deiters*, ZIS 2006, 152 (160); *Rönnau*, in: FS-Tiedemann,

beispielsweise zivilrechtliche Sanktionen nicht mehr ausreichen.[872] Wirtschaftsrechtlich anerkannte und geschützte Positionen werden gegebenenfalls durch das Strafrecht lediglich zusätzlich abgesichert.[873] Folglich kann es insofern auch zu unterschiedlichen Interpretationen der ausfüllenden Norm je nach strafrechtlichem oder außerstrafrechtlichem Kontext kommen. Der Zivilrechtsverstoß ist damit zwar eine notwendige, nicht aber eine hinreichende Bedingung der strafrechtlichen Pflichtwidrigkeit im Sinne des § 266 StGB.[874]

bb) Prüfungsrelevante Auswirkungen

Selbstverständlich ist jeweils im konkreten Fall genau festzustellen, ob die Vermögensbetreuungspflicht verletzt wurde. Aus der akzessorischen Ausgestaltung des Untreuetatbestandes ergeben sich aber wiederum zwei Unterscheidungen, denen insbesondere für die Frage nach der Verletzung einer Vermögensbetreuungspflicht durch den *director* ganz erhebliche Bedeutung zukommt.

Zunächst bereitet die Bestimmung der Pflichtwidrigkeit immer dann relativ „wenig" Probleme, wenn der Vermögensinhaber konkrete Vorgaben in Form von Vertrag, Satzung oder Anweisung für den Umgang mit seinem Vermögen gemacht hat. Das kann beispielsweise der Fall sein, wenn es dem Geschäftsführer ausdrücklich verboten ist, mit dem Unternehmensvermögen privat zu spekulieren oder höhere Vermögenswerte als sein Gehalt in sein Privatvermögen zu überführen.[875] In diesen Fällen lässt sich unmittelbar aus dem Verstoß gegen die aufgestellten Vorgaben auf die Verletzung der Vermögensbetreuungspflicht schließen.[876] Der Untreuetatbestand ist in diesem Fall als streng akzessorisch anzusehen.[877]

Schwieriger ist die Bestimmung der Pflichtwidrigkeit hingegen, wenn es an konkreten Vorgaben des Vermögensinhabers fehlt und das vorgelagerte

---

S. 713, 726 f.; *Schlösser/Dörfler*, wistra 2007, 326 (329). Allgemein *Kölbel*, GA 2002, 403 (404).

872 *Brammsen*, ZIP 2009, 1504 (1507); *Kiethe*, WM 2003, 861 (868); Lüderssen, in: FS-Lampe, S. 727, 729; *Spindler*, ZIP 2006, 349 (350).

873 *Ransiek/Hüls*, ZGR 2009, 157 (163).

874 *Dierlamm*, in: MüKo, § 266 StGB Rn. 154; *Dittrich*, S. 35; *Höf*, S. 46; *Pattberg*, S. 261; *Bosch/Lange*, JZ 2009, 225 (227); *Brammsen*, ZIP 2009, 1504 (1507 u. 1511); *Günther*, in: FS-Weber, S. 311, 314; *Lüderssen*, in: FS-Eser, S. 163, 170; *ders.*, in: FS-Lampe, S. 727, 729; *Schlösser/Dörfler*, wistra 2007, 326 (329). So ferner auch *Kölbel*, GA 2002, 403 (404).

875 Siehe *Bittmann*, ZGR 2009, 931 (957).

876 *Rönnau*, ZStW 2007, 887 (907 f.).

877 *Kubiciel*, NStZ 2005, 353 (358); *Rönnau*, ZStW 119 (2007), 887 (907).

Zivilrecht das gebotene Verhalten nur durch unbestimmte Rechtsbegriffe oder durch die Verwendung von Leitbildern beschreibt.[878] In diesen Fällen ist die durch zivilrechtliche Zusammenhänge geschaffene Beziehung zwischen Täter und Opfer unter strafrechtlichen Aspekten daraufhin zu untersuchen, ob aus dieser Beziehung tatsächlich eine Vermögensbetreuungspflicht im Sinne des Untreuetatbestandes folgt.[879] Insbesondere muss die ermittelte Pflicht primär dem Schutz des Gesellschaftsvermögens dienen.[880] Zu prüfen ist dann, unter welchen Voraussetzungen ein festgestellter zivil- oder gesellschaftsrechtlicher Pflichtenverstoß hiergegen überhaupt zu strafrechtlichem Untreueunrecht wird. Bislang offen ist in diesem Zusammenhang insbesondere die Frage, ob die Strafrechtsprechung in Bereichen, die außerstrafrechtlich bislang nicht obergerichtlich entschieden sind oder kontrovers diskutiert werden, durch eigene Auslegung der wirtschaftsrechtlichen Normen eine Strafbarkeit konstruieren darf.[881]

2. Ausdrückliche Vorgaben und Zustimmung der shareholder

Generell sind dabei zwei Grundkonstellationen, die möglicherweise eine untreuerelevante Pflichtverletzung eines *directors* einer in Deutschland ansässigen *Limited* begründen können, denkbar. Zum einen kann der *director* ausdrückliche Vorgaben der *Limited* als Vermögensinhaber überschreiten. Zum anderen kann das Verhalten des *directors* gegen konkrete Regelungen des Gesellschaftsrechts – insbesondere gegen die im CA 2006 nun kodifizierten *director's duties* – verstoßen. Während die Heranziehung letzterer zur Begründung einer Pflichtverletzung äußerst problematisch ist, stellten sich bei näherer Betrachtung Verstöße gegen ausdrückliche Treuabreden oder das Handeln bei Zustimmung aller *shareholder* noch als verhältnismäßig leicht lösbar dar.

a) Pflichtverletzung bei Verstoß gegen ausdrückliche Vorgaben der Vermögensbetreuung

Wie zuvor festgestellt, bereitet die akzessorische Ausgestaltung des Pflichtwidrigkeitsmerkmals grundsätzlich dann wenige Probleme, wenn der Vermögensinhaber konkrete Anweisungen für den Umgang mit seinem Vermögen gegeben

878 *Rönnau*, ZStW 119 (2007), 887 (908 f.).

879 *Arnold*, S. 14.

880 *Brammsen*, ZIP 2009, 1504 (1507); *Günther*, in: FS-Weber, S. 311, 316; *Knauer*, NStZ 2002, 399 (400 f.); *Rönnau/Hohn*, NStZ 2004, 113 (114).

881 *Tiedemann*, Wirtschaftsstrafrecht BT, Rn. 37; *Rönnau*, ZStW 119 (2007), 887 (913 ff.) j.m.w.N.

hat.[882] Ausgangspunkt einer jeden Feststellung von Pflichtverletzungen muss mithin die konkrete vertragliche Vereinbarung zwischen der Gesellschaft und ihren Organen sein. In diesem Fall lässt sich unmittelbar aus dem Verstoß gegen die Abrede in Form von Vertrag, Satzung oder Einzelanweisung auf die Verletzung der Vermögensbetreuungspflicht schließen.[883] Widerspricht eine Vermögensdisposition den ausdrücklichen Vorgaben des Treuherrn, so hat sie zu unterbleiben.[884]

In Bezug auf die *Limited* können sich – zumindest theoretisch – entsprechende Vorgaben der Vermögensbetreuung für den *director* aus der *constitution* der *Limited* ergeben.[885] Es steht den Gesellschaftern frei, die Mustersatzung *Table A* zu übernehmen, Veränderungen an der Mustersatzung vorzunehmen oder eine eigene maßgeschneiderte Satzung für die *Limited* zu entwerfen.[886] Auch muss gem. section 171 CA 2006 ein *director* die Grenzen einhalten, die seinem Handeln durch die *constitution* der Gesellschaft gesetzt sind. Diese vertraglichen Regelungen sind folglich auch Grundlage einer jeden Feststellung einer möglichen Pflichtverletzung durch den *director* einer *Limited*.[887] Verstößt der *director* somit gegen in der *constitution* der *Limited* oder anderweitig konkret geregelte vertragliche Vermögensbetreuungspflichten, so ist die Annahme der Verletzung einer Vermögensbetreuungspflicht im Sinne des Untreuetatbestandes grundsätzlich unproblematisch möglich.[888] Insofern es dabei nicht auf einen Verweis in der Satzung auf das englische Gesellschaftsrecht ankommt,[889] muss insbesondere auch nicht die Frage nach der Unterwerfung unter englisches Gesellschaftsrecht und die damit zusammenhängende Frage nach der Zulässigkeit einer Fremdrechtsanwendung im Rahmen des Untreuetatbestandes geklärt werden. Vielmehr steht hier nur die vertragliche Ausgestaltung der Beziehung zwischen dem Vermögensinhaber und dem *director*, die den Willen des Vermögensinhabers widerspiegelt, im Vordergrund. Der Untreuetatbestand soll insofern gerade vor einem unberechtigten Eingriff in den durch das Vermögen ausgewiesenen

---

882 Siehe § 6 III.1.c).

883 *Kubiciel*, NStZ 2005, 353 (358 f.); *Rose*, wistra 2005, 281 (285 f. u. 289); *Rönnau*, ZStW 119 (2007), 887 (907); *Rönnau/Hohn*, NStZ 2004, 113 (114).

884 *Brammsen*, ZIP 2009, 1504 (1507).

885 Vgl. sections 17 und 29 CA 2006 und oben unter § 3 II.

886 Vgl. section 19 CA 2006 und bereits zuvor § 3 II.

887 Unklar insofern *AG Stuttgart*, wistra 2008, 226 (228 u. 229).

888 So auch *Worm*, S. 100. Gesellschaftsrechtlich liegt dann – dem Wortlaut der Norm nach – auch stets ein Verstoß gegen section 171(a) CA 2006 vor.

889 Dies sind der CA 2006, das *common law* und die *equity principles*.

Freiheitsbereich schützen. Dass diese Ausgestaltung in englischer Sprache erfolgt, kann insofern keinen Unterschied machen. Vorgenommen wird in diesem Fall lediglich eine Übersetzung der konkreten Pflichten, gegen die ein Verstoß vorliegen könnte.

Zugegebenermaßen werden sich bei den in Deutschland vorkommenden kleinen *Limiteds* und „Einmann-*Limiteds*" häufig allerdings wohl kaum ausdrückliche vertragliche Regelungen der Vermögensbetreuung finden lassen. Auch die grundsätzlich in Betracht kommende Verletzung von unternehmensinternen *compliance*-Regelungen[890] erscheint in diesen Fällen eher fernliegend. Darüber hinaus fehlt es bei sämtlichen Fallkonstellationen für den *de facto director*[891] und für den *shadow director*[892] schon naturgemäß an einer entsprechenden vertraglichen Regelung.[893] In diesen Fällen kommt es für den *de facto director* aufgrund der weiten Definition des *director* in section 250 CA 2006 und für den *shadow director* (gegebenenfalls)[894] gem. section 170(5) CA 2006 wiederum ausschließlich auf die zuvor dargestellten *director's duties* an.

b) *Keine Pflichtverletzung bei Zustimmung sämtlicher shareholder*

Andererseits kommt es insbesondere bei der deutschen GmbH häufig vor, dass sich alle Gesellschafter mit einem an sich pflichtwidrigen Verhalten des Geschäftsführers einverstanden erklären oder dass Geschäftsführer und Gesellschafter personenidentisch sind (sog. Einmann-GmbH).[895]

Auch zwischen *shareholder* und *director* kann eine solche Personenidentität bestehen.[896] Eine Mindestanzahl der Mitglieder ist nicht erforderlich[897] und gem.

---

890 Zu Fragen der Verletzung von *Compliance*-Richtlinien und den strafrechtlichen Folgen eines Verstoßes gegen den Deutschen Corporate Governance Kodex *Tödtmann/Schauer*, ZIP 2009, 995 (999 f.); *Samson/Langrock*, DB 2007, 1684 ff.; *Schlitt*, DB 2007, 326 ff.; *Schlösser/Dörfler*, wistra 2007, 326 ff. Siehe in diesem Zusammenhang auch *BGH*, ZIP 2009, 1867 ff. zur Haftung des *Compliance* Beauftragten als Garant; umfassend hierzu *Rönnau/Schneider*, ZIP 2010, 53 ff.

891 Zur Unterscheidung und den sich daraus ergebenen Problemen unter dem CA 2006 siehe *Loose/Griffiths/Impey*, S. 28.

892 Siehe section 251 CA 2006 und oben § 3 II.1.b).

893 Hierzu ebenfalls *AG Stuttgart*, wistra 2008, 226 ff.

894 Siehe bereits zuvor unter § 6 II.2.

895 Dazu ausführlich *Hanft*, S. 19 ff.

896 *Just*, Limited, Rn. 101.

897 *Just*, Limited, Rn. 95 ("*Einmanngesellschaft*"); *Dernedde*, NJ 2007, 443 (445); *Lawlor*, ZIP 2007, 2202 (2202 f.). So auch in dem vom *AG Stuttgart* entschiedenen Sachverhalt, wistra 2008, 226 ff.

section 7 CA 2006 kann eine *private company* von nur einer Person gegründet werden. Damit liegt der Schluss nahe, dass bei Zustimmung sämtlicher *shareholder* oder in den Fällen von in Deutschland tätigen „Einmann-*Limiteds*" dieselben Regeln wie für die GmbH gelten müssen. Daher muss nun, die bezüglich der GmbH geführte Diskussion vorgestellt und kritisch bewertet werden. Die dabei gefundenen Ergebnisse lassen sich dann auch bezüglich der Diskussion zur „*Limited*-Untreue" heranziehen.

Nicht genügen kann in diesem Zusammenhang – insbesondere vor dem Hintergrund der Entscheidungen „*Trihotel*"[898] und „*Gamma*"[899] sowie der ausdrücklichen Abkehr des *BGH* von der sog. „*Interessentheorie*"[900] – die pauschale Annahme, dass es für die Möglichkeit einer Untreuestrafbarkeit wegen existenzvernichtenden Eingriffs ausreiche, dass der vermögensschutzbezogene Anspruch in der Krise gesellschaftsrechtlich dem Vermögen der GmbH zugeordnet sei.[901] Vielmehr ist es aktueller denn je zu hinterfragen, ob die gesellschaftsrechtliche Vermögenszuordnung zwangsläufig auch zu einem Schutz der GmbH durch den Untreuetatbestand führt und ob überhaupt eine Vermögensbetreuungspflicht der Gesellschafter vorliegt.[902] Schließlich ergeben sich aufgrund dieser zivilrechtlichen Neuerungen erhebliche Konsequenzen für die Einwilligungsdogmatik und die Problematik des existenzvernichtenden Eingriffs im Strafrecht.[903]

---

898 *BGHZ* 173, 246 ff. (*Trihotel*); hierzu *Paefgen*, DB 2007, 1907 ff.; *Schanze*, NZG 2007, 681 ff.; *Vetter*, BB 2007, 1965 ff. Siehe auch die zahlreichen Literaturnachweise bei *Schall*, S. 219 Fn. 656.

899 *BGH*, NJW 2008, 2437 ff. (*Gamma*); hierzu *Altmeppen*, ZIP 2008, 1201 ff.; *Kleindiek*, NZG 2008, 686 ff.

900 Hierzu sogleich § 6 III.2.b)aa)(1)(d).

901 So aber ausdrücklich *Wietz*, S. 29 u. 248. In diesem Sinne ferner auch *Höf*, S. 50; *Arnold*, Jura 2005, 844 (849); *Ransiek*, in: FS-Kohlmann, S. 207, 213; *Gehrlein*, NJW 2000, 1089 (1090). Nicht überzeugen kann die Behauptung von *Bittmann*, GmbHR 2007, 70 (74), dass der Schutz des Gesellschaftsvermögens vor einem existenzgefährdenden oder gar existenzvernichtenden Zugriffs der Gesellschafter seit jeher Aufgabe des § 266 StGB sei.

902 Auch *BGHSt* 49, 147 (158) hat offen gelassen, ob eine solche zivilrechtliche Pflicht für sich allein genommen ausreichen kann, um eine strafrechtliche Vermögensbetreuungspflicht im Sinne des Untreuetatbestandes zu begründen. Weiter in dieser Richtung aber *BGH*, JR 2008, 384 (386 ff.); *BGH*, wistra 2006, 265 f.

903 Siehe insbesondere auch den Hinweis von *Dehne-Niemann*, wistra 2009, 417 (422), dass die herrschende Meinung die Argumentationslast trage, warum die damals im Rahmen des § 81a a.F. GmbHG gegoltenen Grundsätze auf § 266 StGB übertragbar sein sollen.

Auch die Frage nach einer möglichen Untreuestrafbarkeit eines *directors* wegen existenzvernichtenden Eingriffs zu Lasten einer in Deutschland ansässigen *Limited* lässt sich mithin nicht ohne eine grundlegende Betrachtung dieser aktuellen Entwicklungen beantworten.

aa) Ausgangspunkt: Untreue wegen existenzvernichtenden Eingriffs bei der GmbH

Ein an sich pflichtwidriges Verhalten führt dann nicht zur Verwirklichung des Untreuetatbestandes, wenn es von einem wirksamen Einverständnis des Vermögensinhabers gedeckt ist. Allgemein diskutiert wird dies unter dem Aspekt des tatbestandsausschließenden Einverständnisses bei Straftaten gegen Individualrechtsgüter. Ein Handeln, mit dem der Treugeber einverstanden ist, stellt im Rahmen des Untreuetatbestandes folglich keine Pflichtwidrigkeit dar.[904] Dies gilt auch für vermögensnachteilige Dispositionen von Geschäftsführern von Gesellschaften; sie sind grundsätzlich nicht pflichtwidrig, solange sie im Einverständnis der Gesellschafter oder des geschäftsführenden Alleingesellschafters erfolgen.[905]

Betrachtet man nun zunächst die deutsche GmbH, so soll es hinsichtlich eines Einverständnisses auf den Willen der Gesellschafter als wirtschaftlichen Inhabern des Gesellschaftsvermögens ankommen, da die juristische Person als solche keinen Willen bilden kann. Oberstes Willensbildungsorgan der Gesellschaft sind bei der GmbH vielmehr die Gesellschafter in ihrer Gesamtheit.[906] Dabei ist an dieser Stelle aber ausdrücklich darauf hinzuweisen, dass es sich somit nicht um ein Einverständnis der einzelnen Gesellschafter, sondern um ein Einverständnis der Gesellschaft als Vermögensinhaberin vertreten durch die Gesellschafter

---

904 *BGH*St 50, 331 (342); 3, 23 (25); *Fischer*, § 266 StGB Rn. 90; *Hoyer*, in: SK, Stand: 123. Lfg, § 266 StGB Rn. 58 ff.; *Perron*, in: Schönke/Schröder, § 266 StGB Rn. 21; *Samson/Günther*, in: SK, Stand: 39. Lfg., 5. Aufl., § 266 StGB Rn. 46; *Seier*, in: HWSt, V 2 Rn. 89 f.; *Bittmann*, ZGR 2009, 931 (957). *Rönnau*, in: FS-Amelung, S. 247, 249. Nach Ansicht von *Nelles*, S. 276 ff. beruht die Dispositionsbefugnis der Gesellerschafter strafrechtsdogmatisch darauf, dass das Gesellschaftsvermögen entgegen der privatrechtlichen Vermögenstrennung im Sinne des Untreuetatbestandes nicht der juristischen Person, sondern der Gesellschaftergesamtheit zugeordnet sei. Kritisch zu dieser Ansicht *Rönnau*, in: FS-Amelung, S. 247, 254 f.

905 Siehe *Fischer*, § 266 StGB Rn. 90 ff.; *Tiedemann*, Wirtschaftstrafrecht AT, Rn. 212. Dies hat auch der *BGH*, GmbHR 2009, 1202 (1204) nochmals ausdrücklich festgestellt.

906 *Raiser/Veil*, S. 441; *K. Schmidt*, S. 1094. Nach § 46 GmbHG liegen insbesondere die Personal- und Finanzentscheidungen in den Händen der Gesellschafter.

als Organe handelt.[907] Der Untreuetatbestand ist demnach nicht erfüllt, wenn der mit dem Alleingesellschafter personenidentische Geschäftsführer handelt oder wenn alle Gesellschafter in Form eines Gesellschafterbeschlusses mit dem Verhalten des Geschäftsführers einverstanden sind.[908] In diesen Fällen fehlt es mithin an einer entsprechenden Treuepflichtverletzung. Äußerst problematisch und noch nicht abschließend gelöst sind in diesem Zusammenhang, wie ein derartiges Einverständnis in einem Kollektiv ausgestaltet sein muss[909] und wie Fragen zur Einwilligungskompetenz – insbesondere bei der AG, wo teilweise eine strengere strafrechtliche Verantwortung des Vorstands auch bei Zustimmung aller Aktionäre angenommen wird – zu behandeln sind.[910] Diese Spezialfragen können hier nicht näher behandelt werden und bedürfen noch der abschließenden Klärung.[911] Für die weitere Untersuchung ist vielmehr entscheidend, dass im Grundsatz dann keine Pflichtverletzung des GmbH-Geschäftsführers vorliegt, wenn alle Gesellschafter dessen pflichtwidriger Handlung zugestimmt haben.

Von diesem Grundsatz wird in der Rechtsprechung und in der herrschenden Lehre nun aber eine grundlegende Ausnahme gemacht.[912] Weder soll bei

---

907 *BGH*St 34, 379 (385), *Tiedemann*, Wirtschaftsstrafrecht AT, Rn. 212 ff.; *Kasiske*, wistra 2005, 81 (81 f.); *Reiß*, wistra 1989, 81 (84).

908 *BGH*, NJW 2000, 154 (155); *BGH*, NJW 1995, 185 (186); *BGH*, NJW 1989, 112 (112); *Perron*, in: Schönke/Schröder, § 266 StGB Rn. 21; *Rönnau*, in: LK, Vor § 32 StGB Rn. 178; *Zieschang*, in: FS-Kohlmann, S. 351, 355.

909 Soll hier die Zustimmung aller Gesellschafter erforderlich sein oder reicht ein nach dem Mehrheitsprinzip ergangener Beschluss für ein entsprechendes Einverständnis aus? Hierzu *Fischer*, § 266 StGB Rn. 93 ff., *Perron*, in: Schönke/Schröder, § 266 StGB Rn. 21, § 266 Rn. 93; *Tiedemann*, Wirtschaftsstrafrecht AT, Rn. 217 ff.; *Saliger*, in: FS-Roxin Band II, 1053, 1062 ff. j.m.w.N.

910 Siehe *BGH*St 50, 331 (342 f.) (*Mannesmann*), wonach zur Wirksamkeit des Einverständnisses die Zustimmung aller Anteilseigner oder der diese repräsentierenden Hauptversammlung der AG verlangt wird. Siehe ferner *Fischer*, § 266 StGB Rn. 102 ff.; *Seier*, in: HWSt, V 2 Rn. 226 ff.; *Bernsmann*, GA 2007, 219 (221) j.m.w.N. Umfassend *Rönnau*, in: FS-Amelung, S. 247 ff. Insbsondere geht es dabei auch um die Frage, ob aufgrund der unterschiedlichen Ausgestaltung für die AG überhaupt dieselben Voraussetzungen wie für die GmbH gelten können.

911 Siehe weiterführend zu diesen „Unterproblematiken" der einvernehmlichen Schädigung bei der AG *Arnold*, S. 208 ff.; *Busch*, S. 142 ff.; *Höf*, S. 86 ff.; *Zech*, S. 107 ff.; *Bernsmann*, GA 2007, 219 (220 ff.); *Brammsen*, ZIP 2009, 1504 (1508 ff.); *Rönnau*, in: FS-Amelung, S. 247 ff.; *Tiedemann*, in: FS-Weber, S. 319, 322 ff.

912 Sog. „*eingeschränkte Gesellschaftertheorie*". Zu den Theorien siehe *Hoyer*, in: SK, Stand: 123. Lfg, § 266 StGB Rn. 63 ff.; *Schünemann*, in: LK, § 266 StGB Rn. 249 f. j.m.w.N.

Eingriffen des Alleingesellschafters einer GmbH (Ein-Personen-GmbH) ein tatbestbestandsausschließendes Einverständnis vorliegen noch soll der Zustimmungserklärung aller befugten Gesellschafter der GmbH eine den Untreuetatbestand ausschließende Wirkung zukommen, wenn sich die Zustimmung im Verhältnis zur Gesellschaft als treuwidrig erweist. Eingriffe in das Vermögen einer GmbH sollen immer dann eine strafbare Untreue darstellen, wenn sie existenzvernichtend sind.[913]

Die Begründung dessen ist wie folgt: Ein wirksames Einverständnis setze schließlich voraus, dass der das Einverständnis Erklärende auch zur Disposition über das geschützte Rechtsgut befugt ist. An einer solchen Dispositionsbefugnis der Gesellschafter fehle es bei der GmbH jedoch, wenn unter Verstoß gegen Gesellschaftsrecht die wirtschaftliche Existenz der Gesellschaft gefährdet wird.[914] Als Grenzen werden dabei allgemein die Beeinträchtigung des Stammkapitals (§ 30 GmbHG), der Entzug von Produktionsgrundlagen und die Liquiditätsgefährdung genannt.[915] Ein dem Geschäftsführer vom Gesellschafter gegebenes Einverständnis hinsichtlich solcher Vermögensdispositionen sei

---

913 *BGH*St 49, 147 (157 ff.) (*Bremer Vulkan*); *BGH*, NZG 2009, 1152 (1154); *Kindhäuser*, LPK-StGB, § 266 Rn. 59; *Hellmann/Beckemper*, Wirtschaftsstrafrecht, Rn. 370 ff.; *Weyand/Diversy*, Rn. 153; *Bittmann*, GmbHR 2007, 70 (74); *ders.*, wistra 2007, 321 (323); *Ransiek*, wistra 2005, 121 (125); *ders.* in: FS-Kohlmann, S. 207, 212 ff.; *Taschke*, in: Gesellschaftsrecht in der Diskussion, S. 127, 136 ff.; *Zieschang*, in: FS-Kohlmann, S. 351, 357 ff. Zur zivilrechtlichen Seite des existenzvernichtenden Eingriffs siehe oben § 2 III.4.

914 Grundlegend *BGH*St 49, 147 (157 ff.), ferner *BGH*, GmbHR 2009, 1202 (1204). Zur Entwicklung der Rechtsprechung *Fischer*, § 266 StGB Rn. 93b f.; *Seier*, in: HWSt, V 2 Rn. 315 ff. u. 367 ff.; *Kasiske*, wistra 2009, 81 (82) j.m.w.N. Der Rechtsprechung zustimmend *Ransiek*, wistra 2005, 121 (125); *ders.* in: FS-Kohlmann, S. 207, 212 ff.; *Zieschang*, in: FS-Kohlmann, S. 351, 357 ff. Aus dem zivilrechtlichen Schrifttum bereits *Winter*, S. 202 ff. Für weitere Nachweise siehe *Grigoleit*, S. 281 Fn. 39.

915 *BGH*St 49, 147 (161); *BGH*, GmbHR 2009, 1202 (1204 f.); *Busch*, S. 167 u. 176 ff.; *Wellkamp*, NStZ 2001, 113 (115). Darüber hinaus wurden zur Begründung der Treuwidrigkeit der Zustimmung noch weitere diffuse Kriterien angeführt, wie z. B. der Verstoß gegen die Sorgfalt des ordentlichen Kaufmanns, *BGH*St 34, 379 (385 ff.). Siehe hierzu aber *BGH*St 35, 333 (336 f.), wodurch die zuvor zitierte Entscheidung des *BGH* überholt ist. Allgemein kritisch zu solch eigenständigen strafrechtlichen Dispositionsschranken *Grigoleit*, S. 215 ff. m.w.N.; *Beckemper*, GmbHR 2005, 592 (595); *Wattenberg*, StV 2005, 523 (524). In Bezug auf die AG sollen die §§ 57, 62 AG die Entscheidungsfreiheit der Gesellschafter beschränken, hierzu *Brand*, AG 2007, 681 ff.

dann unwirksam.[916] Bei einer Verletzung zwingender Regelungen zum Schutz des Gesellschaftsvermögens schließt das Einvernehmen der Gesellschafter eine Untreuestrafbarkeit folglich nicht aus. Nur jenseits dieser Grenzen sei eine einverständliche Vermögensverschiebung weiterhin als tatbestandslos anzusehen.[917]

Wie stark die Existenz der Gesellschaft durch das Handeln des Täters gefährdet sein muss, ist allerdings bislang ungeklärt.[918] Auch die dogmatische Begründung dieser Konstruktion ist umstritten. Nach der wohl überwiegend vertretenen Meinung handelt es sich bei den zuvor aufgeführten gesellschaftsrechtlichen Grenzen nicht nur um eine Begrenzung der Dispositionsbefugnis der Gesellschafter, vielmehr soll sich aus diesen eine eigene Vermögensbetreuungspflicht der Gesellschafter in Bezug auf das fremde Gesellschaftsvermögen ableiten lassen.[919] Der Gesellschafter der GmbH kann sich dann – unabhängig vom Verhalten des Geschäftsführers – daher selbst wegen Untreue zu Lasten der Gesellschaft strafbar machen.[920] Ausdrücklich geschützt werden soll damit ein Bestandsinteresse der Gesellschaft vor dem freien Zugriff der Gesellschafter.[921] Damit liegt der Kern

---

916 *Fischer*, § 266 StGB Rn. 97 ff.; *Bittmann*, ZGR 2009, 931 (957); *Zieschang*, in: FS-Kohlmann, S. 351, 362 f.

917 *BGH*St 35, 333 (337); *Schünemann*, in: LK, § 266 StGB Rn. 254.

918 In diesem Zusammenhang ist zu beachten, dass sich durch den Wegfall des Eigenkapitalersatzrechts im Zuge des MoMiG teilweise wesentliche Konsequenzen für eine Strafbarkeit des GmbH-Geschäftsführers wegen existenzvernichtenden Eingriffs bei der Rückzahlung von Gesellschafterdarlehn ergeben haben, siehe *OLG Stuttgart*, wistra 2009, 34 ff.; *Bittmann*, wistra 2009, 102 ff.; *ders.*, NStZ 2009, 113 (117 f.).

919 So *BGH*St 49, 147 (157 f.); zustimmend *Ransiek*, in: FS-Kohlmann, S. 207, 220 ff.; *Zieschang*, in: FS-Kohlmann, S. 351, 356 ff. *BGH*, GmbHR 2009, 1202 (1204) lässt hingegen offen, ob die Rücksichtnahme des Gesellschafters auf das Eigeninteresse der GmbH schon für die Annahme einer eigenen Vermögensbetreuungspflicht ausreicht oder ob die Pflicht zur Rücksichtnahme die Schranke der Dispositionsbefugnis des Gesellschafters bedeutet. Allgemein zu dieser Frage *Radtke/Hoffmann*, GA 2008, 535 (547 f.) m.w.N.

920 Besondere praktische Relevanz erhält diese Problematik im Konzern. Dort geht es um die Frage, ob Maßnahmen der herrschenden Gesellschaft allein deswegen tatbestandslos sein können, weil sie im Alleinbesitz sämtlicher Gesellschaftsanteile der beherrschten Gesellschaft ist, hierzu *Fischer*, § 266 StGB Rn. 98; *Seier*, in: HWSt, V 2 Rn. 355 ff.; *Bauer*, S. 56 ff.; *Beckemper*, GmbHR 2005, 592 ff.; *Ransiek*, wistra 2005, 121 (123 f.); *ders.* in: FS-Kohlmann, S. 207, 211 ff. Siehe hierzu bereits *Radtke*, GmbHR 1998, 361 (367 f.).

921 *BGH*St 49, 147 (161) (*Bremer Vulkan*). So ausdrücklich auch *Ransiek*, wistra 2005, 121 (122). Siehe ferner *BGHZ* 149, 10 (16) (*Bremer Vulkan*), wo zur Begründung der

des hier aufgeworfenen Problems aber auch nicht mehr erst in der Wirksamkeit der Zustimmung der Gesellschafter zum Eingriff in das Vermögen durch den Geschäftsführer, sondern bereits im Bestehen einer Vermögensbetreuungspflicht im Verhältnis zwischen GmbH und den Gesellschaftern.[922] Ob der GmbH mithin ein solches gesellschaftsrechtliches Eigeninteresse zukommen soll, oder ob nicht vielmehr die Interessen der Gesellschafter im Vordergrund stehen, ist eine der wohl meistdiskutierten Fragen im Rahmen des Untreuetatbestandes.[923]

(1) Kritik an der Begründung einer Vermögensbetreuungspflicht

Bekanntermaßen entspringt die Konstruktion des existenzvernichtenden Eingriffs im Strafrecht der gesellschaftsrechtlichen Existenzvernichtungshaftung der Gesellschafter bei der GmbH.[924] Die Abhängigkeit der Gesellschaft vom Willen ihrer Gesellschafter und die Begrenzung des Vermögensschutzes auf den Betrag des Stammkapitals geben den Gesellschaftern die Möglichkeit, das zur Befriedigung ihrer Gläubiger erforderliche Gesellschaftsvermögen „auszuplündern."[925] Die Privilegierung der beschränkten Haftung gem. § 13 Abs. 2 GmbHG soll daher an die Voraussetzung gebunden sein, dass die Gesellschafter dieses Privileg nicht zu Lasten der Existenzfähigkeit der Gesellschaft und ihrer Gläubiger unredlich ausnutzen dürfen.[926] Die Existenzvernichtungshaftung ist damit das Pendant zur haftungsrechtlichen Privilegierung der Gesellschafter.[927] Wie eine solche gesellschaftsrechtliche Durchgriffshaftung dogmatisch begründet werden

---

Gesellschafterhaftung ausdrücklich die „*Eigenbelange der GmbH*" angeführt werden.

922 *Kasiske*, wistra 2009, 81 (84). Ist der Gesellschafter gleichzeitig auch zum Geschäftsführer bestellt, wird er ohne weiteres von den zwingenden Geschäftsführerpflichten und der daraus folgenden Haftung betroffen. Kritisch hierzu *Tiedemann*, JZ 2005, 45 (46 f.).

923 Siehe zu dem mittlerweile unübersehbaren Schriftum auszugsweise *Hoyer*, in: SK, Stand: 123. Lfg, § 266 StGB Rn. 62 ff.; *Kindhäuser*, in: NK, § 266 StGB Rn. 68 ff.; *Schünemann*, in: LK, § 266 StGB Rn. 249 ff.; *Seier*, in: HWSt, V 2 Rn. 307 ff. („*Wem gehört die GmbH?*"); *Rönnau*, in: FS-Amelung, S. 247 ff. j.m.w.N. Siehe ferner bereits *Gribbohm*, ZGR 1990, 1 ff. Aus Sicht des Gesellschaftsrechts z. B. *Benecke*, BB 2003, 1190 ff. Ein Überblick m.w.N. über den gesellschaftsrechtlichen Diskussionsstand findet sich auch bei *Kasiske*, wistra 2009, 81 (82 ff.).

924 Siehe zur Existenzvernichtungshaftung aus zivilrechtlicher Sicht zuvor § 2 III.4.

925 Siehe *Raiser/Veil*, S. 405.

926 *Raiser/Veil*, S. 406.

927 Was aber auch im Gesellschaftsrecht wiederum nicht unumstritten ist. Kritisch zur rechtsfortbildenden Gesellschafterhaftung *Grigoleit*, S. 239 ff., 281 ff. u. 466 ff. m.w.N.

kann, wer den Anspruch geltend machen kann und welchen Voraussetzungen sie folgen soll, war Gegenstand eines langen Findungsprozesses, der schließlich in der Entscheidung „*Trihotel*" des *BGH* gipfelte.[928]

Mag man einen solchen Haftungsdurchgriff auf die Gesellschafter im Rahmen des Gesellschaftsrechts auch für richtig halten, bestehen aus strafrechtlicher Sicht gegen die Annahme eines strafrechtlichen Schutzes des Vermögens der GmbH vor ihren Gesellschaftern durch den Untreuetatbestand indes ganz erhebliche Probleme.[929] Im Mittelpunkt steht dabei die Frage nach dem Zweck der aufgestellten Dispositionsschranken. Soll hierdurch ein Eigeninteresse der Gesellschaft oder sollen lediglich Drittinteressen geschützt werden?

(a) Unzulässiger Schutz von Gläubigerinteressen durch § 266 StGB

Der fundamentale Einwand gegen die Ansicht der Rechtsprechung und die ihr folgenden Stimmen ist der bislang nicht ausgeräumte Vorwurf, dass mit dem Schutz des Stammkapitals oder dem Schutz der Existenzerhaltung nicht die Gesellschaft als Vermögensinhaberin vor einem Zugriff ihrer Gesellschafter (Bestandsinteresse) geschützt werden soll, sondern mit den Mitteln des Strafrechts über den Untreuetatbestand ein strafrechtlicher Gläubigerschutz jenseits der Bankrottdelikte betrieben wird.[930]

Wollte man aber – einem Teil der Literatur folgend – das Gesellschaftsvermögen der GmbH strafrechtsspezifisch den Gesellschaftern zuordnen, könnten lediglich die Interessen der Gesellschafter eine Vermögensbetreuungspflicht im Rahmen des Untreuetatbestandes begründen.[931] Schließlich steht die

---

928 Zur gesellschaftsrechtlichen Kritik, dass durch das Kriterium der Existenzvernichtung dem Wirtschaften immanentes riskantes Markthandeln gehemmt würde, *Grigoleit*, S. 31 ff. u. 285.

929 Zu der weitreichenden Kritik in der Literatur *Fischer*, § 266 StGB Rn. 99; *Hoyer*, in: SK, Stand: 123. Lfg, § 266 StGB Rn. 62 ff.; *Perron*, in: Schönke/Schröder, § 266 StGB Rn. 21b; *Dehne-Niemann*, wistra 2009, 417 (422 f.); *Krause*, JR 2006, 51 (53 f.); *Kutzner*, NStZ 2005, 271 f.; *Rotsch*, ZJS 2008, 610 (613); *Wessing/Krawczyk*, NZG 2009, 1176 (1177) j.m.w.N.

930 *Fischer*, § 266 StGB Rn. 99; *Hoyer*, in: SK, Stand: 123. Lfg, § 266 StGB Rn. 65 ff.; *Saliger*, in: SSW, § 266 StGB Rn. 86; *Seier*, in: HWSt, V 2 Rn. 320 ff. j.m.w.N.; *Hanft*, S. 132 f.; *Mansdörfer*, S. 187 ff. u. S. 194; *Nickmann*, S. 226 ff.; *Schramm*, S. 122 ff.; *Beulke*, in: FS-Eisenberg, S. 245, 257 f.; *Dehne-Niemann*, wistra 2009, 417 (422); *Leimenstoll*, ZIS 2010, 143 (148); *Rönnau*, in: FS-Amelung, S. 247, 260 f.

931 *Perron*, in: Schönke/Schröder, § 266 StGB Rn. 21b m.w.N. Zum Teil mit anderer Begründung so auch *Nelles*, S. 491 f. u. 512 ff. A.A aber *Ransiek*, in: FS-Kohlmann,

Dispositionsbefugnis über ein Rechtsgut grundsätzlich dessen Inhaber zu.[932] Eine Schädigung des GmbH-Vermögens wäre folglich stets eine straflose Eigenschädigung. Dem widerspricht nach der ganz herrschenden Meinung jedoch das gesellschaftsrechtliche Trennungsprinzip des § 13 GmbH, wonach die juristische Person selbst Inhaberin des durch den Untreuetatbestand geschützten Vermögens ist.[933]

Aber selbst wenn man in Anlehnung an die gesellschaftsrechtliche Vermögenszuordnung davon ausgeht, dass auch in der strafrechtlichen Betrachtung das Vermögen grundsätzlich der Gesellschaft und nicht den Gesellschaftern zuzuordnen ist, muss man hinterfragen, wessen Interesse bei einem pflichtwidrigen – aber einvernehmlichen – Handeln überhaupt beeinträchtigt wird. Bleibt tatsächlich ein eigenes materielles Gesellschaftsinteresse übrig, wenn man eventuelle Gläubigerinteressen abzieht?[934]

Stimmen alle Gesellschafter dem pflichtwidrigen Handeln des Geschäftsführers zu, so sind zumindest deren Interessen nicht verletzt.[935] Das Zusammentreffen der Möglichkeit konkreter Zielvorgaben und umfassender Weisungsbefugnis der Gesellschafter lässt für die Begründung eines Eigeninteresses der GmbH keinen Platz.[936] Die GmbH, vertreten durch ihre Geschäftsführer, hat im Verhältnis zu ihren Gesellschaftern keinen eigenen Bewegungsspielraum.[937]

Damit kann die Vermögensentziehung in einem solchen Fall aber lediglich noch die Interessen der Gläubiger betreffen. § 266 StGB wird in diesen Fällen dann letztlich zu einem „abstrakten (Konkurs-)Gefährdungsdelikt".[938] Gläubigerinteressen oder das Interesse der Gesellschaft an der Erhaltung bestimmter

---

S. 207, 212 ff.; *Rönnau*, in: FS-Amelung, S. 247, 254 f. Siehe hierzu auch *Bauer*, S. 68 f. m.w.N.

932 Allgemein hierzu *Rönnau*, in: LK, Vor § 32 StGB Rn. 178.

933 Siehe *Rönnau*, in: FS-Amelung, S. 247, 253 f. m.w.N.

934 So prägnant *Rönnau*, in: FS-Amelung, S. 247, 260. Siehe ferner *Leimenstoll*, ZIS 2010, 143 (146).

935 *Fischer*, § 266 StGB Rn. 99.

936 *Rönnau*, in: FS-Amelung, S. 247, 256 f. u. 260 f. m.w.N. („*wirtschaftliche Eigentümer*" und „*Interessendefinitionsmacht*" der GmbH-Gesellschafter). Siehe auch *Hoyer*, in: SK, Stand: 123. Lfg, § 266 StGB Rn. 67 f. m.w.N.

937 *Hoyer*, in: SK, Stand: 123. Lfg, § 266 StGB Rn. 67 f.; *Beulke*, in: FS-Eisenberg, S. 245, 258; *Rönnau*, in: FS-Amelung, S. 247, 264. Siehe darüber hinaus auch das Argument von *Seier*, in: HWSt, V 2 Rn. 322, wonach sich die Judikatur des *BGH* hier in einen Denkwiderspruch verstrickt, da sie eigentlich die rechtsmissbräuchlich zustimmenden Gesellschafter als strafbare Teilnehmer einstufen müsste.

938 *Saliger*, ZStW 112 (2000), 563 (570).

gesellschaftlicher Zustände werden durch den Untreuetatbestand nach ganz herrschender Meinung jedoch nicht geschützt.[939] Geschützt wird einzig und allein das Individualinteresse Vermögen des Vermögensinhabers.[940] Das mag in anderen europäischen Ländern zwar anders gehandhabt werden,[941] widerspricht aber dem geltenden deutschen Strafrecht.

Festzuhalten ist damit, dass die Schutzzwecke des gesellschaftsrechtlichen Existenzvernichtungsverbots und des strafrechtlichen Untreuetatbestandes nicht deckungsgleich sind. Strafrechtlicher Rechtsgüterschutz muss unterschieden werden von zivilrechtlichem Kapitalschutz.[942] Beim zivilrechtlichen Kapitalschutz dienen die Einschränkungen des Gesellschaftereinflusses ausdrücklich dem Schutz der Gläubiger der betroffenen juristischen Person.[943] Entziehen die Rechtsprechung und die herrschende Lehre im Strafrecht im Rahmen des Untreuetatbestandes – unter Rückgriff auf die gesellschaftsrechtlichen Theorien – das in der Gesellschaft gebundene Vermögen der Gesellschafter dem Zugriff der Gesellschafter, geschieht dies nur, da Gläubigerinteressen an dem Erhalt dieses Vermögens bestehen.[944] Systematisch verfehlt wird damit bei der herrschenden Auslegung des § 266 StGB ein unzulässiger Gläubigerschutz betrieben.[945] Nimmt man das durch den Untreuetatbestand geschützte Rechtsgut hier ernst, ist dieses Vorgehen schlicht unzulässig. Strafrechtliche Normen beziehen – auch

---

939 *BGH*St 3, 32 (40); *Fischer*, § 266 StGB Rn. 99; *Perron*, in: Schönke/Schröder, § 266 StGB Rn. 21b; *Schünemann*, in: LK, § 266 StGB Rn. 23; *Arloth*, NStZ 1990, 570 (573); *Kasiske*, wistra 2009, 81 (85); *Reiß*, wistra 1989, 81 (84); *Wessing/Krawczyk*, NZG 2009, 1176 (1177). Vgl. auch die Nachweise bei *Leimenstoll*, ZIS 2010, 143 (145 Fn. 31). Nach *Wietz*, S. 28 geht die Rechtsprechung, wenn sie Verstöße gegen § 30 f. GmbHG auch im Fall einvernehmlichen Handelns aller Gesellschafter bzw. bei einer Einmann-GmbH als Untreuehandlung sanktionieren will, aber „*nur einen Schritt weiter.*“

940 *Perron*, in: Schönke/Schröder, § 266 StGB Rn. 21b; *Zech*, S. 105 ff.; *Kubiciel*, NStZ 2005, 353 (359); *Labsch*, Jura 1987, 343 (343); *ders.* JuS 1985, 602 (605). Siehe auch *Kasiske*, wistra 2005, 81 (85) m.w.N.

941 So das Argument von *Wietz*, S. 26 f., der hier einen Vergleich mit dem französischen Strafrecht bemüht.

942 *Kutzner*, NStZ 2005, 271 (272).

943 *Grigoleit*, S. 214.

944 Siehe auch die entsprechende Formulierung in *BGH*St 49, 147 (158). Ferner *BGH*St 34, 379 (385 f.). Eigene Vermögensinteressen der Gesellschaft, die unabhängig vom Willen der Gesellschafter auf den Erhalt der Existenzfähigkeit gerichtet sind, werden jedoch nicht anerkannt, *Leimenstoll*, ZIS 2010, 143 (146) m.w.N.

945 So *Schmitz*, in: Europäisierung des Strafrechts in Polen und Deutschland, S. 199, 210.

im Wirtschaftsstrafrecht – ihre Legitimation ausschließlich aus dem Rechtsgüterschutz, dem sie dienen.[946] Die Orientierung der Strafbarkeit an konkreten Rechtsgütern ist der einzige Anker, an dem sich eine strafrechtliche Zurückhaltung und eine entsprechende Prinzipienbindung überhaupt befestigen lassen.[947] Eine allgemeine Vermögensbetreuungspflicht des GmbH-Geschäftsführers oder der Gesellschafter für die Vermögensinteressen der Gesellschaftsgläubiger lässt sich im Sinne des Untreuetatbestandes mithin nicht begründen.[948] Der Wille der Gesellschaft bzw. der Wille der Gesellschafter muss im Strafrecht somit stets als tatbestandsausschließendes Einverständnis zugunsten der Handlungen des Geschäftsführers gewertet werden.[949]

(b) Schutz von Gläubigerinteressen durch §§ 283 ff. StGB

Zur Kritik an der Nichtbeachtung des Schutzgegenstands des § 266 StGB tritt nun noch ein weiteres systematisches Argument: Strafrechtlicher Gläubigerschutz kann richtigerweise nur über die §§ 283 ff. StGB erfolgen.[950] Neben dem dogmatischen Bruch, den die Untreue wegen existenzvernichtenden Eingriffs

---

946 Siehe zur Legitimationsfunktion des Rechtsgutsbegriffs *Roxin*, § 2 Rn. 2 ff. Speziell zum Rechtsgutskonzept im Wirtschaftsstrafrecht *Hassemer*, wistra 2009, 169 (172). Allgemein einführend zum Rechtsgutsbegriff *Rönnau*, JuS 2009, 209 ff. m.w.N. Nach *Grigoleit*, S. 214 f. m.w.N. soll hier aber gerade kein Widerspruch zum Schutzgut des § 266 StGB vorliegen, da der Zweck des Gläubigerschutzes kapitalgesellschaftsrechtlich in die Vermögensträgerschaft der juristischen Person integriert sei (sog. *„normative Aufladung“*).

947 *Hassemer*, wistra 2009, 169 (172).

948 *Fischer*, §266 StGB Rn. 99; *Perron*, in: Schönke/Schröder, § 266 StGB Rn. 21b; *Dehne-Niemann*, wistra 2009, 417 (422); *Kasiske*, wistra 2009, 81 (85); *Livonius*, wistra 2009, 91 (93). Ausdrücklich so auch bereits *Labsch*, wistra 1985, 1 (8).

949 Im Ergebnis so auch *Fischer*, § 266 StGB Rn. 99; *Perron*, in: Schönke/Schröder, § 266 StGB Rn. 21b; *Samson/Günther*, in: SK, Stand: 39. Lfg., 5 Aufl., § 266 StGB Rn. 48; *Hanft*, S. 133; *Nelles*, S. 553; *Schramm*, S. 119 u. 123; *Dehne-Niemann*, wistra 2009, 417 (423); *Kasiske*, wistra 2005, 81 (85); *Kubiciel*, NStZ 2005, 353 (359); *Kudlich*, JuS 2004, 1117 (1119); *Rönnau*, ZStW 119 (2007), 887 (908). Darüber hinaus sieht *Seier*, in: HWSt, V 2 Rn. 321 in der Auffassung der Rechtsprechung noch einen Verstoß gegen die allgemeine strafrechtliche Einwilligungsdogmatik. Zur Bindung des Geschäftsführers an Gesellschafterbeschlüsse, die gegen zwingendes Recht verstoßen, siehe *Zieschang*, in: FS-Kohlmann, S. 351, 354 ff. m.w.N.

950 *Samson/Günther*, in: SK, Stand: 39. Lfg., 5 Aufl., § 266 StGB Rn. 48; *Seier*, in: HWSt, V 2 Rn. 320; *Nickmann*, S. 226 ff.; *Kasiske*, wistra 2009, 81 (86); *Leimenstoll*, ZIS 2010, 143 (148); *Rotsch*, ZJS 2008, 610 (613). Vgl. hierzu auch *Dehne-Niemann*, wistra 2009, 417 (422).

bereits im Rahmen des Tatbestandes verursacht, sprechen hierfür auch sich aus den Bankrottdelikten ergebende Erwägungen. Verfolgt man über den Untreuetatbestand einen strafrechtlichen Gläubigerschutz, so käme es für das Eingreifen einer Strafbarkeit auf das Vorliegen einer Krise nicht mehr an. Die Entscheidung des Gesetzgebers für einen präzise zugeschnittenen Schutz der Gläubigerinteressen durch das Strafrecht mittels der Bankrottstraftatbestände wäre folglich aufgeweicht.[951] Schließlich wäre dann unter der Prämisse, dass die Gesellschaft in einem bestimmten Bereich auch vor ihren Gesellschaftern geschützt werden muss, der Untreuetatbestand grundsätzlich auch dann erfüllt, wenn der Alleingesellschafter einer GmbH das Stammkapital in einer Situation entzieht, in der keine Verbindlichkeiten (mehr) gegenüber Gläubigern bestehen und somit Gläubigerinteressen weder beeinträchtigt noch unmittelbar gefährdet sein können. Eine Strafbarkeit nach den §§ 283 ff. StGB käme in diesem Fall möglicherweise gar nicht in Betracht, wohl griffe aber ein darüber hinausgehender „Untreuesekundärschutz“[952] zum Schutz vermeintlich bestehender Gläubigerinteressen. In einem solchen Fall wäre es mithin unerheblich, ob durch das Verhalten von Geschäftsführer und Gesellschaftern tatsächlich Gläubiger auch nur gefährdet wurden. Ein solch weitergehender Schutz verlagert somit die Strafbarkeit weit in das Vorfeld des Untreuetatbestandes und funktioniert diesen zu einem abstrakten Gefährdungsdelikt um. Dies ist wiederum vor dem Aspekt des geschützten Rechtsguts illegitim. Folglich spricht auch solch eine systematische Betrachtung von § 283 ff. StGB gegen einen gläubigerschützenden Charakter des § 266 StGB.

(c) Bedeutung von „Trihotel“ und „Gamma“ für die Diskussion im Strafrecht

Neben dieser allgemeinen – den Schutzzweck des Untreuetatbestandes sowie die Systematik betreffenden – Kritik hat sich die rechtliche Beurteilung wesentlich durch die Rechtsprechung des 2. Zivilsenats des *BGH* in den Rechtssachen „*Trihotel*“[953] und „*Gamma*“[954] zum zivilrechtlichen Rechtsinstitut des existenzvernichtenden Eingriffs geändert. Wie bereits zuvor dargelegt, hält der *BGH* in Zivilsachen an der Rechtsfigur der Existenzvernichtungshaftung der

---

951 *Dehne-Niemann*, wistra 2009, 417 (422).

952 Hierzu *Dehne-Niemann*, wistra 2009, 417 (422).

953 *BGHZ* 173, 246 ff. (*Trihotel*); hierzu *Paefgen*, DB 2007, 1907 ff.; *Schanze*, NZG 2007, 681 ff.; *Vetter*, BB 2007, 1965 ff. Siehe auch die zahlreichen Literaturnachweise bei *Fischer*, § 266 StGB Rn. 100 und bei *Schall*, S. 219 Fn. 656.

954 *BGH*, NJW 2008, 2437 ff. (*Gamma*); *Altmeppen*, ZIP 2008, 1201 ff.; *Kleindiek*, NZG 2008, 686 ff.

Gesellschafter zwar weiterhin fest,[955] allerdings sieht er diese jetzt jedoch als eine besondere Fallgruppe der vorsätzlichen sittenwidrigen Schädigung im Rahmen des § 826 BGB an, die nun als Innenhaftung der Gesellschafter gegenüber der GmbH ausgestaltet ist.[956] Es sei daher die Pflicht des Gesellschafters, den durch seinen sittenwidrigen Eingriff in das Gesellschaftsvermögen der Gesellschaft entstandenen Schaden zu ersetzen.[957]

Der Anspruch der Gesellschaft wegen eines bestandsvernichtenden Eingriffs in ihr Vermögen richtet sich dabei grundsätzlich allein gegen ihre Gesellschafter und nicht gegen die Geschäftsführer.[958] Auf der strafrechtlichen Ebene soll daher nun bei der Frage, ob die Gesellschafter ein den Untreuetatbestand ausschließendes Einverständnis erklärt haben, inzident zu prüfen sein, ob die Gesellschaft gegen die Gesellschafter einen deliktsrechtlichen Anspruch gem. § 826 BGB wegen existenzvernichtenden Eingriffs hätte.[959]

Qualifiziert man die Pflicht, existenzvernichtende Eingriffe in das Gesellschaftsvermögen zu unterlassen, nun aber als deliktisch,[960] so muss die aus dem Missbrauch der Rechtsform abgeleitete Vermögensbetreuungspflicht des Gesellschafters gegenüber der GmbH zwangsläufig entfallen.[961] Die zivilrechtliche Haftung und damit auch der Pflichtenmaßstab leiten sich dann nämlich nicht mehr aus gesellschaftsrechtlichen Pflichten, sondern aus dem Deliktsrecht ab.

955 Vgl. § 2 III.4. Eine gänzliche Abschaffung der Existenzvernichtungshaftung fordert allerdings *Dauner-Lieb*, DStR 2006, 2034 (2041).

956 Dies hat zur Folge, dass lediglich nur noch ein Anspruch der Gesellschaft gegen die Gesellschafter gem. § 826 BGB besteht. Siehe zu dieser Neuausrichtung der Existenzvernichtungshaftung *Vetter*, BB 2007, 1965 (1967 ff.); *Weller*, ZIP 2007, 1681 ff. und zuvor § 2 III.4. Kritisch zur Innenhaftung aus § 826 BGB *Schall*, S. 223 ff., der im Ergebnis aber der Entscheidung *Trihotel* zustimmt.

957 *Raiser/Veil*, S. 409.

958 *BGHZ* 149, 10 (11 ff.) (*Bremer Vulkan*).

959 So *Radtke/Hoffmann*, GA 2008, 535 (549). Dem folgend auch *Wietz*, S. 31.

960 In diesem Sinne *Labinski*; S. 242 f.; *Burg/Müller-Seils*, ZInsO 2007, 929 (931); *Gloger/Goette/van Huet*, DStR 2008, 1194 (1195 f.); *Heitsch*, ZInsO 2007, 961 (963); *Livonius*, wistra 2009, 91 (94 f.); *Schumann*, wistra 2008, 229 (230); *Weller*, ZIP 2007, 1681 (1688). Ausdrücklich so auch *Richter*, in: FS-Tiedemann, S. 1023, 1036; wonach das deutsche Deliktsrecht die Grenzen der Verfügungsmacht der Gesellschafter darstellen soll.

961 *Livonius*, wistra 2009, 91 (93 f. u. 95); *Weller*, ZIP 2007, 1681 (1688). A.A. *Leimenstoll*, ZIS 2010, 143 (144 f.), der im Ergebnis eine Untreuestrafbarkeit wg. Existenzvernichtungshaftung zwar ebenfalls ablehnt, die Rechtsprechungsänderung des *BGH* in Zivilsachen aber weder für noch gegen die Annahme einer Vermögensbetreuungspflicht iSd. § 266 StGB für entscheidend hält.

Zwingende Voraussetzung zur Begründung einer untreuerelevanten Vermögensbetreuungspflicht wäre in diesem Fall die grundsätzliche Annahme, dass auch ausschließlich deliktisch ausgestalteten Pflichten im Rahmen des Untreuetatbestandes eine Bedeutung zukommen kann.[962] Aus der Verletzung einer deliktischen Schadensersatzpflicht lässt sich nach allgemeiner Meinung jedoch gerade keine Vermögensbetreuungspflicht im Sinne des Untreuetatbestandes herleiten.[963] Die strafrechtliche Pflicht zur Vermögensbetreuung geht über das Verbot, fremdes Vermögen zu schädigen, stets hinaus.[964] Auch bei gegenseitigen Verträgen wie beispielsweise Kauf oder Miete wird schließlich nicht im Fall einer sittenwidrigen Schädigung durch eine Vertragspartei von der Verletzung einer untreuerelevanten Vermögensbetreuungspflicht ausgegangen.[965]

Dieser Grundsatz muss daher auch für die Übertragung des Haftungsinstituts des existenzvernichtenden Eingriffs in das Strafrecht gelten. Gewährt § 826 BGB als deliktsrechtliche Generalklausel der Gesellschaft lediglich einen Ersatzanspruch für einen erlittenen Schaden, so wird damit keine besondere qualifizierte Treuepflicht des Gesellschafters gegenüber der GmbH konstituiert.[966] Folglich lässt sich auch die jüngste Behauptung des *BGH*, dass es neben der untreuerechtlichen Vermögensbetreuungspflicht des Gesellschafters noch eine von dieser Pflicht unabhängige strafrechtliche Einschränkung der Dispositionsbefugnis des Geschäftsführers geben müsse,[967] dogmatisch nicht erklären. Schließlich will diese Auffassung die eigene Vermögensbetreuungspflicht der Gesellschafter in Bezug auf das fremde Gesellschaftsvermögen ja gerade aus

962 So angenommen von *Bittmann*, wistra 2007, 321 (325 Fn. 18); *Radtke/Hoffmann*, GA 2008, 535 (548 ff.); *Schumann*, wistra 2008, 229 (230). Allgemein auch *Köbel*, GA 2002, 403 (409 Fn. 27): „*Zivilrechtliche Primärnormen können hier im Einzelfall freilich dem Deliktsrecht entnommen werden.*“

963 *Mitsch*, § 8 Rn. 39; *Weller*, ZIP 2007, 1681 (1688); zweifelnd auch *Bauer*, S. 55. Fehl geht daher die Begründung des *AG Stuttgart*, wistra 2008, 226 (228), das eine Vermögensbetreuungspflicht des *directors* einer *Limited* unter anderem aus dem deutschen Deliktsrecht herleiten will. Siehe in der Urteilsbegründung insbesondere auch den ausdrücklichen Verweis auf *BGHZ* 149, 10 ff. (*Bremer Vulkan*). Auch *Labinski*, S. 242 ff. geht auf diese Problematik nicht näher ein.

964 *Samson/Günther*, in: SK, Stand: 39. Lfg., 5. Aufl., § 266 StGB Rn. 28; *Saliger*, JA 2007, 326 (328); *Dierlamm*, NStZ 1997, 534 (535). Zur Vermögensbetreuungspflicht § 6 II.

965 *Samson/Günther*, in: SK, Stand: 39. Lfg., 5. Aufl., § 266 StGB Rn. 28; *Livonius*, wistra 2009, 91 (94 u. 95).

966 *Livonius*, wistra 2009, 91 (94).

967 So *BGH*, GmbHR 2009, 1202 (1204 f.).

den gesellschaftsrechtlichen Grenzen der Dispositionsbefugnis ableiten.[968] Wie diese Vermögensbetreuungspflicht jedoch von der zivilrechtlichen Pflichtenstellung inhaltlich unabhängig sein soll, bedarf zumindest einer weiteren Klärung durch Rechtsprechung und herrschende Lehre. Die Konstruktion einer eigenen strafrechtlichen Vermögensbetreuungspflicht, welche diese Wandlungen der zivilrechtlichen Rechtsprechung völlig unberücksichtigt lässt, kann so jedenfalls nicht überzeugen.[969]

Ferner zeigt die deliktsrechtliche Ausgestaltung des Innenhaftungskonzepts deutlich, dass es dem *BGH* in Zivilsachen nicht um den Schutz des gerade im Strafrecht immer wieder betonten Eigen- oder Überlebensinteresses der Gesellschaft, sondern nur um den unmittelbaren Schutz von Gläubigerinteressen geht.[970]

(d) Abkehr des Bundesgerichtshofs von der Interessentheorie bei § 14 StGB

Im Zusammenhang mit den obigen Überlegungen zum existenzvernichtenden Eingriff und dem in der Praxis häufig vorkommenden Fall der Vermögensentnahme im zeitlichen Zusammenhang mit der wirtschaftlichen Krise[971] ist ferner auf die neueren Entwicklungen der höchstrichterlichen Rechtsprechung bei § 14 StGB und die vom *BGH* angekündigte Aufgabe der Interessentheorie einzugehen.[972] Schließlich lassen sich die Gründe für die Beschränkung der Dispositionsbefugnis kaum ohne die bisherige Rechtsprechung zu § 14 StGB verstehen; betrifft die vom *BGH* bislang vertretene Interessentheorie doch ganz entscheidend das Verhältnis zwischen § 266 StGB und den §§ 283 ff. StGB.[973]

Nach Ansicht einiger Autoren soll die Interessentheorie insbesondere auch auf die Verantwortlichen von EU-Gesellschaften – und damit auch auf den *director* einer in Deutschland ansässigen *Limited* – anwendbar sein, mit der Folge, dass auch bei diesen das Bankrottstrafrecht durch den Untreuetatbestand verdrängt wird.[974]

---

968 Siehe zuvor § 6 III.2.b)aa).

969 Siehe *Römermann*, EWiR 2009, 789 (790).

970 So *Schall*, S. 223. Siehe auch *Hoyer*, in: SK, Stand: 123. Lfg, § 266 StGB Rn. 66.

971 § 3 II.5.b).

972 *BGH*, wistra 2009, 275 ff.

973 Zu den Folgen der Abgrenzung von § 283 StGB und § 266 StGB trotz des identischen Strafrahmens *Weyand/Diversy*, Rn. 151 m.w.N. Ausführlich zur Entwicklung der Interessentheorie *Nickmann*, S. 133 ff. m.w.N.

974 So *Richter*, in: FS-Tiedemann, 2008, S. 1023, 1033 ff.

Die Interessenformel dient dabei maßgeblich zur Bestimmung des nach § 14 StGB erforderlichen Vertretungsbezugs. Rechtsprechung und ein Teil des strafrechtlichen Schrifttums verlangten im Rahmen des § 14 StGB[975] – über den Wortlaut der Norm hinaus – bislang ein Handeln oder pflichtwidriges Unterlassen des Vertreters wenigstens auch im Interesse des Vertretenen.[976] In Bezug auf die GmbH soll demnach eine Bankrottstrafbarkeit des Geschäftsführers gem. §§ 283, 14 StGB nur dann anzunehmen sein, wenn dieser nach objektiv zu beurteilender wirtschaftlicher Betrachtungsweise[977] zumindest auch im Interesse der Gesellschaft handelt. Agiert der Täter hingegen im Eigeninteresse, kommt im Grundsatz lediglich eine Strafbarkeit gem. §§ 242, 246 und 266 StGB in Frage.[978] Tathandlungen, die sich primär gegen die Rechtsgüter des Vertretenen richten, könnten nie im Interesse des Vertretenen erfolgen.[979] Unter Anwendung dieser Interessentheorie ergibt sich für die gläubigerschützenden Insolvenzdelikte nur ein äußerst eingeschränkter Anwendungsbereich. Als Folge dieser Interpretation des § 14 StGB sieht sich die Rechtsprechung in den hier betrachteten Fällen, in denen der GmbH-Geschäftsführer alleiniger Gesellschafter ist, bzw. immer dann, wenn sämtliche Gesellschafter mit der Handlung des Geschäftsführers zum Nachteil der Gesellschaft einverstanden sind, gezwungen, entstehende Lücken im Anwendungsbereich der §§ 283 ff. StGB durch eine gläubigerschützende Auslegung des Untreuetatbestandes und die Konstruktion eines existenzvernichtenden Eingriffs im Strafrecht zu schließen.[980]

Die Anwendung der Interessentheorie ist im deutschen Schrifttum sowohl bezüglich ihrer dogmatischen Begründung als auch der sich ergebenden Rechtsfolgen daher bislang zu Recht auf ganz erhebliche Kritik gestoßen,[981] die der

---

975 Zur Funktion des § 14 StGB im Zusammenhang mit den Sonderdelikten *Fischer*, § 14 StGB Rn. 1b.

976 *BGH*St 34, 221; 30, 127 (128); 28, 371 (372 ff.); *Biletzki*, NStZ 1999, 537 (539). Siehe ferner *Hoyer*, in: SK, Stand: 123. Lfg, § 266 StGB Rn. 71 m.w.N.

977 *BGH*St 30, 127 (128 ff.), *Tiedemann*, in: LK, Vor §§ 283 ff. StGB Rn. 79.

978 *BGH*St 34, 221 (223); *Schünemann*, in: LK, § 14 StGB Rn. 50.

979 *Hoyer*, in: SK-StGB, Stand: 14. Lfg., 8. Aufl., § 14 StGB Rn. 20.

980 *Dehne-Niemann*, wistra 2009, 417 (422).

981 Zu den Schwächen der Interessentheorie *Kindhäuser*, in: NK, Vor §§ 283–283d StGB Rn. 53; *Radtke*, in: MüKo, Vor §§ 283 StGB Rn. 36 u. 55; *Nickmann*, S. 201 ff.; *Weyand/Diversy*, Rn. 151; *Brand*, NStZ 2010, 9 (11); *Arloth*, NStZ 1990, 570 (572 f.); *Dehne-Niemann*, wistra 2009, 417 (419 ff.); *Helmrich*, ZInsO 2009, 1475 (1476 f.); *Kasiske*, wistra 2009, 81 (85 f.); *Schwarz*, HRRS 2009, 341 (342 f.); a.A. aber *Hellmann/Beckemper*, Wirtschaftsstrafrecht, Rn. 366.

BGH jetzt überraschend als zutreffend anerkannt hat.[982] Ausdrücklich hat der 3. Strafsenat des *BGH* im Rahmen eines umfassenden *obiter dictums* angedeutet, in Zukunft nicht mehr an dieser Rechtsprechung festhalten zu wollen.[983] Kurz darauf ist ihm der 1. Strafsenat in einem Beschluss gefolgt.[984] Für die Zurechnung der Schuldnereigenschaft bei § 14 StGB soll nunmehr entscheidend sein, ob der Vertreter im „*Geschäftskreis des Vertretenen*“ tätig geworden ist. Im Ergebnis führt dies mithin zu einer erheblichen Verschiebung der Anwendungsbereiche der Insolvenztatbestände und der allgemeinem Fremdschädigungsdelikte, wie beispielsweise dem hier untersuchten Untreuetatbestand. Diesbezüglich stellt der 3. Strafsenat fest, dass insbesondere bei existenzvernichtenden Eingriffen demnächst häufiger eine Strafbarkeit gem. §§ 283 ff. StGB in Betracht kommen kann.[985]

Im Ergebnis hat der *BGH* damit grundsätzlich den Weg für eine Haftung des Geschäftsführers nach den Insolvenzdelikten frei gemacht, den er sich bislang (unnötigerweise) selbst versperrt hatte.[986] Nebenbei sinkt in zahlreichen Fällen hierdurch das praktische Bedürfnis, eine Strafbarkeit des Geschäftsführers oder des geschäftsführenden Alleingesellschafters im Wege eines gläubigerschützenden „Untreuesekundärschutzes“[987] über § 266 StGB konstruieren zu müssen.[988]

---

982 *BGH*, wistra 2009, 275 (277) und dem folgend jetzt auch der 1. Strafsenat *BGH*, wistra 2009, 475.

983 *BGH*, wistra 2009, 275 ff. = GmbHR 2009, 871 ff. m. Anm. *Radtke*. Siehe hierzu auch *Helmrich*, ZInsO 2009, 1475 ff.; *Schwarz*, HRRS 2009, 341 ff. Der Entscheidung ausdrücklich zustimmend *Bittmann*, wistra 2010, 8 (9 ff.). In einer später ergangen Entscheidung *BGH*, NZG 2009, 1152 ff. geht der *BGH* im Rahmen der Einwilligungsdogmatik allerdings nun nicht mehr auf diese angekündigte „Abkehr“ von der Interessentheorie ein. Maßgeblich wird daher eine Entscheidung des Großen Senats für Strafsachen sein, um im Sinne von § 132 GVG zukünftig von einer endgültigen Abkehr von der Interessentheorie ausgehen zu können.

984 Siehe *BGH*, wistra 2009, 475.

985 *BGH*, wistra 2009, 275 (277 f.); *Weyand/Diversy*, Rn. 156. Zu weiteren möglichen strafrechtlichen Konsequenzen der angekündigten Änderung der Rechtsprechung *Helmrich*, ZInsO 2009, 1475 (1478). Zur Frage, ob künftig das Zurechnungsmodell oder die Funktionstheorie Anwendung finden sollen, siehe *Brand*, NZStZ 2010, 9 (10 ff.) m.w.N. Siehe ferner den Lösungsansatz von *Nickmann*, S. 235 ff.

986 Vgl. die ständige Rechtsprechung *BGH*St 34, 221 ff.; 30, 127 ff.; 28, 371 ff. Siehe ferner *Grigoleit*, S. 218; *Radtke*, GmbHR 1998, 311 (313 f.).

987 Zur Kritik hieran *Dehne-Niemann*, wistra 2009, 417 (422). Siehe auch zuvor § 6 III.2.b)aa)(1)(b).

988 In diese Richtung argumentiert auch *Schwarz*, HRRS 2009, 341 (346). Siehe ebenfalls *Seier*, in: HWSt, V 2 Rn. 320.

Folgt man dieser richtigen Entwicklung, so ist es im Strafrecht in Zukunft möglich, eine klare dogmatische und dem jeweiligen Rechtsgut entsprechende Trennlinie zwischen dem Schutz des betreuten Vermögens und dem Gläubigerschutz zu ziehen.[989] Privatentnahmen durch den Geschäftsführer einer GmbH könnten mithin als Insolvenzstraftat ohne den Umweg eines über § 266 StGB konstruierten Gläubigerschutzes bestraft werden.

(e) Partielle Kodifikation der Existenzvernichtungshaftung in § 64 S. 3 GmbHG und die Auswirkungen

Aber nicht nur der geänderten Rechtsprechung des *BGH* kommt bei einer neuen rechtlichen Beurteilung Bedeutung zu, sondern auch den Änderungen des Gesellschaftsrechts durch das MoMiG. Berücksichtigt man auf Grundlage des neu eingeführten § 64 S. 3 GmbHG[990] nun die mögliche Strafbarkeit eines GmbH Geschäftsführers wegen existenzvernichtenden Eingriffs, so ist festzustellen, dass es zumindest bei einverständlichen Zahlungen an die Gesellschafter nicht mehr auf die zuvor dargestellte Begründung für die Unwirksamkeit eines tatbestandsausschließenden Einverständnisses nach der herrschenden Meinung ankommen kann. Die bisherige Rechtsprechung zum existenzvernichtenden Eingriff gilt – zumindest in diesen Fällen – nicht mehr unverändert weiter.

Gem. § 64 S. 3 GmbHG ist der Geschäftsführer einer GmbH nun zum Ersatz an die Gesellschaft verpflichtet, wenn er Zahlungen an die Gesellschafter geleistet hat, welche zur Zahlungsunfähigkeit der Gesellschaft führen mussten.[991] Mit Zahlung sollen dabei nicht nur reine Geldzahlungen, sondern alle Leistungen zu Lasten des Gesellschaftsvermögens, die Auswirkungen auf die Liquidität der Gesellschaft haben, gemeint sein.[992] Die bloße Begründung einer Verbindlichkeit

---

989 Im Grundsatz so auch *Bittmann*, wistra 2010, 8 (10), der aber anzweifelt, ob dies im Reflex auch tatsächlich zu einer Einengung des Anwendungsbereichs der Untreue führen wird. Nach *Dehne-Niehmann*, wistra 2009, 417 (423 f.) soll in Fällen, in denen kein Einverständnis aller GmbH-Gesellschafter oder bei der Ein-Mann-GmbH des Alleingesellschafters vorliegt, zwischen § 266 StGB und § 283 StGB Idealkonkurrenz vorliegen.

990 Kritisch zu § 64 S. 3 GmbHG *Schwab*, DStR 2010, 333 (337) m.w.N. Noch zum Referentenentwurf *Greulich/Bunnemann*, NZG 2006, 681 ff. m.w.N.

991 Entscheidend ist damit ein enger Kausalzusammenhang zwischen der verbotenen Auszahlung und der Zahlungsunfähigkeit, *Kleindiek*, in: Lutter/Hommelhoff, § 64 GmbHG Rn. 35 m.w.N.

992 *Kleindiek*, in: Lutter/Hommelhoff, § 64 GmbHG Rn. 24; *Hirte*, Rn. 3.105b; *Schall*, S. 191. Enger aber wohl *Bittmann*, NStZ 2009, 113 (118), *ders.*, wistra 2007, 321 (325), da eine Erstreckung des Begriffs „Zahlungen" auf sämtliche vermögenswerte

genügt hingegen nicht.[993] Diese neue Regelung hat gläubigerschützenden Charakter[994] und soll ausdrücklich die bestehenden Mechanismen zum Schutz der Gesellschaftsgläubiger nach §§ 30, 31, 43 Abs. 3 GmbHG und die Durchgriffshaftung der Gesellschafter wegen Existenzvernichtung ergänzen.[995] Über § 30 Abs. 1 GmbHG hinaus können jetzt auch solche Zahlungen erfasst werden, die zwar das gebundene Kapital unversehrt lassen, aber dennoch die Zahlungsunfähigkeit der Gesellschaft auslösen.[996] Die Verantwortlichkeit für die Kapitalsicherung wird in Ausschüttungsfällen somit von den Gesellschaftern auf die Geschäftsführer verlagert,[997] die Geschäftsleiterrisiken bei der GmbH also deutlich verschärft.[998] Liegt daher ein Fall der Kapitalausschüttung an die Gesellschafter vor,[999] durch den die Zahlungsfähigkeit der Gesellschaft gefährdet wird, darf der Geschäftsführer trotz einstimmiger Anweisung sämtlicher Gesellschafter keine Zahlungen an diese leisten. Der gläubigerschützende Charakter der Norm schließt – ähnlich wie bei der Insolvenzantragspflicht – mittels des Verweises in § 64 S. 4 GmbHG auf § 43 Abs. 3 S. 3 GmbHG sämtliche Weisungen gegenüber einem Geschäftsführer in diesem Bereich aus.[1000] In Zweifelsfällen soll der GmbH Geschäftsführer daher sein Amt niederlegen, um so einer möglichen Haftung zu entgehen.[1001] Zahlt der Geschäftsführer trotzdem Vermögen an die Gesellschafter aus, verletzt er – losgelöst von der Frage nach der Dispositionsbefugnis der

Leistungen aus strafrechtlicher Sicht einen Verstoß gegen das Analogieverbot bedeuten könnte.

993 *Kleindiek*, in: Lutter/Hommelhoff, 64 GmbHG Rn. 24; a.A. wohl *Haas*, in: Baumbach/Hueck, § 64 GmbHG Rn. 65 u. 176; *Schall*, S. 191 ff.

994 *Hirte*, Rn. 3.105b; *Schall*, S. 190.

995 Begründung RegE BT-Drucks. 16/6140, S. 46; *Hirte*, Rn. 3.105b; *Kleindiek*, in: Lutter/Hommelhoff, § 64 GmbHG Rn. 21 f.; *Raiser/Veil*, S. 472. Anders aber *Bittmann*, GmbHR 2007, 70 (74), wonach der Schwerpunkt der Norm auf dem Schutz des Gesellschaftsvermögens selbst liegen soll.

996 *Kleindiek*, in: Lutter/Hommelhoff, § 64 GmbHG Rn. 21.

997 *Raiser/Veil*, S. 472 f.

998 *Hirte*, ZInsO 2008, 689 (698).

999 Erfasst werden nur Zahlungen an die Gesellschafter nicht aber an Dritte, *Hirte*, Rn. 3.105b. Nach *Kleindiek*, in: Lutter/Hommelhoff, § 64 GmbHG Rn. 26 soll das Zahlungsverbot aber auch Leistungen an solche Dritte, die einem Gesellschafter gleichstehen, erfassen.

1000 *Hirte*, Rn. 3.105d.

1001 *Hirte*, Rn. 3.105d; *Livonius*, wistra 2009, 91 (95). Kritisch hierzu *K. Schmidt*, GmbHR 2008, 449 (455) und *Schwab*, DStR 2010, 333 (337), da ein derartiges Vorgehen häufig lebensfremd sein dürfte.

Gesellschafter über das Gesellschaftsvermögen – eine ihm unmittelbar gem. § 64 S. 3 GmbHG obliegende Vermögensbetreuungspflicht für das Gesellschaftsvermögen. Eine Haftung scheidet in diesem Fall nur dann aus, wenn er sich nach § 64 S. 2 GmbHG entlasten kann. Die dafür nachzuweisende Sorgfalt eines ordentlichen Geschäftsmanns ist im Rahmen des Gesellschaftsrechts allerdings aus der Gläubigersicht zu beurteilen.[1002] Obwohl dieses Zahlungsverbot eine krisenbezogene Pflichtenbindung des Geschäftsführers darstellt, ist es nicht auf das eröffnete Insolvenzverfahren beschränkt und nicht an eine Geltendmachung durch einen Insolvenzverwalter gebunden.[1003]

Was folgt aus dieser zivilrechtlichen Neuregelung für die strafrechtliche Betrachtung? Bei solchen Auszahlungen an Gesellschafter, bei denen ein ordentlicher Geschäftsführer den Eintritt der Zahlungsunfähigkeit vorhergesehen hätte, lässt sich die Verletzung einer Vermögensbetreuungspflicht nicht mehr mittels der richterrechtlichen Grundsätze des existenzvernichtenden Eingriffs begründen. Geht es um den Abzug von überlebensnotwendigen Vermögenswerten, welche die Gesellschaft zur Erfüllung ihrer Verbindlichkeiten benötigt hätte, muss als Ausgangspunkt der Begründung einer Verletzung der Vermögensbetreuungspflicht im Sinne des Untreuetatbestandes vielmehr der Verstoß gegen die gläubigerschützende Norm des § 64 S. 3 GmbHG dienen. Diese an den Geschäftsführer gerichtete Pflicht ist auch klar formuliert: Die gefährliche Zahlung hat zu unterbleiben oder ist zu erstatten.[1004]

Des Weiteren lässt sich zumindest für diesen nun gesetzlich geregelten Teilbereich des existenzvernichtenden Eingriffs keine eigene strafrechtliche Vermögensbetreuungspflicht der Gesellschafter mehr begründen.[1005] Anders als beim richterrechtlichen existenzvernichtenden Eingriff ist in diesen Fällen ausdrücklich der Geschäftsführer für das Vermögen der GmbH verantwortlich und nicht der Gesellschafter. Die Schaffung einer eigenständigen Dispositionschranke des Gesellschafters ist dem Strafrecht auch auf Basis der herrschenden Meinung

1002 *Hirte*, Rn. 3.105 m.w.N. zu den entsprechenden Anforderungen.

1003 *Schall*, S. 206.

1004 *Schall*, S. 202.

1005 Weitergehend hierzu *Livonius*, wistra 2009, 91 (95), die aufgrund von § 64 S. 3 GmbHG im Rahmen des existenzvernichtenden Eingriffs die Begründung einer eigenständigen Vermögensbetreuungspflicht des Gesellschafters allgemein für hinfällig ansieht. Dies ablehnend aber *BGH*, GmbHR 2009, 1202 (1205), der jedoch die Frage, ob neben der sich aus § 64 S. 3 GmbHG ergebenden Vermögensbetreuungspflicht des Geschäftsführers noch eine eigenständige Vermögensbetreuungspflicht des Gesellschafters in Betracht kommt, offen lässt.

insoweit verwehrt. Eine solche kann – wenn überhaupt – in Anlehnung an den gesellschaftsrechtlichen Vermögensschutz nur überzeugen, wenn man davon ausgeht, dass der Zweck des Gläubigerschutzes mittels der Kapitalschutzregeln normativ in die Vermögensträgerschaft der juristischen Person integriert ist.[1006] Eine Untreuerelevanz ergibt sich in diesen Fällen mithin aus einem Verstoß gegen eine eigene Vermögensbetreuungspflicht des Geschäftsführers und nicht mehr über die Begründung, dass die Gesellschafter über das Stammkapital nicht wirksam verfügen und somit auch kein wirksames Einverständnis erteilen konnten.[1007]

Gewiss kann man nun behaupten, dass sich durch die Einführung dieser gläubigerschützenden Norm im Ergebnis für die Strafbarkeit von Geschäftsleitern strafrechtlich nichts geändert habe.[1008] Diese Annahme greift aber zu kurz: Zum einen wird durch § 64 S. 3 GmbHG offensichtlich, dass der Schwerpunkt dieser Neuregelung nicht den Schutz des Gesellschaftsvermögens als solchem, sondern einzig und allein den Schutz von Gläubigerinteressen bezweckt. Das grundsätzliche Problem, dass § 266 StGB nicht dem Gläubiger- sondern lediglich dem Vermögensschutz zu dienen bestimmt ist, wird durch diese Neuregelung erheblich verstärkt. Die Vertreter, die aus § 64 S. 3 GmbHG eine Untreuerelevanz begründen wollen, werden sich daher zwingend näher mit dem Rechtsgut des Untreuetatbestandes und dessen Schutzzweck auseinandersetzen müssen. Zum anderen lässt sich mit § 64 S. 3 GmbHG nur das Vorliegen einer Vermögensbetreuungspflicht des Geschäftsführers, jedoch keine eigene Vermögensbetreuungspflicht der Gesellschafter begründen. Ein Untreuevorwurf gegenüber den Gesellschaftern kann bei Zahlungen an die Gesellschafter, die zur Zahlungsunfähigkeit der Gesellschaft führen mussten, nur noch erhoben werden, sofern der Geschäftsführer seine Pflicht aus § 64 S. 3 GmbHG verletzt hat, und der Gesellschafter hierzu angestiftet oder Beihilfe geleistet hat. Darüber hinaus könnte sich das deutsche Zahlungsverbot des § 64 S. 3 GmbHG, anders als die sonstigen zivilrechtlichen Grundsätze der Existenzvernichtungshaftung, auch auf die Geschäftsleiter im Inland ansässiger Auslandsgesellschaften erstrecken;[1009] eine

1006 Siehe zu solch einer gläubigerschützenden Zweckbindung des Gesellschaftsvermögens *Grigoleit*, S. 214 ff. m.w.N.

1007 Zur Begründung der Unwirksamkeit des tatbestandsausschließenden Einverständnisses der Gesellschafter zuvor § 6 III.2.b)aa).

1008 Allgemein *Bittmann*, wistra 2009, 102 (103). Siehe ferner *ders*, GmbHR 2007, 70 (73 f.); *ders.* wistra 2007, 321 (324 f.), wobei er in diesen Beiträgen noch § 64 Abs. 2 S. 3 GmbHG nach dem Referentenentwurf zum MoMiG zitiert.

1009 Dazu unter § 9 III.3.c).

Konsequenz, die in der strafrechtlichen Diskussion bislang zumeist noch übersehen wird.

Nur in den Fällen, die von § 64 S. 3 GmbHG nicht erfasst werden, kann es daher – so die herrschende Meinung im Strafrecht – weiterhin bei den von der Rechtsprechung entwickelten Grundsätzen zur Untreuestrafbarkeit des Geschäftsführers und der Gesellschafter wegen existenzvernichtenden Eingriffs im Strafrecht bleiben.[1010] Dies deckt sich insofern auch mit der jüngsten Feststellung des *BGH* hinsichtlich der sich durch die Einführung des § 64 S. 3 GmbHG ergebenden Änderungen.[1011] Denkbare Fallkonstellationen, bei denen es nach der herrschenden Meinung für die Begründung der Strafbarkeit eines Geschäftsführers einer GmbH noch auf die eingeschränkte Dispositionsbefugnis der Gesellschafter bzw. deren Vermögensbetreuungspflicht ankommt, sind hiernach beispielsweise das Umlenken von Aufträgen, die Finanzierung dem Gesellschafter oder dessen neu gegründeter Gesellschaft überlassener Betriebsmittel und der Abzug produktionsnotwendiger Maschinen sowie deren Transfer in eine andere Gesellschaft.[1012]

(2) Zwischenergebnis zum existenzvernichtenden Eingriff bei der GmbH

Eine Untreuestrafbarkeit des Geschäftsführers als Alleingesellschafter oder bei Vorliegen eines Einverständnisses aller Gesellschafter ist stets ausgeschlossen. Die Argumente hierfür sind zahlreich:

Auch wenn im Gesellschaftsrecht häufig von einem Eigeninteresse der Gesellschaft oder von einer Sonderrechtsverbindung zwischen der GmbH und den Gesellschaftern ausgegangen wird, so lässt sich daraus nicht auf die Existenz eines schutzwürdigen Vermögensbetreuungsinteresses im Sinne des Untreuetatbestandes schließen. Bei den von Rechtsprechung und herrschender Lehre geschaffenen Eigenbelangen der GmbH handelt es sich um einen „Etikettenschwindel" zum Schutz von Gläubigerinteressen. Diese werden aber nicht durch § 266 StGB erfasst. Nach Ansicht der Rechtsprechung und der wohl herrschenden Meinung

1010 So bedauert *Bittmann*, NStZ 2009, 113 (118), dass der Gesetzgeber im Zuge des MoMiG auf eine umfassende Übernahme der Rechtsprechung zum existenzvernichtenden Eingriff in das GmbHG verzichtet hat.

1011 *BGH*, GmbHR 2009, 1202 (1205), wonach es sich bei § 64 S. 3 GmbHG um keine abschließende Regelung des existenzvernichtenden Eingriffs handelt und in allen anderen Fällen die straf- und zivilrechtliche Rechtsprechung zur Haftung des Gesellschafters unberührt bleibt, kritisch hierzu *Livonius*, wistra 2009, 91 (94 f.).

1012 Siehe zu diesen Beispielen existenzgefährdender Eingriffe *Bittmann*, NStZ 2009, 113 (118); *ders.*; GmbHR 2009, 1206 (1207); *ders.*, wistra 2009, 102 (104).

im strafrechtlichen Schrifttum werden Schutzrichtung und Unrechtsgehalt des Untreuetatbestandes verschoben sowie der Rechtsgüterschutzbereich der Norm qualitativ erweitert. *Contra legem* wird § 266 StGB zu einer Gläubigervorschrift umgewandelt. Strafrechtlicher Gläubigerschutz kann *de lege lata* aber nur über die §§ 283 ff. StGB erreicht werden.

Diesen allgemein bekannten Argumenten wider eine Untreuestrafbarkeit wegen existenzvernichtenden Eingriffs zu Lasten der GmbH wird durch die Änderung der zivilrechtlichen Haftungsgrundlage des existenzvernichtenden Eingriffs, vom *BGH* in Strafsachen angekündigten Abkehr von der Interessentheorie sowie durch die Einführung eines Zahlungsverbots an Gesellschafter in § 64 S. 3 GmbHG neues Leben eingehaucht. Wesentliche Änderungen sind hier zu erwarten.

Dies betrifft zunächst die Tatsache, dass sich bei der Annahme einer deliktischen Ausgestaltung der Existenzvernichtungshaftung aus dem zivilrechtlichen Haftungsinstitut keine Vermögensbetreuungspflicht im Sinne des Untreuetatbestandes begründen lässt.

Eine direkte Vermögensbetreuungspflicht des Geschäftsführers einer GmbH ergibt sich jedoch aus dem neu eingeführten Zahlungsverbot des § 64 S. 3 GmbHG. Dieses ist aber ausdrücklich gläubigerschützend, wodurch sich die grundsätzliche Debatte um den Schutzzweck des Untreuetatbestandes lediglich verlagert. Darüber hinaus lässt sich eine eigene Vermögensbetreuungspflicht der Gesellschafter in den Fällen des § 64 S. 3 GmbHG auch auf Basis der herrschenden Meinung nicht mehr in Anlehnung an das Gesellschaftsrecht begründen. Das Zahlungsverbot ordnet in Ausschüttungsfällen die gesellschaftsrechtliche Verantwortlichkeit für die Kapitalsicherung ausdrücklich dem Geschäftsführer zu.

Insgesamt scheint die Lösung dieses allgemeinen Dilemmas in der vom *BGH* angekündigten Abkehr von der Interessentheorie zu liegen, ohne die sich die von der Rechtsprechung gezogene Begrenzung der Dispositionsfähigkeit der Gesellschafter ohnehin nicht erklären lässt. Auf diese Weise ist nun ein Schutz der Gesellschaftsgläubiger über §§ 283 ff. StGB eröffnet.

bb) Keine Anwendbarkeit der Grundsätze des existenzvernichtenden Eingriffs auf die Limited

Auch bei der *Limited* besteht die Möglichkeit, dass es nur einen mit dem *director* personenidentischen *shareholder*[1013] gibt oder ein Einverständnis über einen

1013 Die Gründung der *Limited* als Einpersonengesellschaft ist seit 1992 zulässig, vgl. hierzu vormals section 1(3A) CA 1985 und jetzt section 7(1) CA 2006.

solchen Eingriff aller *shareholder* vorliegt.[1014] Dann ist den allgemeinen strafrechtlichen Grundsätzen im Rahmen des Untreuetatbestandes nach die Pflichtwidrigkeit einer Handlung des *directors* grundsätzlich ausgeschlossen. Prinzipiell könnte man daher auf die Idee kommen, den von der herrschenden Meinung in Rechtsprechung und Literatur aufgestellten strafrechtlichen Haftungstatbestand des existenzvernichtenden Eingriffs auch auf die Gesellschaftsform der *Limited* zu übertragen.[1015] Der oben beschriebene Streit im Rahmen der GmbH würde sich folglich hier an der Zustimmung der *shareholder* entzünden.

Ob die zuvor angeführten Grundsätze der Rechtsprechung und der herrschenden Literaturmeinung zum existenzvernichtenden Eingriff allerdings auch für eine in Deutschland ansässige *Limited* gelten, wird zurzeit immerhin als zumindest zweifelhaft angesehen.[1016] Aufgrund der zuvor dargelegten Probleme bei der Begründung einer Vermögensbetreuungspflicht mittels der Grundsätze des existenzvernichtenden Eingriffs, lässt sich bereits gut begründen, dass – wenn schon die Rechtslage bei der GmbH derart problematisch ist – bei einem mit dem *director* personenidentischen *shareholder* oder dem Vorliegen eines Einverständnisses aller *shareholder* kein pflichtwidriges Handeln vorliegt.

Dieser Annahme schließen sich jedoch noch weitere Überlegungen an. Betrachtet man – über die zutreffende Kritik an den Grundsätzen des existenzvernichtenden Eingriffs im Strafrecht hinaus – die Besonderheiten, die für Auslandsgesellschaften in Deutschland gelten, so lässt sich in Bezug auf die *Limited* weder bei einer gesellschafts- noch bei einer deliktsrechtlichen Anknüpfung der Existenzvernichtungshaftung die Annahme einer untreuerelevanten Vermögensbetreuungspflicht und einer Einschränkung der Dispositionsbefugnis der *shareholder* begründen.[1017]

1014 Siehe zum *board* als dem obersten Willensbildungsorgan der *Limited* oben § 3 II.

1015 *AG Stuttgart*, wistra 2008, 226 (228); dem zustimmend *Schumann*, wistra 2008, 229 (230 f.); *Schlösser*, wistra 2006, 81 (86). Zu europarechtlichen Bedenken hieran siehe *Eidenmüller*, NJW 2005, 1618 (1620). Das Vorliegen einer Schutzlücke nehmen *Gloger/Goette/van Huet*, DStR 2008, 1194 (1196 f.) an.

1016 *Seier*, in: HWSt, V 2 Rn. 330; *Gross/Schork*, NZI 2006, 10 (15); *Radtke*, GmbHR 2008, 729 (733 f.); *Ransiek/Hüls*, ZGR 2009, 157 (178 f.); *Rönnau*, ZGR 2005, 832 (853 ff.); *Wilk/Stewen*, wistra 2011, 161 (168). Zutreffend insofern auch *Radtke/Hoffmann*, GA 2008, 535 (550). Für eine Übertragbarkeit hingegen *AG Stuttgart*, wistra 2008, 226 (229); dem zustimmend *Schumann*, wistra 2008, 229 (229 ff.). Siehe ferner *Labinski*, S. 237 ff.; *Stärk*, S. 150 ff.

1017 Zumindest soll sich dieser Gläubigerschutz nicht systemkonform auf EU-Auslandsgesellschaften übertragen lassen, so *Altenhain/Wietz*, NZG 2008, 569 (571). Anders aber *Richter*, in: FS-Tiedemann, S. 1023, 1037. Danach seien Entnahmen

(1) Gesellschaftsrechtliche Qualifikation des Existenzgefährdungsverbots

Geht man mit der herrschenden Meinung von der kollisionsrechtlichen Einordnung der Existenzvernichtungshaftung und den entsprechenden Pflichten als gesellschaftsrechtlich aus,[1018] so ist unter Beachtung der zuvor dargelegten Rechtsprechung des *EuGH* für sämtliche Gesellschaften der Europäischen Union das Gründungsrecht maßgeblich.[1019] Die gesellschaftsrechtlichen Pflichten der Kapitalerhaltung gem. §§ 30, 31 GmbHG und das Verbot existenzvernichtender Eingriffe gelten somit grundsätzlich nicht für ausländische Gesellschaften.[1020]

Die für eine Untreue relevanten Pflichten des *directors* könnten sich folglich in den Sachverhaltskonstellationen eines existenzvernichtenden Eingriffs, soweit über Art. 49, 54 AEUV im Strafrecht anwendbar,[1021] nur aus dem englischen Recht ergeben.[1022] Ob aus diesem aber auch ein Verbot existenzvernichtender Eingriffe folgen kann, ist jedoch aus mehreren Gründen fraglich.

---

oder sonstige Vermögensschmälerungen der *Limited* durch den *director* nicht einwilligungsfähig und stellten für den *director* oder anderweitig Beauftragten eine Untreue dar, wenn die *Limited* überschuldet ist, die Überschuldung vertieft wird oder im Sinne der Rechtsprechung zum existenzgefährdenden Eingriff ein solcher Zustand zum Schaden der Gläubiger durch die Handlung bzw. Unterlassung herbeigeführt wird.

1018 *BGH*, NZG 2009, 1152 (1154 f.); *Habersack/Verse*, Rn. 29 f. m.w.N.; *Hinderer*, S. 149 ff.; *Pattberg*, S. 274; *Radtke*, GmbHR 2008, 729 (733 f.); *Radtke/Hoffmann*, GA 2008, 535 (548 f.); *Ransiek/Hüls*, ZGR 2009, 157 (178 f.); *Schanze*, NZG 2007, 681 (685 f.); *K. Schmidt*, GmbHR 2008, 449 (457 f.); *Wessing/Krawczyk*, NZG 2009, 1176 (1177); tendenziell so wohl auch *Strohn*, ZInsO 2008, 706 (711). Ohne Beachtung der Entscheidung „*Trihotel*" hingegen *Worm*, S. 102. Von einer Doppelqualifikation der zivilrechtlichen Existenzvernichtungshaftung geht *Schall*, S. 240 f. aus. In diesem Sinne wohl auch *Altenhain/Wietz*, NZG 2008, 569 (570). Siehe zu der kollisionsrechtlichen Einordnung der Existenzvernichtungshaftung vor „*Trihotel*" auch die Nachweise unter § 2 III.4.

1019 Siehe zuvor § 2.

1020 So *Pattberg*, S. 265 f. Auch eine analoge Anwendung kommt nicht in Betracht, siehe *Stärk*, S. 150 ff.

1021 Zur Fremdrechtsanwendung im Strafrecht sogleich § 7, § 8 und § 9.

1022 So auch *Fischer*, § 266 StGB Rn. 101; *Lackner/Kühl*, § 266 StGB Rn. 20a; *Perron*, in: Schönke/Schröder, § 266 StGB Rn. 21e; *Hinderer*, S. 151; *Radtke*, GmbHR 2008, 729 (734); *Ransiek/Hüls*, ZGR 2009, 157 (178 f.); *Rönnau*, ZGR 2005, 832 (854); *Schanze*, NZG 2007, 681 (686); *Schlösser*, wistra 2006, 81 (86); *Wilk/Stewen*, wistra 2011, 161 (168 f.).

(a) Fehlendes Stammkapital und Gesellschaftsinteresse
Zunächst kennt das englische Recht weder eine gesetzlich festgelegte Mindestkapitalausstattung noch ein entsprechendes Gebot zur Erhaltung des Stammkapitals.[1023] Vergleichbare Gewinnausschüttungen, welche die für (normale) GmbHs geltende Mindestgrenze von 25.000 Euro unterschreiten, können daher nicht allein aus diesem Grund strafbar sein.[1024]

Auch darf insbesondere im Zusammenhang mit dem von der herrschenden Meinung behaupteten – im Strafrecht zu beachtenden – eigenständigen Schutzinteresse der Gesellschaft nicht übersehen werden, dass der *director* die *fiduciary duties* und die *duty of care and skill* grundsätzlich nur der Gesellschaft schuldet. Betrachtet man jedoch den offenen Wortlaut von section 172(1) CA 2006 „*[...] to promote the success of the company for the benefit of its* ***members***[1025] *as a whole [...],*"so richten sich die vom *director* zu wahrenden Interessen der Gesellschaft ausdrücklich nach denen der Gesellschafter. Damit entspricht das Gesellschaftsinteresse im englischen Recht somit ausdrücklich dem Interesse der Gesellschafter in ihrer Gesamtheit.[1026] Schließlich wirtschaftet die Gesellschaft mit dem Geld der Gesellschafter und auf deren Risiko.[1027] Das Interesse der *Limited* ist damit gleichgesetzt mit demjenigen der *shareholder*, so dass etwa Vermögensentnahmen als reine Selbstschädigungen der *shareholder* erscheinen. Nur bei der Insolvenz treten ausnahmsweise die Interessen der Gläubiger an die Stelle der Interessen der Gesellschafter.[1028] Ferner wird in Ausnahmefällen der *director* auch zumindest teilweise als Treuhänder (*trustee*) der Gesellschafter und nicht der Gesellschaft angesehen.[1029] Angenommen werden

---

1023 Siehe bereits § 3 II.2.a).

1024 *Bittmann*, ZGR 2009, 931 (953); *ders.*, GmbHR 2009, 1206 (1207), wonach mangels eines gebundenen Stammkapitals im Fall der *Limited* stets von einem existenzvernichtenden und nicht von einem existenzgefährdenden Eingriff zu sprechen sei.

1025 Hervorhebung vom Verfasser.

1026 *Kasolowsky/Schall*, in: Grenzüberschreitende Gesellschaften, § 4 Rn. 34; *Gräfe*, DZWIR 2005, 410 (413). Möglichen Fragen des Minderheitenschutzes soll hier nicht weiter nachgegangen werden.

1027 *Kasolowsky/Schall*, in: Grenzüberschreitende Gesellschaften, § 4 Rn. 34.

1028 *Kasolowsky/Schall*, in: Grenzüberschreitende Gesellschaften, § 4 Rn. 34; *Gräfe*, DZWIR 2005, 410 (413) m.w.N.

1029 *Kasolowsky/Schall*, in: Grenzüberschreitende Gesellschaften, § 4 Rn. 3 u. 34; *Gräfe*, DZWIR 2005, 410 (412 f.); *Schall*, DStR 2006, 1229 (1229). Beispiele zu solchen Ausnahmefällen, in denen Pflichten des *directors* gegenüber den *sharholdern* angenommen wurden, finden sich bei *Bank*, S. 83 Fn. 306 u. 87 f. Siehe allgemein zu der Gemengelage, aus der sich die jeweiligen Pflichten des *directors* ergeben, *Bedkowski*,

solche ausdrücklichen Pflichten der *directors* gegenüber von Gesellschaftern beispielsweise dann, wenn zwischen diesen ein besonderes Vertrauensverhältnis besteht.[1030]

Haben somit sämtliche *shareholder* dem Verhalten des *directors* zugestimmt, könnte die Nichtannahme eines tatbestandsausschließenden Einverständnisses im Rahmen des deutschen Untreuetatbestandes mit der Begründung, ein Eigeninteresse der Gesellschaft schützen zu wollen, mithin gegen ein wesentliches Grundverständnis des englischen Gesellschaftsrechts verstoßen.[1031] Schließlich müssen sich die Interessen der Gesellschaft nur dann nach den Interessen der Gläubiger richten, sobald die Gesellschaft nicht mehr ein *„going concern"* ist. Die fallrechtliche *duty for the benefit of the creditors* verfolgt darüber hinaus ausschließlich das Ziel, Gläubigerinteressen zu schützen.[1032] Damit stellt sich aber wiederum das bereits dargelegte Problem, dass mittels des Untreuetatbestandes gerade kein (mittelbarer) Gläubigerschutz erreicht werden kann.[1033] Inwieweit auf Grundlage des englischen Gesellschaftsrechts daher im Sinne der Rechtsprechung und herrschenden Meinung überhaupt von einem unantastbaren Eigen- oder Bestandsinteresse der *Limited* ausgegangen werden kann und wann in Ausnahmefällen eine besondere Pflichtenbindung des *directors* nicht nur gegenüber der *Limited* sondern vorrangig gegenüber den *shareholdern* besteht, wird man bei der Frage der Wirksamkeit des tatbestandsausschließenden Einverständnisses zwingend klären müssen.

Ungeachtet dieser hier nur kursorisch vorgebrachten Kritik, deren Gehalt einer vertieften Analyse des englischen Gesellschaftsrechts bedarf, wird im deutschen Schrifttum bislang überwiegend angenommen, dass den englischen Vorschriften bezüglich der Kapitalausschüttung an die *shareholder*[1034] sowie den Pflichten der *directors* zum Schutz von Gläubigerinteressen eine dem deutschen

S. 106 ff.; *Brinkmeier/Mielke*, S. 40 f.; *Just*, Limited, Rn.156; *Worms*, S. 196 f. j.m.w.N. Siehe an dieser Stelle aber auch den von *Radtke/Hoffmann*, EuZW 2009, 404 (405) verfolgten Ansatz bei § 14 StGB, wonach es lediglich darauf ankommen soll, ob das Verhalten des *directors* der *Limited* zugerechnet werden kann.

1030 So etwa bei Familiengesellschaften, *Bank*, S. 88 m.w.N. zum englischen *company law*.

1031 Siehe aber auch *Wietz*, S. 237 ff. m.w.N., der hier eine untreuerelevante Kapitalbindung bei der *Limited* ausmachen will, wonach bei einem Verstoß der Gesellschafterkonsens wirkungslos sei.

1032 Vgl. § 4 III.2.

1033 Siehe § 6 III.2.b)aa)(1).

1034 *Wietz*, S. 237 ff. Siehe auch zuvor § 3 II.2.b).

Verbot existenzgefährdender Eingriffe vergleichbare Bedeutung zukomme.[1035] Wird gegen diese englischen Regelungen verstoßen, soll, analog der Begründung des existenzvernichtenden Eingriffs bei der GmbH, auch ein Konsens der *shareholder* wirkungslos sein.[1036] Auch der *director* einer in Deutschland ansässigen *Limited* könne sich dann einer Untreue wegen existenzvernichtenden Eingriffs schuldig machen.[1037]

(b) Sections 213, 214 IA 1986 und duty for the benefit of the creditors

Im Zusammenhang mit dem existenzvernichtenden Eingriff bei der *Limited* soll insbesondere nach Ansicht von *Richter* den Pflichten des *directors* im Rahmen des IA 1986 besondere Bedeutung zukommen.[1038] Kollisionsrechtlicher Anknüpfungspunkt sei nicht etwa das Verhalten des *directors*, sondern die durch das deutsche Deliktsrecht gesetzten Grenzen der Verfügungsmacht der *shareholder*. Den Vorschriften des englischen IA 1986 komme dabei die Bedeutung als Schutzgesetz im Sinne der §§ 823 ff. BGB zu.[1039]

Allerdings sind die sich aus sections 213 und 214 IA 1986 ergebenden Haftungsinstitute nach ganz herrschender Meinung nicht gesellschaftsrechtlich, sondern insolvenzrechtlich zu qualifizieren.[1040] Sie finden damit bei der Insolvenz einer *Limited*, die ihren Sitz oder ihr COMI in Deutschland hat, keine Anwendung auf deren *director*.[1041] Damit sind aber auch die sich hieraus ergebenden Pflichten nicht auf den *director* einer in Deutschland ansässigen *Limited* anwendbar. In Betracht könnte in diesem Zusammenhang daher lediglich die nach herrschender Meinung als gesellschaftsrechtlich zu qualifizierende *duty for the benefit of the creditors* kommen,[1042] wonach im Fall einer (drohenden)

1035 *Richter*, in: FS-Tiedemann, S. 1023, 1036 f. Ähnlich auch *Schumann*, DB 2004, 743 (748 f.).

1036 *Stärk*, S. 153 ff.

1037 *Stärk*, S. 161.

1038 So *Richter*, in: FS-Tiedemann, S. 1023, 1036 f. In diesem Sinne wohl auch *Radtke*, GmbHR 2008, 729 (734). Ähnlich auch *Schumann*, DB 2004, 743 (748 f.). Siehe ferner den Überblick bei *Wietz*, S. 258 m.w.N., der diese Pflichten aufrund ihrer insolvenzrechtlichen Qualifikation richtigerweise aber für nicht anwendbar hält.

1039 *Richter*, in: FS-Tiedemann, S. 1023, 1036; *Schumann*, DB 2004, 743 (749).

1040 Siehe zuvor § 4 III.4.

1041 Siehe Art. 3 Abs. 1, Art. 4 EUInsVO und vgl. § 4 III.4.

1042 Vgl. § 4 III.4.

Insolvenz im Rahmen der *fiduciary duties* auch die Interessen der Gläubigergesamtheit zu beachten wären.[1043]

(c) Unzulässige Gewinnausschüttungen des directors an die shareholder

Relevanz könnten in diesem Zusammenhang auch die englischen Vorschriften hinsichtlich der Ausschüttung von Kapital an die *shareholder* als Ausprägung einer umfassenden Kapitalbindung haben.[1044] Wird den dort aufgestellten englischen Vorgaben zuwider gehandelt, liegt eine unzulässige Gewinnausschüttung des *directors* vor, die als Ausgangspunkt der Feststellung einer untreuerelevanten Verletzung einer Vermögensbetreuungspflicht dienen könnte. Schließlich sind die Ausschüttungsregeln für die *directors* sowie die sich aus section 174 CA 2006 ergebende *duty of care and skill* als gesellschaftsrechtlich zu qualifizieren und folglich auch auf in Deutschland ansässige *Limiteds* grundsätzlich anwendbar.[1045] Insbesondere nach *Wietz* handle es sich bei den Regelungen zur Gewinnausschüttung sogar um ein der deutschen Kapitalbindung und Existenzgefährdung strukturell ähnelndes Institut, das die Eigenständigkeit der juristischen Person gegenüber ihren Gesellschaftern herausstellt.[1046]

(d) Allgemeine director's duties

Sowohl bei der allgemeinen Frage nach der Untreuestrafbarkeit eines *directors* einer in Deutschland ansässigen *Limited* als auch in der hier untersuchten Fallgruppe der Untreuestrafbarkeit wegen existenzvernichtenden Eingriffs kommt selbstverständlich auch den allgemeinen *director's duties* eine mögliche Bedeutung zu. Schließlich stellen diese eine Anzahl von Anforderungen an den *director*, die dieser gegenüber der Gesellschaft zu erfüllen hat.[1047] Hält man einen Rückgriff auf diese Anforderungen im Rahmen des § 266 StGB grundsätzlich für möglich, so sind damit auch die zuvor dargestellten Besonderheiten dieser Pflichten wie etwa die *proper purpose doctrine*, der sog. *enlightened shareholder*

1043 Siehe oben § 4 III.2. Deutlich wird bei einer Beachtung dieser Pflicht im Rahmen von § 266 StGB wiederum der dem Untreuetatbestand fremde Gläubigerschutz. Nicht überzeugen kann in diesem Zusammenhang die Annahme von *Wietz*, S. 248, dass bereits der Sprachgebrauch (*fiduciary duty*) den unmittelbaren Bezug zu § 266 StGB veranschaulicht.

1044 Zur Regelung von Gewinnausschüttungen zuvor § 3 II.2.b).

1045 Siehe oben § 3 II.2.b) und § 4 II.2.

1046 *Wietz*, S. 242 u. 257. Danach macht sich ein *director*, wenn er gegen geschriebene oder ungeschriebene Kapitalbindungsregelungen – die nicht allein formale Anforderungen enthalten – verstößt, wegen Untreue strafbar.

1047 Siehe den Überblick über die einzelnen Pflichten zuvor unter § 4.

value approach sowie die generellen Handlungs- und Ermessensspielräume von Geschäftsleitern im englischen Recht maßgeblich. Ferner wird eine strafrechtliche Beurteilung dann auch die englischen Risikoauffassungen und jeweiligen Spielräume bei prognostischen Entscheidungen beachten müssen.

(e) Vorab: Die Fremdrechtsanwendung im Strafrecht

Nicht überraschend ist damit festzustellen, dass auch das englische Gesellschaftsrecht Verhaltenspflichten für Geschäftsleiter von Gesellschaften aufstellt, die mit ein wenig Begründungsaufwand möglicherweise auch als Grundlage für die Verletzung einer Vermögensbetreuungspflicht durch den *director* einer in Deutschland ansässigen *Limited* herangezogen werden könnten. Ob aber überhaupt und unter welchen Voraussetzungen die gesellschaftsrechtliche *duty for the benefit of the creditors*, die als gesellschaftsrechtlich zu qualifizierenden englischen Ausschüttungsregelungen sections 829 ff. CA 2006 sowie die allgemeinen *director's duties* in sections 171 bis 177 CA 2006 bei einer in Deutschland ansässigen *Limited* jedoch im Rahmen des Strafrechts Anwendung finden, kann – unabhängig von der genauen Ausgestaltung der englischen Pflichten – aber wiederum nur die Beantwortung der Frage nach der Zulässigkeit einer Fremdrechtsanwendung im Rahmen des Untreuetatbestandes geben. Diese grundsätzliche Frage ist sogleich ausführlich zu untersuchen.[1048]

(2) Deliktische Ausgestaltung des Existenzgefährdungsverbots

Sieht man das zivilrechtliche Haftungskonzept des existenzvernichtenden Eingriffs hingegen als eine deliktisch ausgestaltete Pflicht an, so könnten auch in Deutschland tätige Auslandsgesellschaften gesellschaftsrechtlich von der deutschen Existenzvernichtungshaftung gem. § 826 BGB erfasst werden.[1049] Eine Untreuestrafbarkeit wegen existenzvernichtenden Eingriffs ließe sich damit – folgt man der Rechtsprechung – auch bei einer in Deutschland ansässigen *Limited* aus dem deutschen Zivilrecht begründen. Allerdings lässt sich – wie zuvor

---

1048 Zu dem „wie“ einer Fremdrechtsanwendung siehe sogleich § 7 und zur Zulässigkeit des „ob“ einer Fremdrechtsanwendung im Rahmen des Untreuetatbestandes siehe sogleich § 8 und § 9.

1049 So *Schall*, S. 240, der im Ergebnis aber von einer Doppelqualifikation ausgeht. Siehe ferner *Labinski*, S. 242 f.; *Just*, Limited, Rn. 93; *Zessel*, S. 34 u. 47; *Altenhain/Wietz*, NZG 2008, 569 (571); *Dauner-Lieb*, ZGR 2008, 34 (47); *Gloger/Goette/van Huet*, DStR 2008, 1194 (1196); *Paefgen*, DB 2007, 1907 (1912); *Wiedemann*, in: FS-Lüer, S. 337, 341. Zweifel an der Vereinbarkeit mit der Niederlassungsfreiheit sieht *Wietz*, S. 260. Bedenken finden sich auch bei *Just*, Limited, Rn. 93 Fn. 172.

dargelegt – aus der Verletzung einer deliktischen Schadensersatzpflicht schon *per se* keine Vermögensbetreuungspflicht im Sinne des Untreuetatbestandes ableiten.[1050] Somit kann sich hieraus auch weder eine Vermögensbetreuungspflicht der *shareholder* noch eine von dieser Pflicht unabhängige Einschränkung der Dispositionsbefugnis des *directors* ergeben.[1051]

Auch wenn man der obigen Argumentation nicht folgt, so wäre im Hinblick auf die Verknüpfung der zivilrechtlichen Existenzvernichtungshaftung mit dem Untreuetatbestand dennoch zu fragen, ob die ergänzende Anwendung einer deliktischen Innenhaftung der Gesellschafter gem. § 826 BGB bei einer in Deutschland ansässigen *Limited* nicht gegen die europäische Niederlassungsfreiheit verstößt.[1052] Möglicherweise müsste sich nämlich auch eine als Delikts- oder Insolvenzrecht qualifizierte Anwendung der Existenzvernichtungshaftung auf inländische Auslandsgesellschaften an der Niederlassungsfreiheit messen lassen.[1053] Fall es in einem gerichtlichen Verfahren auf die Anwendung der deutschen Existenzvernichtungshaftung auf eine im Inland ansässige *Limited* ankommen sollte, wird der *BGH* wohl nicht umhinkommen, diese Frage dem *EuGH* zur Vorabentscheidung vorzulegen.[1054] Verneint man dagegen das Vorliegen eines Verstoßes gegen Europarecht an dieser Stelle, so wäre aus strafrechtlicher Sicht zu erkunden, ob aber darüber hinaus nicht ein auf das Verbot existenzvernichtender Eingriffe gestützter Untreuevorwurf zu einer Beschränkung der Niederlassungsfreiheit führt.[1055]

1050 Anders jedoch das *AG Stuttgart*, wistra 2008, 226 (229), welches das Verbot der vorsätzlichen sittenwidrigen Schädigung nach § 826 BGB sehr wohl zur Begründung einer Vermögensbetreuungspflicht des Alleingesellschafters gegenüber der *Limited* heranziehen will; dem zustimmend *Schumann*, wistra 2008, 229 (230 f.). Sofern das Gericht hier gesellschaftsrechtliche Wertungen aufgreift, hätte es jedoch nicht auf deutsches Recht zurückgreifen dürfen, sondern entsprechende englische Regelungen heranziehen müssen. Ausführlich zu diesem Urteil unter § 5 III.1 u. § 5 III.4.a).

1051 Will man an dieser Stelle trotzdem das Vorliegen einer Vermögensbetreuungspflicht annehmen, so ist zu prüfen, ob ein solcher Rückgriff auf das deutsche Recht in diesem Fall nicht gegen die europäische Niederlassungsfreiheit verstößt.

1052 Einen Verstoß gegen die Niederlassungsfreiheit sieht *Höhne*, S. 276 ff.

1053 Grundsätzlich soll es den *EuGH* abber nicht hindern, auch eine als deliktisch qualifizierte Haftung an der Niederlassungsfreiheit zu messen, so *Höhne*, S. 277; *Altenhain/Wietz*, NZG 2008, 569 (570); *Eidenmüller*, NJW 2005, 1618 (1620). In diesem Sinne wohl auch *Wietz*, S. 260. Dagegen aber *Labinski*, S. 243 ff.

1054 So auch *Strohn*, ZInsO 2008, 706 (711).

1055 Allgemein zum Verhältnis der Grundfreiheiten und dem nationalen Strafrecht § 10 I.

(3) Für das Strafrecht: Maßgeblichkeit der zivilrechtlichen Qualifikation

Eine Klärung der kollisionsrechtlichen Frage, ob die zivilrechtliche Existenzvernichtungshaftung als Institut des Gesellschafts- oder des Deliktsrecht einzuordnen ist, kann und soll hier nicht erfolgen.[1056] Es kann nicht die Aufgabe der Strafrechtswissenschaft sein, auf Ebene des Sach- oder Kollisionsrechts auf ein bestimmtes vorgelagertes Ergebnis hinzuwirken und dieses dann durch Kriminalisierung wirkungsträchtig zu entscheiden.[1057] Sowohl der Rechtsprechung in Strafsachen als auch der strafrechtlichen Wissenschaft fehlt die Kompetenz, derartige gesellschafts- und insolvenzrechtliche Grenzfragen zu beantworten. Fragen der kollisionsrechtlichen Einordnung sind folglich da zu lösen, wo sie angesiedelt sind: im Gesellschaftsrecht.

Will das Strafrecht in seinem akzessorischen Verständnis die gesellschafts- und insolvenzrechtlichen Wertungen nur nachzeichnen, so muss zurzeit (noch) von einer gesellschaftsrechtlichen Einordnung der zivilrechtlichen Existenzvernichtungshaftung ausgegangen werden. Damit kann – trotz gewisser struktureller Ähnlichkeiten zwischen GmbH und *Limited*[1058] – das deutsche zivilrechtliche Verbot existenzvernichtender Eingriffe nicht auf die *Limited* übertragen werden. Alle Eingriffe des *directors* einer in Deutschland ansässigen *Limited* sind zivilrechtlich ausschließlich nach den entsprechenden Vorschriften[1059] des englischen Gesellschaftsrechts zu bewerten.[1060] Ob aus den vom englischen Gesellschaftsrecht auferlegten Pflichten jedoch auf die Verletzung einer Vermögensbetreuungspflicht im Sinne des § 266 StGB geschlossen werden kann, ist eine Frage nach der Zulässigkeit der bereits erwähnten Fremdrechtsanwendung im Strafrecht.

1056 Anders *Pattberg*, S. 268 ff. m.w.N., der hier aber auch zu einer gesellschaftsrechtlichen Qualifikation des Verbots existenzvernichtender Eingriffe kommt.

1057 Vgl. *Haffke*, KritV 1991, 165 (173 f.); *Dierlamm*, StrafFo 2005, 397 (398). Zu eng aber *Wagner*, S. 115 ff. Siehe allgemein auch die Forderung von *Lutter*, NZG 2010, 601 (603), dass das Strafrecht die zivilrechtlichen Aussagen beachten möge.

1058 Vgl. § 3.

1059 Siehe zu den hier in Frage kommenden Pflichten zuvor § 4.

1060 So auch *Lackner/Kühl*, § 266 StGB Rn. 20 a.E.; *Radtke*, GmbHR 2008, 729 (734); *Ransiek/Hüls*, ZGR 2009, 157 (178); *Rönnau*, ZStW 119 (2007), 887 (906); *ders.*, ZGR 2005, 832 (854). Ferner in diesem Sinne wohl auch *Worm*, S. 108 f.; *Mankowski/Bock*, ZStW 120 (2008), 704 (757). Offen gelassen von *Wietz*, S. 260, der bei einer Anwendbarkeit des Existenzvernichtungsverbots auf inländische Auslandsgesellschaften aber einen möglichen Verstoß gegen die Niederlassungsfreiheit ausmacht. A.A. aber wohl *Knierim/Smok*, in: Insolvenzstrafrecht, S. 266 f., allerdings ohne nähere Begründung.

(4) Zahlungsverbot des § 64 S. 3 GmbHG

Unabhängig von den obigen Überlegungen muss der *director* einer in Deutschland ansässigen *Limited* möglicherweise das neueingeführte deutsche Zahlungsverbot des § 64 S. 3 GmbHG beachten.[1061] Dieses ist, obwohl es eine krisenbezogene Pflichtenbindung des Geschäftsführers beinhaltet, auch nicht auf die Eröffnung des Insolvenzverfahrens beschränkt.[1062] Nach § 64 S. 3 GmbH sind die Geschäftsführer der Gesellschaft zum Ersatz solcher Zahlungen an die Gesellschafter verpflichtet, die zur Zahlungsunfähigkeit der Gesellschaft führen mussten, es sei denn, dies war ihnen auch bei Beachtung der in S. 2 bezeichneten Sorgfalt eines ordentlichen Geschäftsmanns nicht erkennbar.

Wie diese Norm zu qualifizieren ist, ist jedoch streitig. Ein Teil des deutschen Schrifttums will das Zahlungsverbot als gesellschaftsrechtlich einordnen.[1063] Aufgrund der kollisionsrechtlichen Wirkung der Niederlassungsfreiheit käme dann eine Anwendung auf ausländische Kapitalgesellschaften nicht in Betracht. Der Großteil der Literatur[1064] sowie die Begründung des Regierungsentwurfs[1065] gehen wegen des starken insolvenzrechtlichen Bezugs der Norm jedoch von einer insolvenzrechtlichen Qualifikation der Vorschrift bei grenzüberschreitenden Sachverhalten aus. Ist das Zahlungsverbot des § 64 S. 3 GmbHG aber dem Insolvenzrecht zuzuordnen, so könnte es grundsätzlich auch auf die nach englischem Recht gegründete *Limited* anwendbar sein.[1066] Folgt das Strafrecht hier der zurzeit vorherrschenden Auffassung im Gesellschaftsrecht, so stellt sich wiederum zwingend die Anschlussfrage, ob eine derartige Anwendung deutschen Rechts auf Auslandsgesellschaften in diesen Fällen europarechtlich zulässig ist.

(5) Zwischenergebnis zum existenzvernichtenden Eingriff bei der Limited

Bei einem Verstoß gegen ausdrückliche vertragliche Vorgaben der Vermögensbetreuung lässt sich auch bei einer in Deutschland ansässigen *Limited* die

---

1061 Siehe hierzu zuvor unter § 6 III.2.b)aa)(1)(e).

1062 *Schall*, S. 206.

1063 Z. B. *Schall*, S. 206; *Pattberg*, S. 285 ff.; *Stärk*, S. 144 f. j.m.w.N.

1064 *Haas*, in: Baumbach/Hueck, § 64 Rn. 23; *Hirte*, Rn. 3.105e; *ders.*, NZG 2008, 761 (764 f.); *ders.*, ZInsO 2008, 689 (698); *Greulich/Rau*, NZG 2008, 565 (566 f.); *Greulich/Bunnemann*, NZG 2006, 681 (682 f.); *J. Vetter*, BB 2007, 1965 (1969).

1065 Begr. RegE., BT-Dr. 16/6140, S;. 107 f. u. 113. Siehe hierzu auch *Hirte*, ZInsO 2008, 689 (697 f.); *Greulich/Bunnemann*, NZG 2006, 681 (682 f.).

1066 *Hirte*, Rn. 3.105e; *ders.*, ZInsO 2008, 689 (698). Nach *Stärk*, S. 144 ff. soll § 64 S. 3 GmbHG hier analog heranzuziehen sein. Diese will zur Beurteilung von außerstafrechtlichen Inzidentfragen jedoch auf das jeweils am Tatort geltende Recht abstellen. Zum „wie“ der Fremdrechtsanwendung ausführlich unter § 7.

Verletzung einer Vermögensbetreuungspflicht im Rahmen des Untreuetatbestandes leicht begründen. Dabei macht es keinen Unterschied, ob die konkreten Vorgaben der Vermögensbetreuung in englischer Sprache abgefasst sind. Bei einer bloßen Übersetzung stellt sich das Problem einer Fremdrechtsanwendung nicht.

In der Praxis werden sich bei kleinen bzw. Einmann-*Limiteds* jedoch wohl kaum ausdrückliche Regelungen der Vermögensbetreuung finden lassen. Dies gilt insbesondere auch für den sog. *de facto* und den *shadow director*. In diesen Fällen kommt es – zumindest zivilrechtlich – auf die allgemeinen *director's duties* gem. sections 171 bis 177 CA 2006 an, womit sich in diesen Fällen dann das Problem der noch zu untersuchenden Fremdrechtsanwendung im Strafrecht stellt.

Beim Vorliegen eines Einverständnisses sämtlicher *shareholder* muss die Verletzung einer Vermögensbetreuungspflicht im Rahmen des Untreuetatbestandes durch den *director* stets ausscheiden. Der *director* einer in Deutschland ansässigen *Limited* macht sich nicht strafbar, wenn er mit Zustimmung aller *shareholder* solche Maßnahmen ergreift, die die Existenz der *Limited* gefährden.[1067] Schließlich sind die im Rahmen des Strafrechts aufgestellten Grundsätze zum existenzvernichtenden Eingriff – insbesondere vor dem Hintergrund der neusten Entwicklungen in der zivilrechtlichen Rechtsprechung und Gesetzgebung – bereits für den Fall der GmbH abzulehnen. Daher können die Gläubiger einer *Limited* in dieser Fallgruppe nicht auf Schutz durch den Untreuetatbestand hoffen.

Folgt man an dieser Stelle jedoch der bislang ständigen Rechtsprechung der Strafgerichte und nimmt an, dass auch ein eigenständiges Bestands- bzw. Überlebensinteresse der *Limited* vor einen Zugriff der *shareholder* durch den Untreuetatbestand geschützt werden soll, so kommt es auf die kollisionsrechtliche Einordnung des zivilrechtlichen Instituts der Existenzvernichtungshaftung an. Geht man mit der zurzeit vorherrschenden Meinung im Gesellschaftsrecht von einer gesellschaftsrechtlichen Qualifikation des existenzvernichtenden Eingriffs aus, so ist aufgrund der kollisionsrechtlichen Wirkung der Niederlassungsfreiheit nur ein Rückgriff auf ein entsprechendes zivilrechtliches Haftungsinstitut des englischen Gesellschaftsrechts möglich. Eine mögliche Pflichtverletzung ließe sich dann nur anhand des Maßstabs des entsprechenden englischen Gesellschaftsrechts bestimmen. In Betracht kommen dabei insbesondere die zuvor dargestellten englischen Regelungen hinsichtlich der Ausschüttung von Gewinnen an die *shareholder*, die *duty for the benefit of the creditors* sowie die

---

1067 Im Ergebnis so jetzt auch *Lackner/Kühl*, § 266 StGB Rn. 20a und bereits schon *Rönnau*, ZGR 2005,832 (854); *Schlösser*, wistra 2006, 81 (86).

allgemeinen *director's duties*. Ob der *director* einer *Limited* aber wegen eines Verstoßes gegen Normen des englischen Gesellschaftsrechts in Deutschland wegen Untreue verurteilt werden kann, ist dann wiederum eine Frage der noch zu klärenden Zulässigkeit einer Fremdrechtsanwendung im Strafrecht.

Sieht man hingegen aufgrund der geänderten Rechtsprechung des *BGH* in Zivilsachen, welche den existenzvernichtenden Eingriff nun auf eine deliktsrechtliche Basis stellt, das zivilrechtliche Haftungskonzept des existenzvernichtenden Eingriffs als deliktisch ausgestaltete Pflicht an, so könnten – unter der Prämisse, dass eine solche Anwendung nicht gegen die Niederlassungsfreiheit verstößt – auch in Deutschland tätige Auslandsgesellschaften grundsätzlich von der Existenzvernichtungshaftung gem. § 826 BGB erfasst werden. Zu begründen wäre dann allerdings, wie aus der Verletzung einer deliktischen Schadensersatzpflicht eine Vermögensbetreuungspflicht des *directors* im Sinne des Untreuetatbestandes abgeleitet werden soll. Schließlich geht die strafrechtliche Pflicht zur Vermögensbetreuung über das schlichte Verbot, fremdes Vermögen zu schädigen, hinaus. Vieles spricht somit dafür, dass die bisherige strafrechtliche Existenzvernichtungshaftung durch das auf § 826 BGB gestützte Innenhaftungskonzept des *BGH* insgesamt massiv eingeschränkt worden ist.[1068]

Übrig bleibt damit noch das neueingeführte Zahlungsverbot gem. § 64 S. 3 GmbHG, das nach bislang herrschender Meinung im Gesellschaftsrecht als insolvenzrechtlich zu qualifizieren ist. Grundsätzlich ist dieses Verbot damit auch zwingend von den Geschäftsleitern in Deutschland ansässiger Auslandsgesellschaften zu beachten. Ein Verstoß hiergegen kann daher – vorbehaltlich einer noch zu klärenden tatsächlichen Anwendbarkeit auf den *director* einer *Limited*[1069] – möglicherweise als Ausgangspunkt der Verletzung einer Vermögensbetreuungspflicht im Sinne des Untreuetatbestandes dienen.[1070]

IV. Ergebnis zu § 6

Zusammenfassend entpuppt sich in dem hier untersuchten Kontext aufgrund des akzessorischen Charakters des Untreuetatbestandes die Bestimmung des Merkmals der Verletzung einer Vermögensbetreuungspflicht als das Kernproblem. Nach ganz herrschender Meinung wird dabei der Verstoß gegen Normen

---

1068 Anders aber *Bittmann*, wistra 2009, 102 (104 Fn. 9).

1069 Hierzu sogleich unter § 9 III.3.c).

1070 Allgemein zu der Frage, inwieweit ein Verstoß gegen § 64 S. 3 GmbHG überhaupt zu einer Strafbarkeit des Geschäftsführers einer GmbH führen kann, *Weiß*, GmbHR 2011, 350 ff.

des Zivil- oder Gesellschaftsrechts als eine notwendige, nicht aber als eine hinreichende Bedingung der strafrechtlichen Pflichtwidrigkeit im Sinne des § 266 StGB angesehen.

Eine in Deutschland ansässige *Limited* ist Trägerin von Vermögenswerten, zu deren Lasten grundsätzlich auch eine Untreue begangen werden kann. Als erfüllt ist das Merkmal der Verletzung einer Vermögensbetreuungspflicht immer dann anzusehen, wenn der *director* durch sein Handeln oder Unterlassen gegen ausdrückliche Vorgaben der *constitution* zum Umgang mit dem Vermögen der Gesellschaft verstößt. Typischerweise werden sich dort aber kaum ausdrückliche Regelungen zum Umgang mit dem Gesellschaftsvermögen finden. Der Natur der Sache nach wird es in den Fällen des *de facto* und des *shadow directors* grundsätzlich ebenfalls an einer entsprechenden Regelung mit der *Limited* als der Vermögensinhaberin fehlen. Entsprechende Bedeutung kommt mithin den *director's duties* zu. Bei diesen – insbesondere bei der sich aus section 172(1) CA 2006 ergebenen Pflicht *duty to promote the success of the company* – handelt es sich um Hauptpflichten, die im konkreten Fall das Vorliegen einer untreuerelevanten Vermögensbetreuungspflicht begründen können.

Keine Verletzung einer Vermögensbetreuungspflicht liegt hingegen vor, wenn der *director* gleichzeitig Alleingesellschafter der *Limited* ist oder mit dem Einverständnis aller *shareholder* handelt. Dies gilt auch für die Fallgruppe des existenzvernichtenden Eingriffs. Entgegen der Rechtsprechung und vorherrschenden Ansicht im deutschen Schrifttum sind bereits auch die GmbH-Gesellschafter im Verhältnis zur Gesellschaft hinsichtlich des Gesellschaftsvermögens uneingeschränkt dispositionsbefugt. Darüber hinaus findet das deutsche Existenzvernichtungsverbot bei kollisionsrechtlicher Qualifikation als Institut des Gesellschaftsrechts keine Anwendung auf in Deutschland ansässige *Limiteds*.

Ein Pflichtenverstoß könnte sich mithin nur unter Rückgriff auf vergleichbare Regelungen des englischen Gesellschaftsrechts begründen lassen. Dafür müsste der Untreuetatbestand aber auch auf die Normen des englischen Gesellschaftsrechts verweisen und eine entsprechende Heranziehung des außerstrafrechtlichen ausländischen Rechts zulässig sein. Diese Fragen leiten über in den *dritten Teil*.

Teil 3: Die Fremdrechtsanwendung und ihre verfassungsrechtlichen Grenzen

§ 7 Kritische Bestandsaufnahme zur Fremdrechtsanwendung im Strafrecht

Lassen sich konkrete Vorgaben des Vermögensinhabers ohne einen Rückgriff auf englisches Gesellschaftsrecht unter den Untreuetatbestand subsumieren, so ergeben sich ganz erhebliche Probleme in den Fällen, in denen weder konkrete Vorgaben noch ein tatbestandsausschließendes Einverständnis des Vermögensinhabers vorliegen, sondern die Feststellung der Verletzung einer Vermögensbetreuungspflicht von einem Rückgriff auf die englischen *director's duties* abhängt. Dabei erscheinen die beiden zentralen Fragestellungen der Anwendung fremdstaatlicher nichtstrafrechtlicher Rechtssätze auf den ersten Blick recht simpel.

Zunächst ist die regelungstechnische Frage zu klären, **wie** das außerstrafrechtliche Recht einer ausländischen Rechtsordnung zur Ausfüllung eines akzessorischen deutschen Straftatbestandes herangezogen werden kann.[1071] Schließlich bestimmt der akzessorische Straftatbestand selbst, in welchem Umfang er auf außerstrafrechtliche Normen des Auslands verweist. Diese Frage ist daher unabhängig von dem jeweilig anzuwendenden Sachrecht zu betrachten.[1072]

Erst in einem zweiten Schritt ist – wenn über die Heranziehung ausländischen Rechts Klarheit herrscht – die materiellrechtliche Frage zu beantworten, **ob** im konkreten Fall die Ausfüllung mittels des entsprechenden ausländischen Sachrechts verfassungsrechtlich zulässig ist.[1073]

Ernüchterung tritt ein, wenn man sich verdeutlicht, dass hiermit ein noch immer ungelöstes Kernproblem[1074] der Akzessorietät des Strafrechts angesprochen wird: Beschränken sich die Akzessorietätsbeziehungen des deutschen Strafrechts

---

1071 Anders aber *Wietz*, S. 291 ff., da das europäische Recht ohnehin die Rechtsfindung bestimme.

1072 Diese beiden Fragen vermischend z. B. *Stärk*, S. 147 ff.

1073 Es scheint dabei allerdings, dass bei den Blanketttatbeständen die Frage nach der verfassungsrechtlichen Zulässigkeit bereits im ersten Schritt als Argument für die generelle Ablehnung einer Fremdrechtsanwendung bemüht wird. Vorgebracht werden dafür meist einfachrechtliche Argumente, wie z. B. der Schutzbereich der Norm. In der Sache betreffen sie allerdings die sogleich unter § 9 II.1 u. § 9 II.2 diskutierten verfassungsrechtlichen Grenzen. Denklogisch sind diese Fragen daher voneinander zu trennen. In diesem Sinne auch bereits *Cornils*, S. 99 ff. Ähnlich auch *Liebelt*, S. 194.

1074 So beispielsweise *Golombek*, S. 116 „*Das ungelöste Problem der Fremdrechtsanwendung im Strafrecht*".

einzig und allein auf den Bereich der deutschen Rechtsordnung oder können sie sich unter Umständen auch auf ein fremdes außerstrafrechtliches Recht erstrecken? Mag bei Rechtsbeziehungen zwischen Privaten die Anwendung ausländischer Normen über das Internationale Privatrecht auch üblich sein, so geht es im Strafrecht immerhin um einen staatlichen Strafanspruch mit einschneidenden Konsequenzen für den Beschuldigten.[1075]. Grundsätzlich diskutiert wird dieses Problem unter dem Begriff der „*Fremdrechtsanwendung*“[1076] im Strafrecht.[1077] Anschaulich ausgedrückt, handelt es sich dabei um die Diskussion hinsichtlich möglicher „Einbruchstellen“ im nationalen Strafrecht zur Berücksichtigung ausländischen Rechts.[1078]

I. Die Auffassungen von Rechtsprechung und Literatur

Auch wenn die Problematik der Fremdrechtsanwendung durch den Zuzug der *Limited* mittlerweile eine erhebliche Praxisrelevanz erfahren hat,[1079] handelt es sich um kein neues Problem des Strafrechts. So bemerkte *Cornils* bereits vor mehr als dreißig Jahren, dass *„die wachsenden internationalen Beziehungen auf allen Gebieten zwischenstaatlicher Zusammenarbeit sowie die zunehmende Leichtigkeit des grenzüberschreitenden Verkehrs […] den modernen Menschen*

1075 So *Oehler*, Rn. 744, der sich hierbei allerdings auf die Anwendung ausländischen Strafrechts bezieht.

1076 Nach *Werle/Jeßberger*, in: LK, Vor § 3 StGB Rn. 331 handelt es sich bei der Frage um eine Fremdrechtsanwendung im weiteren Sinne.

1077 Auffällig ist, dass zahlreiche Autoren die Anwendbarkeit des Untreuetatbestandes auf den *director* einer in Deutschland ansässigen *Limited* nur mit unzureichender Diskussion einer Fremdrechtsanwendung im Strafrecht annehmen oder auf diese Problematik zum Teil sogar gar nicht eingehen. Vgl. etwa *Bittmann*, in: Insolvenzstrafrecht, § 12 Rn. 346; *Müller-Gugenberger* in: Müller-Gugenberger/Bieneck, § 23 Rn. 118; *Reinbach*, S. 222; *Paefgen*, DB 2003, 487 (488). Siehe ferner bereits *Kaligin*, RIW 1984, 561.

1078 So *Krapp*, S. 140.

1079 Vgl. die Beiträge von *Mosiek*, StV 2008, 94 ff.; *Rönnau*, ZGR 2005, 832 ff., *Schlösser*, wistra 2006, 81 ff.; die das Problem der Fremdrechtsanwendung im Strafrecht aber nur teilweise behandeln. Anders aber *Radtke/Hoffmann*, EuZW 2009, 404 (404 f.), die die aktuellen Probleme jedoch eher auf der unionsrechtlichen Ebene sehen. Siehe ferner *Hoffmann*, in: Deutsches Gesellschaftsrecht im Wettbewerb der Rechtsordnungen, S. 227 ff., der die nationalen strafrechtlichen Probleme hauptsächlich aus der europarechtlichen Perspektive betrachtet.

beweglicher" machen,[1080] und dieses „*auch im Bereich der Kriminalität [...] nicht ohne Auswirkungen bleiben*" kann.[1081]

Einigkeit besteht darüber, dass deutsche Strafgerichte nur deutsches Strafrecht anwenden.[1082] Damit ist jedoch nicht ausgeschlossen, dass ausländische Rechtssätze bei der Subsumtion berücksichtigt werden (müssen).[1083] Bei Sachverhalten mit Auslandsbezug kommt keineswegs automatisch deutsches Zivilrecht zur Anwendung. Insbesondere im Zusammenhang mit Eigentumsdelikten (z. B. beim Merkmal „*fremd*"),[1084] mit Straßenverkehrsdelikten,[1085] der Verletzung von Unterhaltspflichten § 170 StGB[1086] und dem Tatbestand der Doppelehe § 172 StGB[1087] kommt ausländischen Normen in der Rechtspraxis immer wieder Bedeutung zu.[1088] Rechtsprechung und Literatur gehen bei der Ausfüllung von normativen Tatbestandsmerkmalen mit ausländischem Recht und bei der Anknüpfung von Blankettatbeständen an Regeln des Auslands jedoch unterschiedlich vor. Die Einordnung als normatives Tatbestandsmerkmal oder Blankett hat in Bezug auf die Vorfeldnormen Konsequenzen für die Anwendung

---

1080 *Cornils*, S. 1.

1081 *Cornils*, S. 1. Allerdings ist das Problem noch älter, siehe bereits den Beitrag von *Neumeyer*, ZStW 23 (1903), 436 ff.

1082 *BayObLG*, NJW 1972, 1722 (1722); *Ambos*, in: MüKo, Vor §§ 3–7 StGB Rn. 2; *Gribbohm*, in: LK, 11. Aufl., Vor §§ 3–7 StGB Rn. 3; *Werle/Jeßberger*, in: LK, Vor § 3 StGB Rn. 330; *Golombek*, S. 117, die zur Begründung auf den eindeutigen Wortlaut der §§ 3–7, 9 StGB „*Das deutsche Strafrecht gilt...*" verweist. Siehe zur weiteren Begründung dieses allgemeinen Grundsatzes auch unter § 11 I.1.

1083 *Werle/Jeßberger*, in: LK, Vor § 3 StGB Rn. 331.

1084 So schon *RG*St 27, 135 (136 f.) (Unterschlagung von in der Schweiz unter Eigentumsvorbehalt gekauften Druckerei- und Papierwarenfabrikinventars); *OLG Schleswig*, NJW 1989, 3105 f (Unterschlagung durch Zueignung antiker griechischer Münzen und die Anwendbarkeit des griechischen Sachenrechts). Nur in Ausnahmefällen soll der deutsche *ordre public* Vorbehalt Art. 30 EGBGB zur Nichtanerkennung des ausländischen Eigentumserwerbs führen, siehe *Eser*, in: Schönke/Schröder, Vorbem. §§ 3–9 Rn. 41 u. 74 m.w.N.

1085 Vgl. *BGH*St 21, 277 (279 ff.). Zu diesem Urteil sogleich unter § 7 I.2.b).

1086 Hierzu *Mankowski/Bock*, ZStW 120 (2008), 704 (745 ff.) m.w.N.

1087 *Mankowski/Bock*, ZStW 120 (2008), 704 (752 f.); *Walter*, JuS 2006, 870 (870); zu § 171 StGB a.F. Siehe auch *LG Hamburg*, NStZ 1990, 280 f.; *Liebelt*, GA 1994 20 (21 ff.).

1088 Darüber hinaus kommt dem Problem der Fremdrechtsanwendung auch auf der Ebene der Rechtswidrigkeit Bedeutung zu, siehe *OLG Köln*, MDR 1973, 688; *Liebelt*, S. 159 f. m.w.N.

des Art. 103 Abs. 2 GG,[1089] die Anwendung des Meistbegünstigungsprinzips § 2 Abs. 3 StGB[1090] sowie für die unterschiedliche Behandlung von Irrtumsfragen.[1091] Sie ist mithin von grundlegender Bedeutung für die weitere Untersuchung der Anwendung englischen Gesellschaftsrechts zur Ausfüllung des Merkmals der Verletzung einer Vermögensbetreuungspflicht.[1092]

1. Die Fremdrechtsanwendung bei normativen Tatbestandsmerkmalen

In Bezug auf normative Tatbestandsmerkmale ist allgemein anerkannt, dass diese von einer nach ausländischem Recht zu beurteilenden Rechtsfrage abhängen können.[1093] Lediglich der Regelungseffekt aus einem nichtstrafrechtlichen ausländischen Bereich soll in einen deutschen Straftatbestand übernommen werden. Der normative Tatbestand wird mithin nicht durch das ausländische Zivilrecht ergänzt, sondern lediglich anhand des Zivilrechts ausgelegt.[1094] Meinungsverschiedenheiten bestehen zumeist nur hinsichtlich der Frage, wie die Übernahme des Regelungseffekts zu erfolgen hat.

1089 *Eser*, in: Schönke/Schröder, § 1 StGB Rn. 16 ff.; *Fischer*, § 1 StGB Rn. 5a ff.; *Schmitz*, in: MüKo, § 1 StGB Rn. 53 ff. j.m.w.N. Hierzu sogleich ausführlich § 9.

1090 *Eser*, in: Schönke/Schröder, § 2 StGB Rn. 24 f.; *Fischer*, § 2 StGB Rn. 8; *Hassemer/Kargl*, in: NK, § 2 StGB Rn. 33 ff.; *Schmitz*, in: MüKo, § 1 StGB Rn. 35 ff.; *Walter*, in: FS-Tiedemann, S. 969, 978 ff. j.m.w.N.

1091 *Lackner/Kühl*, § 17 StGB Rn. 22; *Fischer*, § 17 StGB Rn. 11; *Sternberg-Lieben*, in: Schönke/Schröder, § 15 StGB Rn. 99 ff.; *Tiedemann*, Wirtschaftsstrafrecht AT, Rn. 219 ff.; *Hohmann*, ZIS 2007, 38 (41) j.m.w.N. Weitere Unterschiede könnten sich auch im Hinblick auf die Beweislast, die Anwendung von § 79 Abs. 1 BVerfGG und die Auslegungslehre ergeben, siehe statt vieler *Walter*, in: FS-Tiedemann, S. 969, S. 970 u. S. 986 ff. m.w.N.

1092 Allerdings wird diese von der herrschenden Meinung vorgenomme grundsätzliche Unterscheidung zwischen Blanketttatbeständen und normativen Tatbestandsmerkmalen teilweise übersehen. Die Anwendung des IPR auch im Rahmen von Blanketttatbeständen ohne nähere Begründung befürworten z. B. *Altenhain/Wietz*, NZG 2008, 569 (570).

1093 Siehe *RG*St 27, 135 (137) *OLG* Schleswig, NJW 1989, 3105; *Böse*, in: NK, Vor § 3 StGB Rn. 63; *Eser*, in: Schönke/Schröder, Vorbem. §§ 3–9 StGB Rn. 41.; *Hoyer*, in: SK, Stand: 26. Lfg., 6. Aufl., Vor § 3 StGB Rn. 36 u. 42; *Werle/Jeßberger*, in: LK, Vor 3 StGB Rn. 333; *Nowakowski*, JZ 1977, 633 (634); *Neumeyer*, ZStW 23 (1903), 437 (445).

1094 *BGH*St 37, 266 (272).

a) *Definition des normativen Tatbestandsmerkmals*

Bei der Schaffung eines gesetzlichen Tatbestandes bedient sich der Gesetzgeber zwangsläufig verschiedener Begriffe, wobei allgemein zwischen den sog. deskriptiven und den sog. normativen Tatbestandsmerkmalen unterschieden wird. Lehrbuchmäßig unterscheiden sich die normativen von den deskriptiven Merkmalen dadurch, dass sie nicht nur tatsächlicher beschreibender Art sind.[1095] Hingegen ist eine genaue Definition des Begriffs des normativen Tatbestandsmerkmals ungemein schwerer.[1096] Das Strafgesetz knüpft hierbei an die Existenz von rechtlichen oder außerrechtlichen Normen an.[1097] Der Verhaltensappell ist der Norm jedoch auch ohne Hinzuziehung der konkretisierenden Norm zu entnehmen,[1098] lediglich bei der Wertung bestimmter Tatbestandsmerkmale sind andere Normen heranzuziehen. Als Beispiel für normative Tatbestandsmerkmale wird zumeist das Merkmal *„fremd"* in den §§ 242, 249 und 303 StGB angeführt, das auf die zahlreichen Normen der Eigentumsordnung verweist.[1099]

b) *Ausfüllung mittels des außerstrafrechtlichen Kollisionsrechts (IPR)*

Die Rechtsprechung im Strafrecht zieht bei normativen Tatbestandsmerkmalen und gegebenem Auslandsbezug zur Klärung der Frage, nach welcher Zivilrechtsordnung das einschlägige Merkmal zu behandeln ist, grundsätzlich das Internationale Privatrecht heran.[1100] Zumeist geschieht dies sogar ohne weitere Begründung. Die Ausfüllung eines Tatbestandsmerkmals kann damit durch eine Norm

---

1095 *Kühl*, § 5 Rn. 92 m.w.N. Allerdings ist der Begriff des deskreptiven Tatbestandsmerkmals ungenau, da es in Wirklichkeit rein beschreibende Begriffe ohne normative Wertung gar nicht geben kann, siehe *Hassemer/Kargl*, in: NK, § 1 StGB Rn. 33 m.w.N.

1096 Zur Entwicklung des Begriffs *Engisch*, in: FS-Mezger, S. 147 ff. m.w.N.

1097 *Kühl*, § 5 Rn. 92 m.w.N. Siehe auch *Tiedemann*, Wirtschaftsstrafrecht AT, Rn. 227 ff.

1098 *Schmitz*, Jura 2003, 593 (599 f.).

1099 *Hoyer*, in: SK, Stand: 47. Lfg., 6. Aufl., § 242 StGB Rn. 11 ff.; *Kühl*, § 5 Rn. 92; *Satzger*, Europäisierung, S. 218; *Mankowski/Bock*, ZStW 120 (2008), 704 (744 f.); *Nowakowski*, JZ 1977, 633 (633); *Walter*, in: FS-Tiedemann, S. 969, 970. Siehe auch die Auflistungen bei *Cornils*, S. 21 und *Liebelt*, S. 154 ff. j.m.w.N. *Hohmann*, ZIS 2007, 38 (40 f.) hält es hingegen für *„Konvention"*, welche Merkmale normativ sein sollen. Zu den §§ 242, 246 StGB siehe insbesondere die Entscheidung *BVerf*GE 78, 205 ff. (*Uracher Hortfund*) und sogleich § 8 I.5.b).

1100 *BGH*St 51, 124 (128); *OLG Schleswig*, NJW 1989, 3105 f.; *OLG Hamm*, MDR 1982, 1040; *LG Hamburg*, NStZ 1990, 280 (281). Siehe ferner die umfassenden Nachweise bei *Weiß*, S. 30 Fn. 29.

des ausländischen Rechts erfolgen. Lediglich wenn die außerstrafrechtliche Kollisionsnorm deutsches Recht zur Anwendung beruft, soll für die Erfüllung des normativen Tatbestandsmerkmals auch das deutsche Recht maßgeblich sein.

Ein Großteil des deutschen Schrifttums folgt dieser Rechtsprechung und will zur Ausfüllung zivilrechtlicher Inzidentfragen im Zusammenhang mit normativen Tatbestandsmerkmalen ebenfalls die Kollisionsnormen des deutschen Internationalen Privatrechts anwenden.[1101] Wo das Strafrecht im Streben nach sachgerechter Entscheidung auf seine Selbständigkeit zugunsten anderweitiger Spezialregelungen verzichtet, kann es seine Akzessorietät auch auf ausländische Rechtssätze ausdehnen.[1102] Demzufolge ist in einem ersten Schritt anhand der Regelungen der §§ 3 ff. StGB zu beurteilen, ob die Strafrechtsnorm auf den Sachverhalt mit Auslandsbezug Anwendung findet. In einem zweiten Schritt ist dann das normative Tatbestandsmerkmal der Strafrechtsnorm nach den Regeln des jeweiligen Kollisionsrechts auszufüllen. So entscheidet das Internationale Privatrecht, ob das normative Tatbestandsmerkmal nach deutschem oder ausländischem Recht zu bestimmen ist.[1103]

c) Ausfüllung mittels des Strafanwendungsrechts der §§ 3 ff. StGB

Einen anderen, die h.M. einschränkenden Ansatz, vertritt insbesondere *Liebelt*. Er untersucht, ob bei grenzüberschreitenden Sachverhalten tatsächlich das Internationale Privatrecht oder nicht vielmehr das „Internationale Strafrecht“[1104] darüber entscheidet, aus welcher Rechtsordnung die außerstrafrechtlichen Tatbestandsmerkmale zur „Ausfüllung“ des strafrechtlichen Gesamttatbestandes zu entnehmen sind.[1105]

1101 *Böse*, in: NK, Vor 3 StGB Rn. 63; *Golombek*, S. 151 f. u. 193 f.; *Weiß*, S. 32 u. 38. Grundlegend bereits *Cornils*, S.71 ff., 98 f u. 122, deren Arbeit sich jedoch maßgeblich auf normative Tatbestandsmerkmale konzentriert und Lösungsversuche bei Blanketttatbeständen nur andeutet. Siehe insbesondere auch *Kohler*, S. 253; *Staubach*, S. 226; *von Bar*, § 73 S. 162 f.; *Langkeit*, WiB 1995, 524 (525); *Mankowski/Bock*, ZStW 120 (2008), 704 (722); *Neumeyer*, ZStW 23 (1903), 436 (445); *Nowakowski*, JZ 1971, 633 ff.; *Rönnau*, ZGR 2005, 832 (847 ff., 853 ff.); *Walter*, in: FS-Tiedemann, S. 969, 973; *ders.* JuS 2006, 870 (870).

1102 *Cornils*, S. 26.

1103 Hierzu *Cornils*, S. 71 ff. Allerdings soll dieser Lösungsweg nach dem Internationalen Verwaltungsrecht nicht möglich sein, da es sich bei diesem nicht um ein zweiseitiges Kollisionsrecht handele, so *Forkel*, S. 117 f.

1104 Zur Kritik an der Bezeichnung als „Internationales Strafrecht“ siehe bereits § 5 I.

1105 *Liebelt*, S. 150; S. 212 u. S. 259 f.; *ders.* GA 1994, 20 (37); *ders.*, NStZ 1993, 544 f.

Grundsätzlich hält *Liebelt* eine Fremdrechtsanwendung für möglich.[1106] Seiner Auffassung nach soll eine Ausfüllung mittels des Internationalen Privatrechts allerdings nur für solche Merkmale gelten, die eine Beeinträchtigung des Rechtsguts umschreiben. Bei sog. „rechtsgutkonkretisierenden Tatbestandsmerkmalen“ bestimme hingegen nicht das Internationale Privatrecht, sondern das „Internationale Strafrecht“ selbst, welche (Privat-) Rechtsordnung zur Subsumtion unter die außerstrafrechtlichen Deliktsvoraussetzungen heranzuziehen ist. Zu solchen rechtsgutkonkretisierenden Tatbestandsmerkmalen sollen etwa die „Fremdheit“ der Sache in den §§ 242, 246 StGB, die Befugnis über fremdes Vermögen zu verfügen in § 266 Abs. 1 StGB, oder die formelle Gültigkeit der ersten Ehe in § 172 StGB zählen.[1107] Über den Schutz des Rechtsgutes entscheide hier immer die dafür letztlich zuständige Rechtsordnung selbst.[1108] In diesen Fällen müsse das Kollisionsrecht des Internationalen Privatrechts vollkommen außer Betracht bleiben.[1109] Vielmehr sei diejenige ausländische Rechtsordnung heranzuziehen, unter der das Rechtsgut begründet wurde.[1110]

Bei sog. „rechtsgutbeeinträchtigenden Tatbestandsmerkmalen“ müsse nach *Liebelt* hingegen weiter differenziert werden. Rechtsgutbeeinträchtigende Merkmale seien z. B. die Rechtswidrigkeit der Zueignung in den §§ 242, 246 StGB, die Vermögensverschiebung bei § 263 Abs. 1 StGB und die formelle Gültigkeit der zweiten Ehe in § 172 StGB.[1111] Es komme in diesen Fällen darauf an, aus welcher Norm sich die Anwendbarkeit des deutschen Strafrechts ergibt. Ist der Anknüpfungspunkt der Selbstschutz des Staates, ergebe sich der Unwertgehalt der zugrunde liegenden Tat aus einem Verstoß gegen die deutsche Rechtsordnung. Das strafrechtliche Unrecht werde dann durch die inländische Rechtsordnung bestimmt, so dass auch außerstrafrechtliche Vorfragen mit Hilfe der deutschen Kollisionsnormen beantwortet werden können.[1112] Bei einer Anknüpfung des deutschen Strafrechts gem. § 7 Abs. 2 Nr. 1 oder Nr. 2 StGB liege hingegen der Gedanke der Solidarität zwischen den Staaten zugrunde. Die Bestrafung des Täters beruhe hier auf einem Verstoß gegen die am Tatort geltende Rechtsordnung. Das deutsche Strafrecht sei in diesen Fällen lediglich eine auf das Inland beschränkte Bewertungsnorm und für die Bestimmung des Unrechts sei die

1106 *Liebelt*, S. 193.
1107 *Liebelt*, GA 1994, 20 (26 f.).
1108 *Liebelt*, GA 1994, 20 (30).
1109 *Liebelt*, S. 212.
1110 *Liebelt*, S. 208 u. 259; *ders.* GA 1994, 20 (37); *ders.*, NStZ 1993, 544 f.
1111 *Liebelt*, GA 1994, 20 (27).
1112 *Liebelt*, S. 235 ff.; *ders.*, GA 1994, 20 (34 f.).

ausländische Rechtsordnung maßgeblich. Folglich könnten auch Tatbestandsmerkmale mit außerstrafrechtlicher Prägung mit den Vorschriften des jeweiligen Tatortrechts ausgefüllt werden.[1113]

Kritisch ist zu diesem Ansatz anzumerken, dass der von Liebelt vorgenommenen Differenzierung zwischen „rechtsgutkonkretisierenden" und „rechtsgutbeeinträchtigenden" Tatbestandsmerkmalen dann keine Berechtigung mehr zukommt, wenn man die Frage nach dem Schutzbereich eines Tatbestandes als eine gem. §§ 3–7 StGB die Geltung des deutschen Strafrechts betreffende begreift.[1114] Ferner beantwortet *Liebelt* nicht, nach welchem Recht ein Rechtsgut überhaupt begründet wird.[1115] So kennt das deutsche Recht nicht jedes unter Zugrundelegung ausländischen Rechts wirksam begründete Rechtsgut auch automatisch als ein solches an. Eine Grenze besteht zumindest dann, wenn die Berücksichtigung eines ausländischen außerstrafrechtlichen Rechtssatzes dazu führt, dass ein Rechtsgut geschützt würde, das nach unserer Rechtsordnung nicht als Rechtsgut einzustufen ist.[1116]

Die von der Rechtsprechung und vom vorherrschenden Schrifttum befürwortete Vorgehensweise mittels der Kollisionsnormen des Internationalen Privatrechts ist damit insgesamt konsequenter als der von *Liebelt* vorgeschlagene Lösungsweg.[1117]

d) Die Anwendung „ausländischen" Rechts

Schließlich wird vertreten, dass bei Sachverhalten mit Auslandsbezug schlicht „ausländisches" Recht anzuwenden sei.[1118] Die Bestimmung der jeweils herangezogenen Rechtsordnung soll dabei aber nicht dem außerstrafrechtlichen Kollisionsrecht überlassen werden. Eine kollisionsrechtliche Lösung zivilrechtlicher

---

1113 *Liebelt*, S. 237 f.; *ders.*, GA 1994, 20 (35 f.).

1114 So *Golombek*, S. 126.

1115 *Weiß*, S. 31.

1116 Zutreffend *Golombek*, S. 126 f. u. 137; *Weiß*, S. 31.

1117 Den Ansatz von *Liebelt* ausdrücklich ablehnend *Böse*, in: NK, Vor § 3 StGB Rn. 63; *Mankowski/Bock*, ZStW 120 (2008), 704 (722). Zu weiterer Kritik an dem Ansatz von *Liebelt* siehe *Golombek*, S. 127 ff.; *Wietz*, S. 220 ff. j.m.w.N.

1118 So *Ambos*, in: MüKo, § 7 StGB Rn. 8; *Eser*, in: Schönke/Schröder, Vorbem §§ 3–9 StGB Rn. 41; *Gribbohm*, in: LK, 11. Aufl., § 7 StGB Rn. 9 u. 14; *Hoyer*, in: SK, Stand: 26. Lfg., 6. Aufl., Vor 3 StGB Rn. 42 *Werle/Jeßberger*, in: LK, Vor § 3 StGB Rn. 336 f.; *Jakobs*, 5. Abschn. Rn. 4 u Rn. 22; *Oehler*, Rn. 151d. Für die Ausfüllung mittels Verwaltungsrechts auch *Cornils*, S. 99; dies ausdrücklich ablehnend aber *Forkel*, S. 119 f.

Vorfragen sei dem Strafrecht nämlich methodisch fremd.[1119] Vielmehr richte sich die Beurteilung außerstrafrechtlicher Rechtsbegriffe oder Rechtsverhältnisse nach dem wirklichen Sachverhalt, der Gegenstand der strafrechtlichen Beurteilung sein soll.[1120] Dies soll dann häufig der Tatort sein.[1121]

Zwar ist dieser Ansicht zuzugeben, dass die Heranziehung des außerstrafrechtlichen Internationalen Privatrechts bei normativen Tatbestandsmerkmalen nicht kodifiziert ist. Ob aber hieraus auf eine Methodenfremdheit geschlossen werden kann ist fraglich.[1122] Schließlich gesteht diese Auffassung die Anwendung ausländischen Rechts bei normativen Tatbestandsmerkmalen ja selbst zu, da ansonsten Handlungen bestraft würden, die überhaupt keine schutzwürdigen Interessen verletzen. Die Ablehnung der kollisionsrechtlichen Lösung der Rechtsprechung besteht lediglich darin, dass zu den außerstrafrechtlichen Normen auch die Kollisionsnormen des Internationalen Privatrechts gehören sollen.[1123] Die Annahme einer eigenen strafrechtlichen Kollisionsnorm ist aber aus zwei Gründen abzulehnen: Erstens ist diese aufgrund der häufig mangelnden Festlegung „des" Tatorts zu unbestimmt.[1124] Zweitens kann eine eigene strafrechtliche Kollisionsnorm dazu führen, dass außerstrafrechtliche Rechtsfragen einem Recht unterworfen werden, zu dem die Kollisionsnormen des deutschen Internationalen Privatrechts im konkreten Fall niemals führen würden.[1125] Es entstünden Rechtssätze, die so an keinem anderen Ort der Welt Anwendung finden würden.

Im Ergebnis ist die herrschende Ansicht in Rechtsprechung und Schrifttum somit auch gegenüber dieser Ansicht vorzuziehen. Die Ausfüllung normativer Tatbestandsmerkmale muss sich nach dem Recht bestimmen, auf das die für den

---

1119 So bereits schon *Gribbohm*, in: LK, 11. Aufl., § 7 StGB Rn. 14 und so jetzt auch *Werle/Jeßberger*, in: LK, Vor § 3 StGB Rn. 337.

1120 *Gribbohm*, in: LK, 11. Aufl., § 7 StGB Rn. 14; *Werle/Jeßberger*, in: LK, Vor § 3 StGB Rn. 337.

1121 *Ambos*, in: MüKo, § 7 StGB Rn. 8; *Werle/Jeßberger*, in: LK, Vor § 3 StGB Rn. 337; *Oehler*, Rn. 151 d. Dieser Ansicht zustimmend *Stärk*, S. 147 ff.: Deutsches Gesellschaftsrecht sei zu Konkretisierung der Vermögensbetreuungspflicht dann heranzuziehen, wenn der *director* die untreuerelevante Handlung in Deutschland vornimmt.

1122 Kritisch hierzu *Weiß*, S. 31.

1123 *Weiß*, S. 32.

1124 *Weiß*, S. 32; *Mankowski/Bock*, ZStW 120 (2008), 704 (726); *Nowakowski*, JZ 1971, 633 (634).

1125 *Weiß*, S. 32.

konkreten Sachverhalt mit Auslandsbezug maßgeblichen Kollisionsnormen des Internationalen Privatrechts verweisen.

e) Keine Anwendung ausländischen Rechts im deutschen Strafrecht

Einen völlig anderen Ansatz vertritt hingegen *Forkel*. Seiner Ansicht nach ist jede eine Strafbarkeit begründende Fremdrechtsanwendung – insbesondere im Umweltstrafrecht – sowohl bei normativen Tatbestandsmerkmalen als auch bei Blanketttatbeständen aus systematischen und materiellen Gründen abzulehnen.[1126] Der einzige Grund für die Heranziehung der Maßstäbe ausländischen Rechts sei die faktische Unmöglichkeit, die eigenen Maßstäbe überterritorial durchsetzen zu können.[1127] Dies könne aber keine Strafbarkeit begründen. Zudem würden durch die Heranziehung ausländischen Rechts neue Probleme aufgeworfen, beispielsweise wenn das Auslandsrecht strengere Maßstäbe aufstellt als das deutsche Recht.[1128] Diese für das Umweltstrafrecht begründete Ablehnung jeglicher Fremdrechtsanwendung erscheint – insbesondere vor dem Hintergrund der zuvor dargestellten Rechtsprechung des *EuGH* – zwar als äußerst starr und europafeindlich, sie könnte aber im Hinblick auf die noch zu klärende verfassungsrechtliche Zulässigkeit einer Fremdrechtsanwendung im Rahmen des Untreuetatbestandes *de lege lata* möglicherweise die einzig konsequente Lösung sein.

f) Zwischenergebnis zur Fremdrechtsanwendung bei normativen Tatbestandsmerkmalen

Sowohl in der Rechtsprechung als auch in der Literatur scheint es weitgehend unbestritten, dass die Beantwortung einer außerstrafrechtlichen Inzidentfrage im Rahmen eines normativen Tatbestandsmerkmals auch von ausländischem Recht abhängen kann.[1129] Lediglich über die Art und Weise, wie diese Ausfüllung des normativen Tatbestandsmerkmals zu geschehen hat, bestehen Meinungsverschiedenheiten. Dabei scheint die Anknüpfung der zivilrechtlich-akzessorischen Inzidentfragen über die Kollisionsnormen des deutschen Internationalen Privatrechts seit jeher die herrschende Doktrin zum Einfluss außerstrafrechtlicher

1126 *Forkel*, S. 115 f., S. 123 ff., S. 126, S. 134 ff. u. S. 177 ff.

1127 *Forkel*, S. 125.

1128 *Forkel*, S. 124.

1129 Lediglich nach der soeben unter § 7 I.1.e) dargestellen Ansicht von *Forkel*, S. 123 ff. ist jede Art der Anwendung ausländischen Rechts im Strafrecht abzulehnen.

Rechtssätze des Auslands auf die Anwendung inländischen Strafrechts zu sein.[1130] Dieser herrschenden Meinung in Rechtsprechung und Literatur ist zuzustimmen. Sie ist immerhin konsequent, da sie nicht zu Widersprüchen zwischen dem Strafrecht und anderen Rechtsgebieten führt. Das Strafrecht gelangt bei Auslandsberührungen somit nicht zu Fallgruppen, in denen bestimmte Sachverhalte aus strafrechtlicher Sicht kollisionsrechtlich anders beurteilt werden als aus Sicht des Internationalen Privatrechts. Die Verwirklichung normativer Tatbestandsmerkmale bestimmt sich folglich nach dem jeweiligen Recht, auf das die für den zugrunde liegenden Sachverhalt maßgeblichen Kollisionsnormen des Internationalen Privatrechts verweisen. Die alternativ vorgeschlagenen Lösungswege zur Ausfüllung normativer Tatbestandesmerkmale mittels ausländischen Zivilrechts vermögen dagegen nicht zu überzeugen.

2. Die Fremdrechtsanwendung bei Blanketttatbeständen

Wesentlich einheitlicher zeigt sich die Diskussion zur Bedeutung des deutschen Internationalen Rechts bei den Blankettstrafgesetzen. Nach Rechtsprechung und überwiegend im Schrifttum vertretener Meinung ist eine Fremdrechtsanwendung in diesem Fall nämlich stets abzulehnen.

a) Definition des Blanketttatbestands

Die Abhängigkeit der Strafnorm von außerstrafrechtlichen Normen wird bei den sog. Blanketttatbeständen besonders deutlich. Diese gesetzgeberische Technik dient in erster Linie der legislatorischen Notwendigkeit, sich an örtliche Unterschiede und wandelnde Verhältnisse anpassen zu können, ohne ein neues Gesetz erlassen zu müssen.[1131]

Im Gegensatz zu normativen Tatbestandsmerkmalen zeichnet sich ein Blanketttatbestand dadurch aus, dass er unvollständig ist und einer weiteren Ausfüllungsnorm bedarf.[1132] Grundsätzlich unterschieden wird dabei zwischen der Sanktions- und der Ausfüllungsnorm. Insbesondere *Puppe* weist in diesem Zusammenhang zutreffend daraufhin, dass ein Blankettstraftatbestand – in Abgrenzung zu normativen Tatbestandsmerkmalen – für sich allein gelesen

1130 So *Liebelt*, GA 1994, 20 (23), der hiervon aber abweichen will.

1131 *Baumann/Weber/Mitsch*, § 8 Rn. 101; *Tiedemann*, in: FS-Schroeder, S. 641, 642 ff. Allgemein zur Technik der Blankettverweisungen *Dannecker*, in: LK, § 1 StGB Rn. 148 ff.; *Rönnau*, in: Haarmann/Schüppen, Vor § 60 Rn. 21 ff.

1132 *Puppe*, in: NK, § 16 StGB Rn. 20 ff.

gerade keine sinnvolle Bestimmungsnorm enthält.[1133] Die Verhaltensnorm, an der sich der Täter zu orientieren hat, ergibt sich nach herrschender Meinung damit erst aus einem Zusammenlesen von Blanketttatbestand und Ausfüllungsnorm.[1134] Der Blanketttatbestand als solcher ist ohne Ausfüllung mithin funktionslos.[1135] Die strafrechtliche Akzessorietät wird in dieser Konstellation somit von vornherein vorausgesetzt,[1136] der in Bezug genommene Inhalt des Verweisungsobjekts ist Bestandteil der Verweisungsnorm.[1137].

Eine genaue Definition des Blankettbegriffs ist allerdings äußerst schwierig.[1138] Nach der klassischen („engen") Blankettdefinition von *Binding*[1139] sind „echte" Blankette nur diejenigen Strafvorschriften, die durch Normen einer anderen Rechtsetzungsinstanz als der, welche die Strafandrohung geschaffen hat, ausgefüllt werden.[1140] Um ein „unechtes" Blankett soll es sich hingegen handeln, wenn für den Verbotsinhalt ausdrücklich auf eine Ergänzungsnorm verwiesen wird, die von derselben legislativen Instanz in demselben oder einem anderen Gesetz erlassen worden ist (sog. Binnenverweisung).[1141] Gründe für diese Unterscheidung ergeben sich aus den unterschiedlichen Anforderungen des Verfassungsrechts. So stellen sich bei einem Verweis auf Regelungen desselben Gesetzgebers

---

1133 *Puppe*, in: NK, § 16 StGB Rn. 20 u. 61; *dies.* GA 1990, 145 (162 ff.).

1134 *BGH*St 3, 400 f.; 9, 164 f.; *Puppe*, in: NK, § 16 StGB Rn. 20; *Bachmann*, S. 34; *Schmitz*, Jura 2003, 593 (599). Siehe hierzu insbesondere *Tiedemann*, Wirtschaftsstrafrecht AT, Rn. 220 ff. m.w.N. zur Kritik an einem solchen „Zusammenlesen".

1135 *BGH*St 20, 177 (180).

1136 *Kölbel*, GA 2002, 403 (410).

1137 Zur sog. Inkorporationstheorie *Satzger*, Europäisierung, S. 219 f. m.w.N.

1138 Ausführlich zum Begriff des Blankettstrafgesetzes *Enderle*, S. 80 ff. u. 173 ff. m.w.N.

1139 *Binding*, Handbuch des Strafrechts Erster Band, S. 180 Fn. 15; *ders.*, Die Normen und ihre Übertretung Erster Band, S. 74 f. u. 96 f.

1140 Zu den Unterscheidungen als „enger" oder „weiter," „echter" oder „unechter" Blanketttatbestand siehe *Hohmann*, ZIS 2007, 38 (42) m.w.N. Aus der Rechtsprechung: *BGH*St 28, 213 (215); 9, 217 (218); 6, 30 (40 f.); 5, 90 (91); ferner *BVerfG*E 48, 48 (55). Aus der Literatur: *Dannecker*, in: LK, § 1 StGB Rn. 148 u. Rn. 153; *Sternberg-Lieben*, in: Schönke/Schröder, § 15 StGB Rn. 99 ff.; *Baumann/Weber/Mitsch*, § 8 Rn. 100 ff.; *Cornils*, S. 18; *Jeschek/Weigend*, S. 111; *Maurach/Zipf*, §8 Rn. 30; *Tiedemann*, Wirtschaftsstrafrecht AT, Rn. 99; *ders.*, Tatbestandsfunktionen im Nebenstrafrecht, S. 94 f.; *Arndt*, JuS 1979, 784 (784 f.); *Herschel*, NJW 1968, 617 (620), *Lange*, JZ 1956, 73 (78); *Mankowski/Bock*, ZStW 120 (2008), 704 (709); *Walter*, in: FS-Tiedemann, S. 969, 973 ff. Zu weiteren Definitionsansätzen siehe den Überblick bei *Tiedemann*, Wirtschaftsstrafrecht AT, Rn. 100 ff. Kritisch *Dietmeier*, S.41 f. u. 224 f.

1141 *Dannecker*, in: LK, § 1 StGB Rn. 150; *Baumann/Weber/Mitsch*, § 8 Rn. 102.; *Cornils*, S. 17 f.

ausschließlich Probleme der hinreichenden Gesetzesbestimmtheit, während sich bei einem Verweis auf einen anderen Gesetzgeber zusätzliche Probleme im Hinblick auf den Parlamentsvorbehalt sowie das Rechtsstaats- und Bundesstaatsprinzip ergeben können.[1142]

Angesichts der in dieser Arbeit letztlich interessierenden Problematik der Verweisung auf Regelungen des englischen Gesellschaftsrechts im Rahmen des Untreuetatbestandes können weitere „Spielarten“ des Blanketts sowie deren Abgrenzungsproblematiken außer Betracht bleiben.[1143] Im Folgenden wird davon ausgegangen, dass bei Blankettstrafgesetzen die durch die eigentliche Strafnorm in Bezug genommenen Vorschriften Bestandteile des Strafgesetzes und somit nach strafrechtlichen Maßstäben auszulegen sind. Mithin unterliegen auch die Ausfüllungsvorschriften den Anforderungen des Art. 103 Abs. 2 GG, § 1 StGB.[1144]

b) Ausfüllung eines Blankettstrafgesetzes nur mittels inländischer Rechtsnormen

Nach Auffassung der Rechtsprechung können Blankettvorschriften bei Sachverhalten im Ausland oder mit Auslandsberührung nur durch deutsche Vorschriften ausgefüllt werden.[1145] So hat der *BGH* im Fall eines Deutschen, der in Österreich beim Überholen mit einem anderen Fahrzeug zusammengestoßen und nun in Deutschland angeklagt war, § 21 Abs. 1 StVG a.F. als Blanketttatbestand angesehen und angenommen, dass dieser nur durch die Vorschriften der deutschen StVO ausgefüllt werden kann.[1146] Auch das *OLG Karlsruhe* hat in einem anderen Fall, in dem der Direktor einer schweizerischen Aktiengesellschaft wegen der Verletzung von Buchführungspflichten angeklagt war, für § 283b Abs. 1 Nr. 1 StGB ausgeführt, dass diese Norm als Blanketttatbestand nur

1142 Siehe bereits *Krey*, EWR 1981, 109 (129); *Ossenbühl*, DVBL 1967, 401 (403 ff.).

1143 Hierzu umfassend *Enderle*, S. 12 ff. u. 173 ff. m.w.N. Unterschiede ergeben sich insbesondere im Hinblick auf „dynamische“ und „statische“ Verweisungen. Zu weiteren Unterteilungsmöglichkeiten von Blankettverweisungen siehe *Dietmeier*, S. 41 ff. m.w.N.

1144 Vlg. *BVerfG*E 41, 314 (319); 78, 205 (213), 126,170 (196); *Dannecker*, in: LK, § 1 StGB Rn. 151 f. Dies soll aber auch für unechte Blankette gelten (sog „materieller“ Blankettbegriff“), siehe *Enderle*, S. 173 ff., 213 f. m.w.N. Abstrakt zu den verfassungsrechtlichen Grenzen bei Blankettverweisungen *Wietz*, S. 167 ff. m.w.N.

1145 *BGH*St 21, 277 (279 ff.); *OLG Karlsruhe*, NStZ 1985, 317; *OLG Frankfurt*, NJW 1965, 508 (509).

1146 *BGH*St 21, 277 (281).

durch die Vorschriften des deutschen Handelsrechts über Buchführungspflichten ausgefüllt werden kann.[1147] Letztlich hat das Gericht dann die §§ 6 Abs. 1, 38 Abs. 1 HGB und § 91 AktG zur Begründung einer entsprechenden Buchführungspflicht herangezogen.[1148]

Diese Ansicht der Rechtsprechung teilt auch der Großteil des strafrechtlichen Schrifttums.[1149] So soll insbesondere nach *Liebelt* das Internationale Strafrecht das übrige Internationale Recht verdrängen.[1150] Danach kann zum einen ein Blanketttatbestand nicht durch ausländisches außerstrafrechtliches Recht ausgefüllt werden und zum anderen bestimmt sich die Anwendbarkeit einer den Blanketttatbestand ausfüllenden Norm nicht nach dem eigentlich maßgeblichen IPR, sondern nach dem sog. „Internationalen Strafrecht".[1151]

Begründet wird diese Auffassung zumeist mit Argumenten, die – nach der hier vorgenommenen Unterteilung in eine erste regelungstechnische und eine zweite verfassungsrechtliche Ebene – auf letztere gehören. Bei Blanketttatbeständen sei es bereits im Hinblick auf den Parlamentsvorbehalt aus Art. 103 Abs. 2 bzw. Art. 20 Abs. 3 GG unzulässig, das Blankett durch ausländisches Recht

---

1147 *OLG Karlsruhe*, NStZ 1985, 317. Kritisch zur Qualifikation des § 283b StGB als Blankettstrafgesetz *Werle/Jeßberger*, in: LK, Vor § 3 StGB Rn. 335; *Liebelt*, NStZ 1989, 182 f. Für die Einordnung als Blanketttatbestand hingegen *Kölbel*, GA 2002, 403 (410).

1148 Auch das *AG Lörrach*, NStZ 1985, 221 hatte in der Vorinstanz § 283b Abs. 1 Nr. 1 StGB ebenfalls als nur durch deutsches Handelsrecht auszufüllenden Blanketttatbestand angesehen, für den Angeklagten aber die Anwendung schweizerischen Handelsrechts für maßgeblich gehalten und diesen entsprechend freigesprochen.

1149 *Ambos*, in: MüKo, § 7 StGB Rn. 8; *Gribbohm*, in: LK, 11. Aufl., § 7 StGB Rn. 8; *Werle/Jeßberger*, in: LK, Vor § 3 StGB Rn. 334; *Golombek*, S. 134 f. u. 194; *Lackner*, JR 1968, 268 (268 f.); *Oehler*, JZ 1968, 191 (191). In diesem Sinne auch *Walter*, JuS 2006, 870 (870), der aber auf die Möglichkeit der Umgehung durch ein Zusammenlesen von Blankett und deutscher Aufüllungsnorm verweist; a.A. *Allwang*, JR 1966, 406 (407 f.). Nach *Cornils*, S. 122 soll bei Blanketttatbeständen der Umfang des Schutzbereiches darüber entscheiden, ob die Ergängzungsnorm im Einzelfall einer ausländischen Rechtsordnung zu entnehmen sei. Nicht eindeutig hingegen *Worm*, S. 75 ff., wonach unter Zugrundelegung des materiellen Strafrechtsbegriffs eine Fremdrechtsanwendung nicht möglich sein soll, sie dann aber die Anwendbarkeit der englischen Rechnungslegungs- und Publizitätsvorschriften als auch vom materiellen Strafrechtsbegriff als gedeckt ansieht, da es sich insofern auch um *„deutsches Strafrecht"* handelt.

1150 *Liebelt*, S. 212.

1151 *Weiß*, S. 35.

auszufüllen.[1152] Die Entscheidung, welches Verhalten dem Normadressaten abzuverlangen sei, müsse in der Hand des deutschen Gesetzgebers liegen.[1153] Auch würde man ansonsten dem deutschen Richter erlauben, deutsches und ausländisches Recht gleichzeitig anzuwenden, wofür es gem. §§ 3–7 StGB aber an einer Rechtsgrundlage fehle.[1154]

c) Ausfüllung mittels normativer Tatbestandsmerkmale

Um bei der Fremdrechtsanwendung einen Gleichklang mit den normativen Tatbestandsmerkmalen zu erzielen, wird nun von einigen vorgeschlagen, den Blankatttatbestand mit normativen Tatbestandsmerkmalen auszufüllen.[1155] Dafür solle man annehmen, dass anstelle des Blankettmerkmals die deutsche Ausfüllungsnorm wörtlich in dem Straftatbestand stehe.[1156] Danach habe man es *„allenfalls noch mit normativen Tatbestandsmerkmalen zu tun"*, für die dann nach der herrschenden Meinung der Rückgriff auf ausländisches Recht zur Ausfüllung wiederum zulässig sei.[1157] Immerhin scheint das *OLG Karlsruhe* in der zuvor geschilderten Entscheidung so verfahren zu sein,[1158] als es sich an der Anwendung ausländischen Rechts gehindert sah und die entsprechenden deutschen Buchführungspflichten zur Begründung eines Verstoßes herangezogen hat.[1159]

Kritisch zu diesem „Lösungsversuch" ist anzumerken, dass es sich hierbei lediglich um eine Umgehung der Vorgehensweise von Rechtsprechung herrschender Lehre zur Fremdrechtsanwendung bei Blanketttatbeständen handelt. Eine inhaltliche Auseinandersetzung mit dem Kernproblem der Fremdrechtsanwendung im Strafrecht findet insofern nicht statt. Der Ansatz wird nicht nur der Regelungstechnik der Blanketttatbestände nicht gerecht,[1160] er erklärt auch nicht, warum bei normativen Tatbestandsmerkmalen mittels des Internationalen Privatrechts eine Ausfüllung durch ausländisches Zivil- und Gesellschaftsrecht

---

1152 *OLG Karlsruhe*, NStZ 1985, 317; *Golombek*, S. 134; *Rönnau*, ZGR 2005, 832 (848).

1153 *Golombek*, S. 135 u. 194 m.w.N.

1154 *Lackner*, JR 1968, 268 (269).

1155 *Walter*, in: FS-Tiedemann, S. 969, 985; *ders.* JuS 2006, 870.

1156 *Walter*, in: FS-Tiedemann, S. 969, 985 bezeichnet diesen dann als *„Hybridtatbestand"*.

1157 *Walter*, JuS 2006, 870.

1158 Siehe zuvor § 7 I.2.b).

1159 So *Mankowski/Bock*, ZStW 120 (2008), 704 (723); *Walter*, in: FS-Tiedemann, S. 969, 985.

1160 *Mankowski/Bock*, ZStW 120 (2008), 704 (724 f.).

möglich sein soll, bei Blanketttatbeständen hingegen nicht. Für die Lösung des hier untersuchten Problems ist dieser Ansatz somit nicht weiterführend.

d) Kritik an der Begründung der herrschenden Auffassung

Die zuvor zitierten Entscheidungen des *BGH* und des *OLG Karlsruhe* sind in der Literatur stark kritisiert worden.[1161] Die Kritik geht allerdings größtenteils an der wirklichen Tragweite der Grundsatzannahme beider Urteile vorbei. Grundlage der Entscheidungen ist nämlich der auf *Binding*[1162] zurückgehende vorherrschende sog. materielle Strafgesetzbegriff. In Abgrenzung zu dem früher von der Rechtsprechung angewandten formellen Strafgesetzbegriff[1163] sind nach heutiger Ansicht die das Strafgesetz bildenden Regelungen sowohl die Strafnorm als auch die Vorschriften außerhalb des StGB, die seine Anwendung beeinflussen.[1164] Umfasst sind demnach sämtliche den materiellen Rechtszustand bestimmenden Normen einschließlich der strafrechtsexternen Ausfüllungs- und Ergänzungsvorschriften.[1165] Nach Auffassung der Rechtsprechung sind daher Blankettvorschrift und ausfüllende Vorschrift stets „zusammenzulesen", wodurch erst der Tatbestand entsteht. Die ausfüllende Vorschrift wird dabei selbst Strafgesetz im Sinne der §§ 1, 2 StGB. Auf diese Weise sind auch die akzessorisch in Bezug genommenen Rechtssätze des Zivil- und Verwaltungsrechts dem Strafgesetz

---

1161 Kritik an *BGH*St 21, 277 ff. durch *Lackner*, JR 1968, 268 (269 ff.); *Oehler*, JZ 1968, 191 ff. („*BGH übersieht die Eigenart der Verkehrsvorschriften*"). Kritik an *OLG Karlsruhe*, NStZ 1985, 317 durch *Gribbohm*, in: LK, 11. Aufl., § 7 StGB Rn. 9; *Werle/Jeßberger*, in: LK, Vor § 3 StGB Rn. 335; *Liebelt*, NStZ 1989, 182 f. („*§ 283b Abs. 1 Nr. 1 StGB kein Blankett*"); *Mankowski/Bock*, ZStW 120 (2008), 704 (723 ff.).

1162 *Binding*, Handbuch des Strafrechts Erster Band, S. 175 ff.

1163 Danach ist als ein Strafgesetz nur der Paragraph in seiner äußeren Erscheinung anzusehen. Lediglich die in der Strafnorm selbst enthaltenen Tatbestandsmerkmale sind Bestandteile des Strafgesetzes, nicht aber die Vorschriften aus anderen Rechtsgebieten, auf welche die Strafbestimmung Bezug nimmt, so *RG*St 51, 150 (153 f.); 49, 116 (121); 46, 337 (339); 46, 307 (308 f.); 21, 294 (295); 13, 249 (253). Zum rechtsguttheoretischen und normtheoretischen Strafgesetzbegriff siehe *Cornils*, S. 47 ff.; *Hentschke*, S. 255 f. j.m.w.N.

1164 Herrschende Meinung seit *BGH*St 20, 177 (181) unter ausdrücklicher Aufgabe der noch in *BGH*St 7, 294 (295) vertretenen formellen Theorie. Siehe auch *Eser*, in: Schönke/Schröder, § 3 StGB Rn. 6; *Fischer*, Vor § 3–7 StGB Rn. 2; *Gribbohm*, in: LK, 11. Aufl., § 3 StGB Rn. 4; *Lackner/Kühl*, § 2 StGB Rn. 4; *Forkel*, S. 115 f.; *Hentschke*, S. 256 f.; *Tiedemann*, NJW 1986, 2475 (2477 f.); *Walter*, in: FS-Tiedemann, S. 969, 978 f. Zur historischen Entwicklung *Cornils*, S. 44 ff. m.w.N.

1165 Siehe zu den Definitionsansätzen bereits *Cornils*, S. 62 ff.

begrifflich zuzuordnen.[1166] Daraus soll dann weiter folgen, dass sowohl der Straftatbestand als auch die Norm, auf die in diesem unmittelbar oder mittelbar Bezug genommen wird, vom deutschen Gesetzgeber stammen müssen. Nur diese würden den Straftatbestand, um dessen Anwendung es geht, gleichsam als dessen Teil vervollständigen.[1167] Die Anwendung ausländischen Rechts zur Ausfüllung von Blanketttatbeständen soll somit bereits an dem Begriff des „*deutschen Strafrechts*" scheitern.[1168]

Allerdings bezog sich die ursprüngliche Diskussion zum materiellen Strafgesetzbegriff lediglich auf den in § 2 Abs. 2 StGB a.F. (= § 2 Abs. 3 StGB n.F.) verwendeten Gesetzesbegriff und Fragen des sog. außerstrafrechtlichen Rechtsirrtums.[1169] § 2 Abs. 3 StGB enthält eine Ausnahme vom Rückwirkungsgebot, wenn das Gesetz nach Beendigung der Tat milder geworden ist. Vorausgesetzt wird damit eine Änderung des Strafgesetzes. Mithin kann die Änderung einer Ausfüllungsnorm nur dann eine Änderung des Strafgesetzes im Sinne der Norm darstellen, wenn die Ausfüllungsnorm selbst dem Strafgesetzbegriff zuzuordnen ist.[1170] Inwieweit sich der materielle Strafgesetzbegriff jedoch auf die §§ 3 ff. StGB übertragen lässt, ist mehr als fraglich. Immerhin kommt dem Gesetzesbegriff im Rahmen der §§ 1, 2 StGB eine völlig andere Funktion zu.[1171] Während der materielle Strafgesetzbegriff in den §§ 1, 2 StGB die Strafbarkeit begrenzen soll,[1172] geht es in den §§ 3 ff. StGB um den Anwendungsbereich des deutschen Strafrechts.[1173] Auch findet sich weder in den Urteilen des *BGH*[1174] und des *OLG Karlsruhe*[1175] noch im Schrifttum bislang eine ausdrückliche Auseinandersetzung mit dem materiellen Strafgesetzbegriff und dessen Bedeutung im Hinblick auf die §§ 3 ff. StGB.[1176] Hinzu kommt, dass bei konsequenter extensiver Anwendung des materiellen Strafrechtsbegriffs, wie sie in den zuvor zitierten Urteilen

1166 *Cornils*, S. 71.

1167 *Gribbohm*, in: LK, 11. Aufl., § 7 StGB Rn. 8.

1168 *BGH*St 21, 277 (279); *OLG Karlsruhe*, NStZ 1985, 317; *Gribbohm*, in: LK, 11. Aufl., § 7 StGB Rn. 8.

1169 *Cornils*, S. 51 ff.; *Walter*, in: FS-Tiedemann, S. 969, 978 ff. j.m.w.N.

1170 Hierzu *Cornils*, S. 64 f. m.w.N.

1171 *Weiß*, S. 36.

1172 *Walter*, in: FS-Tiedemann, S. 969, 982 f.

1173 *Weiß*, S. 36. Siehe aber auch *Hentschke*, S. 260, der von einem identischen Gesetzesbegriff mit einheitlicher Reichweite ausgeht.

1174 *BGH*St 21, 277 ff.

1175 *OLG Karlsruhe*, NStZ 1985, 317.

1176 *Liebelt*, GA 1994, 20 (31 ff. u. 37) hält den materiellen Strafgesetzbegriff zumindest im Rahmen des § 7 Abs. 2 StGB für nicht mehr gerecht.

vorgenommen wird, jegliche Fremdrechtsanwendung – also auch im Rahmen von normativen Tatbestandsmerkmalen – ausgeschlossen sein müsste. Denn hat der Gesetzgeber bei einem normativen Tatbestandsmerkmal einen Begriff einem anderen Gesetz entnommen, wäre der Inhalt dieses Begriffs dogmatisch ebenfalls dem gesetzlichen Tatbestand und damit dem materiellen Strafgesetzbegriff zuzuordnen.[1177] Dies wird aber von der herrschenden Literaturmeinung, die sonst in weiten Teilen der Rechtsprechung folgt, aber nicht so gesehen. Vielmehr wird bei normativen Tatbestandsmerkmalen einschränkend angenommen, dass die Normen des deutschen Zivil- und Verwaltungsrechts nur im Zusammenhang mit den jeweils dazugehörenden Kollisionsregeln zu sehen seien. Der materielle Strafgesetzbegriff erfasse notwendigerweise somit auch diese. Demnach wäre trotz der ausschließlichen Bezugnahme auf Normen der deutschen Rechtsordnung dennoch die Heranziehung ausländischer Gesetze mittels des deutschen Internationalen Privatrechts möglich.[1178]

Warum dies allerdings nur bei normativen Tatbestandsmerkmalen und nicht bei Blanketttatbeständen gelten soll, ist auf der ersten Ebene der regelungstechnischen Ausfüllung von akzessorischen Straftatbeständen nicht ersichtlich. Folgt man der herrschenden Meinung zur Fremdrechtsanwendung im Rahmen von normativen Tatbestandsmerkmalen, so muss es auch bei Blanketttatbeständen immer dann zu einer Fremdrechtsanwendung kommen (können), wenn das in Bezug genommene Privatrechtsverhältnis einer Kollisionsnorm unterliegt, die aufgrund des Auslandsbezugs eine ausländische Rechtsordnung für regelungszuständig erklärt.

Des Weiteren führt der generelle regelungstechnische Ausschluss der Fremdrechtsanwendung bei Blanketttatbeständen zu einer erheblichen Differenz in der Bewertung von identischen Lebenssachverhalten aus straf- und zivilrechtlicher Perspektive. Während bei Blanketttatbeständen und Fällen mit Auslandsberührung zwingend deutsches Recht zur Ausfüllung anzuwenden wäre, würde ein Zivilgericht nach den Regeln des deutschen Internationalen Privatrechts entscheiden, welches Recht zur Anwendung gelangt. Nimmt man also an, dass § 266 StGB eine Blankettvorschrift darstellt – was noch zu klären ist[1179] –, so wäre der Tatbestand ausschließlich mit deutschem Recht zusammenzulesen. Es entstünde ein Tatbestand, der ein Verhalten unter Strafe stellt, das kein deutsches Zivilgericht sanktionieren würde. Ein solches würde unter Beachtung der Regeln

---

1177 Siehe zum Verhältnis des materiellen Strafgesetzbegriffs zu normativen Tatbestandsmerkmalen *Cornils*, S. 66 f. m.w.N.

1178 So ausdrücklich der Lösungsweg von *Cornils*, S. 71 ff.

1179 Hierzu § 8 I.

des Internationalen Gesellschaftsrechts – je nach Fall – auch zur Anwendbarkeit englischen Gesellschaftsrechts gelangen können. Interessanterweise scheint die Exklusivität deutscher Vorfeldnormen im Rahmen von deutschen Blanketttatbeständen besonders dort nie behauptet zu werden, wo Blanketttatbestände wie beispielsweise § 34 Außenwirtschaftsgesetz oder § 370 Abs. 6 AO ausdrücklich auch auf nichtdeutsche Normen verweisen.[1180]

Unbegründet und nicht zu erklären ist ferner die unterschiedliche regelungstechnische Behandlung von normativen Tatbestandsmerkmalen und Blanketttatbeständen hinsichtlich der Bezugnahme auf ausländisches Rechts, folgt doch die Verwendung dieser Kategorien selbst primär regelungstechnischen Kategorien. So lässt sich zunächst ohne materiellrechtliche Auswirkungen jede Strafrechtsnorm auch als Blankettnorm formulieren.[1181] Auch ließen sich – zumindest theoretisch – die blankettausfüllenden und die das normative Tatbestandsmerkmal bestimmenden Vorschriften in die Strafrechtsnorm selbst aufnehmen.[1182] Die unterschiedliche Behandlung von normativen Tatbestandsmerkmalen und Blanketttatbeständen bereits an dieser Stelle scheint eher auf die Tatsache zurückzuführen zu sein, dass bei Blanketttatbeständen sich auch die blankettausfüllende Norm an den verfassungsrechtlichen Anforderungen von Art. 103 Abs. 2 GG, § 1 StGB messen lassen muss.[1183] In der gesamten Diskussion werden daher vorgreiflich die Folgen, die sich aus der unterschiedlichen Einordnung als Blankett oder normatives Tatbestandsmerkmal ergeben, in Bezug genommen. Ein Unterschied für die zunächst zu klärende regelungstechnische Frage der Fremdrechtsanwendung lässt sich hieraus jedoch nicht ableiten.[1184]

Insgesamt spricht somit vieles dafür, dass auf der ersten regelungstechnischen Ebene Blanketttatbestände grundsätzlich auch durch ausländische Normen ausgefüllt werden können.[1185] Daher ist bei Sachverhalten mit Auslandsberührung

---

1180 So *Walter*, in: FS-Tiedemann, S. 969, 985.

1181 *Forkel*, S. 115.

1182 *Forkel*, S. 115.

1183 Sogleich § 7 III.

1184 Zumindest müssen Bedenken an dieser Stelle zunächst zurücktreten, um einen verlässlichen Ausgangpunkt für die möglichen Grenzen des „Ob“ einer Fremdrechtsanwendung im Rahmen des Untreuetatbestandes zu erhalten.

1185 Überzeugend so auch *Weiß*, S. 35 ff. u. 38 für § 84 Abs. 1 Nr. 2 GmbHG. In diesem Sinne wohl auch bereits *Liebelt*, NStZ 1989, 182 (182). Siehe ferner – wenn auch ohne nähere Begründung – *Altenhain/Wietz*, NZG 2008, 569 (570): „*Rechtstechnisch vollzieht sich die „Ausstrahlungswirkung des Privatrechts“ über normative Tatbestandsmerkmale und Blanketttatbestände. Gelangt auf diesem Weg das Zivilrecht zur Anwendung, ist grundsätzlich auch das nationale IPR zu berücksichtigen.*“; *Mankowski/Bock*, ZStW

in einem ersten Schritt anhand von §§ 3 ff. StGB zu beurteilen, ob der deutsche Blanketttatbestand auf den Sachverhalt überhaupt Anwendung findet. Danach ist – wie bei normativen Tatbestandsmerkmalen auch – unter Zugrundelegung des deutschen Internationalen Privatrechts zu fragen, nach welcher Rechtsordnung (Sachrecht) die zivilrechtlichen Merkmale der Strafrechtsnorm auszufüllen sind. Erst auf der zweiten – der verfassungsrechtlichen – Ebene ist zu prüfen, ob die Fremdrechtsanwendung vor dem Hintergrund des Bestimmtheitsgebots und dem Parlamentsvorbehalt zulässig ist. Hier sind dann die von der h.M. vorgebrachten Argumente in die Diskussion einzubeziehen.

e) *Zwischenergebnis*

Nach überwiegend vertretener Auffassung in Rechtsprechung und Literatur sollen bei Blanketttatbeständen bereits die §§ 3 ff. StGB das ansonsten für die ausfüllende Vorschrift maßgebliche Internationale Privatrecht verdrängen. Zur Ausfüllung eines Blankettstrafgesetzes, das ausdrücklich oder stillschweigend auf andere Rechtsvorschriften verweist, können demnach allein deutsche Rechtsnormen herangezogen werden.

Dieser Auffassung ist im Ergebnis zwar zuzustimmen, ihre Begründung vermag jedoch nicht zu überzeugen.[1186] Bei einem Auslandsbezug sind Blanketttatbestände regelungstechnisch vielmehr ebenso zu behandeln wie normative Tatbestandsmerkmale. Auch eine Blankettnorm verweist somit auf das deutsche Internationale Privatrecht, das dann wiederum weiter verweist. Die Begründung für die h.M. ergibt sich mithin erst aus verfassungsrechtlichen Erwägungen, die – wie noch zu zeigen sein wird – je nach dem in Bezug genommenen ausländischen Recht unterschiedlich ausfallen können.

II. Schlussfolgerung: Grundsätzliche Beachtung des englischen Gesellschaftsrechts auch im Strafrecht

Nach der hier vorgenommenen Unterteilung zwischen einer ersten regelungstechnischen (dem „wie") und einer zweiten materiellrechtlichen Ebene (dem „ob") ist für die regelungstechnische Ebene festzustellen, dass unabhängig von

120 (2008), 704 (712 u. 720 f.), *dies.*, GmbHR 2010, 822 (822). Ähnlich auch *Kienle*, GmbHR 2007, 696 (698 u. 700), wonach zur Ausfüllung einer Blankettnorm (hier der Verstoß gegen Buchführungs- und Bilanzierungspflichten) auch ausländisches Recht als Verpflichtungsgrund in Betracht kommen soll. Allerdings geht auch er nicht darauf ein, wie eine solche Anwendung regelungstechnisch erfolgen soll.

1186 Zu den Argumenten der h.M. siehe zuvor § 7 I.2.

der Einordnung des Merkmals der Verletzung einer Vermögensbetreuungspflicht als normatives Tatbestandsmerkmal oder als Blankett zunächst stets die Inbezugnahme ausländischen außerstrafrechtlichen Rechts mittels des deutschen Internationalen Privatrechts erfolgt. Dieses verweist dann – den allgemeinen Regeln entsprechend – wiederum auf das ausländische Internationale Privatrecht, das dann auf das eigene Sachrecht oder zurück auf deutsches Recht oder weiter auf ein drittes Recht verweist.

Aus Sicht des Strafrechts schreibt die Niederlassungsfreiheit damit die Anwendung des Gründungsrechts mittels des auch im Strafrecht zu beachtenden Internationalen Privatrechts vor. In den in dieser Arbeit untersuchten Fällen europäischer Auslandsgesellschaften findet daher stets ein Verweis auf das jeweilige europäische Gründungsrecht der Gesellschaft als dem anzuwendenden Sachrecht statt. Nur diesem Gründungsrecht können im Rahmen akzessorischer Straftatbestände die außerstrafrechtlichen Normen entnommen werden. Ist die zivilrechtliche Rechtslage Voraussetzung für eine Strafbarkeit, so muss das Strafrecht diesen vorgelagerten Bewertungen folgen. Aufgrund der allgemeinen Anwendung des Internationalen Privatrechts im Rahmen von akzessorischen Straftatbeständen gilt dies mithin auch für den Untreuetatbestand.

Problematisch an diesem Grundsatz ist, dass die genaue Reichweite des Gründungstatuts – insbesondere ob und inwieweit bestimmte Vorschriften des deutschen Rechts auf die *Limited* angewendet werden dürfen – noch ungeklärt ist.[1187] Die Vermutung, dass die Inkorporierung der Gründungstheorie zu einer verstärkten Umgehung von strafrechtlichen Pflichten führt,[1188] könnte sich somit bewahrheiten. Ob, und wenn ja, unter welchen Voraussetzungen, ergänzend auf deutsche Regelungen zurückgegriffen werden kann, wird noch zu erörtern sein.

III. Verfassungsrechtliche Konsequenzen der Differenzierung

Nach der oben dargestellten Rechtsprechung und der herrschenden Lehre[1189] sollen sich für die Frage Fremdrechtsanwendung wesentliche Unterschiede nicht nur bei der Ausfüllung von Tatbestandsmerkmalen, sondern auch auf der verfassungsrechtlichen Ebene ergeben.[1190] So hat das *BVerfG* ausdrücklich festgestellt, dass die verfassungsrechtlichen Anforderungen des Art. 103 Abs. 2 GG, § 1 StGB

1187 Siehe zuvor § 2 III.4.

1188 So *Bittmann*, in: Insolvenzstrafrecht, § 12 Rn. 346.

1189 Siehe oben unter § 7 III.

1190 Wobei in der Literatur zur Fremdrechtsanwendung hier häufig nicht genau unterschieden wird, vgl. z. B. *Liebelt*, GA 1994, 20 (26 ff.); *ders.* NStZ 1989, 182 (182 f.).

keine Anwendung finden, wenn es *„sich weder um ein Strafgesetz noch um eine Norm, die zur Ausfüllung eines strafrechtlichen Blanketts bestimmt ist"*, handelt.[1191] Der Begriff des Blankettgesetzes ist nach der ganz herrschenden Meinung mithin als verfassungsrechtliche Kategorie zu begreifen;[1192] die Anforderungen, die an Blankette gestellt werden, sind mithin deutlich strenger.

In Bezug auf die Fremdrechtsanwendung im Strafrecht wird daraus nun allgemein der Schluss gezogen, dass lediglich normative Tatbestandsmerkmale streng akzessorisch gegenüber dem ausländischen Recht sein sollen, auf das zur Ausfüllung des normativen Tatbestandsmerkmals Bezug genommen wird.[1193] Es wird so getan, als gäbe es die Vorfeldnorm nicht, sondern lediglich deren Rechtsfolge. Nur das Merkmal selbst müsse den Anforderungen von Art. 103 Abs. 2 GG, § 1 StGB genügen, nicht aber die in Bezug genommene außerstrafrechtliche Norm.[1194] Als Beispiel hierfür wird dann zumeist das normative Tatbestandsmerkmal *„fremd"* angeführt, bei dem nicht weiter in Frage gestellt wird, dass der Regelungseffekt des Eigentumsübergangs im Ausland heranzuziehen sei.[1195] Handelt es sich hingegen um Blanketttatbestände, müssen auch die den Straftatbestand ausfüllenden Normen den verfassungsrechtlichen Anforderungen an Strafgesetze, wie etwa dem Analogieverbot und dem Bestimmtheitsgebot,

---

1191 *BVerfG*E 78, 205 (213) (*Uracher Hortfund*), hierzu ausführlich § 8 I.5.b). Aus der verfasssungsrechtlichen Literatur: *Schmidt-Aßmann*, in: Maunz/Dürig, Art. 103 Abs. 2 GG Rn. 200. Aus der strafrechtlichen Literatur: *Böse*, in: NK, Vor § 3 StGB Rn. 67; *Gribbohm*, in: LK, 11. Aufl., § 1 StGB Rn. 38; *Dannecker*, in: LK, § 1 StGB Rn. 149 u. Rn. 151 ff.; *Werle/Jeßberger*, in: LK, Vor § 3 StGB Rn. 334; *Enderle*, S. 128, 133, 173, 205, 218 u. 351; *Jescheck/Weigend*, S. 111; *Tiedemann*, Wirtschaftsstrafrecht AT, Rn. 101; *Hohmann*, ZIS 2007, 38 (40); *Lüderssen*, in: FS-Eser, S. 163, 177; *Ransiek/Hüls*, ZGR 2009, 157 (177); *Walter*, in: FS-Tiedemann, S. 969, 977. In diesem Sinne auch *Hellmann/Beckemper*, Wirtschaftsstrafrecht, Rn. 377; *dies.*, Fälle zum Wirtschaftsstrafrecht, Rn. 469. Offen hingegen *Radtke*, GmbHR 2008, 729 (736).

1192 *Dannecker*, in: LK, § 1 StGB Rn. 148; *Tiedemann*, Wirtschaftsstrafrecht AT, Rn. 101.

1193 *BGH*St 21, 277 (279); *Dannecker*, in: LK; § 1 StGB Rn. 149; *Ambos*, in: MüKo, § 7 StGB Rn. 8; *Gribbohm*, in: LK, 11. Aufl., § 7 StGB Rn. 9; *Worm*, S. 78. Allgemein zur strengen Akzessorietät bei normativen Tatbestandsmerkmalen *Hohmann*, ZIS 2007, 38 (40); *Lüderssen*, in: FS-Eser, S. 163, 171 f.

1194 *BVerfG*E 78, 205 (213); *Schmidt-Aßmann*, in: Maunz/Dürig, Art. 103 Abs. 2 GG Rn. 200; *Rudolphi*, in: SK, Stand: 26. Lfg., 6. Aufl., § 2 StGB Rn. 8c; *Bittmann*, wistra 2010, 302 (303); *Hohmann*, ZIS 2007, 38 (46); *Radtke*, NStZ 2011, 556 (557); *Samson*, wistra 1983, 233 (237). Siehe auch die Zusammenfassung der diesbezüglichen Rechtsprechung des *BVerfG* bei *Enderle*, S. 113 ff.

1195 Siehe *Schmidt-Aßmann*, in: Maunz/Dürig, Art. 103 Abs. 2 GG Rn. 252; *Dannecker*, in: LK, § 1 StGB Rn. 149. So jetzt auch ausdrücklich *BGH*, NStZ 2010, 632 (634).

genügen.[1196] Daraus sei dann der zwingende Schluss zu ziehen, dass dies auch für den Straftatbestand ausfüllende ausländische Normen gelte.[1197] Eine Fremdrechtsanwendung müsse in diesen Fällen daher stets aus verfassungsrechtlichen Gründen ausscheiden.[1198]

Damit ergibt sich jedoch folgende fragwürdige Annahme: Gelänge es, den Blankettcharakter des Untreuetatbestandes zu widerlegen, so stünde dieser Ansicht nach einer Fremdrechtsanwendung nichts mehr im Wege. Ein Standpunkt, der von den meisten Autoren, die sich mit der Fremdrechtsanwendung im Rahmen des Untreuetatbestandes auseinandersetzen, eingenommen wird.[1199] Zur Bestimmung des maßgeblichen Merkmals der Verletzung einer Vermögensbetreuungspflicht könnte dann ohne verfassungsrechtliche Beschränkungen auf entsprechende Regelungen des englischen Gesellschaftsrechts zur Bestimmung des Pflichtwidrigkeitsmerkmals zurückgegriffen werden.

IV. Ergebnis zu § 7

Aufgrund der aufgezeigten komplexen Fragen einer Fremdrechtsanwendung im Strafrecht scheint es nicht weiter verwunderlich, dass keines der drei bislang existierenden Urteile zur „*Limited*-Untreue" zu diesem Problemkreis detailliert Stellung nimmt. Insbesondere widmet auch der *BGH* diesem Kernproblem nur wenige Zeilen seiner Begründung. Rechtsprechung und Literatur vermeiden eine allgemein gültige Festlegung und versuchen die Begründung einer Einzelfalllösung. Argumente, die sich auf die regelungstechnische Anwendbarkeit

---

1196 *BVerfG*E 41, 314 (319); *Schmidt-Aßmann*, in: Maunz/Dürig, Art. 103 Abs. 2 GG Rn. 201, *Dannecker*, in: LK, § 1 StGB Rn. 149 u. Rn. 151 ff.; *Dietmeier*, S. 25; *Tiedemann*, Wirtschaftsstrafrecht AT, Rn. 101 ff.; *Mankowski/Bock*, ZStW 120 (2008), 704 (710); *Hugger*, NStZ 1993, 421 (423); *Wilk/Stewen*, wistra 2011, 161 (166 u. 168).

1197 *Schumann*, ZIP 2007, 1189 (1195) hält es aber für zweifelhaft, ob das *BVerfG* bei Einbeziehung ausländischer Normen des Handelsrechts in einen deutschen Straftatbestand die strengen für echte Blankettstraftatbestände geltenden verfassungsrechtlichen Maßstäbe überhaupt anlegen würde.

1198 *Hoyer*, in: SK, Stand: 26. Lfg., 6 Aufl., Vor 3 StGB Rn. 42; *Werle/Jeßberger*, in: LK, Vor § 3 StGB Rn. 334; *Weiß*, S. 38; *Worm*, S. 78 ff. In diesem Sinne auch *Hellmann/Beckemper*, Wirtschaftsstrafrecht, Rn. 377; differenzierender *dies*, Fälle zum Wirtschaftsstrafrecht, Rn. 469. Ferner *Schumann*, ZIP 2007, 1189 (1194 f.). Anders wohl nur *Wietz*, S. 173 ff.

1199 *Wietz*; S. 199; *Hellmann/Beckemper*, Wirtschaftsstrafrecht, Rn. 377; *dies*, Fälle zum Wirtschaftsstrafrecht, Rn. 469 („*Bei zutreffender Betrachtung stellt § 266 StGB aber ohnehin einen vollständigen Straftatbestand dar, […]*); *Beckemper*, ZJS 2010, 554 (557).

ausländischen außerstrafrechtlichen Rechts beziehen und solche, die die verfassungsrechtliche Dimension betreffen, werden dabei häufig miteinander vermischt. Notwendig ist es somit, die verschiedenen Ebenen der Diskussion voneinander abzuschichten und so die Voraussetzungen für ein besseres Verständnis des Streitstands zu schaffen.

Während bei der Fremdrechtsanwendung der gerichtlichen Praxis zuzustimmen ist, die hinsichtlich der Ausfüllung normativer Tatbestandsmerkmale bei Auslandsberührungen das deutsche Internationale Privatrecht befragt, kann dem Verständnis der Rechtsprechung und des Großteils der Literatur bei Blankettatbeständen auf der ersten regelungstechnischen Ebene hingegen nicht gefolgt werden. Zivilrechtliche Vorfragen bei Straftatbeständen sind bei Sachverhalten mit Auslandsberührung stets nach deutschem Internationalen Privatrecht anzuknüpfen.[1200] Aufgrund der zuvor dargestellten Wirkung der Niederlassungsfreiheit kann in dem in dieser Arbeit untersuchten Fall einer in Deutschland ansässigen *Limited* das anzuwendende Sachrecht nur dem englischen Recht entnommen werden.[1201]

Damit stellt sich aber die weitergehende materiellrechtliche Frage, ob den *director's duties* überhaupt ein zivilrechtlicher Pflichtenmaßstab mit strafrechtlicher Relevanz entnommen werden kann. Nicht entschieden ist nämlich, ob eine solche Fremdrechtsanwendung im Strafrecht auch verfassungsrechtlich zulässig ist. Eine entsprechende Grenzziehung erfolgt durch die Unterscheidung von normativem Tatbestandsmerkmal und Blankettatbestand. Während bei ersterem einem Rückgriff auf außerstrafrechtliche Regelungen des Auslands keine Grenzen gesetzt sind, soll beim Blankettatbestand im Hinblick auf Art. 103 Abs. 2 GG eine Fremdrechtsanwendung grundsätzlich ausgeschlossen sein. Damit kommt beim Untreuetatbestand der Erscheinungsform der strafrechtlichen Abhängigkeit eine entscheidende Bedeutung zu. Es handelt sich also keineswegs um eine rein akademische Fragestellung, die Gegenstand der folgenden Darstellung ist.

Deutlich wird damit aber auch, dass es sich trotz des europarechtlichen Auslösers primär um ein nationales strafrechtliches Problem handelt. Im Rahmen des Untreuetatbestandes werden grundlegende Fragen deutscher Strafrechtsdogmatik berührt sowie die Frage nach den verfassungsrechtlichen Anforderungen an eine Anwendung ausländischen außerstrafrechtlichen Rechts im deutschen Strafrecht.

1200 So auch schon *Weiß*, S. 38; *Mankowski/Bock*, ZStW 2008, 704 (757).

1201 Zumindest theoretisch kann die Anwendung des Internationalen Privatrechts zur Ausfüllung eines normativen Tatbestandsmerkmals oder eines Blankettatbestands aber auch zu jeder anderen Rechtsordnung der Welt führen.

§ 8 Die Fremdrechtsanwendung im Rahmen des Untreuetatbestandes

Bei der zuvor dargestellten diffizilen Unterscheidungsproblematik der verschiedenen Erscheinungsformen strafrechtlicher Akzessorietät in Bezug auf eine Fremdrechtsanwendung handelt es sich keineswegs um ein juristisches Glasperlenspiel. Mithin ist beim Untreuetatbestand die innere Beziehung zwischen Fremdrechtsanwendung und strafrechtlicher Akzessorietät näher zu betrachten.

I. Die akzessorische Ausgestaltung der untreuerechtlichen Pflichtverletzung

Zu untersuchen ist damit, ob es sich beim Untreuetatbestand noch um eine vollständig geschlossene Norm oder eher um einen Blanketttatbestand[1202] handelt. Wie bereits zuvor im Rahmen der akzessorischen Beziehung des Strafrechts dargestellt,[1203] ist beiden gemeinsam, dass sie auf sog. Vorfeld- oder außerstrafrechtliche Normen verweisen. Ist die grundsätzliche Bindung des Untreuetatbestandes an außerstrafrechtliche Normen damit unstreitig, so ist jedoch die normtheoretische Qualifikation der Anknüpfung an außerstrafrechtliche Rechtssätze im Rahmen des Untreuetatbestandes weder in der Rechtsprechung noch im deutschen Schrifttum bislang hinreichend geklärt. Vertreten wird in diesem Zusammenhang, dass es sich bei der Pflichtwidrigkeit um ein normatives Tatbestandsmerkmal, ein gesamttatbewertendes Merkmal oder um einen Blanketttatbestand bzw. „blankettartiges" Tatbestandsmerkmal handelt. Im Folgenden sind daher die verschiedenen Abgrenzungsversuche in Rechtsprechung und Schrifttum sowie die tatsächliche Behandlung des Untreuetatbestandes in der gerichtlichen Praxis näher in den Blick zu nehmen.[1204]

1. Die These vom normativen Tatbestandsmerkmal

Nach Meinung zahlreicher Autoren soll es sich bei der Pflichtverletzung im Rahmen des Untreuetatbestandes um ein normatives Tatbestandsmerkmal

1202 Präziser als ein „Teilblankettgesetz" zu bezeichnen, siehe *Puppe*, in: NK, § 16 StGB Rn. 19.

1203 Vgl. § 6 III.1u. § 7.

1204 Dabei können nur die wesentlichen Versuche betrachtet werden. Siehe hierzu insbesondere auch *Puppe*, in: NK, § 15 StGB Rn. 18 ff.; *Enderle*, S. 79 ff. j.m.w.N.

handeln.[1205] Für diese Ansicht wird angeführt, dass der Untreuetatbestand selbst die wesentliche Beschreibung des verbotenen Verhaltens darstelle. Die Tatbestandsmerkmale im Rahmen des Untreuetatbestandes sollen mehr sein als bloße „Suchprogramme", die ihren Inhalt außerhalb des Strafrechts finden.[1206] Auch die Rechtsprechung scheint in jüngerer Zeit verstärkt zu betonen, dass sich das Pflichtwidrigkeitsmerkmal nicht nach Art eines Blankettmerkmals in der Weiterverweisung auf genau bezeichnete Vorschriften erschöpfe, sondern dass es sich hierbei vielmehr um ein „*komplexes normatives Tatbestandsmerkmal*" handle.[1207] Diese Meinung wird in der Diskussion der Fremdrechtsanwendung im Rahmen des Untreuetatbestandes mithin – häufig ohne jegliche Abgrenzung zum Blankett und ohne eine wirkliche Begründung – als herrschend zu Grunde gelegt.[1208]

1205 *Dannecker*, in: LK, § 1 StGB Rn. 258; *Schmid*, in: Müller-Gugenberger/Bieneck, § 31 Rn. 8c ff.; *Werle/Jeßberger*, in: LK, Vor § 3 StGB Rn. 335 und so auch schon *Gribbohm*, in: LK, 11. Aufl., § 7 StGB Rn. 9; *Arzt/Weber/Heinrich/Hilgendorf*, § 22 Rn. 69; *Cappel*, S. 131; *Hellmann/Beckemper*, Wirtschaftsstrafrecht, Rn. 377; *dies.*, Fälle zum Wirtschaftsstrafrecht, Rn. 469; *Hentschke*, S. 270 ff.; *Hinderer*, S. 155 f.; *Kudlich/Oglakcioglu*, Rn. 339; *Labinski*, S. 210 Fn. 1061; *Pattberg*, S. 264 u. 288 ff.; *Stärk*, S. 140, die § 266 StGB aber dennoch einen blankettartigen Charakter bescheinigt; *Tiedemann*, Wirtschaftsstrafrecht AT, Rn. 122; *ders.* in: FS-Weber, S. 319, 322; *Wietz*, S. 164 ff.; *Baumann*, in: FS-Welzel, S. 533, 541 f.; *Beckemper*, ZJS 2010, 554 (557); *Gross/Schork*, NZI 2006, 10 (15); *Hellmann*, ZIS 2007, 433 (443); *Hohmann*, ZIS 2007, 38 (47); *Jakobs*, NStZ 2005, 276 (277); *ders.* in: FS-Dahs, S. 49, 55 ff.; *Kubiciel*, NStZ 2005, 353 (357); *Radtke*, NStZ 2011, 556 (557); *Ransiek/Hüls*, ZGR 2009, 157 (177); nunmehr auch *Rönnau*, NStZ 2011, 558 (559); *ders.*, ZStW (119) 2007, 887 (905); *Schmitz*, in: Europäisierung des Strafrechts in Polen und Deutschland, S. 199, 208 („*[…] normatives Tatbestandsmerkmal, das freilich in die Nähe eines Blanketts rückt, da die Pflichtwidrigkeit gerade auch im Zusammenhang mit den gesellschaftsrechtlichen Normen interpretiert wird.*"); *Schreiber/Beulke*, JuS 1977, 656 (660); *Vogel/Hocke*, JZ 2006, 568 (571); *Wilk/Stewen*, wistra 2011, 161 (168). In diesem Sinne wohl auch *Gribbohm*, ZGR 1990, 1 (15) („*keine Blankettvorschrift*"); *Müller-Gugenberger*, in: Müller-Gugenberger/Bieneck, § 23 Rn. 118 („*keine Blankettnorm*"). Unklar *Dittrich*, S. 207 u. 239, die zwar von einem normativen Tatbestandsmerkmal ausgeht, § 266 StGB im Gegensatz zu §§ 243, 246 StGB aber für unvollständig hält.

1206 *Kubiciel*, NStZ 2005, 353 (357).

1207 *BVerfG*E 126, 170 (204) mit Verweis auf *BVerfG*E 78, 205 (213); *BGH*St 55, 288 (300); *BGH*, NStZ 2010, 632 (634). *BGH*, wistra 2006, 137 (146); nicht abgedruckt in *BGH*St 50, 331 ff. (*Mannesmann*), spricht bei der Frage der Abgrenzung zwischen § 16 StGB und § 17 StGB hingegen lediglich davon, dass es sich bei der Verletzung der Pflicht, die Vermögensinteressen wahrzunehmen, um einen Tatbestand „*mit stark normativ geprägten objektiven Tatbestandsmerkmalen handelt*".

1208 So jetzt auch *BGH*, NStZ 2010, 632 (634).

Folgt man dieser Annahme, so wäre nach der zuvor dargestellten Auffassung der Rechtsprechung und herrschenden Literaturmeinung zur Fremdrechtsanwendung im Strafrecht bei Sachverhalten mit Auslandsbezug zur Ausfüllung des normativen Tatbestandsmerkmals problemlos auf das Internationale Privatrecht zur Ermittlung des anwendbaren ausländischen Rechts zurückzugreifen. In dem in dieser Arbeit untersuchten Fall der Verletzung einer Vermögensbetreuungspflicht durch den *director* einer Deutschland ansässigen *Limited* sind in Verbindung mit der Rechtsprechung des *EuGH* dies die englischen *director's duties*. Probleme auf regelungstechnischer sowie auf verfassungsrechtlicher Ebene stellen sich dann nicht.[1209]

2. Gesamttatbewertendes Merkmal

Insbesondere *Schünemann* geht hingegen davon aus, dass es sich bei dem Merkmal der Verletzung einer Vermögensbetreuungspflicht um ein sog. „gesamttatbewertendes Merkmal" bzw. „Rechtpflichtmerkmal" handelt.[1210] Gesamttatbewertende Merkmale sind normative Tatbestandsmerkmale, die das Unrecht so stark prägen, dass mit ihrer Feststellung die Rechtswidrigkeit praktisch bereits bejaht ist.[1211] Der Vorsatz des Täters muss danach nur die dieses Merkmal begründenden Tatsachen umfassen.[1212] Die fehlerhafte Wertung der Pflichtgemäßheit des Handelns soll demnach nur einen Verbotsirrtum gem. § 17 StGB begründen.[1213]

Diese von *Schünemann* vorgeschlagene Qualifikation des Pflichtwidrigkeitsmerkmals soll allerdings nur den Vorsatz, insbesondere die Abgrenzung zwischen Tatbestands- und Verbotsirrtum, betreffen.[1214] Konsequenzen für

---

1209 Zu den verfassungsrechtlichen Schranken und dem unterschiedlichen Maßstab bei Blanketttatbeständen und normativen Tatbestandsmerkmalen sogleich § 9.

1210 *Schünemann*, in: LK, § 266 StGB Rn. 193 f. m.w.N. Siehe auch *Puppe*, GA 1990, 145 (170 f.). Dagegen *Perron*, in: Schönke/Schröder, § 266 StGB Rn. 49. Allgemein kritisch zur Lehre von den gesamttatbewertenden Tatbestandsmerkmalen, *Walter*, in: LK, Vor § 13 StGB Rn. 55 ff.; *Tiedemann*, Wirtschaftsstrafrecht AT, Rn. 230 j.m.w.N.

1211 *Roxin*, § 10 Rn. 45 ff. m.w.N.

1212 *Schünemann*, in: LK, § 266 StGB Rn. 193.

1213 *Schünemann*, in: LK, § 266 StGB Rn. 193. Zu diesem Ergebnis kommt auch *Kindhäuser*, in: NK, § 266 StGB Rn. 122.

1214 Vgl. *Schünemann*, in: LK, § 266 StGB Rn. 192 ff. u. 264; Auch *Walter*, in: LK, Vor § 13 StGB Rn. 57, nimmt an, dass es bei den gesamttatbewertenden Merkmalen nur die Behandlung des Irrtums geht. Vgl. ferner auch *Tiedemann*, Wirtschaftsstrafrecht AT, Rn. 230.

die unterschiedliche Behandlung von normativen Tatbestandsmerkmalen und Blanketttatbeständen im Rahmen einer Fremdrechtsanwendung lassen sich hieraus weder auf der regelungstechnischen Ebene noch im Hinblick auf die Vereinbarkeit mit Art. 103 Abs. 2 GG, § 1 StGB herleiten. Weitere Sachfragen im Zusammenhang mit der Einordnung der Pflichtwidrigkeit als gesamttatbewertendes Tatbestandsmerkmal bleiben im Folgenden somit ausgeblendet.

3. Verletzung einer Vermögensbetreuungspflicht als Blankett

Andere wiederum wollen den Untreuetatbestand aufgrund des auf außerstrafrechtliche Regelungen verweisenden Pflichtwidrigkeitsmerkmals hingegen als Blankett einstufen[1215] oder erkennen zumindest seinen „blankettartigen" Charakter an.[1216] Dabei drückt die Einstufung als „blankettartig"[1217] bereits das Dilemma der dogmatischen Einordnung aus. Während man auf der Vorsatzebene in Bezug auf Irrtumsfragen einerseits von einem normativen Tatbestandsmerkmal ausgehen will, erkennt man andererseits regelungstechnisch an, dass ohne eine Inbezugnahme auf entsprechende Pflichten des Zivil- und Gesellschaftsrechts

---

1215 So ausdrücklich in dem Urteil des *OLG Stuttgart*, wistra 2010, 34 (36), in dem es um die Anwendung des § 2 Abs. 3 StGB auf Blankettvorschriften geht. Aus der Literatur *Fischer*, § 266 Rn. 5 *(„[...] mit der Vermögensbetreuungs-Pflicht im Wege eines Blanketts auf außerstrafrechtliche Normen verweist [...]")*; *Hoyer*, in: SK, Stand: 123. Lfg., § 266 Rn. 49; *Rentrop*, S. 3; *Deiters*, ZIS 2006, 152 (159); *Kölbel*, GA 2002, 403 (412 Fn. 42); *Lüderssen*, in: FS-Schroeder, S. 569, 569 f.; *ders.*, in: FS-Eser, S. 163, 179 Fn. 84; *ders.*, in: FS-Richter II, S. 373, 377; *Mosiek*, StV 2008, 94 (97 u. 98); *Rönnau/Hohn*, NStZ 2004, 113 (113) („*Blankett*"); *Sax*, JZ 1977, 663 (664); *Seier*, in: Bochumer Beiträge zu aktuellen Strafrechtsthemen, S. 145, 150, der die Blankett-eigenschaft aber auf den Treubruchstatbestand beschränkt. In diesem Sinne wohl auch *Hantschel*, S. 86. Siehe ferner *Dinter*, S. 47 ff. („*verhaltensnormenvermittelndes-Tatbestandsmerkmal*") u. S.104 ff. („*Blankett*"), der sowohl im vorsatzrechtlichen Problemzusammenhang als auch mit Blick auf Art. 103 Abs. 2 GG eine derartige Einordnung aber für unbeachtlich hält, S. 17 ff. u 86. Offen gelassen von *Radtke*, GmbHR 2008, 729 (735); *Mankowski/Bock*, ZStW 2008, 704 (705 u. 756 f.).

1216 *Dierlamm*, in: MüKo, § 266 StGB Rn. 229; *ders.* StrafFO 2005, 307 (401 ff.); *Nelles*, S. 505; *Stärk*, S. 140, wonach die Vermögensbetreuungspflicht letztlich allerdings doch als normatives Tatbestandsmerkmal einzustufen sei; *Worm*, S. 104 u. 111 f.; *Rönnau*, ZGR 2005, 832 (854) („*blankettartig*"). Nicht eindeutig hingegen *Altenhain/Wietz*, NZG 2008, 569, 570 ff.; *Radtke*, GmbHR 2008, 729 (731 u. 736), *Schlösser*, wistra 2006, 81 (86), wonach § 266 eine „*Sanktionshülle*" sei.

1217 Dieser Begriff wird u.a. verwendet von *BVerfG*, NJW 1995, 1883 (1883), das ihn aber nicht näher definiert. Siehe ferner *BGHSt* 34, 266 (372) im Zusammenhang mit § 370 AO und dessen umstrittener Einordnung als Blankett.

die Norm keinen verständlichen Sinn enthält. Völlig ungeklärt ist darüber hinaus, wie ein blankettartiger Tatbestand, der sich also zwischen normativem Tatbestandsmerkmal und Blanketttatbestand einordnen lässt, in Bezug auf die verfassungsrechtlichen Grenzen einer Fremdrechtsanwendung im Strafrecht zu behandeln ist. Im Folgenden soll daher keine weitere Unterscheidung zwischen Blankett und „blankettartig" getroffen werden, bewegen sich die sogleich aufgezeigten Probleme doch sämtlich in dem unsicheren Bereich der Grenzziehung.

Legte man hier die herrschende Meinung zur Fremdrechtsanwendung im Strafrecht zu Grunde, so wäre bei einem Blanketttatbestand bereits aus regelungstechnischen Gründen – Verweis immer nur auf deutsche Normen – ein Rückgriff auf die englischen *director's duties* im Rahmen des Untreuetatbestandes stets ausgeschlossen.[1218] Geht man hingegen mit der in dieser Arbeit vertretenen Ansicht von einer grundsätzlichen Beachtung ausländischer außerstrafrechtlicher Normen mittels des deutschen Internationalen Privatrechts bei akzessorischen Straftatbeständen aus, so bleibt die Unterscheidung zwischen Blankett und normativen Tatbestandsmerkmal weiterhin für die Frage relevant, ob sich das ausländische Recht anhand von Art. 103 Abs. 2 GG messen lassen muss.

4. Die tatsächliche Behandlung des Untreuetatbestandes in Rechtsprechung und Literatur

Nimmt man die Position der Rechtsprechung und vorherrschenden Literaturmeinung zur Fremdrechtsanwendung ernst, so ist die Bestimmung der regelungstechnischen Ausgestaltung des akzessorischen Merkmals der Verletzung einer Vermögensbetreuungspflicht im Rahmen des Untreuetatbestandes unentbehrlich. Allerdings gestaltet sich die Grenzziehung zwischen Blanketttatbeständen und normativen Tatbestandsmerkmalen durchgängig als äußerst schwierig. Insbesondere besteht über die Kriterien der Abgrenzung von Straftatbeständen, die normative Tatbestandsmerkmale enthalten, und solchen, die Blankette darstellen, bislang keine Einigkeit.[1219] Es verwundert insofern nicht, dass im Schrifttum und in der Rechtsprechung die Einordnung des Merkmals der Verletzung einer Vermögensbetreuungspflicht im Rahmen des Untreuetatbestandes als Blankett oder normatives Tatbestandsmerkmal häufig gänzlich offen gelassen wird und man sich anstelle dessen meistens mit der „tatsächlichen" Ausfüllung des Pflichtwidrigkeitsmerkmals mittels zivil- oder öffentlich-rechtlicher Normen

---

1218 Dabei ist nochmals darauf hinzuweisen, dass an dieser Stelle regelungstechnische und verfassungsrechtliche Erwägungen oft vermischt werden, vgl. § 7.

1219 Zutreffend *Hohmann*, ZIS 2007, 38 (42).

begnügt.[1220] Wird in der Literatur hierzu überhaupt Stellung bezogen, so erschöpfen sich diese häufig in bloßen Behauptungen ohne eine nähere Begründung.[1221]

Möglicherweise kann der Umgang mit dem Untreuetatbestand in der Rechtsprechung und im Schrifttum – unabhängig von den verschiedenen vertretenen theoretischen Abgrenzungskriterien – bereits Auskunft über die Einordnung des Merkmals der Verletzung einer Vermögensbetreuungspflicht geben. Die Abgrenzungsproblematik wird zumeist bei den Irrtumsfragen, der Fremdrechtsanwendung, der Beachtung des Analogieverbots sowie des Milderungsprivilegs gem. § 2 Abs. 3 StGB relevant.

a) *Irrtum über die pflichtwidrige Handlung*

Besondere Bedeutung bei der Abgrenzung von Blanketttatbeständen und normativen Tatbestandsmerkmalen kommt den aus dem allgemeinen Strafrecht bekannten Irrtumstheorien zu. Dies gilt auch für das Wirtschaftsstrafrecht. Gerade in Wirtschaftsstrafverfahren scheinen wirkliche und angebliche Irrtümer der Täter und Teilnehmer grundsätzlich eine große Rolle zu spielen.[1222] Umso erstaunlicher ist es, dass insbesondere bei der Untreue die Abgrenzung zwischen Verbotsirrtum gem. § 17 StGB und Tatumstandsirrtum[1223] gem. § 16 StGB bislang ungeklärt ist.[1224] Muss der Vorsatz des Täters hier auch die Existenz der außerstrafrechtlichen Norm umfassen? Nach der herrschenden Meinung soll vor dem Hintergrund der Schuldtheorie[1225] bei der Abgrenzung der Irrtümer folgende Unterscheidung zu treffen sein:[1226] Handelt es sich um normative Tatbestandsmerkmale, so muss der Täter in laienhafter Form die außerstrafrechtliche Wertung nachvollzogen haben.[1227] Der Vorsatz hängt folglich auch von der rechtlichen Würdigung eines Sachverhalts durch den Täter

1220 Siehe *Bauer*, S. 105 f.; *Munz*, S. 28 ff u. 34 ff.; *Seiler*, S. 79 ff. u. 183 ff.

1221 Siehe z. B. *Labinski*, S. 210 Fn. 1061.

1222 *Tiedemann*, Wirtschaftsstrafrecht AT, Rn. 219.

1223 Irrtum über das Vorliegen eines deskriptiven oder normativen Tatumstands, hierzu *Sternberg-Lieben*, in: Schönke/Schröder, § 16 StGB Rn. 1 ff.; *Tiedemann*, Wirtschaftsstrafrecht AT, Rn. 227 j.m.w.N.

1224 Siehe *Saliger*, in: SSW, § 266 StGB Rn. 105 m.w.N.

1225 Ausführlich zur Schuldtheorie *Baumann/Weber/Mitsch*, § 21 Rn. 37 ff. m.w.N.

1226 Zur Entwicklung des Irrtumsstrafrechts, *Dietmeier*, S. 152 ff. m.w.N. Tatsächlich ist hier jedoch noch vieles völlig im Streit.

1227 Man geht davon aus, dem juristischen Laien gelinge eine exakte juristische Subsumtion nicht. Es genüge daher, wenn er von seinem „Laienstandpunkt“ aus das Tatbestandsmerkmal richtig begriffen hat, *Roxin*, § 12 Rn. 101 ff. Zu dieser sog.

ab. Vorausgesetzt wird damit eine Normkenntnis des Täters[1228] – zum Beispiel der außerstrafrechtlichen Normen des Eigentums §§ 929 ff. BGB oder in dem hier untersuchten Fall der Normen des Gesellschaftsrechts. Ansonsten liegt ein gem. § 16 Abs. 1 StGB erheblicher Tatumstandsirrtum vor. Handelt es sich hingegen um einen Blanketttatbestand, so sollen zwei Fälle unterschieden werden: Irrt der Täter über Tatbestandsmerkmale der das Blankett ausfüllenden Norm, handelt es sich um einen Tatumstandsirrtum. Irrt der Täter hingegen über die Existenz der tatbestandsausfüllenden Norm, soll lediglich ein Verbotsirrtum vorliegen.[1229] Entscheidend ist dann nur, ob der Täter einen Irrtum über das Vorliegen der Voraussetzungen der außerstrafrechtlichen Norm vermeiden konnte und welche Anforderungen an ihm obliegende Erkundigungspflichten zu stellen sind.[1230] Damit gilt der Satz, dass Kenntnis der Ausfüllungsnorm Gegenstand des Unrechtsbewusstseins und nicht des Vorsatzes ist.[1231] Für den Täter hat die Annahme eines Tatumstandsirrtums allgemein den entscheidenden Vorteil, dass er trotz Vermeidbarkeit des Irrtums straflos bleibt, sofern das Gesetz für das einschlägige Delikt keine Fahrlässigkeitsstrafbarkeit vorsieht. [1232]

Betrachtet man nun das Pflichtwidrigkeitsmerkmal im Rahmen des Untreuetatbestandes, ergibt sich Folgendes: Geht man vom Vorliegen eines Blanketts aus, so gehört die Kenntnis des durch die Ausfüllungsnorm inhaltlich bestimmten Verbots nicht zum Vorsatz, sondern wird erst auf der Ebene des Unrechtsbewusstseins innerhalb der Schuld erörtert. Ein Irrtum wäre nach § 17 StGB zu behandeln. Nimmt man hingegen das Vorliegen eines normativen Tatbestandsmerkmals an, so ist die Erfassung der Verletzung einer Vermögensbetreuungspflicht in laienhafter Parallelwertung notwendiger Inhalt des Vorsatzes. Ist dies nicht der Fall, so ist der Vorsatz gem. § 16 Abs. 1 StGB ausgeschlossen.[1233] Selbst eine leichtfertige Fehlbeurteilung des Täters in Bezug auf die Verletzung einer

„Parallelwertung in der Laiensphäre" *Fischer*, StGB, § 16 StGB Rn. 14; *Puppe*, in: NK, § 16 StGB Rn. 45 ff.; *Baumann/Weber/Mitsch*, § 21 Rn. 5 ff. j.m.w.N.

1228 *Hohmann*, ZIS 2007, 38 (41).

1229 So die ganz herrschende Meinung *BGH*, NJW 1981, 354 (355 f.); *Jeschek/Weigend*, S. 309 m.w.N. Zu Einwänden und weiteren Ansätzen siehe insbesondere *Dietmeier*, S. 178 ff. m.w.N.

1230 *Hohmann*, ZIS 2007, 38 (41).

1231 *Dietmeier*, S. 222; *Hohmann*, ZIS 2007, 38 (41).

1232 *Kirch-Heim/Samson*, wistra 2008, 81 (87).

1233 *Samson/Günther*, in: SK, Stand: 39. Lfg., 5. Aufl., § 266 StGB Rn. 49; *Arzt/Weber/Heinrich/ Hilgendorf*, § 22 Rn. 69; *Jakobs*, NStZ 2005, 276 (277); *Vogel/Hocke*, JZ 2006, 568 (571).

Vermögensbetreuungspflicht müsste dann eine Bestrafung nach § 266 StGB ausschließen.[1234]

Literatur und Rechtsprechung scheinen sich bei der Frage, was der Vorsatz hinsichtlich der Pflichtverletzung umfassen muss, an diesem Grundsatz allerdings nur teilweise zu orientieren.[1235]

Wie gezeigt ordnet ein Großteil des Schrifttums die Pflichtverletzung aus irrtumsrechtlicher Sicht als normatives Tatbestandsmerkmal ein.[1236] Danach muss der Täter nicht nur die Tatsachen, die seine Vermögensbetreuungspflicht begründen, kennen, sondern auch die ihm obliegende Pflicht zumindest auf Basis einer Parallelwertung in der Laiensphäre nachvollzogen haben.[1237] Nach der täterfreundlichsten Auffassung soll damit sogar jegliche Vorstellung des Täters, sich bei seinem Handeln pflichtgemäß zu verhalten, zu einem Vorsatzausschluss nach § 16 Abs. 1 StGB führen.[1238] Praktisch bedeutet dies, dass bei Unkenntnis oder irriger Auslegung der für die Pflichtwidrigkeit maßgebenden Normen stets von einem Ausschluss des Vorsatzes auszugehen wäre.[1239] Eine echte Orientierung liefert die Literatur hier nicht.

Noch uneinheitlicher zeigt sich die Rechtsprechung.[1240] Schien diese insgesamt bislang davon auszugehen, dass der Untreuevorsatz auch das Bewusstsein der Pflichtwidrigkeit umfassen muss,[1241] so hat der *BGH* in der viel beachteten

---

1234 Vgl. *Schünemann*, in: LK, § 266 StGB Rn. 193. Eine entsprechende Fahrlässigkeitsstrafbarkeit sieht das Gesetz für § 266 StGB nicht vor. Damit liegt auf der Hand, dass gerade bei der Anwendung des Untreuetatbestandes zur Bekämpfung wirtschaftlicher Missstände viel daran gelegen sein dürfte, Manager nicht in den Genuss des § 16 StGB kommen zu lassen. Diese sollen sich nicht durch entsprechende „Gefälligkeitsgutachen" entlasten können. Allgemein zur Vermeidung der Strafbarkeit durch Einholung juristischer Gutachten *Kirch-Heim/Samson*, wistra 2008, 81 ff. m.w.N.

1235 *Saliger*, in: SSW, § 266 StGB Rn. 105 m.w.N. zu den unterschiedlichen Auffassungen im Schrifttum. Weitgehend unstreitig ist dabei, dass der Vorsatz generell auch die Pflichtwidrigkeit umfassen muss, *Fischer*, § 266 StGB Rn. 172; *Tiedemann*, GmbH-Strafrecht, Vor §§82 ff. Rn. 13 j.m.w.N.

1236 § 8 I.1.

1237 Siehe *Hoyer*, in: SK, Stand: 123. Lfg., § 266 StGB Rn. 118 m.w.N.

1238 *Dierlamm*, in: MüKo, § 266 StGB Rn. 239; *Perron*, in: Schönke/Schröder, § 266 StGB Rn. 49; *Lüderssen*, in: FS-Richter Band II; S.373, 378. Hiergegen aber ausdrücklich *BGH*, wistra 2006, 137 (146); nicht abgedruckt in *BGH*St 50, 331 ff. (*Mannesmann*).

1239 So *Tiedemann*, GmbH Strafrecht, Vor §§ 82 ff. Rn. 13 m.w.N.

1240 Vgl. die Nachweise bei *Saliger*, in: SSW, § 266 StGB Rn. 105; *Tiedemann*, GmbH Strafrecht, Vor §§ 82 ff. Rn. 13.

1241 *BGH*St 34, 379 (390).

„Mannesmann“-Entscheidung nun eine weiter differenzierende Betrachtungsweise vorgenommen.[1242] Infolgedessen soll es für den Vorsatz einerseits nicht ausreichen, dass der Täter die Tatsachen kennt, aus denen sich die Pflichtwidrigkeit seines Handelns ergibt. Andererseits soll aber auch nicht jede fehlerhafte Wertung des Täters, nicht pflichtwidrig zu handeln, zum Ausschluss des Vorsatzes führen.[1243] Je komplizierter die akzessorische Bestimmung der Pflichtwidrigkeit ist, umso eher soll die Annahme eines Tatumstandsirrtums nach § 16 StGB in Betracht kommt während bei evidenter Pflichtwidrigkeit des Verhaltens vielmehr die Annahme eines Verbotsirrtums gem. 17 StGB nahe liegen soll.[1244]

Für die in dieser Arbeit untersuchte Fragestellung bedeutet dies, dass sich der 3. Strafsenat des *BGH* scheinbar der irrtumsrechtlichen These vom normativen Tatbestandsmerkmal angeschlossen hat.[1245] Eine ausdrückliche Klärung zur Abgrenzung zwischen normativen Tatbestandsmerkmalen und Blanketttatbeständen beinhaltet das Urteil jedoch nicht. So spricht der *BGH* bei der Frage der Abgrenzung zwischen Tatumstands- und Verbotsirrtum lediglich davon, dass es sich bei dem Tatbestandsmerkmal der Verletzung der Pflicht, die Vermögensinteressen wahrzunehmen, um einen Tatbestand *„mit stark normativ geprägten objektiven Tatbestandsmerkmalen handelt.“*[1246] Schließlich hat auch der weitere Verfahrensverlauf hier keine weitere Klärung bringen können, hat doch das *LG Düsseldorf* das Verfahren nach Zurückverweisung gem. § 153a StPO eingestellt.[1247] Ob und wie sich diese neue Tendenz der Rechtsprechung somit auf die vor dem Hintergrund der verfassungsrechtlichen Dimension geführte Abgrenzungsdiskussion noch auswirken könnte, ist unklar.[1248] Selbst die Behandlung des Irrtums über die Pflichtwidrigkeit in der Rechtsprechung kann damit nur ein äußerst schwaches Indiz für die Einordnung als normatives Tatbestandsmerkmal darstellen.[1249]

1242 *BGH*, wistra 2006, 137 (146); nicht abgedruckt in *BGH*St 50, 331 ff. (*Mannesmann*). Das *LG Düsseldorf*, NJW 2004, 3275 (3285) ist in der Vorinstanz noch von einem gesamttatbewertenden Merkmal und damit vom Vorliegen eines Verbotsirrtums ausgegangen; dies ablehnend *Jakobs*, NStZ 2005, 276 ff. Siehe aber auch die Entscheidung *BGH*St 51, 100 (119) (*Kanther*), wonach eine Fehlvorstellung über parteigesetzliche Regelungen als Tatumstandsirrtum gewertet werden soll.

1243 *BGH*, wistra 2006, 137 (146); nicht abgedruckt in *BGH*St 50, 331 ff. (*Mannesmann*).

1244 *Saliger*, in: SSW, § 266 StGB Rn. 105.

1245 So auch *Saliger*, in: SSW, § 266 StGB Rn. 105; *Hohn*, wistra 2006, 161 (164).

1246 *BGH*, wistra 2006, 137 (146); nicht abgedruckt in *BGH*St 50, 331 ff. (*Mannesmann*).

1247 Kritisch hierzu *Saliger/Sinner*, ZIS 2007, 476 (482).

1248 Kritisch *Dinter*, S. 5 ff.

1249 So auch *Dinter*, S. 6 f.

b) Die Fremdrechtsanwendung im Rahmen des Untreuetatbestandes

Wie zuvor aufgezeigt, müssen sich solche Normen nicht an den verfassungsrechtlichen Anforderungen des Art. 103 Abs. 2 GG messen lassen, bei denen es sich weder um Strafgesetze handelt noch um solche, die zur Ausfüllung strafrechtlicher Blankette bestimmt sind.[1250]

Betrachtet man an dieser Stelle nun die „neue" Diskussion ist festzustellen, dass diese Unterscheidung zwischen Blankett und normativen Tatbestandsmerkmalen bei Fremdrechtsanwendung im Rahmen des Pflichtwidrigkeitsmerkmals häufig nicht genau genommen wird. Im ersten Schritt gehen zahlreiche Autoren davon aus, dass es sich bei der Pflichtwidrigkeit entweder um ein normatives Tatbestandsmerkmal handelt oder dass es auf eine Qualifikation als Blankett oder normatives Tatbestandsmerkmal gar nicht ankäme. Im zweiten Schritt prüfen dieselben Autoren dann jedoch – zumeist ohne weitere Begründung – auch die Voraussetzungen einer verfassungsrechtlichen Vereinbarkeit einer Fremdrechtsanwendung im Strafrecht.[1251] Dies ist, unter Zugrundelegung der zuvor dargestellten Rechtsprechung und herrschenden Ansicht im Schrifttum, jedoch gar nicht erforderlich. Schließlich kann bei Vorliegen eines normativen Tatbestandsmerkmals mittels des Internationalen Privatrechts das ausländische Zivil- oder Gesellschaftsrecht ohne Berücksichtigung möglicher verfassungsrechtlicher Grenzen zur Ausfüllung herangezogen werden. Normative Tatbestandsmerkmale sind nicht anhand der verfassungsrechtlichen Anforderungen des Art. 103 Abs. 2 GG, § 1 StGB zu messen[1252]. Derart konsequent will man diesen Schritt anscheinend jedoch nicht gehen und überprüft indessen die Ausfüllung des akzessorischen Merkmals wiederum anhand der verfassungsrechtlichen Anforderungen

1250 Siehe § 7 III.

1251 Vgl. etwa *Pattberg*, S. 291 ff.; *Worm*, S. 112 u. 114. Auch *Ransiek/Hüls*, ZGR 2009, 157 (177) prüfen die Einbeziehung englischen Rechts anhand des Parlamentsvorbehalts, obwohl sie ausdrücklich davon ausgehen, dass es sich bei der Pflichtverletzung um ein normatives Tatbestandsmerkmal handelt. Des Weiteren *Böse*, in: NK, Vor § 3 StGB Rn. 67; *Bittmann*, NStZ 2009, 113 (114 f.); *Radtke*, GmbHR 2008, 729 (734 ff.). Konsequent hingegen *Hellmann/Beckemper*, Wirtschaftsstrafrecht, Rn. 377; *dies*., Fälle zum Wirtschaftsstrafrecht, Rn. 469 dann allerdings doch wiederum mit einer alternativen Begründung ihres Ergebnisses. Unklar auch *Wietz*, der auf S. 164 ff. die Pflichtwidrigkeit „*unstreitig*" für ein normatives Tatbestandsmerkmal hält, sich dann aber ab S. 141 ff. dennoch ausführlich mit den verfassungsrechtlichen Grenzen einer Fremdrechsanwendung im Rahmen des Untreuetatbestandes auseinandersetzt.

1252 § 7 IV.

für Blanketttatbestände.[1253] Somit wird der Untreuetatbestand in Bezug auf eine Fremdrechtsanwendung im Schrifttum überwiegend wie ein Blanketttatbestand und nicht wie ein normatives Tatbestandsmerkmal behandelt. Die Unterscheidung zwischen normativen Tatbestandsmerkmalen und Blanketttatbeständen wird hinsichtlich der verfassungsrechtlichen Anforderungen mithin verwischt.

Auch der aktuellen Rechtsprechung zur Untreuestrafbarkeit des *directors* einer in Deutschland ansässigen *Limited* lässt sich kein weiterer Begründungsansatz entnehmen. So wird selbst in dem Urteil des *BGH*[1254] das Pflichtwidrigkeitserfordernis unter bloßer Berufung auf die herrschende Meinung als normatives Tatbestandsmerkmal bewertet, ohne auf die verfassungsrechtliche Dimension dieser Feststellung für die Fremdrechtsanwendung näher einzugehen.[1255]

c) Die Beachtung des Analogieverbots

Auch im Rahmen des an den Richter gerichteten generellen Verbots strafbegründender Analogien zu Lasten des Täters wird der Untreuetatbestand häufig wie ein Blanketttatbestand behandelt. Eine Analogie ist die Anwendung eines Gesetzes auf einen Sachverhalt, obwohl der Wortlaut des Gesetzes den Sachverhalt nicht erfasst. Eine Ausdehnung der Strafbarkeit über den Wortlaut des Strafgesetzes hinaus ist dem Richter gem. Art. 103 Abs. 2 GG, § 1 StGB verboten.[1256] Analogien, die zu einer Einschränkung des Strafgesetzes führen, sind im Strafrecht hingegen zulässig. Nach allgemeiner Meinung bezieht sich das Verbot strafbegründender Analogien jedoch nur auf Normen des Strafrechts. Handelt es sich mithin um ein normatives Tatbestandsmerkmal, ist die in Bezug genommene außerstrafrechtliche Norm keine Norm des Strafrechts; der Richter kann dann das vorgefundene Recht innerhalb der zulässigen Auslegungsmethoden anwenden. Auch Analogien zu Lasten des Täters im außerstrafrechtlichen Bereich sind dabei grundsätzlich zulässig.[1257] Nimmt man hingegen an, dass es sich bei § 266 StGB um einen Blanketttatbestand handelt, unterfällt die Ausfüllungsvorschrift als Bestandteil

1253 Wobei ein Verstoß gegen Art. 103 Abs. 2 GG dann aus verschiedenen Gründen zumeist nicht angenommen wird.

1254 *BGH*, NStZ 2010, 632 ff.

1255 Kritisch hierzu § 5 III.4.c).

1256 Siehe zum Verbot strafbegründender Analogien auch § 9 III.1.

1257 *BVerfG*E 78, 205 (213) (*Uracher Hortfund*); *Dannecker*, in: LK, § 1 StGB Rn. 258 m.w.N.; *Enderle*, S. 228. Differenzierend hingegen *Hentschke*, S. 263 ff. m.w.N., wonach es für die Zulässigkeit auf einen Regelungseffekt der außerstrafrechtlichen Norm ankommen soll.

des Strafgesetzes dem Analogieverbot.[1258] Sämtliche Analogien im außerstrafrechtlichen Bereich zu Lasten des Täters wären dann unzulässig.

Auch dieser Grundsatz wird in der Literatur häufig nicht konsequent beachtet. Deutlich wird dies etwa bei der Diskussion im Rahmen des Untreuetatbestandes um das neu eingeführte Zahlungsverbot gem. § 64 S. 3 GmbHG.[1259] Der Wortlaut der Norm bezieht sich dabei lediglich auf „Zahlungen" an die Gesellschafter. Gesellschaftsrechtlich anerkannt ist jedoch, dass auch sonstige Leistungen in den Anwendungsbereich der Vorschrift fallen.[1260] Ein solches zivilrechtlich durchaus mögliches Verständnis, wonach als Zahlungen sämtliche vermögenswerten Leistungen gelten, soll etwa nach Auffassung von *Bittmann* einen Verstoß gegen das Analogieverbot bedeuten.[1261] Stillschweigend wird im Rahmen dieser Argumentation damit vom Vorliegen eines Blanketttatbestands ausgegangen, zur grundlegenden Frage der Abgrenzung hingegen aber keine Stellung bezogen. Auch die Rechtsprechung hat bislang explizit offen gelassen, ob im Rahmen des Untreuetatbestandes eine über den Wortsinn hinausgehende Auslegung mittelbar strafrechtsbegründender zivilrechtlicher Normen zulässig ist.[1262]

d) Die Anwendung des Milderungsgebots § 2 Abs. 3 StGB

Ähnlich wie beim Analogieverbot kommt es für das Milderungsgebot gem. § 2 Abs. 3 StGB darauf an, ob bei Änderungen von außerstrafrechtlichen Normen eine Untreuestrafbarkeit wegen eines hiergegen vorliegenden Verstoßes rückwirkend entfallen kann. Wäre § 266 StGB ein Blanketttatbestand, so müsste die außerstrafrechtliche Ausfüllungsnorm als Bestandteil des Blankettstrafgesetzes in den Geltungsbereich des Milderungsgebots einzubeziehen sein.[1263] Nach Ansicht des *OLG Stuttgart* handelt es sich beim Untreuetatbestand um einen

---

1258 Allgemein *BVerfG*E 48, 48 (57 ff.); *Dannecker*, in: LK, § 1 StGB Rn. 257 m.w.N.; *Roxin*, § 5 Rn. 40; *Enderle*, S. 228.

1259 *Bittmann*, wistra 2007, 321 (325), der allerdings noch § 64 Abs. 2 S. 3 GmbHG nach dem Referentenentwurf zum MoMiG zitiert.

1260 Siehe die Nachweise zuvor unter § 6 III.2.b)aa)(1)(e).

1261 *Bittmann*, wistra 2007, 321 (325). So auch *Wietz*, S. 32 Fn. 122, der im Folgenden § 266 StGB aber für normativ hält.

1262 Ausdrücklich so *BGH*, NJW 2008, 1827 (1828). Hierbei ging es um die Frage, ob zur Begründung einer Vermögensbetreuungspflicht bei § 266 StGB auf eine analoge Anwendung des § 551 Abs. 3 BGB zurückgegriffen werden kann.

1263 Allgemein hierzu *Dietmeier*, S. 141 ff. m.w.N.

solchen Blanketttatbestand,[1264] wodurch eine Änderung der blankettausfüllenden Norm eine Änderung des Blankettstrafgesetzes selbst bewirkt.[1265]

e) *Zwischenergebnis*

Die überblickartige Bestandsaufnahme zur tatsächlichen Behandlung des Untreuetatbestandes in der Rechtsprechung und Literatur fällt ernüchternd aus. Weder stellt sich die Behandlung des Untreuetatbestandes in der Rechtsprechung und dem strafrechtlichen Schrifttum als einheitlich noch als in sich konsequent dar. Je nach Fragestellung wird das Merkmal der Verletzung einer Vermögensbetreuungspflicht im Rahmen des Untreuetatbestandes in Rechtsprechung und Literatur mal als normatives Tatbestandsmerkmal, mal als Blankett verstanden. Näher einzugehen ist folglich auf die zahlreichen Abgrenzungsbemühungen der strafrechtlichen Literatur und Rechtsprechung.[1266]

5. Theoretische Abgrenzungsversuche von Blanketten und normativen Tatbestandsmerkmalen

Der Untreuetatbestand entspricht der zuvor dargestellten Definition eines Blanketttatbestands, bei dem die Ergänzung des Straftatbestands nicht vom Strafgesetzgeber, sondern von einer anderen Stelle und zu einer anderen Zeit vorgenommen wird. Aufgabe muss es daher sein, den Grad an Unvollständigkeit des Merkmals der Verletzung einer Vermögensbetreuungspflicht zu ermitteln, der ein normatives Tatbestandsmerkmal in ein Blankettmerkmal umschlagen lässt.[1267] Dem Wortlaut der Norm lassen sich dabei allerdings keine Anhaltspunkte entnehmen. Auch in anderen Tatbeständen des StGB findet sich der Begriff der Vermögensbetreuungspflicht nicht. Zudem fehlt es an der für Blankettstrafgesetze theoretisch eigentlich typischen Grundstruktur: „*Bestraft wird,*

1264 *OLG Stuttgart*, wistra 2010, 34 (36). Ausführlich hierzu § 8 I.6.d).

1265 *BGHSt* 20, 177 (181); *OLG Stuttgart*, wistra 2010, 34 (36). Siehe hierzu auch *Hentschke*, S. 258 ff. m.w.N.

1266 Während sich die verfassungsrechtlichen Abgrenzungen vor dem Hintergrund der Garantiefunktion dabei maßgeblich mit den Anforderungen an den Gesetzgeber befassen, liegen den irrtumspezifischen Abgrenzungen zumeist Argumente hinsichtlich der richterlichen Normanwendung zu Grunde. Speziell zum Untreuetatbestand siehe *Samson/Günther*, in: SK-StGB, Stand: 39. Lfg., 5. Aufl., § 266 Rn. 49; *Arzt/Weber/Heinrich/Hilgendorf*, § 22 Rn. 69; *Jakobs*, NStZ 2005, 276 (277 f.); *Tiedemann*, in: FS-Weber, S. 319 (322); *Vogel/Hocke*, JZ 2006, 568 (571).

1267 So prägnant *Rönnau*, ZStW 119 (2007), 887 (904).

wer der Gebots- oder Verbotsnorm X zuwider handelt".[1268] Damit liegt bei der Einordnung des Untreuetatbestandes ein Zweifelsfall vor, bei dessen Abgrenzung insbesondere auch materielle Aspekte eine Rolle spielen.[1269] Entscheidend ist folglich, wie die verschiedenen Ansichten in Rechtsprechung und Literatur zur Unterscheidung von normativen Tatbestandsmerkmalen und Blanketttatbeständen das Merkmal der Verletzung einer Vermögensbetreuungspflicht einordnen würden.[1270] Zu beachten ist dabei, dass es an dieser Stelle zunächst nur um eine „Definition" des Unterschieds zwischen Blankett und normativem Tatbestandsmerkmal geht, die sich wiederum aus der Art und Ausgestaltung der Verweisung im Straftatbestand ergibt. Die Folgen, die sich aus der Einordnung als Blankett oder normatives Tatbestandsmerkmal ergeben, und die Frage, ob eine Unterscheidung überhaupt Sinn macht, sind erst in einem nächsten Schritt zu betrachten.[1271]

a) Formale Abgrenzungskriterien

Zunächst wird zum Zwecke der Unterscheidung formal darauf abgestellt, ob der Tatbestand ausdrücklich oder stillschweigend auf außerstrafrechtliche Normen verweist.[1272] Handelt es sich um einen ausdrücklichen Verweis, so soll ein Blankett, bei einem stillschweigenden Verweis hingegen, ein normatives Tatbestandsmerkmal vorliegen. Von einem derart formalistischen Standpunkt aus betrachtet könnte das Tatbestandsmerkmal der Verletzung einer Vermögensbetreuungspflicht in § 266 StGB eher als ein normatives Tatbestandsmerkmal einzuordnen sein. Allgemein kann ein solcher Abgrenzungsversuch auch keine

---

1268 Vgl. *Puppe*, in: NK, § 16 StGB Rn. 19 m.w.N. Siehe ferner *Cornils*, S. 18; *von der Heide*, S. 173.

1269 In diesem Sinne auch *Backes*, S. 117 ff.; *von der Heide*, S. 173.

1270 Dargestellt werden kann hier allerdings nur eine Auswahl der wesentlichen in der Diskussion vertretenen Auffassungen, ausführlich *Enderle*, S. 79 ff. m.w.N.

1271 Hierzu § 9 I. Diesem Ansatz ist zuzugestehen, dass eine Abgrenzung ohne Blick auf die rechtlichen Folgen grundsätzlich schwierig ist. Will man an dieser Stelle zunächst zu einem wertungsfreien – was bei der Diskussion um eine Fremdrechtsanwendung im Strafrecht häufig nicht der Fall ist – Ausgangspunkt für die späteren Schlussfolgerungen, die allgemein aus der Einordnung als Blankett oder normatives Tatbestandsmerkmal gezogen werden, gelangen, so ist keine andere Vorgehensweise ersichtlich.

1272 So *BVerfG*E 37, 201 (208 f.); kritisch hierzu *Tiedemann*, ZStW 107 (1995); 597 (641 f.). Ferner in diesem Sinne *Brugger*, VerwArch 78 (1987), 1 (4 f.); *Herzberg*, JuS 1980, 469 (473). Ausführlich zu den formalen Abgrenzungskriterien sowie deren Schwächen *Enderle*, S. 82 ff. m.w.N.

wesentliche Aussagekraft haben, wird die Formulierung der Verweisung vom Gesetzgeber doch häufig eher zufällig vorgenommen.[1273] Darüber hinaus ist wohl unbestrittenen, dass sich gerade die Einordnung des Untreuetatbestandes in einem Graubereich befindet, so dass ein bloßes Abstellen auf die Regelungsstruktur des Tatbestandes hier nicht ausreichen kann.

b) Ansicht des Bundesverfassungsgerichts „Uracher Hortfund"

Wer sich näher mit der Abgrenzung von normativen Tatbestandsmerkmalen und Blanketttatbeständen beschäftigt, wird eher früher als später unweigerlich auf die Entscheidung „*Uracher Hortfund*" des *BVerfG* stoßen.[1274] Für die Frage, ob das Pflichtwidrigkeitsmerkmal im Rahmen des § 266 StGB ein normatives Tatbestandsmerkmal oder ein Blanketttatbestand sei, hat das *BVerfG* auch jüngst wieder auf diese Entscheidung verwiesen und ohne nähere Begründung angenommen, dass es sich bei dem Merkmal der Pflichtwidrigkeit um ein „*komplexes normatives Tatbestandsmerkmal*" handelt.[1275] Interpretiert wird die Entscheidung „*Uracher Hortfund*" im Schrifttum allerdings unterschiedlich.

In der Entscheidung „*Uracher Hortfund*" ging es um Frage, ob die Verurteilung wegen Unterschlagung gem. § 246 StGB iVm. § 23 des baden-württembergischen Gesetzes zum Schutz der Kulturdenkmale (DSchG) gegen Artt. 14 und 103 Abs. 2 GG verstößt. Der Beschwerdeführer hatte mit einem Metalldetektor in der Nähe von Urach nach altertümlichen Gegenständen gesucht und dort den sog. „Hortfund", verschiedene Gegenstände aus der alemannischen Zeit, gemacht. Nach § 23 DSchG werden bewegliche Kulturdenkmale, die herrenlos sind, mit der Entdeckung jedoch Eigentum des Landes.

Im Hinblick auf einen möglichen Verstoß gegen das Bestimmtheitsgebot stellte das Gericht dabei fest, dass „*die §§ 242, 246 StGB und vergleichbare Strafvorschriften (z.B. § 249 StGB) keine Blankettstrafgesetze*" seien.[1276] Sie würden das mit Strafe bedrohte Verhalten vollständig und ohne Bezugnahme auf andere Bestimmungen umschreiben.[1277] Zwar stellten diese Vorschriften auf die Eigentumsordnung ab und bedürften daher der Auslegung anhand der das Eigentum zuordnenden Gesetze, dies habe jedoch nicht zur Folge, dass sämtliche

1273 *Tiedemann*, Wirtschaftsstrafrecht AT, Rn. 100.
1274 *BVerfG*E 78, 205 (213) (*Uracher Hortfund*). Siehe zu diesem Urteil auch die Anmerkungen bei *Enderle*, S. 123 f.; *Tiedemann*, Wirtschaftsstrafrecht AT, Rn. 107.
1275 *BVerfG*E 126, 170 (204 f.).
1276 *BVerfG*E 78, 205 (213) (*Uracher Hortfund*).
1277 *BVerfG*E 78, 205 (213) (*Uracher Hortfund*).

gesetzliche Vorschriften über die Eigentumsordnung am Bestimmtheitsgebot zu messen seien.[1278]

Sieht man hierin nicht nur das zuvor dargestellte formelle Kriterium des Fehlens einer Bezugnahme auf andere Bestimmungen, sondern insbesondere mit *Enderle* auch ein materielles Kriterium,[1279] so scheint das *BVerfG* damit auch auf die Vollständigkeit der Verhaltensbeschreibung abzustellen. Maßgeblich ist damit, ob der Tatbestand das mit Strafe bedrohte Verhalten ohne Bezugnahme auf andere Normen vollständig bezeichnet. Der Normadressat muss dem Tatbestand eine vollständige Handlungs- und Unrechtsbeschreibung entnehmen können. Die in Bezug genommen anderen Bestimmungen dienen dann nur der Auslegung des normativen Tatbestandsmerkmals.[1280]

Ob dem Merkmal der Verletzung einer Vermögensbetreuungspflicht bei § 266 StGB solch eine sinnvolle näher bestimmte Verhaltensbeschreibung entnommen werden kann, ist sogleich zu diskutieren. Immerhin ist die Tathandlung der Pflichtverletzung deutlich weniger greifbar als das Merkmal „fremd" beim Tatbestand der Unterschlagung oder des Diebstahls. Hervorzuheben ist insbesondere auch, dass das *BVerfG* in der Entscheidung „*Uracher Hortfund*" den Untreuetatbestand und dessen akzessorische Ausgestaltung überhaupt nicht erwähnt.[1281]

c) Anknüpfung an einen anderweitigen Regelungseffekt

Ein weiterer in der allgemeinen Abgrenzungsdiskussion verbreiteter Ansatz ist die Frage, ob die Norm an einen anderweitig begründeten Regelungseffekt oder vielmehr an die diesem Effekt zugrunde liegenden Voraussetzungen anknüpft.[1282] Übernimmt das Strafrecht lediglich einen anderweitig begründeten Regelungseffekt – also die außerstrafrechtlichen Rechtsfolgen –, so soll es sich um ein normatives Tatbestandsmerkmal handeln.[1283] Übernimmt die Strafnorm hingegen weitgehend die diesem Effekt zugrunde liegenden Voraussetzungen, dann soll

1278 *BVerfG*E 78, 205 (213) (*Uracher Hortfund*).

1279 *Enderle*, S. 123 ff. u. 234.

1280 Ähnlich auch *Kölbel*, GA 2002, 403 (409 Fn. 29); *Lange*, JZ 1956, 73 (75 ff.).

1281 Umso merkwürdiger mutet daher der Verweis in *BVerfG*E 126, 170 (204 f.) auf diese Entscheidung an. Zumindest hätte sich das *BVerfG* an dieser Stelle mit der Entscheidung *Uracher Hortfund* und den sich daraus ergebenen Konsequenzen vertieft auseinandersetzen müssen.

1282 *Rönnau*, ZStW 119 (2007), 887 (905).

1283 *Dannecker*, S. 479; *Hentschke*, S. 265 ff. m.w.N.; *Jakobs*, NStZ 2005, 276 (277 f.).

ein Blankett vorliegen.[1284] In diesem Fall muss das Strafrecht das Ergebnis noch selbst entwickeln.[1285] Dem scheint im Wesentlichen auch die „Faustformel" von *Walter* zu entsprechen, wonach ein Blankett immer dann vorliegen soll, wenn der Tatbestand „*ein vortatbestandliches Ge- oder Verbot übernimmt und höchstens um einige Tatbestandsmerkmale ergänzt.*"[1286]

Als Beispiel für eine Anknüpfung an einen anderweitigen Regelungseffekt lässt sich wiederum der Diebstahlstatbestand mit folgendem Sollenssatz anführen: „*Wer einem anderem eine Sache wegnimmt, die – nach welchen Entstehungsgründen auch immer – einem anderen gehört, wird bestraft.*" Hier ist eindeutig, dass im Straftatbestand lediglich der Regelungseffekt der Eigentümerstellung übernommen wird.[1287] Betrachtet man unter diesem Aspekt allerdings den Untreuetatbestand, so wird sich wohl nicht leugnen lassen, dass sich eine Inbezugnahme der außerstrafrechtlichen Regelung – zumindest bei der Frage nach der Verletzung der Vermögensbetreuungspflicht – nicht auf die bloße Übernahme eines Regelungseffekts beschränkt. Die gesellschaftsrechtlichen Vorschriften, die die Pflichtwidrigkeit begründen, beschreiben – zumindest teilweise – mehr die Tathandlung als dass sie einen bloßen Wertbezug beschreiben. Folglich geht es im Rahmen des Untreuetatbestandes um die Übernahme einer konkreten Verhaltenspflicht sowie deren Bewertung.[1288]

d) Die Ansicht von Puppe – „tautologische Betrachtung"

Einen dem Abgrenzungskriterium des Regelungseffekts ähnelnden Ansatz verfolgt *Puppe*:[1289] Danach sei für die Annahme eines (materiellen) Blanketttatbestandes maßgeblich, dass der Norm eine sinnvolle Bestimmung entnommen werden kann. Es komme somit darauf an, wo der strafbewehrte Normbefehl zu verorten ist. Ist dies eine vortatbestandliche Materie, dann handele es sich um einen Blanketttatbestand, ergibt sich der tatbestandliche Sinn bereits aus dem Straftatbestand, so liege ein normatives Tatbestandsmerkmal vor. Damit folgen bei den Tatbeständen des Diebstahls und der Sachbeschädigung die Verbote

1284 *Jakobs*, 4. Abschn. Rn. 66, 72 u. 8. Abschn. Rn. 46 f.

1285 So *Tiedemann*, Verfassungsrecht und Strafrecht, S. 40.

1286 *Walter*, in: FS-Tiedemann, S. 969, 976 f.

1287 *Jakobs*, 4. Abschn. Rn. 66. Kritisch zu diesem Ansatz, *Enderle*, S. 106 f.

1288 Anders aber *Wietz*, S. 165, der allerdings selbst davon auszugehen scheint, dass es sich bei der Anknüpfung an einen außerstrafrechtlichen Regelungseffekt um eine bloße Behauptung handelt.

1289 *Puppe*, in: NK, § 16 StGB Rn. 20 ff.; *dies.*, § 32 Rn. 36; *dies.*, GA 1990, 145 (162 ff.). Zustimmend *Rönnau*, in: Haarmann/Schüppen, Vor § 60 Rn. 24; *Lauer*, S. 49 ff.

nicht aus den zivilrechtlichen Vorschriften, die den Übergang des Eigentums regeln, sondern aus dem Straftatbestand selbst. Bei § 283b Abs. 1 Nr. 1 StGB hingegen erhalte der Tatbestand seinen Sinn erst durch die Ausfüllungsnorm.[1290]

Betrachtet man unter diesem Aspekt nun den Untreuetatbestand, so ist festzustellen, dass auch hier auf Pflichten Bezug genommen wird, die in anderen Rechtssätzen kodifiziert sind. Aus dem Merkmal der „Verletzung einer Vermögensbetreuungspflicht" erhält man, im Gegensatz zum Diebstahlstatbestand, ohne Rückgriff auf außerstrafrechtliche Normen keine sinnvolle Bestimmung eines Verbots. Nur aus den entsprechenden außerstrafrechtlichen Normen z. B. des GmbHG oder AG folgt für den Täter ein konkretes Verbot des Handelns. Das Merkmal bezieht sich folglich nicht nur auf die Rechtsfolgen, die in diesen Vorschriften angeordnet sind, sondern auf deren Tatbestand. Insofern spricht nach dem Ansatz von *Puppe* – dessen Kritikern[1291] allerdings zuzugestehen ist, dass der Ansatz in der praktischen Anwendung nicht so trennscharf ist, wie es zunächst den Anschein hat – vieles dafür, den Untreuetatbestand als Blankett einzuordnen.[1292]

e) Schutzobjekt des Straftatbestandes

Andere wollen wiederum danach unterscheiden, ob das Merkmal das Schutzobjekt des Straftatbestandes bezeichnet, weil dann das fragliche Merkmal dem Schutz des außerstrafrechtlichen Rechtsinstituts, wie beispielsweise der Eigentumsordnung, dienen soll.[1293] In diesen Fällen würden die Straftatbestände den Tatbestand inhaltlich selbst gestalten, so dass es sich um vollständige Tatbestände handelt.[1294] Konkret bedeutet dies, dass die strafrechtliche Regelung an das au-

1290 *Puppe*, in: NK, § 16 StGB Rn. 20 ff.

1291 Siehe *Dietmeier*, S. 227 f.; *Enderle*, S. 107 ff.; *Walter*, in: FS-Tiedemann, S. 969, 974 f.

1292 Allgemein sollen nach der Ansicht von *Puppe*, in: NK, § 16 StGB Rn. 24 Merkmale wie „pflichtwidrig" oder „Pflichtverletzung" dann Blankettmerkmale sein, wenn sie auf solche Pflichten verweisen, die in anderen Gesetzen positiv normiert sind. Als Beispiel nennt sie das Merkmal der Verletzung einer Dienstpflicht in § 332 StGB und § 334 StGB. *Dies.* GA 1990, 145 (170 f.) ordnet die Pflichtwidrigkeit im Rahmen von § 266 StGB als tatbewertendes Merkmal ein, wobei dies allerdings ihrer eigenen Kategorisierung zu widersprechen scheint, siehe hierzu auch *Dinter*, S. 51 f. m.w.N.

1293 *Dannecker*, in: LK, § 1 StGB Rn. 149; *Tiedemann*, Wirtschaftsstrafrecht AT, Rn. 108., *ders.*, ZStW 107 (1995), 597 (639 ff.).

1294 *Dannecker*, in: LK, § 1 StGB Rn. 149; *Tiedemann*, Wirtschaftsstrafrecht AT, Rn. 108.

ßerstrafrechtliche Rechtsinstitut als solches anknüpft, ohne seine Umschreibung oder Benennung zu einer strafrechtlichen zu machen.[1295]

Unter Zugrundelegung dieser Abgrenzung wäre der Untreuetatbestand wohl als normativ bestimmter Straftatbestand zu betrachten. Die Art und Weise, wie die Vermögensbetreuungspflicht verletzt wird, ist für die Unrechtsvertypung nicht weiter erheblich.

6. Stellungnahme

Zusammenfassend ist festzuhalten, dass es im Grundsatz vorrangig um die Frage gehen muss, ob die Unrechtsbeschreibung des Untreuetatbestandes selbst unvollständig ist und deshalb einer tatbestandlichen Ergänzung bedarf. Eine eindeutige allgemeingültige Abgrenzungsmethodik können auch die in der Rechtsprechung und der Literatur bislang vertretenen Abgrenzungsversuche nicht liefern. Diese sind, wie bereits von *Enderle* bemängelt, nach wie vor ausgesprochen unübersichtlich.[1296] Betrachtet man in dem hier interessierenden Zusammenhang den Begriff des Blankettgesetzes vorrangig als verfassungsrechtliche Kategorie,[1297] die insbesondere unter dem Gesichtspunkt der Garantiefunktion des Art. 103 Abs. 2 GG maßgeblich ist, so kann es für die Abgrenzung zwischen Blanketttatbestand und normativem Tatbestandsmerkmal nur auf materielle Abgrenzungskriterien ankommen.

a) Umschreibung des strafrechtlichen Verbots

Bedeutsam ist somit die tatbestandliche Umschreibung des strafrechtlichen Verbots. Ginge man hier vom Vorliegen eines normativen Tatbestandsmerkmals aus, so müsste das mit dem Untreuetatbestand verfolgte Verbot aus sich heraus – lediglich unter Zuhilfenahme der anerkannten Auslegungsmethoden – für den Normadressaten verständlich sein. Das Verbot des Untreuetatbestandes kann aber nur folgendermaßen verstanden werden: „*Du sollst niemandem einen Vermögensnachteil zufügen, indem Du Deine Vermögensbetreuungspflichten verletzt*“. Dieser Verbotssatz als solcher gibt dem Normadressaten aber noch

1295 Siehe *Dannecker*, in: LK, § 1 StGB Rn. 149; *Tiedemann*, Wirtschaftsstrafrecht AT, Rn. 108. Vgl. zu diesem Ansatz auch *Enderle*, S. 109 f.

1296 *Enderle*, S. 110.

1297 Weitere Sachfragen, die ebenfalls mit der Einordnung als normatives Tatbestandsmerkmal oder Blankett im Zusammenhang stehen, werden im Folgenden ausgeblendet.

keinen Aufschluss über das konkrete Verhaltensverbot, dem er unterliegt.[1298] Der Inhalt dieses Verhaltensverbots erschließt sich dem Normadressaten vielmehr erst durch ein Zusammenlesen des Untreuetatbestandes mit den entsprechenden Quellen der Vermögensbetreuungspflichten, wie zum Beispiel den jeweiligen gesellschaftsrechtlichen Vorschriften, der Gesellschaftssatzung oder dem konkreten Anstellungsvertrag. Durch die Verweisung auf die jeweiligen Pflichten zur Vermögensfürsorge wird im konkreten Fall eine Auflistung sämtlicher Pflichten durch das „Hineinlesen" in den Tatbestand ersetzt. Erst aus diesem kann sich ein hinreichend verhaltensorientierter Normbefehl ergeben. Es handelt sich insofern nicht mehr – wie beispielsweise beim Diebstahlstatbestand – um die bloße Interpretation eines bestimmten Begriffs.

b) Keine Vergleichbarkeit mit dem Merkmal „fremd"

Auch der immer wieder bemühte Vergleich mit dem Merkmal *„fremd"* bei § 242 StGB[1299] vermag nicht zu überzeugen.[1300] So hat es beim Tatbestand des Diebstahls für den Normadressaten keine Bedeutung, wie es zur fremden Eigentümerstellung gekommen ist, sondern nur, dass eine solche vorliegt. Angeknüpft wird insofern an einen bloßen Regelungseffekt. Beim Untreuetatbestand beschreiben die gesellschaftsrechtlichen Rechtsquellen hingegen – zumindest teilweise – das pflichtwidrige Verhalten und damit die Tathandlung. Somit legt das ausländische Recht das straftatbestandsmäßige Verhalten fest und bildet nicht nur die Grundlage für eine „untreuespezifische Konkretisierung" des Pflichtwidrigkeitsmerkmals.[1301]

c) Bedeutung der These vom normativen Tatbestandsmerkmal

Auch muss man sich in dem hier untersuchten Zusammenhang folgende Frage stellen: Welchen Wert haben Argumente, die sich mit den Anforderungen an den subjektiven Tatbestand befassen, überhaupt für eine verfassungsrechtliche Tatbestandseinordnung? Immerhin gehen die meisten Autoren, die den Untreuetatbestand als normativ bezeichnen, von einem solchen irrtumsrechtlichen Hintergrund aus.[1302] Dies gilt auch für den größten Teil der Rechtsprechung,[1303]

1298 Vgl. auch *Dinter*, S. 49, *Ransiek*, ZStW 116 (2004), 634 (644).
1299 Siehe *BGH*, NStZ 2010, 632 (634).
1300 Ebenso *Dinter*, S. 86 f.
1301 Anders aber *Radtke*, NStZ 2011, 556 (557 f.).
1302 § 8 I.1.
1303 Vgl. zuvor die tatsächliche Behandlung von § 266 StGB unter § 8 I.4.

die im Ergebnis häufig nach den gewünschten Rechtsfolgen - vorsatzausschließend oder lediglich schuldrelevant - abzugrenzen scheint.[1304] Anforderungen, die Art. 103 Abs. 2 GG an das Strafgesetz stellt, hängen aber nicht davon ab, welche Anforderungen durch die Irrtumslehren an den subjektiven Tatbestand gestellt werden.[1305] Einfachrechtliche Dogmatik determiniert nicht die verfassungsrechtliche Auslegung.[1306] Die vermeintlich herrschende Meinung, die bei der Diskussion zur Zulässigkeit der Fremdrechtsanwendung bemüht wird, könnte unter verfassungsrechtlichen Gesichtspunkten mithin gar nicht mehr so herrschend sein.

d) Die Entscheidung des OLG Stuttgart - Beschl. v. 14. April 2009 - 1 Ws 32/09

Ferner darf in diesem Zusammenhang die Entscheidung des *OLG Stuttgart*[1307] nicht übersehen werden. In der Entscheidung ging es um die Frage, ob eine Strafbarkeit der Angeklagten wegen Untreue durch die Rückgewähr eigenkapitalersetzender Darlehen und Leistungen aufgrund des MoMiG gem. § 2 Abs. 3 StGB entfallen ist. Durch das MoMiG hat der Gesetzgeber das bisherige Kapitalersatzrecht ersetzt, so dass Gesellschafterdarlehen und diesen wirtschaftlich gleichstehende Leistungen nunmehr vor der Insolvenz in der Krise abgezogen und an die Gesellschafter zurückgezahlt werden dürfen.[1308] Nach § 2 Abs. 3 StGB ist dann das mildeste Gesetz anzuwenden, wenn das Gesetz, das bei Beendigung der Tat galt, vor der gerichtlichen Entscheidung geändert wurde.

In diesem Zusammenhang hat das Gericht ausdrücklich festgestellt, dass - zumindest beim Treubruchstatbestand - die zu bestimmende Vermögensbetreuungspflicht keinen auslegungsfähigen unbestimmten Rechtsbegriff darstellt, sondern aufgrund des auf außertatbestandsmäßige Gesetze verweisenden Normbefehls „*eindeutig ein Blankettgesetz*" ist.[1309] Das Gericht begründet dies damit, dass § 266 Abs. 1 Fall 2 StGB ganz auf eine Handlungsbeschreibung verzichtet und auf andere Rechtsnormen verweist. Der Untreuetatbestand wird somit erst im Zusammenlesen mit den tatbestandsausfüllenden außerstrafrechtlichen

1304 *Enderle*, S. 110.
1305 Ausdrücklich so *Bachmann*, S. 27.
1306 So *Enderle*, S. 122.
1307 *OLG Stuttgart*, wistra 2010, 34 ff.
1308 Siehe zuvor § 2 III.
1309 *OLG Stuttgart*, wistra 2010, 34 (36).

Normen zu einem vollständigen Straftatbestand.[1310] Auch das Landgericht war in der Vorinstanz bereits davon ausgegangen, dass § 266 StGB in der Treubruchsvariante als Blankettgesetz u. a. auf die blankettausfüllenden Normen des GmbHG verweist.[1311]

Folgt man dieser Argumentation, so handelt es sich zumindest nach Ansicht einiger Gerichte beim Untreuetatbestand nur um eine „Sanktionshülle", die durch den Verstoß gegen außerstrafrechtliche Gesetze ausgefüllt wird. Insgesamt deutet die Regelungstechnik, nach der sich der Pflichtenkern erst aus einem Zusammenlesen mit der außerstrafrechtlichen Norm ergibt, auf die Einordnung des Merkmals der Verletzung einer Vermögensbetreuungspflicht als Blankett.

II. Ergebnis zu § 8

Auch wenn einem Großteil der zuvor dargestellten Abgrenzungsversuche ein irrtumsfunktionaler Ansatz zugrunde liegt, so können die regelungstechnischen Kriterien grundsätzlich auch vor dem Hintergrund der Anforderungen an eine Fremdrechtsanwendung im Strafrecht herangezogen werden. Im Ergebnis scheinen aber sämtliche Abgrenzungsversuche bei der eindeutigen Einordnung der akzessorischen Ausgestaltung des Merkmals der Verletzung einer Vermögensbetreuungspflicht zumindest teilweise zu versagen.[1312] Ferner wird man die Wertigkeit der These vom normativen Tatbestandsmerkmal im Hinblick auf die hier untersuchten verfassungsrechtlichen Konsequenzen einer solchen Differenzierung anders bewerten müssen.

Schließlich lässt sich auch aus der tatsächlichen Behandlung des Untreuetatbestandes im Hinblick auf Irrtumsfragen, die Fremdrechtsanwendung, die Beachtung des Analogieverbots sowie des Milderungsprivilegs keine Erkenntnis für die Einordnung des Untreuetatbestandes erzielen. Immerhin ist jedoch festzustellen, dass der Untreuetatbestand – quasi zur zusätzlichen Absicherung – häufig wie ein Blanketttatbestand behandelt und an Art. 103 Abs. 2 GG gemessen wird. Rechtsprechung und die herrschende Meinung im Schrifttum behandeln das Merkmal der Verletzung einer Vermögensbetreuungspflicht mithin nicht wie das häufig als Vergleich herangezogene normative Tatbestandsmerkmal „*fremd*" bei § 242 StGB. Eine entsprechende Konvention über die Einordnung des Merkmals der Verletzung einer Vermögensbetreuungspflicht hat sich offenbar noch

1310 *OLG Stuttgart*, wistra 2010, 34 (36). Siehe auch *Fischer*, § 266 Rn. 5.

1311 *OLG Stuttgart*, wistra 2010, 34 (35).

1312 Dies scheint allerdings in sämtlichen problematischen Fällen zuzutreffen, *Enderle*, S. 7; *Hohmann*, ZIS 2007, 38 (42).

nicht herausgebildet, wie die zahlreichen unterschiedlichen Literaturmeinungen und die Entscheidung des *OLG Stuttgart* verdeutlichen.[1313] Insgesamt muss die Einordnung der Verletzung einer Vermögensbetreuungspflicht als normatives Tatbestandsmerkmal oder Blankett daher als bislang noch ungeklärt angesehen werden.

Beschränkt man sich in dem hier untersuchten Kontext auf den Blankettbegriff als verfassungsrechtliche Kategorie und fragt nach der materiellen Vollständigkeit der Verhaltensbeschreibung, so scheint vieles gegen seine Einordnung als normatives Tatbestandsmerkmal zu sprechen. Der an den Normadressaten gerichtete Verhaltensbefehl, eine ihm obliegende Vermögensbetreuungspflicht nicht zu verletzen, ist gerade im Gegensatz zum Tatbestandsmerkmal „fremd" nicht ohne Inbezugnahme konkreter außerstrafrechtlicher Normen oder vertraglicher Absprachen zu verstehen. Damit liegt aber ein solcher Grad an Unvollständigkeit vor, der ein normatives Tatbestandsmerkmal in ein Blankett umschlagen lässt. Zumindest unter verfassungsrechtlichen Aspekten ist § 266 StGB somit als Blankett einzuordnen.

1313 Zu Unrecht daher *Wietz*, S. 164 ff. u. 199, wonach das Problem zu Gunsten der Annahme eines vollständigen Tatbestands bereits entschieden sei. Insbesondere handelt es sich hierbei auch nicht – wie gezeigt – um die ganz herrschende Meinung im Strafrecht.

§ 9 Grenzen der Akzessorietät im Rahmen des Untreuetatbestandes

Bestimmt sich die Pflichtwidrigkeit des Verhaltens eines *directors* im Rahmen des Untreuetatbestandes nach den zuvor beschriebenen *directors' duties*, so führt dies bei der *Limited* zu einer – äußerst problematischen – Gemengelage zwischen englischem Gesellschafts- und deutschem Strafrecht. Inwieweit eine solche Fremdrechtsanwendung im Rahmen des Untreuetatbestandes dann zulässig sein kann, ist daher auf der Ebene einer Art „Kontrollinstanz" zu klären, die die Grenzen der strafrechtlichen Akzessorietät beachtet.[1314] Immerhin kann das in Bezug genommene ausländische Gesellschaftsrecht strengere Verhaltenspflichten als das deutsche Recht aufstellen. Der verfassungsrechtlichen Dimension der Fremdrechtsanwendung kommt insofern eine erhebliche Bedeutung zu und ist zwingend vor möglichen Rechtsfragen auf der Gemeinschaftsebene zu lösen. Die sich ergebenden Bedenken sind hoch aktuell[1315] und bislang bei weitem nicht – wie von einigen Autoren behauptet[1316] – gelöst.

Im Unterschied zum Zivilrecht und der dort allgemein anerkannten Anwendung ausländischer Normen mittels des Internationalen Privatrechts hat das Strafrecht andere Sachzwänge zu beachten und bewegt sich in einem Rahmen normenhierarchisch höherrangiger Bindungen.[1317] Das Strafrecht dient dem Interesse der staatlichen Gemeinschaft, indem es bestimmte sozialschädliche Verhaltensweisen unter Strafe stellt.[1318] Aufgabe des Strafrechts ist es somit, die elementaren Grundwerte des Gemeinschaftslebens und die Erhaltung des Rechtsfriedens im Rahmen der sozialen Ordnung zu sichern sowie das Recht im

---

1314 Untersucht wird dabei die Frage, ob das zur Anwendung berufene Sachrecht – dies ist in dem vorliegenden Fall das englische Gesellschaftsrecht – gegen Art. 103 Abs. 2 GG verstößt. Nicht eingegangen wird auf Probleme, die sich bereits aus einer Unvereinbarkeit der Kollisionsregeln mit Art. 103 Abs. 2 GG ergeben könnten. Siehe hierzu *Mankowski/Bock*, ZStW 2008, 704 (710 ff.). Allgemein hierzu auch *Satzger*, Europäisierung, S. 249 ff.; *Enderle*, S. 173 f. j.m.w.N.

1315 Vgl. *Altenhain/Wietz*, NZG 2008, 569 (571); *Mosiek*, StV 2008, 94 (97 ff.); *Rönnau*, ZGR 2005, 833 (839 ff.).

1316 Zu Unrecht daher *Radtke/Hoffmann*, EuZW 2009, 404 (404 f.), die die verfassungsrechtlichen Einwände allgemein für nicht durchgreifend halten und sich lediglich noch mit der unionsrechtllichen Ebene auseinandersetzen wollen.

1317 *Mankowski/Bock*, ZStW 2008, 704 (707).

1318 *BVerfGE* 51, 324 (343).

Konfliktfall gegenüber dem Unrecht durchzusetzen.[1319] Kein anderes Rechtsgebiet kann durch die Verhängung einer Strafe derart folgenschwer in die Sphäre des Normadressaten eingreifen. Insofern wird in diesem Zusammenhang häufig auch zutreffend „vom schärfsten Schwert" des Staates gesprochen. Dieser Umstand führt nun aber dazu, dass das Strafrecht ganz besonders eng an die verfassungsmäßige Ordnung gebunden ist. Insbesondere aus der Doppelfunktion des Art. 103 Abs. 2 GG heraus kann mithin folgen, dass in bestimmten Fällen das Strafrecht nicht von den Regelungen ausländischer Rechtsgebiete abhängig sein darf. Denn zum einen muss der Normadressat anhand der gesetzlichen Regelungen voraussehen können, ob ein Verhalten strafbar ist. Zum anderen wird der Gesetzgeber hierdurch verpflichtet, selbst über die Voraussetzungen der Strafbarkeit zu entscheiden. Es verwundert daher nicht, dass seit jeher immer wieder Argumente für oder gegen eine Selbstbeschränkung des Strafrechts auf die eigene Rechtsordnung vorgebracht werden.[1320] Diese verfassungsrechtlichen Argumente werden in dieser Untersuchung ausschließlich in Bezug auf den Untreuetatbestand und dessen Ausfüllung mittels des englischen Gesellschaftsrechts näher betrachtet. Schließlich bezieht sich Art. 103 Abs. 2 GG, § 1 StGB auf die Strafnorm als solche sowie auf die jeweils in Bezug genommene konkrete außerstrafrechtliche Regelung.[1321] Eine geschlossene Systematik für alle Fälle wird man, wie von *Oehler* bereits prognostiziert, daher wohl nicht aufstellen können.[1322] Erforderlich ist eine Betrachtung im Einzelfall.

I. Vorfrage: Der unterschiedliche Maßstab bei normativen Tatbestandsmerkmalen und Blanketttatbeständen

Wie zuvor gezeigt, soll nach der herrschenden Auffassung in Rechtsprechung und Literatur die formale Abgrenzung zwischen Blanketttatbestand und normativem Tatbestandsmerkmal als entscheidendes Kriterium über die Zulässigkeit

---

1319 *BVerfGE* 51, 324 (343).

1320 Siehe hierzu *Cornils*, S. 102 ff. m.w.N.

1321 Dies folgt auf der zuvor dargestellen vorherrschenden Meinung, nach der zwischen Blanketttatbeständen und normativen Tatbestandsmerkmalen zu differenzieren ist, vgl. § 7 III. Danach muss bei Blanketttatbeständen auch die in Bezug genommene Norm den verfassungsrechtlichen Anforderungen an Straftatbestände genügen.

1322 Siehe *Oehler*, Rn. 151d. In diese Sinne wohl auch *Forkel*, S. 178. Zu stark verallgemeinernd daher *Mankowski/Bock*, ZStW 120 (2008), 704 (757.).

der Fremdrechtsanwendung im Strafrecht entscheiden.[1323] Dies kann bei näherer Betrachtung jedoch nicht überzeugen.

1. Hier: Blankett-Charakter der Untreue

Teilt man die zutreffende Auffassung, dass es sich bei der Frage nach der Verletzung einer Vermögensbetreuungspflicht im Rahmen des Untreuetatbestandes um ein Blankett handelt, so gelten die besonderen verfassungsrechtlichen Anforderungen des Art. 103 Abs. 2 GG, § 1 StGB folglich auch für die den Blanketttatbestand ausfüllenden Normen. Demzufolge müssen die hier zur Anwendung berufenen englischen *director's duties* den verfassungsrechtlichen Voraussetzungen zwingend genügen.

2. Aufgabe der strikten Differenzierung zwischen Blanketten und normativen Tatbestandsmerkmalen auf der Folgenseite

Geht man – entgegen der in dieser Arbeit vertretenen Auffassung – von einer Ausgestaltung der Pflichtwidrigkeit als normatives Tatbestandsmerkmal aus, so stellt sich sofort die Frage, ob die Ausfüllung durch Normen ausländischen Gesellschaftsrechts nicht auch derselben verfassungsrechtlichen Legitimation bedarf wie bei Blanketttatbeständen. Folgt man dabei konsequent der herrschenden Meinung zu Tatbeständen mit normativen Tatbestandsmerkmalen, so müsste sich diese Frage jedoch eigentlich erübrigen. Kein Prüfstein wäre es in diesem Fall, ob die materiellen *director's duties* den verfassungsrechtlichen Anforderungen, wie z. B. dem Bestimmtheitsgebot, zu unterwerfen sind. Normative Tatbestandsmerkmale, die über eine Fremdrechtsanwendung an ausländische Rechtsnormen anknüpfen, unterliegen nicht Art. 103 Abs. 2 GG. Wie zuvor gezeigt,[1324] wird dies von einem Großteil des jüngeren Schrifttums allerdings nicht so konsequent gesehen und die Ausfüllung des akzessorischen Merkmals trotzdem anhand der Anforderungen für Blanketttatbestände geprüft.[1325] Nur wenige fordern vor dem Hintergrund des Blankettstrafgesetzes

---

1323 § 7 III.

1324 Siehe die Nachweise unter § 7 und § 8.

1325 Dies geschieht zumeist auch ohne nähere Begründung *Pattberg*, S. 291 ff.; *Worm*, S. 112 u. 114. Auch *Ransiek/Hüls*, ZGR 2009, 157 (177) prüfen die Möglichkeit der Einbeziehung englischen Rechts anhand des Parlamentsvorbehalts und des Bestimmtheitsgebots, obwohl sie davon ausgehen, dass es sich bei der Pflichtverletzung um ein normatives Tatbestandsmerkmal handelt. Des Weiteren *Bittmann*, NStZ 2009, 113 (114 f.); *Radtke*, GmbHR 2008, 729 (734 ff.). Ohne Festlegung auch

als verfassungsrechtliche Kategorie ausdrücklich die verfassungsrechtliche Gleichbehandlung von normativen Tatbestandsmerkmalen und Blanketttatbeständen.[1326]

Auch wenn ein solch „absicherndes" Vorgehen zahlreicher Autoren im Ergebnis als richtig erscheint, bedarf es zumindest einer näheren Begründung, wenn man die rechtsstaatlichen Garantien des Art. 103 Abs. 2 GG, § 1 StGB nicht nur für Blankette eingreifen lassen will, sondern auch für normative Tatbestandsmerkmale. Schließlich wird hierdurch im Rahmen der Grenzen einer Fremdrechtsanwendung im Strafrecht die unterschiedliche Bewertung von normativen Tatbestandsmerkmalen und Blankettstrafgesetzen bzw. blankettartigen Straftatbeständen auf der Folgenseite gänzlich aufgehoben.

a) Abgrenzungsschwierigkeiten

Für eine generelle Aufhebung der unterschiedlichen Bewertung sprechen zunächst die generellen Schwierigkeiten, die sich bei der Unterscheidung zwischen Blanketttatbeständen und normativen Tatbestandsmerkmalen bereits bei der Art und Ausgestaltung der Verweisung ergeben.[1327] Die Übergänge sind zumeist fließend.[1328] So lassen sich für fast jeden Blanketttatbestand auch Stimmen finden, die ein normatives Tatbestandsmerkmal annehmen.[1329] Darüber hinaus

---

Kraatz, JR 2011, 58 (63). Konsequent hingegen *Hellmann/Beckemper*, Wirtschaftsstrafrecht, Rn. 377.

1326 *Bachmann*, S. 27, der dies aber nicht für die irrtumsrechtliche Behandlung befürwortet; *Dinter*, S. 86 ff.; *Rönnau*, NStZ 2011, 558 (558); *ders.* ZStW 2007, 887 (905); *ders.*, ZGR 2005, 832 (857). Ausdrücklich für das Tatbestandsmerkmal „Anforderungen einer ordnungsgemäßen Wirtschaft" bei § 283 Abs. 1 Nr. 1–3 StGB *Schmitz*, in: Europäisierung des Strafrechts in Polen und Deutschland, S. 199, 208 Fn. 45. *Dittrich*, S. 207 will im Rahmen der Auslegung Art. 103 Abs. 2 GG analog auf den Untreuetatbestand anwenden. Differenzierend *Labinski*, S. 82 u. 86 f., wonach das Bestimmtheitsgebot in seiner Garantiefunktion zur Sicherstellung der Vorhersehbarkeit von Strafe auf sog. „Maßfiguren" wie den „ordentlichen Geschäftsmann" oder den „sorgfältigen Geschäftsführer" als extreme Form unbestimmter Rechtsbegriffe anzuwenden sei.

1327 *Walter*, in: FS-Tiedemann, S. 969, 971 ff. unterscheidet bei seiner Untersuchung des Steuerstrafrechts hingegen zwischen einer deduktiven und einer induktiven Abgrenzung.

1328 *Hohmann*, ZIS 2007, 38 (40 f.); *Kraatz*, JR 2011, 58 (63); *Mankowski/Bock*, ZStW 2008, 704 (722 u. 758); *Rönnau*, ZStW 119 (2007), 887 (905); *Schlösser/Mosiek*, HRRS 2010, 424 (426). Siehe zu den Abgrenzungsschwierigkeiten auch bereits § 8 I.

1329 *Mankowski/Bock*, ZStW 120 (2008), 704 (722).

dürften die Gesetzesformulierungen häufig entstanden sein, ohne dass der Gesetzgeber sich der verfassungsrechtlichen Konsequenzen seiner Formulierung bewusst war.

Es ist daher nicht überzeugend, dass die regelungstechnische Einordnung als Blankett oder normatives Tatbestandsmerkmal zu solch unterschiedlichen Folgen in Bezug auf Art. 103 Abs. 2 GG, § 1 StGB führen soll. Insbesondere die *ratio* des Bestimmtheitsgrundsatzes, der die Ausübung der staatlichen Strafmacht erst berechenbar und voraussehbar macht, muss zumindest auch solche Normmerkmale erfassen, die erst nach erheblicher dogmatischer Feinarbeit zu den normativen Tatbestandsmerkmalen gezählt werden können.[1330] Von einer bloßen Formalität soll nicht abhängen, was strafbar ist und was nicht.[1331] Insbesondere muss dies im Rahmen der Fremdrechtsanwendung im Strafrecht dann gelten, wenn man der überzeugenden Ansicht folgt,[1332] dass eine regelungstechnische Ausfüllung des akzessorischen Normmerkmals stets mittels der Regelungen des Internationalen Privatrechts zu erfolgen hat. In diesem Fall müsste sich das in Bezug genommene Recht in dem einen Fall anhand der verfassungsrechtlichen Grenzen im Strafrecht messen lassen, in dem anderen hingegen nicht.

Speziell für den Untreuetatbestand kommt hinzu, dass es sich, wie zuvor dargelegt, um eine äußerst vage und extrem weit formulierte Strafnorm handelt.[1333] Sein potentieller Anwendungsbereich erstreckt sich auf sämtliche Rechtsgebiete der Rechtsordnung. Vom Zufall einer derartigen Anordnung darf die Anwendbarkeit der staatsrechtlichen Garantien nicht abhängig gemacht werden.[1334] Somit sind allein schon die Abgrenzungsschwierigkeiten ein gewichtiges Argument gegen die von der herrschenden Meinung vertretene Trennung der verfassungsrechtlichen Anforderungen bei normativen Tatbestandsmerkmalen und Blanketttatbeständen.[1335]

1330 *Rönnau*, ZStW 119 (2007), 887 (905). *ders.*, ZGR 2005, 832 (857). In diesem Sinne wohl auch *Cappel*, S. 131 ff., *Worm*, S. 112 u. S. 114; ähnlich auch *Schmitz*, in: Europäisierung des Strafrechts in Polen und Deutschland, S. 199, 208. Anders aber *Wietz*, S. 177 ff., der die Anforderungen des Art. 103 Abs. 2 GG jedoch maßgeblich als Problem des Gewaltenteilungsgrundsatzes und nicht der Berechenbarkeit der Ausübung staatlichen Handelns begreift.

1331 *Lüderssen*, in: FS-Eser, S. 163, 177. Kritisch auch *Kraatz*, JR 2011, 58 (63).

1332 Siehe § 7 I.2.e).

1333 § 5 II.2.a).

1334 *Rönnau*, ZStW 119 (2007), 887 (905); *ders.*, ZGR 2005, 832 (857). Ebenso *Dierlamm*, StraFo 2005, 397 (402); *Lüderssen*, in: FS-Eser, S. 169, 177; *Mosiek*, StV 2008, 94 (99); *Tiedemann*, in: FS-Dünnebier, S. 519, 532. In diesem Sinne auch *Dittrich*, S. 208.

1335 So auch *Dinter*, S. 86; *Kraatz*, JR 2011, 58 (63).

b) Vergleich mit der Irrtumsproblematik

Dass die Forderung nach einer Gleichbehandlung von normativen Tatbestandsmerkmalen und Blanketttatbeständen auch bei anderen Problemen nicht neu ist, zeigt bereits der Blick auf die zuvor kursorisch dargestellte Irrtumsproblematik.[1336] Hier wird von mittlerweile zahlreichen Autoren die unterschiedliche Behandlung von Blanketten und normativen Tatbestandsmerkmalen als nicht sachgerecht abgelehnt oder zumindest angezweifelt.[1337] Im Hinblick auf Vorsatz und Irrtum sollen Blanketttatbestände und normative Tatbestandsmerkmale vielmehr gleich behandelt werden.[1338] Der Täter müsse somit sowohl bei Blanketttatbeständen als auch bei normativen Tatbestandsmerkmalen die Ausfüllungsnorm sinngemäß erfasst haben.[1339] Das Hauptargument für die Gleichbehandlung auf der Vorsatzebene ist auch hier die nicht gesicherte dogmatische Abgrenzbarkeit der jeweiligen akzessorischen strafrechtlichen Ausgestaltung. Insbesondere für den Richter sei die Unterscheidung zwischen Blanketten und normativen Tatbestandsmerkmalen bedeutungslos, da in beiden Fällen eine Bindung an die ausfüllenden Normen bestehe.[1340]

3. Bewertung des unterschiedlichen Maßstabs

Bei Art. 103 Abs. 2 GG handelt es sich nach ganz herrschender Meinung um ein Grundrecht bzw. um ein grundrechtsgleiches Recht.[1341] Der Gesetzgeber kann

---

1336 Siehe zum Irrtum über die pflichtwidrige Handlung § 8 I.4.a).

1337 *Sternberg-Lieben*, in: Schönke/Schröder, § 15 StGB Rn. 103 m.w.N. Siehe insbesondere auch *Dinter*, S. 17 ff., wonach die Kategorisierungsbemühungen des Pflichtwidrigkeitsmerkmals als normativ, gesamttatbewertend oder Blankett im vorsatzrechtlichen Problemzusammenhang nicht weiterführend sind.

1338 Vgl. *Schünemann*, in: LK, § 292 StGB Rn. 65 ff. für die Jagdwilderei; *Dietmeier*, S. 239; *Enderle*, S. 337 ff. u. 353; *Puppe*, GA 1990, 145 ff. Dagegen aber *Schmitz*, Jura 2003, 593 (601).

1339 *Enderle*, S. 353.

1340 *Enderle*, S. 226.

1341 Aus der verfassungsrechtlichen Literatur: *Pieroth*, in: Jarass/Pieroth, Art. 103 GG Rn. 43 ff.; *Pieroth/Schlink*, § 32 Rn. 1984; *Schmidt-Aßmann*, in: Maunz/Dürig, Art. 103 Abs. 2 GG Rn. 191. Aus der strafrechtlichen Literatur: *Dannecker*, in: LK, § 1 StGB Rn. 53; *Rudolphi*, in: SK, Stand: 26. Lfg., 6. Aufl., § 1 StGB Rn. 1; *Schmitz*, in: MüKo, § 1 StGB Rn. 6; *Satzger*, Europäisierung, S. 245; *Weiß*, S. 36. Zur geschichtlichen Entwicklung siehe *Birkenstock*, S. 75 ff. m.w.N. Anders wohl nur *Wietz*, S. 185 ff., wonach Art. 103 Abs. 2 GG keine Grundrechtsqualität habe und mithin keinen verfassungsrechtlichen Schutzbereich aufweise, der Vorhersehbarkeit durch

sich im Hinblick auf die dargestellte Problematik einer Fremdrechtsanwendung im Strafrecht den an das Strafrecht gestellten verfassungsrechtlichen Anforderungen nicht dadurch entziehen, dass er die Rechtmäßigkeit der Fremdrechtsanwendung von der unsicheren Kategorisierung von normativen Tatbestandsmerkmalen und Blankettstraftatbeständen abhängig macht. Dies führt lediglich zu einer Verlagerung des Problems auf eine andere Stufe. Die Anforderungen an das Merkmal der Verletzung einer Vermögensbetreuungspflicht bei § 266 StGB können nicht dadurch geringer sein, weil dieses als normatives Tatbestandsmerkmal qualifiziert wird. Dies verdeutlicht bereits die allgemeine Abgrenzungsproblematik beim Untreuetatbestand,[1342] auf die häufig mit der pauschalen Formulierung eines „blankettartigen" Tatbestandes reagiert wird. Auch die Kritik an der irrtumsrechtlichen Differenzierung beim Vorsatz lässt sich – zumindest teilweise – auf die verfassungsrechtliche Kategorisierung und das Problem der Fremdrechtsanwendung übertragen.[1343]

Im Ergebnis müssen sowohl die Strafnorm als auch die außerstrafrechtliche Norm, auf die im Tatbestand Bezug genommen wird, stets den verfassungsrechtlichen Anforderungen des Art. 103 Abs. 2 GG genügen.[1344] Folglich erscheint es richtig, wenn diejenigen, die annehmen dass es sich beim Pflichtwidrigkeitsmerkmal um ein normatives Tatbestandsmerkmal handelt, trotzdem die Zulässigkeit einer Fremdrechtsanwendung im Strafrecht anhand von Art. 103 Abs. 2 überprüfen. Ketzerisch könnte man damit behaupten, dass es einen Unterschied zwischen normativen Tatbestandsmerkmalen und Blankettatbeständen nur noch hinsichtlich der technischen Regelungsebene, nicht aber im Hinblick auf die Rechtsfolgenebene geben kann. Ob sich damit allerdings auch Unterschiede in der Behandlung von Irrtümern bei Blankettatbeständen und normativen Tatbestandsmerkmalen sowie bei § 2 Abs. 3 StGB ergeben, wird man an anderer

Gesetzgebung gewährleiste. Zu diesem Ansatz der bloßen Kompetenzverschiebung siehe auch schon *Enderle*, S. 130 f.

1342 Siehe § 8 I.

1343 Anders aber die Ansicht von *Enderle*, S. 351, 354 u. 354, die Blankette und normative Tatbestandsmerkmale als garantiefunktionell unterschiedlich zu behandelnde Gesetzestechniken begreift.

1344 Anders hier *Wietz*, S. 196, 199 u. 214, wonach sich der Gesetzgeber zu Gunsten der Effektivität des strafrechtlichen Nichtstrafrechtsschutzes und der geboten Flexibilität des Gesellschaftsrechts den Anforderungen des Art. 103 Abs. 2 GG im Nichtstrafrecht entziehen kann, wenn er auf ein Blankettgesetz verzichtet.

Stelle untersuchen müssen.[1345] Zumindest bei Fällen mit Auslandsberührung ist eine Differenzierung zwischen normativen Tatbestandsmerkmalen und Blankettatbeständen nicht mehr aufrechtzuerhalten.

Allein entscheidend ist damit, ob das englische Gesellschaftsrecht, auf das der Untreuetatbestand über das Internationale Privatrecht als anzuwendendes Sachrecht verweist, den verfassungsrechtlichen Anforderungen für Strafgesetze genügt.

II. Die Gesetzesbindung des Strafrechts

Die Verweisung des Untreuetatbestandes auf ausländische Normen könnte insbesondere im Hinblick auf die in Art. 103 Abs. 2, 104 Abs. 1 S. 1 GG verankerten Grundsätze „*nullum crimen, nulla poena, sine lege scripta, stricta, praevia*" Zweifel aufwerfen:[1346] Danach muss die Strafe für eine Tat gesetzlich bestimmt sein und die Freiheit einer Person darf nur aufgrund eines förmlichen Gesetzes beschränkt werden.[1347] Nach Art. 93 Abs. 1 Nr. 4 GG handelt es sich hierbei um grundrechtsgleiche Rechte, die als Maßstab für sämtliche Straftatbestände gelten. Ihre Wichtigkeit wird durch die Einleitungsvorschriften der §§ 1 und 2 StGB und §§ 3 und 4 OWiG nochmals unterstrichen.[1348] Dabei ist zu beachten, dass sich die hier enthaltenen Rechtssätze sowohl an den Gesetzgeber als auch an die Rechtsprechung richten.[1349] Während dem Gesetzgeber vorgeschrieben wird, wie er Strafgesetze abzufassen hat, ist es dem Richter untersagt, eine Strafe zu verhängen, sofern nicht die Voraussetzungen des Art. 103 Abs. 2 GG vorliegen. Urteile und Gesetze, die gegen diese Prinzipien verstoßen, sind verfassungswidrig. Entscheidende Bedeutung kommt in dem in dieser Arbeit untersuchten Fall zunächst dem an den Gesetzgeber

---

1345 Zu den möglichen Auswirkungen auf den Pflichtwidrigkeitsvorsatz bei der Untreue vgl. *Dinter*, passim.

1346 Allgemein bereits *Cornils*, S. 114 ff.

1347 Zum doppelten Gehalt des Art. 103 Abs. 2 GG siehe *BVerf*GE 87, 209 (224); 75, 329 (341); 71, 108 (114). Ferner *Enderle*, S. 113 ff. m.w.N. Zum Parlamentsvorbehalt § 9 II.2.

1348 *Schmidt-Aßmann*, in: Maunz/Dürig, Art. 103 Abs. 2 GG Rn. 165.

1349 Ständige Rspr. siehe nur *BVerf*GE 126, 170 (194) m.w.N. Keine ausdrückliche Unterscheidung trifft z.B. *Worm*, S. 109 ff.

gerichteten Verbot zur Schaffung unbestimmter Strafgesetze[1350] sowie dem Parlamentsvorbehalt zu.[1351]

1. Das Bestimmtheitsgebot

Sind bislang auch nicht alle dem Bestimmtheitsgrundsatz zugrunde liegenden Rechtsprinzipien geklärt,[1352] so setzt das Bestimmtheitsgebot gem. Art. 103 Abs. 2 GG, § 1 StGB nach ständiger Rechtsprechung des *BVerfG*[1353] und des *BGH*[1354] voraus, dass der Normadressat vorhersehen kann, welches Verhalten mit Strafe bedroht ist.[1355] Dies verpflichtet den Gesetzgeber, die Voraussetzungen der Strafbarkeit so zu umschreiben, dass der verständige Bürger als Normadressat die Möglichkeit hat, Tragweite und Anwendungsbereich der Straftatbestände aus dem Gesetz selbst zu erkennen.[1356] Diese Voraussetzung ist dann gewahrt, wenn der einzelne Bürger unter Zuhilfenahme der anerkannten Auslegungsmethoden oder aufgrund einer gefestigten Rechtsprechung die Möglichkeit hat, die ver- bzw. gebotenen Verhaltensweisen zu erkennen und die strafrechtlichen Risiken zu ermitteln.[1357] Das Grundgesetz stellt auf diese Weise sicher, dass jedermann einerseits sein Verhalten auf die Strafrechtslage eigenverantwortlich einrichten kann und andererseits keine unvorhersehbaren staatlichen Reaktionen

---

1350 Die Frage nach dem Zweck des Art. 103 Abs. 2 GG soll hier keine weitere Rolle spielen. Siehe zu den verschiedenen strafrechtlichen und staatsrechtlichen Erklärungsversuchen *Roxin*, § 5 Rn. 1 ff. m.w.N. Im Folgenden wird von einer Kombination von strafrechtlichen und staatsrechtlichen Erwägungen ausgegangen, die ingesamt eine Forderung nach präzisen Strafgesetzen begründen.

1351 Vergleicht man die bisherige Diskussion zu dieser Thematik, so ist festzustellen, dass bei den Fragen nach einem Verstoß gegen das Bestimmheitsgebot oder den Parlamentsvorbehalt zumeist dieselben Argumente bemüht werden. Ausführlich zu den Fragen des Bestimmtheitsgebots, des Parlamentsvorbehalts und den praktischen Problemen einer Fremdrechtsanwendung auch *Mankowski/Bock*, ZStW 120 (2008), 704 ff.

1352 Siehe die Übersicht bei *Wietz*, S. 145 ff. m.w.N., der sämtliche Sachfragen allerdings als Kompetenzproblem begreift.

1353 *BVerfG*E 126, 170 (195); 105, 135 (152 f.); 87, 399 (411); 78, 374 (381 f.); 75, 329 (340 f.).

1354 *BGH*St 12, 136 (145); *BGH*, NJW 2007, 524 (525).

1355 *Enderle*, S. 114 f. bezeichnet dies, in Abgrenzung zu einer objektiven staatlichen gewaltenbalancierenden, als subjektive Komponente.

1356 *BVerfG*E 105, 135 (152 f.); 78, 374 (381 f.); 75, 329 (340 f.). Zum Umfang auch *Enderle*, S. 115 f. m.w.N.

1357 *BVerfG*E 45, 371 f.; *BGH*St 28, 313 ff.; *Cornils*, S. 115.

befürchten muss.[1358] Beschreibt das Strafgesetz die Tat oder die angedrohten Strafen nicht hinreichend präzise, so ist das Strafgesetz verfassungswidrig. Insofern kommt dem Bestimmtheitsgebot eine freiheitsgewährende Funktion zu. Ein Täter kann nicht aufgrund einer unbestimmten Norm verurteilt werden.

Allerdings bedeutet dies nicht, dass der Gesetzgeber gezwungen ist, Tatbestände ausschließlich mittels deskriptiver Tatbestandsmerkmale zu formulieren.[1359] Wertausfüllungsbedürftige Begriffe, Generalklauseln oder Blanketttatbestände sind nicht *per se* verfassungswidrig.[1360] Dies würde ansonsten zu einer Übersteigerung des Bestimmtheitsgebots mit der Folge zu starrer und zu kasuistischer – anstelle von abstrakt-generellen – Regelungen führen.[1361] Gegen die Verwendung nicht exakt fassbarer Tatbestandsmerkmale bestehen daher dann keine Bedenken, wenn sich mittels der üblichen Auslegungsmethoden oder aufgrund einer gefestigten Rechtsprechung eine zuverlässige Grundlage für die Auslegung und Anwendung der Norm gewinnen lässt, so dass der Einzelne die Möglichkeit hat, das Verbot bestimmter Verhaltensweisen zu erkennen.[1362] Allgemein gilt dabei der Grundsatz, dass je höher das vorhergesehene Strafmaß ist, desto höher sind auch die Anforderungen an das Bestimmtheitsgebot[1363]

a) Verstoß aufgrund fehlender Vorhersehbarkeit für den director

Fraglich ist dann aber, wo die Grenze der noch zulässigen Unbestimmtheit des Gesetzes liegt. Ist sie noch eingehalten, wenn sich die Strafbarkeit eines Verhaltens nur unter Heranziehung ausländischer Rechtssätze ermitteln lässt?[1364] Schließlich muss auch die Norm, auf die der Straftatbestand letztlich verweist,

1358 *BVerfGE*, 95, 96 (131); 85, 69 (72 f.); 64, 369 (393 f.).

1359 *BVerfGE* 48, 48 (56). Siehe auch *Hassemer/Kargl*, in: NK, § 1 StGB Rn. 40 m.w.N.

1360 *BVerfGE* 75, 329 (342); 32, 346 (364); 28, 175 (183); 11, 234 (237); 4, 352 (358); *BVerfG* JR 2009, 290 (292); *Cornils*, S. 116 f.; *Hohmann*, ZIS 2007, 38 (43). Allgemein kritisch hierzu *Walter*, in: FS-Tiedemann, S. 969, 977, der diese Betrachtungen zum Bestimmtheitsgrundsatz für eine Lebenslüge des Strafrechts hält. Den Bestimmtheitsgrundsatz selbst für unbestimmt hält auch *Schünemann*, in: LK, § 266 StGB Rn. 24. Zur Problematik dynamischer Verweisungen vor dem Hintergrund des Bestimmtheitsgebots *Hohmann*, ZIS 2007, 38 (43 ff.) m.w.N.

1361 *BVerfGE* 126, 170 (195 f.); 78, 329 (342 f.); 48, 48 (56 f.); 45, 363 (371); 4, 352 (358).

1362 *BverfGE* 86, 288 (311); 57, 250 (262); 48, 48 (56 f.); 45, 363 (371 f.); 37, 201 (208); 28, 175 (183). Zu den Wirkungen der Rechtsdogmatik und der Methodenlehre auf das Gesetzlichkeitsprinzip *Hassemer/Kargl*, in: NK, § 1 StGB Rn. 102 ff. m.w.N.

1363 *BVerfGE* 75, 329 (342); 48, 48 (57); 26, 186 (204).

1364 So bereits *Cornils*, S. 117.

dem Bestimmtheitsgrundsatz genügen.[1365] Konkret geht es somit um die Frage, ob der *director* einer in Deutschland ansässigen *Limited* noch vorhersehen kann, was ihm genau unter Androhung von Strafe verboten ist, wenn seine Pflichten gegenüber der Gesellschaft dem englischen Gesellschaftsrecht entstammen.

Grundsätzlich kann kein Verstoß gegen das Bestimmtheitsgebot darin gesehen werden, dass die Anwendung einfachen Rechts durch den Richter zu einem Ergebnis führt, über dessen Richtigkeit sich streiten lässt.[1366] Allein daraus einen Verstoß abzuleiten, würde das Gebot der Gesetzesbestimmtheit übersteigern. Andererseits ist nun aber auch gerade Sinn und Zweck des Bestimmtheitsgebots, die Eingrenzung strafbaren Verhaltens nicht vollständig der richterlichen Auslegung zu überlassen.[1367] Auch versagt in dem in dieser Arbeit untersuchten Fall, das im Allgemeinen häufig zur Legitimation unbestimmter Strafgesetze vorgebrachte Argument, dass es genüge, wenn unklare Begriffe durch die höchstrichterliche Rechtsprechung hinreichend konkretisiert seien.[1368] Eine die englischen *director's duties* konkretisierende Rechtsprechung gibt es bislang weder in Deutschland noch in England.[1369] Entscheidend muss daher sein, ob das Risiko strafrechtlicher Verfolgung auf Grundlage eines objektiven Maßstabs aus Sicht des Bürgers nicht wirklich zweifelhaft sein konnte.[1370] Entstammen die vom Richter zu beachtenden Pflichten nun aber dem englischen Zivil- und Gesellschaftsrecht, so erscheint es höchst zweifelhaft, ob das drohende Risiko einer Untreuestrafbarkeit für den *director* einer in Deutschland ansässigen *Limited* überhaupt vorhersehbar ist.[1371]

Nicht gesagt ist damit allerdings, dass die Anwendung ausländischen Rechts zur Ausfüllung akzessorischer Tatbestandsmerkmale immer zu einem Verstoß

1365 Siehe zuvor § 7 III.

1366 Vgl. *BVerfGE* 62, 189 (192); 18, 85 (93); *Enderle*, S. 117 m.w.N.

1367 *Walter*, in: FS-Tiedemann, S. 696 (977). Das Bestimmtheitsgebot soll auch dem Schutz vor richterlicher Willkür dienen, *BVerfGE* 64, 389 (394). Allerdings kann die richterliche Auslegung wiederum ein unbestimmtes Gesetz „heilen", siehe *BVerfGE* 93, 266 (291); 45, 363 (371 f.); hierzu sogleich unter § 9 II.1.b).

1368 Siehe *BVerfGE* 126, 170 (196 f.) m.w.N.

1369 Vgl. die Nachweise im Rahmen der Darstellung der *director's duties* oben unter § 4

1370 So das *BVerfG*, JR 2009, 290 (293) zur Frage der schadensgleichen Vermögensgefährdung. Siehe auch *BVerfGE* 126, 170 (196 f.); 92, 1 (18 f.); 73, 206 (236); 71, 108 (116).

1371 Siehe bereits *Rönnau*, ZGR 2005, 832 (838 u. 856); dem zustimmend auch *Mosiek*, StV 2008, 94 (98). Siehe ferner *Altenhain/Wietz*, NZG 2008, 569 (571); *Schlösser*, wistra 2006, 81 (88). Ähnlich auch *Schmitz*, in: Europäisierung des Strafrechts in Polen und Deutschland, S. 199, 208.

gegen das Bestimmtheitsgebot führen muss. Es kann bei der Frage, was für den Normadressaten des in Frage stehenden Straftatbestandes noch vorhersehbar ist, immer nur um die Bestimmtheit des jeweils zur Anwendung berufenen Sachrechts gehen. Konkret geht es folglich um die Bestimmtheit des zur Anwendung berufenen englischen Sachrechts.[1372]

aa) Unbestimmtheit der zur Anwendung berufenen englischen director's duties

Damit steht fest, dass die englischen *director's duties* als das zur Anwendung berufene Sachrecht zur Ausfüllung des Merkmals der Verletzung einer Vermögensbetreuungspflicht selbst dem strafrechtlichen Bestimmtheitsgebot genügen müssen. Ist dies nicht der Fall, so ist die Anwendung des Untreuetatbestandes nicht mehr hinreichend kontrollierbar. Es fragt sich daher, in welchem Maße Geschäftsleiterpflichten, die zum Teil nur auf Grundlage eines komplexen Rechtsfortbildungsprozesses ermittelbar sind, überhaupt eine strafrechtliche Verantwortlichkeit begründen können.

Die wenigen Beiträge, die sich bislang mit der Untreuestrafbarkeit des *directors* einer in Deutschland ansässigen *Limited* beschäftigen, legen an dieser Stelle ein von der deutschen Rechtsdogmatik bestimmtes Verständnis zu Grunde.[1373] Dabei werden die entsprechenden Pflichten des *directors* meist ausschließlich den kodifizierten Regelungen des CA 2006[1374] entnommen und den deutschen Regelungen rechtsvergleichend gegenübergestellt. Ausgegangen wird von der Prämisse, dass durch die Reform des englischen Gesellschaftsrechts ein bisher dem Richterrecht vorbehaltener Kern des *company law* „endlich" in Gesetz gegossen wurde[1375] und die *director's duties* nun einfacher anzuwenden seien.[1376] Die *common law*- und die *equity*-Prinzipien würden durch die Reform daher maßgeblich zurückgedrängt.[1377] Daraus folgt dann – zumindest teilweise – der

---

1372 Nach Ansicht von *Mankowski/Bock*, ZStW 120 (2008), 704 (710 ff.) m.w.N. ergibt sich nicht bereits aus den Kollisionsregeln des IPR selbst ein Verstoß gegen das Bestimmtheitsgebot, sondern nur in Verbindung mit dem jeweiligen zur Anwendung berufenen Sachrecht.

1373 Nach Ansicht von *Wietz*, S. 248 soll bereits der Sprachgebrauch (*fiduciary duty*) den unmittelbaren Bezug zu § 266 StGB veranschaulichen.

1374 *Labinski*, S. 116 u. 222 ff.; *Hinderer*, S. 152 f. In älteren Beiträgen jedoch noch unter Zugrundelegung des CA 1986.

1375 So *Steffek*, GmbHR 2007, 810 (810).

1376 *Haug*, S. 311; *Dernedde*, NJ 2007, 443 (445); *Lawlor*, ZIP 2007, 2202 (2204); *Schramm/Hinderer*, ZIS 2010, 494 (498); *Torwegge*, GmbHR 2007, 195 (195).

1377 *Pattberg*, S. 300 Fn. 1311; *Wietz*, S. 33.

Rückschluss, dass sich die englischen und deutschen Pflichten inhaltlich kaum unterscheiden würden und bereits deshalb an einer entsprechenden Anwendung im Rahmen von Straftatbeständen keine Bedenken bestehen dürften.[1378] Diese Sichtweise wird – bei genauer Betrachtung – der tatsächlichen Rechtslage im englischen Gesellschaftsrecht jedoch nicht gerecht. Vielmehr sind die Pflichten des *directors* weiterhin maßgeblich durch das nicht kodifizierte Richterrecht geprägt und damit im Sinne von Art. 103 Abs. 2 GG höchst unbestimmt.

(1) Stand der Kodifizierung in England

Bis zu der umfassenden englischen Gesetzesreform, aus der der CA 2006 hervorging,[1379] waren die allgemeinen *director's duties* ausschließlich im *common law* und *equity* geregelt.[1380] Das Fallrecht war damit insbesondere für die Pflichten der *directors* von besonderer Bedeutung.[1381] Daneben fanden sich vereinzelt Pflichten im Part X CA 1985, von denen allerdings nur wenige tatsächlich Anwendung fanden.[1382] Vielmehr war es üblich, eine Liste mit potentiellen Verstößen gegen *fiduciary duties* zu erstellen. Hinzu kommt, dass von *directors* nur ein äußerst geringer *standard of competence* erwartet wurde.[1383] Dies machte es mithin äußerst schwierig, die Pflichten des *directors* einer *Limited* zu bestimmen.[1384]

Inwieweit sich durch die gesetzliche Verankerung der zuvor dargestellten Pflichten[1385] konkret etwas geändert hat, ist in der englischen Literatur umstritten. Grundsätzlich ungeklärt ist nämlich, bis zu welchen Grad niedergeschriebene Gesetze (*statutory law*) überhaupt als integrale Bestandteile des *common law*-Systems anzusehen sind.[1386] Generell scheinen in Ländern mit einem *common law*-Rechtshintergrund starke Vorbehalte gegen „starre" Gesetze zu bestehen. Man ist zumeist der Auffassung, dass diese das natürliche Wachstum des

1378 So *Müller-Gugenberger*, in: Müller-Gugenberger/Bieneck, § 23 Rn. 118.

1379 Hierzu § 3 I.1.

1380 *Dignam/Lowry*, S. 310 f.; *Mayson/French/Ryan*, S. 478.

1381 *Ebert/Levedag*, in: Süß/Wachter, S. 680.

1382 *Dine/Koutsias*, S. 219.

1383 *Ross*, S. 24.

1384 *Torwegge*, GmbHR 2006, 919 (921).

1385 Vgl. § 4.

1386 *Lawlor*, NZI 2005, 432 (434) geht hingegen pauschal von einem Vorrang des Gesetzes gegenüber der Rechtsprechung aus. Speziell für das englische Gesellschaftsrecht in diesem Sinne wohl auch *Tal*, GmbHR 2007, 254 (254).

Rechts behindern würden.[1387] Der englische Gesetzgeber begnügt sich zumeist mit punktuellen Eingriffen in das gewachsene Richterrecht.[1388] Besondere Beachtung kommt somit in der englischsprachigen Literatur der Formulierung „*codification*“ zu.[1389] Während dies unter Zugrundelegung eines engen Verständnisses als „*[...] complete statement of the law on the particular subject at the time when it is passed*“[1390] verstanden werden könnte, ist in den meisten englischen Kommentierungen und Wörterbüchern damit nur der technische Vorgang der Regelung in einem Gesetz gemeint.[1391] Ob durch die Regelung im Gesetz auch der entsprechende Bereich im *common law* einen Abschluss findet, ist damit nicht gesagt.[1392] Allgemein wird das *statute law* mithin nur als „*Rechtsquelle zweiten Ranges*“ angesehen.[1393] Das niedergeschriebene Recht kann daher älteres Fallrecht kodifizieren oder überlagern, selbst aber auch durch jüngeres *case law* wiederum überlagert und ergänzt werden.[1394]

Hinsichtlich der *director's duties* geht es insbesondere um die Frage, ob durch den CA 2006 die ursprünglichen *common law*- und *equity*- Pflichten ersetzt werden bzw. inwieweit durch das geschriebene Gesetz das entsprechende *common law* reformiert wird.[1395] Grundsätzlich sind dabei zwei Möglichkeiten denkbar. Einerseits könnte der CA 2006 im Sinne des engen Verständnisses die sich aus dem *common law* und *equity* ergebenden Pflichten reformulieren und

---

1387 Siehe *Mayson/French/Ryan*, S. 478. Auch im Rahmen des CA 2006 gab es beachtliche Stimmen gegen eine gesetzliche Regelung der *director's duties*, vgl. *Gower & Davies*, Rn. 16–4 f.

1388 *Schall*, ZZP 2009, 293 (295 ff.) m.w.N. Traditionell übt das Parlament gesetzgeberische Zurückhaltung, so *Vogenauer*, in: Englisches Handels- und Wirtschaftsrecht, S. 9.

1389 Allgemein zur Gesetzesauslegegung im englischen Recht *von Bernstorff*, S. 13 f.

1390 Butterworths New Zealand Law Dictionary, S. 50 „*code*“.

1391 Black's Law Dictionary, S. 252 „*codification: The process of compiling, arranging, and systematizing the laws of a given jurisdiction, or of a discrete branch of the law, into an ordered code*“; Oxford English Dictionary, S. 430 „*codification: 1. Reduction (of laws) to a code. 2. gen. Systematization.*“ Siehe auch *Steffek*, GmbHR 2007, 810 (811) „*kodifizieren aber [...] nicht modifizieren*“. Allgemein zum Grundverständnis zwischen *common* und *statutory law* vgl. *Kühne*, GA 2005, 195 (202 f.).

1392 Auch an dieser Stelle lassen sich auf Basis eines deutschen Methodenverständnisses keine Rückschlüsse aus dem englischen Wortlaut ziehen.

1393 So *von Bernstorff*, S. 9 u. 11.

1394 *Ebert/Levedag*, in: Süß/Wachter, S. 681.

1395 *Gower & Davies*, Rn. 16–6. Als problematisch sind daher solche Ansätze zu bewerten, die zur Auslegung der *director's duties* allein auf älteres *case law* abstellen wollen, insbesondere so der Ansatz von *Wietz*, S. 237 ff.

abschließend kodifizieren. In diesem Fall hätte sich auch die rechtliche Natur des „*common law*“ Prinzips verändert. Der niedergeschriebene Wortlaut müsste dann im Kontext des Gesetzes ausgelegt werden. Andererseits könnte mit dem CA 2006 lediglich eine Niederschrift der *common law* und *equity duties* vorliegen, aus der sich – bis auf die Korrektur einiger kleiner Unsicherheiten[1396] – keine weiteren Modifikationen der geltenden Pflichten ableiten lassen.[1397] Die im CA 2006 aufgeführten Pflichten wären demnach keine abgeschlossene Auflistung aller Regeln und Pflichten für *directors*. Relevant wird diese Unterscheidung immer dann, wenn im Gesetz ein bestimmter sich aus den *common law*- und *equity*-Prinzipien ergebener Aspekt nicht geregelt ist oder die Regelungen des Gesetzes mit diesen kollidieren.

Interessanterweise enthält der CA 2006 selbst diesbezüglich keine ausdrückliche Regelung. In section 170(3) CA 2006 heißt es zwar: “*The general duties are based on certain common law rules and equitable principles as they apply in relation to directors and have effect in place of those rules and principles as regards the duties owed to a company by a director*”. Section 170(4) CA 2006 legt hingegen wiederum fest: “*The general duties shall be interpreted and applied in the same way as common law rules or equitable principles, and regard shall be had to the corresponding common law rules and equitable principles in interpreting and applying the general duties.*” Das Dilemma ist also, dass sich subsection (3) dahingehend interpretieren lässt, dass die gesetzliche Regelung das gesamte vorherige *case law* – bis auf die Stellen, an denen die gesetzliche Regelung unklar ist – ersetzt.[1398] Subsection (4) legt hingegen fest, dass gesetzlichen Regelungen so interpretiert werden sollen, als ob es sich bei ihnen selbst um *case law principles* handelt.[1399] Das bedeutet aber, dass die in sections 171 bis 177 CA niedergeschriebenen Pflichten durch nachfolgendes *case law* weiterentwickelt werden dürfen.[1400] Eine Aussage, an welchen Stellen das Gesetz die Prinzipien des *common law* und *equity* übernimmt oder von ihnen abweicht, ist damit nicht getroffen.

Liest man die subsections (3) und (4) daher zusammen, bleiben beachtliche Zweifel bestehen, in welchem Umfang die niedergeschriebenen Pflichten die bisherigen *common law*-Pflichten lediglich widergeben oder tatsächlich

---

1396 *Arden*, Australian Law Journal 2007, 162 (164 f.).

1397 Vgl. auch *Bourne*, S. 168.

1398 Vgl. *Charlesworth's Company Law*, Rn. 17-012.

1399 *Charlesworth's Company Law*, Rn. 17-012.

1400 *Charlesworth's Company Law*, Rn. 17-012.

ersetzen.[1401] Hinzu kommt, dass einige Pflichten des *common law* im CA 2006 gar nicht erst aufgeführt werden.[1402] Insbesondere sind auch die zivilrechtlichen Rechtsfolgen eines Verstoßes gegen die angeführten Pflichten nicht kodifiziert worden.[1403] Nach section 178(1) CA 2006 sollen vielmehr für einen Verstoß dieselben Rechtsfolgen, wie sie sich aus dem korrespondierenden *common law* oder *equity* Prinzipien ergeben, gelten.[1404] Dieser Bereich bleibt somit völlig dem Richterrecht vorbehalten.

Einig ist man sich im Grundsatz somit bisher nur darüber, dass die im CA 2006 formulierten *duties* das vorherige *case law* teilweise wiedergeben[1405] und maßgeblich auf den generellen Pflichten des *directors* unter dem *common law* und den *equity*-Prinzipien beruhen sollen.[1406] Die gesetzlich niedergeschriebenen Pflichten müssen folglich in Übereinstimmung mit den Prinzipien des *common law* und *equity* interpretiert werden.[1407] Rechtssuchende und Richter werden somit nicht umhinkommen, sich weiterhin mit dem ursprünglichen *case law* intensiv zu beschäftigen.[1408]

Unklar bleibt weiterhin, ob es sich bei diesen niedergeschriebenen Pflichten tatsächlich um dieselben Pflichten wie bei den *common law rules* und *equitable principles* handelt.[1409] Auch lassen sich nicht für jede niedergeschriebene Pflicht entsprechendes *common law* oder entsprechende *equitable principles* finden.[1410] Schließlich werden Fälle, in denen die gesetzliche Regelung aber von den *common law*- bzw. *equity*-Grundsätzen abweicht oder in denen nach diesen Grundsätzen,

---

1401 *Birds*, Rn. 10.170.02 m.w.N. Siehe ferner *Palmer's Company Law*, S. 178 f.; *Mayson/French/Ryan*, S. 478 f.

1402 *Hannigan*, Rn. 7–7; *Torwegge*, GmbHR 2006, 919 (922).

1403 Hierzu *Hannigan*, Rn. 7–8 m.w.N.

1404 Siehe zu den Rechtfolgen eines Verstoßes *Charlesworth's Company Law*, Rn. 17–065; *Steffek*, GmbHR 2007, 810 (814) m.w.N.

1405 *Bourne*, S. 167 f.; *Dine/Koutsias*, S. 197; *Gower & Davies*, Rn. 16–7; *Keay*, The Company Lawyer, 2008, 290 f.

1406 *Birds*, Rn. 10.170.02; *Loose/Griffiths/Impey*, S. 18 u. 283; *Sealy/Worthington*, S. 310.

1407 *Bourne*, S. 167 f. u. 193; *Mayson/French/Ryan*, S. 478 f.; *Sealy/Worthington*, S. 310; *Lawlor*, ZIP 2007, 2202 (2203 u. 2204). Kritisch zu dieser Auslegungsmethode *Palmer's Company Law*, S. 178 f.; *Sealy/Worthington*, S. 310 („*This is not normally allowed*"). Siehe ferner *Charlesworth's Company Law*, Rn. 17–012.

1408 *Charlesworth's Company Law*, Rn. 17–013; *Palmer's Company Law*, S. 179; *Sealy/Worthington*, S. 310.

1409 *Birds*, Rn. 10.170.02. Ausführlich zu dieser Problematik insbesondere *Hannigan*, Rn. 7–9 ff. m.w.N.

1410 *Hannigan*, Rn. 7–11. Siehe ferner *Charlesworth's Company Law*, Rn. 17–012.

nicht aber nach dem CA 2006, eine Pflicht des *directors* besteht, nicht erfasst.[1411] Somit wird hinsichtlich solcher *director's duties*, die sich aus dem *common law* oder *equity* ergeben und nicht im CA 2006 geregelt worden sind, teilweise vertreten, dass diese durch die Neuregelungen des CA 2006 sogar gänzlich unberührt blieben.[1412] Konsequenz wäre damit, dass die Kodifizierung der *director's duties* in einer Vielzahl von Fällen für die Praxis gar keinen Nutzen hätte.[1413]

Schließlich taugt auch die Sorgfaltspflicht *„to exercise reasonable care, skill and diligence"* nicht als Beispiel für eine wirkliche Modifizierung der Pflichten. Zwar schien die englische Rechtsprechung bei fehlerhafter Geschäftsleitung traditionell - nach Meinung vieler - zu großzügig im Sinne des *directors* verfahren zu sein. Die Verschärfung der Sorgfaltspflicht im Rahmen von section 174 CA 2006 ist damit auf große Akzeptanz im englischen Schrifttum gestoßen. Sehr wahrscheinlich ist daher, dass sich diese Verschärfung auch in der Rechtspraxis durchsetzen wird. Allerdings ist zu bedenken, dass hierfür nicht die Kodifizierung als solche, sondern die bereits vor dem CA 2006 erfolgte Änderung in der Rechtsprechung ausschlaggebend ist.[1414] Inwieweit sich an den althergebrachten Pflichten des *common law* und *equity* durch die sections 171 bis 177 CA 2006 etwas für den *director* ge*ändert* hat, bleibt mithin höchst fraglich.

(2) Rückschluss aus der Situation in Neuseeland

Wie schwierig das generelle Zusammenspiel zwischen *statutory law*, *common law* und *equity* in Rechtsordnungen mit einem starken *common law*-Rechtssystem ist, verdeutlicht schließlich ein Blick nach Neuseeland.

Historisch gesehen ist England unter den Staaten des *Commonwealth* ein Nachzügler, was die Frage der Kodifizierung der Pflichten der *directors* betrifft. Andere Staaten wie zum Beispiel Australien, Ghana, Kanada, Malaysia, Singapur und eben Neuseeland haben bereits seit langem kodifizierte *general director's duties*. Während der neuseeländische CA 1955 noch kaum Regelungen hinsichtlich *director's duties* enthielt,[1415] wurden die wesentlichen Pflichten dann schließlich

1411 *Gower & Davies*, Rn. 16–6 f.

1412 *Arden*, Australian Law Journal 2007, 162 (166).

1413 *Boyle & Birds*, S. 15.

1414 Siehe oben § 4 II.1.

1415 Die wenigen geregelten Pflichten waren gem. section 320 CA 1955 darüber hinaus nicht als positive Pflichten formuliert. Die Pflichten für *directors* entstammten maßgeblich den englischen *common law*-Prinzipen. Relevante *fiduciary* duties waren die *„duty to act in good faith,"* die *„duty not to exercise powers conferred on them for purposes other than those for which they were conferred,"* die *„duty not to fetter*

im CA 1993 kodifiziert.[1416] Aufgrund des gemeinsamen *common law*-Hintergrunds ist es auch nicht weiter verwunderlich, dass die im englischen CA 2006 geregelten Pflichten diesen weitgehend entsprechen. Die Hintergründe der Reform in Neuseeland waren damals maßgeblich dieselben wie bei der Reform des englischen Gesellschaftsrechts durch den CA 2006. Man wollte das *company law* und die häufig nur schwer zu interpretierenden und sich überschneidenden Pflichten der *directors* vereinfachen und somit dem Rechtsanwender den Zugang zum Recht erleichtern. Die Bilanz nach mehr als 15 Jahren fällt in Neuseeland nach Auffassung vieler allerdings eher bescheiden aus. Nach wie vor besteht hier eine komplexe Gemengelage zwischen *common law*, *equity*-Prinzipien und den gesetzlich geregelten Pflichten der *directors.*[1417] Auch das grundsätzliche Verhältnis zwischen Gesetz, *common law* und *equity* ist weiterhin ungeklärt.[1418] Hinsichtlich der Pflichten der *directors* scheint die vorherrschende Sichtweise in der Rechtsprechung und der neuseeländischen Literatur heute davon auszugehen, dass die durch den CA 1993 kodifizierten Pflichten lediglich eine Niederschrift der sich aus dem *common law* und *equity* ergebenden *director's duties* darstellen.[1419] Eine inhaltliche Änderung sei mit der Gesetzesreform damals nicht einhergegangen. Sämtliche *common law*- und *equity*-Prinzipien seien durch die Kodifizierung im Grundsatz (zumeist) unberührt geblieben. Folglich ist es nicht weiter verwunderlich, dass es in neuseeländischen Gerichtsverfahren nach wie vor möglich ist, die im CA 1993 geregelten *director's duties* gänzlich zu ignorieren.[1420] So beziehen auch neuere gerichtliche Entscheidungen zum Teil weiterhin ausschließlich die Prinzipien des *common law* und *equity* in ihre Rechtsfindung mit ein.

Die neuseeländischen Pflichten eines *directors* lassen sich – trotz Kodifizierung im CA 1993 – als unstimmig und größtenteils unvollständig beschreiben. Trotz des angestrebten Ziels, das Gesellschaftsrecht für *directors* zugänglicher zu machen, dienen diese bislang eher nur als ein „*text of first resort.*“[1421]

---

discretion“ sowie die „*duty to avoid conflicts of interest without the informed consent of the company.*“ Siehe insofern auch *McDermott*, S. 131.

1416 Vgl. sections 131 bis 138 CA 1993.

1417 *Bather*, S. 2 ff.; *Farrar*, Canterbury Law Review 2001, 99 (112).

1418 *Farrar*, S. 117.

1419 *Benton v Priore* [2003], 9 NZCLC 263,063 (High Court New Zealand); *Grantham/Rickett*, S. 470; *Watson*, in: The Law of Business Organisations, S. 216, 251.

1420 *Watson*, in: Company and Securites Law in New Zealand, S. 339 f.; *Noonan/Watson*, New Zealand Business Law Quarterly 2004, 103 (106 f.).

1421 *Berkhan/Trotman*, Canterbury Law Review 2000, 516 (527).

(3) Schlussfolgerung

Im Ergebnis ist festzuhalten, dass es im englischen Gesellschaftsrecht zurzeit weiterhin offen ist, ob überhaupt bzw. in welchem Umfang die Pflichten der *directors* im CA 2006 endgültig festgeschrieben worden sind oder durch den CA 2006 reformiert werden. Die Annahme, dass die Kodifikation der Sorgfalts- und Treuepflichten im CA 2006 nun das *case law* ersetzt und so für eine gewisse Vereinfachung in der Rechtsanwendung sorgt, ist unzutreffend.[1422] Von einer Kodifikation im deutschen Sinne kann trotz der erfolgten gesetzlichen Regelung nicht ausgegangen werden.[1423] Anzeichen für eine radikale Änderung der bisherigen Rechtsfindung sind ebenfalls nicht ersichtlich.[1424] Die Erwartungen gehen eher dahin, dass die englischen Gerichte in Zukunft von Fall zu Fall entscheiden werden, inwieweit die althergebrachten Pflichten nun in den sechs kodifizierten *director's duties* enthalten und wie mögliche Kollisionen zu lösen sind.[1425] Dies betrifft zum einen die gesamte Auslegung und Interpretation der im CA 2006 geregelten *director's duties*,[1426] zum anderen solche Pflichten, die nicht im CA 2006 aufgenommen worden sind.[1427] Hier können sich in Zukunft zahlreiche Überschneidungen und Konkurrenzen ergeben.

Die im CA 2006 geregelten Pflichten können zur Klärung der außerstrafrechtlichen Sachlage mithin nur als ein erster Ausgangspunkt dienen. Zurzeit zeichnen sich die Pflichten noch durch ihre große Unbestimmtheit aus.[1428] Darüber hinaus ist davon auszugehen, dass das Verhältnis von Gesetz und *common law* sowie die Definitionen der einzelnen Pflichten in England noch viele Jahre ungeklärt bleiben werden. Die Entwicklung der *directors' duties* in England könnte sich vielmehr – wie in den letzten 150 Jahren auch – durch *case-law* fortsetzen,

---

1422 Zurückhaltender formuliert daher auch *Witt*, ZGR 2009, 872 (903): „*Die gewachsene Bedeutung des kodifzierten Rechts wird der rechtssichernden Anwendung des Kapitalgesellschaftsrechts in der Praxis sicherlich förderlich sein.*"

1423 So ausdrücklich auch *Ringe/Otte*, in: Englisches Handels- und Wirtschaftsrecht, S. 192.

1424 *Hannigan*, Rn. 7–13.

1425 *Dine/Koutsias*, S. 192. *Arden*, Australian Law Journal, 2007, 162 (172 f.) hält dies für eine schwierige, aber lösbare Aufgabe. Ähnlich auch *Baas-Holler*, S. 41 u. 251, die annimmt, dass das Gesellschaftsrecht bzgl. der *directors' duties* durch den CA 2006 zunächst eher noch unübersichtlicher wird, bis eine Umsetzung durch die englischen Gerichte erfolgt ist. Siehe ferner *Hannigan*, Rn. 7–13.

1426 *Boyle & Birds*, S. 610; *Arden*, Australian Law Journal 2007, 162 (167).

1427 Anders aber *Bayer*, in: Lutter/Hommelhoff, Anh II zu § 4a Rn. 2.

1428 Ähnlich auch das Fazit von *Bachmann*, S. 69 zur Geschäftsführerhaftung nach dem CA 1985.

mit der Ausnahme, dass dieses teilweise auf niedergeschriebene Gesetze gestützt werden kann.[1429] Dies legt auch der Blick auf die Rechtsentwicklung in Neuseeland nahe, wo bereits 1993 die Pflichten der *directors* gesetzlich kodifiziert wurden. Ferner bleibt abzuwarten, ob die gesetzlich geregelten Pflichten die englischen Gerichte davon abhalten werden, neue *common law*-Pflichten für *directors* zu entwickeln.[1430] Hinzu kommt in England noch die fortschreitende Europäisierung der einzelnen Rechtsgebiete. Es wird interessant sein, wie die englischen Gerichte die „neuen" Pflichten daher auch in einem europäischen Kontext interpretieren werden. Wer aus deutscher Sicht somit eine dogmatische Neuordnung des englischen Gesellschaftsrechts propagiert, unterliegt sicherlich einem Irrtum.

Exakte Kriterien für die Pflichten des *directors* lassen sich folglich kaum benennen. Entstammen die Pflichten im Rahmen des Untreuetatbestandes daher einem anderen Rechtssystem, das zudem noch äußerst stark durch nicht kodifiziertes Recht geprägt ist, so ist für den als verständigen Bürger gedachten Normadressaten in Deutschland nicht mehr vorhersehbar, was genau unter Androhung von Strafe verboten ist. Die Anwendung der englischen Verhaltenspflichten zur Begründung strafrechtlicher Verantwortlichkeit würde in zahlreichen Fällen zu unterschiedlichen und willkürlichen Ergebnissen führen. Fehlt es aber an klaren, dem Gemeinverständnis zugänglichen Strafvorschriften, die den Unwertgehalt verbotener Handlungen eindeutig kennzeichnen, so ist fraglich, ob das Strafrecht an dieser Stelle noch seiner Aufgabe, durch Vorbeugen von Rechtsgutsverletzungen „Gesellschaftsschutz" zu bewirken, gerecht werden kann.[1431] Die Fremdrechtsanwendung führt dann zu einer Friktion mit der Präventionswirkung des Strafrechts.[1432]

Bei einem Rückgriff auf die *director's duties* zur Ausfüllung des Untreuetatbestandes ist daher grundsätzlich von einem Verstoß gegen das strafrechtliche Bestimmtheitsgebot auszugehen.[1433]

1429 So *Hannigan*, Rn. 7–13.

1430 *Gower & Davies*, Rn. 16–6 f. *Torwegge*, GmbHR 2006, 919 (922) weist in diesem Zusammenhang auf bereits entsprechende Bedenken der *Law Society* hin, wonach die neuen Normen wieder vom *case-law „verkrustet"* werden könnten.

1431 So *Mosiek*, StV 2008, 94 (98 f.).

1432 Vgl. *Mosiek*, StV 2008, 94 (98 f.).

1433 Insbesondere soll sich aus dem fehlenden Verwerfungsmonopol des *BVerfG* gem. Art. 100 Abs. 1 GG für ausländische Hoheitsakte nach Ansicht von *Mankowski/Bock*, ZStW 120 (2008), 704 (715) auch kein Verstoß gegen das strafrechtliche Bestimmtheitsgebot ableiten lassen.

bb) Sog. Expertenstrafrecht

Nun hat das *BVerfG* allerdings weiter entschieden, dass sich die Anforderungen an die Bestimmtheit des jeweiligen Gesetzes prinzipiell an den jeweiligen Adressatenkreis anpassen.[1434] Dies wird gemeinhin als sog. „Expertenstrafrecht" bezeichnet. Die Anforderungen an die Bestimmtheit des Tatbestandes werden insofern gelockert. Bei Normen, die sich ausschließlich an Personen richten, die aufgrund ihrer Tätigkeit über spezielle Fachkenntnisse verfügen, können damit höhere Anforderungen an die Verständigkeit des Normadressaten und die Zumutbarkeit der Rechtsfindung gestellt werden.[1435]

Vielfach vorgebracht wird daher, dass der *director* einer in Deutschland agierenden *Limited* ein solcher „Experte" sei. Immerhin habe er sich bewusst für die Rechtsform der *Limited* für das betriebene Unternehmen entschieden und damit das englische Gesellschaftsrecht selbst zur Grundlage seines wirtschaftlichen Handelns gemacht.[1436] Die selbst getroffene Entscheidung, der Unternehmenstätigkeit eine ausländische Rechtsgrundlage zu geben, müsse konsequenterweise auch für das Strafrecht fortwirken.[1437] Daher sei es auch zumutbar, dass ein *director* sich Kenntnis über die entsprechenden englischen Normen verschafft.[1438] So würde der *director* einer *Limited* bei Gründung durch das *Companies House* über die beim Betrieb einer *Limited* entstehenden Pflichten aufgeklärt[1439] und könne

1434 So *BVerfGE* 75, 329 (342 ff.) (zu § 327 Abs. 2 Nr. 1 StGB); 48, 48 (57) (zu §§ 283 ff. StGB, 82 ff. GmbHG); *BVerfG*, NJW 1993, 1909 (1910 f.) (zum Außenwirtschaftsstrafrecht). Siehe ferner *Schmidt/-Aßmann*, in: Maunz/Dürig, Art. 103 GG Rn. 189. Differenzierend *Satzger*, Internationales und Europäisches Strafrecht, 98 Rn. 66 f.; *ders*.,Europäisierung, S. 243 ff.

1435 Allgemein in Bezug auf den Untreuetatbestand *Hohmann*, ZIS 2007, 38 (47 f.) m.w.N. Ferner *Böse*, in: FS-Krey, S. 7, 14 f. für den Verweis auf Unionsrecht.

1436 So schon *Radtke*, GmbHR 2008, 729 (734 f.); *Ransiek/Hüls*, ZGR 2009, 157 (176 f.); *Schramm/Hinderer*, ZIS 2010, 494 (498) und jetzt auch *Dinter*, S. 100; *Hinderer*, S. 154; *Labinski*, S. 87 f. u. 222 f.; *Pattberg*, S. 303. Zumindest könne man dies von ihm verlangen, so *Gross/Schork*, NZI 2006, 10 (15). In diese Richtung wohl auch *Mankowski/Bock*, ZStW 120 (2008), 704 (713 u. 717 f.); *Schumann*, ZIP 2007, 1189 (1194).

1437 *Ransiek/Hüls*, ZGR 2009, 157 (177).

1438 So im Zusammenhang mit der Strafbarkeit des *directors* gem. § 283 Abs. 1 StGB und unter Verweis auf die modernen Informationsquellen *Worm*, S. 82 f. u. 112 f. Ferner *Gross/Schork*, NZI 2006, 10 (15). In diesem Sinne jetzt auch *Schünemann*, in: LK, § 266 StGB Rn. 264.

1439 *Rönnau*, ZGR 2005, 832 (856); *Schramm/Hinderer*, ZIS 2010, 494 (498).

den CA 2006 ohne nennenswerten Aufwand über das Internet abrufen.[1440] Auch der Geschäftsführer einer deutschen Gesellschaft müsse sich schließlich über die entsprechenden deutschen Regelungen informieren. Von einem Verstoß gegen das Bestimmtheitsgebot könne daher nicht ausgegangen werden, wenn man Akteure auf der Basis einer Rechtsordnung, der sie sich bewusst unterstellt haben, strafrechtlich verantwortlich hält.[1441]

Übersehen wird bei dieser Argumentation allerdings, dass die Anforderungen des englischen Gesellschaftsrechts weder der deutschen Dogmatik entsprechen noch den deutschen Auslegungsregeln folgen. Zwar ist es selbstverständlich keine Voraussetzung des Bestimmtheitsgebots, dass ein Täter in der Lage ist, die Rechtslage aus eigenem Verständnis nachzuvollziehen;[1442] dies würde zu einer Übersteigerung des Bestimmtheitsgebots führen. Aber bei der Beurteilung wirtschaftlichen Handelns nach englischem Recht ist der Rechtsfindungsakt eben gerade nicht mit der Beschaffung und Übersetzung der entsprechenden Gesetzestexte erledigt. Hinzu tritt, dass durch die Verweisung auf englisches Gesellschaftsrecht dem Normadressaten das Auffinden des jeweils anzuwendenden Pflichtenmaßstabs ganz erheblich erschwert wird, kann dieses – wie gezeigt[1443] – als *case law* doch ständigen Veränderungen unterliegen. Mithin kann selbst ein gut ausgebildeter deutscher Jurist, wenn er sich nicht schwerpunktmäßig mit dem englischen Gesellschaftsrecht beschäftigt, keine auch nur annähernd rechtsfehlerfreie Aussage – lediglich auf Basis der zuvor dargestellten *director's duties* – über die Pflichtwidrigkeit eines in Deutschland handelnden *directors* treffen.[1444] Dies gelingt in der Regel auch einem in England agierenden *director* nicht,[1445] der

1440 *Hinderer*, S. 128 im Zusammenhang mit den Buchführungspflichten bei §§ 283 ff. StGB.

1441 *Böse*, in NK, Vor § 3 StGB Rn. 67; *Mankowski/Bock*, ZStW 120 (2008), 704 (717 f.); *Radtke*, GmbHR 2008, 729 (734 f.).

1442 Siehe *BVerfG*E 37, 201 (209) zu § 370 AO, wonach sämtliche Einzelsteuergesetze und die entsprechenden Verordnungen einbezogen werden.

1443 Vgl. auch § 3 I.2.

1444 Dies belegen auch schon die meist nur äußerst kryptischen Hinweise auf die angeblich strengen Treue- und Loyalitätspflichten im englischen Recht siehe *Radtke*, GmbHR 2008, 729 (734); *Schlösser*, wistra 2006, 81 (86 f.) und insbesondere die Entscheidung des *AG Stuttgart*, wistra 2008, 226 ff.

1445 Siehe aber nochmals die Intention des englischen Gesetzgeber zur Kodifizierung der *director's duties* im CA 2006 nach dem sog. White Paper March 2005 paras 3.3, abrufbar unter http://bis.ecgroup.net/Publications/BusinessLaw/CompaniesAct2006.aspx (Stand: Dezember 2012), wonach man die Pflichten für *company directors* für diese leichter zugänglich machen wollte.

als Vergleichsmaßstab heranzuziehen wäre. So wird in der gesellschaftsrechtlichen Literatur immer wieder auf den Missstand hingewiesen, dass in England zahlreiche *directors* die bei der Führung einer *Limited* zu beachtenden Vorschriften häufig gar nicht kennen (können).[1446] Diese fehlende Vorhersehbarkeit wird sogar in Bezug auf die im CA 2006 niedergeschriebenen Pflichten bemängelt. So stellt z. B. *Hannigan* fest: *„[...], that the resulting statutory statement is more lawyers' law than a statement of duties that is accessible to the average director.*"[1447] Auch wird hierbei aufgrund der sich widersprechenden Regelungen in section 170(3) und (4) CA 2006 eine genaue Kenntnis des *case law* maßgeblich bleiben.[1448] Externer Rechtsrat ist aber auch in England grundsätzlich teuer und daher für kleine Gesellschaften mit einer nur äußerst geringen Kapitalausstattung oftmals zu kostspielig. Vorhersehbarkeit in diesem Bereich ist daher wohl eher eine Illusion.[1449]

Auch schlagen manche Autoren – teilweise dieselben, die hier keinen Verstoß gegen das Bestimmtheitsgebot sehen – vor, dass Richter im Strafverfahren entsprechende Gutachten zum englischen Gesellschaftsrecht bei den Max-Planck Instituten für ausländisches und internationales Strafrecht einholen müssen.[1450] Zugestanden wird damit aber, dass nicht einmal ein deutscher Strafrichter, der gem. § 262 Abs. 1 StPO umfassend über die Rechtslage entscheidet, ohne gutachterliche Hilfe eine Aussage über die Vorgaben des englischen Gesellschaftsrechts treffen kann. Ist dies aber bereits Richtern und anderen gut ausgebildeten deutschen Juristen von Anfang an fast unmöglich, so muss diese Annahme erst recht für einen deutschen „Durchschnitts-*director*" gelten. Darüber hinaus werden auch im Bereich des europäischen Rechts zur Ausfüllung von Straftatbeständen seit jeher Grenzen der zumutbaren Nachforschungspflichten für Gewerbetreibende akzeptiert.[1451] Betrachtet man in diesem Zusammenhang somit Normen des Unionsrechts, die Blankettnormen konkretisieren,[1452] so werden diese allgemein nur dann als verfassungsgemäß angesehen, wenn sie hinreichend bestimmt

1446 So z. B. *Haug*, S. 254 u. 305 m.w.N.
1447 *Hannigan*, Rn. 7–13.
1448 *Palmer's Company Law*, S. 179 und zuvor § 4.
1449 Anders aber *Pattberg*, S. 299.
1450 *Schlösser*, wistra 2006, 81 (87); *Schramm/Hinderer*, ZIS 2010, 494 (499).
1451 *Niehaus*, wistra 2004, 206 (209) m.w.N.
1452 Hier § 370 AO. Gegen die Annahme, dass es sich bei der Norm um ein Blankett handelt, aber *Dannecker*, in: LK, § 1 StGB Rn. 149; *Tiedemann*, Wirtschaftsstrafrecht AT, Rn. 100; *Walter*, in: FS-Tiedemann, S. 969, 989 f.

und mit zumutbarem Aufwand auffindbar sind.[1453] Derselbe Maßstab muss folglich auch für die Ausfüllung des Merkmals der Verletzung einer Vermögensbetreuungspflicht mittels der englischen *director's duties* gelten. Wie zuvor dargelegt, sind diese jedoch alles andere als hinreichend bestimmt.[1454]

Ungeachtet dessen darf schließlich nicht jeder Akteur in einem bestimmten Bereich von Anfang an als Experte angesehen werden.[1455] Auch hier hat der Gesetzgeber auf den Erkennbarkeitshorizont des Bürgers Rücksicht zu nehmen.[1456] So bleibt auch das *BVerfG* trotz seiner Expertenstrafrechtsrechtsprechung in Grenzfällen bei dem Grundsatz, dass jedermann voraussehen können muss, welches Verhalten verboten und mit Strafe bedroht ist.[1457] „Expertenwissen" wäre hier – wenn überhaupt – stets im unteren Bereich anzusiedeln,[1458] entfaltet das Recht der *Limited*, das auf den ersten Blick als „Expertenstrafrecht" erscheinen mag, gerade auch Relevanz für den Normalbürger.[1459] Insbesondere bei den *directors* von kleineren *Limiteds* wird man in der strafrechtlichen Rechtswirklichkeit nämlich nur wenig „Verständigkeit" hinsichtlich der sie betreffenden Pflichten aus dem englischen Gesellschaftsrecht erwarten können.[1460] Anders als z. B. bei der Untreuestrafbarkeit im Zusammenhang mit der Kreditbewilligung,[1461] scheint hier meist ein Personenkreis betroffen zu sein, bei dem nach Ausbildung und Erfahrung die für die fallbezogene Anwendung der rechtlichen Standards nötigen Fachkenntnisse nicht vorausgesetzt werden können. Davon scheint – allerdings auf der subjektiven Tatbestandsseite – auch der *BGH* auszugehen, worauf die Rückverweisung an eine Wirtschaftsstrafkammer hinzudeuten scheint.[1462] So sei das Vorliegen des Vorsatzes hinsichtlich der durch ausländisches Recht begründeten Pflichtenstellung immer dann kritisch zu hinterfragen, wenn es sich um

---

1453 *OLG Koblenz*, NStZ 1989, 188 (189); *Schmitz*, in: MüKo, § 1 StGB Rn. 53 ff.; *Niehaus*, wistra 2004, 206 (208).

1454 Siehe § 4 und § 9 II.1.a)aa).

1455 *Satzger*, Internationales und Europäisches Strafrecht, § 9 Rn. 66.

1456 *Niehaus*, wistra 2004, 206 (209) in Bezug auf § 1 Abs. 2 MOG.

1457 *BVerfG*E 78, 374 (381 f.); 75, 329 (341); 55, 144 (152).

1458 So auch *Worm*, S. 112 u. S. 113, die trotz dieser Erwägungen aber zu einer Vereinbarkeit mit dem Bestimmtheitsgebot gelangt.

1459 So allgmein *Satzger*, Europäisierung, S. 243. Siehe insbesondere auch *Rönnau*, ZGR 2005, 832 (856), wonach der Maßstab des verständigen Experten nicht dazu führen darf, *„auf die alten Hasen innerhalb einer Berufsgruppe abzustellen."*

1460 Zutreffend bereits *Rönnau*, NStZ 2011, 558 (559); *ders.* ZGR 2005, 832 (856). Ebenso *Kraatz*, JR 2011, 58 (63).

1461 Hierzu *Laskos*, passim.

1462 *BGH*, NStZ 2010, 632 (635). Siehe auch zuvor § 5 III.3.

einen in internationalen Handelsgeschäften nicht erfahrenen Kaufmann handelt, der sich nur in geringem Umfang über einen kurzen Zeitraum dem fremden Recht unterworfen hat.[1463]

Dass vorgebrachte Argument, die Akteure hätten das englische Gesellschaftsrecht selbst als rechtliche Grundlage gewählt und müssten folglich – ungeachtet aller Widrigkeiten – mit den sich aus einer solchen Wahl ergebenden strafrechtlichen Konsequenzen leben, entpuppt sich mithin als nicht belastbar.

cc) Zwischenergebnis: Durchschlagen der Unbestimmtheit auf den Untreuetatbestand

Angesichts des Bestimmtheitsgebots wirft das grundsätzliche Bestimmtheitsdefizit des außerstrafrechtlichen „neuen" englischen Gesellschaftsrechts bei der Begründung einer strafrechtlichen Verantwortlichkeit ein erhebliches Problem auf. Sind schon die außerstrafrechtlichen Normen nicht hinreichend bestimmt, ist auch der gesamte Blanketttatbestand als nicht hinreichend bestimmt anzusehen. Die Vagheit der Ausfüllungsnorm schlägt so auf die Strafnorm durch und macht diese – gegebenenfalls partiell – unanwendbar.[1464] Der Untreuetatbestand ist bei einem mittels des Internationalen Privatrechts erfolgenden Verweis auf das unbestimmte außerstrafrechtliche englische Gesellschaftsrecht nicht mehr anwendbar.

b) Auswirkungen der generellen Unbestimmtheit des Untreuetatbestandes als strafrechtliche Verweisungsnorm

Hinzu tritt nun noch ein weiteres – besonders gewichtiges – Argument: Aufgrund der Ausfüllungsbedürftigkeit des Pflichtwidrigkeitsmerkmals bewegt sich der Untreuetatbestand, wie zuvor dargestellt, bereits beim Verweis auf deutsche Rechtsnormen am äußeren Rande des innerhalb von Art. 103 Abs. 2 GG, § 1 StGB noch Vertretbaren.[1465] Nun kann und soll auch an dieser Stelle der Untersuchung nicht geklärt werden, ob die Grenze zur Verfassungswidrigkeit bereits überschritten ist.[1466] Vor dem Hintergrund der insgesamt notorischen Unbestimmtheit des

1463 *Schlösser/Mosiek*, HRRS 2010, 424 (426).

1464 Siehe *Lüderssen*, in: FS-Eser, S. 163, 170 f. Ähnlich auch *Cappel*, S. 131 f.; *Hohmann*, ZIS 2007, 38 (43). Ferner in diesem Sinne wohl auch *Kraatz*, JR 2011, 58 (64); *Ransiek*, ZStW 116 (2004), 634 (645).

1465 Dazu § 5 II.2.a).

1466 Siehe zur Diskussion und entsprechenden Nachweisen oben § 5 II.2.a).

Tatbestandes[1467] und seiner häufig verfassungswidrigen Anwendung[1468] ist aber auch zwingend die Frage nach der Zulässigkeit einer Fremdrechtsanwendung im Rahmen des Untreuetatbestandes zu sehen. Spätestens an dieser Stelle lassen sich die allgemeinen Zweifel an der verfassungsrechtlich erforderlichen Bestimmtheit des Untreuetatbestandes nicht mehr gänzlich unterdrücken.[1469] Es ist nicht von der Hand zu weisen, dass den Normadressaten in vielen praktisch relevanten Fällen bereits jetzt schon keine klaren Handlungs- und Auslegungsanweisungen zur Verfügung stehen.[1470] Erst recht müssen daher Zweifel bestehen, wenn sich die Strafbarkeit in Abhängigkeit von ausländischem Recht bestimmt.[1471]

Auch das jüngste Urteil des *BVerfG* zum Untreuetatbestand, das einerseits zwar die allgemeine Vereinbarkeit des Untreuetatbestandes mit dem Bestimmtheitsgebot bescheinigt, spricht andererseits dessen verfassungsrechtlich bedenkliche Weite ausdrücklich an.[1472] So bringe die Bestimmung der Tatbestandsmerkmale Vermögensbetreuungspflicht und Pflichtverletzung im Einzelfall nicht unerhebliche Unsicherheiten mit und unterliege bestimmten Restriktionen.[1473] Insbesondere sei die Rechtsprechung grundsätzlich gehalten, „*Unklarheiten über den Anwendungsbereich von Strafnormen durch Präzisierung und Konkretisierung im Wege der Auslegung nach Möglichkeit auszuräumen (Präzisierungsgebot)*“.[1474] Allerdings habe die höchstrichterliche Rechtsprechung das Merkmal der Pflichtwidrigkeit in fallgruppenspezifischen Obersätzen derart konkretisiert, dass die Vorhersehbarkeit der Strafbarkeit im Regelfall gesichert sei.[1475]

Dieser im Zusammenhang mit der generellen Unbestimmtheit des Untreuetatbestandes häufig verwendete Hinweis auf eine hinreichende Konkretisierung

1467 So *Rönnau*, ZStW 119 (2007), 887 (892).

1468 *Hamm*, NJW 2001, 1694 (1696).

1469 Diesen Aspekt übergeht *Pattberg*, S. 294 f.

1470 *Kubiciel*, NStZ 2005, 353 (353).

1471 Zutreffend auch *Mosiek*, StV 2008, 94 (97 f.); *Rönnau*, ZGR 2005, 832 (856).

1472 *BVerfG*E 126, 170 (203 u. 204 f.).

1473 Dies sind nach *BVerfG*E 126, 170 (210 ff.) der Vermögensbezug der verletzten Pflicht, das Vorliegen einer gravierenden Pflichtverletzung, ein Verbot des Verschleifens der Tatbestandsmerkmale von Pflichtwidrigkeit und Schaden sowie die konkrete Bezifferung des Nachteils im Rahmen der sog. „schadensgleichen Vermögensgefährdung.“

1474 *BVerfG*E 126, 170 (170 u.215). Ausführlich zu diesen Voraussetzungen *Saliger*, in: FS-Roxin Band II, S. 1053, 1058 ff.

1475 *BVerfG*E 126, 170 (210). Kritisch, ob dies wirklich auf den Untreuetatbestand zutrifft, *Seier*, in: HWSt, V 2 Rn. 17 ff.

durch die Rechtsprechung[1476] ist schon im Allgemeinen fragwürdig.[1477] Denn das Bestimmtheitsgebot verpflichtet mit Rücksicht auf das Demokratieprinzip und den Gewaltenteilungsgrundsatz den Gesetzgeber schließlich dazu, die Voraussetzungen und Rechtsfolgen einer Straftat möglichst genau festzulegen.[1478] So ist es nach Ansicht von *Hoyer* *„geradezu widersinnig, den Verstoß des Gesetzgebers gegen die verfassungsrechtlichen Anforderungen wegen irgendeiner späteren Judikatur als nachträglich geheilt betrachten zu wollen“*.[1479] Eine solche nachträgliche Möglichkeit der Heilung stelle dem Gesetzgeber einen „Freibrief“ für einen Verstoß gegen das Bestimmtheitsgebot aus und verhindere bis zum Zeitpunkt des Bestehens einer gefestigten Rechtsprechung die Normorientierung des Normadressaten.[1480]

Insbesondere vermag die Argumentation der hinreichenden Konkretisierung durch die Rechtsprechung aber bei einer vom ausländischen außertrafrechtlichen Recht abhängenden Strafbarkeit nicht zu überzeugen. Ist dem Gesetzgeber zwar grundsätzlich ein begrenzter Spielraum an Unschärfe zuzubilligen, wonach auch der Rechtsprechung eine gewisse Konkretisierungsfunktion zukommen kann,[1481] so liegt hier jedoch gerade kein solcher vom *BVerfG* angenommener Regelfall vor. Es gibt bislang noch keine gefestigte Rechtsprechung, die in diesem Zusammenhang zur Konkretisierung des Untreuetatbestandes herangezogen und unter Würdigung des konkreten Falls weiterentwickelt werden könnte. Wie zuvor gezeigt, setzen sich die drei einzigen Urteile zur Strafbarkeit des *directors* einer in Deutschland ansässigen *Limited* mit den Fragen der Inbezugnahme englischen Gesellschaftsrechts sowie den verfassungsrechtlichen Problemen entweder gar nicht oder zumindest nicht hinreichend auseinander.[1482] Somit wird man bei der Fallgruppe einer „*Limited*-Untreue“[1483] von einer hinreichenden Konkretisierung durch eine bestehende Rechtsprechungspraxis nicht ausgehen können. Damit bliebe nur die Möglichkeit einer „Experimentierphase“, in der

---

1476 Vgl. etwa *Dinter*, S. 104 f.

1477 Kritisch hierzu *Krüger*, NStZ 2011, 369 (374); *Wohlers*, ZStW 123 (2011), 791 (803) m.w.N.

1478 *Hoyer*, in: SK, Stand: 123. Lfg., § 266 StGB Rn. 8.

1479 *Hoyer*, in: SK, Stand: 123. Lfg., § 266 StGB Rn. 8.

1480 *Schmitz*, in: MüKo, § 1 StGB Rn. 47. Kritisch zum Ansatz der möglichen Konkretisierung durch eine gefestigte Rechtsprechung auch *Dannecker*, in: LK, § 1 StGB Rn. 201.

1481 Siehe *BVerfG*E 90, 145 (190 ff.); 78, 374 (389); 75, 329 (341 ff.).

1482 Vgl. § 5 III.

1483 Zum Begriff siehe zuvor § 5 II.2.c).

es der Rechtsprechung überlassen wäre, die entsprechende Konkretisierungsarbeit vorzunehmen. Ein derartiges Vorgehen ist vor dem Hintergrund des individualschützenden Verständnisses des Bestimmtheitsgebots jedoch zwingend abzulehnen.[1484] Eine Vorhersehbarkeit der Strafdrohung ist in diesem Fall nicht gewährleistet. Untermauert wird diese Annahme noch dadurch, dass auch der wissenschaftliche Diskurs zur strafrechtlichen Behandlung von *Limiteds* noch am Anfang steht.

Bei der Frage, ob bei der Ausfüllung durch englisches Recht das Bestimmtheitsgebot gewahrt ist, ist mithin ein besonders strenger Maßstab anzulegen.[1485] Ist die Ermittlung der außerstrafrechtlichen Rechtslage in den hier vorliegenden Fällen alles andere als geklärt, so dürfen bei einem so weit formulierten Tatbestand wie dem Untreuetatbestand außerstrafrechtliche Unklarheiten nicht zu Lasten des *directors* gehen. Aktuell muss dies umso stärker gelten, als die Strafverfolgungsbehörden den Untreuetatbestand als eine „Allzweckwaffe" gegen sämtliche Arten von Vermögensschädigungen im Wirtschaftsleben benutzen.[1486]

c) Zwischenergebnis zum Bestimmtheitsgebot

Die bisherigen Ausführungen haben gezeigt, dass die Ausfüllung des Tatbestandsmerkmals der Verletzung einer Vermögensbetreuungspflicht mittels der englischen *director's duties* die nach Art. 103 Abs. 2 GG, § 1 StGB zu wahrende Grenze der Vorhersehbarkeit der Strafe überschreitet. Es ist in diesem Fall für den als Normadressaten gedachten „verständigen Bürger" nicht mehr vorhersehbar, unter welchen Umständen er sich strafbar macht.[1487] Hieran kann – wie gezeigt – auch der bloße Hinweis auf möglicherweise erhöhte Informationspflichten des *directors* einer in Deutschland ansässigen *Limited* nichts ändern.

Die *director's duties* sind selbst im englischen Recht weitgehend unklar. An diesem Befund hat auch die weitgehende Kodifikation im CA 2006 – zumindest bislang – nichts geändert. Selbst der *director* einer in England ansässigen *Limited*

1484 Generell kritisch zur Konkretisierung von Tatbestandsmerkmalen durch die Rechtsprechung auch bereits *Enderle*, S. 139 ff. m.w.N. Speziell zum Untreuetatbestand *Cappel*, S. 132 unter Hinweis auf das „*Mannesmann*" Verfahren.

1485 In diesem Sinne auch *Rönnau*, NStZ 2011, 558 (559). Siehe ferner die allgemeinen Festellungen unter § 5 II.3.

1486 Zur Kritik und den entsprechenden Nachweisen siehe oben § 5 II.2.b).

1487 Im Ergebnis ebenso *Altenhain/Wietz*, NZG 2008, 569 (572); *Mosiek*, StV 2008, 94 (98); *Rönnau*, NStZ 2011, 558 (559); *ders.*, ZGR 2005, 832 (856); *Schlösser*, wistra 2006, 81 (88); *Schmitz*, in: Europäisierung des Strafrechts in Polen und Deutschland, S. 199, 208. In diese Richtung jetzt wohl auch *Bittmann*, NStZ 2009, 113 (114 f.).

kann in zahlreichen Fällen nicht erkennen, ob sein Verhalten pflichtgemäß oder pflichtwidrig ist.[1488] Ist aber bereits die außerstrafrechtliche Sachlage alles andere als geklärt, so muss diese Unsicherheit auch auf den Straftatbestand durchschlagen.

Hinzukommt die generelle Unbestimmtheit des Untreuetatbestandes. Die Weite und Unschärfe des Tatbestandes wird auch nicht durch die hier in Bezug genommenen ausländischen Verhaltenspflichten präzisiert. Selbst im Einzelfall können diese nicht dem Tatbestand die erforderlichen Konturen verleihen. Mag man daher auch generell eine Fremdrechtsanwendung im Rahmen von anderen Straftatbeständen mit dem Bestimmtheitsgebot noch für vereinbar halten, so kann dies nicht für den Untreuetatbestand und dessen Ausfüllung mittels der englischen *director's duties* angenommen werden.

Auch das vom *BVerfG* und einem Teil der Literatur immer wieder bemühte Argument der Konkretisierung eines unbestimmten Tatbestandsmerkmals durch die ständige Rechtsprechung trägt in diesem Fall nicht. Es gibt bisher keine gefestigte Rechtsprechung, die in diesem Zusammenhang zur Konkretisierung des Untreuetatbestandes herangezogen werden kann.

2. Verstoß gegen den Parlamentsvorbehalt

Ein weiterer besonders schwerwiegender Einwand gegen die Fremdrechtsanwendung zur Bestimmung des Pflichtwidrigkeitsmerkmals im Rahmen des Untreuetatbestandes könnte sich schließlich im Hinblick auf den Parlamentsvorbehalt ergeben.[1489] Wendet man englisches Gesellschaftsrecht zur Ausfüllung des Untreuetatbestandes an, so hat in diesem Fall nicht der deutsche, sondern der englische Gesetzgeber die außerstrafrechtlichen Maßstäbe der Pflichtwidrigkeit normiert. Verstärkt werden diese Bedenken dadurch, dass es sich bei dem in Bezug genommenen Recht um solches aus einen *common law*-System handelt,

1488 Wobei ein Pflichtenverstoß hier nur in den seltensten Fällen zu einer Strafbarkeit nach englischem Recht führen dürfte; siehe zu den Sanktionsmöglichkeiten des englischen Rechts § 11 I.2 und § 11 I.3.

1489 So insbesondere *Rönnau*, NStZ 2011, 558 (559); *ders.*, ZStW 119 (2007), 887 (906); *ders.* ZGR 2005, 832 (856 f.). Dem folgend *Hinderer*, S. 129 ff. u. S. 155 f.; *Mosiek*, StV 2008, 94 (98 f.). Auch *Radtke*, GmbHR 2008, 729 (735 f.) hält diesen Einwand grundsätzlich für schwerwiegend. Ferner so wohl auch *Vallender*, ZGR 2006, 425 (458 f.). Nach *Golombek*, S. 145 handelt es sich zumindest um eine „*Gratwanderung*", da die Strafbarkeit durch das ausländische Recht maßgeblich mitbestimmt wird.

bei dem Pflichten häufig nicht einmal englischen Parlamentsgesetzen entspringen, sondern durch die englischen Gerichte geschaffen werden.[1490]

Deshalb stellt sich an dieser Stelle die entscheidende Frage, ob der Gesetzgeber mit der Entscheidung für einen Blanketttatbestand auch die Entscheidung getroffen hat, dass dieser im Fall einer Auslandsberührung durch ausländische Normen ausgefüllt werden darf.[1491] Schließlich liegt bei der Fremdrechtsanwendung die Entscheidung, was als Pflicht in den Untreuetatbestand hineinzulesen ist, beim ausländischen Gesetzgeber. Der ausländische Zivilgesetzgeber bestimmt die Strafbarkeit damit zumindest mit.[1492]

a) Die allgemeinen Anforderungen des Parlamentsvorbehalts

Art. 20 Abs. 3 GG verpflichtet den parlamentarischen Gesetzgeber, in den grundlegenden normativen Bereichen alle wesentlichen Fragen selbst zu entscheiden. Dies hat das *BVerfG* in mehreren Entscheidungen mit seiner allgemein als „Wesentlichkeitstheorie" bezeichneten Rechtsprechung unmissverständlich festgestellt.[1493] Hierdurch wird der Gesetzgeber nicht nur gezwungen, eine entsprechende Rechtsgrundlage zu schaffen, er muss darüber hinaus alle wesentlichen Fragen in einem förmlichen Parlamentsgesetz regeln.[1494] Das *BVerfG* spricht insofern von einem „Parlamentsvorbehalt".[1495] Dabei ist zu beachten, dass je schwerwiegender die Rechtsfolgen einer Regelung sind, desto präziser die gesetzgeberischen Vorgaben sein müssen.

Das Strafrecht greift nun aber durch Geld- und Freiheitsstrafen in gravierender Weise in die Rechte des Bürgers ein. Daher sieht das Grundgesetz für das Strafrecht nicht den allgemeinen Gesetzesvorbehalt des Art. 20 Abs. 3 GG vor, sondern statuiert für das Strafrecht mit Art. 103 Abs. 2 GG – neben dem

---

1490 *Rönnau*, NStZ 2011, 558 (559); *ders.*, ZGR 2005, 832 (856 f.). Anders aber *Hinderer*, S. 130 f., da das englische Gesellschafts- und Handelsrecht bereits größtenteils kodifiziert sei und man somit von einem ausländischen Parlamentsrecht sprechen könne.

1491 Dies bejahend *Worm*, S. 85.

1492 *Mankowski/Bock*, GmbHR 2010, 822 (822).

1493 Wesentlich sind in diesem Sinne die für die Grundrechtsverwirklichung maßgeblichen Regelungen, siehe *BVerfGE* 98, 218 (241); 77, 120 (230 f.); 61, 260 (275); 49, 89 (126); 40, 237 (249). Allgemein hierzu *Jarass*, in: Jarass/Pieroth, Art. 20 GG Rn. 47 m.w.N.

1494 *BVerfGE* 98, 218 (251); 95, 267 (307); 83, 130 (152); *Jarass*, in: Jarass/Pieroth, Art. 20 GG Rn. 47.

1495 *BVerfGE* 58, 257 (274).

zuvor dargestellten Bestimmtheitsgebot – einen besonders strengen Gesetzesvorbehalt.[1496] Die Voraussetzungen der Strafe müssen somit in einem förmlichen Parlamentsgesetz enthalten sein.[1497] Insoweit übereinstimmend mit Art. 103 Abs. 2 GG kann auch nach Art. 104 Abs. 1 S. 1 GG die Freiheit einer Person nur auf der Grundlage eines förmlichen Gesetzes eingeschränkt werden. Insgesamt darf sich der Gesetzgeber somit nicht seiner gesetzgeberischen Verantwortung entledigen, indem er die Präzisierung eines Straftatbestands beispielsweise der Exekutive überlässt.[1498]

b) *Ausgangspunkt: Fehlende Abstimmung des deutschen Parlaments über wesentliche Grundsätze der Strafbarkeit*

Auch wenn Art. 103 Abs. 2 GG ein deutsches Parlamentsgesetz als Grundlage der Strafbarkeit voraussetzt, sind damit weder Blanketttatbestände noch Straftatbestände mit normativen Tatbestandsmerkmalen verboten. Allerdings muss der Straftatbestand die wesentliche Aussage darüber treffen, welches Verhalten strafbar sein und worin der Unrechtsgehalt liegen soll.[1499] Problematisch ist in diesem Zusammenhang allerdings, dass der deutsche Gesetzgeber über die entsprechenden Pflichten des englischen Rechts, die zur Bestimmung der Pflichtverletzung im Rahmen des Untreuetatbestandes herangezogen werden sollen, nicht entschieden hat.[1500] Schließlich ist der Untreuetatbestand hinsichtlich der Beschreibung des in Bezug genommenen außerstrafrechtlichen Rechts völlig offen. Es liegt nicht einmal ein Verweis auf einen Normenkomplex – wie beispielsweise einer gesetzlichen Pflicht zur Führung von Handelsbüchern – vor. In Bezug genommen wäre damit das gesamte englische Zivil- und Gesellschaftsrecht. Nun stellt das englische Gesellschaftsrecht jedoch Verhaltensbefehle auf, die so generell in

---

1496 Siehe insbesondere *BVerfGE* 47, 108 (114). Zum Verhältnis des strafrechtlichen zum allgemein öffentlichen Parlamentsvorbehalt siehe *Krey*, in: FS-Blau, S. 123 ff.

1497 *BVerfG*E 78, 374 (382); 75, 329 (341); 71, 108 (114); 47, 109 (120); *Schmidt/-Aßmann*, in: Maunz/Dürig, Art. 103 GG Rn. 183 f. m.w.N.

1498 So *BVerfG*, StV 2002, 247 (248). Siehe ferner *Hohmann*, ZIS 2007, 38 (47); *Lenzen*, JR 1980, 133 (137).

1499 Allgemein hierzu *BGH*, wistra 1984, 178 (181). In diesem Zusammenhang so auch die Schlussfolgerungen von *Mankowski/Bock*, ZStW 2008, 704 (716 f.); *Radtke*, GmbHR 2008, 729 (736). Ferner *Schumann*, ZIP 2007, 1189 (1194 f.), der sich allerdings auf § 283 Abs. 1 Nr.5 u. 6 StGB bezieht.

1500 Zu einem möglichen – im Ergebnis jedoch zu verneinenden – Verstoß gegen den Parlamentsvorbehalt durch rechtsgeschäftliche Vermögensbetreuungspflichten *Dinter*, S. 91 ff.

Deutschland nicht gelten und auf die der deutsche Gesetzgeber keinerlei Einflussmöglichkeiten hat. Auch kann das englische Gesellschaftsrecht wesentlich weiterreichende Pflichten aufstellen als das deutsche. Die Anwendung ausländischen Rechts im Rahmen des Untreuetatbestandes bedeutet folglich auch immer die Anwendung fremder Wertentscheidungen. Welche Handlungsweisen jedoch strafbar sein sollen, ist eine Wertentscheidung, die allein dem deutschen Gesetzgeber obliegt.[1501] Wird im Wege der Fremdrechtsanwendung die Verletzung ausländischen Gesellschaftsrechts strafrechtlich sanktioniert, hat der deutsche Gesetzgeber möglicherweise über einen das wesentliche Unrecht mitprägenden Aspekt des Straftatbestandes keine eigene Entscheidung getroffen.[1502]

Angesichts dieses fundamentalen Einwands werden nun unterschiedliche Begründungen vorgebracht, die eine derartige Vermutung widerlegen sollen.

aa) Generelle Zulässigkeit von Verweisungen auf ausländisches Recht

Teilweise wird vertreten, dass die generelle Zulässigkeit von Verweisungen im Strafrecht, auch einen Verweis auf außerstrafrechtliches ausländisches Recht legitimieren würde.[1503] Schließlich habe sich der Gesetzgeber bei § 266 StGB für einen außerordentlich offenen Tatbestand entschieden.

Diese Annahme kann aber bereits unter Zugrundelegung der zuvor dargestellten herrschenden Ansicht in Rechtsprechung und Literatur nicht überzeugen. So sollen Blankettstraftatbestände ja gerade nicht mittels ausländischer außerstrafrechtlicher Normen auszufüllen sein, da sich der vollständige Tatbestand in diesem Fall erst aus dem Zusammenlesen von Blankett und Ausfüllungsnorm ergebe. Eine Fremdrechtsanwendung wird mithin bereits auf der regelungstechnischen Ausfüllungsebene abgelehnt.[1504]

Gestützt wird diese Feststellung auch dadurch, dass vernünftigerweise nicht davon ausgegangen werden kann, dass der deutsche Gesetzgeber bei Verabschiedung des § 266 StGB einen Rechtssetzungswillen dahingehend gehabt habe, dass sich ein Pflichtenverstoß auch auf Grundlage des englischen Gesellschaftsrecht ergeben kann. Der Gesetzgeber hat durch die Formulierung eines offenen

1501 Siehe *Mankowski/Bock*, ZStW 2008, 704 (716).

1502 Dies annehmend *Mosiek*, StV 2008, 94 (98 f.).

1503 So *Stärk*, S. 149; *Mankowski/Bock*, ZStW 2008, 704 (716); *Radtke*, GmbHR 2008, 729 (735 f.). Ähnlich wiederum *Schumann*, ZIP 2007, 1189 (1194 f.).

1504 Siehe die Nachweise unter § 7 I.2.b). Zumindest müsste daher eine Auseinandersetzung mit der Frage erfolgen, warum bei Blanketttatbeständen mittels des Internationalen Privatrechts überhaupt ausländisches außerstrafrechtliches Recht zur Anwendung gelangen kann.

Tatbestandes nicht die Kompetenz zu dessen Ausfüllung im Rahmen einer Fremdrechtsanwendung dem englischen Gesetzgeber übertragen wollen.[1505] Im Kern kann es somit auch hier nur um die Frage gehen, ob sich in Anbetracht der gewandelten Rechtspraxis dem Untreuetatbestand noch entnehmen lässt, welcher Verhaltensbefehl hier strafrechtlich geschützt werden soll.

bb) Legitimation durch Europarecht

Ferner wird gegen den Einwand, dass eine Fremdrechtsanwendung im Rahmen des Untreuetatbestandes gegen den Parlamentsvorbehalt verstößt, vorgebracht, der parlamentarische Einfluss erfolge zwar nicht auf deutscher, dafür aber auf europäischer Ebene.[1506] Schließlich hätten die Vertreter der Bundesrepublik der Schaffung einer supranationalen Rechtsordnung zugestimmt und sich ihrer eigenen hoheitlichen Befugnisse derart entäußert, dass das auf Grundlage dieser Befugnisse unionsrechtlich gesetzte Recht im Hoheitsgebiet eines jeden Mitgliedstaates anzuerkennen sei.[1507] Aus der folgenden Anwendbarkeitserklärung des Gründungsrechts ergebe sich dann, dass kein Verstoß gegen den Parlamentsvorbehalt vorliegen könne.[1508] Dem Demokratiegebot und dem Wesentlichkeitsgrundsatz würden schließlich dadurch Genüge getan, dass der Straftatbestand als solcher weiterhin ein deutsches Parlamentsgesetz sei.[1509] Im Wesentlichen vorgebracht wird damit eine Legitimationsfunktion, die sich aus einer Kompetenzverschiebung zu Gunsten der Europäischen Union ergeben soll.

Derartige Behauptungen können als Legitimation zur Umgehung des Demokratieprinzips jedoch nicht ausreichen.[1510] Eine dies vorsehende gesetzliche Regelung existiert schlicht nicht. Auch handelt es sich bei den europäischen Gesellschaftsordnungen, selbst wenn sich diese in bestimmten Bereichen teilweise

---

1505 Zutreffend *Hinderer*, S. 130 u. S. 155.

1506 Für harmonisiertes europäisches Recht so *Wietz*, S. 196. Siehe auch *Labinski*, S. 78 f.; *Radtke*, GmbHR 2008, 729 (736); *ders./Hoffmann*, EuZW 2009, 404 f.

1507 *Labinski*, S. 78.

1508 *Hellmann/Beckemper*, Fälle zum Wirtschaftsstrafrecht, Rn. 469. Dem folgend *Labinski*, S. 78 f.

1509 So *Mankowski/Bock*, ZStW 120 (2008), 704 (716); *Radtke*, GmbHR 2008, 729 (735 f.). Ähnlich auch *Schumann*, ZIP 2007, 1189 (1194) für § 283 Abs. 1 Nr. 5 u. 6 StGB.

1510 So bereits *Rönnau*, ZGR 2005, 832 (856 f.); *ders.*, NStZ 2011, 558 (559). Zurecht zweifelnd daher auch *Altenhain/Wietz*, NZG 2008, 569 (572). Unklar hingegen *Worm*, S. 114, die die Einhaltung des Bestimmtheitsgebots als Indiz für die Einhaltung des Parlamentsvorbehalts wertet.

ähneln, nicht um durch europäische Vorgaben harmonisierte Rechte.[1511] Sogar in Bereichen, in denen Regelungen auf europäischen Vorgaben beruhen, verbleibt dem nationalen Gesetzgeber zumeist ein erheblicher Spielraum. Die unterschiedlichen Rechtstraditionen und Rechtskulturen in Europa wirken, trotz einer fortschreitenden Europäisierung der Gesellschaftsrechte, weiterhin fort.[1512]

Schließlich kann ein solcher Legitimationsversuch auch nicht den für Blanketttatbestände allgemein geltenden Grundsatz überwinden, dass der Strafgesetzgeber selbst das strafbewehrte Verhalten hinreichend geregelt haben muss. Dies wird insbesondere im Rahmen von Blankettstrafgesetzen, die auf EG-Normen, also unmittelbar anwendbare Rechtsakte, verweisen, allgemein anerkannt. Für Verweisungen auf EG-Normen gelten dieselben Maßstäbe wie bei der Verweisung deutscher Blanketttatbestände auf deutsche Ausfüllungsnormen.[1513] Auch hier muss sich das Blankettstrafgesetz samt dem inkorporierten Verweisungsobjekt an den Vorgaben des Art. 103 Abs. 2 GG messen lassen. Der Verweis auf eine Kompetenzverschiebung und den parlamentarischen Einfluss auf europäischer Ebene kann diese Anforderungen nicht umgehen.

cc) Wesenskern des Untreuetatbestandes

Entscheidend bleibt mithin die bereits aufgeworfene Frage nach dem Wesenskern des Untreuetatbestandes. Immerhin ist der Ausgangspunkt damit eindeutig: Hat der deutsche Strafgesetzgeber das strafbewehrte Verhalten jedenfalls in seinen Grundzügen in § 266 StGB hinreichend bestimmt, wodurch einem ausländischen Gesetzgeber lediglich Spezifizierungen des Tatbestandes überlassen bleiben, so liegt bei einer Fremdrechtsanwendung kein Verstoß gegen den Parlamentsvorbehalt vor.[1514]

Strafgrund der Untreue ist die vorsätzliche pflichtwidrige und mit Vermögensnachteilen verbundene Ausübung einer anvertrauten internen Machtstellung in

---

1511 Siehe zu den immer noch unverkennbaren Unterschieden z. B. in der Schweiz, Großbritannien, Italien und Frankreich *Witt*, ZGR 2009, 872 ff.

1512 *Witt*, ZGR 2009, 872 (930).

1513 *BVerfG*E 29, 198 (209 f); *Satzger*, Europäisierung, S. 251 m.w.N. Siehe in diesem Zusammenhang auch die Problematik der sog. dynamischen Verweisungen auf EG-Verordnungen, hierzu *Satzger*, Europäisierung, S. 253 ff. u. 260 ff. m.w.N.

1514 Ein solches Vorgehen, das nach dem Wesenskerns des jeweils betroffenen akzessorischen Straftatbestandes fragt, scheint auch im Zusammenhang mit der zuvor geforderten Aufhebung der Unterscheidung zwischen Blanketttatbeständen und Tatbeständen mit normativen Merkmalen hinsichtlich der verfassungsrechtlichen Auswirkungen zu praxisgerechten Ergebnissen zu führen.

einer fremden Vermögenssphäre.[1515] Einige Autoren nehmen an, der deutsche Gesetzgeber habe mit dem Merkmal der Pflichtwidrigkeit das zentrale Unrechtsmerkmal des Untreuetatbestandes im Kern selbst bestimmt und das Unrecht damit hinreichend präzisiert.[1516] Schließlich könne auch bei nationalen Sachverhalten eine rein privatautonome Gestaltung der Parteien erfolgen, die Inhalt der untreuerelevanten Pflichten sein kann.[1517] Somit soll auch bei der Bezugnahme auf englisches Recht, das durch den englischen Gesetzgeber festgelegt wird, kein Verstoß gegen den Parlamentsvorbehalt vorliegen.[1518]

Liest man den Tatbestand der Untreue jedoch genauer, so wird deutlich, dass es sich hierbei um den einzigen Straftatbestand im StGB handelt, der nicht ein Verhalten (eine „Tat") beschreibt, sondern einen Erfolg (den Vermögensnachteil) nennt und eine vage Kennzeichnung dessen gibt, was dem Täter vorzuwerfen ist.[1519] Richtigerweise wird man beim Merkmal der Pflichtwidrigkeit daher präzise zwischen Zustands- und Verhaltensanforderungen unterscheiden müssen.[1520] Danach ist beim Untreuetatbestand das Merkmal der „Verletzung einer Vermögensbetreuungspflicht" aufzuteilen in das „Vorliegen" (Sachzustand) und die „Verletzung" der Vermögensbetreuungspflicht (Tathandlung).

Betrachtet man zunächst nur die Frage, ob eine Vermögensbetreuungspflicht überhaupt vorliegt und blickt zum Vergleich auf § 242 StGB, so unterscheidet sich dies nicht wesentlich von der Frage, ob eine Sache „*fremd*" ist. Übernommen wird an dieser Stelle ausschließlich ein außerstrafrechtlicher Erfolg. So gilt etwa der Geschäftsführer aufgrund seiner Position der GmbH gegenüber generell als vermögensbetreuungspflichtig.[1521] Allerdings ist für die Strafbarkeit wegen Untreue nicht nur entscheidend, ob eine Vermögensbetreuungspflicht vorliegt, sondern auch ob und wie diese verletzt wurde. Ob ein bestimmtes Verhalten zur Verletzung der Vermögensbetreuungspflicht führt, ergibt sich in der Regel erst im Zusammenhang mit einem der Vermögensbetreuung zu Grunde liegenden

---

1515 Siehe *Saliger*, HRRS 2006, 10 (17).

1516 *Böse*, in: NK, Vor § 3 StGB Rn. 67; *Dinter*, S. 93 ff.; *Pattberg*, S. 293; *Radtke*, NStZ, 556 (557 f.).; *ders.* GmbHR 2008, 729 (735 f.). Im Ergebnis ebenso *Labinski*, S. 76 ff.; *Worm*, S. 114 f.; *Beckemper*, ZJS 2010, 554 (557); *Schramm/Hinderer*, ZIS 2010, 494 (498). Für die Bankrottdelikte *Schumann*, ZIP 2007, 1189 (1194 f.).

1517 *Ransiek/Hüls*, ZGR 2009, 157 (176 f.).

1518 *Worm*, S. 114 f.; *Ransiek/Hüls*, ZGR 2009, 157 (176 f.). Ähnlich auch *Bittmann*, ZGR 2009, 931 (953).

1519 So zutreffend *Hamm*, NJW 2001, 1694 (1696).

1520 In diesem Sinne wohl auch *Altenhain/Wietz*, NZG 2008, 569 (573).

1521 Zuvor unter § 6 II.2.

Bündel an Rechtsverhältnissen, bestehend aus den jeweiligen gesetzlichen Vorschriften, Satzungen, Richtlinien oder konkreten vertraglichen Absprachen, unter die das Verhalten zu subsumieren ist. Hier lässt sich der Verhaltensvorwurf nicht dem Straftatbestand, sondern nur den außerstrafrechtlichen Regelungen entnehmen.

Darüber hinaus ist die Tathandlung beim Untreuetatbestand auch deutlich weniger detailliert beschrieben als etwa die Tathandlungen im Rahmen von §§ 283, 283b StGB. Wenn aber bereits bei einem Verweis auf die englischen handelsrechtlichen Vorschriften von einem Verstoß gegen den Parlamentsvorbehalt ausgegangen wird,[1522] so muss dies umso mehr für einen Verweis auf ausländisches Recht im Rahmen des § 266 StGB gelten.

Insgesamt liegt damit nahe, dass der deutsche Gesetzgeber – zumindest im Bereich der hier untersuchten Organuntreue – beim Untreuetatbestand die wesentliche Aussage darüber, welches Verhalten strafbar sein und worin der Unrechtsgehalt der jeweiligen Handlung liegen soll, nicht getroffen hat. Der konkrete Sollensvorwurf liegt bei einer Fremdrechtsanwendung mithin ausschließlich beim ausländischen Gesetzgeber, wodurch die wesentliche Entscheidung über strafbares Verhalten einem anderen Staat überlassen wäre.[1523]

c) Die Übernahme einer ausländischen Verhaltenssteuerung

Selbst wenn man davon ausgeht, dass der deutsche Staat trotz Fremdrechtsanwendung seinen eigenen Strafanspruch weiterhin durchsetzt und dabei kein Souveränitätsverlust vorliegt,[1524] so ist damit noch nicht begründet, dass man überhaupt Verhaltensbefehle ausländischen Gesellschaftsrechts übernehmen muss. Insbesondere im Hinblick auf die Präventionsaufgabe des deutschen Strafrechts stellt sich zwingend die Frage, warum hier mit dem deutschen Strafrecht ausländische Verhaltensnormen durchgesetzt werden sollen. Letztendlich würde bei Beachtung der englischen *director's duties* im Rahmen des Untreuetatbestandes das deutsche Strafrecht dem in Deutschland ansässigen *director* die Einhaltung dieser ausländischen Pflichten gebieten. Trotz Anwendung des

---

1522 *Hinderer*, S. 129 ff.; *Rönnau*, ZGR 2005, 832 (849). Dagegen aber *Worm*, S. 85 f.

1523 In diesem Sinne ebenfalls *Hinderer*, S. 154 f., der die Pflichtverletzung bei § 266 StGB jedoch als normatives Tatbestandsmerkmal begreift; *Altenhain/Wietz*, NZG 2008, 569 (572); *Mosiek*, StV 2008, 94 (98). Siehe insbesondere auch bereits *Rönnau*, ZGR 2005, 832 (856 f.) u. *ders.*, NStZ 2011, 558 (559), der zutreffend darauf hinweist, dass man sich hier auch nicht damit beruhigen kann, dass das Strafrecht Zusatzanforderungen an die Strafbarkeit des Treunehmers stellt.

1524 *Cornils*, S. 106 f.

deutschen Strafrechts würde nicht die Zuwiderhandlung gegen deutsches Gesellschaftsrecht, sondern die Zuwiderhandlung gegen englisches Gesellschaftsrecht bestraft.

Auch der Versuch, die Durchsetzung der *director's duties* in Deutschland mittels des deutschen Strafrechts mit praktischen und kriminalpolitischen Argumenten zu begründen, stößt bei näherer Betrachtung der Argumentation recht schnell an die dogmatischen Grenzen des Strafrechts. Denn der Untreuetatbestand verweist mit dem Merkmal der Verletzung von Vermögensbetreuungspflichten gerade auf Pflichtenstellungen außerhalb des Strafrechts, wobei keine Einigkeit darüber besteht, ob jegliche oder nur bestimmte Pflichtenverstöße in Betracht kommen.[1525] Der Untreuetatbestand hat an dieser Stelle damit keinen eigenständigen Strafzweck zu bieten. Er verstärkt lediglich den Schutz rechtlich ohnehin anerkannter Interessen durch die zusätzliche Androhung von Strafe.[1526] Wie wirkt sich dieser Grundsatz aber aus, wenn das in Bezug genommene ausländische Recht Regelungen nicht mittels des eigenen ausländischen Strafrechts sondern auf andere Weise durchzusetzen sucht oder strengere Verhaltenspflichten aufstellt, als sie das deutsche Recht kennt?[1527] Schließlich handelt es sich bei der Untreuestrafbarkeit nicht um einen Bereich, in dem für die Durchsetzung eines Ge- oder Verbots in erster Linie das Strafrecht erforderlich erscheint.[1528] Besonders deutlich wird diese Problematik in solchen Fällen, in denen ausländische außerstrafrechtliche Normen weiterreichende Verhaltenspflichten aufstellen als sie das deutsche Recht kennt.

aa) Aufstellung besonders weitgehender Pflichten am Beispiel des „enlightened shareholder value"-Ansatzes

Geht man also davon aus, dass die *director's duties* generell auch eine Vermögensbetreuungspflicht des *directors* im Sinne des Untreuetatbestandes begründen, so stellt sich ein weiteres brisantes Problem. So gibt es Fälle, in denen das englische Gesellschaftsrecht Pflichten aufstellt, die weiter reichen, als dies im deutschen Gesellschaftsrecht der Fall ist. Das Problem der Ausfüllung durch strengeres ausländisches Recht tritt meist in Verbindung mit den strengen

---

1525 *Bittmann*, NStZ 2012, 57 (58 f.) m.w.N.

1526 *Ransiek*, AG 2009, 782 (782). Siehe zur akzessorischen Ausgestaltung des Untreuetatbestandes auch bereits § 6 III.1.

1527 Für das Umweltstrafrecht so bereits *Forkel*, S. 120.

1528 So *Ransiek*, AG 2009, 782 (783), der die Bestechungsdelikte für einen solchen Bereich hält, bei dem der Strafrechtler nicht auf die anderen Rechtsgebiete verweisen darf.

Kapitalausschüttungsregeln des englischen Gesellschaftsrechts auf.[1529] Wie zuvor festgestellt, war es bei der Kodifizierung der *director's duties* für den englischen Gesetzgeber unter anderem von besonderer Wichtigkeit klarzustellen, in wessen Interesse eine englische Gesellschaft geführt wird.[1530] Mithin müssen *directors* nun weitere – über die Interessen der *shareholder* hinausgehende – in section 172(1) (a) bis (f) CA 2006 aufgelisteten Interessen im Rahmen ihrer Entscheidungsprozesse berücksichtigen. Damit stellt sich aber auch die Frage, inwiefern sich hierdurch Treuepflichten gegenüber der Gesellschaft begründen lassen.

Unmittelbar angestoßen wird damit die ideologiebefrachtete Debatte, ob die in section 172(1)(a) bis (f) CA 2006 aufgeführten Interessen der Gesellschafter und Kreditgeber oder das „Wohl der Arbeitnehmer“ untreuerelevante Pflichten begründen können.[1531] Schließlich scheinen die dort genannten Interessen anderer *stakeholder* gleichberechtigt neben den Interessen der *shareholder* zu bestehen. Die Bestimmung der außerstrafrechtlichen Pflichtwidrigkeit als notwendige Voraussetzung der strafrechtlichen Verletzung einer Vermögensbetreuungspflicht könnte gesellschaftsrechtliches Unrecht auch dort begründen, wo die konkrete in Bezug genommene Pflicht nur einen mittelbaren Schutz des Gesellschaftsvermögens bezweckt. Damit fände bei einer in Deutschland ansässigen *Limited* möglicherweise ein strengerer gesellschaftsrechtlicher Maßstab als bei der deutschen GmbH Anwendung.

In Bezug auf die Verletzung einer Vermögensbetreuungspflicht wird im Grundsatz davon ausgegangen, dass die verletzte außerstrafrechtliche Norm, die das Pflichtwidrigkeitsmerkmal ausfüllt, selbst – zumindest mittelbar – einen vermögensschützenden Charakter haben muss.[1532] Nur so würde dem erforderlichen untreuespezifischen Zusammenhang zwischen der Pflichtverletzung und dem geschützten Rechtsgut des Vermögens genügt werden.[1533] Erforderlich

---

1529 So *Rönnau*, ZGR 2005, 832 (853 ff.). Zu strengeren ausländischen Vorschriften im Umweltstrafrecht siehe *Hecker*, ZStW 115 (2003), 880 ff.

1530 Siehe § 4 I.2.

1531 Eine vergleichbare Diskussion findet sich auch in Deutschland bei der Frage, ob sich aus dem „Unternehmensinteresse“ einer Aktiengesellschaft in Bezug auf die Arbeitnehmer eine untreuerelevante Treuepflicht ableiten lässt, dazu *Bernsmann*, GA 2007, 219 (224 ff.) m.w.N.

1532 *BGHSt* 55, 288 (299 f.); *Saliger*, in: FS-Roxin Band II, S. 1053, 1060 ff. m.w.N. Nach *Günther*, in: FS-Weber, S. 310, 316 soll sich die Vermögensbetreuungspflicht hingegen auf solche Pflichten beschränken, die primär und unmittelbar dem Schutz des Vermögens des Treugebers dienen. Dagegen aber *Rönnau*, StV 2011, 753 (754) m.w.N. auch zur Gegenansicht.

1533 *BGHSt* 55, 288 (299 f.).

sei daher ein ausreichender Fremdvermögensbezug der außerstrafrechtlichen Norm als Mindestvoraussetzung für eine untreuetaugliche Pflicht.[1534]

Folgt man dem bis hierhin und sieht die in section 172(1) (a) bis (f) CA 2006 aufgezählten Interessen als Grenzen der Verfügungsmacht des *directors* einer *Limited* an, so muss man bei einer nachgewiesenen Nichtberücksichtigung dieser Interessen das Vorliegen einer Untreuehandlung – zumindest konstruktiv – für möglich halten. Schließlich muss der *director* im Interesse der Gesellschaft auch die Interessen der dort aufgeführten *stakeholder* beachten, sofern – nach der wohl vorherrschenden engen Auslegung – diese *stakeholder* Interessen für den Erfolg der Gesellschaft von Nutzen sind.[1535] Insofern besteht hier die Gefahr, dass die in section 172(1) (a) bis (f) CA 2006 aufgeführten Interessen, die größtenteils lediglich mittelbar – innerhalb der mittel- und langfristigen Unternehmenspolitik – dem Schutz des Vermögens der *Limited* dienen,[1536] Wirkung erlangen.[1537] Zahlreiche Pflichten der *directors* könnten somit von deutschen Strafgerichten für untreuetauglich befunden werden.

Das konkrete Problem der akzessorischen Inbezugnahme der in section 172(1) (a) bis (f) CA 2006 aufgeführten Nichtvermögensinteressen lässt sich bei genauerer Betrachtung des englischen Gesellschaftsrechts zurzeit praktisch teilweise entschärfen. Schließlich soll dem *enlightened shareholder value*-Ansatz nach überwiegend vertretener Ansicht – zumindest bislang – in der Praxis kein Abrücken vom Vorrang der Gesellschafterinteressen zu entnehmen sein.[1538] Die (Vermögens-) Interessen der *shareholder* überlagern in Konfliktsituationen nach

---

1534 Siehe *Rönnau*, StV 2011, 753 (762), der zutreffend darauf hinweist, dass allerdings ungeklärt bleibt, wann im Einzelfall ein ausreichender Vermögensbezug anzunehmen ist.

1535 Hierzu oben § 4 I.2.

1536 Zumindest einen mittelbaren Schutz wird man bei den aufgezählten Interessen in der Regel wohl annehmen müssen. Aber selbst Verstöße gegen nichtvermögensschützende Einzelpflichten sollen, sofern ihr Verstoß einen Vermögensnachteil bewirkt, eine Untreuestrafbarkeit begründen können, vgl. *Bittmann*, NStZ 2012, 57 (59) m.w.N.

1537 Anders *Labinski*, S. 216 ff. Dogmatisch richtig kann hier ein weitergehender strafrechtlicher Schutz von Gesellschaftsgläubigern aber nur über die §§ 283 ff. StGB in Betracht kommen.

1538 Nach Ansicht von *Attenborough*, The Company Lawyer 2006, 162 (168 f.) könnte die Norm jedoch langfristig das gesamte bisherige Konzept des *shareholder primacy* in Frage stellen.

wie vor sämtliche anderweitigen Interessen von *stakeholdern*.[1539] Nach Ansicht von *Dine* und *Koutsias* müsse ein *director* die Pflichten der *stakeholder* daher stets durch die Brille der *shareholder* beachten.[1540] Dessen ungeachtet stellt jedoch die ausweisliche Nichtberücksichtigung der *stakeholder* Interessen durch einen *director* stets einen Verstoß gegen section 172(1) CA 2006 dar.[1541] Damit ist im Ergebnis der *director* einer *Limited* bei Entscheidungen für die Gesellschaft grundsätzlich formell verpflichtet, auch die Interessen sämtlicher *stakeholder* in seine Entscheidungsfindung einzubeziehen. Lediglich inhaltliche Fragen, zu wessen Gunsten die Interessenabwägung im konkreten Fall ausschlagen durfte und wie diese Pflicht allgemein wirksam durchzusetzen ist,[1542] sind damit noch offen und Gegenstand des gegenwärtigen grundsätzlichen Theorienstreits. Auf lange Sicht könnte bei einer Fremdrechtsanwendung das englische Gesellschaftsrecht aber auch die Interessen anderer *stakeholder* dem Schutz des § 266 StGB zuweisen.

Am obigen Beispiel zeigt sich damit ein weiteres grundsätzliches Problem einer Fremdrechtsanwendung im Strafrecht: die Möglichkeit der Strafbarkeitserweiterung durch – im Vergleich zum deutschen GmbHG – strengere bzw. weitergehende Verhaltenspflichten des englischen Gesellschaftsrechts. Hingegen zielt die bisherige Diskussion zur Fremdrechtsanwendung zumeist darauf ab, die Strafbarkeit einzuschränken.[1543] Um dieses Problem zu lösen, soll nach Meinung einiger Autoren nun eine sog. „Doppelprüfung“, d. h. ein Vergleich zwischen den ausländischen und den entsprechenden deutschen Rechtsregeln stattfinden. Dass dieser Weg nicht überzeugen kann, wird im Folgenden dargelegt.[1544]

bb) Konsequenz

Hält man die Übernahme eines ausländischen Verhaltensbefehls im Rahmen des Untreuetatbestandes für zulässig, können im konkreten Fall – wie oben gezeigt – damit unter Umständen auch strengere zivilrechtliche Verhaltensbefehle übernommen werden, als sie das deutsche Recht aufstellt. Beachtet der *director*

1539 *Keay*, Sydney Law Review, 2007, 577 (592); *ders.*; Lloyd's Maritime and Commercial Law Quarterly 2006, 335 (337, 351 u. 360 f.).

1540 *Dine/Koutsias*, S. 24. In diesem Sinne auch *Gower & Davies*, Rn. 16–220.

1541 Siehe hierzu *Gower & Davies*, Rn. 16–72 ff.; *Palmer's Company Law*, S. 180 ff.

1542 Nach section 260(1) CA 2006 können nur die *shareholder* Maßnahmen zur Einhaltung der Pflichten ergreifen. Die anderen *stakeholder* haben hingegen keine Möglichkeit die Einhaltung der Pflicht aus section 172(1) CA 2006 durchzusetzen. Dieser scheint daher auch praktisch keine große Effektivität zukommen zu können.

1543 So bereits *Forkel*, S. 119.

1544 Sogleich unter § 9 III.3.a).

einer in Deutschland ansässigen *Limited* den deutschen gesellschaftsrechtlichen Verhaltensbefehl, der keine Berücksichtigung sämtlicher *stakeholder* Interessen kennt, so wird eine Untreuestrafbarkeit allein von der Heranziehung der ausländischen strengeren Verhaltenspflicht abhängen. Damit wäre die entscheidende Vorfrage des gesellschaftsrechtlichen Verstoßes zur Begründung der Verletzung einer Vermögensbetreuungspflicht bereits zu Ungunsten des Täters geklärt. Ein Ergebnis, das gemeinsam mit dem Befund, dass der Strafgesetzgeber bei § 266 StGB das strafbewehrte Verhalten nicht hinreichend bestimmt hat, im Hinblick auf den Parlamentsvorbehalt höchst bedenklich ist.

d) Zwischenergebnis zum Parlamentsvorbehalt

Im Kern kann es bei der Frage, ob der Parlamentsvorbehalt bei einer Fremdrechtsanwendung noch beachtet ist, nur um den Wesensgehalt des Untreuetatbestandes gehen: Hat der deutsche Gesetzgeber bei einer *Limited*-Untreue über die wesentlichen Voraussetzungen einer Strafbarkeit selbst entschieden? Insgesamt scheinen sich hier verschiedene Überlegungen zur Bestimmtheit von Strafgesetzen und zur Ausgestaltung des speziellen strafrechtlichen Parlamentsvorbehalts zu vermischen.

Aufgrund der Weite des Untreuetatbestandes ergibt sich die konkrete Tathandlung erst im Zusammenhang mit dem der Vermögensbetreuung zu Grunde liegenden Rechtsverhältnis sowie den jeweiligen gesetzlichen Vorschriften, Satzungen, Richtlinien oder der konkreten vertraglichen Absprache. Immerhin geht es hierbei um die Bewertung von Verhalten und nicht um die bloße Übernahme eines außerstrafrechtlichen Erfolgs. Das konkrete mit Strafe bedrohte Verhalten lässt sich dem Tatbestand allein nicht mehr entnehmen. Handelt es sich hierbei um englisches Gesellschaftsrecht, so wird der Verhaltensvorwurf vollständig einer ausländischen Rechtsordnung überlassen. Damit hat der deutsche Gesetzgeber die für eine Strafbarkeit wesentliche Entscheidung aber nicht mehr selbst getroffen; ein Verstoß gegen den Parlamentsvorbehalt liegt vor.

Ferner müsste auch begründet werden, warum der deutsche Gesetzgeber überhaupt einen ausländischen Verhaltensbefehl mittels des deutschen Strafrechts durchsetzen will. Schließlich würde nicht die Zuwiderhandlung gegen deutsches Gesellschaftsrecht, sondern die Zuwiderhandlung gegen englisches Gesellschaftsrechts bestraft. Dabei könnten dann sogar weitergehende Pflichten, als sie das deutsche Recht kennt, – wie zumindest theoretisch etwa im Rahmen des *enlightened shareholder value* Ansatzes – zur Anwendung kommen.

Der einzige übrig bleibende Grund für eine Anwendung des englischen Gesellschaftsrechts zur Bestimmung des Pflichtwidrigkeitsmerkmals im Rahmen des Untreuetatbestandes könnte damit allein noch in der durch den *EuGH* geschaffenen rechtlichen Unmöglichkeit, die eigenen gesellschaftsrechtlichen Maßstäbe heranzuziehen, gesehen werden. Ein solcher Versuch könnte vornehmlich auf der Rechtsanwendungsebene erfolgen. Mit dieser gilt es sich im Folgenden näher auseinanderzusetzen.

III. Die Bindung der Rechtsprechung an „Gesetz und Recht"

In einem Rechtsstaat ist nicht nur der Gesetzgeber, sondern auch die Rechtsprechung, zu deren Aufgaben allgemein die Konkretisierung und Fortbildung des Rechts gehört, an „Gesetz und Recht" gebunden.[1545] Art. 103 Abs. 2 GG beschränkt insofern jegliche richterliche Tätigkeit im Bereich des Strafrechts durch eine Restriktion der Rechtsanwendungsmethoden. So ist ausschließlich der Gesetzgeber, und nicht der Richter zur Entscheidung über die Strafbarkeit berufen.[1546] Dem Richter ist nicht erlaubt, eine Entscheidung des Gesetzgebers zu korrigieren.[1547] Die Entscheidung eine Strafbarkeitslücke zu schließen, obliegt allein dem Gesetzgeber.[1548] Ferner darf der Richter bei der Auslegung weit gefasster Tatbestände und Tatbestandselemente nicht durch fernliegende Interpretationen oder durch ein Normverständnis, das keine klaren Konturen mehr erkennen lässt, bestehende Unklarheiten über den Anwendungsbereich einer Norm noch weiter vergrößern.[1549]

Folgt man nicht der vorherigen Argumentation, dass es bereits auf der Gesetzgebungsebene keine Fremdrechtsanwendung im Rahmen des Untreuetatbestandes geben kann, so ist im Folgenden der Frage nachzugehen, ob sich die durch eine Fremdrechtsanwendung ergebenden Probleme überhaupt noch auf dem Wege der Auslegung bewältigen lassen. Immerhin steht der Strafrichter vor der Frage, welche außerstrafrechtlichen Regeln zur Beurteilung der Pflichtwidrigkeit heranzuziehen sind und wie mit einer möglichen Unbestimmtheit dieser Normen sowie den dem Normadressaten darin eingeräumten Entscheidungsspielräumen umzugehen ist. Insbesondere betrifft dies auch die Frage, ob der Strafrichter im Zweifelsfall ausländisches außerstrafrechtliches Recht weiterentwickeln darf.

1545 Siehe *BVerfGE* 126, 170 (194 u 197 ff.).
1546 *BVerfGE* 126, 170 (197), 92, 1 (19); 71, 108 (116).
1547 *BVerfGE* 126, 170 (197); 92, 1 (13).
1548 *BVerfGE* 126, 170 (197); 92, 1 (13).
1549 *BVerfGE* 126, 170 (197); 92, 1 (19); 87, 209 (224 ff. u. 229); 71, 108 (121).

1. Kein Vorliegen einer strafbegründenden Analogie

Festzustellen ist zunächst, dass in der grundsätzlichen Anwendung englischen Zivil- und Gesellschaftsrechts zur Bestimmung des Merkmals der Verletzung einer Vermögensbetreuungspflicht kein Verstoß gegen das Analogieverbot gesehen werden kann. Art. 103 Abs. 2 GG verbietet dem Richter Straftatbestände über ihren Wortlaut hinaus zum Nachteil des Beschuldigten anzuwenden.[1550] Ein Verstoß hiergegen ließe sich nur dann begründen, wenn der Untreuetatbestand den Ursprung der Vermögensbetreuungspflicht festschreiben würde. Dann könnte – abweichend von den im Tatbestand festgeschriebenen Voraussetzungen – zu Lasten des Täters keine Vermögensbetreuungspflicht aus den Vorschriften des englischen Gesellschaftsrechts begründet werden. Allerdings enthält der Wortlaut des Untreuetatbestandes keine Regelungen, die sich explizit auf das Entstehen der Vermögensbetreuungspflicht beziehen; lediglich das Bestehen einer solchen Pflicht wird hier vorausgesetzt.[1551] Mit dem Wortlaut des Tatbestandes scheint es folglich noch vereinbar, unter dem Merkmal der „Verletzung einer Vermögensbetreuungspflicht" auch eine solche zu verstehen, die sich nach ausländischem – hier englischem – Gesellschaftsrecht beurteilt.[1552]

2. Tatsächliche Probleme der Auslegung auf der Rechtsanwendungsebene

Allgemein erfordert die Durchsetzung eines staatlichen Strafanspruchs, dass das Gericht tatsächlich in der Lage ist, die rechtswidrige und schuldhafte Begehung der Tat positiv festzustellen. Davon wird in der Strafrechtsdogmatik grundsätzlich ausgegangen. Geht es allerdings um die Anwendung englischen Gesellschaftsrechts zur Feststellung der Pflichtverletzung einer Vermögensbetreuungspflicht, könnten sich für den Strafrichter in der Praxis derart unüberwindbare Hürden für die Feststellung ergeben, die auch in der Strafrechtsdogmatik Berücksichtigung finden müssen. Auf die praktischen Schwierigkeiten der Rechtsfindung für

1550 *BVerfGE* 126, 170 (194 u. 197); 87, 209 (224); 71, 108 (115); *Schmidt-Aßmann*, in: Maunz/Dürig, Art. 103 Abs. 2 GG Rn. 225 m.w.N. auch zur Gegenansicht, wonach lediglich die freie Rechtsfindung untersagt sei. Siehe ferner *Hassemer/Kargl*, in: NK, § 1 StGB Rn. 72 ff. Dieses Verbot gilt nach der herrschenden Meinung wiederum nur für die Vorfeldnormen bei Blanketttatbeständen, nicht aber bei normativen Tatbestandsmerkmalen, *BVerfGE* 48, 48 (57 ff.); 14, 174 (185); *Dannecker*, in: LK, § 1 StGB Rn. 257; *Roxin*, § 5 Rn. 40. Siehe auch bereits zuvor § 7 III.

1551 So auch *Worm*, S. 110.

1552 Siehe bereits *Rönnau*, ZGR 2005, 832 (855).

den inländischen Richter wird im Zusammenhang mit einer möglichen Fremdrechtsanwendung bereits seit langem immer wieder hingewiesen,[1553] schließlich liegt die Beweislast hier ausschließlich beim strafverfolgenden Staat.

Dogmatisch nicht überzeugen können dabei jedoch solche Argumente, die auf etwaige Unbequemlichkeiten des Richters bei der Ermittlung des fremden Rechts,[1554] den Arbeits- oder Zeitaufwand[1555] oder eine drohende Überlastung der Gerichte abstellen.[1556] So kann die Pflicht, in bestimmten Verfahren ausländisches Recht anzuwenden, über das Internationale Privatrecht auch den Zivilrichter treffen.[1557] Fehl geht insbesondere auch die pauschale Vermutung, dass ein Strafrichter beim Umgang mit den Gesellschaftsrechtsordnungen anderer Mitgliedstaaten im Regelfall größere Probleme haben wird als ein Zivilrichter.[1558] Insgesamt stützen derartige Argumente allerdings die bereits vermutete Flucht der Praxis vor dem Aufwand der Ermittlung von Auslandsrecht in eine Verfahrenseinstellung nach § 153a StPO[1559] oder einen „*deal*".[1560]

1553 Etwa *Staubach*, S. 169 f., der sich allerdings auf die Anwendung ausländischen Strafrechts bezieht. Siehe ferner die Nachweise bei *Cornils*, S. 104 u. S. 109 ff. Für die Prüfung der Strafbarkeit nach Auslandsrecht *Forkel*, S. 114, S. 118 u. S. 178. Teilweise beziehen sich die in der Literatur vorgebrachten Argumente auch auf die Anwendung ausländischer Strafgesetze, so *Oehler*, Rn. 744 f.

1554 *Mosiek*, StV 2008, 94 (99), der es für problematisch hält, dass Staatsanwaltschaften und Gerichte jetzt über theoretische Kenntnisse der Rechtsordnungen in allen 27 Mitgliedstaaten verfügen müssen. Besonders weitgehend – wenn auch für den Zivilprozess – *Altmeppen*, NJW 2004, 97 (98), wonach es „*barer Unsinn*" sei, von einem Richter zu verlangen, das Gesellschaftsrecht sämtlicher Mitgliedstaaten zu kennen. Ähnlich auch *Satzger*, Internationales und Europäisches Strafrecht, § 9 Rn. 69 ff. bei der Verweisung auf EU-Recht.

1555 *Mosiek*, StV 2008, 94 (95 u. 99), wonach eine Fremdrechtsanwendung in deutschen Strafverfahren zu kosten- und zeitintensiv und damit praktisch nicht durchführbar sei. In dieselbe Richtung argumentieren auch *Schlösser/Mosiek*, HRRS 2010, 424 (425); *Schlösser*, wistra 2006, 81 (87).

1556 So *Schmitz*, in: Europäisierung des Strafrechts in Polen und Deutschland, S. 199, 209.

1557 Zutreffend somit *Böse*, in: MüKo, Vor § 3 StGB Rn. 63; *Cornils*, S. 111 f.; *Labinski*, S. 91; *Worm*, S. 87; *Rönnau*, ZGR 2005, 832 (855). Siehe auch bereits *Staubach*, S. 168 ff. m.w.N. Zu möglichen Problemen siehe ferner *Mankowski/Bock*, ZStW 2008, 704 (730 ff.) m.w.N.

1558 So aber *Schlösser*, wistra 2006, 81 (87). Hierzu bereits schon *Cornils*, S. 112.

1559 *Mankowski/Bock*, ZStW 120 (2008), 704 (731); *Schlösser*, wistra 2006, 81 (87). Siehe ferner auch bereits *Schmitz*, in: FS-Grünwald, S. 619, 633 f.

1560 Zu derartigen Vermutungen zuvor § 3 II.5.b).

Über diese dogmatisch nicht weiter zu beachtenden praktischen Bedenken hinaus, könnten bei der Fremdrechtsanwendung im Strafrecht jedoch die Auslegungskompetenz und die Überzeugungsbildung des Strafrichters an ihre Grenzen stoßen, was eine verfassungsrechtlich bedenkliche Unsicherheit in das Recht hineintragen würde.[1561] Schließlich muss sich der Strafrichter ein umfassendes Werturteil von der möglichen Tat bilden können. Zu ermitteln wäre im Fall der hier untersuchten Untreue in der Gerichtspraxis die außerstrafrechtliche Pflichtwidrigkeit als notwendige Voraussetzung der Verletzung einer Vermögensbetreuungspflicht.[1562] Gelangt der Strafrichter dabei zu der Annahme, dass das Verhalten eines *directors* im konkreten Fall dem englischen Gesellschaftsrecht nach vertretbar war, so dürfte im Sinne der limitierten Akzessorietät auch keine Verletzung einer Vermögensbetreuungspflicht im Sinne des § 266 StGB angenommen werden.[1563] Eine solche Anwendung und Auslegung durch den Richter ist dann wiederum im Hinblick auf Art. 103 Abs. GG auch verfassungsrechtlich überprüfbar.

a) Auslegungskompetenz hinsichtlich des ausländischen Zivilrechts § 262 StPO

Im Grundsatz ist der Strafrichter, sofern kein Fall einer Präjudizierung vorliegt,[1564] in seiner Kompetenz zur Abwicklung und Entscheidung konkreter Verfahren frei von der Judikatur zivilrechtlich zuständiger Instanzen.[1565] Dies legt § 262

1561 Siehe zu solchen Bedenken bereits *Oehler*, Rn. 744 f., der sich allerdings auf die Anwendung ausländischen Strafrechts bezieht. Ferner *Cornils*, S. 109; *Mosiek*, StV 2008, 94 (96) m.w.N. In diesem Sinne sind wohl auch die Anmerkungen von *Radtke*, GmbHR 2008, 729 (736) und *Schlösser*, wistra 2006, 81 (87) zu verstehen. Unentschieden hingegen *Wietz*, S. 132 f.

1562 Siehe zu der aus zivil- oder öffentlichrechtlichen Normen folgenden Pflichtwidrigkeit als notwendige Voraussetzung einer Untreuestrafbarkeit zuvor § 6 III.1.c).

1563 Zwischen Blanketttatbeständen und normativen Tatbestandsmerkmalen soll beim Vorgang der Auslegung durch den Richter kein Unterschied zu machen sein. Jede Normanwendung auf einen konkreten Fall sei ein Rechtsschöpfungsprozess, *Schmidt-Aßmann*, in: Maunz/Dürig, Art. 103 Abs. 2 GG Rn. 224; *Enderle*, S. 128 j.m.w.N.

1564 Zur Bindung des Strafrichters in Ausnahmefällen *Julius*, in: Heidelberger Kommentar, § 262 StPO Rn. 3 ff.; *Meyer-Goßner*, § 262 StPO Rn. 3 ff.; *Schlüchter/Velten*, in: SK, § 262 StPO Rn. 3 ff.; *Stuckenberg*, in: KMR, Stand: April 1999, § 262 StPO Rn. 7 ff. u. 14 f. u. 16 ff. j.m.w.N.; *Tiedemann*, Wirtschaftsstrafrecht AT, Rn. 93.

1565 *Hoyer*, in: SK, Stand: 123. Lfg., § 266 StGB Rn. 48; *Schlüchter/Velten*, in: SK, § 262 StPO Rn. 2; *Stuckenberg*, in: KMR, Stand: April 1999, § 262 StPO Rn. 31 ff.; *Tiedemann*, Wirtschaftsstrafrecht AT, Rn. 93; *Rönnau*, ZStW 119 (2007), 887 (915).

Abs. 1 StPO unmissverständlich fest.[1566] Die Norm bestätigt somit die Geltung des Grundsatzes der freien Beweiswürdigung aus § 261 StPO für zivilrechtliche und sonstige außerstrafrechtliche Vorfragen.[1567] Die Auslegungskompetenz liegt allein beim Strafrichter.[1568] Auch die Grundsätze der Zivilrechtsakzessorietät des Untreuetatbestandes zwingen ihn nicht zu einer starren Anknüpfung an das Gesellschaftsrecht, wodurch die hier aufgeworfene Problematik praktisch nicht einfacher wird. Darüber hinaus wird ebenfalls eine Deutungshoheit der Experten anderer Rechtsbereiche gerade im Zusammenhang mit dem Untreuetatbestand grundsätzlich verneint.[1569] Dies soll wiederum aus der Regelung des § 262 Abs. 2 StPO folgen, die selbst bei einer unklaren Zivilrechtslage das Einholen einer fachgerichtlichen Klärung in das pflichtgemäße Ermessen des Strafgerichts stellt.[1570] Solange der Strafrichter das Verfahren nicht aussetzt,[1571] ist er mithin selbst dazu berufen, außerstrafrechtliche Normen zu interpretieren. Basierend auf diesen Annahmen lässt sich daher vermuten, dass die Auslegungskompetenz – auch für die außerstrafrechtlichen Normen des englischen Gesellschaftsrechts – mithin beim Strafrichter liegen muss.

Handelt es sich um einen Sachverhalt mit Auslandsbezug, der zu einer möglichen Untreuestrafbarkeit des *directors* zu Lasten einer in Deutschland ansässigen

1566 Eine vergleichbare Regelung enthält § 154d StPO für die Staatsanwaltschaft, hierzu *Meyer-Goßner*, § 154d StPO Rn. 1 ff. m.w.N.

1567 *Julius*, in: Heidelberger Kommentar, § 262 StPO Rn. 1; *Meyer-Goßner*, § 262 StPO Rn. 1; *Stuckenberg*, in: KMR, Stand: April 1999, § 262 StPO Rn. 1.

1568 Allgemein so *Artz/Weber/Heinrich/Hilgendorf*, § 22 Rn. 69b; *Tiedemann*, Wirtschaftsstrafrecht AT, Rn. 93 (Vorfragenkompetenz). Siehe auch *Kölbel*, GA 2002, 403 (411) m.w.N.

1569 *Samson*, in: Gesellschaftsrecht in der Diskussion, S. 109, 112; *Rönnau*, ZStW 119 (2007), 887 (913); *ders.*, NStZ 2006, 218 (220). Dagegen aber *Dierlamm*, StrafFo 2005, 397 (400 ff.).

1570 Nach überwiegender Meinung ist dieses Ermessen selbst bei unklarer Primärechtslage nicht reduziert, *Julius*, in: Heidelberger Kommentar, § 262 StPO Rn. 9; *Meyer-Goßner*, § 262 StPO Rn. 11; *Kölbel*, GA 2002, 403 (411) j.m.w.N. auch zu den möglichen Ausnahmen, die eine Pflicht zur Aussetzung begründen könnten. Ferner soll im Allgemeinen die Revision nicht darauf gestützt werden können, dass der Richter von seiner Aussetzungsbefugnis keinen Gebrauch gemacht hat, *OLG Düsseldorf*, StV 1995, 459 ff.; *Julius*, in: Heidelberger Kommentar, § 262 StPO Rn. 14; *Schlüchter/Velten*, in: SK, § 262 StPO Rn. 29 j.m.w.N. In der Praxis lehnen Staatsanwaltschaften und Gerichte bei voraussichtlich langer Dauer eine solche Klärung aber wohl meist ab, so *Tiedemann*, Wirtschaftsstrafrecht AT, Rn. 93.

1571 Allgemein zur Aussetzung des Verfahrens *Schlüchter/Velten*, in: SK, § 262 StPO Rn. 13 ff. m.w.N.

Limited führen könnte, hat das Gericht nach Feststellung der generellen Anwendbarkeit des Untreuetatbestandes zu prüfen, welches Gesellschaftsrecht zur Ausfüllung des akzessorischen Merkmals der Verletzung einer Vermögensbetreuungspflicht herangezogen werden muss. Schließlich ist der Zivil- oder Gesellschaftsrechtsverstoß notwendige Bedingung der strafrechtlichen Pflichtwidrigkeit im Sinne des § 266 StGB.[1572] Im Rahmen dieser Prüfung müsste dann der deutsche Strafrichter – bei sachgemäßer Fremdrechtsanwendung, die regelungstechnisch dem Internationalen Privatrecht und damit nach h.M. der Funktion der Niederlassungsfreiheit als ungeschriebene Kollisionsnorm[1573] folgt – zum englischen Gesellschaftsrechts als dem anzuwenden Sachrecht gelangen.[1574] Folglich hat das entscheidende Gericht zunächst zu prüfen, ob das in Frage stehende Verhalten des *directors* überhaupt gegen eine Pflicht des englischen Gesellschaftsrechts verstößt. Aufgrund der zuvor dargestellten Weite des akzessorischen Merkmals der Verletzung einer Vermögensbetreuungspflicht wird der Strafrichter bei dieser Prüfung nicht umhinkommen, das gesamte englische Gesellschafts- und Insolvenzrecht in seine Überlegungen einzubeziehen.[1575] Im Rahmen dieses Vorgehens können sich insbesondere drei Probleme ergeben, die als *„Rechtsanwendungsunschärfe"*, *„Rechtsübernahmeunschärfe"* und *„Scheitern des Erkenntnisgewinns"* bezeichnet werden sollen.[1576]

aa) „Rechtsanwendungsunschärfe"

Unter dem Begriff der Rechtsanwendungsunschärfe ist die Anwendung des ausländischen Rechts unter Beachtung der dort geltenden Methoden zu verstehen. Ausgeschlossen sind dabei rein praktische Bedenken, die lediglich die Kenntnisbeschaffung des ausländischen außerstrafrechtlichen Rechts betreffen.[1577] Derartige Aufgaben können – auch wenn sie praktisch schwierig

---

1572 Siehe zuvor § 6 III.1.c).

1573 Hierzu und zu der praktischen Unbeachtlichkeit dieser Frage § 2 III.1.

1574 Anders aber *AG Stuttgart*, wistra 2010, 226 (228), das hier unzulässigerweise von einer Gemengelage von deutschen und englischen Pflichten ausgeht.

1575 Auch dieses Problem werden die Gerichte möglicherweise dadurch etwas entschärfen können, indem sie entsprechende Gutachten, z. B. bei den Max-Planck-Instituten, einholen, so *Wietz*, S. 133. Allerdings beinhaltet die Formulierung der vom Sachverständigen zu beantwortenden Frage bereits einen Wertungsakt, *Schlösser*, wistra 2006, 81 (87). Völlig unzureichend ist somit die Auseinandersetzung mit den englischen Pflichten im Urteil des *AG Stuttgart*, wistra 2010, 226 (228). Siehe zur Anwendung ausländischen Rechts in der Zivilrechtspraxis *Thorn*, in: Palandt, Einl. Vor Art. 3 EGBGB Rn. 34 ff. m.w.N.

1576 Nicht überzeugen kann daher die Betrachtung von *Labinski*, S. 96 ff.

1577 Zur Wertigkeit solcher Argumente vgl. zuvor unter § 9 III.2.

sind – dem Strafrichter zugemutet werden. Allerdings kann bei der strafrichterlichen Anwendung des ermittelten außerstrafrechtlichen Rechts derart schwerwiegenden Rechtsunsicherheiten eintreten, dass eine Anwendung unterbleiben muss. Insbesondere könnte dies der Fall sein, wenn es auf Bewertungsfragen oder eine genaue Kenntnis des ausländischen Gerichtsgebrauchs ankommt.

Nach dem auch im Rahmen von § 262 Abs. 1 StPO geltenden Amtsermittlungsgrundsatz muss der Strafrichter die in Betracht kommenden *director's duties* zunächst ermitteln. Dabei ist es erforderlich, die jeweiligen Tatbestandsmerkmale der ermittelten Pflicht nach den im englischen Recht geltenden Methoden näher zu bestimmen bzw. diese auszulegen. Allgemein gilt dabei der Grundsatz, dass Auslandsrecht so anzuwenden ist, wie es ein in der betroffenen Rechtsordnung Kundiger tun würde.[1578] Die Darstellung der reinen Gesetzeslage ist folglich nicht ausreichend, auch die ausländische Anwendungspraxis muss beurteilt werden.[1579] Bereits das *Reichsgericht* hat dazu ausdrücklich festgestellt, dass der Richter den Fall so beurteilen muss, wie dies ein ausländischer Richter tun würde.[1580] Im Umkehrschluss bedeutet dies aber auch, dass der deutsche Richter das ausländische Recht nicht der deutschen Methodik, etwa hinsichtlich der Auslegungsmethoden, unterwerfen darf.[1581] Würde der deutsche Richter den ausländischen Rechtssatz handhaben, wie es seinem eigenen Verständnis entspricht, dann würde der in dem Verweis auf ausländisches Recht enthaltene Anwendungsbefehl gerade missachtet.[1582]

(1) Rechtsanwendung in einem common law-System

Konkret geht es bei der Anwendung des ausländischen Rechts somit auch im Rahmen eines Strafprozesses[1583] um die Ermittlung der englischen Gesellschaftsrechtsordnung, so wie sie „gelebt" wird.[1584] Nun wird aber in einem *common*

1578 *Staubach*, S. 169; *Dölle*, GRUR 1957, 56 (60); *Mankowski/Bock*, ZStW 120 (2008), 704 (730 f.). Dieser Grundsatz gilt freilich auch im Bereich des Zivilrechts, siehe hierzu *Schall*, ZZP 2009, 293 (295) m.w.N.

1579 *Staubach*, S. 170; *Gräfe*, DZWIR 2005, 410 (413) m.w.N. zur zivilrechtlichen Rechtspraxis; *Mankowski/Bock*, ZStW 120 (2008), 704 (731).

1580 *RG*St 33, 256 (259 f.).

1581 *Kegel/Schurig*, S. 505; *Jansen/Michaels*, ZZP 116 (2003), 3 (19 ff.); *Schall*, ZZP 122 (2009), 293 (295).

1582 *Dölle*, GRUR 1957, 56 (60).

1583 Warum hier für das Strafrecht andere Maßstäbe als im Zivilrecht gelten sollten ist nicht ersichtlich. So zutreffend auch *Wietz*, S. 201. Im Grundsatz ferner auch *Mankowski/Bock*, ZStW 120 (2008), 704 (730 ff.).

1584 So *Geimer*, in: Zöller, § 293 ZPO Rn. 26. Siehe ferner *Baumbach/Lauterbach/Albers/Hartmann*, § 293 ZPO Rn. 8; *Reichold*, in: Thomas/Putzo, § 293 ZPO Rn. 9; *Kegel/*

law geprägten Rechtssystem der Interpretation von Gesetzen sowie der Systematisierung und Abstrahierung von Sachzusammenhängen grundsätzlich eine nur geringe Bedeutung beigemessen.[1585] Auch akademischer Literatur kommt in England nicht derselbe Stellenwert zu wie in unserem Rechtssystem.[1586] Wegweisend bei der englischen Rechtsfindung sind die Praktiker.[1587] Die Rechtsfindung orientiert sich damit sehr stark an für unser Verständnis unüblichen und kaum bekannten Rechtstraditionen,[1588] deren grundlegende Strukturen und Rechtssätze sich häufig nur einer zeitlich weit zurückreichenden Rechtsschöpfung entnehmen lassen.[1589] *Kühne* weist in diesem Zusammenhang ausdrücklich darauf hin, dass eine Gesetzesinterpretation, wie sie unserem Verständnis nach das Wesen juristischer Tätigkeit ausmacht, im angelsächsischen Raum nicht existiert.[1590] Gerade die Kenntniserlangung englischen Rechts bereitet erhebliche Mühe.[1591]

(2) Anwendung der director's duties

Insbesondere trifft dies auf die zentralen Rechtsgrundlagen für die *Limited* und den *director* zu, die sich nicht ausschließlich im CA 2006 finden lassen.[1592] Deshalb können die im CA 2006 geregelten Pflichten zur Klärung der außerstrafrechtlichen Verhaltensanforderungen nur als ein erster Ausgangspunkt dienen.[1593] Den jeweiligen Prinzipien des *common law* und *equity*

Schurig, S. 504 ff.; *Kropholler*, S. 210 f.; *Schall*, ZZP 122 (2009); 293 (295) j.m.w.N. und aus dem Strafrecht *Schlösser*, wistra 2006, 81 (87). Hiergegen aber die Behauptung von *Altenhain/Wietz*, NZG 2008, 569 (572), wonach die ausländische Gesellschaft nicht beanspruchen könne, auch das gesellschaftsrechtliche Umfeld des Gründungslands mitzunehmen.

1585 *Just*, Englisches Gesellschaftsrecht, S. 1 u. 3. Siehe zu den Unterschieden auch die Ausführungen in § 3 § 4 u. § 9 II.1.a)aa).

1586 *Just*, Limited, Rn. 341. Allgemein zum Problem der Gewichtung von Rechtsquellen *Mankowski/Bock*, ZStW 120 (2008), 704 (731) m.w.N.

1587 *Just*, Englisches Gesellschaftsrecht, S. 5.

1588 *Just*, Englisches Gesellschaftsrecht, S. 1 u. 3. Umfassend zum theoretischen Verständnis des *common law* siehe *Schall*, ZZP 122 (2009); 293 (307 ff.) m.w.N. Siehe ferner auch *Kühne*, GA 2005, 195 (202 ff.) m.w.N.

1589 Hierzu ausführlich *Zweigert/Kötz*, S. 250 ff.; *Schall*, ZZP 122 (2009), 293 (295 f.) j.m.w.N.

1590 Siehe *Kühne*, GA 2005, 195 (203), der dies sogar als eine schier unerschöpfliche Quelle für Missverständnisse bezeichnet.

1591 So bereits *Staubach*, S. 170 m.w.N.

1592 Zu den einzelnen Pflichten zuvor ausführlich § 4.

1593 Vgl. insbesondere § 9 II.1.a)aa).

kommt weiterhin erhebliche Bedeutung zu, was die Vorhersehbarkeit des konkreten Ergebnisses noch erschwert.[1594] Dies betrifft zum einen die gesamte Auslegung und Interpretation der im CA 2006 geregelten *director's duties*, zum anderen solche Pflichten, die nicht im CA 2006 aufgenommen wurden. Hier können sich zahlreiche Überschneidungen und Konkurrenzen ergeben. Auch bleibt abzuwarten, ob die nun durch den CA 2006 gesetzlich geregelten Pflichten die englischen Gerichte davon abhalten werden, neue *common law*-Pflichten für *directors* zu entwickeln. Im Allgemeinen ist aber davon auszugehen, dass das Verhältnis von Gesetz und *common law* sowie die Definitionen der einzelnen Pflichten in England noch viele Jahre ungeklärt bleiben werden.[1595]

Auch den im Rahmen praktischer Erwägungen zum Teil vorgebrachten Annahmen, dass zum Beispiel mit der Einführung des CA 2006 die Bestimmung der *director's duties* jetzt auch für einen deutschen Rechtsanwender leichter geworden sei oder dass die Bedeutung des *common law* und *equity* stetig abnehmen wird,[1596] kann nur bedingt zugestimmt werden. Eher ist anzunehmen, dass ein deutscher Strafrichter zur Interpretation des englischen Gesellschaftsrechts – zumindest teilweise – auf die in zunehmenden Maß erscheinende deutsche Literatur zum englischen Gesellschaftsrecht zurückgreifen wird.[1597] Immerhin scheint an einigen Bereichen des englischen Gesellschaftsrechts in der deutschen Diskussion ein erheblich größeres Interesse zu bestehen als in der englischen Rechtsprechung und im englischen Schrifttum. Beispielsweise seien hier nur die sich aus section 213 IA 1986 und section 214 IA 1986 ergebenden Pflichten und der damit verbundene Haftungsdurchgriff angeführt,[1598] denen in England jedoch kaum eine praktische Bedeutung zukommt.[1599] Mithin besteht die Gefahr, dass ein deutscher Richter bei seiner Rechtsfindung ein maßgeblich deutsches Verständnis der englischen Normen zu Grunde legen wird: Der deutsche

1594 *Kühne*, GA 2005, 195 (203).

1595 Siehe hierzu bereits § 9 II.1.a)aa).

1596 *Haug*, S. 38.

1597 Schließlich haben auch die eigenen Recherchen gezeigt, dass selbst in den Max-Planck-Instituten nicht immer die aktuellesten Auflagen der entsprechenden Kommentare und Lehrbücher vorhanden sind und der Kauf dieser Werke über den deutschen Buchhandel leicht mehrere hundert Euro pro Buch kosten kann.

1598 Siehe hierzu die zahlreichen Stellungnahmen von *Mühlens*, S. 150 ff.; *Weiß*, S. 112 ff.; *Wietz*, S. 77 ff.; *Schall*, DStR 2006, 1229 (1234 f.).

1599 Siehe zuvor § 4 III. Allerdings kommt diesen, aufgrund ihrer insolvenzrechtlichen Qualifikation, bereits keine Bedeutung in Deutschland zu.

Richter würde dann aber gerade nicht mehr „auf dem Stuhl des englischen Richters sitzen."

(3) Keine Bindung an englische Urteile

Ferner könnte man vielleicht annehmen, dass sich das oben dargestellte Problem der Rechtsermittlungsunschärfe dann nicht stellt, wenn eine anzuerkennende Entscheidung in England vorliegt. Durch ihre Anerkennung wäre ihr dieselbe Wirkung beigelegt, die ihr in England zukäme.[1600] Erlangt das Strafgericht somit Kenntnis von einem parallellaufenden englischen Zivilprozess, so könnte es möglicherweise verpflichtet sein, den deutschen Strafprozess auszusetzen und die englische Entscheidung abzuwarten. Allerdings kennen weder das Straf- noch das Strafverfahrensrecht eigene Regeln hinsichtlich der Anerkennung zivilrechtlicher ausländischer Entscheidungen.[1601] Daher wird teilweise angenommen, dass die Anerkennung im Strafrecht notwendigerweise den aus dem Internationalen Zivilprozessrecht stammenden Anerkennungsregeln folgen müsse.[1602] Das Strafgericht müsse und dürfe daher lediglich nach Art. 32 ff. EuGVVO prüfen, ob das ausländische Urteil anzuerkennen ist oder ob ein Anerkennungsversagungsgrund vorliegt.

Eine solche Annahme widerspricht – zumindest für den Untreuetatbestand – allerdings der vorherrschen Prämisse zur akzessorischen Ausgestaltung von § 266 StGB. Das Strafgericht entscheidet im Grundsatz selbst und unabhängig von einem etwaigen Zivilurteil über die Verletzung einer Vermögensbetreuungspflicht. Es prüft den Pflichtenverstoß selbständig, ohne Bindung an Zivilurteile oder Vorwertungen durch Zivilrechtler.[1603] Bezieht sich dieser Grundsatz bislang zwar lediglich auf die Bindung an inländische Zivilurteile, so muss er jedoch auch bei einer Fremdrechtsanwendung gelten. Eine stärkere Bindung an ausländische als an inländische Urteile ist materiell rechtlich schlicht nicht begründbar.[1604] Eine Lösung des Problems der Rechtsanwendungsunschärfe kann folglich nicht mittels einer zwingenden Anerkennung ausländischer Entscheidungen herbeigeführt werden.

1600 *Mankowski/Bock*, ZStW 120 (2008), 704 (735).

1601 *Mankowski/Bock*, ZStW 120 (2008), 704 (735).

1602 *Mankowski/Bock*, ZStW 120 (2008), 704 (735 ff.) m.w.N.

1603 Siehe oben § 9 III.2.

1604 Zutreffend daher die Annahme von *Mankowski/Bock*, ZStW 120 (2008), 704 (751 f.) in Bezug auf ausländische Unterhaltsentscheidungen bei § 170 StGB.

(4) Zwischenergebnis zur Rechtsanwendungsunschärfe

Im Ergebnis ist bereits die Anwendung von englischem *common law* im Rahmen eines akzessorischen Straftatbestands mit zahlreichen Schwierigkeiten behaftet. Eine für eine Verurteilung notwendige Anwendung der englischen *director's duties* – so wie sie in England tatsächlich angewandt werden – scheint für den deutschen Strafrichter nur bedingt möglich zu sein.

bb) „Rechtsübernahmeunschärfe"

Aber selbst wenn im konkreten Fall das ausländische außerstrafrechtliche Recht hinreichend feststellbar wäre, stellte sich die – hier als Rechtsübernahmeunschärfe bezeichnete – Frage, wie groß der verbleibende Restzweifel des Strafrichters bei der Entscheidung noch sein darf, nach dem auf Basis des verletzten ausländischen Gesellschaftsrechts auch die Verletzung einer Vermögensbetreuungspflicht angenommen werden kann. So erscheint bereits die Subsumtion eines in Deutschland getätigten Verhaltens unter eine zuvor ermittelte englische Verhaltenspflicht generell schwierig. Immerhin geht es – gerade im Wirtschaftsstrafrecht – stets um die Abgrenzung strafwürdigen Verhaltens von „lediglich" unmoralischem. Unternehmerische Entscheidungen sind meist auch mit einem Risiko verbunden.[1605] Allgemein anerkannt wird daher, dass nicht jeder Misserfolg zwangsläufig zu einer Untreuestrafbarkeit führen darf. Insofern findet bei der richterlichen Bewertung eben gerade nicht nur die Subsumtion eines in Deutschland zugetragenen Sachverhalts unter eine konkrete englische Norm statt, sondern auch eine allgemeine Bewertung des Verhaltens vor dem Hintergrund üblicher unternehmerischer Gepflogenheiten.

Nun ist aber auch das englische Gesellschaftsrecht nicht homogen, sondern knüpft – wie das deutsche Recht – an unterschiedliche Risikoauffassungen, betriebswirtschaftliche Prognosen oder Billigkeitsgrundsätze an, bei denen es auf eine Gesamtschau gesellschaftsrechtlicher Kriterien ankommt. So ist beispielsweise aus zahlreichen Vergleichen der englischen und deutschen Insolvenzvorschriften mittlerweile bekannt, dass im Gegensatz zu Deutschland in England grundsätzlich von einer *rescue culture* ausgegangen wird, wonach insolvenzreife Unternehmen grundsätzlich saniert werden sollen.[1606] Gläubigerinteressen wird folglich ein geringerer Stellenwert beigemessen. Auch solche ausländischen gesellschaftsrechtlichen Wertungen sind bei der Ermittlung des

---

1605 Hierzu *Lutter*, NZG 2010, 601 ff. m.w.N.

1606 *Goode*, Rn. 1–32 ff. u. Rn. 2–23; *Sealy/Worthington*, S. 724 ff. j.m.w.N. Siehe ferner *Schall*, S. 254. Ausführlich zum Hintergrund des englischen Insolvenzrechts *Goode*, Rn. 1–01 ff.

gesellschaftsrechtlichen Pflichtenverstoßes – der Grundlage der Verletzung einer Vermögensbetreuungspflicht ist – zu übernehmen. Wann dann aber von dem Vorliegen einer richterlichen Überzeugung noch ausgegangen werden kann, erscheint äußerst fraglich, zumal wenn das gesellschaftsrechtliche und unternehmerische Umfeld der maßgeblichen Rechtsordnung dem Strafrichter nur durch Gutachten vermittelt wird.[1607]

Diese Überlegungen führen dann zu der weitergehenden Frage, wie weit die Auslegung des ausländischen Rechts durch den Strafrichter überhaupt gehen kann, sollte das erforderliche Maß der richterlichen Überzeugung im Bereich des außerstrafrechtlichen Pflichtenverstoßes durch die Anwendung der ausländischen Verhaltenspflichten auf den konkreten Sachverhalt nicht zu erreichen sein.

cc) „Scheitern des Erkenntnisgewinns"

Von einem generellen Scheitern des Erkenntnisgewinns durch Auslegung und Subsumtion ist insbesondere dort auszugehen, wo es noch kein, die statuierte Pflicht konkretisierendes *case law* gibt und/oder eine Rechtsfrage im englischen Gesellschaftsrecht umstritten ist.[1608] Ein deutscher Strafrichter wird in diesem Fall eine grundsätzliche Pflicht aus dem englischen Gesellschaftsrecht ermitteln, um dann jedoch trotz ausgiebigster Untersuchung möglicherweise feststellen zu müssen, dass es für die konkrete Fragestellung im englischen Recht weder eine gesetzliche noch ein fallgerichtliche Lösung gibt. Wie ist hier zu verfahren, wenn man sich nochmals verdeutlicht, dass ein gesellschaftsrechtlicher Pflichtenverstoß notwendige Bedingung für die Annahme der Verletzung einer Vermögensbetreuungspflicht ist?[1609]

Konkret trifft dies insbesondere auf die hier untersuchten neu kodifizierten *director's duties* zu.[1610] Wie zuvor dargelegt, ist nicht nur das grundsätzliche Verhältnis zwischen *common* und *statutory law* bislang ungeklärt, sondern auch die gesamte Auslegung und Interpretation der im CA 2006 geregelten *director's duties* sowie deren Überschneidungen und Konkurrenzen mit den sich bislang

---

1607 So zutreffend *Altenhain/Wietz*, NZG 2008, 569 (571 f.). Siehe auch bereits *Oehler*, Rn. 744, der die Anwendung von *common law*-Begriffen durch einen ausländischen Richter für unmöglich hält, wenn dieser sich nicht selbst täuschen wolle.

1608 Siehe das Beispiel 5 bei *Schall*, ZZP 112 (2009), 293 (298 u. 300).

1609 Vgl. zuvor § 6 III.1.

1610 Fehl geht daher die von *Wietz*, S. 209 nicht näher begründete Behauptung, die Wahrscheinlichkeit, dass das englische Recht jemals einen nicht ermittelbaren Inhalt habe, sei recht gering.

aus dem *common law* und *equity* ergebenden *director's duties*.[1611] Darüber hinaus darf schließlich nicht übersehen werden, dass es auch tatsächlich bislang noch keine feststehende englische Rechtsprechung zu den sich aus dem CA 2006 ergebenden Neuerungen gibt, die hier von einem Richter zu einer hinreichenden Konkretisierung der englischen Pflichten herangezogen werden könnten.

(1) Keine Frage der Beweislast in non-liquet Konstellationen

Vergleicht man eine solche Situation zunächst mit der Anwendung ausländischen Rechts in Zivilverfahren, so ist festzustellen, dass derartige Fragen der richterlichen Überzeugungsbildung im Zivilverfahren grundsätzlich auf die Ebene der Beweislastverteilung verlagert werden. Schließlich bestehen im Zivilprozess für das Gericht nur eingeschränkte Erkenntnismöglichkeiten. Es muss seine Überzeugung auf die angebotenen Beweismittel und die Würdigung des Inhalts der Verhandlung stützen.[1612] Kommt es somit zu einer *non-liquet*-Situation auf Tatbestandsebene, die es dem Richter unmöglich macht, zu einer Überzeugung zu gelangen, so entscheidet generell die gesetzliche Risikoverteilung, welcher Partei zum Nachteil sich die *non-liquet*-Situation auswirkt.[1613]

Dass dieser grundsätzliche zivilprozessuale Beibringungsgrundsatz – anders als der Wortlaut des hier anzuwendenden § 293 ZPO vermuten lässt – jedoch nicht für die Anwendung ausländischen Rechts gilt, ist heute allgemeine Meinung im Zivilprozessrecht.[1614] Danach hat der deutsche Zivilrichter das entsprechende ausländische Recht selbst zu ermitteln. Nur in Ausnahmefällen kann er sich bei der Ermittlungstätigkeit der Mitwirkung der Parteien bedienen.[1615] Darüber hinaus eröffnet nun die Neufassung des § 545 ZPO bei einer fehlerhaften

1611 Auf die möglichen Überschneidungen ist im Rahmen der jeweiligen Pflicht hingewiesen worden, vgl. § 4 Allgemein zu der Frage des Verhältnisses und der Auslegung der kodifizierten Pflichten § 9 II.1.a)aa)(1) sowie zum Rückschluss aus der Situation in Neuseeland § 9 II.1.a)aa)(2).

1612 Siehe allgemein zum Erkenntnisverfahren im Zivilprozess *Greger*, in: Zöller, Vor § 253 ZPO Rn. 1 ff. m.w.N.

1613 Allgemein zur Beweislast im Zivilprozess *Greger*, in: Zöller, Vor § 284 ZPO Rn. 15 ff.; *Schellhammer*, Rn. 371 ff. j.m.w.N.

1614 *Geimer*, in: Zöller, § 293 ZPO Rn. 14 m.w.N.; *Schall*, ZZP 122 (2009), 293 (295) m.w.N. in Fn. 9. Siehe ferner *Cornils*, S. 111 f. ebenfalls m.w.N. Allgemein zum Beibringungsgrundsatz im Zivilprozess *Schellhammer*, Rn. 340 ff. m.w.N.

1615 *BGHZ* 118, 151 (162); *BGH* NJW 1964, 2012 f.; *BGH*, NJW 1961, 410 ff.; *Thorn*, in: Palandt, Einl. Vor Art. 3 EGBGB Rn. 34; *Geimer*, in: Zöller, § 293 ZPO Rn. 16 f. j.m.w.N.

Anwendung ausländischen Rechts sogar die Revision.[1616] Grund für die Schaffung dieser Vorschrift war insbesondere der Zuzug der englischen *Limited*.[1617] Insgesamt lässt sich bei der Anwendung ausländischen Rechts im Zivilprozess von einem – zumindest teilweisen – praktischen Gleichlauf mit dem im Strafprozess geltenden Amtsermittlungsgrundsatz gem. den §§ 155 Abs. 2, 244 Abs. 2 StPO[1618] ausgehen,[1619] so dass die in diesem Zusammenhang entwickelten zivilprozessualen Grundsätze sich möglicherweise auch für den Strafprozess fruchtbar lassen machen.[1620]

(2) Keine Anwendung des Grundsatzes „in dubio pro reo"

Ist in einem Strafprozess das ausländische Recht nicht ermittelbar, so könnte man der Idee verfallen, dass nun der Grundsatz *in dubio pro reo* eingreifen müsse. Denn bleiben dem Richter nach der Beweiswürdigung Zweifel an der Schuld des Angeklagten, so führt dieser aus der Unschuldsvermutung nach Art. 6 Abs. 2 EMRK abgeleitete Grundsatz zum Freispruch des Angeklagten.[1621] Eine derartige Annahme würde allerdings übersehen, dass sich der Grundsatz *in dubio pro reo* lediglich auf Tatsachenfragen und nicht auf Rechtsfragen bezieht.[1622] Mithin ist der Richter hieran nur im Rahmen der Beweiswürdigung, nicht aber bei der Auslegung von Rechtsfragen gebunden. Im Zivilrecht wird allgemein anerkannt, dass die Existenz und die inhaltliche Beschaffenheit ausländischen

---

1616 Umfassend hierzu *Hess/Hübner*, NJW 2009, 3132 ff. m.w.N.

1617 Vgl. *Hess/Hübner*, NJW 2009, 3132 (3132).

1618 Zum Amtsermittlungsgrundsatz siehe *Fister*, in: SK, § 244 Rn. 10 ff.; *Julius*, in: Heidelberger Kommentar, § 244 StPO Rn. 7 ff.; *Gercke/Temming*, in: Heidelberger Kommentar, Einl. Rn. 54; *Meyer-Goßner*, § 244 Rn. 10 ff. j.m.w.N.

1619 So bereits *Cornils*, S. 112.

1620 Ausgeschlossen sind damit sämtliche Mitwirkungspflichten. So sind im Zivilverfahren die Prozessparteien verpflichtet, das Gericht bei der Ermittlung des ausländischen Rechts zu unterstützen, siehe *Thorn*, in: Palandt, Einl. Vor Art. 3 EGBGB Rn. 34. m.w.N.

1621 Siehe *Gercke/Temming*, in: Heidelberger Kommentar, Einl. Rn. 66; *Meyer-Goßner*, § 261 StPO Rn. 26. Ausführlich zum Grundsatz *in dubio pro reo* siehe *Velten*, in: SK, § 261 StPO Rn. 75 ff.

1622 *BGH*St 14, 68 (73); *Gercke/Temming*, in: Heidelberger Kommentar, Einl. Rn. 67; *Meyer-Goßner*, § 261 StPO Rn. 37; *Arzt/Weber/Heinrich/Hilgendorf*, § 22 Rn. 69b; *Tiedemann*, Wirtschaftsstrafrecht AT, Rn. 117; *Faller*, DB 1972, 1757 (1758); *Rönnau*, ZStW 119 (2007), 887 (915). Eine solche Anwendung zur Eindämmung von Generalklauseln befürwortet aber *Naucke*, S. 3 u. 23. Siehe zur Reichweite dieses Grundsatzes auch *Velten*, in: SK, § 261 StPO Rn. 87 ff.

Rechts keine Tatsachenfragen im Rechtssinne darstellen, sondern dass auch Rechtssätze von einem ausländischen Gesetzgeber Recht sind.[1623] Argumente dafür, dass – anders als im Zivilprozess – ausländisches Recht im Strafprozess als Tatsachenfragen zu werten sein sollte, sind nicht ersichtlich. Es handelt sich mithin um Rechtsfragen, auf die der Grundsatz *in dubio pro reo* keine Anwendung findet. Im Prinzip müssen bei einer unklaren außerstrafrechtlichen englischen Rechtslage daher dieselben Regeln und Annahmen wie bei einer unklaren außerstrafrechtlichen deutschen Rechtslage zur Anwendung kommen.

(3) Berechtigung zur Fortentwicklung des englischen Gesellschaftsrechts im Strafprozess

Hält man die Heranziehung ausländischen Rechts zur Begründung der Verletzung einer Vermögensbetreuungspflicht für zulässig, so werden deutsche Gerichte und auch die Staatsanwaltschaften daher nicht darum herumkommen, die englischen Verhaltenspflichten auch ohne hinreichende englische Bezugspunkte selbst auszulegen und anzuwenden. Schließlich muss das deutsche Gericht in seinem Urteil begründen, warum gerade in diesem Fall zum Beispiel eine Verletzung der Ausschüttungsregeln, der *duty for the benefit of the creditors* oder einer der allgemeinen *director's duties* vorliegt.[1624] Lassen sich die gesellschaftsrechtlichen konkreten Inhalte und Grenzen dieser Pflichten dem englischen geschriebenen Gesetz und der Rechtsprechung jedoch nicht entnehmen, stellt sich die Frage, ob der deutsche (Straf-) Richter im konkreten Fall allgemein die Befugnis zur Fortbildung des *common law* durch die Setzung von eigenem *case law* haben kann.[1625]

(a) Berechtigung des deutschen Zivilrichters zur Entwicklung von case law

Ausgehend von der vergleichbaren Problematik im Rahmen eines Zivilprozesses, wo im Falle der Nichtermittelbarkeit des Inhalts des ausländischen Rechts im Allgemeinen eine Stellungnahme des Gerichts erforderlich ist, wird –

1623 Siehe *BGHZ* 118, 151 (162 ff.); 77, 32; *Geimer*, in: Zöller, § 293 ZPO Rn. 14.; *Kropholler*, S. 210; *Dölle*, GRUR 1957, 56 (57). Siehe ferner *Schall*, ZZP 122 (2009), 293 (295) m.w.N.

1624 An dieser Stelle ist nochmals darauf hinzuweisen, dass nach dem hier vertretenen Verständnis der gesellschaftsrechtliche Pflichtenverstoß eine notwendige Bedingung der strafrechtlichen Verletzung einer Vermögensbetreuungspflicht ist, vgl. § 6 III.1.c)bb).

1625 Zu den verschiedenen theoretischen Ansätzen und ihren Folgen aus zivilrechtlicher Sicht *Schall*, ZZP 2009, 293 (313 ff.).

insbesondere im Zusammenhang mit den Problemen, die sich durch den Zuzug von *Limiteds* ergeben – teilweise angenommen, dass auch der deutsche Zivilrichter die Befugnis zu einer lückenfüllenden Fortbildung des englischen Zivil- und Gesellschaftsrechts habe.[1626] Gebunden ist er dabei jedoch an die Grundsätze und Methoden des englischen Rechts, wobei eine Fortentwicklung insbesondere etwaigen *binding precedents* nicht widersprechen darf.[1627] Der deutsche Richter darf schließlich nicht über den Umweg der Fortentwicklung *„dem ausländischen Recht den deutschen Geist einhauchen.“*[1628]

Lässt sich die Rechtsfortbildung von englischem Recht im Rahmen eines deutschen Zivilverfahrens damit zwar grundsätzlich begründen, so kann einem solchen „deutschen“ *case law* jedoch schon allein aus staatsorganisationsrechtlichen Gründen keine *binding authority* für zukünftige Fälle zukommen.[1629]

(b) Keine Berechtigung des deutschen Strafrichters zur Entwicklung von case-law
Ob die oben für den Zivilrichter getroffene Annahme auch für das Strafrecht gelten kann, erscheint hingegen fraglich. Grundsätzlich offen ist im deutschen Strafrecht bislang die Frage, ob bei Fehlen obergerichtlicher Entscheidungen oder kontroverser Diskussionen im außerstrafrechtlichen Bereich der Richter durch die Auslegung wirtschaftsstrafrechtlicher Normen überhaupt eine Strafbarkeit konstruieren darf.[1630] Zumindest in Bezug auf unbestimmte Gesetzesbegriffe im Strafrecht ist klar, dass das Bestimmtheitsgebot nicht nur für den

1626 So insbesondere *Schall*, ZZP 122 (2009), 295 (313 ff.); *ders.*, DStR 2006, 1229 (1231), der dieses Ergebnis unter Inbezugnahme der theoretischen Grundlagen des *common law* umfangreich begründet. Siehe ferner *Greulich/Rau*, NZG 2008, 565 (567 f.). Allgemein zur lückenfüllenden Fortbildung ausländischen Rechts *Geimer*, in: Zöller, 293 ZPO Rn. 26; *Thorn*, in: Palandt, Einl. Vor Art. 3 EGBGB Rn. 34 j.m.w.N.; *Kegel/Schurig*, S. 505 f.; *Kropholler*, S. 210 f.; *Hess/Hübner*, NJW 2009, 3132 (3134). Siehe ferner wiederum *Schall*, ZZP 122 (2009), 295 (314 f.) m.w.N. auch zur Gegenansicht, die den deutschen Zivilrichter streng am geschriebenen oder durch Fälle gesetzten Recht feshalten will.

1627 *Schall*, ZZP 122 (2009), 293 (321 ff).

1628 *Geimer*, in: Zöller, § 293 ZPO Rn. 26.

1629 *Schall*, ZZP 122 (2009), 293 (320 f). Allgemein hierzu *Hess/Hübner*, NJW 2009, 3132 (3134) m.w.N.

1630 *Tiedemann*, Wirtschaftsstrafrecht BT, Rn. 27. Siehe aus der Rechtsprechung *BGH*St 41, 355 ff. (zum KrWaffKG); 31, 264 ff. (zu § 18 KWG); 24, 54 ff. (zu § 38 GWB a.F.).

Strafgesetzgeber gilt, sondern auch der richterlichen Tatbestandsergänzung sowie einer tatbestandserweiternden Interpretation Grenzen setzt.[1631]

Eine entsprechende ausdrückliche Regelung hinsichtlich außerstrafrechtlicher Regelungen existiert jedoch bislang nicht,[1632] allerdings könnte das Bestimmtheitsgebot auch hier den Strafrichter – im Gegensatz zum Zivilrichter – in seinem Beurteilungsspielraum binden.[1633] Schließlich darf nach Art. 103 Abs. 2 GG eine Strafbarkeit nur auf gesicherte Erkenntnisse gestützt werden.[1634] Grundsätzlich angesprochen ist damit aber wiederum das zuvor aufgeworfene Problem des allgemeinen Verhältnisses zwischen Straf- und Zivilrecht.[1635] Bei allem Streit hierum wird man an dieser Stelle daher wohl genauer differenzieren müssen. Lässt sich im Grundsatz aufgrund der zuvor dargestellten allumfassenden Entscheidungskompetenz des Strafrichters auch von einer generellen Befugnis des Strafrichters zur Auslegung zivilrechtlicher Vorfragen ausgehen, so soll diese Befugnis zumindest nicht uneingeschränkt für generalklauselartige Begriffe des Wirtschaftsstrafrechts oder unternehmerische Prognoseentscheidungen gelten. In der Literatur finden sich zur Einschränkung von außerstrafrechtlichen Generalklauseln daher unterschiedliche Ansätze, die zu einem „Zurückbleiben" des Strafrechts führen sollen. Weitgehende Einigkeit scheint im Ausgangspunkt noch darüber zu bestehen, dass die untreuerechtliche Pflichtwidrigkeit, sofern

---

1631 *BVerfGE* 92, 1 (16). Siehe hierzu *Tiedemann*, Wirtschaftsstrafrecht AT, Rn. 115 ff. m.w.N. Siehe ferner *Hoyer*, in: SK, Stand: 123 Lfg., § 266 StGB Rn. 9; *Wohlers*, ZStW 123 (2011), 791 (804 f.).

1632 Nicht eindeutig insofern *BVerfGE* 48, 48 (57 ff.).

1633 So *Hoyer*, in: SK, Stand: 123. Lfg., § 266 Rn. 49. Zu kurz daher der von *Labinski*, S. 94 ff. angestellte Vergleich ausschließlich mit dem Zivilrecht. Da es sich nach der hier vertretenen Ansicht bei dem Untreuetatbestand um einen Blanketttatbestand handelt, findet das Bestimmtheitsgebot an dieser Stelle unproblematisch Anwendung. Dies ist allerdings auch dann der Fall, hebt man die Differenzierung zwischen Blanketttatbeständen und normativen Tatbestandsmerkmalen bei der Auslegung auf, so etwa *Lüderssen*, in: FS-Eser, S. 163, 177 f. Nach Ansicht von *Enderle*, S. 204 sind Vorgaben zur verfassungsrechtlichen Auslegung von Tatbeständen von der an den Gesetzgeber gerichteten Pflicht zur verfassungskonformen Formulierung von Straftatbeständen sogar stets zu trennen.

1634 In diesem Zusammenhang das Bestimmtheitsgebot für maßgeblich haltend *Perron*, in: Schönke/Schröder, § 266 StGB Rn. 19b m.w.N.; *Tiedemann*, Wirtschaftsstrafrecht BT, Rn. 27; *ders.* Wirtschaftsstrafrecht AT, Rn. 114 ff.; *Wagner*, S. 116; *Worm*, S. 101; *Deiters*, ZIS 2006, 152 (159); *Dreher*, AG 2006, 213 (214 ff.); *Lüderssen*, in: FS-Eser, S. 163, 170 f., 178 f.; *Rönnau*, ZStW 119 (2007), 887 (915 f.); *Tiedemann*, ZIP 2004, 2056 (2056).

1635 Allgemein zur Akzessorietät des Strafrechts zuvor § 6 III.1.

sie an Generalklauseln des Wirtschaftsstrafrechts anknüpft, restriktiv ausgelegt werden muss.[1636]

Darüber hinaus gehen die unterschiedlichen Interpretationen der strafrichterlichen Auslegungskompetenz weit auseinander. Nach der engsten vertretenen Auffassung soll eine Strafbarkeit bereits dann ausscheiden, wenn in einer rechtlich unklaren Situation die Rechtmäßigkeit des Verhaltens auch „von nur einer Person" vertreten wird.[1637] Ähnlich, wenn auch nicht ganz so extrem, wird angenommen, dass zumindest alles, was nach zulässiger Auslegung der zivilrechtlichen Normen als noch als vertretbar eingestuft werden kann, nicht strafbar sein könne.[1638] Insofern sei der Strafrichter an das Auslegungsergebnis zivilrechtlicher Vertretbarkeit gebunden.[1639] Weit mehr Auslegungskompetenz räumt dem Strafrichter der Lösungsvorschlag ein, nach dem bei generalklauselartigen Begriffen des Wirtschaftsstrafrechts eine Strafbarkeit allein auf anerkannte Wertungen gestützt werden müsse.[1640] Nur evident unvertretbare wirtschaftliche Entscheidungen sollen als pflichtwidrig im Sinne des Untreuetatbestandes anzusehen sein. Ungesicherte Rechtsentwicklungen und vorläufige Übergangszonen wären aber auch nach dieser Ansicht als straflos zu behandeln.[1641] Darüber hinaus wird speziell für den Untreuetatbestand – nach der Entscheidung des *BVerfG* zu dessen Bestimmtheit[1642] – angenommen, dass § 266 StGB so restriktiv wie überhaupt

1636 Siehe *Dittrich*, S. 30; *Deiters*, ZIS 2006, 152 (159); *Ransiek*, ZStW 116 (2004); 634 (642); *Rönnau*, ZStW 119 (2007), 887 (909 u. 916); *Saliger*, ZStW 112 (2000), 563 (563). Von einer Tendenz zur engen Auslegung außerstrafrechtlicher Normen geht wohl auch die Entscheidung *BVerfG*E 48, 48 (60 ff.) aus. Allgemein zur restriktiven Auslegung *Enderle*, S. 159 f. m.w.N.

1637 So vertreten wohl nur von *Zech*, S. 216, die allerdings eine Ausnahme für solche Fallgestaltungen anerkennen will, bei denen eine höchstrichterliche Entscheidung vorliegt.

1638 *Dittrich*, S. 212; *Schramm*, S. 140; *Dierlamm*, StraFo 2005, 397 (398 ff.); *Haffke*, KritV 1991, 165 (173 ff.); *Lüderssen*, in: FS-Eser, S. 163, 170 f., 178 f.; *ders.*, FS-Lampe, S. 727, 728.

1639 So *Dierlamm*, StraFo, 2005, 397 (400).

1640 *Perron*, in: Schönke/Schröder, § 266 StGB Rn. 19b m.w.N., wonach die getroffene Maßnahme im Lichte der fachgerichtlichen Auslegung der betreffenden Vorschrift eindeutig nicht mehr vertretbar sein darf. Ähnlich – aber nicht ganz so eng – *Günther*, in: FS-Weber, S. 311, 316; *Otto*, in: FS-Kohlmann, S. 187, 202 f.; *Rönnau/Hohn*, NStZ 2004, 113 (123); *Saliger*, HRRS 2006, 10 (20). Siehe ferner die Nachweise bei *Rönnau*, ZStW 119 (2007), 887 (912 Fn. 101).

1641 *Tiedemann*, Strafrecht AT, Rn. 120 ff.; *Wagner*, S. 116. Siehe wiederum die Nachweise bei *Rönnau*, ZStW 119 (2007), 887 (912 Fn. 100).

1642 *BVerfG*E 126, 170 (198 ff.). Siehe hierzu auch § 5 II.2.a).

vertretbar auszulegen sei.[1643] Dieses Gebot würde dann jedoch nicht nur für den Untreuetatbestand selbst gelten, sondern auch für die eine Vermögensbetreuungspflicht begründenden privat- und öffentlich-rechtlichen Normen, sobald sie im strafrechtlichen Kontext Bedeutung erlangen.[1644] Anders als die Fachwissenschaftler, die sich mit der in Bezug genommenen außerstrafrechtlichen Norm in ihrem originären Kontext befassen, dürfte der Strafrichter hier in seiner strafrechtspezifischen Auslegung nur denjenigen Kernbereich der Primärnorm zugrunde legen, der mit hinreichender Bestimmtheit im Wortlaut des Untreuetatbestandes zum Ausdruck gelangt und somit unzweifelhaft von diesem erfasst wird.[1645]

Geht man an dieser Stelle auf die Meinungen zur Einschränkung der Auslegung unbestimmter Rechtsbegriffe des Wirtschaftsstrafrechts nicht näher ein und legt stattdessen die weite Prämisse einer vollumfänglichen Auslegungskompetenz des Strafrichters zu Grunde,[1646] gelangt man zu dem Ergebnis, dass der Strafrichter dann sogar dazu berufen ist, außerstrafrechtliche generalklauselartige Normen zu interpretieren.[1647] Streitigkeiten über Normeninhalte im Zivil- oder Gesellschaftsrecht sowie Rechtsfragen, die am Anfang ihrer Entwicklung stehen, könnten demnach niemals zu einer Auslegungs- und Anwendungsblockade im Strafrecht führen.[1648] Der Strafrichter wäre nicht gehindert, basierend auf einer eigenen Auslegung der außerstrafrechtlichen Norm, ein strafrechtliches Urteil zu Ungunsten des Angeklagten zu fällen.

Allerdings lässt sich hieraus nicht schließen, dass es eine vergleichbare Berechtigung auch für die Anwendung, Auslegung und Vorentscheidung des englischen Gesellschaftsrechts gibt. Denn der obigen Prämisse und sämtlichen Restriktionsversuchen ist gemein, dass stets von einer methodischen Sicherheit mittels der im deutschen Recht geltenden Auslegungsregeln ausgegangen werden kann. Zur Auslegung des vorgelagerten Zivilrechts soll sich der Strafrichter – wohl unstreitig – der allgemein geltenden deutschen Auslegungsmethoden

---

1643 *Hoyer*, in: SK, Stand: 123. Lfg, § 266 StGB Rn. 9.

1644 *Hoyer*, in: SK, Stand: 123. Lfg, § 266 StGB Rn. 9 u. 50. Nimmt man die Rechtsprechung des *BVerfG* an dieser Stelle ernst, so scheint für den Untreuetatbestand eine andere Schlussfolgerung auch nicht möglich.

1645 *Hoyer*, in: SK, Stand: 123. Lfg, § 266 StGB Rn. 50 m.w.N.

1646 Zur Auslegungskompetenz des Strafrichters zuvor § 9 III.2.a).

1647 So insbesondere *Rönnau*, ZStW 119 (2007), 887 (913 ff.) m.w.N. Im Ergebnis auch *Wietz*, S. 208 ff.

1648 *Rönnau*, ZStW 119 (2007), 887 (915).

bedienen.[1649] Vagheit und extensive Auslegung des Nichtstrafrechts seien daher nur solange hinnehmbar, wie man sie aus strafrechtlicher Sicht durch Rechtsprechungsleistungen überwinden kann.[1650] Rechtsprechungsleistung ist aber nichts anderes als die Anwendung deutscher Methodik, an die – im Gegensatz zum Gesetzgeber – der Strafrichter durch Art. 103 Abs. GG, § 1 StGB zwingend gebunden ist. Der Richter hat sich bei der Auslegung unbestimmter zivilrechtlicher Generalklauseln an den Grundsätzen der deutschen Methodenlehre sowie an vergleichsweise gesicherten Konkretisierungen und Parallelen, soweit solche vorhanden sind, zu orientieren.[1651] In der Praxis wird der Strafrichter daher zumeist auch entsprechende Entscheidungen der jeweiligen Fachgerichte heranziehen[1652] und sich mit den in der Lehre und der Zivilrechtsprechung vertretenen Auffassungen auseinandersetzen.[1653] Fehlt es im konkreten Fall jedoch an solchen Hilfestellungen, dann lässt sich ein außerstrafrechtliches Ergebnis einzig und allein mittels der deutschen Auslegungsregeln (Wortsinn, Entstehungsgeschichte, Systematik und Zweck des Strafgesetzes) begründen. Mit Blick auf Art. 103 Abs. 2 GG ist aber entscheidend, dass mittels eines solchen Vorgehens auf der Definitionsebene eine hinreichende Konkretisierung des zivilrechtlich unbestimmten Rechtsbegriffs überhaupt gelingen kann.

Geht es aber um Auslegung und Konkretisierung von außerstrafrechtlichen Verhaltenspflichten des englischen Gesellschaftsrechts, finden die dem deutschen Juristen bekannten deutschen Auslegungsregeln jedoch gerade keine Anwendung. Normen des englischen Gesellschaftsrechts lassen sich nur mittels *case law* konkretisieren und fortentwickeln.[1654] Nimmt man hier eine generelle Berechtigung deutscher Gericht zur Entwicklung englischen Fallrechts an, so ist der Richter dabei zwingend an die Grundsätze und Methoden des englischen Rechts gebunden. Erinnert sei an dieser Stelle an den Hinweis von *Kühne*, dass im angelsächsischen Raum keine Gesetzesinterpretation, so

1649 *Rönnau*, ZStW 119 (2007), 887 (915), *Wohlers*, ZStW 123 (2011), 791 (804 f.) m.w.N.

1650 So *Wietz*, S. 213.

1651 *Rönnau*, ZStW 119 (2007), 887 (916) m.w.N. Siehe ferner *Kölbel*, GA 2002, 403 (407) m.w.N.

1652 Siehe *Kölbel*, GA 2002, 403 (411). Darüber hinaus sind viele Richter und Staatsanwälte häufig in Wirtschaftsstrafkammern und Schwerpunktstaatsanwaltschaften spezialisiert, die dann über entsprechende Kenntnisse in dem in Bezug genommenen außerstrafrechtlichen Rechtsgebiet verfügen. Zu einer solchen Spezialisierung und ihren Gefahren *Tiedemann*, Wirtschaftsstrafrecht AT, Rn. 86 ff. m.w.N.

1653 *Wohlers*, ZStW 123 (2011), 791 (804).

1654 Siehe zuvor § 3 I und § 9 II.1.a)aa)(3).

wie wir sie dem kontinentalen Verständnis nach kennen, existiert.[1655] Folglich dürfte der Strafrichter gerade nicht, was mit Blick auf Art. 103 Abs. 2 GG zur Strafbarkeitsbegründung erforderlich wäre: den Kern einer außerstrafrechtlichen Generalklausel herausarbeiten, der für den Beschuldigten noch erkennbar wäre. Vielmehr müsste er das Recht an dieser Stelle so entwickeln, wie man es in England erwarten würde.[1656] Damit kann aber selbst die von der herrschenden Meinung vertretene Annahme einer verfassungsrechtlich geboten engen Auslegung der zur Ausfüllung des Straftatbestands heranzuziehenden Norm hier keine Bedeutung beanspruchen. Derartige deutsche Begrenzungen in der Rechtsfortbildung sind dem englischen *common law* fremd. Entwickelt der deutsche Strafrichter „auf dem Stuhl eines englischen Zivilrichters" englisches Zivilrecht weiter fort, so ist er bei dieser Fortentwicklung nicht an deutsches Verfassungsrecht gebunden. Im Ergebnis würden im Rahmen eines deutschen Strafverfahrens damit im außerstrafrechtlichen Bereich englische Methoden der Rechtsfortbildung zur Anwendung kommen, die dem deutschen Strafrecht unbekannt sind.

Damit ergibt sich aber folgendes Dilemma: Nimmt man an, der deutsche Strafrichter habe beim Vorliegen von außerstrafrechtlichen „Lücken" im englischen Gesellschaftsrecht die Berechtigung, diese mittels eigenen *case law* zu schließen, ist er insofern – genau wie der Zivilrichter[1657] – an die englische Vorgehensweise gebunden. Eine Fortentwicklung des englischen Gesellschaftsrechts mittels strafrechtspezifischer – die Strafbarkeit im Hinblick auf Art. 103 Abs. 2 GG einschränkender – Besonderheiten scheidet dabei aus. Lässt sich die Rechtsfortbildung vom englischen Recht im Rahmen eines Zivilverfahrens eventuell noch begründen,[1658] so wird man im Strafprozess den verfassungsrechtlichen Grundsatz einer engen Auslegung der zur Ausfüllung von Straftatbeständen heranzuziehenden Normen[1659] aber nicht umgehen können.

Anders als der Zivilrichter hat der Strafrichter damit nicht die Möglichkeit, das englische Gesellschaftsrecht weiterzuentwickeln.[1660] Ein solches Vorgehen ist von der Auslegungskompetenz des Strafrichters nicht mehr gedeckt.

1655 *Kühne*, GA 2005, 195 (203).

1656 Zu den Grundsätzen und Methoden des *common law* zur Lösung neuer Fälle *Schall*, ZZP 122 (2009), 293 (316 ff.).

1657 Siehe oben § 9 III.2.a)cc)(3)(a).

1658 Siehe oben § 9 III.2.a)cc)(3)(a).

1659 Siehe *BVerfGE* 92, 1 (16); 48, 48 (60 ff.). Siehe auch *BGH*, NJW 1977, 1965 (1969).

1660 Anders aber *Wietz*, S. 214 f.

b) Zwischenergebnis zur Auslegungskompetenz

Damit wirft auch die Rechtsanwendungsebene ganz erhebliche verfassungsrechtliche Probleme auf. Der Strafrichter ist an Art. 103 Abs. GG gebunden. Während allgemein vorgebrachte praktische Einwände gegen eine Anwendung außerstrafrechtlichen ausländischen Rechts nicht zu überzeugen vermögen, kommt der Frage nach den Grenzen der Auslegungskompetenz und dem Weg der Überzeugungsbildung des Strafrichters verfassungsrechtliche Bedeutung zu. Schließlich ist die Anwendung und Auslegung ausländischen Rechts zur Ausfüllung eines akzessorischen Straftatbestands richterlich überprüfbar.

Die hier vertretene Auffassung lässt sich somit dahingehend zusammenfassen, dass im Rahmen von § 262 Abs. 1 StPO der deutsche Strafrichter ausländisches außerstrafrechtliches Rechts so anzuwenden hat, wie dies ein ausländischer Richter tun würde. Damit darf der Richter es nicht bei der bloßen Darstellung der ausländischen Rechtslage belassen, vielmehr muss er das gesamte englische Gesellschaftsrecht und dessen tatsächliche Anwendungspraxis in seine Überlegungen einbeziehen. Sowohl die Ermittlung und Anwendung des ausländischen Rechts unter Beachtung der dort geltenden Methoden als auch die Frage nach verbleibenden Restzweifeln bei der Subsumtion des inländischen Sachverhalts unter das englische Gesellschaftsrecht sind dabei problematisch. Hierdurch wird eine verfassungsrechtlich nicht zu vertretende Unsicherheit in das Strafrecht hineingetragen. Darüber hinaus wird es insbesondere vor dem Hintergrund des englischen Gesellschaftsrechts als *common law*-System und dem neuen CA 2006 häufig zu dem Fall kommen, dass es noch kein die statuierte Pflicht konkretisierendes *case-law* gibt und/oder eine Rechtsfrage im englischen Gesellschaftsrecht umstritten ist. Bei einem solchen Scheitern des Erkenntnisgewinns ist der Strafrichter – anders als der deutsche Zivilrichter – nicht berechtigt, eigenes außerstrafrechtliches *case-law* zu entwickeln. Die Schaffung englischen *case-law* durch einen deutschen Richter hätte nach den Methoden des englischen Rechts zu erfolgen. Der deutsche Strafrichter ist jedoch bei der Auslegung und Anwendung außerstrafrechtlichen Rechts durch Art. 103 Abs. 2 GG an die deutsche Methodik sowie eine verfassungsrechtliche gebotene enge Auslegung gebunden. Beides ist dem englischen Recht in dieser Form allerdings fremd. Demzufolge hat der deutsche Strafrichter bei akzessorischen Straftatbeständen wie dem Untreuetatbestand keine Möglichkeit, ausländisches Nichtstrafrecht als notwendige Voraussetzung einer Strafbarkeit weiterzuentwickeln.

3. Kritische Betrachtung möglicher Lösungswege

Da die zuvor dargestellten Probleme der Anwendung ausländischen Rechts im Zivilrecht und Internationalen Privatrecht gut bekannt sind, knüpfen die bislang in der Strafrechtswissenschaft vorgebrachten Lösungen an zivilrechtliche Lösungsversuche an. Konkret geht es um die Voraussetzungen, nach denen der Richter unter Zugrundelegung des ausländischen Rechts noch auf die Verletzung einer Vermögensbetreuungspflicht schließen kann. Unterschieden werden muss dabei zwischen zwei Fallkonstellationen: In der ersten ist eine ausländische Verhaltenspflicht ermittelbar, stellt aber unter Umständen einen weitergehenden Verhaltensbefehl auf, als ihn das deutsche Recht vorsieht.[1661] Hingegen ist in der zweiten Konstellation eine entsprechende englische gesellschaftsrechtliche Verhaltenspflicht aufgrund der zuvor dargestellten Probleme inhaltlich nicht näher ermittelbar oder existiert schlicht nicht.

a) Doppelprüfung bei weitergehender ausländischer Verhaltenspflicht.

Zur Überwindung des Problems bei weitergehenden ausländischen Pflichten soll nach Meinung einiger Autoren eine „Doppelprüfung" bzw. eine „Substitution" erfolgen.[1662] Danach sei mittels eines funktional-vergleichenden Vorgehens zu fragen, inwiefern das jeweilige Verhalten allein unter Berücksichtigung des deutschen Zivil- und Gesellschaftsrechts strafbar wäre. Diesem Vorgehen vergleichbar sei der *ordre public*-Vorbehalt des deutschen Internationalen Privatrechts gem. Art. 6 EGBGB.[1663] Die gesellschaftsrechtliche Pflichtwidrigkeit nach

---

1661 Hierzu auch bereits im Rahmen des Parlamentsvorbehalts § 9 II.2.c).

1662 So der Vorschlag von *Wietz*, S. 216 ff. und *Altenhain/Wietz*, NZG 2008, 569 (572 f.), welche die Schaffung eines entsprechend formulierten § 14a Abs. 3 StGB vorschlagen. *Mankowski/Bock*, ZStW 120 (2008), 704 (718 ff.); *dies.*, GmbHR 2010, 822 (822 f.) wollen hingegen mit einer „Doppelprüfung" einen rechtsvergleichenden Blick auf deutsche Vorschriften erreichen; dem zustimmend *Stärk*, S. 149. In diesem Sinne auch *Kraatz*, JR 2011, 58 (64). Nach *Gross/Schork*, NZI 2006, 10 (15) soll sich die Rechtsprechung in Fällen, in denen ein Verhalten nach englischem Recht pflichtwidrig wäre, es nach deutschem Recht hingegen an einer entsprechenden Regelung fehlt, zurückhalten, indem sie die Pflichtverletzung beispielsweise als nicht gravierend einstuft. Damit gehen die Autoren ebenfalls von einem Vergleich zwischen deutschen und englischen Verhaltenspflichten aus. Vgl. hierzu auch *Fischer*, § 266 StGB Rn. 101.

1663 *Mankowski/Bock*, ZStW 120 (2008), 704 (719). *Möhrenschläger*, in: Wabnitz/Janovsky, Kap. 3 Rn. 3; *Pattberg*, S. 300; *Kraatz*, JR 2011, 58 (64); *Roggemann*, DtZ 1993, 10 (18). Allgemein so wohl auch *Bayer/Schmidt*, ZHR 173 (2009), 735 (773.) m.w.N.

deutschem Recht würde dann als Grenze für eine Untreuestrafbarkeit nach deutschem Recht dienen.[1664] Eine Untreuehandlung sei dann nur in solchen Fällen zu bejahen, in denen eine der ausländischen Rechtsverletzung entsprechende, nach deutschem Recht zu beurteilende Pflichtverletzung auch die Verletzung einer untreuerelevanten Vermögensbetreuungspflicht darstellt.[1665] Fehlt es an einer vergleichbaren Rechtspflicht im deutschen Recht, so soll dies in aller Regel ausschlaggebend für das Fehlen der Untreuerelevanz entsprechender Verstöße gegen ausländisches Gesellschaftsrecht sein.[1666] Notwendig sei ein solches Vorgehen auch immer dann, wenn das ausländische Recht trotz Rechtsverstoßes beispielsweise eine Verantwortungsbegrenzung vorsehe. In diesem Fall könne die liberalere Wertung des ausländischen Rechts nur außer Acht gelassen werden, wenn aus inländischer Sicht der Rechtsverstoß als so erheblich eingestuft werden müsste, dass er als Untreue zu ahnden sei.[1667] Insgesamt könne durch ein derartiges Vorgehen auch der Gefahr der tatbestandlichen Unbestimmtheit begegnet werden.[1668]

Die Argumente gegen diesen Lösungsvorschlag liegen auf der Hand. Problematisch bei einem derartigen Vorgehen gestaltet sich bereits die Heranziehung eines entsprechenden deutschen Vergleichsmaßstabs. Sollen beispielsweise die gesellschaftsrechtlichen Geschäftsführerpflichten des GmbH-Gesetzes stets als Obergrenze eines Verstoßes gegen Vermögensbetreuungspflichten im Rahmen des Untreuetatbestandes herangezogen werden[1669] oder muss ein größerer Vergleichsrahmen[1670] gewählt werden? Ein solcher könnte dann beispielsweise auch insolvenz- und deliktsrechtliche Pflichten umfassen, denen der *director* aufgrund europarechtlicher Vorgaben unter Umständen aber gar nicht unterliegt. Die Grenzziehung gestaltet sich schwierig.[1671] Schließlich missachtet ein

Nach *Perron*, in: Schönke/Schröder, § 266 StGB Rn. 21e müsse die nach ausländischem Recht festgestellte Pflichtverletzung im deutschen Recht zwar keine Entsprechung finden, jedoch solle es *ordre-public*-Ausnahmen geben.

1664 *Mankowski/Bock*, ZStW 120 (2008), 704 (718 f.); zustimmend *Stärk*, S. 149.

1665 *Wietz*, S. 257; *Mankowski/Bock*, ZStW 120 (2008), 704 (719). In diesem Sinne auch *Fischer*, 58. Aufl., § 266 StGB Rn. 101.

1666 *Wietz*, S. 217.

1667 *Wietz*, S. 216 f.

1668 *Wietz*, S. 261.

1669 In diesem Sinne etwa *Kraatz*, JR 2011, 58 (64).

1670 So insbesondere die Auffassung von *Wietz*, S. 216 f.

1671 Insbesondere *Altenhain/Wietz*, NZG 2008, 569 (572) halten solch ein rechtsvergleichendes Vorgehen für praktisch undurchführbar.

derartiges Vorgehen auch die Besonderheiten des ausländischen Rechts.[1672] Ein Vergleich würde in diesen Fällen naturgemäß aus einer deutschen Perspektive vorgenommen, wodurch die entsprechenden englischen Normen nach einem deutschen Verständnis ausgelegt würden. So beinhalten die Formulierung der Vergleichsfrage und des Vergleichsmaßstabs zumeist schon eine Vorwertung. Ganz zu schweigen von den unterschiedlichen Ergebnissen, zu denen ein solcher Vergleich der Geschäftsleiterpflichten führen kann. Aber auch die Substitutionstechnik selbst erweist sich als mangelbehaftet. Danach soll der in Frage stehende Sachverhalt unter deutsches Recht zu subsumieren sein. Damit entsteht aber ein hypothetischer Rechtssatz, der nach der zuvor dargestellten Rechtsprechung des *EuGH* und der Ermittlung des anwendbaren ausländischen Rechts im Strafrecht mittels des Internationalen Privatrechts[1673] so nicht existiert. Es entstünde eine Diskrepanz zwischen der strafrechtlichen Bewertung und der gesellschaftsrechtlichen Bewertung, etwa im Rahmen eines Zivilverfahrens gegen den *director*. Rechtlicher Bezugspunkt kann – nimmt man die Urteile des *EuGH* ernst – für den Untreuetatbestand nur das jeweilige ausländische Zivil- und Gesellschaftsrecht sein. Außerdem wird ein derartiger Ansatz aber auch dem sich selbst gestellten Auftrag zur Herstellung strafrechtlicher Berechenbarkeit[1674] nicht gerecht. Kommt eine Untreuestrafbarkeit nur in Betracht, wenn eine der ausländischen Rechtsgutsverletzung entsprechende, nach deutschem Recht zu beurteilende Pflichtverletzung auch eine Vermögensbetreuungspflichtverletzung darstellt,[1675] so müsste der Normadressat theoretisch zwei verschiedene außerstrafrechtliche Rechtsordnungen beachten und vergleichen.[1676] Damit folgt der Lösungsversuch wiederum dem für den Untreuetatbestand zuvor dargestellten typischen Muster, bei dem man in bestimmten Fallgruppen versucht, die Weite des Tatbestandes durch verschiedene Restriktionsansätze einzuschränken. Dass damit jedoch eine zusätzliche Unsicherheit in den Tatbestand hineingetragen wird, wurde oben gezeigt.

1672 Dies erkennt auch *Wietz*, S. 218, der ein solches substitutionsähnliches Vorgehen aber als das kleinere Übel ansieht.

1673 Zur Fremdrechtsanwendung bei normativen Tatbestandsmerkmalen und bei Blankettatbeständen § 7.

1674 *Wietz*, S. 215 ff.

1675 So *Wietz*, S. 257.

1676 Ferner könnte eine derartige – zumindest theoretische – gesellschaftsrechtliche Doppelverpflichtung auch im Hinblick auf die Niederlassungsfreiheit als bedenklich anzusehen sein; kritisch zu diesem Ansatz daher auch *Rönnau*, NStZ 2011, 558 (559).

Im Ergebnis kann das hypothetisch anwendbare deutsche Zivil- und Gesellschaftsrecht nicht als Obergrenze für das eigentlich anzuwendende außerstrafrechtliche ausländische Recht fungieren. Hält man die Anwendung englischen Gesellschaftsrechts zur Bestimmung der Verletzung einer Vermögensbetreuungspflicht im Rahmen des Untreuetatbestandes grundsätzlich für möglich, so kann es auch nur auf dieses ankommen. Stellt das englische Gesellschaftsrecht weitergehende Pflichten als das deutsche Recht auf, erfüllt ein Verstoß gegen diese bereits die notwendige Voraussetzung eines gesellschaftsrechtlichen Verstoßes im Sinne des Merkmals der Verletzung einer Vermögensbetreuungspflicht. Ob in einem solchen Fall dann auch von einem untreuerelevanten Verstoß ausgegangen werden muss, ist aber wiederum eine Frage nach der Gesellschaftsrechtsakzessorietät des Strafrechts.[1677]

b) Ergänzender Rückgriff auf deutsches Gesellschaftsrecht?

Wie der „vor die Klammer" gezogene Teil zur Rechtsprechung des *EuGH* gezeigt hat,[1678] ist nach Artt. 49, 54 AEUV der grundsätzliche Maßstab für sämtliche gesellschaftsrechtliche Fragen, die die zuziehende ausländische Gesellschaft betreffen, das Gesellschaftsrecht des Gründungstaats.[1679] Die aus dem Europarecht folgende grundsätzliche Nichtanwendbarkeit nationalen Gesellschaftsrechts auf die zuziehende ausländische Gesellschaft überträgt sich auch in das Strafrecht.[1680] Infolgedessen kann die Bestimmung des Pflichtwidrigkeitsmerkmals in derartigen Auslandsfällen generell nicht dem deutschen Recht entnommen werden.[1681] Ausnahmen von diesem Grundsatz könnten sich möglicherweise

1677 Siehe zum Verhältnis von Straf- und Zivilrecht sowie speziell im Rahmen des Untreuetatbestandes zuvor unter § 6 III.1.

1678 Vgl. zuvor § 2.

1679 Nach *Worm*, S. 103 ff. und insbesondere auch *Hoffmann*, in: Deutsches Gesellschaftsrecht im Wettbewerb der Rechtsordnungen, S. 227, 258 f. soll die analoge Anwendung von Pflichten aus dem originären deutschen Gesellschaftsrecht auf den *director* einer *Limited* im Rahmen des Untreuetatbestandes auch einen Verstoß gegen das in Art. 103 Abs. 2 GG, § 1 StGB verankerte Analogieverbot darstellen. Vor dem Hintergrund der *EuGH*-Rechtsprechung scheint diese Betrachtung jedoch wenig weiterführend. Kritisch zu diesem Ansatz daher bereits *Rönnau*, ZGR 2005, 832 (839).

1680 Siehe insbesondere auch *BGH*St 51, 125 (133) wonach die Anwendung des sozialrechtsakzessorischen § 266a StGB ausgeschlossen ist, wenn bereits deutsches Sozialrecht aus europarechtlichen Gründen nicht angewandt werden kann.

1681 So ausdrücklich auch *BGH*, NStZ 2010, 632 (634); *Rönnau*, ZGR 2005, 832 (855); *Schramm/Hinderer*, ZIS 2010, 494 (497); *Wilk/Stewen*, wistra 2011, 161 (168); a.A.

jedoch immer dann ergeben, wenn sich der Inhalt des eigentlich anzuwendenden ausländischen Rechts nicht ermitteln lässt oder ein sog. Normenmangel im ausländischen Recht vorliegt. Damit stellt sich an dieser Stelle auch im Strafrecht die bislang ungelöste Frage, wann im Rahmen der Gründungstheorie deutsches Gesellschaftsrecht ergänzend herangezogen werden kann.[1682]

aa) Inhalt der englischen Pflicht nicht ermittelbar

Nach Auffassung einiger Autoren soll in den Fällen der Nichtermittelbarkeit des ausländischen Rechts gem. dem im Internationalen Privatrecht allgemein geltenden Grundsatz die *lex fori* als Ersatzrecht berufen sein.[1683] Da die alternative Möglichkeit der Schaffung deutschen *case laws* durch den Strafrichter in derartigen *non liquet*-Situationen bereits zuvor ausgeschieden wurde,[1684] wäre demnach im konkreten Fall das deutsche Sachrecht anzuwenden.[1685]

Ein derartiges Vorgehen wird aber dem Anwendungsbefehl der europäischen Niederlassungsfreiheit als ungeschriebener Kollisionsnorm nicht gerecht, der die Anwendung des englischen Gesellschaftsrechts vorschreibt. Will der deutsche Strafgesetzgeber den *director* einer in Deutschland ansässigen *Limited* dafür bestrafen, dass er gegen gesellschaftsrechtliche Pflichten verstoßen hat, muss für die Umschreibung des Unrechts das englische Gesellschaftsrecht maßgeblich sein.[1686] Darüber hinaus werden insbesondere mit Bezug auf die Anwendung englischen Gesellschaftsrechts zurzeit im Zivilrecht überzeugende Argumente für die alternative Schaffung eigenen deutschen *case laws* durch den Zivilrichter anstelle der Anwendung des deutschen Gesellschaftsrechts mittels der

aber *OLG Karlsruhe*, NStZ 1985, 317 ff. bei den Buchführungspflichten im Rahmen des § 283b StGB; *Hoffmann*, in: Deutsches Gesellschaftsrecht im Wettbewerb der Rechtsordnungen, S. 227, 258 ff.

1682 Siehe auch § 2 III.4.

1683 *Mankowski/Bock*, ZStW 120 (2008), 704 (732 ff.). Allgemein zum Grundsatz der *lex fori* im Internationalen Privatrecht *BGHZ* 69, 387 (393 ff.); *Sonnenberger*, in: MükO, Einl. IPR Rn. 640 u. 741 ff. m.w.N.

1684 Siehe zuvor § 9 III.2.a)cc)(3)(b).

1685 Vgl. *Mankowski/Bock*, ZStW 120 (2008), 704 (732) m.w.N.

1686 So auch die bislang wohl herrschende Meinung im Strafrecht: *Fischer*, § 266 StGB Rn. 101; *Altenhain/Wietz*, NZG 2008, 569 (570 f.); *Mosiek*, StV 2008, 94 (95); *Radtke*, GmbHR 2008, 729 (734); *Ransiek/Hüls*, ZGR 2009, 157 (176); *Rönnau*, ZStW 2007, 887 (906); *ders.*, ZGR 2005, 832 (838); *Schlösser*, NZG 2008, 126 (131), wobei hinsichtlich der Zulässigkeit eines solchen Rückgriffs auf ausländisches Recht freilich wiederum zu differenzieren ist.

sog. *lex fori*-Regel vorgebracht.[1687] Lässt sich der Inhalt des anwendbaren Rechts nicht zweifelsfrei feststellen, so soll doch zunächst eine größtmögliche Annährung an den ausländischen Rechtszustand versucht werden.[1688] Betrachtet man das englische Gesellschaftsrecht, so scheint eine Befugnis zur Fortentwicklung des Rechts - auch durch ausländische Richter - dem *common law* sogar immanent zu sein.[1689] Schließlich sind weite Teile des englischen *common law* von Natur aus lückenhaft, so dass jede neue Rechtsfrage eine „Lücke" darstellen[1690] und durch deutsches Recht ersetzt werden müsste.[1691] Eines Rückgriffs auf das in diesem Zusammenhang äußerst unbefriedigende deutsche Sachrecht bedarf es dann nicht. Ist die Anwendung der *lex-fori*-Regelung aber bereits im Bereich des Zivilrechts zu verneinen, so muss dies auch für einen Strafprozess gelten. Die ausländische Gesellschaftsform mit ihren Besonderheiten würde dabei gerade nicht akzeptiert, ginge man vom deutschen Gesellschaftsrecht zur Ausfüllung des Untreuetatbestandes aus.[1692] Insofern kommt es an dieser Stelle auch nicht auf einen möglichen Verstoß durch die Anwendung deutschen Rechts gegen die europäische Niederlassungsfreiheit an.[1693]

Damit lässt sich im Grundsatz die Pflichtwidrigkeit der Handlung des *directors* einer *Limited* lediglich in Anknüpfung an den englischen Companies Act 2006 sowie die jeweiligen *common law* und *equity* Grundsätze feststellen. Kann deren konkreter Inhalt nicht ermittelt werden, so ist dem deutschen Strafrichter ein Rückgriff auf deutsches Gesellschaftsrecht mittels des Grundsatzes der *lex fori* verwehrt.

1687 Siehe *Schall*, ZZP 122 (2009), 293 (320 ff.) m.w.N. und zuvor unter § 9 III.2.a)cc)(3)(a). Allgemeine Kritik an der Anwendung der *lex fori* Regelung üben *Kreuzer*, NJW 1983, 1943 f.; *Müller*, NJW 1981, 481 (481 f.); *Wengler*, JR 1983, 221 (221 f.).

1688 *Thorn*, in: Palandt, Einl. Vor Art. 3 EGBGB Rn. 36 m.w.N.

1689 *Schall*, ZZP 122 (2009), 293 (316 ff.) m.w.N.

1690 Dies betrifft insbesondere die neuen Fragen hinsichtlich der *director's duties*, die sich aus der Friktion zwischen *statute* und *common law* ergeben, siehe zuvor § 4 und § 9 II.1.a)aa).

1691 *Schall*, ZZP 122 (2009), 293 (315).

1692 Im Ergebnis so auch *Ransiek/Hüls*, ZGR 2009, 157, 176; *Rönnau*, ZGR 2005, 832 (854); *Schlösser*, wistra 2006, 81, (84 f.). Nach *Wietz*, S. 102 f.führt dies unter Verweis auf *EuGH*, Urt. v. 7.5. 1998 – verb. Rs. C-52/97, C-53/97 u. C-54/97, Slg. 2007, I-1891, 1927 (*Massimiliano u. a.*) zu einer „*Erst-Recht-Neutralisation*" der Strafnorm, da diese hierdurch ihres wesentlichen Teils entkleidet wird. In diesem Sinne bereits auch schon *Weiß*, S. 188.

1693 Zutreffend *Wietz*, S. 102 f.

bb) Gesellschaftsrechtlicher Normenmangel

Eine ergänzende Anwendung deutscher zivilrechtlicher Normen könnte möglicherweise aber dann zulässig sein, falls das englische Sachrecht keine entsprechende Regelung kennt oder das deutsche Strafrecht an eine gesellschaftsrechtliche, aber über die Kollisionsnorm der Niederlassungsfreiheit nicht anwendbare, deutsche Vorschrift anknüpft und das entsprechende Gründungsrecht den Sachbereich nicht gesellschaftsrechtlich, sondern beispielsweise insolvenzrechtlich regelt.[1694] *A limine* ausscheiden muss in diesen Fällen der Gedanke, das ausländische Recht fortentwickeln zu wollen. Grundlage des Normenmangels ist vielmehr, dass das englische Gesellschaftsrecht gerade keine auf den *director* einer in Deutschland ansässigen *Limited* anwendbare Verhaltenspflicht kennt.

Zunächst könnte hier – zumindest theoretisch – nach dem im Internationalen Privatrecht geltenden Grundsatz der Gesamtverweisung (Art. 4 Abs. 1 EGBGB),[1695] wonach eine Verweisung auf das ausländische Internationale Privatrecht erfolgt, möglicherweise das deutsche Recht zur Anwendung berufen sein.[1696] Es könnten aber auch die Fälle betroffen sein, in denen der deutsche Richter mangels einer entsprechenden englischen Regelung das Eingreifen deutscher Schutzvorschrift für angebracht hält. Im Gegensatz zu der vorherigen Frage, bei der lediglich der Inhalt einer im Grundsatz anwendbaren Pflicht nicht ermittelbar ist, betreffen diese Fälle nun entscheidend den durch die Rechtsprechung des *EuGH* festgelegten Anwendungsbereich der Niederlassungsfreiheit: Inwieweit kann der Sitzstaat noch eigene Schutzvorschriften zur Anwendung bringen?[1697] Allgemein wird im deutschen Gesellschaftsrecht bislang davon ausgegangen, dass unter bestimmten Voraussetzungen das Eingreifen sitzstaatsrechtlicher Schutzvorschriften im Rahmen des Gründungsrechts ausnahmsweise noch zulässig sein kann. Der außerstrafrechtliche Normenmangel ließe sich

---

1694 So das Beispiel bei *Wietz*, S. 106. Siehe ferner *Worms*, S. 153 f.; *Greulich/Bunnemann*, NZG 2006, 681 (682 f.) m.w.N. Siehe aber auch schon *Eidenmüller*, in: Ausländische Kapitalgesellschaften, § 3 Rn. 72; *Eidenmüller/Rehm*, ZGR 2004, 159 (175) *Röhricht*, ZIP 2005, 505 (506).

1695 *Thorn*, in: Palandt, Art. 4 EGBGB Rn. 1 ff. m.w.N.; *Mankowsik/Bock*, ZStW 120 (2008), 704 (711 ff.). Zur Ausfüllung akzessorischer Straftatbestände mittels des Internationalen Privatrechts zuvor § 7 I.2.e).

1696 Siehe zur Rück- und Weiterverweisung im internationalen Gesellschaftsrecht *Kindler*, S. 182 ff. m.w.N. Darüber hinaus könnte das englische Internationale Privatrecht theoretisch auch auf ein weiteres ausländisches Sachrecht verweisen. In einem solchen Fall soll nach *Forkel*, S. 118 f. aus Sicht des Strafrechts grundsätzlich das mildere Sachrecht angewandt werden.

1697 Allgemein hierzu *Thorn*, in: Palandt, Anh. zu Art. 12 EGBGB Rn. 8 m.w.N.

mithin durch die Anwendung deutschen Rechts beseitigen, wodurch auch der Untreuetatbestand auf diesem Wege Anwendung finden könnte.[1698]

Zur Begründung einer solchen Sonderanknüpfung werden zwei Möglichkeiten bemüht. Da der *EuGH* den Umfang der Niederlassungsfreiheit bislang nicht umfassend geklärt hat, wird versucht, diesen so zu beschränken, dass bestimmte Schutzvorschriften von der Niederlassungsfreiheit gar nicht erst erfasst werden. Dies erfolgt dann meist mittels einer Missbrauchs- und Betrugsausnahme.[1699] Die zweite Möglichkeit soll sich hingegen auf der Rechtfertigungsebene ergeben. Nach dem in der Rechtssache „*Gebhard*"[1700] entwickelten und in ständiger Rechtsprechung gefestigten[1701] sog. Vier-Kriterien-Test[1702] soll das Eingreifen nationaler Regelungen – wie beispielsweise die Anwendung nationaler Haftungs- und Durchgriffsnormen – nur dann gerechtfertigt sein, sofern dies nicht in diskriminierender Weise geschieht, zwingende Gründe des Allgemeinwohls es erfordern, die Verwirklichung den mit der Anwendung der nationalen Regelungen verfolgten Zweck gewährleistet und die nationalen Regelungen nicht über das hinausgehen, was zur Erreichung des angestrebten Ziels erforderlich ist.

Da sich der *EuGH* in Zukunft auch verstärkt mit den Schranken der Mobilität von Gesellschaften auseinandersetzen wird,[1703] soll eine abschließende europarechtliche Würdigung im Rahmen dieser Untersuchung bewusst offen gelassen werden. Sie könnte über bloße Mutmaßungen nicht hinausgehen. Für die hier untersuchte Frage, ob der Strafrichter bei Vorliegen eines Normenmangels

1698 Vorbehaltlich dessen, dass der Untreuevorwurf als solcher nicht gegen die Niederlassungsfreiheit verstößt.

1699 Insbesondere wird die Formulierung des *EuGH*, Urt. v. 09.03,1999 – Rs. C-212/97, Slg. 1999, I-1459 (*Centros*) als Verortung auf der Tatbestandsebene interpretiert. Für das Vorliegen eines Missbrauchs kommt es dann auf den Einzelfall an, eine generell abstrakte Gefahr soll nicht ausreichend sein, *Greulich/Rau*, NZG 2008, 565 (568); *Weller*, DStR 2003, 1800 (1804). Nach *Eidenmüller*, JZ 2004, 24 (26) und *Greulich/Rau*, NZG 2008, 565 (568) soll insbesondere auch die Anwendung des Haftungsinstituts des existenzvernichtenden Eingriffs unter dem Aspekt eines Missbrauchs zulässig sein.

1700 *EuGH*, Urt. v. 30.11.1995 – Rs. C-55/94, Slg. 1995, I-4165 (*Gebhard*). Hierzu in Bezug auf eine entsprechende Insolvenzantragspflicht *Bittmann/Gruber*, GmbHR 2008, 867 (871 f.) m.w.N.

1701 Siehe *EuGH*, Urt. v. 30.09.2003 – Rs. C-167/01, Slg. 2003, I-10155 (*Inspire Art*); *EuGH*, Urt. v. 09.03.1999 – Rs. C-212/97, Slg. 1999, I-1459 (*Centros*).

1702 Dazu auch bereits zuvor im Rahmen der europäischen Scheinauslandsgesellschaften unter § 2 II.3.

1703 So *Schwab*, DStR 2010, 333 (338).

auf deutsches Recht zurückgreifen kann, genügt vielmehr die Feststellung, dass noch immer grundsätzlich ungeklärt ist, wann sich beispielsweise die aus dem deutschen zivilrechtlichen Verbot existenzvernichtender Eingriffe ergebenden Beschränkungen an der Niederlassungsfreiheit messen lassen müssen.[1704] Dient die Anwendung der Existenzvernichtungshaftung auf eine *Limited* mit Inlandssitz der Bekämpfung eines Missbrauchs oder bedeutet sie eine unzulässige Beschränkung der Niederlassungsfreiheit? Ein Strafrichter müsste diese Frage, sofern es auf ihre Entscheidungserheblichkeit ankommt, deshalb dem *EuGH* zur Klärung vorlegen und das Strafverfahren aussetzen. Besondere Bedeutung wird bei der Prüfung stets dem jeweiligen Gründungsrecht und dem Schutzniveau des Gründungsstaats zukommen.[1705]

Für den Sonderfall, dass eine vergleichbare Regelung im englischen Recht besteht, die jedoch in Deutschland nur aufgrund ihrer beispielsweise insolvenzrechtlichen Qualifikation nicht anwendbar ist,[1706] soll nach Auffassung des *AG Stuttgart*[1707] sowie eines Teils der Literatur[1708] immer dann keine normenmangelbedingte Neutralisation des Untreuetatbestandes vorliegen, wenn sich der Täter weder sitzstaats- noch gründungsstaatstreu verhalten hat. Vielmehr soll dann die deutsche Strafvorschrift im Wege einer geltungserhaltenden Reduktion eingreifen. Der Strafbarkeitsvorwurf könne dann ausnahmsweise – den Normenmangel außer Acht lassend – nichtakzessorisch begründet werden.[1709] Sind beispielsweise die sections 213, 214 IA 1986 gem. Art. 3, 4 EuInsVO auch nicht auf in

---

1704 Siehe *Bittmann/Gruber*, GmbHR 2008, 867 (871); *Eidenmüller*, JZ 2004, 24 (28); *Gloger/Goette/van Huet*, DStR 2008, 1194 (1196); *Greulich/Brunnemann*, NZG 2006, 681 (683).

1705 Siehe *Forsthoff/Schulze*, in: Grenzüberschreitende Gesellschaften, § 15 Rn. 15; *Gräfe*, DZWIR 2005, 410 (411) j.m.w.N.

1706 Das englische Recht vermittelt Gläubigerschutz durch insolvenzrechtliche Regelungen, die im deutschen Insolvenzverfahren keine Anwendung finden, während das anwendbare englische Gesellschaftsrecht keine (oder nur kaum) gläubigerschützende Normen enthält. Siehe zu solchen Normenmängeln *Eidenmüller/Rehm*, ZGR 2004, 159 (175); *Röhricht*, ZIP 2005, 505 (506 f.).

1707 So lässt das *AG, Stuttgart*, wistra 2008, 226 (227) in seinem Urteil offen, ob der Bankrotttatbestand deutsche oder englische Geschäftsführerpflichten erfasst.

1708 *Wietz*, S. 107, 111 u. 257 ff. unter Berufung auf *EuGH*, Urt. v. 5.4.1979, Rs. 148/78, Slg. 1979, 1629 (*Ratti*).

1709 *Wietz*, S. 107.

Deutschland ansässige *Limiteds* anwendbar,[1710] so müsse sich der *director* jedoch zumindest nach irgendeiner Rechtsordnung pflichtgemäß verhalten.[1711]

Ob ein solcher Ansatz im Rahmen des Untreuetatbestandes jedoch überhaupt zu zielgerichteten Ergebnissen führen kann, erscheint fraglich. Schließlich geht es hierbei immer um die gesellschafts- und strafrechtliche Bewertung eines entsprechenden Verhaltens. Der hier vorgeschlagene Ansatz scheint lediglich auf die Buchführungsvorschriften zugeschnitten zu sein, bei denen sich leicht feststellen lässt, ob überhaupt Bücher geführt worden sind.[1712] Des Weiteren kann eine Trennung der Bestimmung der strafrechtlichen Verletzung einer Vermögensbetreuungspflicht vom gesellschaftsrechtlichen Pflichtenverstoß nicht überzeugen. Wie zuvor dargelegt, ist der gesellschaftsrechtliche Pflichtenverstoß notwendige Bedingung einer Untreuehandlung.[1713] Es würde einen gravierenden Verstoß gegen den im Rahmen des Untreuetatbestandes aufgestellten Grundsatz der limitierten Akzessorietät darstellen, wenn eine strafrechtliche Haftung angenommen würde, obwohl zur Einhaltung der gesellschafts- oder insolvenzrechtlichen Norm auf Grund der bisherigen gesellschaftsrechtlichen Qualifikation aber gerade keine konkrete Pflicht bestünde. Sind Normen des ausländischen Gründungsrechts in Deutschland nicht anwendbar, so kann auf deutsches Gesellschaftsrecht nur auf Basis der zuvor angeführten Kriterien einer Schutzbereichsausnahme oder eines Rechtfertigungsgrundes zurückgegriffen werden.[1714] Zusätzlich könnte auch bereits der formale Umstand einer doppelten Pflichtenbelastung europarechtlich als Beschränkung zu werten sein.[1715]

c) Ergänzende Anwendung des insolvenzrechtlichen Zahlungsverbots § 64 S. 3 GmbHG

Zurück bleibt nun noch die oben aufgeworfene Frage, ob der *director* einer in Deutschland ansässigen *Limited* möglicherweise dem sich aus § 64 S. 3 GmbHG

1710 Siehe zuvor § 4 III.4.

1711 *Wietz*, S. 258 f.

1712 Auch das *AG Stuttgart*, wistra 2008, 226 (228) bezieht sich hier nur auf die §§ 238 ff. HGB. Richtigerweise hätte sich der Vorwurf allerdings nur dahingehend richten dürfen, dass der Täter gegen Vorschriften des englischen Handelsrechts verstoßen hat.

1713 Vgl. § 6 III.1.c).

1714 Vgl. § 2 II.3.

1715 So das Argument von *Schall*, ZIP 2005, 965 (974).

ergebenden Zahlungsverbot unterliegt.[1716] Hat er das Verbot zu beachten, so könnte ein Verstoß hiergegen möglicherweise als Ausgangspunkt der Verletzung einer Vermögensbetreuungspflicht dienen, wenn man als Basis für diesen Vorwurf die Rechtsprechung zum existenzvernichtenden Eingriff zu Grunde legt. Folgt man hier der zurzeit herrschenden Meinung in der gesellschaftsrechtlichen Literatur und stuft das Zahlungsverbot als insolvenzrechtlich ein,[1717] so ist es grundsätzlich auch auf die *Limited* anwendbar. Dies entspräche auch der gesetzgeberischen Intention, wonach das Zahlungsverbot ausdrücklich den vorliegenden Normenmangel bei der Insolvenz von Auslandsgesellschaften überwinden soll.[1718]

Dessen ungeachtet müsste die Anwendung des vorinsolvenzrechtlichen Zahlungsverbots auf in Deutschland agierende europäische Auslandsgesellschaften mit der Niederlassungsfreiheit vereinbar sein.[1719] Die nationale Qualifikation der Norm als insolvenzrechtlich kann von diesen Anforderungen nicht entbinden;[1720] maßgeblich sind vielmehr die mit der Norm gewollten Auswirkungen. Die Anwendung deutscher Vorschriften auf Auslandsgesellschaften mit Inlandssitz muss sich, unabhängig von der sachrechtlichen Qualifikation, stets am Maßstab der Niederlassungsfreiheit messen lassen. Folglich stellt sich auch an dieser Stelle wiederum die grundsätzliche Frage, wann ein Rückgriff auf deutsche Regelungen im Rahmen einer europäischen Ausnahmemöglichkeit zulässig oder gerechtfertigt sein kann.

Die Anwendung des deutschen Zahlungsverbots auf englische *Limiteds* mit Inlandssitz könnte unter diesem Aspekt allerdings unverhältnismäßig sein.[1721] Bislang hat der *EuGH* keine Aussage darüber getroffen, inwieweit die

---

1716 Die bejahend *Stärk*, S. 152 ff. (§ 64 S. 3 GmbHG analog). Zum Ausschüttungsverbot an die Gesellschafter § 6 III.2.b)aa)(1)(e).

1717 Dazu § 6 III.2.b)bb)(4).

1718 Siehe die Begr. RegE, BT-Dr. 16/6140, S. 107 f.; *Greulich/Bunnemann*, NZG 2006, 681 (681 ff); *Greulich/Rau*, NZG 2008, 565 (566).

1719 So ausdrücklich auch *Greulich/Rau*, NZG 2008, 565 (567).

1720 *Fleischer*, in: Europäische Auslandsgesellschaften in Deutschland, S. 49, 98; *Bayer/Schmidt*, ZHR 2009, 735 (740) m.w.N.; *Greulich/Bunnemann*, NZG 2006, 681 (683); *Greulich/Rau*, NZG 2008, 565 (567); *Paefgen*, ZIP 2004, 2253 (2254); *H. Roth*, in: FS-Westermann, S. 1345, 1349; *K. Schmidt*, ZHR 168 (2004), 493 (499). Zu weitgehend somit die Ansicht von *Bittmann*, GmbHR 2007, 70 (74), wonach bei einer insolvenzrechtlichen Ausgestaltung von zivilrechtlichen Regelungen keine europarechtlichen Risiken bestünden.

1721 Dies könnte aber auch in Bezug auf andere Auslandsgesellschaften mit Inlandssitz der Fall sein, vgl. *Greulich/Bunnemann*, NZG 2006, 681 (683) m.w.N.

Anwendung nationaler Regelungen bereits dadurch ausscheidet, dass das Gründungsrecht andere Schutzvorrichtungen bereithält. Die Mechanismen des jeweiligen Gründungsrechts würde der Gerichtshof aller Wahrscheinlichkeit nach jedoch nicht vollständig ausblenden. Nach Ansicht eines Teils der Literatur soll die Anwendung einer nationalen Regelung daher immer dann unverhältnismäßig sein, wenn das auf eine Auslandsgesellschaft anwendbare Gründungsrecht einen ausreichenden Schutz gewährleistet, selbst wenn dieser im Einzelfall hinter dem nationalen Standard zurückbleibt.[1722] Möglicherweise liegt somit in Bezug auf das englische Gesellschaftsrecht daher bereits gar kein Normenmangel vor, der an dieser Stelle einen Rückgriff auf das deutsche Zahlungsverbot überhaupt erforderlich machen und somit ermöglichen könnte. Insbesondere nach Auffassung von *Schall* soll es bei der *Limited* aufgrund der *duty for the benefit of the creditors* an einer Lücke im englischen Heimatrecht fehlen, die eine ergänzende Anwendung des deutschen Zahlungsverbots zuließe.[1723] Neben der Insolvenzverschleppung werden von *duty for the benefit of the creditors* auch zugriffsvereitelnde Vermögensverlagerungen und existenzvernichtende Eingriffe nach dem Vorbild der deutschen Durchgriffshaftung erfasst.[1724] Insgesamt komme diese Pflicht damit auch einem Auszahlungsverbot in Insolvenznähe gleich, wodurch sie funktional dem Zahlungsverbot des § 64 S. 3 GmbHG entsprechen würde.[1725] Hingegen sehen *Greulich/Rau* einen dem § 64 S. 3 GmbHG vergleichbaren Schutz durch die allgemeinen in sections 170 ff. CA 2006 kodifizierten *director's duties* gewährleistet.[1726] Die Herbeiführung der Zahlungsunfähigkeit durch Zahlungen an die Gesellschafter, wie sie auch durch das deutsche Zahlungsverbot verhindert werden soll, würde einen Verstoß gegen section 172 CA 2006 sowie die allgemeine Sorgfaltspflicht section 173 CA 2006 darstellen.[1727]

Inwieweit Zahlungen des *directors* an die *shareholder* einen Verstoß gegen die *duty for the benefit of the creditors* oder die allgemeinen *director's duties* bedeuten, dürfte im englischen Recht noch nicht abschließend geklärt sein. Allerdings weisen *Greulich/Rau* in diesem Zusammenhang zutreffend darauf hin, dass deutsche Zivilgerichte nicht gehindert sind, das englische Gesellschaftsrecht an

---

1722 Siehe *Greulich/Bunnemann*, NZG 2006, 681 (683); *Greulich/Rau*, NZG 2008, 565 (567) m.w.N. Anders aber *Stärk*, S. 153 u. 184, ohne auf diese Ansicht jedoch näher einzugehen.

1723 *Schall*, S. 206.

1724 *Schall*, DStR 2006, 1229 (1231). Ferner so auch *Wietz*, S. 247 ff.

1725 *Schall*, S. 267 f. m.w.N. zur englischen Rechtsprechung.

1726 *Greulich/Rau*, NZG 2008, 565 (567). In diesem Sinne auch *Stärk*, S. 154 ff.

1727 *Greulich/Rau*, NZG 2008, 565 (567).

dieser Stelle durch „deutsches“ *case law* weiter zu entwickeln.[1728] Insgesamt ist daher davon auszugehen, dass im Hinblick auf das englische Gesellschaftsrecht kein außerstrafrechtlicher Normenmangel vorliegt, der vor dem Hintergrund der Niederlassungsfreiheit an dieser Stelle einen ergänzenden Rückgriff auf das Zahlungsverbot des § 64 S. 3 GmbHG zulassen würden[1729]. Die Anwendung des deutschen insolvenzrechtlichen Zahlungsverbots auf den *director* einer in Deutschland ansässigen *Limited* ist somit nicht möglich.[1730] Auch eine Strafbarkeit des *directors* wegen existenzvernichtenden Eingriffs, gestützt auf einen Verstoß gegen das deutsche Zahlungsverbot, scheidet aus.[1731] Eine Strafbarkeit kann sich nur aus den entsprechenden Vorschriften des englischen Gesellschaftsrechts ergeben. Wie gezeigt, ist deren Heranziehung zur Begründung der Verletzung einer Vermögensbetreuungspflicht jedoch aus verfassungsrechtlichen Gründen unzulässig.[1732]

d) *Kein Entscheidungszwang hinsichtlich nicht ermittelbarer außerstrafrechtlicher Normen*

Bei der Diskussion muss ferner der grundsätzliche Unterschied hinsichtlich des richterlichen Zwangs zur Entscheidung beachtet werden: Ein Zivilrichter wäre – auch bei nicht feststellbarer ausländischer Rechtslage – verpflichtet, über das ausländische Recht zu entscheiden,[1733] nicht aber ein Strafrichter.[1734]

Zwingend setzt der Untreuetatbestand als notwendige Bedingung das Vorliegen eines außerstrafrechtlichen Verstoßes voraus. Ist jedoch ein außerstrafrechtlicher Rechtsverstoß nicht ermittelbar, so wird bei einem nicht hinreichend feststellbaren Verstoß gegen deutsches außerstrafrechtliches Recht wohl von

---

1728 *Greulich/Rau*, NZG 2008, 565 (567 f.). Zur Berechtigung deutscher Richter zur Fortentwicklung des englischen Gesellschaftsrechts bereits zuvor § 9 III.2.a)cc)(3).

1729 Anders *Stärk*, S. 161.

1730 Im Ergebnis auch *Pattberg*, S. 287, der das Zahlungsverbot des § 64 S. GmbHG jedoch als gesellschaftsechtlich qualifiziert. Siehe ferner *Bittmann*, wistra 2007, 321 (325), wonach die Erstreckung auf EU-Auslandsgesellschaften ausscheidet, da dies eine unzulässige Analogie zulasten des Täters darstelle.

1731 Anders wohl nur *Stärk*, S. 152 ff., wonach § 64 S. 3 GmbHG analog anzuwenden sei.

1732 Siehe zur Unzulässigkeit einer Fremdrechtsanwendung im Rahmen des Untreuetatbestandes § 9 II.1.c), § 9 II.2.d) und § 9 III.2.b).

1733 So *Kreuzer*, NJW 1983, 1943 (1945). Siehe zu dieser Pflicht des Zivilrichters auch *Mankowski/Bock*, ZStW 120 (2008), 704 (732 f.) m.w.N.

1734 Anders aber wohl *Mankowski/Bock*, ZStW 120 (2008), 704 (732 ff.), wonach im Strafprozess lediglich strengere Maßstäbe als im Zivilprozess gelten sollen.

niemanden ernsthaft vertreten, dass der Strafrichter nun – um dem Vorwurf der Rechtsverweigerung im Strafprozess zu entgehen – verpflichtet wäre, einen eigenen subsidiären Rechtsanwendungsbefehl zu schaffen. Ist kein außerstrafrechtlicher Pflichtenverstoß ermittelbar, so lässt sich auch kein Untreuevorwurf herleiten. In Bezug auf nicht ermittelbares ausländisches Recht darf nichts anderes gelten.

Ein anderes Ergebnis kann sich auch nicht aus dem Prinzip einer europarechtskonformen Auslegung von Straftatbeständen oder dem Argument der Vermeidung von Strafbarkeitslücken ergeben.

aa) Die europarechtskonforme Auslegung

Auch nach dem Vertrag von Lissabon[1735] besitzt die Europäische Union keine umfassende originäre Rechtssetzungsbefugnis im Strafrecht.[1736] Ein europäisches Strafrecht existiert nicht. Dennoch werden die Strafrechtsnormen der Mitgliedstaaten auf Grundlage europarechtlicher Regelungsvorgaben nach dem Grundsatz der Gemeinschaftstreue angeglichen. Neben europarechtlichen Anforderungen, die die verschiedenen nationalen Gesetzgeber zu beachten haben, wird auch auf die nationale Rechtsanwendungsebene Einfluss genommen. Nationales Recht ist unionsrechtskonform auszulegen und fortzubilden.[1737] Unter mehreren, nach nationalem Verständnis vertretbaren, Auslegungsmöglichkeiten ist diejenige zu wählen, die dem Unionsrecht am ehesten gerecht wird.[1738] Das nationale Strafrecht wird auf diese Weise unionsrechtlich geprägt, ohne dass der nationale Gesetzgeber hieran beteiligt ist.[1739]

Allerdings kann auch eine unionsrechtskonforme Auslegung an dieser Stelle zu keinem anderen als dem zuvor genannten Ergebnis gelangen. Es muss sich zunächst aus dem Unionsrecht als solchem ergeben, dass im deutschen Strafrecht die Verletzung einer Vermögensbetreuungspflicht auch aus den Vorschriften des englischen Gesellschaftsrechts ableitbar ist. Eine solche europarechtliche Vorgabe kann sich wiederum aber nur aus der Niederlassungsfreiheit ergeben, deren genauer rechtlicher Umfang europarechtlich jedoch noch ungeklärt ist.[1740] Ein

1735 Allgemein zum Vertrag von Lissabon *Mayer*, JuS 2010, 189 ff. m.w.N.

1736 Hierzu und den Ausnahmen sogleich § 11 II.1.

1737 *Kühne*, GA 2005, 195 (197) m.w.N.

1738 Vgl. *Hecker*, § 10 Rn. 1 ff.; *Satzger*, Internationales und Europäisches Strafrecht, § 9 Rn. 88 ff. j.m.w.N.

1739 Siehe *Kühne*, GA 2005, 195 (197). Siehe insbesondere auch *BGH*St 37, 333 ff. Umfassend zur unionsrechtskonformen Auslegung *Jens*, S. 239 ff. m.w.N.

1740 Siehe die Ausführungen in § 2.

deutscher Richter sollte das Verfahren somit zunächst aussetzen und die Frage dem *EuGH* zur Vorabentscheidung vorlegen.[1741] Dieser müsste dann im Rahmen seiner beschränkten Jurisdiktion über den Umfang der Niederlassungsfreiheit und die diesbezüglich entstehenden unionsrechtlichen Pflichten im Hinblick auf eine Untreuestrafbarkeit entscheiden.

Ungeachtet dessen findet die Pflicht zur unionsrechtskonformen Auslegung ihre Grenzen bereits im nationalen Recht.[1742] Die unionssrechtskonforme Interpretation nationaler Vorschriften anhand der Rechtsprechung des *EuGH* kann nur im Rahmen des nach nationalem Recht bestehenden Auslegungsspielraum vorgenommen werden.[1743] Damit stellen insbesondere die im nationalen Verfassungsrecht verankerten Grundsätze eine auch vom Unionsrecht anzuerkennende Auslegungsgrenze dar.[1744] Eine gegen das deutsche Bestimmtheitsgebot verstoßende Auslegung kann damit auch keine sich möglicherweise aus der Niederlassungsfreiheit ergebende Verpflichtung zum Schutz von in Deutschland ansässigen *Limiteds* begründen. Ein Beurteilungsspielraum, der dem Strafrichter eine Berücksichtigung des Unionsrechts in einem solchen Fall erlauben würde, liegt hier nicht vor. Art. 103 Abs. 2 GG sperrt mithin eine entsprechende – möglicherweise europarechtskonforme – Strafbarkeitsweiterung durch den Richter. Gefordert ist, wenn überhaupt, einzig der deutsche Gesetzgeber.

bb) Das Argument der Vermeidung von Strafbarkeitslücken und das ultima ratio Prinzip des Strafrechts

Die zahlreichen Fragen und Probleme im Zusammenhang mit der Untreuestrafbarkeit des *directors* einer in Deutschland ansässigen *Limited* legen den Schluss nahe, dass hier eine Strafbarkeitslücke vorliegt.[1745] In Rechtsprechung und Schrifttum gilt das Vorliegen von Strafbarkeitslücken zumeist als großer Mangel, den man unbedingt beseitigen muss.[1746] Daher verwundert es nicht, dass auch im Zusammenhang mit ausländischen Gesellschaften aus Gründen des nationalen Gläubigerschutzes grundsätzlich von nicht tolerablen Strafbarkeitslücken

---

1741 In letztinstanzlichen Verfahren bestünde sogar eine Vorlegungspflicht.

1742 *Hecker*, § 10 Rn. 34; *Satzger*, Internationales und Europäisches Strafrecht, § 9 Rn. 91 j.m.w.N.

1743 *Hecker*, § 10 Rn. 34; *Satzger*, Internationales und Europäisches Strafrecht, § 9 Rn. 91. Ausführlich zur Berücksichtigung der europarechtskonformen Auslegung im Rahmen der nationalen Auslegungsmethoden, *Jens*, S. 241 ff.

1744 *Dannecker*, in: Wabnitz/Janovsky, Kap. 2 Rn. 121 f.; *Hecker*, § 10 Rn. 33 ff. j.m.w.N.

1745 Zu dieser Frage sogleich ausführlich unter § 11 I.

1746 Siehe *Mankowski/Bock*, ZStW 120 (2008), 704 (727 f.).

ausgegangen wird.[1747] Ein Großteil der bislang zu diesem Problem erschienen Veröffentlichungen scheint, von einem starken Interesse an einem effektiven Gläubigerschutz und der Furcht vor einem europäischen Wettbewerb der Gesellschaftsrechte bestimmt,[1748] eine Anwendbarkeit ausländischen Rechts im Rahmen von akzessorischen Straftatbeständen begründen zu wollen. Manche Autoren wollen sogar ausdrücklich – aufgrund mangelnder Alternativen – eine Fremdrechtsanwendung schlicht akzeptieren.[1749]

Mag ein solches Ziel im konkreten Fall auch ein hehres sein, so sind derartige Bestrebungen aber bereits im Grundsatz verfehlt. Es kann kein Argument für die Zulässigkeit einer die Strafbarkeit erweiternde Fremdrechtsanwendung im Strafrecht sein, dass eine bestimmte Auslegung oder Nichtanwendung einer außerstrafrechtlichen Norm dazu führt, dass eine Rechtsgutsverletzung nicht mit Strafrecht bedroht ist. Der Anwendungsbereich einer Norm kann nicht mit deren rechtlichen Folgen begründet werden. Ein solches Argument übersieht nämlich, dass dem Strafrecht lediglich eine *ultima ratio*-Funktion zukommt. Aufgrund seines fragmentarischen Charakters darf es lediglich dann zur Anwendung gelangen, wenn die Sanktionsmöglichkeiten anderer Rechtsgebiete nicht mehr ausreichen.[1750] Es ist nicht die Aufgabe des Strafrechts, Rechtsgüter allumfassend gegen alle denkbaren Angriffe zu schützen. Der Einsatz des Strafrechts ist folglich nur dann zu billigen, sofern ein bestimmtes Verhalten über

---

1747 *Nuys*, S. 6 („*[...] die Gefahr von Strafbarkeitslücken mit sich bringen: [...]*"); *Wietz*, S. 259 („*[...] droht ein Leerlaufen des Untreuetatbestandes [...]*"); *Worm*, S. 31 („*drohenden Strafbarkeitslücken*"); *Mankowski/Bock*, ZStW 120 (2008), 704 (728) („*Damit risse man eine Strafbarkeitslücke*").

1748 *Wietz*, S. 259 („*Race to the bottom im Untreuerecht*").

1749 *Mankowski/Bock*, ZStW 120 (2008), 704 (728).

1750 *BVerfG*E 96, 245 (249); 88, 203 (258); 39, 1 (47); 32, 98 (109). Siehe ferner *Weigend*, in: LK, Einl. Rn. 1; *Baumann/Weber/Mitsch*, § 9 Rn. 98; *Dittrich*, S. 32 f.; *Kindhäuser*, § 2 Rn. 6.; *Satzger*, Europäisierung, S. 221 f.; *Hefendehl*, NJ 2006, 17 ff.; *Hoffmann*, in: Deutsches Gesellschaftsrecht im Wettbewerb der Rechtsordnungen, S. 227, 258; *Keul*, DB 2007, 728 (728); *Kutzner*, NJW 2006, 3541 (3543); *Lüderssen*, in: Die Präventivwirkung zivil- und strafrechtlicher Sanktionen, S. 25, 37 ff.; *Ransiek/Hüls*, ZGR 2009, 157 (183 ff.); *Murmann*, JuS 1999, 549 (552). Umfassend *Vogel*, StV 1996, 110 ff. m.w.N. Siehe bereits auch schon *Binding*, Lehrbuch des gemeinen deutschen Strafrechts, S. 20 ff. Eine Durchbrechung dieses Prinzips im Wirtschaftsstrafrecht hält aber *Tiedemann*, Wirtschaftsstrafrecht AT, Rn. 63 f. angesichts des Ranges und der Bedeutung zahlreicher wirtschaftlicher Rechtsgüter zumindest teilweise für möglich. Gegen ein solches Strafrechtsverständnis – insbesondere auch im Wirtschaftsstrafrecht – aber *Hassemer*, wistra 2009, 169 (172 ff.).

sein Verbotensein hinaus in besonderer Weise sozialschädlich und für ein geordnetes Zusammenleben der Menschen unerträglich ist.[1751] Die Verhinderung des schädlichen Verhaltens muss daher als besonders dringlich anzusehen sein.[1752]

Diesen Grundsatz muss nicht nur der Gesetzgeber beachten. Auch die Strafverfolgungsbehörden und die Gerichte müssen sich hieran halten. Die Strafgerichte dürfen nicht die Aufgabe der Gesetzgebung übernehmen und an deren Stelle im Wege der Gesetzesinterpretation neue gesetzliche Regelungen schaffen.[1753] Selbst wenn andere Rechtsgebiete, wie es häufig angenommen wird, tatsächlich versagen sollten, bleibt es die Aufgabe des Gesetzgebers, entsprechende Änderungen vorzunehmen.[1754] Anders als der Zivilrichter muss der Strafrichter bei festgestellten Lücken freisprechen und dem Gesetzgeber den Vortritt lassen.[1755] Auch das Vorliegen einer Strafbarkeitslücke kann an dieser Stelle somit nicht zu einer anderen Auslegung führen.

4. Zwischenergebnis zur Bindung der Rechtsprechung

Die Anwendung ausländischen Rechts im deutschen Strafverfahren birgt außerordentliche Risiken für die Betroffenen.[1756] Die von einigen vorgebrachten praktischen Argumente betreffend die hohen Verfahrenskosten sowie den höheren Ermittlungsaufwand durch die Gerichte sind dogmatisch nicht überzeugend, obwohl gerade diese Erwägungen in der Praxis häufig zu einem *Deal* und zu einer Einstellung nach § 153a StPO führen dürften.[1757]

Dogmatisch durchschlagend ist allein das Argument, dass bei der Anwendung von englischem Recht – insbesondere von *case law* – zur Bestimmung des Merkmals der Verletzung einer Vermögensbetreuungspflicht im Rahmen des Untreuetatbestandes die Auslegungskompetenz und die Überzeugungsbildung des Strafrichters an ihre Grenzen geraten. Belastbare Regeln betreffend den erforderlichen Grad der Verlässlichkeit für eine tragfähige Ermittlung und Anwendung von ausländischem außerstrafrechtlichem Recht existieren bislang nicht.

1751 *BVerfGE* 88, 203 (258); 71, 108 (118 ff.).

1752 *BVerfGE* 88, 203 (258); 71, 108 (118 ff.).

1753 *Dannecker*, S. 390.

1754 Siehe ausdrücklich *BVerfGE* 92, 1 (12 f.) in der Entscheidung zum Gewaltbegriff des § 240 Abs. 1 StGB.

1755 *Jescheck/Weigend*, S. 135.

1756 So auch *Schlösser*, wistra 2006, 81 (87) und ähnlich *Mosiek*, StV 2008, 94 (96) für den Tatbestand der Steuerhinterziehung § 370 AO.

1757 Vgl. die Ausführungen zur *Limited* in der deutschen Strafrechtspraxis zuvor unter § 3 II.5.b).

Die für den Zivilrichter möglicherweise geltenden Grundsätze zur eigenständigen Entwicklung „deutschen" *case-laws* können aufgrund der allgemein erhöhten Anforderungen an rechtsstaatliche Sicherheit im Strafprozess nicht einfach übernommen werden. Die durch eine Fremdrechtsanwendung im Rahmen des Merkmals der Verletzung einer Vermögensbetreuungspflicht in den Untreuetatbestand hineingetragene Unsicherheit ist dem Strafrecht nicht mehr zumutbar.

Hinsichtlich der vorgebrachten Lösungsvorschläge muss man unterscheiden: Zum einen kann eine ausländische Verhaltenspflicht auffindbar sein, die aber einen weitergehenden Verhaltensbefehl aufstellt, zum anderen kann eine entsprechende englische gesellschaftsrechtliche Verhaltenspflicht inhaltlich nicht näher ermittelbar sein. Allerdings sind in beiden Fällen vor dem Hintergrund der Niederlassungsfreiheit weder ein vergleichender noch ein ergänzender Rückgriff auf Vorschriften des deutschen Gesellschaftsrechts überzeugend.

Aber auch im Rahmen eines als insolvenzrechtlich zu qualifizierenden Zahlungsverbots gem. § 64 S. 3 GmbHG sprechen überzeugende Argumente dafür, dass im Hinblick auf das englische Gesellschaftsrecht kein außerstrafrechtlicher Normenmangel vorliegt, der an dieser Stelle einen ergänzenden Rückgriff zulassen würde.

Nicht übersehen werden darf schließlich, dass der deutsche Strafrichter nicht – etwa unter dem Gesichtspunkt einer Rechtsverweigerung im Strafprozess – verpflichtet ist, einen eigenen subsidiären Rechtsanwendungsbefehl zur Begründung der Verletzung einer Vermögensbetreuungspflicht zu schaffen. Ist ein außerstrafrechtlicher Pflichtenverstoß nicht ermittelbar, so lässt sich auch kein Untreuevorwurf herleiten. Auch aus dem Prinzip einer europarechtskonformen Auslegung von Straftatbeständen oder dem häufig vorgebrachten Argument einer extensiven Auslegung zur Vermeidung von Strafbarkeitslücken kann sich kein anderes Ergebnis ergeben.

IV. Ergebnis zu § 9

Deutlich geworden ist, dass entgegen einer im Zusammenhang mit der Niederlassungsfreiheit häufig eingenommenen europarechtlichen Perspektive bei der Frage nach der Untreuestrafbarkeit des *directors* einer in Deutschland ansässigen *Limited* primär grundsätzliche Fragen des nationalen Straf- und Verfassungsrechts im Vordergrund stehen.

Die Inbezugnahme von ausländischen Normen im Strafrecht ist nicht *per se* unmöglich. Dies hat bereits die zuvor dargestellte regelungstechnische Verweisungsmöglichkeit mittels des Internationalen Privatrechts bei Sachverhalten mit Auslandsbezug ergeben. Allerdings sind akzessorische Straftatbestände mit zivilrechtlichen Vorfragen nur dann anwendbar, wenn das zur Anwendung berufene Sachrecht den verfassungsrechtlichen Anforderungen des Art. 103 Abs. 2 GG genügt.

Für den Untreuetatbestand kann es nicht darauf ankommen, ob man das Merkmal der Pflichtwidrigkeit als normatives Tatbestandsmerkmal oder als Blankettatbestand qualifiziert. Die Probleme, die sich aus einer Fremdrechtsanwendung im Rahmen des Untreuetatbestandes ergeben, sind ein weiterer Anlass für die Aufgabe einer Differenzierung zwischen normativen Tatbestandsmerkmalen und Blanketttatbeständen auf der Rechtsfolgenseite. Bei dieser Unterscheidung geht es lediglich um formale Regelungstechniken, die keine Bedeutung haben für elementare verfassungsrechtliche Fragen wie dem Bestimmtheitsgebot und dem Parlamentsvorbehalt.

Die Übernahme englischer Verhaltenspflichten zur Ausfüllung des Merkmals der Verletzung einer Vermögensbetreuungspflicht bei § 266 StGB verstößt gegen Art. 103 Abs. 2 GG. Verfassungsrechtliche Bedenken ergeben sich im Hinblick auf das Bestimmtheitsgebot, den Parlamentsvorbehalt sowie bei der Bindung der Rechtsprechung.

Insbesondere ist bei der Frage nach der Bestimmtheit der außerstrafrechtlichen Ausfüllungsnormen zu beachten, dass es sich bei den *director's duties* um Verhaltensvorschriften des englischen Rechts handelt. Diese sind – trotz der teilweisen Kodifizierung im CA 2006 – alles andere als hinreichend im Sinne von Art. 103 Abs. 2 GG bestimmt. Es ist nicht geklärt, inwieweit die bislang unkodifizierten Treuepflichten abgelöst werden, sachlich eine parallele Anwendung beider Regelsysteme erforderlich ist oder ob die kodifizierten Verhaltenspflichten mit neuen Rechtsprechungsregeln weiter zu konkretisieren sind. Hinzukommt das vom *BVerfG* aufgestellte Gebot, den Untreuetatbestand, dort wo Bedenken bestehen, restriktiv auszulegen. Dabei verfängt der an vergleichbarer Stelle immer wieder erfolgende Verweis darauf, dass die Norm – im Hinblick auf die Konkretisierung durch jahrelange Rechtsprechung – gerade noch bestimmt genug sei, in der Fallgruppe der *Limited*-Untreue jedoch nicht. Es gibt noch keine die englischen *director's duties* konkretisierende Rechtsprechung.

Darüber hinaus liegt auch ein Verstoß gegen den Parlamentsvorbehalt vor. Angesichts der strafbarkeitsbegründenden Qualität des in den Untreuetatbestand einzulesenden englischen Gesellschaftsrechts hat der deutsche Gesetzgeber wesentliche Unrechtsaspekte nicht mehr selbst bestimmt. Es kann nicht davon ausgegangen werden, dass eine Entäußerung derartiger substanzieller Befugnisse vom parlamentarischen Willen umfasst ist. Auch den

Zustimmungsgesetzen zu den Europäischen Verträgen lässt sich eine entsprechende Legitimation nicht entnehmen.

Keinen Erfolg hat ferner der Versuch, eine Lösung des Problems auf der Rechtsanwendungsebene zu finden. Zwar können Argumente, die sich lediglich auf die praktischen Probleme einer Fremdrechtsanwendung stützen, dogmatisch nicht überzeugen, die Auslegung und Rechtsfortbildung durch den Strafrichter ist jedoch auch im außerstrafrechtlichen Bereich an Art. 103 Abs. 2 GG gebunden. Der Strafrichter ist damit der deutschen Methodik sowie einer verfassungsrechtlich gebotenen engen Auslegung verpflichtet. Die Schaffung englischen *case-laws* muss aber nach den Methoden des englischen Rechts erfolgen. Es ist es dem deutschen Strafrichter daher nicht möglich, bei Lücken oder Streitigkeiten im Rahmen des außerstrafrechtlichen ausländischen Rechts dieses weiter zu entwickeln. Die eigentlich erforderliche Orientierung am englischen Zivil- und Gesellschaftsrecht sowie die Anwendung der dortigen Methoden verstoßen mithin gegen Art. 103 Abs. 2 GG.

Auch die bisherigen weiteren Lösungsversuche vermögen nicht zu überzeugen. Insbesondere weist die von zahlreichen Autoren vorgeschlagene sog. Doppelprüfung ganz erhebliche Schwächen auf. Man gelangt so innerhalb des Untreuetatbestandes zu einer kaum mehr überschaubaren Vermischung von europäischen Rechtsordnungen und schafft einen hypothetischen Rechtssatz, der nach der Rechtsprechung des *EuGH* so nicht existiert.

Abhilfe kann mithin nur der deutsche Gesetzgeber schaffen. Einerseits könnte er hierzu durch europarechtliche Vorgaben gezwungen sein, andererseits gelten jedoch auch für das Einschreiten des Gesetzgebers Anforderungen, die zwingend zu beachten sind. Mit diesen Fragestellungen beschäftig sich der *vierte* und letzte Teil.

Teil 4: Unionsrechtskonformität und Schaffung eines Sondertatbestandes

§ 10 Vereinbarkeit des gefundenen Ergebnisses mit dem übergeordneten Europarecht

Aufgrund des hier vertretenen Ergebnisses, wonach der Untreuetatbestand bereits aus nationalen verfassungsrechtlichen Gründen nicht akzessorisch an die englischen *director's duties* anknüpfen kann, darf die sich grundsätzlich anschließende europarechtliche Diskussion, ob und unter welchen Bedingungen die Anwendung des Straftatbestands selbst gegen die Rechtsprechung des *EuGH* zur Niederlassungsfreiheit verstößt, hier kurz ausfallen.[1758] Vielmehr von Interesse sind zum einen die vorgelagerte Frage, ob deutsche Verhaltensvorschriften, die als insolvenzrechtlich zu qualifizieren sind, auch für den *director* einer in Deutschland ansässigen *Limited* gelten, und zum anderen, ob die Nichtanwendung deutscher strafrechtlicher Sanktionsvorschriften möglicherweise gegen Unionsrecht verstößt.

I. Das Verhältnis von Straftatbeständen und Grundfreiheiten

Grundsätzlich darf ein Staat „[...] *auf alle Handlungen, die auf seinem Territorium begangen werden, seine Strafgesetze anwenden* [...]".[1759] Diese Unterwerfung unter das jeweilige nationale Recht wird allgemein aus der Souveränität der Staaten und dem sich daraus ergebenden Gewaltmonopol abgeleitet.[1760] Andererseits sind Anwendungsschranken für das Strafrecht der Mitgliedstaaten zumindest insofern denkbar, als auch das Strafrecht nicht gegen Unionsrecht verstoßen darf.[1761] Schließlich ist das Europäische Recht auch dem nationalen

1758 Hierzu *Hoffmann*, in: Deutsches Gesellschaftsrecht im Wettbewerb der Rechtsordnungen, S. 227, 247. Abstrakt zum Einfluss des Europarechts auf das Strafrecht *Wietz*, S. 93 ff.

1759 *Oehler*, Rn. 152.

1760 *Oehler*, Rn. 158 f.

1761 *Satzger*, Europäisierung, S. 183 u. 185, der darüber hinaus aber auch noch von einem Vorrang des Europarechts gegenüber dem nationalen Verfassungsrecht ausgeht. Ferner *Dannecker*, ZStW 117 (2005), 697 (703); *Frenz/Wübbenhorst*, wistra 2009, 449 (449); *Hoffmann*, in: Deutsches Gesellschaftsrecht im Wettbewerb der Rechtsordnungen, S. 227, 243; *Hohnel*, NWB 2007, 3709 (3710); *Rönnau*, wistra 1994, 203 ff.; *Tiedemann*, NJW 1993, 23 (24).

Strafrecht übergeordnet.[1762] Infolgedessen dürfen strafrechtliche Vorschriften weder zu einer Diskriminierung führen oder die garantierten Grundfreiheiten einschränken.[1763] Dieser Vorrang des Unionsrechts kann zur Folge haben, dass nationales Strafrecht zurücktreten muss, wenn es im Widerspruch zum europäischen Recht steht.[1764] *Satzger* bezeichnet dies zutreffend als eine Neutralisierung des Strafrechts durch das Europarecht.[1765] Ansonsten könnte unter dem Deckmantel der Anwendung von Strafnormen der Abbau der europäischen Binnenmarktgrenzen zum Schutz nationaler Interessen unterlaufen werden.[1766] Dieser Grundsatz wird auch in sämtlichen Beiträgen zu einer möglichen Strafbarkeit von Geschäftsleitern von Auslandsgesellschaften – wenn auch mit zum Teil recht unterschiedlichen Ergebnissen – diskutiert.

1. Exkurs: Vereinbarkeit der Anwendung von § 266 StGB mit dem Europarecht

Hält man die akzessorische Anknüpfung des Merkmals der Verletzung einer Vermögensbetreuungspflicht an die englischen *director's duties* für verfassungsrechtlich unbedenklich,[1767] so muss in einem nächsten Schritt gefragt werden, ob eine unter Rückgriff auf englisches Gesellschaftsrecht geschaffene deutsche Untreuestrafbarkeit überhaupt mit der europäischen Niederlassungsfreiheit vereinbar ist.[1768] Dies gilt unabhängig von der Tatsache, dass das Strafrecht nicht

---

1762 *Satzger*, Europäisierung, S. 478; *Hecker*, JA 2002, 723 (724); *Rönnau*, ZGR 2005, 832 (838).

1763 Vgl. *Hecker*, § 1 Rn. 7; *Hoffmann*, in: Deutsches Gesellschaftsrecht im Wettbewerb der Rechtsordnungen, S. 227, 245 j.m.w.N.

1764 *OLG München*, NJW 2006, 3588 (3591); *Müller-Gugenberger*, in: Müller-Gugenberger/Bieneck, § 5 Rn. 92; *Hecker*, § 9 Rn. 10 ff.; *Satzger*, Internationales und Europäisches Strafrecht, § 9 Rn. 78 ff.; *Hoffmann*, in: Deutsches Gesellschaftsrecht im Wettbewerb der Rechtsordnungen, S. 227; 243 ff.; *Kühne*, GA 2005, 195 (197); *Radtke*, GmbHR 2008, 729 (732 f.); Rönnau, ZGR 2005, 832 (838).

1765 *Satzger*, in: Europäisches Strafrecht, 5. Kap. § 9 Rn. 39 ff.; *ders.*, Internationales und europäisches Strafrecht, § 9 Rn. 78 ff. j.m.w.N.

1766 So *Müller-Gugenberger*, in: Müller-Gugenberger/Bieneck, § 5 Rn. 92 m.w.N. zu entsprechenden Urteilen des *EuGH*.

1767 *Wietz*, S. 106 ff. u. 263 ff. („*Neutralisation der überschießenden Sanktionierung*"); *Worm*, S. 34 u. 205 ff. Zur Gemeinschaftsrechtkonformität der Bestrafung des *directors* nach § 84 Abs. 1 Nr. 2 GmbHG siehe *Weiß*, S. 188 ff. („*Gemeinschaftsrechtkonformität der Strafbewehrung*").

1768 Siehe hierzu die vergleichbare Diskussion bei der Frage, ob § 284 Abs. 1 StGB mit der europäischen Dienstleistungsfreiheit vereinbar ist, da strafbewehrte Verbote im

dem Gesellschaftsrecht zuzuordnen ist. Schließlich könnte die Möglichkeit der Anwendung eines Straftatbestands die unternehmerische Tätigkeit einer ausländischen Gesellschaft in Deutschland weniger attraktiv machen.[1769] Dies hat der *EuGH* unter anderem in dem Fall „*Calfa*" ausdrücklich festgestellt.[1770] Insbesondere soll die Unanwendbarkeit nationalen Strafrechts auch für den Untreuetatbestand gelten, der aufgrund seiner akzessorischen Ausgestaltung eine besondere Abhängigkeit vom Gesellschaftsrecht aufweist.[1771]

Zur Verdeutlichung ist darauf hinzuweisen, dass es an dieser Stelle nicht um die Frage geht, ob das in Bezug genommene ausländische außerstrafrechtliche Recht als solches gegen die Niederlassungsfreiheit verstößt. § 266 StGB ist zum Beispiel auch bei einem akzessorischen Bezug auf das englische Gesellschaftsrecht nur dann auf den *director* einer in Deutschland ansässigen *Limited* anwendbar, wenn die daraus folgende Sanktionierung keine ungerechtfertigte Beschränkung der Niederlassungsfreiheit darstellen würde bzw. gerechtfertigt

---

Zusammenhang mit Wetten nach *EuGH* Rs. C-243/01, Slg. 2003, I-13031 („*Gambelli u. a.*") eine Beschränkung der Niederlassungsfreiheit und des freien Dienstleistungsverkehrs darstellen, sofern der jeweilige Mitgliedstaat keine Genehmigungen für Betreiber vorsieht. Das *BVerfG*E 115, 276 (319) hält, bezogen auf die verwaltungsrechtliche Untersagungsverfügung, die vom *EuGH* aufgestellten Grundsätze noch für erfüllt und § 284 StGB für anwendbar.

1769 Zweifelnd aber *Schlösser*, wistra 2006, 81 (85).

1770 *EuGH*, Urt. v. 19.01.1999, Rs. C-348/96, Slg. 1999, I-11, 31 (*Calfa*): „*Das Strafrecht darf nicht die durch das Gemeinschaftsrecht garantierten Grundfreiheiten beschränken.*" Damit stehen auch strafrechtliche Sanktionen auf dem Prüfstand des Gemeinschaftsrechts, so *Hecker*, § 9 Rn. 52. Siehe ferner *Radtke*, GmbHR 2008, 729 (732 f.) m.w.N.

1771 *Stärk*, S. 91; *Worm*, S. 45 f.; *Radtke*, GmbHR 2008, 729 (733); *Rönnau*, ZGR 2005, 832 (838); *Schlösser*, wistra 2006, 81 (84). In diese Richtung argumentiert auch bereits *Hoffmann*, in: Deutsches Gesellschaftsrecht im Wettbewerb der Rechtsordnungen, S. 227, 257. Hinsichtlich solcher Straftatbestände, die keinen Zusammenhang zum Gesellschaftsrecht aufweisen, wird allgemein angenommen, dass diese nicht unter den Schutzbereich der Niederlassungsfreiheit fallen. Es handelt sich insofern um die niederlassungsneutrale Anwendung allgemeinen Verkehrsrechts eines Mitgliedstaates, das mithin auch auf ausländische Gesellschaften Anwendung findet, *Ransiek/Hüls*, ZGR 2009, 157 (176), *Kienle*, GmbHR 2007, 696 (697); teilweise a.A. aber *Stärk*, S. 81 ff. Siehe auch *Wietz*, S. 265 ff. zu der Frage, inwiefern die Strafbarkeit einer natürlichen Person überhaupt an der Niederlassungsfreiheit zu messen ist. Nach *Pattberg*, S. 305 ff. soll der Untreuetatbestand überhaupt nicht an der Niederlassungsfreiheit zu messen sein und uneingeschränkt Anwendung finden.

wäre.[1772] Der *BGH* ist in seinem Urteil zur *Limited* auf diese letzte Prüfungsstufe nicht eingegangen.[1773] Im Schrifttum wird diese Frage unterschiedlich beantwortet. Dabei kann im Rahmen dieses Exkurses nur ein Überblick über die bislang vertretenen Ansichten erfolgen. Aufgrund des vorherigen Befundes, wonach die Anwendung des Untreuetatbestandes bereits aus verfassungsrechtlichen Gründen ausscheidet, bedarf es mithin keiner abschließenden Stellungnahme.

a) Kein Eingriff in den Schutzbereich

Insbesondere *Hinderer* geht bei seiner Begründung von einem weiten Schutzbereich der Niederlassungsfreiheit aus und stellt einen Vergleich mit dem Fraud Act 2006 an.[1774] Da dieser eine vergleichbare strafrechtliche Haftung bei einer Verletzung der Vermögensbetreuungspflichten des *directors* gegenüber der *Limited* vorsähe, stelle die Anwendung des deutschen Untreuetatbestandes keinen Verstoß gegen Artt. 49, 54 AEUV dar.[1775] Vergleichbar begründet auch *Stärk* ihr Ergebnis, dieses allerdings vor dem Hintergrund einer möglichen Strafbarkeit des *directors* gem. § 266 StGB iVm. § 64 S. 3 GmbHG analog.[1776] Eine Kollision mit der Niederlassungsfreiheit läge nicht vor, da das englische Recht vergleichbare, sanktionsbewehrte Pflichten vorsähe.[1777]

Nach *Wietz* stellt die strafrechtliche Sanktionierung eines ausländischen gesellschaftsrechtlichen Verstoßes[1778] keine Beschränkung der Niederlassungsfreiheit dar, solange der Tatrichter nicht eine strengere Strafe als in vergleichbaren deutschen Sachverhalten verhängt hat.[1779] Entscheidend ist damit ebenfalls ein

1772 Wie ein solcher Anwendungsvorrang des europäischen Rechts dann dogmatisch einzuordnen wäre, ist umstritten. Nach wohl überwiegender Meinung soll dieser im Rahmen der §§ 3 ff. StGB das nationale Strafrecht verdrängen, *Satzger*, Internationales und Europäisches Strafrecht, § 9 Rn. 79; *ders.* Europäisierung, S. 478 u. 506 ff. Zum Umfang der Niederlassungsfreiheit und Möglichkeiten der Rechtfertigung eines Eingriffs siehe hingegen bereits zuvor § 2 II.3.

1773 Hierzu und zu der entsprechenden Kritik § 5 III.4.c).

1774 *Hinderer*, S. 157 ff. Siehe ferner *Schramm/Hinderer*, ZIS 2010, 494 (499 f.).

1775 *Hinderer*, S. 160; *Schramm/Hinderer*, ZIS 2010, 494 (500).

1776 *Stärk*, S. 92 ff., 152 ff. u. 183. Ihrer Ansicht nach können sich unionsrechtliche Bedenken nur ergeben, wenn es um die Kaptialerhaltung der Gesellschaft als Selbstzweck geht, S. 134.

1777 *Stärk*, S. 92 ff., 152 ff. u. 183.

1778 *Duty for the benefit of the creditors* oder sonstige nicht bloße Kapitalschutzregelungen, *Wietz*, S. 275.

1779 *Wietz*, S. 272 ff.

funktional-rechtsvergleichendes Vorgehen.[1780] Dieses soll nach *Wietz* insbesondere auch die Zielsetzung haben, vergleichbare nichtstrafrechtliche Regelungen strafrechtlich gleich zu behandeln.[1781]

b) Anwendung der „Keck"-Rechtsprechung

Andere Autoren argumentieren ähnlich, wollen zur Begründung jedoch die sog. „*Keck*"-Rechtsprechung zur Warenverkehrsfreiheit[1782] auf die Niederlassungsfreiheit übertragen.[1783] Danach fallen nationale Bestimmungen, die bestimmte Verkaufsmodalitäten in dem betroffenen Mitgliedstaat beschränken oder verbieten, nicht unter den Begriff der Warenverkehrsfreiheit, wenn diese Bestimmungen für alle betroffenen Wirtschaftsteilnehmer gelten und den Absatz inländischer und anderer europäischer Erzeugnisse rechtlich wie tatsächlich in der gleichen Art und Weise betreffen.[1784] Bei der Anwendung dieser Grundsätze wird jedoch unterschieden.

So soll nach Ansicht von *Worm* die sinngemäße Anwendung der „*Keck*-Formel" den Schutzbereich der Niederlassungsfreiheit teleologisch dahingehend reduzieren, dass allgemeine Strafnormen nicht in den Schutzbereich fallen, während gesellschaftsrechtsakzessorische Strafnormen im Fall einer Beschränkung der Niederlassungsfreiheit stets der Rechtfertigung bedürfen.[1785] Im Rahmen

---

1780 *Wietz*, S. 272 ff.

1781 *Wietz*, S. 275.

1782 *EuGH*, Urt. v. 24.11.1993 - verb. Rs. C-267/91 und C-268/91, Slg. 1993, I-6097, 6126 ff. (*Keck* und *Mithouard*).

1783 *Worm*, S. 37 ff.; *Radtke/Hoffmann*, EuZW 2009, 404 (408); *Schlösser*, wistra 2006, 81 (85); *Wilms*, KTS 2007, 337 (345 f.). Allgemein für eine Übertragbarkeit auch *Pattberg*, S. 68 ff. Ferner so auch die alternative Begründung bei *Hinderer*, S. 161 f. In diesem Sinne jetzt auch *KG Berlin*, GmbHR 2010, 99 ff., wonach die Anwendung von § 64 Abs. 2 GmbHG a.F. auf den *director* einer in Deutschland ansässigen *Limited* unter Heranziehung der *Keck*-Rechtsprechung nicht gegen die Niederlassungsfreiheit verstoße, da die Haftung lediglich an ein Verhalten des leitenden Organs anknüpfe und auf deutsche Gesellschaften in gleicher Weise anwendbar sei. Jedenfalls sei aber eine Beeinträchtigung der Niederlassungsfreiheit gerechtfertigt, dass eine Anwendung des § 64 Abs. 2 GmbHG a.F. dem zwingenden Interesse der Allgemeinheit entspreche. Ob dieses Urteil aber einer Überprüfung durch den *EuGH* standhalten würde, erscheint fraglich. Siehe hierzu auch *Pattberg*, S. 67 ff. m.w.N.

1784 *EuGH*, Urt. v. 24.11.1993 - verb. Rs. C-267/91 und C-268/91, Slg. 1993, I-6097, 6126 ff. (*Keck* und *Mithouard*).

1785 *Worm*, S. 44 f. u. 46. Ferner so auch *Schlösser*, wistra 2006, 81 (85). Allgemein kritisch hierzu *Barthel*, S. 297 ff.; *Wietz*, S. 271 f. j.m.w.N.

eines funktionellen Vergleichs des deutschen Untreuetatbestandes mit entsprechenden englischen Strafvorschriften gelangt *Worm* dann zu dem Ergebnis, dass dieser – gemessen am Gründungsrecht – keine Beschränkung der Niederlassungsfreiheit darstelle.[1786] Schließlich seien vergleichbare Handlungen nach dem Fraud Act 2006 und dem Theft Act 1968 strafbar, so dass von einem generellen Verstoß gegen die Niederlassungsfreiheit durch die Anwendung des deutschen Untreuetatbestandes nicht ausgegangen werden könne.[1787]

Hinderer geht im Rahmen seiner Begründung – vor dem Hintergrund eines engeren Verständnisses der Niederlassungsfreiheit – schließlich davon aus, dass sich unter Anwendung der „*Keck*"-Formel § 266 StGB trotz seines Gesellschaftsrechtsbezugs durchaus aus dem Beschränkungsbegriff ausnehmen und als allgemeines Verkehrsrecht bewerten lasse.[1788] Der Untreuetatbestand stelle somit keine Beschränkung der Artt. 49, 54 AEUV dar.

Labinski will hingegen diejenige Rechtsprechung des *EuGH* entsprechend heranziehen, die in den der „*Keck*"-Entscheidung nachfolgenden Urteilen die Erschwernis des Marktzugangs als das entscheidende Element für das Vorliegen einer Beschränkung der Warenverkehrsfreiheit sieht.[1789] Dies entspräche der sog. *rule of remoteness* des englischen Rechts, wonach auf Marktteilnehmer unterschiedslos anwendbare Regelungen dann vom Anwendungsbereich des Art. 34 AEUV ausgenommen sind, wenn die beschränkende Wirkung der in Rede stehenden Maßnahme auf die Warenverkehrsfreiheit so ungewiss und indirekt ist, dass sie nicht als geeignet erachtet werden kann, den Warenverkehr zwischen den Staaten zu behindern.[1790] Allerdings soll dies nach Ansicht von *Labinski* nicht für Straftatbestände mit gesellschaftsrechtlichem Bezug – wie z. B. den Untreuetatbestand – gelten.[1791] Entscheidend für die Annahme, dass keine Beeinträchtigung der Niederlassungsfreiheit durch die Anwendung deutschen Strafrechts vorläge, sei in diesem Fall vielmehr die entsprechende Sanktionierung durch das englische Strafrecht.[1792]

1786 *Worm*, S. 180 ff. Dies soll ihrer Ansicht nach allerdings nicht für die Strafzumessungsregel gem. § 266 Abs. 2 i.V. mit § 263 Abs. 3 StGB gelten. Hierfür käme es auf eine Rechtfertigung nach Art. 46 EG an, S. 205 ff.

1787 *Worm*, S. 188, 190 u. 204.

1788 *Hinderer*, S. 160 f.

1789 *Labinski*, S. 56 f.

1790 *Labinski*, S. 57.

1791 *Labinski*, S. 57 f.

1792 *Labinski*, S. 123 u. 243 ff. für die Strafbarkeit wg. existenzgefährdendem Eingriffs.

c) *Rechtfertigungsgründe*

Andere Autoren gehen hingegen von einem Eingriff in die Niederlassungsfreiheit aus, sehen diesen allerdings als gerechtfertigt an. Nach *Hoffmann*, der sich soweit ersichtlich als erster mit dieser europarechtlichen Frage im Bereich des Strafrechts auseinandergesetzt hat, soll § 266 StGB nur dann anwendbar sein, wenn das Gründungsrecht strengere Anforderungen oder Sanktionen an die jeweiligen Organmitglieder richtet.[1793] Sieht das Gründungsrecht hingegen geringere Anforderungen vor, müsse die Anwendung der inländischen Strafnormen gerechtfertigt sein.[1794] Hierzu enthält der AEUV in Art. 52 zum einen die Möglichkeit einer spezialgesetzlichen Rechtfertigung und zum anderen erkennt der *EuGH* für Beschränkungen eine ungeschriebene Rechtfertigung aus Gründen des Allgemeininteresses an.[1795]

Bei der Frage, ob sich die Strafbarkeit eines *directors* nach deutschem Strafrecht europarechtlich rechtfertigen lässt, dürfte Art. 52 AEUV sehr wahrscheinlich keine praktische Relevanz zukommen.[1796] Insbesondere zählt der mit Strafvorschriften häufig bezweckte Schutz der Gläubiger nach der ständigen Rechtsprechung des *EuGH* nicht zu den „Gründen der öffentlichen Ordnung, Sicherheit oder Gesundheit".[1797]

Eine Rechtfertigung der Beschränkung der Niederlassungsfreiheit durch die Anwendung nationaler Strafvorschriften könnte sich aber unter den Voraussetzungen des aus Entscheidung „*Inspire Art*" folgenden sog. „Vier-Konditionen-Test" ergeben.[1798] Fraglich ist dabei allerdings, ob überhaupt zwingende Gründe des Allgemeininteresses vorliegen und – unter dem Aspekt der Erforderlichkeit – ob nicht ein hinreichender Schutz durch das Gründungsrecht gewährt wird.

1793 Siehe *Hoffmann*, in: Deutsches Gesellschaftsrecht im Wettbewerb der Rechtsordnungen, S. 227, 252 ff.; *Spindler/Berner*, RIW 2004, 7 (15). Kritisch zu diesem Ansatz *Wietz*, S. 138 f.; *Schmitz*, in: Europäisierung des Strafrechts in Polen und Deutschland, S. 199, 207.

1794 *Hoffmann*, in: Deutsches Gesellschaftsrecht im Wettbewerb der Rechtsordnungen, S. 227, 259 ff.

1795 Siehe zu den Rechtfertigungsgründen bereits § 2 II.3.

1796 So schon für Art. 46 EGV *Hoffmann*, in: Deutsches Gesellschaftsrecht im Wettbewerb der Rechtsordnungen, S. 227, 261. Dem folgend auch *Worm*, S. 40.

1797 Siehe *EuGH*, Urt. v. 09.03.1999 – Rs. C-212/97, Slg. 1999, I-1459 (*Centros*).

1798 So allgmein *Stärk*, S. 101 f. Siehe ferner *Kraatz*, JR 2011, 58 (64 f.); *Radtke*, NStZ 2011, 556 (558); *Schlösser*, wistra 2006, 81 (85); *Schramm/Hinderer*, ZIS 2010, 494 (500 f.). Ähnlich auch *Schmitz*, in: Europäisierung des Strafrechts in Polen und Deutschland, S. 199, 207. Siehe hierzu bereits zuvor § 2 II.3.

Zweifel am Vorliegen zwingender Gründe des Allgemeininteresses resultieren aus der Tatsache, dass der *EuGH* hier möglicherweise zwar den Gläubigerschutz als zwingenden Grund des Allgemeininteresses anerkennt,[1799] beim Untreuetatbestand jedoch nach ganz h.M. der Schutz des Treugebers, also der Schutz der *Limited*, im Vordergrund steht.[1800] Diesen bloßen Vermögensschutz der *Limited* wird man mit hoher Wahrscheinlichkeit jedoch nicht als einen „zwingenden Grund des Allgemeininteresses" ansehen können.[1801] Bereits das Vorliegen der zweiten Voraussetzung ist damit höchst fraglich.[1802] Darüber hinaus könnte es auch am Vorliegen der vierten Voraussetzung, dem Merkmal der Erforderlichkeit, fehlen. Immerhin müsste festgestellt werden, dass im Herkunftsstaat nicht ein milderes straf- oder ggf. sogar zivilrechtliches Mittel zur Erreichung des angestrebten Schutzziels bereit steht.[1803] Einige Autoren wollen den „Vier-Konditionen-Test" daher an dieser Stelle modifizieren und eine negative Unverhältnismäßigkeitsprüfung durchführen.[1804] Zu prüfen sei dann, ob die Maßnahme nicht unangemessen ist bzw. nicht gegen das Übermaßverbot verstößt.[1805]

d) *Verweis auf andere Untersuchungen*

Ob eine Strafbarkeit wegen Untreue in Verbindung mit der jeweiligen ausländischen Verhaltenspflicht durch den *EuGH* letztlich dann doch als Verstoß gegen die Niederlassungsfreiheit gewertet wird oder nach dem „Vier-Kriterien-Test" gerechtfertigt ist, kann bislang nur gemutmaßt werden. Insoweit sei daher auf

---

1799 In diesem Sinne *Fröhlich/Strasser*, ZIP 2006, 1182 (1184); *Kuntz*, NZI 2005, 424 (432).

1800 Siehe § 5 II.1 u. § 6 III.2.b)aa)(1)(a).

1801 *Hoffmann*, in: Deutsches Gesellschaftsrecht im Wettbewerb der Rechtsordnungen, S. 227, 260; *Kraatz*, JR 2011, 58 (64 f.); *Schramm/Hinderer*, ZIS 2010, 494 (500); a.A. aber *Kienle*, GmbHR 2007, 696 (697).

1802 Zweifelnd daher *Labinski*, S. 60 f.; *Worm*, S. 210 f.; *Hoffmann*, in: Deutsches Gesellschaftsrecht im Wettbewerb der Rechtsordnungen, S. 227, 260; *Schramm/Hinderer*, ZIS 2010, 494 (500); a.A. aber *Radtke*, NStZ 2011, 556 (558).

1803 *Hoffmann*, in: Deutsches Gesellschaftsrecht im Wettbewerb der Rechtsordnungen, S. 227, 261 m.w.N. zur entsprechenden europäischen Rspr. Siehe in diesem Zusammenhang ferner *Labinski*, S. 65 f. m.w.N. zum sog. Informationsmodell des *EuGH*.

1804 *Schramm/Hinderer*, ZIS 2010, 494 (501). Anders aber *Hinderer*, S. 161, da bereits keine Beschränkung der Niederlassungsfreiheit vorläge. Allerdings würde seiner Ansicht nach auch eine Rechtfertigung gelingen, da § 266 StGB nicht als unverhältnismäßig i.e.S. bewertet werden könne.

1805 *Schramm/Hinderer*, ZIS 2010, 494 (501).

die bereits zuvor angeführten Erwägungen von *Hinderer*, *Hoffmann*, *Labinski*, *Stärk*, *Wietz* und *Worm* verwiesen.[1806]

Äußerst zweifelhaft erscheint allerdings die pauschale Übertragbarkeit der *Keck*-Rechtsprechung auf die Niederlassungsfreiheit.[1807] Immerhin hat der *EuGH* eine derartige Übertragung dieser speziell für die Warenverkehrsfreiheit entwickelten Grundsätze bislang offen gelassen.[1808] Darüber hinaus erscheint der Niederlassungsvorgang an sich deutlich komplexer zu sein als der Warenexport, der sich lediglich auf den Marktzugang für bestimmte Erzeugnisse beschränkt.[1809]

Entscheidend wird bei einer in der Zukunft ggf. erfolgenden Überprüfung dieser Fragestellung durch den *EuGH* aber sicherlich immer die jeweilige in Bezug genommene ausländische Verhaltenspflicht sein.[1810] Dabei wird eine Betrachtung nicht bei einem Vergleich möglicher Straftatbestände im Gründungs- und Zuzugsstaat stehen bleiben können, sondern vor dem Hintergrund der Niederlassungsfreiheit vielmehr sämtliche Schutzmaßnahmen des Gründungsstaats einbeziehen müssen.[1811]

2. Möglicher Verstoß bei Nichtanwendung des Untreuetatbestandes gegen Europarecht

Aufgrund des hier vertretenen Ergebnisses ist vielmehr die Frage entscheidend, ob die europäische Niederlassungsfreiheit möglicherweise den deutschen Gesetzgeber zu einem Einschreiten zwingt. Auch wenn die Europäische Union

---

1806 Für die vergleichbare Fragestellung im Zusammenhang mit der Strafbarkeit wg. Insolvenverschleppung siehe *Weiß*, S. 209 ff.; *Wilde*, S. 142 ff. j.m.w.N.

1807 Zweifelnd auch *Höhne*, S. 44 ff.; *Nuys*, S. 22 f.; *Weiß*, S. 191; *Wilde*, 148 ff. Siehe ferner *Hinderer*, S. 97 f.

1808 *EuGH*, Urt. v. 30.11.1995 Rs. C-134/94, Slg. 1995, I-4223, I-4249 (*Esso Espanola*); *EuGH*, Urt. v. 05.10.1995, Rs. C-96/94, Slg. 1995, I-2883, I-2914 (*Centro Servizi Spediporto*); *EuGH*, Urt.v. 14.07.1994, Rs. C-379/92, Slg. 1994, I-3453, I-3497 (*Peralta*); *Eidenmüller*, in: Ausländische Kapitalgesellschaften im deutschen Recht, § 4 Rn. 41. Im Hinblick auf die Anwendbarkeit von § 64 GmbH auf ausländische Kapitalgesellschaften und die „*Keck*-" Rechsprechung siehe *Haas*, in: Baumbach/Hueck, § 64 Rn. 29 ff. Zur Insolvenzantragspflicht *Worms*, S. 146 ff. Generell positiv zur Übertragbarkeit der Keck-Rspr. auch auf die Niederlassungsfreiheit *Habersack/Verse*, Rn. 7 m.w.N.

1809 *Nuys*, S. 22 f.; *Ringe/Willemer*, NZG 2010, 56 (57).

1810 Kritisch für den Fall der Existenzvernichtungshaftung daher *Wietz*, S. 263.

1811 So schon *Hoffmann*, in: Deutsches Gesellschaftsrecht im Wettbewerb der Rechtsordnungen, S. 227, 253 f. u. 260 f.

nach dem Vertrag von Lissabon keine originäre Rechtssetzungsbefugnis im Strafrecht besitzt,[1812] müssen die Mitgliedstaaten dafür Sorge tragen, dass strafwürdige und strafbedürftige Angriffe auf Gemeinschaftsinteressen wirksam bekämpft werden.[1813] Werden gleichartige Handlungen der Markteilnehmer in einem Mitgliedstaat mit Strafe bedroht, jedoch in anderen möglicherweise nicht einmal als sanktionierbare Tätigkeit gewertet, entsteht ein Strafrechtsgefälle, das territorial unterschiedliche Zugangsbedingungen für die jeweiligen Akteure schafft.[1814] Ein solches Gefälle kann allgemein eine Angleichung des materiellen Strafrechts erforderlich machen.[1815] Dies geschieht durch eine inhaltliche Angleichung mitgliedstaatlicher Strafrechtsnormen auf der Tatbestands- und Rechtsfolgenseite.[1816] Werden hier sämtliche Erwartungen an eine Lückenfüllungsfunktion des Untreuetatbestandes bei in Deutschland ansässigen *Limiteds* enttäuscht, so könnte der deutsche Gesetzgeber unter Umständen verpflichtet sein, eine entsprechende – die Strafbarkeit begründende – Regelung zu erlassen.

a) Diskriminierung deutscher Rechtsformen

Teilweise wird vorgebracht, dass die Nichtanwendung deutschen Strafrechts auf inländische Auslandsgesellschaften zu einer Diskriminierung der deutschen Rechtsformen führe.[1817] Aus europarechtlicher Sicht bleiben derartige Bedenken jedoch ohne Konsequenzen, solange rein inländische Sachverhalte betroffen sind. Eine Inländerdiskrimierung, die aus der Nichtanwendung des Unionsrechts auf nationale Sachverhalte folgt, wird allgemein als rein innerstaatliches Problem für zulässig anerkannt.[1818] Auf rein mitgliedstaatsinterne Fälle findet die Niederlassungsfreiheit keine Anwendung.[1819] Die Anwendung der Grundfreiheiten setzt

1812 Vgl. die Nachweise unter § 11 II.1.b).

1813 *Hecker*, JA 2007, 561 (562).

1814 *Hecker*, JA 2007, 561 (562).

1815 *Hecker*, JA 2007, 561 (562).

1816 Siehe hierzu und zu den Voraussetzungen allerdings noch auf Grundlage der Säulenstruktur *Hecker*, JA 2007, 561 (562 ff.).

1817 *Pattberg*, S. 309, *Bittmann*, GmbHR 2007, 70 (75). In diesem Sinne wohl auch *Schmitz*, in: Europäisierung des Strafrechts in Polen und Deutschland, S. 199, 210.

1818 Siehe *Streinz*, Rn. 822. Siehe auch bereits *Hoffmann*, in: Deutsches Gesellschaftsrecht im Wettbewerb der Rechtsordnungen, S. 227, 263 m.w.N. zur europäischen Rechtsprechung.

1819 *EuGH*, Urt. v. 28.01.1986 – Rs. 270/83, Slg. 1986, I-273, 302 (*Komission/Frankreich*).

einen zwischenstaatlichen Sachverhalt voraus.[1820] Lediglich Diskriminierungen von Ausländern im Vergleich zu Inländern sind aus der europarechtlichen Perspektive allgemein unzulässig.[1821]

Ist der Untreuetatbestand aufgrund eines hypothetischen Verstoßes gegen die Niederlassungsfreiheit auf die *directors* in Deutschland ansässiger *Limiteds* nicht anwendbar, so hat dies aus Sicht des Europarechts mithin keine Auswirkungen auf die Anwendbarkeit des Tatbestandes auf GmbH-Geschäftsführer. Ob eine solche Schlechterstellung von GmbH-Geschäftsführern gegenüber Geschäftsleitern von europäischen Auslandsgesellschaften mit Inlandssitz zulässig ist, wäre allein eine nationale Frage des Grundrechtsschutzes.[1822]

b) Schutz von inländischen Limiteds

Demgegenüber könnte man dann jedoch annehmen, dass es das Unionsrecht gerade gebieten müsste, vergleichbar schädliches Verhalten der *directors* in Deutschland ansässiger *Limiteds* zum Schutz dieser Gesellschaften unter Strafe zu stellen.[1823] Immerhin versteht der *EuGH* die Niederlassungsfreiheit nicht lediglich als Diskriminierungsverbot, sondern entnimmt ihr darüber hinaus auch ein sog. Beschränkungsverbot.[1824] Folglich sind die Mitgliedstaaten verpflichtet, Hindernisse zu beseitigen, die sich aus den unterschiedlichen nationalen Rechtsordnungen ergeben und dadurch die Niederlassungsfreiheit beschränken. Als Beschränkung gelten dabei alle Maßnahmen, *„die die Ausübung dieser Freiheiten unterbinden, behindern oder weniger attraktiv machen“*.[1825] So könnte es etwa im Hinblick auf den mit der Untreue wegen existenzvernichtenden Eingriffs einhergehenden Gläubigerschutz gegen das Diskriminierungsverbot verstoßen, wenn sich der Geschäftsleiter einer in Deutschland ansässigen europäischen Auslandsgesellschaft gar nicht strafbar machen kann, der Geschäftsführer einer GmbH aber sehr wohl.[1826] Vertreten wird daher, dass eine nach ausländischem Recht

---

1820 Siehe *Streinz*, Rn. 820 m.w.N.

1821 *Satzger*, Internationales und Europäisches Strafrecht, § 9 Rn. 85; *Streinz*, Rn. 822.

1822 Allgemein zum Problem der Inländerdiskrimierung *Streinz*, Rn. 819 ff. m.w.N.

1823 In diesem Sinne *Pattberg*, S. 309 f.

1824 *Hecker*, Europäisches Strafrecht, § 9 Rn. 41; *Schmitz*, in: Europäisierung des Strafrechts in Polen und Deutschland, S. 199, 206 j.m.w.N. Allgemein bereits § 2 II.

1825 *EuGH*, Urteil vom 11.7.2002, Rs. C-294/00, Slg. 2002 I - 6540, 6553 (*Paracelsus*).

1826 *Schmitz*, in: Europäisierung des Strafrechts in Polen und Deutschland, S. 199, 210.

gegründete Gesellschaft vor dem Hintergrund der Niederlassungsfreiheit eine entsprechende Gleichbehandlung im Inland beanspruchen könne.[1827]

Inwieweit der *EuGH* einer solchen Argumentation überhaupt folgen würde, lässt sich bislang ebenfalls nur mutmaßen. Immerhin handelt es sich hierbei nicht um eine Zuzugsverhinderung für ausländische Gesellschaften. Inwieweit und unter welchen Voraussetzungen der Untreuetatbestand zum Schutz inländischer Auslandsgesellschaften – wie etwa der *Limited* – zwingend ist, wird man vor dem Hintergrund des Untersuchungsgegenstands an anderer Stelle diskutieren müssen. Voraussetzung hierfür wäre allerdings, dass ein Eingreifen strafrechtlicher Normen auf europäischer Ebene als wesentlicher Bestandteil des Gläubigerschutzes angesehen würde, was insbesondere im Hinblick auf das Gläubigerschutzsystem des für die *Limited* maßgeblichen englischen Gründungsrechts zweifelhaft sein dürfte.[1828] Eine Entscheidung könnte mithin auch dahingehend ausfallen, dass die nationalen Mitgliedstaaten verpflichtet werden, die nach ihrem Recht gegründeten im Ausland befindlichen Gesellschaften stärker bei der Einhaltung ihrer zivilrechtlichen und öffentlich-rechtlichen Meldepflichten zu kontrollieren.

II. Ergebnis zu § 10

Grundsätzlich können auch Strafnormen einen Verstoß gegen das Unionsrecht darstellen. Unter der Prämisse, dass der deutsche Untreuetatbestand auf den *director* einer in Deutschland ansässigen *Limited* anwendbar ist, soll dies nach der bislang überwiegend vertretenen Auffassung keine rechtfertigungsbedürftige Einschränkung der Niederlassungsfreiheit bedeuten. Vieles wird hier im Einzelfall jedoch von dem Ergebnis rechtsvergleichender Untersuchungen bezüglich des jeweiligen gesamten gesellschafts-, insolvenz- und strafrechtlichen Schutzsystems in Deutschland und dem betroffenen Mitgliedstaat, in dem die Gründung der Gesellschaft erfolgt ist, abhängen.

Die Nichtanwendung des Untreuetatbestandes auf den *director* führt hingegen weder vor dem Hintergrund einer möglichen Diskriminierung der Geschäftsführer deutscher GmbHs noch unter dem Aspekt eines erforderlichen Schutzes von im Inland tätigen *Limiteds* zu einem Verstoß gegen die Niederlassungsfreiheit. Vieles spricht dafür, dass aus europäischer Sicht bei dieser Frage

1827 So *Altenhain/Wietz*, NZG 2008, 569 (572); *Schmitz*, in: Europäisierung des Strafrechts in Polen und Deutschland, S. 199, 210.

1828 Siehe zu den Schutzmaßnahmen des englischen Rechts § 11 I.2 u. § 11 I.3. Allgemein auch bereits *Schlösser*, wistra 2006, 81 (86) m.w.N.

eine ganzheitliche und nicht eine lediglich auf das Strafrecht beschränkte Betrachtung vorzunehmen ist. Ob der Inhalt des § 266 StGB und ein damit verbundener Untreueschutz für in Deutschland ansässige *Limiteds* in Zukunft Bestandteil einer europarechtlichen Diskussion werden und letztlich auch in den Fokus des Rates und des europäischen Parlaments rücken, bleibt abzuwarten. Abhilfe auf Basis des Strafrechts, die im Einklang mit den nationalen verfassungs- und strafrechtlichen Prinzipien steht, kann nur der deutsche Gesetzgeber schaffen.

§ 11. Schaffung eines strafrechtlichen Sondertatbestandes: Untreue zum Nachteil von Kapitalgesellschaften

Der Befund ist eindeutig: Das bisherige Ergebnis der Untersuchung ist *de lege lata* zutreffend, kriminalpolitisch jedoch äußerst misslich. Mithin liegt es nahe, den Gesetzgeber zum Tätigwerden aufzufordern. Betrachtet man die jüngste Literatur zur Fremdrechtsanwendung bei in Deutschland ansässigen *Limiteds*, so scheinen auch zahlreiche andere Autoren gesetzgeberische Maßnahmen insgesamt für dringend erforderlich zu halten.[1829] Während andere etwa die Einführung einer Rechtsanwendungsnorm im Allgemeinen Teil des StGB befürworten,[1830] wird in dieser Arbeit *de lege ferenda* die Schaffung eines strafrechtlichen Sondertatbestandes zum Schutz des Vermögens von Gesellschaften favorisiert. Ein solcher könnte dabei – zumindest teilweise – auch die zuvor aufgezeigten Strukturprobleme in der Fallgruppe der GmbH-Untreue lösen. Voraussetzung für einen solchen Vorschlag ist allerdings, dass ein solcher Tatbestand sowohl verhältnismäßig als auch bestimmt genug ist.

I. Vorliegen einer unerträglichen Strafbarkeitslücke

Legt man hier die Prämisse des *ultima ratio*-Prinzips des Strafrechts zu Grunde, so darf ein Sondertatbestand nur geschaffen werden, wenn sämtliche zivilrechtliche Maßnahmen zum Schutze in Deutschland ansässiger *Limiteds* versagen. Grundsätzliches Ziel muss es sein, das Strafrecht nicht zu vermehren, sondern abzubauen.[1831]

Ob im Fall der Untreue durch den *director* einer in Deutschland ansässigen *Limited* eine Strafbarkeitslücke vorliegt, erscheint zunächst zweifelhaft.

1829 Ein Tätigwerden des Gesetzgebers fordern u. a. auch *Stärk*, S. 185; *Altenhain/Wietz*, NZG 2008, 569 (572 f.); *Müller-Gugenberger*, in: FS-Tiedemann, S. 1003, 1018 ff.; *Schmitz*, in: Europäisierung des Strafrechts in Deutschland und Polen, S. 199, 214. Siehe ferner die Alternativ-Vorschläge der Art. 45 und 46 von *Quintero/Foffani*, in: Wirtschaftsstrafrecht in der Europäischen Union, S. 449, 474.

1830 So *Altenhain/Wietz*, NZG 2008, 569 (572 f.), die die Schaffung eines entsprechend formulierten § 14a Abs. 3 StGB vorschlagen.

1831 *Baumann/Weber/Mitsch*, § 9 Rn. 98. Grundsätzlich hierzu *Peters*, ZStW 77 (1965), 470 ff.

Schließlich knüpft eine akzessorische Einbeziehung des englischen Gesellschaftsrechts zur Begründung einer Untreuestrafbarkeit an einen Teil der englischen Rechtsordnung an. Darüber hinaus unterliegt der *director* einer in Deutschland ansässigen *Limited* zusätzlich auch den jeweiligen Strafnormen und gesellschaftsrechtlichen Schutzmaßnahmen in England. Diese könnten sich in der durchzuführenden Verhältnismäßigkeitsprüfung[1832] – als das mildere Mittel – ebenso zur Verhaltenssteuerung eignen wie der strafrechtliche Untreuetatbestand. Darüber hinaus kommt der Frage nach der Wahrscheinlichkeit der Durchsetzbarkeit gründungsrechtlicher Schutzvorschriften im Sitzstaat auch aus der europarechtlichen Perspektive Bedeutung zu.[1833]

Doch selbst wenn man zur Erkenntnis des Vorliegens einer Strafbarkeitslücke gelangt, so kann diese Folge nicht die zuvor diskutierte Frage der Zulässigkeit einer Fremdrechtsanwendung beantworten.

1. Keine Heranziehung ausländischen Strafrechts

Auch wenn deutsche Gerichte zur Schließung von Lücken in anderen Rechtsgebieten auf materielles ausländisches Recht zurückgreifen können, scheidet diese Möglichkeit für das Strafrecht *de lege lata* aus. Es gilt der tradierte Rechtsatz, dass der deutsche Richter nur deutsches Strafrecht anwendet.[1834] Dies ergibt sich bereits aus der staatlichen Souveränität, deren Ausdruck gerade die Unabhängigkeit eines Staates von außerstaatlichen Gewalten ist.[1835] Schließlich muss nach Art. 103 Abs. 2 GG die Strafbarkeit gesetzlich bestimmt sein. Die Voraussetzungen der gesetzlichen Bestimmtheit erfüllt aber lediglich ein deutsches Parlamentsgesetz.[1836] Eventuelle Strafbarkeitslücken, die – durch die hier vertretene

---

1832 Siehe *Kölbel*, GA 2002, 403 (418).

1833 Zu der hiermit zusammenhängenden Frage nach der Vereinbarkeit deutscher Strafnormen mit der europäischen Niederlassungsfreiheit vgl. bereits zuvor § 10 I.

1834 *Gribbohm*, in: LK, 11. Aufl., Vor § 3 StGB Rn. 3; *Werle/Jeßberger*, in: LK, Vor § 3 StGB Rn. 330; *Cornils*, S. 3 u. 6; *Forkel*, S. 123; *Golombek*, S. 117, die zur Begründung auf den eindeutigen Wortlaut der §§ 3–7, 9 StGB „*Das deutsche Strafrecht gilt [...]*" verweist; *Liebelt*, S. 3 *Nuys*, S. 43; *Pattberg*, S. 6; *Liebelt*, GA 1994, 20 (37); *Mankowski/Bock*, ZStW 120 (2008), 704 (720 f.); *Müller-Gugenberger*, in: FS-Tiedemann, S. 1003, 1014; *Rönnau*, ZGR 2005, 832 (840 u. 847); *Schlösser*, wistra 2006, 81 (88).

1835 *Oehler*, Rn. 744, geht davon aus, dass die Anwendung ausländischer Strafgesetze die Rechtssicherheit erheblich beeinträchtigen würde.

1836 *BVerfG*E 87, 399 (411); *BVerfG*E 78, 374 (383); *Ransiek/Hüls*, ZGR 2009, 157 (175). Hierbei ist anzumerken, dass dieser Grundsatz vor allem aus der Verordnung über den Geltungsbereich des Strafrechts vom 6. Mai 1940, RGBl. I, S. 754 f. herrührt,

– Nichtanwendbarkeit des Untreuetatbestandes entstehen, können folglich nicht durch einen Rückgriff auf Normen des englischen Strafrechts geschlossen werden.

Denkbar wäre lediglich ein Lösungsansatz *de lege ferenda*. Zu entscheiden wäre dann allerdings, ob Art. 103 Abs. 2 GG der in Art. 79 Abs. 3 GG festgesetzten Ewigkeitsgarantie unterfällt.[1837] Soweit ersichtlich wird auf gesetzgeberischer Ebene ein solcher Ansatz zur Anwendung ausländischen Strafrecht bislang aber nicht ernsthaft diskutiert, so dass aus Sicht des Rechtsanwenders entsprechende Probleme hier nicht weiter zu vertiefen sind.

2. Strafverfolgung durch die englische Justiz

Die zuvor dargestellte Gründungstheorie und die Rechtsprechung des *EuGH* zur Niederlassungsfreiheit[1838] ändern nichts daran, dass es sich bei einer in Deutschland ansässigen *Limited* immer noch um eine Gesellschaft des englischen Rechts handelt. Demnach ist weiter zu fragen, inwieweit sich dessen *director* nach englischem Recht strafbar machen kann. Ist eine Strafbarkeit nach englischem Recht gegeben und findet durch die englischen Strafverfolgungsbehörden eine effektive Verfolgung bei entsprechendem Zuwiderhandeln statt, so liegt möglicherweise gar keine Strafbarkeitslücke vor, die es zu schließen gilt.

a) Strafrechtliche und ordnungsrechtliche Maßnahmen nach englischem Recht

Selbstverständlich stellen auch das englische Gesellschafts- und das englische Strafrecht das Vermögen nicht schutzlos. Die entsprechenden Normen sind allerdings über verschiedene Gesetze verteilt.[1839] Betrachtet man lediglich mögliche

mit der die noch verbleibenden Fälle der Anwendung milderen fremden Tatortrechts ausgeschlossen und die ausschließliche Geltung des eigenen Strafrechts in Deutschland eingeführt wurde. Ziel dieses Grundsatzes war es damals, nationalsozialistische Ziele effektiver durchsetzen zu können. An diesem Grundsatz haben bis heute sämtliche Strafrechtsreformgesetze festgehalten. Siehe zur geschichtlichen Entwicklung des Ausschließlichkeitsanspruchs *Cornils*, S. 102 ff.; *Liebelt*, S. 3 u. 54 ff. j.m.w.N.

1837 Zu dieser Frage siehe *Schröder*, S. 361 ff.

1838 Vgl. § 2.

1839 Siehe die umfassende Darstellung der möglichen Straftatbestände sowie deren funktionalen Rechtsvergleich mit deutschen Strafvorschriften bei *Worm*, S. 132 ff.; *du Bois-Pedain*, ZStW 122 (2010), 325 (341 ff.) j.m.w.N. Ausschließlich für das englische Insolvenzstrafrecht *Benndorf*, S. 120 ff. Siehe ferner *Boese*, S. 271 ff. Speziell

Untreuehandlungen des *directors* zu Lasten der *Limited*, so gilt es die englischen Straftatbestände zu ermitteln, die strukturell und inhaltlich die größte Nähe zum deutschen Untreuetatbestand § 266 StGB aufweisen. Generell zu beachten ist dabei, dass auch der CA 2006 zahlreiche Straftatbestände enthält.

aa) Sections 1 (1) (2)(c) und 4 Fraud Act 2006

Anfang 2007 wurden durch den Fraud Act 2006 der Betrugs- und der Untreuetatbestand in England, Wales und Nordirland grundlegend reformiert.[1840] Dem deutschen Untreuetatbestand kommt dabei die Strafbarkeit gem. section 4 Fraud Act 2006 *fraud by abuse of position* tatbestandsmäßig am nächsten:[1841] „*(1) A person is in breach of this section if he (a) occupies a position in which he is expected to safeguard, or not to act against, the financial interests of another person, (b) dishonestly abuses that position, and (c) intends, by means of the abuse of that position (i) to make a gain for himself or another, or (ii) to cause loss to another or to expose another to a risk of loss. (2) A person may be regarded as having abused his position even though his conduct consisted of an omission rather than an act.*" Folglich macht sich strafbar, wer eine ihm anvertraute Position zur Vermögensbetreuung missbraucht, um sich oder einen anderen zu bereichern oder um dem Vermögensinhaber einen Schaden zuzufügen.[1842] Tatbestandsvoraussetzungen sind damit eine näher umschriebene Vertrauensposition, der Missbrauch dieser Position, die Unredlichkeit sowie eine Vorteilerlangungs- oder Verlustverursachungsabsicht.[1843] Das

---

zum englischen Sanktionsrecht *Wischmeyer*, ZStW 118 (2006), 773 ff. m.w.N. Ein allgemeiner Überblick findet sich auch bei *von Bernstorff*, S. 235 ff.

1840 Allgemein zum Fraud Act 2006 *du Bois-Pedain*, ZStW 122 (2010), 325 (326 ff.); *Grau/Airey/Frick*, BB 2009, 1426 ff.; *Ladiges*, wistra 2012, 170 (170 f.) j.m.w.N. Der Gesetzestext für den Fraud Act 2006 ist abrufbar unter: http://www.legislation.gov.uk/ukpga/2006/35/contents (Stand: Dezember 2012).

1841 So auch *Labinski*, S. 140; *Pattberg*, S. 311; *Worm*, S. 187; *Ladiges*, wistra 2012, 170 (171), *du Bois-Pedain*, ZStW 122 (2010), 325 (342 ff.). Hierzu ausführlich *Rönnau*, ZStW 122 (2010), 299 (307 ff.) m.w.N.

1842 Ferner kommen noch section 2 Fraud Act 2006 (*fraud by false representation*) und section 3 Fraud Act 2006 (*fraud by failing to disclose information*) in Betracht. Hierzu ausfühlich *du Bois-Pedain*, ZStW 122 (2010), 325 (328 ff.).

1843 Siehe zu den einzelnen Tatbestandsvoraussetzungen *du Bois-Pedain*, ZStW 122 (2010), 325 (330 ff.); *Grau/Airey/Frick*, BB 2009, 1426, 1429 f.; *Ladiges*, wistra 2012, 170 (171 f.; *Rönnau*, ZStW 122 (2010), 299 (310 ff.) j.m.w.N.

Tatbestandsmerkmal des Bestehens einer Vertrauensposition zum Schutze eines Vermögens ist dabei weit zu verstehen.[1844]

Auch der *director* einer *Limited* kann Täter nach section 4 FA 2006 sein.[1845] Nach den zuvor dargestellten sections 171 und 172 CA 2006 ist der *director* verpflichtet, in Übereinstimmung mit der *constitution* und zum Erfolg der Gesellschaft zu handeln.[1846] Eine Strafbarkeit kommt insbesondere dann in Betracht, wenn der *director* der *Limited* Gesellschaftvermögen entzieht oder solches für private Zwecke nutzt.[1847] Ferner können Verstöße gegen die sich aus den sections 175, 176 CA 2006 ergebenden Pflichten[1848] eine Strafbarkeit begründen.[1849]

bb) Section 1 Theft Act 1968

Darüber hinaus kann sich eine vergleichbare Strafbarkeit des *directors* einer *Limited* in England möglicherweise noch gem. section 1 Theft Act 1968 ergeben: *„(1) A person is guilty of theft if he dishonestly appropriates property belonging to another with the intention of permanently depriving the other of it; an „thief" and „steal" shall be construed accordingly. (2) It is immaterial whether the appropriation is made with a view to gain, or is made for the thief's own benefit.*" Demnach muss sich der Täter einen im Eigentum eines anderen stehenden Gegenstand mit der Absicht, den anderen dauerhaft zu enteignen, zueignen. Entscheidend dabei ist, dass nach section 3 Theft Act 1968 der Gegenstand nicht gegen den Willen des Eigentümers entwendet werden muss. Eine nach der Norm strafbare Handlung soll vielmehr auch dann vorliegen, wenn der Täter den Besitz an dem Gegenstand zunächst durch den Eigentümer erlangt hat, sich dann aber später als Eigentümer geriert. Weiter fallen nach section 4 (1) Theft Act 1968 auch nicht-körperliche Gegenstände unter das Tatbestandsmerkmal *„property belonging to another.*" Damit ließen sich auch in Deutschland „typische" Untreuefälle möglicherweise zum Teil unter den Straftatbestand section 1 Theft Act 1968 subsumieren.[1850]

1844 *Grau/Airey/Frick*, BB 2009, 1426 (1428 f.); *Ladiges*, wistra 2012, 170 (171.) j.m.w.N. Kritisch hierzu *Rönnau*, ZStW 122 (2010), 299 (309 ff.).

1845 *Pattberg*, S. 312; *Ladiges*, wistra 2012, 170 (171.) j.m.w.N.

1846 Vgl. § 4 I.1.

1847 *Ladiges*, wistra 2006, 170 (171).

1848 Vgl. § 4 I.4.

1849 *Ladiges*, wistra 2006, 170 (171). Siehe zum Fraud Act 2006 auch *Labinski*, S. 139 ff. m.w.N.

1850 *Schünemann*, in: LK, § 266 Rn. 273; ebenso *Labinski*, S. 138 f.; *du Bois-Pedain*, ZStW 122 (2010), 325 (336 u. 347). Vgl. auch den Hinweis bei *Worm*, S. 183, die trotz

cc) Fraudulent Trading section 993(1) CA 2006

Schließlich könnte auch eine Strafbarkeit des *directors* wegen *fraudulent tradings* gem. section 993(1) CA 2006 in Betracht kommen. Danach macht sich ein *director* strafbar „*if any business of a company is carried on with intend to defraud creditors of the company or creditors of any other person, of for any fraudulent purpose, every person who is knowingly a party to the carrying on of the business in that manner commits an offence.*" Dem Wortlaut nach findet die Norm im Gegensatz zu seinem insolvenzrechtlichen Pendant in section 213 IA 1986 unabhängig von einer Liquidation der Gesellschaft Anwendung. Da der Tatbestand sehr weit formuliert ist, könnte auch die Verletzung einer Vermögensbetreuungspflicht hierunter fallen.[1851] Voraussetzung ist aber stets ein Weiterführen der Geschäfte der Gesellschaft mit einem betrügerischen Zweck.[1852] Die eingetretene oder ausgelöste Insolvenz ist hingegen keine tatbestandsmäßige Voraussetzung. Inwieweit dem Tatbestand in Zukunft eine wirkliche praktische Bedeutung in England zukommen wird, bleibt abzuwarten. Der Nachweis, dass eine Gesellschaft mit dem alleinigen Zweck fortgeführt wurde, jetzige oder zukünftige Gläubiger zu betrügen oder andere betrügerische Handlungen vorzunehmen, wird in einem Prozess wohl nur schwer zu erbringen sein.

Da der Strafverstoß in einem besonderen Maße mit dem Gesellschaftsrecht verknüpft ist, soll es sich hierbei um „gesellschaftsspezifisches Strafrecht" handeln und nach Ansicht einiger Autoren somit auch auf in Deutschland begangene Verstöße anwendbar sein.[1853] Ob eine derartige Annahme zutrifft, erscheint zweifelhaft. Handelt es sich hierbei doch um eine Frage der Reichweite des nationalen Strafrechts, über die nur der englische Gesetzgeber bzw. die englische Strafrechtsrechtsprechung entscheiden kann.

b) Tatsächliche Verfolgung in England und Deutschland

Der obige kursorische Überblick verdeutlicht, dass Verstöße gegen gesellschafts- und insolvenzrechtliche Pflichten auch in England – zumindest theoretisch – strafrechtliche Konsequenzen nach sich ziehen können. Allerdings scheinen

---

Überschneidungen im Anwendungsbereich section 1 Theft Act 1968 als strukturell zu unterschiedlich für einen Vergleich mit § 266 StGB ansieht. Allgemein zum Tatbestand des „*theft*" siehe *Labinski*, S. 125 ff. m.w.N.

1851 Siehe hierzu *Worm*, S. 189 f., die in diesem Zusammenhang allerdings von einer Untreuestrafbarkeit zu Lasten Dritter ausgeht.

1852 Zu der zivilrechtlichen Seite des *fraudulent tradings* bereits zuvor unter § 4 III.2.

1853 *Römermann*, in: Private Limited Company in Deutschland, S. 128.

strafrechtliche Normen, insbesondere solche, die Gläubigerschutz vermitteln sollen, in England allgemein nur eine untergeordnete Rolle zu spielen.[1854] Auch scheinen sich die englischen Strafverfolgungsbehörden mit einer effizienten Strafverfolgung im Bereich des Wirtschaftsstrafrechts schwer zu tun, so dass es nur wenige Anklagen und selten große Verfahren gibt.[1855] Hinzu kommt, dass englische Gerichtsverfahren zumeist sog. *Jury-Trials* sind, bei denen sämtliche wirtschaftlichen und juristischen Zusammenhänge für Laien aufbereitet werden müssen.[1856] Wirtschaftsstrafverfahren, die auf Grund ihrer Verknüpfung von wirtschaftlichen und rechtlichen Fragestellungen im Allgemeinen hoch komplex sind, gelten somit als teuer und nur in wenigen Fällen erfolgt eine Verurteilung.[1857] Infolgedessen scheint auch die englische Staatsanwaltschaft in diesen Bereichen nur selten tätig zu werden.

Insbesondere müssten für eine Strafbarkeit nach englischem Recht in Deutschland aber zunächst die Beschränkungen des jeweiligen nationalen „Internationalen Strafrechts" überwunden werden.[1858] Dabei ist zu beachten, dass gerade in *common law*-Systemen das Territorialitätsprinzip grundsätzlich besonders streng gehandhabt wird.[1859] Auch das Vereinigte Königreich verfolgt solch ein

1854 Siehe hierzu die aktuellen Statistiken und Zahlen unter http://www.homeoffice.gov.uk/rds/index.html (Stand: Dezember 2012). Erfasst sind grundsätzlich relativ wenige die Insolvenz von Gesellschaften betreffende Delikte. Mögliche Erklärungen hierfür finden sich bei *Elliot/Quinn*, S. 4 f.

1855 *du Bois-Pedain*, ZStW 122 (2010), 325 (347 ff.) m.w.N.

1856 Umfassend zur Rolle der *jury* in England *Hungerford-Welch*, S. 380 ff. m.w.N. Siehe auch *Rönnau*, ZStW 122 (2010), 299 (311), der darauf hinweist, dass in einem Jury-System die Laienrichter bei ihren Entscheidungen häufig wohl eher ihren Gefühlen und eigenen moralischen Wertvorstellungen nachgehen dürften. Allgemein zum Strafprozess in England *von Bernstorff*, S. 244 ff. m.w.N.

1857 *Mansdörfer*, in: Die allgemeine Straftatlehre des common law, S. 1, 11 f. m.w.N.

1858 So *Müller-Gugenberger*, in: FS-Tiedemann, S. 1003, 1014. Auch wird ein englisches Gericht einen *director* nicht wegen eines Verstoßes gegen einen deutschen Straftatbestand bestrafen.

1859 *All crime is local.* Ausführlich zum englischen Internationalen Strafrecht *Mansdörfer*, in: Die allgemeine Straftatlehre des common law, S. 220 ff. m.w.N. Allgemein zum Territorialitätsprinzip als völkerrechtlicher Anknüpfungspunkt *Satzger*, Internationales und Europäisches Strafrecht, § 4 Rn. 5.

strenges,[1860] wenn auch nicht absolutes Territorialitätsprinzip.[1861] Grundsätzlich können die englischen Strafgesetze damit nur auf Handlungen oder Unterlassungen angewendet werden, die innerhalb des Vereinigten Königreichs begangen werden (sog. *relevant event*).[1862]

Gänzlich ungeklärt scheint bislang die Frage, ob ein solches *relevant event* auch dann vorliegt, wenn eine in England gegründete und registrierte, aber in Deutschland ansässige *Limited* einen Vermögensschaden erleidet.[1863] Vermutungen gehen dahin, dass der *director* einer in Deutschland ansässigen *Limited* zumindest dann keine Strafbarkeit fürchten muss, wenn in England kein Vermögenszufluss oder –abfluss eintritt.[1864] Insgesamt scheinen in der englischen Literatur extraterritoriale Delikte immer noch als bloße „Papiertiger" eingestuft zu werden.[1865]

Aber selbst wenn die Tat eines *directors* einer in Deutschland ansässigen *Limited* der englischen Strafgerichtsbarkeit unterfällt,[1866] befindet sich dieser *director* im Allgemeinen außerhalb der Zuständigkeit englischer Strafverfolgungsbehörden. Bei Eröffnung des Geltungsbereichs des eigenen Strafrechts muss dieses schließlich auch durchgesetzt werden. Eine Verhaftung kann grundsätzlich nur

---

1860 Siehe *Treacy v DDP* [1971], 1 All ER, 110 ff. Danach gilt der Grundsatz, dass die englischen Strafgerichte nur für solche Taten zuständig sind, die nicht im Ausland begangen wurden.

1861 Vgl. section 2(3) Criminal Justice Act 1993. Hinzu kommt eine Aufweichung aufgrund von internationalen Verpflichtungen, die England eingegangen ist. Siehe ferner *Pattberg*, S. 6 f.; *Nuys*, S. 44 ff.; *Ladiges*, wistra 2012, 170 (172) j.m.w.N.

1862 Problematisch ist dabei, wann von der Vornahme solch eines wesentlichen Teils des tatbestandsmäßigen Geschehens auszugehen ist, siehe hierzu *Mansdörfer*, in: Die allgemeine Straftatlehre des common law, S. 220, 221 f. u. 224 f. m.w.N. Zur Anwendbarkeit des Fraud Act 2006 auf Auslandstaten *Grau/Airey/Frick*, BB 2009, 1426 (1430 f.); *Ladiges*, wistra 2012, 170 (172 f).

1863 *Ladiges*, wistra 2012, 170 (172).

1864 Ausdrücklich *Ladiges*, wistra 2012, 170 (173) für die Strafbarkeit nach dem FA 2006. Anders aber *Labinski*, S. 305.

1865 So *Mansdörfer*, in: Die allgemeine Straftatlehre des common law, S. 220, 222.

1866 Geht man von einer Strafbarkeit nach englischem Recht aus und hält – entgegen der in dieser Untersuchung vertretenen Auffassung – auch eine Untreuestrafbarkeit nach deutschem Recht für möglich, so käme Art. 54 des Schengener Durchführungsabkommen (SDÜ) Bedeutung zu, das den in allen Mitgliedstaaten geltenden Grundsatz *„ne bis in idem"* umsetzt. Allgemein hierzu *Satzger*, Internationales und Europäisches Strafrecht, § 10 Rn. 62 ff. m.w.N. Zu möglichen Problemen im Zusammenhang mit Auslandsgesellschaften *Labinski*, S. 306 ff.; *Hohnel*, NWB 2007, 3709 (3712); *Mosiek*, StV 2008, 94 (97).

dann erfolgen, wenn der *director* den der englischen Jurisdiktion unterliegenden Boden betritt. Ist dies nicht der Fall, so muss die Strafverfolgung auf fremdes Territorium ausgeweitet werden, was vor dem Hintergrund des allgemeinen Völkerrechts grundsätzlich problematisch ist. Für die englischen Strafverfolger besteht insofern lediglich die Möglichkeit, einen europäischen Haftbefehl zu beantragen.[1867] Insgesamt scheint damit auch hier die Vermutung zuzutreffen, dass die Strafverfolgungsbehörden des Gründungsstaats im Ausland von Ausländern begangene Delikte nur ausnahmsweise aktiv verfolgen werden.[1868]

3. Gesellschaftsrechtliche Schutzmaßnahmen

Schließlich ist die Funktion des Strafrechts als letztes Mittel zu beachten.[1869] Danach darf der Gesetzgeber erst dann zum Mittel der Strafe greifen, wenn andere gesetzgeberische Möglichkeiten zum Schutz eines Rechtsguts weniger erfolgversprechend sind. Geht man an dieser Stelle davon aus, dass insbesondere die Organuntreue in ihrer Anwendungspraxis ein anderes Ziel als den bloßen Schutz der Gesellschaft verfolgt,[1870] sind hier neben den allgemeinen gesellschaftsrechtlichen Ansprüchen auch die Gläubigerschutzinstrumente des englischen Rechts einzubeziehen. Effektive gesellschafts- und insolvenzrechtliche Haftungssanktionen des englischen Rechts könnten folglich das Bedürfnis nach deutscher strafrechtlicher Prävention mindern.[1871]

a) Die gesellschafts- und insolvenzrechtliche Haftung der directors

Ob der *director* einer in Deutschland ansässigen *Limited* englischen Haftungstatbeständen unterliegt, hängt davon ab, ob diese überhaupt anwendbar sind. Die wesentlichen Institute und Regelungen wurden im Laufe dieser Untersuchung an den für die strafrechtliche Betrachtung entscheidenden Stellen hinsichtlich der Festlegung des untreuerechtlichen Pflichtenmaßstabs bereits dargestellt.

1867 Zum Europäischen Haftbefehl, der an die Stelle der Auslieferung getreten ist, und zu den damit verbundenen Problemen, *Satzger*, Internationales und Europäisches Strafrecht, § 10 Rn. 26 ff. m.w.N.

1868 *Müller-Gugenberger*, in: FS-Tiedemann, S. 1003, 1014.

1869 Siehe § 9 III.3.d)bb).

1870 Vgl. insbesondere die h.M. zum existenzvernichtenden Eingriff unter § 6 III.2.b)aa).

1871 In Anbetracht des zugrundliegenden Untersuchungsgegenstands soll hier nur ein kurzer Überblick erfolgen.

Daher sollen an dieser Stelle lediglich die herrschenden kollisionsrechtlichen Einordnungen der englischen Haftungsinstrumente kurz angeführt werden.[1872]

Sämtliche englischen Haftungstatbestände, die sich auf das Innenverhältnis zwischen dem *director* und der Gesellschaft beziehen, unterfallen grundsätzlich dem Gründungsstatut und finden somit auch auf eine *Limited* in Deutschland Anwendung. Dies gilt insbesondere für die Regelungen zur Kapitalaufbringung und -erhaltung, die *fiduciary duties* sowie die *duty of care and skill.* Auch die sich aus dem *common law* ergebende *duty for the benefit of creditors* soll – trotz der Inbezugnahme von Gläubigerinteressen – auf den *director* einer im Inland ansässigen *Limited* anwendbar sein. Ebenfalls sind die Rechnungslegungs- und Publizitätspflichten nach herrschender Meinung als gesellschaftsrechtlich zu qualifizieren. Nicht anwendbar ist hingegen eine sich aus section 213 IA 1986 und section 214 IA 1986 ergebende Haftung des *directors.* Diese Normen sind nach herrschender Meinung als insolvenzrechtlich zu qualifizieren.[1873] Auf eine in Deutschland ansässige europäische Auslandsgesellschaft findet nach Art. 3 Abs. 1, 4 Abs. 1 EuInsVO daher deutsches Insolvenzrecht Anwendung.

b) Mögliche Inhabilität des directors

Eine deutlich größere Bedeutung als beispielsweise der Haftung eines *directors* wegen *fraudulent* oder *wrongful trading* kommt in der englischen Rechtspraxis hingegen dem Ausschluss eines *directors* (*disqualification*) zu. Dabei wird dem *director* für eine bestimmte Zeit die Ausübung eines Amtes als *director* untersagt.[1874] Allgemein handelt es sich bei einem solchen Tätigkeitsverbot um eine recht einschneidende Maßnahme, nimmt sie Unternehmern doch häufig ihre Einkommensquelle. Ziel des Ausschlusses ist es, die Öffentlichkeit vor zukünftigen Aktivitäten dieses *directors* zu schützen.[1875] Ein solcher Ausschluss für Fehlverhalten kann in den *articles* der Gesellschaft vorgesehen sein.[1876] Gewöhnlicherweise geschieht dies jedoch durch ein Gericht. Die entsprechenden Voraussetzungen,

---

1872 Siehe hierzu bereits § 3 II.2.b), § 4 I.6, § 4 II.2 und § 4 III.4.

1873 Siehe oben § 4 III.4.

1874 Nach section 1(1) CDDA 1986 ist der CDDA auch anwendbar auf Insolvenzverwalter, gerichtlich ernannte Gesellschaftsverwalter und sämtliche Personen, unabhängig von ihrer Bezeichnung, die faktisch mittelbar oder unmittelbar an der Leitung und Organisation von Gesellschaften beteiligt sind. Zur Qualifikation des Berufsverbots *Zessel*, S. 299 m.w.N.

1875 *Just*, Limited, Rn. 188.

1876 *Just*, Limited, Rn. 191.

bei deren Vorliegen ein Gericht auf Antrag[1877] einen *director* von seinem Amt ausschließen kann, finden sich im Company Directors Disqualification Act 1986 (CDDA 1986). Danach kann ein Ausschluss erfolgen bei Begehung einer Straftat,[1878] dem wiederholten Verstoß gegen gesetzliche Pflichten,[1879] wegen Betruges im Rahmen der Abwicklung einer Gesellschaft,[1880] der Ungeeignetheit des directors (*unfitness*)[1881] sowie durch das *fraudulent* und *wrongful trading.*[1882] Nach section 2 CDDA 1986 kann beispielsweise ein Berufsverbot bis zu fünfzehn Jahren erteilt werden, wenn der *director* wegen einer Straftat im Zusammenhang mit der Leitung oder Liquidierung einer Gesellschaft verurteilt wurde. Unter den aufgezählten Ausschlussgründen scheint dem Ausschluss eines *directors* nach section 6 CDDA 1986 wegen *unfitness* die größte praktische Bedeutung zuzukommen.[1883] Dabei wird geprüft, ob durch den betroffenen *director* ein *common standard of morality* verletzt wurde.[1884] Im Rahmen einer Gesamtschau werden insbesondere auch alle eventuell gegebenen Treuepflichtverletzungen des *directors* miteinbezogen.[1885] Ein Geschäftsführer gilt für die Berufsausübung als ungeeignet, wenn er seine ihm obliegenden gesellschaftsrechtlichen Pflichten verletzt. Gelangt das Gericht zur Überzeugung, dass der *director* zur Erfüllung seiner Aufgaben ungeeignet ist, so kann es ihm ein Berufsverbot zwischen zwei und fünfzehn Jahren auferlegen. Die Nichtbeachtung der Ausschlussanordnung des Gerichts stellt einen Straftatbestand dar und kann gem. section 13 CDDA 1986 mit einer Geldstrafe und/oder Freiheitsstrafe von bis zu zwei Jahren sanktioniert werden.[1886] *Disqualification* wird in England generell

1877 Sections 7 f. CDDA 1986.

1878 Section 2 CDDA 1986.

1879 Section 3 CDDA 1986.

1880 Section 4 CDDA 1986.

1881 Section 6 CDDA 1986.

1882 Section 10 CDDA 1986. Zum Ausschluss im Zusammenhang mit der Insolvenz siehe auch *Buchmann*, S. 67 f.; *Worms*, S. 201 ff. j.m.w.N. zur englischen Rechtsprechung.

1883 *Just*, Limited, Rn. 188; *Rönnau*, ZGR 2005, 832 (841). Ausführlich zum Begriff der *unfitness* siehe *Zessel*, S. 292 ff.; *Lanzius*, ZInsO 2004, 296 (297 f.) j.m.w.N. zum englischen Recht.

1884 *Just*, Limited, Rn. 188.

1885 *Just*, Limited, Rn. 188. Indizien finden sich ferner in Anhang I und II des CDDA 1986. Diese sind jedoch nicht abschließend. Generell ist das Gesetz sehr fexibel ausgestaltet.

1886 Siehe zu den Rechtsfolgen auch *Lanzius*, ZInsO 2004, 296 (298).

als ein effektives Mittel zum Schutz vor unseriösen Gesellschaften angesehen.[1887] Der Grund dafür, liegt auf der Hand: Während ein Berufsverbot in Deutschland als Sicherungsmaßregel stets das Vorliegen einer Straftat und damit eine Verurteilung durch ein Strafgericht voraussetzt,[1888] kann es in England einem *director* durch ein Zivilgericht oder unter bestimmten Voraussetzungen durch den *Secretary of State*[1889] auferlegt werden. Einer strafrechtlichen Verurteilung bedarf es nach section 6 CDDA 1986 dabei nicht. Nach section 22 CDDA sollen englische Gerichte grundsätzlich auch die Möglichkeit haben, eine *disqualification order* gegen den *director* einer *Limited* mit Sitz in Deutschland zu verhängen.[1890]

Höchst zweifelhaft ist allerdings, ob die englische Staatsaufsicht auch tatsächlich gegenüber *Limiteds* ausgeübt wird, die ihren wirtschaftlichen Schwerpunkt in Deutschland haben.[1891] Zwar soll durch dieses Institut die Allgemeinheit vor gefährlichem wirtschaftlichen Verhalten geschützt werden,[1892] doch ist darunter – aus englischer Sicht – aber hauptsächlich die englische Allgemeinheit zu verstehen. Dieser droht durch eine *Limited*, die ihre wirtschaftliche Tätigkeit ausschließlich in Deutschland ausübt, im Regelfall aber keine Gefahr eines Schadens.[1893] Verhängt ein englisches Gericht dennoch eine entsprechende *disqualification order* gegen den *director* einer in Deutschland ansässigen *Limited*, so entfaltet diese als öffentlich-rechtliche Regelung nur in England und Wales entsprechende Wirkung.[1894] Damit könnte ein disqualifizierter *director* weiterhin

1887 Siehe hierzu etwa bei *Just*, Limited, Rn. 190. Zu den verhängten Berufsverboten in England siehe unter http://www.companieshouse.gov.uk (Stand: Dezember 2012).

1888 Zu den deutschen Möglichkeiten eines Berufsverbots nach § 6 Abs. 2 GmbHG sowie den Neuerungen durch das MoMiG, wonach auch ausländische Gesellschaften einbezogen werden, siehe *Weiß*, wistra 2009, 209 ff. m.w.N. Kritisch zum tatsächlichen Anwendungsbereich der Norm und einem möglichen Verstoß gegen das Rückwirkungsverbot *Hinghaus/Höll/Hüls/Ransiek*, wistra 2010, 291 ff.

1889 Leiter des *Department of Trade and Industry*. Zu den Voraussetzungen eines solchen *disqualification undertakings* siehe *Lanzius*, ZInsO 2004, 296 (297) m.w.N.

1890 *Zessel*, S. 299 f.; *Lanzius*, ZInsO 2004, 296 (299 f.) j.m.w.N.; unentschieden *Buchmann*, S. 68.

1891 *Just*, Limited, Rn. 190; *Zessel*, S. 299; *Lanzius*, ZInsO 2004, 296 (300); *Rönnau*, ZGR 2005, 832 (857).

1892 *Just*, Limited, Rn. 190.; *Rönnau*, ZGR 2005, 832 (842).

1893 *Ebert/Levedag*, GmbHR 2003, 1337 (1342); *Lanzius*, ZInsO 2004, 296 (300). *Worms*, S. 209 f. und *Schall*, ZIP 2005, 965 (975) gehen hingegen von einer Zuordnung zum Gesellschaftsstatut aus, so dass eine grundsätzliche Anwendbarkeit auch auf in Deutschland ansässige *Limiteds* gegeben wäre.

1894 *Lanzius*, ZInsO 2004, 296 (300). Anders aber *Zessel*, S. 299 f.

im Management einer Gesellschaft tätig sein, die nicht nach englischem Recht gegründet wurde und keine Verbindung nach England oder Wales aufweist, tätig sein, ohne gegen den CDDA zu verstoßen.[1895]

Auch aus dem nun erheblich erweiterten Katalog von Straftaten, die der Ausübung einer Geschäftsführerposition in Deutschland entgegenstehen, lassen sich keine wesentlichen Konsequenzen für den *director* einer in Deutschland ansässigen *Limited* ableiten.[1896] Zwar ist gem. § 6 Abs. 2 Nr. 3 e) GmbHG jetzt auch die Verurteilung wegen Untreue erfasst, infolgedessen Geschäftsführer einer GmbH nicht mehr sein kann, wer wegen Untreue zu einer Freiheitsstrafe von mindestens einem Jahr verurteilt worden ist.[1897] Darüber hinaus führen nach § 6 Abs. 2 S. 3 GmbHG Auslandsverurteilungen wegen vergleichbarer Taten ebenfalls zur Inhabilität in Deutschland. Jedoch setzt diese stets eine entsprechende strafrechtliche Verurteilung des Geschäftsleiters voraus, an der es in den in dieser Arbeit untersuchten Fallkonstellationen häufig fehlen dürfte. Ausländische verwaltungs- oder zivilrechtliche Sanktionen sind in diesem Kontext unschädlich.[1898] Nicht ausreichend ist damit auch eine englische *disqualification order*, da eine solche ebenfalls unterhalb der Strafbarkeitsschwelle verhängt werden kann.[1899] Auch wird man nicht erwarten können, dass das *Companies House* in England die Verhängung eines Berufsverbotes durch ein deutsches Gericht in das dortige Register einträgt.[1900]

c) *Publizität und Staatsaufsicht*

Des Weiteren unterliegt eine *Limited* weitgehenden Publizitätspflichten,[1901] die nach allgemeiner Meinung in den meisten Fällen auch für den *director* einer

---

1895 *Lanzius*, ZInsO 2004, 296 (300). Fraglich ist ebenfalls, ob von einer hinreichenden Verbindung auch dann ausgegangen werden kann, wenn es sich um eine *Limited* handelt, die ausschließlich in Deutschland tätig ist.

1896 Kritisch zu der neuen Geschäftsführersperre *Weyand*, ZInsO 2008, 702 (703 f.).

1897 Siehe hierzu *Kleindiek*, in: Lutter/Hommelhoff, § 6 GmbHG Rn. 1 ff.; *Hirte*, ZInsO 2008, 689 (699 f.). Kritisch zu dieser Neuregelung aus strafrechtlicher Sicht *Bittmann*, NStZ 2009, 113 (118 f.) m.w.N. Zur zeitlichen Dimension der Norm *Böttcher/Hassner*, GmbHR 2009, 1321 ff.

1898 *Weiß*, wistra 2009, 209 (213).

1899 *Knof/Mock*, GmbHR 2007, 852 (855). So soll die Verhängung eines generellen Tätigkeitsverbots bei sections 213, 214 IA 1986 mehr oder weniger automatisch erfolgen, siehe *Schmittmann/Bischoff*, ZInsO 2009, 1561 (1570).

1900 So *Schmittmann/Bischoff*, ZInsO 2009, 1561 (1570).

1901 Siehe sections 854 ff.; 889 CA 2006.

in Deutschland ansässigen *Limited* gelten.[1902] Allgemein bilden sie das Korrelat zu der weit reichenden Finanzierungsfreiheit im englischen *company law*. Den Gläubigern der Gesellschaft soll ermöglicht werden, die Lage der Gesellschaft einzuschätzen, um so gegebenenfalls auf weiteren Sicherheiten bestehen oder von einem Vertragsschluss gänzlich absehen zu können. Die Einhaltung solcher Publizitätspflichten gilt auch für kleine Unternehmen. Im Umkehrschluss sind die Marktteilnehmer dann allerdings verpflichtet, die publizierten Informationen zu kennen.[1903] Die Verantwortung liegt insofern – zumindest teilweise – auch bei den Geschäftspartnern des Unternehmens. Die Nichtbeachtung dieser Publizitätspflichten bzw. Verspätungen bei den Publizitätspflichten können über Geldstrafen gem. section 858 CA 2006 bis hin zur Löschung der Gesellschaft führen. Es handelt sich hierbei folglich um ein äußerst effektives Instrumentarium. Nach Schätzungen soll die Quote derjenigen Gesellschaften, die ihren Publizitätspflichten nachkommen, seit 2001 regelmäßig bei mindestens 95 Prozent liegen.[1904] Grundsätzlich problematisch ist hieran, dass die veröffentlichten Informationen einem Gläubiger häufig kein hinreichend aktuelles Bild der Vermögens- und Ertragslage der *Limited* vermitteln können. Der Sache nach sind Bilanz sowie Gewinn- und Verlustrechnung stets rückwärtsgewandt, bilden sie doch das vorangegangene Geschäftsjahr ab. Hinsichtlich der gesellschaftsrechtlichen Gründungs-, Überwachungs- und Meldevorschriften gelten für die in Deutschland ansässigen *Limiteds* dieselben Anforderungen wie für in England ansässige Gesellschaften. Indes scheint aber das zuständige *companies registrar* die in Deutschland ansässigen *Limiteds* weniger streng zu kontrollieren.[1905]

Der durch solche Publizitätspflichten vermittelte Schutz wird durch eine strenge Staatsaufsicht ergänzt.[1906] Demnach kann, wenn Anhaltspunkte dafür vorliegen, dass eine Gesellschaft in grob missbräuchlicher, gesetzeswidriger oder betrügerischer Weise zum Nachteil von Gläubigern geführt wird, durch

---

1902 Siehe etwa *Just*, Limited, Rn. 277 ff.; *Zessel*, S. 303 f.; *Zimmer/Naendrup*, ZGR 2007, 789 (800). Zur kollisionsrechtlichen Einordnung der Publizitätspflichten vgl. auch *Worms*, S. 209 f. m.w.N.

1903 Die Informationsbeschaffung kann dabei über das englische *Companies House* erfolgen. Siehe hierfür unter http://www.companieshouse.gov.uk (Stand: Dezember 2012) erfolgen.

1904 So die Schätzung von *Zimmer/Naendrup*, ZGR 2007, 789 (800).

1905 *Kessler/Eicke*, DStR 2005, 2101 (2103); *Lawlor*, NZI 2005, 432 (435); *Müller/Weiß*, AnwBl 2007, 247 (249).

1906 Siehe hierzu *Buchmann*, S. 69 ff.; *Worms*, S. 179 f.; *Zessel*, S. 304 f.; j.m.w.N.

das *Department for Business Innovation & Skills*[1907] eine Sonderprüfung durchgeführt werden. Nach den sections 1035 ff. CA 2006 kann der *Secretary of State* zur Durchführung einer solchen Prüfung Sonderinspektoren berufen. Bei der Prüfung können die eingesetzten Sonderprüfer auf weit reichende Kontrollbefugnisse zurückgreifen.[1908] Am Ende kann dann die gerichtliche Auflösung der Gesellschaft stehen.[1909]

Bei in Deutschland ansässigen *Limiteds* scheiden derartige Sonderuntersuchungen jedoch grundsätzlich aus. Schließlich handelt es sich um öffentlichrechtliche Kompetenzen, die aufgrund des völkerrechtlichen Territorialitätsprinzips auf das Gebiet des Vereinigten Königreichs Großbritannien und Nordirland beschränkt sind.[1910] Unbenommen bleibt es dem *Secretary of State* allerdings, die Auflösung einer im Ausland ansässigen *Limited* anzuordnen.[1911] Dass eine solche Aufsicht und eventuelle Löschung im Falle von *Limiteds* mit wirtschaftlichem Bestätigungszentrum in Deutschland in der Rechtspraxis jedoch tatsächlich erfolgt, wird stark angezweifelt.[1912] Immerhin müssten Ordnungsverstöße verfolgt werden, die weder handels- und gesellschaftsrechtliche noch steuerrechtliche Auswirkungen auf das englische Hoheitsgebiet haben.[1913] Insgesamt scheint das System der Staatsaufsicht über eine in Deutschland ansässige *Limited* somit ins Leere zu laufen.[1914]

4. Bewertung des Vorliegens einer Strafbarkeitslücke

Der obige, wenn auch etwas holzschnittartige Überblick über die bedeutsamen englischen Straftatbestände sowie das gesellschaftsrechtliche Haftungs- und Sanktionssystem hat gezeigt, dass ein dem deutschen vergleichbares Schutzniveau in England grundsätzlich existiert. Ob dieses allerdings ausreicht, um eine fehlende Untreuestrafbarkeit des *directors* einer in Deutschland ansässigen *Limited* – wie sie für die GmbH-Untreue existiert – zu kompensieren, ist zweifelhaft.

1907 Einsehbar unter http://www.bis.gov.uk (Stand: Dezember 2012).

1908 *Müller/Weiß*, AnwBl 2007, 247 (249).

1909 *Worms*, S. 180.

1910 *Rehm*, in: Ausländische Kapitalgesellschaften im deutschen Recht, § 10 Rn. 72; *Bayer*, BB 2003, 2357 (2366). Allgemein kritisch zu den Publizitätserfordernissen und der Staatsaufsicht, *Fleischer*, DStR 2000, 1015 (1119 f.).

1911 *Just*, Limited, Rn. 281.

1912 *Just*, Limited, Rn. 281; *Worms*, S. 214 f.

1913 *Buchmann*, S. 73.

1914 Siehe *Buchmann*, S. 73 m.w.N.

Insbesondere den strafrechtlichen Regelungen, die insbesondere hier von Interesse sind, scheint in England insgesamt nur eine untergeordnete Rolle zuzukommen. Darüber hinaus ist ungeklärt, ob englische Strafverfolgungsbehörden derartige im Ausland von Ausländern begangene Delikte überhaupt verfolgen können, solange weder Tathandlung noch Taterfolg einen wesentlichen Bezug zu England aufweisen. Einziger Anknüpfungspunkt ist in einem solchen Fall lediglich der Mantel der *Limited* unter dem agiert wird, der aber aufgrund des starren Territorialitätsprinzips zur Verfolgung transnationaler Wirtschaftsstraftaten kein ausreichender Grund sein dürfte. Doch selbst wenn eine theoretische Strafverfolgungsmöglichkeit durch die englischen Strafverfolgungsorgane gegeben wäre, dürfte es in den meisten Fällen vermutlich dort an einem entsprechenden Interesse zur aktiven Strafverfolgung in Deutschland begangener Taten fehlen.

Ferner scheinen die in England so effektiven Schutzinstrumente – wie etwa die Staatsaufsicht –, die der deutschen Rechtsordnung zum Teil gänzlich fremd sind, bei in Deutschland ansässigen *Limiteds* nicht ihr volles Schutzpotenzial zu entfalten. Auch wenn bei einem wissenschaftlichen Vergleich das theoretische Schutzniveau im Vordergrund steht,[1915] müssten die entsprechenden Instrumentarien zumindest kollisionsrechtlich anwendbar sein. Nach herrschender Meinung trifft dies beispielsweise nicht auf die sich aus sections 213 und 214 IA 1986 ergebenden insolvenzrechtlichen Pflichten zu. Nicht alle Normen des englischen Rechts sind damit auch auf eine in Deutschland ansässige *Limited* anwendbar. Aber auch den übrigen – zumindest teilweise anwendbaren – Schutzmechanismen wird im Zusammenhang mit solchen Gesellschaften, die ihren Sitz im europäischen Ausland haben, meist eine effektive Handhabung abzusprechen sein. Wie gezeigt, wird bei der Verhängung von Tätigkeitsverboten nach dem CDDA, der Überwachung der Publizitätsvorschriften sowie der Löschung von Gesellschaften aufgrund eines Verstoßes stark angezweifelt, dass hier dieselben Maßstäbe wie für in England ansässige Gesellschaften gelten. Deutsche *directors* scheinen hier eine gewisse Immunität zu genießen.[1916]

Das englische Gesellschaftsrecht hält damit zwar gleich geeignete, aber weniger belastende Maßnahmen als das deutsche Strafrecht bereit, die in Deutschland faktisch jedoch keine Anwendung finden. Insgesamt können eine theoretisch denkbare Strafverfolgung und die gesellschaftsrechtlichen Schutzmaßnahmen

---

1915 Zu beachten ist damit auch eine mögliche Haftung aus sections 213 f. IA 1986.
1916 *Lawlor*, NZI 2005, 432 (435).

die sich in Deutschland ergebende Straflosigkeit des *directors* daher nicht ausgleichen.[1917]

Sieht man mit der herrschenden Meinung in Rechtsprechung und Literatur den § 266 StGB bei der Untreue zu Lasten von Gesellschaften daher auch als Bestandteil eines wirksamen strafrechtlichen Gläubigerschutzes an, so legt die Gesamtbewertung zumindest die Annahme einer faktischen Schutzlücke bei in Deutschland ansässigen *Limiteds* nahe, die nur durch den Gesetzgeber geschlossen werden kann.[1918]

Hinsichtlich der Frage, wann eine solche Lücke zu schließen ist, bestehen keine verbindlichen Regeln. Dem Gesetzgeber steht bei der Beurteilung der Erforderlichkeit einer Strafbewehrung grundsätzlich eine weitgehende Einschätzungsprärogative zu.[1919] Verfassungsrechtlich geboten ist ein Tätigwerden des Gesetzgebers nur, wenn ansonsten das Untermaßverbot verletzt wird.[1920] Eine mögliche Straflosigkeit der Geschäftsleiter von in Deutschland ansässigen europäischen Auslandsgesellschaften wird in zahlreichen Beiträgen als misslicher Umstand, den es zu verhindern gilt, bezeichnet.[1921] Vieles spricht dafür, auf Grundlage des hier vertretenen Ergebnisses ein Einschreiten des deutschen Gesetzgebers für erforderlich zu halten. Immerhin müssen zurzeit an sich gleichrangige Fallgruppen in Deutschland ungleich behandelt werden. Während ein und dieselbe Handlung in Deutschland im Rahmen der GmbH zu einer Untreuestrafbarkeit führt, bliebe sie durch die Wahl der Rechtsform einer englischen *Limited* straflos. Ein Ergebnis, das rechts- und kriminalpolitisch so wohl nicht zu rechtfertigen ist.[1922]

Damit stellt sich nun aber die Frage, wie ein entsprechendes Einschreiten des Gesetzgebers aussehen könnte und welche Anforderungen an einen möglichen strafrechtlichen Sondertatbestand zu stellen wären.

1917 So auch *Müller-Gugenberger*, in: FS-Tiedemann, S. 1003, 1014.

1918 Siehe bereits zuvor im Rahmen der Anforderungen an den Strafrichter § 9 III.4. Darüber hinaus könnte auch nur der deutsche Gesetzgeber Maßnahmen englischer Behörden in Deutschland zulassen, vgl. *Rehm*, in: Ausländische Kapitalgesellschaften im deutschen Recht, § 10 Fn. 209.

1919 *BVerfG*E 51, 60 (74); 50, 142 (162); 45, 272 (289); *Roxin*, § 2 Rn. 101 f.

1920 Hierzu *Weigend*, in: LK, Einl. Rn. 2 m.w.N.

1921 So *Müller-Gugenberger*, in: FS-Tiedemann, S. 1003, 1015, der in jedem Fall Abhilfe durch den Gesetzgeber verlangt. Allgemein auch *Schmitz*, in: Europäisierung des Strafrechts in Polen und Deutschland, S. 199, 206.

1922 Siehe bereits *Rönnau*, ZGR 2005, 832 (858); ferner *Müller-Gugenberger*, in: FS-Tiedemann, S. 1003, 1018.

II. Möglichkeiten eines Sondertatbestandes

Im Folgenden wird eine Regelung zum Schutz des Gesellschaftsvermögens von sämtlichen in Deutschland ansässigen Gesellschaften unabhängig von der Gesellschaftsform vorgeschlagen. Denkbar wäre eine solche Regelung auf nationaler Ebene, darüber hinaus möglicherweise sogar auf europäischer Ebene.

1. Auf europäischer Ebene

Selbstverständlich wirkt die Schaffung eines einheitlichen Rechtsraums in der Europäischen Union auch auf das Strafrecht.[1923] Die zunehmende Europäisierung von Wirtschaft und Recht und die zunehmende Anzahl von strafrechtlichen Sachverhalten mit Auslandsbezug legen daher die Vermutung nahe, dass eine Lösung der sich aus der Europäisierung ergebenden Probleme vornehmlich in einem einheitlichen europäischen Gesellschaftsrechtsrecht oder der Schaffung eines europäischen Untreuetatbestandes liegen könnte.[1924] Denn wo materielles europäisches Unionsrecht gilt, endet die Konkurrenz zwischen den nationalen Rechtsordnungen.[1925] In solchen Fällen wäre es sachwidrig, wenn Verstöße gegen europaweit vereinheitlichte Rechtsnormen je nach Begehungsort durch unterschiedliche Straftatbestände und Strafen unterschiedlich geahndet oder nicht geahndet würden.[1926]

a) Schaffung eines europäischen Untreuetatbestandes?

Trotz zahlreicher Bemühungen existiert bislang kein einheitliches europäisches Gesellschaftsrecht. Nationale Unterschiede in den Gesellschaftsrechten behindern nach wie vor den grenzüberschreitenden Verkehr innerhalb der Europäischen Union. Ebenfalls fehlt es an klaren Regelungen dort, wo nationale Gesellschaftsrechte aneinanderstoßen. Diese Lücken sind auf europäischer Ebene bereits erkannt, allerdings fehlt es an weiteren Schritten.[1927] Gefordert wird insbesondere eine Vereinheitlichung des Gesellschaftskollisionsrechts.[1928] Zwar ist auch im Strafrecht davon auszugehen, dass sich im Zuge der Internationalisierung

1923 Siehe die Nachweise bei *Fischer*, Einl. Rn. 11a.

1924 Siehe hierzu die Untersuchung von *Cappel*, passim. Allgemein kritisch zur Schaffung eines einheitlichen Wirtschaftsstrafrechts *Schmitz*, in: Europäisierung des Strafrechts in Polen und Deutschland, S. 212 ff. m.w.N.

1925 *Koch/Magnus/Winkler von Mohrenfels*, S. 3.

1926 *Tiedemann*, Wirtschaftsstrafrecht BT, Rn. 39 m.w.N.

1927 *Bayer/Schmidt*, ZHR 173 (2009), 735 (773 f.) m.w.N.; *Lehne*, KSzW 2010, 3 (5).

1928 *Bayer/Schmidt*, ZHR 173 (2009), 735 (770 f.) m.w.N.

und Globalisierung des Wirtschaftsverkehrs auf lange Sicht die Notwendigkeit einer Annährung der Strafrechtssysteme zumindest in den Bereichen des Wirtschafts- und Umweltstrafrechts stellen wird.[1929] Jetzt schon scheint die Rechtsvergleichung auch im Bereich des Wirtschaftsstrafrechts immer mehr an Bedeutung zu gewinnen.[1930] Allerdings wird ein europäisches Wirtschaftsstrafrecht wohl das Vorliegen eines vereinheitlichten europäischen Wirtschaftsrechts voraussetzen.[1931] Übergeht man die bisherigen Bemühungen auf europäischer Ebene, ein solch einheitliches Recht der Gesellschaften zu schaffen, an dieser Stelle aber nicht völlig, so lässt sich in diesem Zusammenhang – zumindest theoretisch – auch an einen zukünftigen europäischen Untreuetatbestand denken.[1932] Ein solcher könnte dann das zu schaffende europäische Gesellschaftsrecht flankieren und nationale Beschränkungen entbehrlich machen.

b) Fehlende europäische Strafgesetzgebungsbefugnis

Allerdings wird die Kompetenz zur Regelung des Strafrechts immer noch als ein wesentlicher Ausdruck staatlicher Souveränität angesehen. Der Europäischen Union kommt daher, auch nach dem Vertrag über die Arbeitsweise der EU (AEUV), keine allgemeine originäre Kompetenz zur Regelung von strafrechtlichen Belangen zu.[1933] Zwar wurden im Rahmen von Art. 83 AEUV einige Kompetenzen auf die Europäische Union übertragen,[1934] wodurch Mindeststandards

---

1929 *Dannecker* in: Wabnitz/Janovski, Rn. 131.

1930 *Dannecker* in: Wabnitz/Janovski, Rn. 131.

1931 *Schmitz*, in: Europäisierung des Strafrechts in Polen und Deutschland, S. 199, 214 f.

1932 Siehe inbesondere *Cappel*, S. 187 ff. u. 233 ff. Ähnliche Erwägungen finden sich auch bei *Schramm*, S. 268 ff.

1933 Ausführlich hierzu *Hecker*, § 4 Rn. 68 ff. m.w.N., *ders.* JA 2007, 561 (562); *Böse*, in: FS-Krey, S. 7, 16. Allerdings gibt es eine Kompetenz der Europäischen Union zum Erlass von strafrechtlichen Mindestvorschriften mittels Richtlinien, vgl. *Fischer*, Einl. Rn. 11a. Kritisch zu den Rechtssetzungskompetenzen der Europäischen Union, insbesondere im Umweltstrafrecht, *Saliger*, in: SSW, Vor §§ 324 ff. StGB Rn. 80; *Heger*, S. 134 ff.; *Braum*, wistra 2006, 121 (124 ff.); *Kubiciel*, NStZ 2007, 136 ff.; *Zieschang*, in: FS-Tiedemann, S. 1303, 1306 ff.; *Zimmermann*, NStZ 2008, 662 ff.

1934 Art. 83 Abs. 1 AEUV enthält eine Kompetenz zur strafrechtlichen Sanktionierung dort aufgezählter Fälle besonders schwerwiegender grenzüberschreitender Kriminalität. Abs. 2 erlaubt Strafen dann, sofern diese für die Durchsetzung von Harmonisierungsmaßnahmen der Union unerlässlich sind, während gem. Abs. 3 ein Staat die Aussetzung von Richtlinien beantragen kann, wenn er durch deren Vollzug grundlegende Aspekte seiner Strafrechtsordnung verletzt sieht. Allgemein zu den Neuerungen des Lissabon Vertrages *Mayer*, JuS 2010, 189 ff. m.w.N.

in den Bereichen geschaffen werden sollen, die typischerweise einen grenzüberschreitenden Charakter haben.[1935] Insbesondere betrifft dies Regelungen im Umweltrecht[1936] und zum Schutz unionsrechtlich gesicherter Güter.[1937] Andere Kriminalitätsbereiche, aus denen sich eine Grundlage für einen europäischen Untreuetatbestand ergeben könnte, sind aber von dieser Strafrechtsharmonisierungskompetenz nicht erfasst.[1938] Ob sich in Zukunft dennoch eine erweiterte Strafrechtssetzungskompetenz der Europäischen Union ergeben wird, bleibt abzuwarten.[1939]

Die grundsätzliche Souveränität Deutschlands zur Straf- und Strafverfahrensgesetzgebung wurde durch das *„Lissabon-Urteil"* des *BVerfG* allerdings nochmals verfassungsrechtlich untermauert.[1940] Lediglich die zuvor dargestellten Schranken bei einem Verstoß von Straftatbeständen gegen Grundfreiheiten[1941] sind zwingend zu beachten. Auch hat die Wahrnehmung der unionsrechtlichen Strafrechtskompetenzen restriktiv zu erfolgen und ist rechtfertigungsbedürftig. Wie sich diese engen Vorgaben des *Bundesverfassungsgerichts* mit der Kompetenzerweiterung der Europäischen Union durch den AEUV vertragen werden, bleibt abzuwarten.[1942] Ein wirklicher Konsens der Mitgliedstaaten über ein europaweites Wirtschaftsstrafrecht dürfte jedoch noch in weiter Ferne liegen.[1943] Auch wird der Vertrag von Lissabon wohl für lange Jahre vorerst die letzte große Vertragsreform bleiben.[1944] Die Bildung von einheitlichen, europäischen Strafvorschriften, die gleichermaßen auf alle europäischen Gesellschaftsformen anwendbar sind, bleibt somit ein hehres Ziel.[1945]

1935 Siehe zu diesen Kompetenzen *Frenz/Wübbenhorst*, wistra 2009, 449 f. Siehe ferner *Tiedemann*, Wirtschaftsstrafrecht BT, Rn. 33 ff. j.m.w.N.

1936 Siehe hierzu *Reiling/Reschke*, wistra 2010, 47 ff.

1937 Hierzu *Stärk*, S. 46 ff. m.w.N.

1938 Damit läuft aber auch der Vorschlag zur Schaffung eines europäischen Untreuetatbestandes bei *Cappel*, S. 239 ff. ins Leere.

1939 Siehe zu den Zukunfstprojekten für ein „Europäisches Strafrecht" *Satzger*, Internationales und Europäisches Strafrecht, § 8 Rn. 31 ff. m.w.N. Siehe ferner zu einem supranationalen Sanktionsrecht *Vogel*, in: Europäisches Strafrecht, 3. Kap § 5 Rn. 1 ff.

1940 *BVerfG*, NJW 2009, 2267 ff.

1941 Siehe zuvor § 10.

1942 Zurzeit ergibt sich noch eine insgesamt recht unübersichtliche Verflechtung von europäischen und von verfassungsrechtlichen Anforderungen.

1943 Zuversichtlich aber *Wietz*, S. 111.

1944 *Mayer*, JuS 2010, 189 (195).

1945 Möglich bleibt selbstverständlich auch weiterhin eine Harmonisierung des materiellen Strafrechts auf Grundlage europarechtlicher Regelungsvorgaben, also eine

2. Auf nationaler Ebene

Eine gesetzgeberische Lösung des hier untersuchten Problems kann daher nur auf nationaler Ebene gefunden werden. Deutlich wird damit erneut, dass es sich bei den hier aufgeworfenen Fragestellungen nach der Zulässigkeit einer Fremdrechtsanwendung im deutschen Strafrecht vor allem um ein nationales und nicht um ein europäisches Problem handelt. Abhilfe könnte die Schaffung eines eigenen Sondertatbestandes zum Schutz des Gesellschaftsvermögens bzw. zum Schutz von Missbräuchen im Wirtschaftsleben bringen.[1946] Ein solcher müsste als rechtsformübergreifender Tatbestand formuliert werden, zu dessen Ausfüllung nicht auf Gesellschaftsrecht zurückgegriffen werden muss.[1947] Dass es sich im Ergebnis dabei auch nicht um den ganz „großen Wurf“, sondern nur um eine stückweite Verbesserung der bestehenden Situation handeln kann, liegt wohl unbestritten in der Natur der Wirtschaftsstrafgesetzgebung begründet.[1948] Folglich werden sich auch die immer wieder geäußerten Schwächen einer gesellschaftsrechtlichen Sonderregelungslösung sicherlich nicht in allen Aspekten umfassend beseitigen lassen.[1949] Auch soll an dieser Stelle die Notwendigkeit eines weiteren allgemeinen rechtsübergreifenden Untreuetatbestandes nicht bestritten werden.

---

inhaltliche Angleichung mitgliedstaatlicher Strafrechtsnormen auf der Tatbestands- und Rechtsfolgenseite, hierzu *Fischer*, Einl. Rn. 11a; *Hecker*, in: Europäisches Strafrecht, 5. Kap § 10 Rn. 1 ff.; *ders.*, JA 2007, 561 (562) j.m.w.N. Allgemein kritisch zu den europarechtlichen Vorgaben aufgrund mangelnder demokratischer Legitimierung *Schmitz*, in: Europäisierung des Strafrechts in Polen und Deutschland, S. 199, 204 ff. m.w.N.

1946 Aufgrund der tatbestandlichen Unbestimmtheit und struktureller Probleme fordern einen Sondertatbestand z. B. *Schramm*, S. 245 ff.; *Tiedemann*, Wirtschaftsstrafrecht BT, Rn. 3 u. 382; *Foffani*, ZStW 122 (2010), 374 (384 f.). Für einen neuen und enger gefassten allgemeinen Untreuetatbestand plädiert hingegen *Rönnau*, ZStW 122 (2010), 299 (317 ff.). Siehe ferner auch *Nelles*, S. 540.

1947 *Tiedemann*, GmbH-Strafrecht, Vor §§ 82 ff. Rn. 11; *Foffani*, in: FS-Tiedemann, S. 767; 785 ff.; *Müller-Gugenberger*, in: FS-Tiedemann, S. 1003, 1013 ff. *Schmitz*, in: Europäisierung des Strafrechts in Polen und Deutschland, S. 211 f. hält einen solchen rechtsformübergreifenden Tatbestand hingegen für nicht mit dem Bestimmtheitsgebot vereinbar.

1948 Allgemein zur Problematik einer rationalen Gesetzgebung im Wirtschaftsstrafrecht *Theile*, wistra 2012, 285 ff. m.w.N.

1949 Zur allgemeinen Kritik an gesellschaftsrechtlichen Sondertatbeständen siehe *Rönnau*, ZStW 122 (2010), 299 (315 ff.) m.w.N. Ein ausdrückliches Plädoyer für solch gesellschaftsrechtliche Sondertatbestände unter Hervorhebung der dadurch geschaffenen Bestimmtheit findet sich bei *Cappel*, S. 211 ff. u. S. 261 ff.

Es geht um die Schaffung einer wirtschaftsstrafrechtlichen Spezialvorschrift neben einem allgemeinen Auffangtatbestand.

a) Erfordernis einer grundlegenden Reform

Die Forderung nach einem derartigen Sondertatbestandes ist nicht neu. Dies zeigt bereits ein Blick auf den Spezialtatbestand § 81a GmbHG, der bis zum 1. April 1970 galt.[1950] Eine Integration dieses Sondertatbestandeses in den allgemeinen Tatbestand der Untreue erfolgte mit der Begründung, dass dadurch alle einschlägigen Fälle von § 266 StGB erfasst würden.[1951] Allerdings hat die praktische Relevanz der Untreuestrafbarkeit im Zusammenhang mit der GmbH – auch aufgrund der bei den Staatsanwaltschaften eingerichteten Schwerpunktabteilungen für Wirtschaftskriminalität – seitdem ständig zugenommen.[1952] Strafrechtliche Sondertatbestände der Untreue könnten gerade den für das Gesellschaftsstrafrecht typischen Interessenkonflikten durch eine Normierung ausdrücklicher Handlungs- und Unterlassungspflichten Rechnung tragen.[1953]

Argumente für die Einführung eines Sondertatbestandes zum Schutz des Vermögens von Gesellschaften ergeben sich daher nicht erst aus den kollisionsrechtlichen Konsequenzen der geänderten Rechtsprechung des *EuGH* zur Niederlassungsfreiheit, sondern bereits aus dem legislatorischen Schwachpunkt des generellen Umgangs mit Organmitgliedern einer AG oder den Geschäftsführern einer GmbH.[1954] Die Ergebnisse der hier vorgelegten Untersuchung bestärken die Forderung nach einem Sondertatbestand. Der *director* einer in Deutschland ansässigen *Limited* kann nicht wegen Untreue bestraft werden,

---

1950 Siehe *Tiedemann*, GmbH-Strafrecht, Vor §§ 82 ff. Rn. 11 m.w.N.; *ders.*, in: LK, § 266 StGB Rn. 267 ff. mit einem Überblick über die bisherigen Reformbemühungen. Einen Reformvorschlag in Anlehnung an den französichen *abus de bien sociaux* unterbreitet *Anders*, ZStW 114 (2002), 467 (470 ff.). Allgemein zu den Reformversuchen der Untreue *Schramm*, S. 246 ff. m.w.N. *Hanft*, S. 213 ff. fordert hingegen einen Tatbestand, der den Schutz spezifischer Gläubigerinteressen einbezieht.

1951 *Tiedemann*, Wirtschaftsstrafrecht BT, Rn. 390b; *ders.*, GmbH-Strafrecht, Vor §§ 82 ff. Rn. 11 m.w.N. Allgemein zu Sonderdelikten im Wirtschaftsstrafrecht *Krause*, passim.

1952 Vgl. *Müller-Gugenberger*, GmbHR 2009, 578 (578).

1953 *Arzt/Weber/Heinrich/Hilgendorf*, § 22 Rn. 8; *Tiedemann*, GmbH-Strafrecht, Vor §§ 82 ff. Rn. 11 m.w.N. Kritisch *Rentrop*, S. 289 f. Zu den möglichen Schwächen einer Sonderlösung siehe auch *Rönnau*, StV 2011, 753 (753 f.); *ders.*, ZStW 122 (2010), 299 (315 ff.).

1954 Vgl. *Tiedemann*, Wirtschaftsstrafrecht BT, Rn. 3 ff.

da sich die Verletzung einer Vermögensbetreuungspflicht nur aus den entsprechenden Pflichten des englischen Gesellschaftsrechts ableiten lässt. Eine Fremdrechtsanwendung bei der Bestimmung des Merkmals der Verletzung einer Vermögensbetreuungspflicht ist jedoch unzulässig. Rechtspolitische Bedenken und Ungerechtigkeitserwägungen werden an dieser Stelle somit zu Recht vorgebracht. Insgesamt scheint man strafrechtlichen Zuschnitten, die sich ausschließlich auf bestimmte Gesellschaftsformen beziehen, keine allzu lange Zukunft mehr einzuräumen.[1955] Daher sind generelle Reformarbeiten im Bereich des Gesellschaftsstrafrechts notwendig, um zu vermeiden, dass die inhaltliche Aufgabe des Strafrechts durch Verfahrenseinstellungen oder sonstige Absprachen im Bereich von Auslandsgesellschaften umgangen wird.

Vor diesem Hintergrund würde die Schaffung eines Sondertatbestandes es ermöglichen, sowohl die bisherigen Fehlleistungen des Gesetzgebers und die kaschierenden Urteile der Rechtsprechung als auch die sich aus dem Zuzug von europäischen Auslandsgesellschaften ergebenden Probleme wirksam zu beheben. Grundlegende strafrechtliche Fragen des Merkmals der Verletzung einer Vermögensbetreuungspflicht ließen sich gesetzgeberisch entscheiden. Die Schaffung eines strafrechtlichen Sondertatbestandes wäre damit auch der bloßen Einführung einer Norm zur Legitimation der Fremdrechtsanwendung im Allgemeinen Teil des StGB vorzuziehen.

b) Anforderungen an einen solchen Sondertatbestand

Mit der extensiven Anwendung des Untreuetatbestandes auf Manager von Gesellschaften soll passend gemacht werden, was nicht passen kann. Infolgedessen verlieren die in § 266 StGB hergebrachten Begriffe bei der Organuntreue ihre Konturen. Ein speziell auf die Strafbarkeit von Geschäftsleitern in Deutschland ansässiger Gesellschaften zugeschnittener Tatbestand müsste daher sowohl klar umrissene Handlungen unter Strafe stellen als auch die folgenden gesellschafts- und insolvenzrechtlichen Gegebenheiten beachten.

aa) Ausgangspunkt: Ökonomische Analyse und Beachtung des ultima-ratio- Prinzips

Die hier untersuchte Fallgruppe der sog. Organuntreue befindet sich in einem grundsätzlichen Dilemma. Einerseits wird den Strafverfolgungsbehörden und Strafgerichten zu viel Macht zur Regulierung wirtschaftlichen Handelns überlassen, andererseits kann man sich nicht ausschließlich auf die Moral als regelndes

1955 *Müller-Gugenberger*, in: FS-Tiedemann, S. 1003, 1022.

Instrument eines zügellosen Wirtschaftens verlassen.[1956] Der geeignete Mittelweg dürfte damit einzig und allein in einem sekundären flankierenden Schutz der gesellschafts- und insolvenzrechtlichen Schutzinstrumente durch das Wirtschaftsstrafrecht liegen. Immerhin kann gerade auf der Ebene der wirtschaftlichen Entscheidungskompetenz, auf der die Akteure ihr Verhalten an rationalen Maßstäben ausrichten, erwartet werden, dass die Androhung von Strafe verhaltenssteuernd wirkt.[1957]

Ausgangspunkt eines Sondertatbestandes zum Schutz des Vermögens von sämtlichen in Deutschland ansässigen Gesellschaften sollte eine ökonomische Analyse des Rechts sein.[1958] Diese geht im Grundsatz davon aus, dass sich alles menschliche Verhalten an einer Kosten-Nutzen-Analyse ausrichtet.[1959] Dies soll auch auf das Strafrecht allgemein, insbesondere aber auf das Wirtschaftsstrafrecht, zutreffen.[1960] Die ökonomische Analyse eines Straftatbestandes untersucht, ob der Straftatbestand als Mittel geeignet ist, das im konkreten Fall beabsichtigte Ziel zu erreichen.[1961] Geeignet wäre ein Straftatbestand in dem hier untersuchten Kontext, wenn er die sog. *agency costs*, die bei einem Abweichen von den Interessen des Vermögensinhabers entstehen, reduzieren könnte. Klar ist dabei, dass nicht alle sich aus dem bereits einleitend erwähnten *principal agent* Konflikt ergebenden Verfehlungen des Vermögensbetreuungspflichtigen zu ihrer Bekämpfung auch einer strafrechtlichen Sanktion bedürfen.[1962] Insbesondere

---

1956 Zur Frage von Wirtschaft und Moral *Hassemer*, wistra 2009, 169 (171).

1957 So etwa *Ransiek/Hüls*, ZGR 2009, 157 (181).

1958 Grundsätzlich in diesem Sinne auch *Hassemer*, wistra 2009, 169 (172), wonach nachgewiesen werden muss, warum ein Problem mit strafrechtlichen und nicht mit außerstrafrechtlichen Mitteln gelöst werden sollte. Allgemein eine interdisziplinäre Zusammenarbeit zwischen Gesellschaftsrechtlern, Strafrechtlern und Wirtschaftswissenschaftlern für den Untreuetatbestand fordert *Samson*, in: Gesellschaftsrecht in der Diskussion, S. 109, 124. Auch die Rechtsvergleichung kann hierbei eine wichtige Ideen- und Erfahrungsquelle sein, *Rönnau*, ZStW 122 (2010), 299 (300). Ein erster Überblick über ausländische, dem deutschen § 266 StGB ggf. vergleichbare Tatbestände findet sich bei *Schünemann*, in: LK, § 266 StGB Rn. 271 ff.

1959 Siehe *Posner*, § 1.1 ff. Vgl. ferner zu den ökonomischen und strafrechtlichen Steuerungsmechanismen als Voraussetzung des Wirtschaftsstrafrechts *Mansdörfer*, S. 35 ff.

1960 Allgmein zur ökonomischen Analyse des Strafrechts *Lüderssen*, in: Die Präventivwirkung zivil- und strafrechtlicher Sanktionen, S. 25 ff. m.w.N. Grundlegend *Posner*, § 7.1 ff.

1961 Dazu *Birkholz*, S. 151 ff. m.w.N.

1962 Vgl. hierzu die ausführliche Untersuchung von *Mansdörfer*, S. 182 ff.

im Verhältnis zwischen Gesellschaften und Geschäftsleitern existieren zahlreiche andere – nicht strafrechtliche – Anreiz- und Sanktionssysteme, die ein unzulässiges Ausnutzen der anvertrauten Machtposition reduzieren können.[1963] Notwendig ist somit eine umfassende ökonomische Analyse um herauszufinden, wo es darüber hinaus einer strafrechtlichen Regulierung zur Unterstützung des gesellschaftsrechtlichen Verhaltensbefehls und der Verhinderung ungewollter gesellschaftsrechtlicher Konsequenzen bedarf.[1964] Gerade im Bereich des Untreuetatbestandes ergibt sich ein mögliches notwendiges Strafbarkeitsbedürfnis immer aus der jeweiligen Untreue-Fallgruppe und den sonstigen bestehenden Sanktionssystemen.[1965] Damit hängt es ausschließlich von der Einschätzung ab, welches Unrecht so schwer wiegt, dass darauf mit dem Strafrecht reagiert werden muss, und welches der Aufarbeitung durch das Zivil- oder Öffentliche Recht überlassen werden kann.[1966] Dabei darf an dieser Stelle auch nicht übersehen werden, dass es bereits jetzt – gerade bei Strafverfahren gegen Manager – immer wieder zu Kompromissen in Form von Verfahrenseinstellungen und Absprachen im Strafprozess und somit gerade nicht zu einer Anwendung des Untreuetatbestandes kommt.

Eine solche ökonomische Analyse bedingt aber auch das grundsätzliche Strafrechtsverständnis als *ultima ratio*, woran sich der Gesetzgeber zwingend zu halten hat.[1967] Aufgrund seiner Beschränkung der Handlungsfreiheit des Einzelnen muss das Strafrecht anderen Grundsätzen und Maßstäben entsprechen als das Zivilrecht. Zum Ausgleich von Interessenverletzungen im wirtschaftlichen und sozialen Bereich darf das Strafrecht nur eingreifen, wenn andere Rechtsgebiete versagen.[1968] Andererseits wird durch eine ökonomische Analyse auch sichergestellt, dass unternehmerisches Handeln nicht durch Straftatbestände unterdrückt wird. Das Strafrecht muss also begründen, warum über eine gesellschafts- und insolvenzrechtliche Haftung hinaus Strafe angedroht wird. Ein solches Vorgehen entspräche insbesondere auch der von *Hassemer* geforderten grundsätzlichen

1963 Zur Steuerung durch das Zivilrecht *Hefendehl*, ZStW 119 (2007), 816 (825 f.) m.w.N.

1964 Siehe zu den Steuerungsmodellen und ihren Wirkungen *Hefendehl*, ZStW 119 (2007), 816 (820 ff.) m.w.N. In diesem Sinne auch *du Bois-Pedain*, ZStW 122 (2010), 325 (350); *Foffani*, ZStW 122 (2010), 374 (384). Exemplarisch für die Zahlung überhöhter Managervergütungen und Fälle des Sponsorings, *Mansdörfer*, S. 195 ff.

1965 Hierzu *Hermann*, S. 13 ff.

1966 *Rönnau*, ZStW 122 (2010), 299 (324).

1967 Siehe bereits zuvor bei der richterlichen Bindung unter § 9 III.3.d)bb).

1968 *Lüderssen*, S. 416 f.; *ders.*, in: Die Präventivwirkung zivil- und strafrechtlicher Sanktionen, S. 25, 37.

„*Umhegung*" der Wirtschaft durch das Wirtschaftsstrafrecht, wonach sich die Strafbarkeit hier auf handfeste Rechtsgutsverletzungen konzentrieren muss. Das Strafrecht soll der Wirtschaft einen Kernbereich sichern, in dem diese ihrer eigenen Vernunft folgt und Prozeduren einrichtet, die im Vorfeld einer Rechtsgutsverletzung Transparenz und Kontrolle ermöglichen und vom Strafrecht lediglich flankierend gesichert werden. [1969]

bb) Im Hinblick auf die Strafbarkeit der Geschäftsleiter ausländischer Gesellschaften zu beachtende Tatbestandsmerkmale

Der Entwurf eines vollständigen Alternativvorschlags für einen Sondertatbestand kann und soll hier nicht geleistet werden. Vor dem Hintergrund des Untersuchungsgegenstandes ist jedoch auf die zur Erfassung von ausländischen Geschäftsleitern wesentlichen Merkmale hinzuweisen.[1970]

(1) Festlegung des Schutzzwecks

Grundlegend ist zunächst die Festlegung des Schutzzwecks. Soll mit dem zu schaffenden Sondertatbestand das Vermögen des Unternehmens geschützt werden oder soll der Norm eine Kontrollfunktion gegenüber Missbräuchen im Wirtschaftsleben zukommen? Diese ausdrückliche Festlegung, ob die Untreue neben dem Individualrechtsschutz auch in Bezug auf die Sicherung der Stabilität der Wirtschaftsordnung eine Rolle spielen soll, ist essentiell für die Ausgestaltung und spätere Auslegung des Tatbestandes.

(2) Bestimmung des Täterkreises und Regelung im StGB

Besondere Bedeutung kommt sodann einer präzisen Umschreibung des Täterkreises zu. Allgemein kann durch den Sondertatbestand die besondere Rechtslage bestimmter Normadressaten wie etwa Geschäftsführer, Vorstandsmitglieder sowie leitender Angestellter von Handelsgesellschaften, Banken, Wertpapierdienstleistungsunternehmen etc. besser berücksichtigt werden.[1971] Auch könnte so schon auf Tatbestandsebene geklärt werden, ob sich zum Beispiel nur der Geschäftsleiter oder auch die Gesellschafter strafbar machen können.[1972]

1969 *Hassemer*, wistra 2009, 169 (174).

1970 Siehe hierzu bereits die Vorschläge von *Cappel*, S. 240 ff.; *Schramm*, S. 251 ff.; *Quintero/Foffani*, in: Wirtschaftsstrafrecht in der Europäischen Union, S. 453, 474; *Anders*, ZStW 114 (2002), 467 (470 ff.); *Rönnau*, ZStW 122 (2010), 299 (317 ff.). Grundlegend *Lampe/Lenckner/Stree/Tiedemann/Weber*, S. 60 f. u. 127 f.

1971 So *Foffani*, in: FS-Tiedemann, S. 767, 786, *Rönnau*, ZStW 122 (2010), 299 (323).

1972 *Schramm*, S. 251.

Darüber hinaus muss die Formulierung des Täterkreises[1973] deutlich machen, dass auch die Geschäftsleiter ausländischer in Deutschland ansässiger Gesellschaften dem Tatbestand unterfallen.[1974] Vor dem Hintergrund des sich bei der Insolvenzantragspflicht nach alter Rechtslage ergebenen Verstoßes gegen das Analogieverbot[1975] ist die Verwendung gesellschaftsneutraler Begriffe wie „Gesellschaft“ und „Geschäftsleiter“ dabei unabdingbar. Auch könnte in Übereinstimmung mit der neu eingeführten Insolvenzantragspflicht nach § 15a Abs. 1 InsO von „juristischen Personen“ gesprochen werden. Darüber hinaus wäre zusätzlich eine (an sich zwar funktionslose) Klarstellung ratsam, dass dem Tatbestand auch in Deutschland ansässige Auslandsgesellschaften unterfallen.

Entgegen dem ursprünglichen gesellschaftsrechtlichen Untreuetatbestand § 81 a GmbHG a.F. ist der Straftatbestand zwingend im StGB zu verorten. Alternativvorschläge, die von der Einführung eines spezialgesetzlichen Untreuetatbestandes etwa im GmbHG oder AktG ausgehen,[1976] sind mit Hinweis auf das Verbot strafbegründender Analogien und der Diskussion um die kollisionsrechtliche Einordnung der Norm abzulehnen.

(3) Gesellschaftsrechtsunabhängige Verhaltenspflichten

Schließlich sollten die konkreten Handlungs- und Unterlassungspflichten im Tatbestand positiv umschrieben und konkrete Verhaltensnormen aufgezählt werden. Problematisch ist dabei jedoch, dass eine präzise Umschreibung möglicher Pflichtenverstöße zu einer unüberschaubaren Kasuistik zu führen scheint.[1977] Somit bestünde die Gefahr, dass der Tatbestand einerseits zwar unzählige Seiten im StGB einnehmen könnte, andererseits aber alle nicht aufgezählten Pflichtenverstöße aus dem Tatbestand hinausfielen. Allerdings wäre in diesem Fall sichergestellt, dass der Strafgesetzgeber so nicht unbeabsichtigt auf Verhaltensnormen verweist, die der Zivilgesetzgeber an anderer Stelle ohne Beachtung einer möglichen Strafbarkeit erlassen hat.[1978]

1973 Allgemein zur problematischen Bestimmung des Täterkreises z. B. bei Berufsgruppen im Hinblick auf einen neuformulierten Tatbestand *Cappel*, S. 253 ff., *Schramm*, S. 251 ff. j.m.w.N.

1974 So auch *Rönnau*, ZStW 122 (2010), 299 (316). Siehe ferner bereits den Vorschlag von *Foffani*, in: Wirtschaftsstrafrecht in der Europäischen Union, S. 311, 330 u. 374.

1975 Statt vieler *Rönnau*, ZGR 2005, 832 (839) m.w.N.

1976 *Cappel*, S. 261 ff.

1977 *Schramm*, S. 251 ff. u. 263; *Rönnau*, ZStW 122 (2010), 299 (317 ff.).

1978 *Deiters*, ZIS 2006, 152 (159).

Ferner dürfte ein solcher Sondertatbestand nicht generell jegliche Schädigung zu Lasten der Gesellschaft mit Strafe bedrohen.[1979] Vielmehr muss den Gegebenheiten des Wirtschaftslebens insoweit Rechnung getragen werden, dass im Rahmen des Tatbestandes lediglich solche Handlungen pönalisiert werden, die mittels der oben beschriebenen ökonomischen Analyse und einer rechtsvergleichenden Betrachtung als besonders schädlich ermittelt wurden. Nur in solchen Fällen, in denen wirtschaftliches Handeln der Einschränkung durch einen strafrechtlichen Untreuetatbestand bedarf, wären Pflichtenverstöße überhaupt im Tatbestand zu formulieren. Das Problem einer allzu unüberschaubaren Kasuistik würde sich damit erheblich reduzieren.

(4) Existenzvernichtende Eingriffe

Die bei § 266 StGB bestehenden Probleme des Einverständnisses aller Gesellschafter sowie bei der Ein-Mann-Gesellschaft sind zu beseitigen. Speziell dazu muss der Tatbestand eine Regelung hinsichtlich existenzvernichtender Eingriffe beinhalten. Ergibt die vorgenommene ökonomische Analyse, dass ein strafrechtlicher Schutz der Gesellschaft vor dem Zugriff der Gesellschafter erforderlich ist, so muss dies im Tatbestand zum Ausdruck kommen. Die derzeitige Aufweichung im Rahmen der Organuntreue zum Schutz von Gläubigerinteressen ist – wie gezeigt – unzulässig und führt insgesamt zum Bestimmtheits- und Identitätsverlust des § 266 StGB.[1980] Dieses Problem darf daher nicht weiterhin allein der Rechtsprechung überlassen bleiben.

Will der Gesetzgeber das Stammkapital von Gesellschaften, sofern diese darüber verfügen, oder einen anderen Vermögensbestandteil der Gesellschaft[1981] im Interesse aktueller oder potentieller Gläubiger vor einem Zugriff der Gesellschafter als den wirtschaftlichen Eigentümern schützen, so muss er diese Schutzrichtung im Tatbestand deutlich machen.[1982] Auch bedarf es einer klaren tatbestandlichen Abgrenzung zu den Vorschriften des Insolvenzstrafrechts. Immerhin hat die angekündigte Abkehr des *BGH* von der Interessentheorie bei § 14 StGB jetzt den Weg für eine unbelastete Neudeutung dieses Verhältnisses freigemacht.[1983]

1979 In diesem Sinne auch bereits *Tiedemann*, in: FS-Würtenberger, S. 241, 252.

1980 Siehe oben § 6 III.2.b)aa)(2). Vgl. ferner *Foffani*, in: Wirtschaftsstrafrecht in der Europäischen Union, S. 311, 332.

1981 Schließlich ist zu beachten, dass die *Limited* anders als die GmbH bei Gründung nicht über ein erbrachtes Mindestkapital verfügen muss, vgl. § 3 II.

1982 Siehe dazu auch die bisherigen Lösungsvorschläge von *Hanft*, S. 213 ff.; *Foffani*, in: Wirtschaftsstrafrecht in der Europäischen Union, S. 311, 331 ff.

1983 Siehe zuvor § 6 III.2.b)aa)(1)(d).

c) *Taterfolg: Vermögensschaden*

Festzuhalten ist am tatbestandlichen Erfordernis eines Vermögensschadens.[1984] Der bloße Verstoß gegen außerhalb des Strafrechts liegende Pflichten allein, darf keine Untreuestrafbarkeit begründen können. Ein Verzicht auf dieses Erfordernis würde zu einer uferlosen Ausweitung des Tatbestandes führen.[1985] Darüber hinaus wird auch in anderen europäischen Rechtsordnungen das Vorliegen eines Nachteils als Taterfolg verlangt.[1986] Die sich im Zusammenhang mit dem Vermögensschaden bislang ergebenden Probleme – insbesondere die Anforderungen an den Gefährdungsschaden – sind im Zuge der hier vorgeschlagenen Reform durch eine klare Rechtsguts- und Schadenskonzeption zu lösen.[1987]

d) *Kein genereller Verstoß gegen die europäische Niederlassungsfreiheit*

Vieles scheint darüber hinaus dafür zu sprechen, dass ein solch spezieller Tatbestand, der klar definierte Handlungen von Geschäftsleitern rechtsformunabhängig unter Strafe stellt, auch unter dem Aspekt einer überschießenden Strafbarkeit nicht gegen die europäische Niederlassungsfreiheit verstößt.[1988] Ein solcher Straftatbestand wäre vielmehr strafrechtsautonom. Unterschiedliche, sich aus dem jeweiligen Gesellschaftsrecht ergebende Vermögensbetreuungspflichten und Pflichtenmaßstäbe wären hiernach für den strafrechtlichen Verstoß unbeachtlich, ein Rückgriff auf das jeweilige Gründungsrecht mithin nicht erforderlich. Mangels einer unmittelbaren Anknüpfung an die sich aus dem Gründungsstatut ergebenden Verhaltenspflichten wäre die Niederlassungsfreiheit möglicherweise gar nicht berührt.

Will man hierin doch eine mittelbare Beschränkung der Niederlassungsfreiheit sehen, wäre auf der Rechtfertigungsebene zu beachten, dass die Geschäftsleiter sämtlicher in Deutschland tätiger Gesellschaften – Inlands- und Auslandsgesellschaften – strafrechtlich gleich behandelt werden.[1989] Gestützt würde eine mögliche Rechtfertigung ferner dadurch, dass auch in zahlreichen anderen europäischen Staaten gesellschaftsrechtliche Sondertatbestände (wieder) üblich

---

1984 So auch *Rönnau*, ZStW 122 (2010), 299 (319 f.).

1985 *Rönnau*, ZStW 122 (2010), 299 (324).

1986 *Rönnau*, ZStW 122 (2010), 299 (319 f.) m.w.N.

1987 So *Rönnau*, ZStW 122 (2010), 299 (320).

1988 Allgemein zweifelnd aber *Müller-Gugenberger*, in: FS-Tiedemann, S. 1003, 1018.

1989 In diesem Sinne bereits die Annahme von *Schmitz*, in: Europäisierung des Strafrechts in Polen und Deutschland, S. 199, 207.

sind.[1990] Dies trifft insbesondere auf in jüngerer Zeit reformierte europäische Rechtsordnungen wie beispielsweise in Spanien und in Italien zu.[1991] Auch im französischen Recht findet sich ein spezieller gesellschaftsrechtlicher Untreuetatbestand.[1992] Es ist davon auszugehen, dass der *EuGH* bei der Frage des Schutzes des Gesellschaftsvermögens vor der ungetreuen Geschäftsführung und dessen Vereinbarkeit mit der Niederlassungsfreiheit die unterschiedlichen strafrechtlichen Interventionen in den Mitgliedstaaten vergleichend heranziehen und deren Wirkungen beachten wird.[1993] Der rechtsvergleichenden Forschung im Strafrecht kommt an dieser Stelle mithin eine gesteigerte Bedeutung zu.[1994]

III. Ergebnis zu § 11

Als abschließendes Fazit dieses Abschnitts bleibt somit festzuhalten, dass bei der Strafbarkeit des *directors* einer in Deutschland ansässigen *Limited* im Vergleich zur Strafbarkeit des Geschäftsführers einer deutschen GmbH eine Strafbarkeitslücke vorzuliegen scheint. Eine Strafverfolgung ungetreuer *directors* in Deutschland durch englische Strafverfolgungsorgane scheint nach englischem Recht ausgeschlossen zu sein – zumindest wäre sie mit zahlreichen rechtlichen und praktischen Problemen behaftet. Auch die dargestellten gesellschaftsrechtlichen Schutzmaßnahmen und die Möglichkeiten einer strengen englischen Staatsaufsicht können die sich für den *director* einer in Deutschland ansässigen *Limited* bestehende Straflosigkeit nicht ausgleichen.

1990 Allgemein zur Untreue sowie deren Ausgestaltung als Sondertatbestand in anderen europäischen Ländern *Cappel*, S. 187 ff.; *Schramm*, S. 257 ff.; *Foffani*, in: Wirtschaftsstrafrecht in der Europäischen Union, S. 311, 329 ff.; *ders.*, in: FS-Tiedemann, S. 767, 770 ff. j.m.w.N.

1991 Siehe *Cappel*, S. 253 ff. m.w.N. Ausführlich zur Untreuestrafbarkeit im spanischen Strafrecht *Luzon Pena/Roso Canadillas*, ZStW 122 (2010), 354 ff. m.w.N. Zur Untreuestrafbarkeit im italienischen Strafrecht *Foffani*, ZStW 122 (2010), 374 (379 ff.).

1992 Hierzu *Wietz*, S. 26 f. m.w.N. Ausführlich zum *abus de biens sociaux* siehe *Anders*, ZStW 114 (2002), 467 ff. m.w.N. Siehe auch *Rönnau*, ZStW 122 (2010), 299 (313 f.) und ferner *Foffani*, in: FS-Tiedemann, S. 767, 776 ff., *ders.*, ZStW 122 (2010), 374 ff. j.m.w.N. zum französischen Recht, der allerdings auf eine dem § 266 StGB ähnelnde Ausdehnung des Tatbestandes hinweist.

1993 Nach Ansicht von *Schmitz*, in: Europäisierung des Strafrechts in Polen und Deutschland, S. 199, 207 kann es von der Niederlassungsfreiheit nicht gewollt sein, strafrechtsfreie Räume zu schaffen.

1994 So schon *Radtke*, GmbHR 2008, 729 (736); *Rönnau*, ZStW 122 (2010), 299 (300).

Eine Lösung kann mithin nur durch den Gesetzgeber erfolgen. Dass dies in näherer Zukunft ein europäischer Strafrechtsgesetzgeber sein wird, erscheint zurzeit als höchst unwahrscheinlich. Auch von einem vereinheitlichten europäischen Wirtschaftsrecht kann nicht ausgegangen werden. Entsprechenden Vorschlägen kommt bislang nur eine Impulsfunktion für die nationale Diskussion zu. Aufgefordert zum Tätigwerden ist damit allein der deutsche Gesetzgeber, was erneut verdeutlicht, dass es sich trotz des europarechtlichen Auslösers bei der hier untersuchten Fragestellung primär um ein Problem des deutschen Strafrechts handelt.

Insgesamt scheint damit die Einführung eines zusätzlichen strafrechtlichen Sondertatbestandes der Organuntreue angezeigt. Trotz der Dringlichkeit und der hier vermuteten bisherigen unbefriedigenden Praxis der Einstellung von Strafverfahren bedarf die Ausgestaltung eines Sondertatbestandes, der auch die Geschäftsleiter von in Deutschland agierenden europäischen Auslandsgesellschaften erfasst, einer grundsätzlichen Klärung, inwieweit ein strafrechtlicher Rechtsgüterschutz im Verhältnis zu den Lösungsmöglichkeiten des Zivil- und Ordnungsrechts überhaupt erforderlich und damit im Hinblick auf das *ultima ratio* Prinzip zulässig ist. Die Antwort hierauf kann lediglich im Rahmen einer umfassenden Diskussion zum Sinn und Zweck eines Untreuetatbestandes, die sich auch mit den grundlegenden Strukturproblemen des § 266 StGB befassen muss, gefunden werden. Näheren Aufschluss können insofern eine ökonomische Analyse zur Verhinderung einer ungetreuen Geschäftsführung bei Gesellschaften sowie der Rechtsvergleich mit anderen europäischen Gesellschafts- und Strafrechten, die ebenfalls durch die Urteile des *EuGH* zur Niederlassungsfreiheit betroffen sind, bringen.

§ 12 Zusammenfassung der wesentlichen Ergebnisse

Der *erste Teil* der hier vorgelegten Untersuchung zeigt, dass die Rechtsprechung des *EuGH* zur Niederlassungsfreiheit und die Festschreibung der Gründungstheorie für europäische Gesellschaften erheblichen Einfluss nicht nur auf das deutsche Gesellschafts- und Insolvenzrecht, sondern auch auf das Strafrecht haben. Dies wird in der Strafrechtswissenschaft und -praxis mittlerweile allgemein bekannt sein. Die konkreten Auswirkungen dieser Rechtsprechung finden häufig jedoch noch keine hinreichende Beachtung. Insbesondere wird sich in der zurzeit stattfindenden strafrechtlichen Diskussion im Hinblick auf die *Limited* auch nur unzureichend mit den *director's duties* auseinandergesetzt.

- Insgesamt liegt bislang ein gespaltenes Kollisionsrecht im Internationalen Gesellschaftsrecht vor. Wesentliche Änderungen könnten sich in Zukunft aber beispielsweise durch den „*Referentenentwurf für ein Gesetz zum Internationalen Privatrecht der Gesellschaften, Vereine und juristischen Personen*“ oder die – anderweitig vorgenommene – allgemeine Abschaffung der Sitztheorie ergeben. Die Normierung der Gründungstheorie als allgemeingültiges kollisionsrechtliches Prinzip würde die sich mit einer Fremdrechtsanwendung im Wirtschaftsstrafrecht ergebenden Probleme auf alle Gesellschaftstypen weltweit ausdehnen.
- Hält man in Zukunft einen formwahrenden Wegzug deutscher Gesellschaften ins europäische Ausland für möglich, so dürften sich beim Vorliegen akzessorischer rechtsformspezifischer Straftatbestände zahlreiche der hier angesprochenen Probleme einer Fremdrechtsanwendung im ausländischen Strafrecht dann spiegelbildlich zeigen.
- Trotz der Bemühungen des Gesetzgebers im Rahmen des MoMiG sowie einiger Urteile und unzähliger Stellungnahmen in der Literatur ist die Reichweite des Gesellschaftsstatuts für zahlreiche Einzelfragen – wie etwa dem Verbot existenzvernichtender Eingriffe – bislang nicht geklärt. Eine solche außerstrafrechtliche Unsicherheit wirkt sich auch auf zahlreiche Straftatbestände wie etwa die §§ 283 ff. StGB und § 331 HGB aus. Aber auch die Einführung der rechtsformübergreifenden Insolvenzantragspflicht nach § 15a Abs. 1 InsO sowie der entsprechenden Strafbarkeit gem. § 15a Abs. 4 InsO, um die nach allgemeinem Verständnis dringlichste „Strafbarkeitslücke“ zu schließen, erscheint aus der europarechtlichen Perspektive kritisch.

- Betrachtet man die Gesellschaftsform der *Limited* näher, so mag diese funktional der GmbH entsprechen. Rechtlich bestehen jedoch wesentliche Unterschiede, die auch für die strafrechtliche Betrachtung maßgeblich sind. Vor allem die dem *director* gegenüber der Gesellschaft obliegenden Pflichten weisen zahlreiche Besonderheiten auf. Sind diese im Rahmen der größten englischen Reform des Gesellschaftsrechts – die in der strafrechtlichen Diskussion teilweise völlig übergangen wird – auch erstmalig im CA 2006 kodifiziert worden, so handelt es sich bei den *director's duties* um offene Tatbestände, die weiterhin der Ausfüllung mittels des entsprechenden *case-law* sowie einer Beachtung der *common law* und *equity* Grundsätze bedürfen. Darüber hinaus ist im Einzelfall stets zu prüfen, ob die in Frage stehende außerstrafrechtliche englische Pflicht bei in Deutschland ansässigen *Limiteds* überhaupt durch deren *director* beachtet werden muss.

Maßgeblich durch die europäischen Änderungen betroffen ist insbesondere der im *zweiten Teil* der Arbeit untersuchte Untreuetatbestand § 266 StGB. Es stellt sich die Frage, ob das akzessorische Merkmal der Verletzung einer Vermögensbetreuungspflicht auch auf außerstrafrechtliche Regelungen des englischen Gesellschaftsrechts Bezug nimmt.

- Die Anwendbarkeit des Untreuetatbestandes auf den *director* einer in Deutschland ansässigen *Limited* richtet sich nach den §§ 3 ff. StGB. § 266 StGB ist nach §§ 3, 9 StGB zumindest immer dann anwendbar, wenn der *director* in Deutschland gehandelt hat oder der Erfolg seiner Handlung in Deutschland eingetreten ist. Handelt es sich um einen ausschließlich ausländischen Tatort, kommt eine Anwendbarkeit des Untreuetatbestandes gem. §§ 3, 7 Abs. 2 Nr. 1 StGB in Betracht, wenn der *director* der *Limited* bei Begehung der Tat Deutscher war oder es nach der Tat geworden ist.
- Das Tatbestandsmerkmal der Verletzung einer Vermögensbetreuungspflicht ist akzessorisch. Zumindest bei der Organuntreue wird dessen Vorliegen ausschließlich von der Verletzung außerstrafrechtlicher Normen abhängig gemacht. Ist das grundlegende Verhältnis des Strafrechts zum Zivilrecht auch bislang noch ungeklärt, so gilt für den Untreuetatbestand allgemein, dass ein Verhalten, das zivilrechtlich erlaubt ist, nicht die Verletzung einer Vermögensbetreuungspflicht begründen kann. Andererseits führt ein außerstrafrechtlich verbotenes Handeln nicht notwendig zur Annahme des Tatbestandsmerkmals.
- Was auf den ersten Blick einfach erscheint, lässt sich in der Praxis häufig nur anhand dezidierter Fallgruppen feststellen. Dem Untreuetatbestand kommt

insofern ein „*case-law*" Charakter zu. Zurzeit entsteht die neue Fallgruppe der „*Limited*-Untreue."

- Die Urteile des *AG Stuttgart*, des *LG Hamburg* sowie des *BGH* liefern nur einen äußerst begrenzten Erkenntnisgewinn für die rechtswissenschaftliche Diskussion. Während sich das *LG Hamburg* gar nicht mit der Frage der verfassungsrechtlichen Zulässigkeit einer Fremdrechtsanwendung beschäftig hat, fällt die Stellungnahme des *BGH* hierzu äußerst knapp aus. Eigene neue Argumente finden sich in keinem der Urteile. Bedenklich erscheint insbesondere auch die vom *BGH* angeregte Verfahrenseinstellung. Schwierige verfassungsrechtliche Fragestellungen dürfen nicht einfach auf der prozessualen Ebene umgangen werden.

Die Gesamtbetrachtung der in der Untersuchung aufgezeigten grundlegenden Probleme zeigt, dass es nach geltendem Recht die neue Fallgruppe der „*Limited*-Untreue" nicht geben darf. Ein Verstoß des *directors* einer in Deutschland ansässigen *private limited by shares* gegen ihm obliegende Pflichten des englischen Gesellschaftsrechts kann keine Strafbarkeit wegen Untreue zum Nachteil der Gesellschaft nach § 266 StGB begründen.

- Eine Strafbarkeit wegen „*Limited*-Untreue" gem. § 266 StGB kommt – vorbehaltlich einer europarechtlichen Zulässigkeit – nur dann in Betracht, wenn der *director* gegen ausdrückliche Vorgaben der Vermögensbetreuung verstößt, die – allerdings eher untypisch – etwa in der *constitution* oder anderweitig konkret vertraglich geregelt sein müssen. Die Annahme der Verletzung einer Vermögensbetreuungspflicht führt in solchen Fällen nicht zum Problem der Fremdrechtsanwendung im Strafrecht.
- Ein pflichtwidriges Verhalten des *directors*, das von einem wirksamen Einverständnis sämtlicher *shareholder* gedeckt ist, kann nicht die Verletzung einer Vermögensbetreuungspflicht im Sinne von § 266 StGB begründen. Auch bei der GmbH sind die Gesellschafter im Verhältnis zur Gesellschaft hinsichtlich des Gesellschaftsvermögens uneingeschränkt dispositionsbefugt. Die von der Rechtsprechung und herrschenden Meinung vorgenommene Einschränkung unter dem Aspekt des existenzvernichtenden Eingriffs dient lediglich dem Schutz von Gläubigerinteressen. Solche werden jedoch nicht vom Schutzgegenstand des § 266 StGB, sondern von den § 283 ff. StGB erfasst. Der *BGH* hat sich im Rahmen des § 14 StGB von der Anwendung der Interessenformel verabschiedet und damit den Weg zur Anwendung der Insolvenzstraftatbestände frei gemacht.
- Über die grundsätzliche Kritik an der vorgenommenen Beschränkung der Gesellschafterzustimmung bei der GmbH hinaus ist bei gesellschaftsrechtlicher

Qualifikation das deutsche zivilrechtliche Verbot existenzvernichtender Eingriffe auf den *director* einer in Deutschland ansässigen *Limited* nicht anwendbar. Auch ein Rückgriff auf das insolvenzrechtliche Zahlungsverbot des § 64 S. 3 GmbHG scheidet vor dem Hintergrund der Niederlassungsfreiheit aus. Es liegt kein außerstrafrechtlicher Normenmangel vor, der einen ergänzenden Rückgriff auf deutsches Recht zulassen könnte. Gesellschaftsrechtlich können somit lediglich die englischen Regelungen hinsichtlich der Ausschüttung von Gewinnen an die *shareholder*, der *duty for the benefit of the creditors* sowie die allgemeinen *director's duties* zur Anwendung gelangen.

Im Hinblick auf den Untreuetatbestand muss also die Anwendung englischen Gesellschaftsrechts zur Bestimmung des Merkmals der Verletzung einer Vermögensbetreuungspflicht grundsätzlich möglich und zulässig sein. Trotz des europarechtlichen Auslösers handelt es sich ausschließlich um ein Problem des deutschen Strafrechts, das zutiefst das Grundverständnis des Verhältnisses von Straf- und Zivilrecht sowie verfassungsrechtliche Fragestellungen berührt. Die sich hieraus ergebenden Probleme wurden im *dritten Teil* näher untersucht.

- Die gerichtliche Praxis befragt bei Auslandsberührungen hinsichtlich der Ausfüllung normativer Tatbestandsmerkmale das deutsche Internationale Privatrecht. Dem ist zuzustimmen. Hinsichtlich der Ausfüllung von Blanketttatbeständen kann dem Verständnis der Rechtsprechung und des Großteils der älteren Literatur hingegen nicht gefolgt werden. Zivilrechtliche Vorfragen bei Straftatbeständen sind bei Sachverhalten mit Auslandsberührung vielmehr stets nach dem deutschen Internationalen Privatrecht anzuknüpfen. Aufgrund der Wirkung der Niederlassungsfreiheit kann in dem hier untersuchten Fall einer in Deutschland ansässigen *Limited* das jeweils anzuwendende Sachrecht nur dem englischen Recht entnommen werden.
- Davon zu trennen ist die Frage, ob die Anwendung des außerstrafrechtlichen ausländischen Sachrechts im Rahmen eines deutschen Straftatbestandes auch mit Art. 103 Abs. 2 GG, § 1 StGB vereinbar ist. Nach der herrschenden Meinung soll hier zwischen normativen Tatbestandsmerkmalen und Blanketttatbeständen zu unterscheiden sein. Während bei ersteren einem Rückgriff auf außerstrafrechtliche Regelungen des Auslands keine Grenzen gesetzt sind, soll bei Blanketttatbeständen im Hinblick auf Art. 103 Abs. 2 GG, § 1 StGB eine Fremdrechtsanwendung *per se* ausgeschlossen sein. Damit kommt der Erscheinungsform der strafrechtlichen Abhängigkeit beim Untreuetatbestand eine ganz wesentliche Bedeutung zu.
- Ausgegangen wird bei der Abgrenzung zumeist von einem einfachrechtlichen irrtumsfunktionalen Ansatz. Allerdings vermögen die unterschiedlichen

Abgrenzungsversuche hinsichtlich einer Einordnung der akzessorischen Ausgestaltung des Merkmals der Verletzung einer Vermögensbetreuungspflicht kein eindeutiges Ergebnis zu liefern. Ferner lässt sich auch aus der tatsächlichen Behandlung des Untreuetatbestandes bei Irrtumsfragen, bei der Fremdrechtsanwendung, beim Analogieverbot sowie beim Milderungsprivileg kein wirklicher Erkenntnisgewinn erzielen. Beschränkt man sich in dem hier untersuchten Kontext auf den Blankettbegriff als verfassungsrechtliche Kategorie, so ist das Tatbestandsmerkmal der Verletzung einer Vermögensbetreuungspflicht als Blankett einzuordnen. Demnach müssen sowohl die Verweisungsnorm als auch der Ausfüllungstatbestand den Anforderungen des Art. 103 Abs. 2 GG, § 1 StGB genügen.

- Aber selbst wenn man hier vom Vorliegen eines normativen Tatbestandsmerkmals ausgeht, spricht vieles dafür, dass in Anbetracht der Abgrenzungsschwierigkeiten keine unterschiedlichen Anforderungen an Blankettdelikte einerseits und Straftatbestände mit normativen Tatbestandsmerkmalen andererseits gestellt werden dürfen. Die Trennung zwischen Blankett und normativem Tatbestandsmerkmal ist im Hinblick auf das Grundrecht Art. 103 Abs. 2 GG aufzuheben. Ist eine verlässliche Abgrenzung nicht möglich, so dürfen die verfassungsrechtlichen Anforderungen an den Straftatbestand nicht unterschiedlich ausgestaltet sein.
- Im Hinblick auf das Bestimmtheitsgebot ist der Gesetzgeber verpflichtet, die Voraussetzungen der Strafbarkeit so zu umschreiben, dass der verständige Bürger als Normadressat die Möglichkeit hat, Tragweite und Anwendungsbereich der Straftatbestände aus dem Gesetz selbst zu erkennen. Dies ist bei der Inbezugnahme englischen Gesellschaftsrechts zur Bestimmung der Pflichtwidrigkeit nicht mehr der Fall. Die englischen Pflichten werden trotz ihrer teilweisen im Rahmen des CA 2006 erfolgten Kodifikation weiterhin maßgeblich durch das *case-law* bestimmt. Das Verhältnis zwischen *statutory law*, *common law* und *equity* ist grundsätzlich und insbesondere im reformierten englischen Gesellschaftsrecht noch nicht abschließend geklärt. Besonders der Vergleich mit der Rechtslage in Neuseeland lässt vermuten, dass sich dieses bis auf Weiteres nicht ändern wird. Aus Sicht des deutschen Strafrechts ist das englische Gesellschaftsrecht infolge des gänzlichen Fehlens einer mit dem deutschen Recht vergleichbaren Methodik diffus. Der *director* einer in Deutschland ansässigen *Limited* kann nicht erkennen, wann bei einem Verstoß gegen englisches Gesellschaftsrecht eine Untreuestrafbarkeit gegeben sein könnte. Insbesondere gilt für ihn auch nicht die sog. „Expertenrechtsprechung" des *BVerfG*. Hinzu kommt die generelle Unbestimmtheit des

Untreuetatbestandes, dessen Weite in diesem Fall nicht durch die in Bezug genommenen englischen Verhaltenspflichten abgeschwächt wird. Beruhigen kann man sich an dieser Stelle auch nicht mit dem vom *BVerfG* und einem Teil der Literatur immer wieder bemühten Argument einer bereits erfolgten Konkretisierung durch eine gefestigte Rechtsprechung. Es gibt schlicht noch keine gefestigte Rechtsprechung zur neuen Fallgruppe der „*Limited*-Untreue."

- Zu beachten hat der Gesetzgeber schließlich den Parlamentsvorbehalt. Der deutsche Gesetzgeber muss bei der Bestimmung der Verletzung einer Vermögensbetreuungspflicht mittels des englischen Gesellschaftsrechts über die wesentlichen Voraussetzungen der Strafbarkeit eine Entscheidung getroffen haben. Dies ist beim Untreuetatbestand allerdings nicht der Fall. Es geht um die Bewertung von Verhalten, wobei der konkrete Vorwurf hier einer ausländischen Rechtsordnung überlassen wird. Sowohl Inhalt und Maß der einzuhaltenden Pflicht entstammen vollständig dem ausländischen Recht. Doch selbst wenn man annimmt, dass dies kein Verstoß gegen den Parlamentsvorbehalt ist, so bleibt in diesem Zusammenhang fraglich, warum der deutsche Strafgesetzgeber hier einen ausländischen Verhaltensbefehl, der auch vergleichsweise schärfere Pflichten aufstellen kann, mittels des deutschen Strafrechts durchsetzen will. Schließlich wird dann nicht die Zuwiderhandlung gegen deutsches, sondern ausschließlich die gegen englisches Gesellschaftsrechts bestraft.
- Auf der Rechtsanwendungsebene ist auch der Strafrichter an den Maßstab des Art. 103 Abs. GG gebunden. Während allgemein vorgebrachte praktische Einwände gegen eine Anwendung außerstrafrechtlichen ausländischen Rechts nicht zu überzeugen vermögen, kommt der Frage nach den Grenzen der Auslegungskompetenz und Überzeugungsbildung des Strafrichters verfassungsrechtliche Bedeutung zu. Sowohl durch die Ermittlung und Anwendung des ausländischen Rechts unter Beachtung der dort geltenden Methoden als auch durch die Subsumtion eines inländischen Sachverhalts unter das englische Gesellschaftsrecht wird eine verfassungsrechtlich nicht mehr vertretbare Unsicherheit in das Strafrecht hineingetragen. Insbesondere ist bei einem generellen Scheitern des Erkenntnisgewinns der Strafrichter nicht berechtigt, eigenes außerstrafrechtliches englisches *case-law* zu entwickeln. Bei der Fortentwicklung außerstrafrechtlichen Rechts ist der Strafrichter aufgrund von Art. 103 Abs. 2 GG stets an die deutsche Methodik gebunden. Diese findet im englischen Gesellschaftsrecht jedoch gerade keine Anwendung.
- Vorschläge, die einen vergleichenden oder ergänzenden Rückgriff auf Vorschriften des deutschen Gesellschaftsrechts enthalten, können vor dem

Hintergrund der Niederlassungsfreiheit nicht überzeugen. Auch bewegen sie sich in dem kritikwürdigen Schema, einer zunächst vorgenommen Ausweitung des Tatbestandes in „Härtefällen" mit einem Restriktionsansatz zu begegnen, was die allgemeine Unbestimmtheit des Untreuetatbestandes insgesamt noch erhöht.

Auf die – im *vierten Teil* der Arbeit – untersuchte Frage, ob die generelle Anwendung des § 266 StGB auf den *director* einer in Deutschland ansässigen *Limited* eine Beschränkung der Niederlassungsfreiheit darstellt oder gemeinschaftskonform ist, kommt es somit nicht an. Vieles spricht dafür, dass die Nichtanwendbarkeit des Untreuetatbestandes bei pflichtwidrigen Handlungen des *directors* zu Lasten einer in Deutschland ansässigen *Limited* mit den Grundsätzen der europäischen Niederlassungsfreiheit vereinbar ist. Die Lösung dieses strafrechtlichen Problems obliegt ausschließlich dem deutschen Gesetzgeber.

- Trotz einer – möglicherweise theoretisch denkbaren – Strafverfolgung durch englische Strafverfolgungsbehörden sowie bestehender englischer gesellschafts- und insolvenzrechtlicher Schutzmaßnahmen ist vom Vorliegen einer Schutzlücke auszugehen. Die im englischen Recht bestehenden – dort sehr effektiven – Schutzmöglichkeiten vermögen aufgrund ihrer national beschränkten Rechtsanwendungspraxis eine sich ergebende Straflosigkeit des *directors* einer in Deutschland ansässigen *Limited* nicht auszugleichen.
- Dem Gesetzgeber ist die zusätzliche Schaffung eines wirtschaftsstrafrechtlichen Sondertatbestandes der Organuntreue zu raten, der dort eingreift, wo eine strafrechtliche Regulierung als Unterstützung zum gesellschaftsrechtlichen Verhaltensbefehl und dessen gesellschaftsrechtlicher Konsequenzen erforderlich ist. Ein solcher Tatbestand muss gesellschaftsrechtsunabhängig, also nichtakzessorisch etwa zum GmbHG oder zum englischen Recht, ausgestaltet sein und eine genaue Umschreibung des Pflichtenverstoßes enthalten. Die Ausgestaltung und Formulierung hat sich dabei insbesondere an der Frage zu orientieren, wann wirtschaftliches Handeln überhaupt der Einschränkung durch einen strafrechtlichen Untreuetatbestand bedarf. Nur so kann insgesamt eine bessere Vorhersehbarkeit des spezifischen Strafbarkeitsrisikos von Geschäftsleitern erreicht werden.

Fazit

Vorausgeschickt sei dies: Selbstverständlich ist die Gründung einer *Limited* mit dem alleinigen Ziel die deutschen Kapitalschutzregeln zu umgehen und Gläubiger „zu prellen" höchst verwerflich. Auch lässt sich niemandem ohne Widerspruch erklären, warum sich der Geschäftsführer einer GmbH strafbar macht, der *director* einer ausschließlich in Deutschland tätigen *Limited* bei demselben Verhalten hingegen straffrei bleiben soll. Ein solches Ergebnis ist rechtspolitisch und kriminalpolitisch nicht zu rechtfertigen. Es ist ein Übel. Jedoch ist es die folgerichtige Konsequenz der zurzeit bestehenden Architektur der Europäischen Union und einer immer noch nationalen Ausgestaltung des deutschen Strafrechts.

Kritisiert wurden im Rahmen der vorgelegten Untersuchung daher nicht Tendenzen und Bemühungen, das Übel einzuschränken, sondern die teilweise unzureichenden Begründungen im Rahmen der zurzeit (wieder) geführten Diskussion. Eine Lösung *„in dem Jahrhunderte währenden Streit um die Fremdrechtsanwendung im Strafrecht"*[1995] kann im Rahmen des § 266 StGB nicht auf der Ebene der Rechtsanwendung gefunden werden. Der Gesetzgeber ist aufgefordert, einen neuen, speziell auf die ungetreue Geschäftsführung zugeschnittenen Tatbestand zu schaffen, der auch die Geschäftsleiter von in Deutschland ansässigen Auslandsgesellschaften erfasst. Der Zuzug der *private company limited by shares* gibt mithin Anlass und Hoffnung für eine längst überfällige Reform des Untreuetatbestandes.

1995 *Cornils*, S. 3.

Schriften zum deutschen, europäischen und internationalen Wirtschaftsstrafrecht

Herausgegeben von Robert Esser

Band 1 Josephine Scharnberg: Illegale Internal Investigations. Strafrechtliche Grenzen unternehmensinterner Ermittlungen. 2015.

Band 2 Matthias Peukert: Strafbare Untreue zum Nachteil einer in Deutschland ansässigen *Limited*. 2015.

www.peterlang.com

www.ingramcontent.com/pod-product-compliance
Ingram Content Group UK Ltd.
Pitfield, Milton Keynes, MK11 3LW, UK
UKHW021815051026
8980IPUK00042B/313

9 783631 659724